COMPLIANCE NAS CONTRATAÇÕES PÚBLICAS

ATUALIZADO CONFORME A NOVA LEI DE LICITAÇÕES (LEI FEDERAL Nº 14.133/2021) E A ISO 37301:2021

FERNANDA SANTOS SCHRAMM

Prefácio
Gustavo Henrique Justino de Oliveira

COMPLIANCE NAS CONTRATAÇÕES PÚBLICAS

ATUALIZADO CONFORME A NOVA LEI DE LICITAÇÕES (LEI FEDERAL Nº 14.133/2021) E A ISO 37301:2021

2ª edição revista, ampliada e atualizada

Belo Horizonte
FÓRUM
CONHECIMENTO JURÍDICO
2021

© 2019 Editora Fórum Ltda.
2021 2ª edição

É proibida a reprodução total ou parcial desta obra, por qualquer meio eletrônico, inclusive por processos xerográficos, sem autorização expressa do Editor.

Conselho Editorial

Adilson Abreu Dallari	Floriano de Azevedo Marques Neto
Alécia Paolucci Nogueira Bicalho	Gustavo Justino de Oliveira
Alexandre Coutinho Pagliarini	Inês Virgínia Prado Soares
André Ramos Tavares	Jorge Ulisses Jacoby Fernandes
Carlos Ayres Britto	Juarez Freitas
Carlos Mário da Silva Velloso	Luciano Ferraz
Cármen Lúcia Antunes Rocha	Lúcio Delfino
Cesar Augusto Guimarães Pereira	Marcia Carla Pereira Ribeiro
Clovis Beznos	Márcio Cammarosano
Cristiana Fortini	Marcos Ehrhardt Jr.
Dinorá Adelaide Musetti Grotti	Maria Sylvia Zanella Di Pietro
Diogo de Figueiredo Moreira Neto (*in memoriam*)	Ney José de Freitas
Egon Bockmann Moreira	Oswaldo Othon de Pontes Saraiva Filho
Emerson Gabardo	Paulo Modesto
Fabrício Motta	Romeu Felipe Bacellar Filho
Fernando Rossi	Sérgio Guerra
Flávio Henrique Unes Pereira	Walber de Moura Agra

Luís Cláudio Rodrigues Ferreira
Presidente e Editor

Coordenação editorial: Leonardo Eustáquio Siqueira Araújo
Aline Sobreira de Oliveira

Av. Afonso Pena, 2770 – 15º andar – Savassi – CEP 30130-012
Belo Horizonte – Minas Gerais – Tel.: (31) 2121.4900 / 2121.4949
www.editoraforum.com.br – editoraforum@editoraforum.com.br

Técnica. Empenho. Zelo. Esses foram alguns dos cuidados aplicados na edição desta obra. No entanto, podem ocorrer erros de impressão, digitação ou mesmo restar alguma dúvida conceitual. Caso se constate algo assim, solicitamos a gentileza de nos comunicar através do *e-mail* editorial@editoraforum.com.br para que possamos esclarecer, no que couber. A sua contribuição é muito importante para mantermos a excelência editorial. A Editora Fórum agradece a sua contribuição.

Dados Internacionais de Catalogação na Publicação (CIP) de acordo com a AACR2

S377c   Schramm, Fernanda Santos

Compliance nas contratações públicas: Atualizado conforme a Nova Lei de Licitações (Lei Federal nº 14.133/2021) e a ISO 37301:2021 / Fernanda Santos Schramm. 2. ed. – Belo Horizonte : Fórum, 2021.

416p.; 14,5cm x 21,5cm.
ISBN: 978-65-5518-153-1

1. Direito Administrativo. 2. Licitação Pública. 3. Compliance. I. Título.

CDD: 341.3
CDU: 342.9

Elaborado por Daniela Lopes Duarte - CRB-6/3500

Informação bibliográfica deste livro, conforme a NBR 6023:2018 da Associação Brasileira de Normas Técnicas (ABNT):

SCHRAMM, Fernanda Santos. *Compliance nas contratações públicas*: Atualizado conforme a Nova Lei de Licitações (Lei Federal nº 14.133/2021) e a ISO 37301:2021. 2. ed. Belo Horizonte: Fórum, 2021. 416 p. ISBN 978-65-5518-153-1.

Ao Rodrigo, com todo o meu amor. Obrigada por segurar firme a minha mão – nas corridas e nos tropeços.

Aos meus pais, Magaly e Francisco, o mais seguro dos portos.

SUMÁRIO

PREFÁCIO DA PRIMEIRA EDIÇÃO
Gustavo Henrique Justino de Oliveira 11

1	Introdução	15
2	Marcos teóricos do fenômeno da corrupção: delimitação do objeto de estudo	18
2.1	Perspectivas da corrupção	21
2.1.1	Abordagem econômica do fenômeno da corrupção: a teoria da escolha racional e os sistemas de incentivo	22
2.1.2	Abordagem sociológica: a importância dos valores socioculturais	31
2.1.3	A necessidade de abandonar o discurso maniqueísta de combate à corrupção	39
2.2	O contexto da corrupção no Brasil	42
2.2.1	A herança patrimonialista: a dificuldade em distinguir o público do privado	43
2.2.2	A familiaridade com a corrupção e a cultura da impunidade	47
2.2.3	O tamanho da Administração Pública: o amplo poder conferido às autoridades públicas como fator contributivo ao fenômeno da corrupção	49
2.2.4	O lugar da corrupção no âmbito das contratações públicas: aspectos destacados das fraudes praticadas	52
2.2.4.1	Vícios na etapa preparatória da contratação	57
2.2.4.2	Vícios na fase externa da contratação	63
2.2.4.3	Vícios no curso da execução do contrato	67
3	Os contornos jurídicos da corrupção	73
3.1	Esforços internacionais e estrangeiros de combate à corrupção ...	73
3.1.1	Legislação anticorrupção nos Estados Unidos – *The False Claims Act* (FCA), o *Foreign Corrupt Pratices Act* (FCPA) e a *Lei Sarbanes-Oxley Act*	74
3.1.2	O combate à corrupção na cena internacional: OEA, OCDE, ONU, o Banco Mundial e a Transparência Internacional	92
3.1.3	O UK Bribery Act	95
3.2	A estratégia brasileira de combate à corrupção	98

3.2.1 Contornos jurídicos: situando a corrupção no ordenamento jurídico brasileiro 99
3.2.1.1 O crime de corrupção 100
3.2.1.2 Corrupção e improbidade administrativa 106
3.2.1.3 A prática do *lobby*: a falta de regulamentação e a equiparação com atos de corrupção 111
3.2.1.4 A Lei nº 12.813/2013 e a pretensão de regulamentar os conflitos de interesses dos servidores federais 115
3.2.2 A Lei nº 12.846/2013 (Lei Anticorrupção) 117
3.2.2.1 A responsabilidade objetiva por ato de terceiro 121
3.2.2.2 A implantação do programa de *compliance* como condição para a celebração do acordo de leniência 129
3.2.3 O programa de *compliance* como requisito para a reabilitação 134
3.2.4 O Código de Conduta da Alta Administração e o Código de Ética Profissional do Servidor Público Civil do Poder Executivo Federal 136
3.2.5 A Lei Federal nº 13.303/2016: a obrigatoriedade do programa de *compliance* no âmbito das empresas estatais 139
3.2.6 O Decreto nº 9.203/2017 e o programa de *compliance* no âmbito da Administração Pública federal 141
3.2.7 A exigência de mecanismos de integridade para as empresas que contratam com a Administração Pública 142
3.2.7.1 A exigência de programa de *compliance* como obrigação contratual não traduz inconstitucionalidade 143
3.2.7.2 A constitucionalidade da sanção de impossibilidade de contratar com a Administração Pública estadual enquanto não for implementado o programa de *compliance* 146
3.2.7.3 O problema da indexação 152
3.2.7.4 Competência para fiscalizar: o desafio para a efetividade da exigência de *compliance* nas contratações públicas 153
4 Afinal, o que é *compliance*? 156
4.1 Governança corporativa, auditoria interna e *compliance* 159
4.1.1 Governança corporativa e *compliance* 160
4.1.2 Auditoria interna e *compliance* 167
4.1.3 O programa de *compliance*: algumas questões conceituais 171
4.1.3.1 *Compliance officer* 175
4.1.3.1.1 Responsabilidade do *compliance officer* 182
4.1.3.1.2 Obrigação de reporte às autoridades públicas 190
4.1.3.2 *Compliance monitor* (monitor independente ou monitor externo) ... 194
4.2 Como implantar um programa de *compliance*: elementos essenciais de acordo com o artigo 42 do Decreto nº 8.420/2015 203

4.2.1	Comprometimento da alta administração (inciso I)	205
4.2.1.1	Como demonstrar o comprometimento da alta administração	210
4.2.2	Padrões de conduta, código de ética, políticas e procedimentos de integridade (incisos II e III)	213
4.2.2.1	Como demonstrar a existência de políticas e procedimentos internos	220
4.2.3	Treinamentos periódicos (inciso IV)	222
4.2.3.1	Como demonstrar a realização de treinamentos periódicos	228
4.2.4	Gerenciamento, análise periódica de riscos e monitoramento contínuo do programa de *compliance* (incisos V e XV)	230
4.2.4.1	Análise e gerenciamento de riscos de integridade	231
4.2.4.2	Monitoramento e aperfeiçoamento do programa de *compliance*	262
4.2.4.3	Como demonstrar a análise de risco e o monitoramento contínuo do programa de *compliance*	265
4.2.5	Registros contábeis completos e precisos e controles internos que assegurem a confiabilidade das informações (incisos VI e VII)	268
4.2.5.1	Como demonstrar a existência de registros contábeis completos e precisos e controles internos que assegurem a confiabilidade das informações	271
4.2.6	Procedimentos voltados à prevenção de fraudes e ilícitos nas contratações públicas e nas demais interações com o Poder Público (inciso VIII)	273
4.2.6.1	Políticas de relacionamento com o setor público e contratações públicas	275
4.2.6.2	Políticas relativas ao oferecimento de brindes, presentes ou hospitalidade	282
4.2.6.3	Como demonstrar a existência de procedimentos voltados à prevenção de fraudes e ilícitos nas contratações públicas	287
4.2.7	Independência, estrutura e autoridade da instância de *compliance* (inciso IX)	289
4.2.7.1	Como demonstrar a independência e autoridade da instância de *compliance*	299
4.2.8	Canais de denúncia e comunicação (inciso X)	301
4.2.8.1	Como demonstrar a existência de canais de comunicação e denúncia	307
4.2.9	Medidas disciplinares em caso de violação do programa de *compliance* (inciso XI)	309
4.2.9.1	Como demonstrar a existência das medidas disciplinares	312
4.2.10	Procedimentos que busquem assegurar a pronta interrupção da infração e a remediação dos danos gerados (inciso XII)	313

4.2.10.1	Como demonstrar a existência de procedimentos que busquem assegurar a pronta interrupção da infração e a remediação dos danos	321
4.2.11	*Due diligence* ou avaliação de terceiros (incisos XIII e XIV)	324
4.2.11.1	Como demonstrar a existência de procedimentos de avaliação e monitoramento de terceiros	331
4.2.12	Transparência quanto às doações para candidatos e partidos políticos (inciso XVI)	333
4.3	O *compliance* nas estatais (Lei Federal nº 13.303/2016)	335
5	A função do *compliance* no combate à corrupção	342
5.1	O *compliance* nas empresas que contratam com o poder público: os sistemas de incentivo e a importância de uma cultura de conformidade	343
5.1.1	O papel dos incentivos	345
5.1.2	A importância dos controles preventivos e da certeza da sanção	356
5.2	Saindo do papel: mecanismos para evitar o *compliance* "de aparência"	361
5.2.1	Necessidade de avaliação do programa de *compliance* por auditoria externa	362
5.2.2	Responsabilidade pessoal dos responsáveis pelo programa de *compliance*, mecanismos de rodízio e garantia de estabilidade	368
5.2.3	Inexistência de dever de reporte às autoridades públicas	371
5.3	O *compliance* como exigência nas licitações públicas	373
5.3.1	Os excessos no combate à corrupção e a lista de empresas proibidas de contratar com a Petrobras	373
5.3.2	A exigência do programa de *compliance* no processo de licitação	377
	Conclusão	381

REFERÊNCIAS 393

PREFÁCIO DA PRIMEIRA EDIÇÃO

Costumo contar sobre uma situação que ocorreu comigo em sala de aula, quando era acadêmico no 4º ano do Curso de Direito da UFPR, no idos de 1990. Provavelmente na disciplina de direito penal ou direito processual penal, discutíamos sobre crimes contra a Administração Pública, os tipos penais e os procedimentos para a sua apuração, e lembro-me que fiquei bastante curioso pelo fato de crimes como corrupção passiva, corrupção ativa ou peculato terem sua previsão legal no Código Penal em sua versão original de 1940. A corrupção é antiga, pensei.

Indaguei ao meu professor se esses crimes eram devidamente apurados, pois não tínhamos conhecimento à época – nem nos Tribunais, nem na imprensa – de escândalos ou condenações envolvendo casos de corrupção. Em sua resposta, o professor sugeriu que muito provavelmente a mera previsão daquelas condutas como crime acabava dissuadindo os agentes públicos e privados a não cometerem tais delitos, e rapidamente passou para outro assunto. Por alguma razão eu fiquei encafifado com o tema, e após a aula fui checar se realmente não existiam condenações sobre corrupção no Brasil. Para minha surpresa, nada ou quase nada existia.

Este foi meu primeiro contato com o tema da corrupção, pois à época não era um assunto discutido nos jornais, na TV, nos Tribunais e muito menos em sala de aula. Mas foi o suficiente para me deixar interessado no assunto. Logo após tivemos o *impeachment* do ex-Presidente Collor (1992), que trouxe à tona um dos primeiros grandes escândalos de corrupção da Nova República, seguido da CPI dos Anões do Orçamento (1993) e de muitos outros que aos poucos levaram para a opinião pública o difícil e intrincado tema da corrupção. A corrupção realmente existia, e precisava ser combatida, pensei.

De lá para cá evoluímos significativamente, e os emblemáticos casos do Mensalão (2005) e da Lava Jato (2014) impuseram à Agenda Pública que enfrentasse diuturnamente a complexidade e a perversidade da corrupção. O tema transbordou o direito penal e migrou para áreas como direito administrativo, direito financeiro, direito antitruste, ganhando presença e proporção inimagináveis quando comparáveis aos debates que pouco ou nunca ocorriam na década de 90 do século passado.

Meu depoimento aqui vai no sentido de que o livro que tenho o prazer de prefaciar, fruto da belíssima dissertação de mestrado escrita com afinco e defendida com galhardia pela Fernanda Santos Schramm – participei honrosamente da banca que examinou o trabalho, ao lado dos diletos amigos e Professores Cademartori (UFSC) e Gabardo (UFPR) –, representa uma excelente referência de obra sintonizada com os novos tempos de predomínio da ética e da transparência das relações público--privadas, que a geração da autora tão bem soube captar e a que vem se dedicando com maestria.

Desde 2014 ministro na Faculdade de Direito da USP o curso de mestrado e doutorado "Corrupção na Administração Pública", e que caminha para a sua 4ª edição em 2020. Hoje podemos falar, debater e pesquisar, não somente sobre corrupção política e administrativa, mas também sobre corrupção privada. Vejam só que transformação!

E considerando o estágio ainda embrionário no Brasil de implantação e disseminação do método *Governance, Risk Assessment and Compliance-GRC*, a obra "COMPLIANCE NAS CONTRATAÇÕES PÚBLICAS" nasce alinhada e absolutamente sincronizada com a metamorfose ora em curso da forma com que tratativas e relações firmadas entre os setores público e privado em nosso país passam a ocorrer, como reflexo também do que estamos assistindo no mundo todo.

Eu diria até mais. Ao compreender e tão bem analisar o epicentro dos possíveis conluios público-privados que cotidianamente desviam milhões e milhões de reais do Erário, e que tanto mal fazem, não somente às contas públicas, mas à vida da população brasileira, Fernanda soube identificar que os processos de licitações e contratações públicas devem obrigatoriamente contar com métodos, técnicas e mecanismos plenamente aptos a detectar e prevenir focos de corrupção. Esta é a força do *compliance*: deslocar o combate à corrupção para o momento da prevenção, sem prescindir ou desprestigiar o momento da responsabilização.

Reside aqui a coragem investigativa e o brilhantismo dos seus achados de pesquisa, que a jovem autora desenvolve de maneira séria e verticalizada durante todo o transcurso do seu livro, o qual centraliza um agudo estudo na ampla temática do *compliance*, mas que nele é tratado de modo percuciente, inovador e corretamente aplicado à realidade dos processos de seleção das propostas tidas como as melhores a legitimar a contratação de empresas tidas, não somente como as mais capazes, mas sobretudo como as mais éticas para se relacionar com o Poder Público.

Ao conferir exegese qualificada aos artigos da Lei Federal nº 12.846/13 – comumente conhecida como Lei Anticorrupção (LAC) – que tratam especificamente dos pontos essenciais dos programas de integridade das pessoas jurídicas que firmam contratos com o Poder Público no Brasil, Fernanda deixa transparecer com segurança e de modo muitíssimo acertado que a LAC não pode ser encarada única e exclusivamente como uma Lei Anticorrupção.

Para a autora, este diploma legislativo encerra muito mais, ao estimular e promover programas de integridade para todas as entidades privadas que buscam no Poder Público a sua sustentabilidade financeira e negocial. Vivemos o momento da disseminação da cultura do *compliance*, aquele dever generalizado de atenção e cumprimento diário de padrões de conduta ética e de obrigações previstas pela lei e pelo Direito, exigidos de todos os cidadãos e de todas as organizações privadas que atuam no país. Este foi o principal percurso escolhido pelo legislador brasileiro para, ao lado de outros caminhos e medidas, coibir e prevenir a codependência público-privada para as práticas de atos de corrupção que a Lava Jato e operações contemporâneas e congêneres atestaram como sendo um modelo de negócios que impera no país, e que precisa ser combatido e banido com veemência.

E, no que diz respeito ao Estado como contratante, Fernanda esclarece que emerge um importante dever estatal, o de promover a cultura do *compliance* empresarial por meio de regras que exijam em determinados momentos do processo licitatório e de contratação pública um programa de integridade dos licitantes e contratados – e por consequência posturas e condutas éticas – sempre a partir dos critérios de isonomia e paridade de tratamento de todos os interessados, como forma de viabilizar uma contratação mais limpa, transparente, ética e, em razão de tudo isso, eficiente.

Particularmente, comungo das preocupações da Fernanda no que diz respeito à busca por um *compliance* efetivo, que não seja de mera aparência, e por isso todas as suas sugestões e recomendações presentes no trabalho são, sem exceção, muito bem-vindas. Neste aspecto também o livro da Fernanda é extremamente oportuno, pois, embora o momento brasileiro seja o de estruturação dos programas de integridade empresarial – outros países já se encontram refletindo e praticando efetividade e revisão dos programas de integridade! –, as propostas da autora soam contemporâneas e altamente prospectivas, o que igualmente leva à constatação de que sua obra tende a se transmutar rapidamente em uma referência na área, e por isso dotada de muita longevidade.

O combate contra a corrupção deve ser encarado como um meio para alcançarmos o fortalecimento de nosso Estado de Direito Democrático, jamais como um fim em si mesmo, mas um caminho indispensável. O furacão Lava Jato evidenciou e varreu muito abusos e excessos perpetrados pela classe política dominante e por parcela considerável do empresariado brasileiro, ensejando ajustes e mudanças consideráveis na legislação anticorrupção pátria e no modelo preponderante de fazer negócios com o Poder Público no país.

A cultura do *compliance*, ao lado da luta pela responsabilização dos malfeitos perpetrados por agentes públicos e privados, forma uma bandeira que hoje é defendida pela esmagadora maioria da população brasileira, e que a autora soube tão bem captar em seu trabalho, trazendo um olhar técnico, atento e prospectivo para um tema absolutamente instigante e essencial para o momento disruptivo de refundação de uma nova ética relacional entre os setores público e privado no país.

A meu ver, esta deve ser uma chama que jamais poderá se apagar, e por isso Fernanda e sua geração de jovens advogados e pesquisadores do Direito têm, ao lado de todos nós, a obrigação de mantê-la indefinidamente acesa e flamejante. Esta obra é uma contribuição robusta e totalmente à altura do desafio que Fernanda se impôs, como investigadora jurídica, mas sobretudo como cidadã. E por isso este livro diz muito sobre quem é verdadeiramente a Fernanda: sua personalidade, seus sonhos, seus desígnios. Parabéns à autora e à Editora Fórum.

Gustavo Henrique Justino de Oliveira
Professor Doutor de Direito Administrativo na USP.
Árbitro e consultor em Direito Público

1 Introdução

Enquanto o termo *"compliance"* ganhava popularidade no meio jurídico e passava a ser apontado como um instrumento destinado a garantir maior transparência e confiabilidade às atividades empresariais, os meios de comunicação noticiavam a existência de um departamento *"anticompliance"* no âmbito de uma das maiores empreiteiras investigadas pela Operação Lava Jato. A constatação alertava, já no início de 2016, para a necessidade de que o entusiasmo com o instituto fosse sopesado por uma investigação mais acurada acerca de sua real contribuição como mecanismo de combate à corrupção. Desde então, com o gradativo amadurecimento do debate sobre o tema, há uma tendência de abandono da perspectiva meramente formal e defensiva em prol de uma análise acerca da efiência dos mecanismos de integridade.

O conceito literal do termo *compliance* remete à ideia de conformidade, com a legislação ou com qualquer outra forma de regramento existente no âmbito das organizações – públicas ou privadas. O programa de *compliance*, no entanto, não se destina ao mero cumprimento de normas. Trata-se de uma ferramenta de gestão interna voltada a promover os objetivos estratégicos da organização e a reduzir os riscos de prejuízos financeiros, incluindo aqueles decorrentes da aplicação de penalidades e de desgates reputacionais.

No cenário brasileiro, a relevância do programa de *compliance* foi alçada a novos patamares com a edição da Lei nº 12.846/2013 e a possibilidade de responsabilização objetiva das empresas por atos de terceiros (dirigentes, funcionários e todo tipo de representante que atue em seu nome ou benefício). A inovação legislativa aumentou a preocupação das empresas com os riscos inerentes à delegação de responsabilidades na estrutura organizacional. Seguiu-se a isso a proliferação de leis estaduais exigindo, em determinadas situações, que as empresas contratadas pela Administração Pública demonstrassem a existência de programas de *compliance* como parte das obrigações contratualmente assumidas. As imposições da Lei nº 13.303/2016 sobre a estrutura de controle interno e governança das empresas estatais também contribuiu para o refinamento do debate e a disseminação do tema.

A promulgação de leis vocacionadas a combater a corrupção e o maior envolvimento popular nos casos de desvio aumentou os riscos de exposição das organizações e de seus representates. Além do prejuízo reputacional, há que se considerar a possibilidade de aplicação de multas elevadas e até mesmo a prisão de executivos envolvidos em alguma espécie de desvio. Sob essa tendência, muitos estados e organizações privadas têm exigido mecanismos voltados à prevenção de desvios como um pressuposto para a negociação e celebração de parcerias. Além disso, há uma tendência mundial de que empresas envolvidas em casos de fraude e corrupção recebam um abrandamento da pena como uma espécie de reconhecimento da qualidade de seus programas de *compliance*.

Diante desse contexto, é um fato cada vez mais evidente que as empresas têm investido recursos significativos em *compliance*, ainda que sem muita clareza sobre a funcionalidade do programa. Há, de fato, um ambiente de muita dúvida sobre o que traduz um programa de *compliance* eficiente. Algumas orientações podem ser extraídas das cartilhas fornecidas pelos órgãos de controle, em um contexto mais genérico. De forma geral, no entanto, as empresas ainda acabam "tateando" em busca da definição dos pormenores práticos. Poucas são aquelas que ultrapassam a elaboração de códigos de ética repetitivos e inócuos. As discussões jurídicas também continuam incipientes. Especialmente na academia brasileira, a maior parte dos trabalhos científicos sobre *compliance* ainda adota uma abordagem eminentemente descritiva.

Feita essa breve contextualização, que antecipa a amplitude do tema, é importante delimitar o recorte utilizado no presente estudo. O livro avalia as estratégias capazes de influenciar o processo de tomada de decisão dos agentes que, em nome das pessoas jurídicas, interagem com a Administração Pública, sobretudo no âmbito das licitações e contratos. Dentre as diversas possibilidades de utilizar o *compliance*, o exame é restrito às práticas ilícitas perpetradas pelos representantes das empresas no âmbito das contratações públicas. A análise concentra-se no regime jurídico do programa de *compliance*, traduzido no conjunto de estratégias organizacionais voltadas para a prevenção de fraudes e atos ilícitos no exercício da atividade empresarial.

Também é importante delimitar a opção terminológica pela expressão "programa de *compliance*". Segundo a Controladoria-Geral da União (CGU), o programa de integridade previsto na Lei nº 12.846/2013 seria uma espécie de programa de *compliance* especificamente voltado para prevenção, detecção e remediação dos atos de corrupção. Tal definição é válida na medida em que os programas de *compliance* bem estruturados não se restringem ao combate à corrupção. Por outro lado, é inegável que o conceito de *compliance* atualmente vigente no ordenamento brasileiro remete aos instrumentos de combate à fraude nas interações público-privadas. Assim, diante da inexistência de um conceito único no ordenamento e na doutrina, os vocábulos programa de *compliance* e integridade serão utilizados como sinônimos.

O objetivo central do trabalho consiste em analisar a possibilidade de gerenciar os elementos do programa de *compliance* com o intuito de coibir a adoção de práticas corruptas na atuação dos representantes e funcionários das pessoas jurídicas que contratam com a Administração Pública. Defende-se que o programa de *compliance*, sob a *perspectiva econômica*, é capaz de influenciar o cálculo dos agentes racionais a partir (i) do incremento dos mecanismos de controle e, consequentemente, da ampliação dos riscos inerentes às condutas ilícitas; e (ii) de incentivos para que os colaboradores da empresa passem a aderir às diretrizes éticas e legais apregoadas. Sob a *perspectiva sociológica*, sustenta-se que os valores cultivados no âmbito organizacional contribuem para consolidar uma cultura de intolerância à corrupção. Como desdobramento, acena-se para a possibilidade de que o programa de *compliance* possa ser inserido como exigência nas contratações públicas, sob a premissa de que teria o condão de reduzir os riscos de corrupção.

O livro dedica-se com ainda mais ênfase ao estudo do instituto do *compliance* propriamente dito. É onde se apresentam os conceitos importados das ciências administrativas – governança corporativa, boas práticas, *accountability* – e os elementos que compõem o programa. Há destaque para as figuras do *compliance officer* e do *compliance monitor*, além de uma análise um pouco mais acurada sobre os limites de suas responsabilidades. O objetivo foi avaliar um a um os elementos que, nos termos do artigo 42 do Decreto nº 8.420/2015, compõem o programa de *compliance* e a sua potencial relação com os incentivos destinados a influenciar o processo de tomada de decisão individual.

O parâmetro norteador dos elementos mínimos do programa de *compliance* foram os incisos do artigo 42, acrescidos de instruções complementares extraídas de guias, cartilhas e documentos orientativos emitidos por órgãos oficiais, sobretudo pela Controladoria-Geral da União (CGU).[1].

---

[1] Citam-se, apenas por ilustração, as inúmeras leis vigentes nos diversos países que possuem regulamentação sobre o tema; os guias e memorandos emitidos pelos órgãos de controle;

Ao final, propõe-se uma análise do programa de *compliance* como mecanismo de combate à corrupção. A avaliação parte de estudos empíricos que discorrem sobre a funcionalidade de alguns dos mecanismos que compõem o programa. O destaque recai sobre o papel dos incentivos e sobre a importância de se consolidar uma cultura de conformidade. Em complemento, são apresentadas algumas sugestões que poderiam ser aplicadas para evitar o que se convencionou chamar de *compliance* "de aparência", ou seja, programas estruturados apenas no papel e que não se prestam efetivamente a mitigar os riscos de transações ilícitas. Por fim, analisa-se a legalidade da exigência do programa de *compliance* no âmbito das licitações públicas.

O presente livro é resultado da publicação da dissertação de mestrado em Direito defendida na Universidade Federal de Santa Catarina, em fevereiro de 2018, sob a orientação do Professor Dr. Luiz Henrique Urquhart Cademartori.

Nesta segunda edição, revisada e atualizada, foram incorporadas as alterações legislativas e as novas orientações dos órgãos de controle – nacionais e internacionais. A intenção foi conferir uma perspectiva ainda mais prática sobre os elementos exigidos para que o programa de *compliance* seja considerado efetivo.

2 Marcos teóricos do fenômeno da corrupção: delimitação do objeto de estudo

Ao iniciar um trabalho que pretende tratar do fenômeno da corrupção, o pesquisador depara-se de antemão com um primeiro obstáculo: a inexistência de definição precisa ou de uma teoria capaz de conceituar o termo de forma definitiva. A palavra, em si, aparece diariamente nos noticiários e no vocabulário popular, referindo-se às mais diversas situações, na maior parte das vezes dissociada do crime de corrupção tipificado no Código Penal brasileiro. A gama de procedimentos e condutas que acabam recebendo a pecha de "corruptas" é interminável. É essa, pois, a primeira advertência ao leitor: é preciso ter cautela e responsabilidade no emprego do termo.[2]

---

as cartilhas disponibilizadas por conselhos, associações, organizações e institutos voltados ao estudo do tema; as certificações ISO já existentes; as orientações do selo "Pró-Ética" etc. Muitos desses materiais serão utilizados ao longo do trabalho em caráter complementar, como balizas para interpretar os requisitos elencados no artigo 42 do Decreto nº 8.420/2015.

[2] Já neste primeiro momento, é oportuna a ressalva de que: "A clareza que o conceito de corrupção tem no discurso comum – e, muitas vezes, também no discurso político – é, em

Sob o ponto de vista léxico, o vocábulo corrupção tem origem na palavra latina *corruptio*, que significa "ato, processo ou efeito de corromper",[3] o que remete à ideia de decomposição, putrefação, depravação, desmoralização, devassidão, suborno. O fenômeno é tão antigo quanto a história da humanidade e a sua contextualização demandaria "voltar à própria experiência dos antigos com o tema".[4]

Susan Rose-Ackerman e Bonnie Palifka adotam, dentre as diversas interpretações possíveis, a conceituação da Transparência Internacional, que define corrução como "o abuso de um poder confiado para ganhos privados".[5] Segundo os autores, o ponto central da acepção reside no termo "poder confiado", que se refere às tarefas que deveriam ser desempenhadas de acordo com regras preestabelecidas. A corrupção se manifesta, portanto, quando o sujeito *abusa* do poder que lhe foi confiado, utilizando-o para fins diversos do inicialmente pretendido.

No *Dicionário de Política*, que tem Norberto Bobbio entre seus organizadores, a corrupção é definida como "o fenômeno pelo qual um funcionário público é levado a agir de modo diverso dos padrões normativos do sistema, favorecendo interesses particulares em troca de recompensa".[6] Sob essa ótica, o ato de corrupção corresponderia a uma conduta exclusiva dos agentes públicos ou daqueles que, de alguma forma, desempenham um papel na estrutura estatal. Nos dias

---

larga medida, apenas aparente, e decorre, em primeiro lugar, do fato de que o conceito corrente pode, efetivamente, ser aplicado com razoável clareza em alguns casos representativos e, em segundo lugar, do fato de que o conceito carrega sempre, em todos os seus usos, um mesmo sentido de reprovação (o que ajuda a reforçar a impressão de que o termo está sendo usado sempre com um mesmo sentido). Em outras palavras: vários tipos de atos ou comportamentos podem ser chamados de corruptos; alguns são imediata e facilmente caracterizados como tal; outros, não". REIS, Cláudio Araújo; ABREU, Luiz Eduardo. Administração conflitos de interesse: esforços recentes no Brasil. *Revista de informação legislativa*, v. 45, n. 180, p. 161-173, out./dez. 2008, p. 163.

[3] HOUAISS, Antônio; VILLAR, Mauro de Salles. *Dicionário Houaiss da língua portuguesa*. Rio de janeiro: Objetiva, 2001, p. 848.

[4] FILGUEIRAS, Fernando. Marcos teóricos da corrupção. In: AVRITZER, Leonardo; BIGNOTTO, Newton; GUIMARÃES, Juarez; STARLING, Heloisa Maria Murgel. *Corrupção*: ensaios e críticas. Belo Horizonte: Editora UFMG, 2008, p. 354.

[5] ROSE-ACKERMAN, Susan; PALIFKA, Bonnie J. *Corruption and government*: causes, consequences, and reform. Cambridge: Cambridge University Press, 2016, p. 9, tradução livre. A corrupção governamental, segundo Andrei Shleifer e Robert Vishny, seria definida como "a venda, por agentes do governo, de propriedades públicas para ganhos pessoais". SHLEIFER, Andrei; VISHNY, Robert. Corruption. *Quarterly Journal of Economics*, n. 108, p. 599-217, 1993, tradução livre.

[6] BOBBIO, Norberto; MATTEUCI, Nicola; PASQUINO, Gianfranco. *Dicionário de Política*. 5. ed. Brasília: Editora Universidade de Brasília; São Paulo: Imprensa Oficial do Estado, 2000, p. 291.

atuais, porém, o termo "corrupção privada" tem-se tornado cada vez mais usual, pondo em xeque talvez o único denominador comum dos vários significados de corrupção: o desvio do interesse eminentemente público em prol de interesses privados.[7]

O objetivo deste estudo restringe-se à análise do programa de integridade (*compliance*) como mecanismo de combate à corrupção[8] no âmbito das contratações públicas regidas pelo ordenamento jurídico brasileiro.[9] Interessam, portanto, apenas os desvios que envolvem: de um lado, os representantes das empresas e, de outro, os agentes públicos que agem movidos por interesses particulares – próprios ou de terceiros – desde os trâmites que antecedem a celebração da avença até a entrega do produto final à Administração Pública.[10]

Logo, a corrupção pode ser definida como o abuso ou desvirtuamento voluntário da responsabilidade assumida em decorrência do exercício de um cargo ou função pública, tendo por objetivo a realização de interesses privados – próprios ou de terceiros.[11] Sob tais premissas,

---

[7] Por exemplo: citam-se os artigos 21 e 22 da Convenção das Nações Unidas contra a Corrupção – a chamada Convenção de Mérida – assinada pelo Brasil em 9 de dezembro de 2003, que trata do suborno e da malversação ou desvio de bens, ambos no setor privado, "sem que se faça necessária a participação de qualquer agente público". BRASIL. Decreto nº 5.687, de 31 de janeiro de 2006. *Diário Oficial da União*. Poder Executivo: Brasília, DF, 1 fev. 2006.

[8] É importante alertar que a corrupção, em termos genéricos, é um fenômeno insuscetível de ser dizimado, erradicado. Logo, é tecnicamente incorreto o argumento de "guerra" à corrupção, porque o termo "guerra" pressuporia um "inimigo" que pode ser derrotado. O que é possível é criar mecanismos de desestímulo à corrupção, instrumentos que administrem o cenário posterior à detecção do ato de corrupção.

[9] O termo "contratações" é utilizado no sentido de avença, de acordo, não restringindo o objeto do trabalho aos contratos públicos em si, mas, ao contrário, abarcando os demais pactos que podem ser firmados entre o Poder Público e os agentes privados, como é o caso dos convênios, consórcios, das parcerias público-privadas, das parcerias voluntárias, dentre outros. Não se afirma, com isso, que a corrupção ocorre apenas no âmbito dos contratos públicos. A corrupção pode apresentar-se sob diversas facetas – administrativa, política, eleitoral –, cada qual com "suas próprias circunstâncias, meios, agentes e objetos. Alguns desses aspectos, não raro, se confundem, o que não impede uma abordagem em separado". RIBAS JUNIOR, Salomão. *Corrupção pública e privada* – quatro aspectos: ética no serviço público, contratos, financiamento eleitoral e controle. Belo Horizonte: Fórum, 2014. p. 83.

[10] Como cediço "o princípio da moralidade pública vincula não só a Administração (direta e indireta), mas também os sujeitos privados, quando em relação com os entes públicos". MOREIRA, Egon Bockmann. O princípio da moralidade e seu controle objetivo. In: PIRES, Luis Manuel; ZOCKUN, Maurício; ADRI, Renata (Coord.). *Corrupção, ética e moralidade administrativa*. Belo Horizonte: Fórum, 2008, p. 103. No mesmo sentido, BACELLAR FILHO, Romeu Felipe. Ética Pública, o Estado Democrático de Direito e os princípios consectários. In: PIRES, Luis Manuel; ZOCKUN, Maurício; ADRI, Renata (Coord.). *Corrupção, ética e moralidade administrativa*. Belo Horizonte: Fórum, 2008, p. 352.

[11] A conceituação aproxima-se da definição proposta por Joseph Nye, para quem a corrupção é um "comportamento que se desvia dos deveres formais de um papel público

o termo corrupção restringe-se aos casos em que (i) um indivíduo ou uma organização da iniciativa privada busca, por meio de suborno, obter privilégios perante agente público; ou (ii) a pessoa investida de autoridade pública exige algum tipo de benefício para interceder em favor de um particular, ainda que essa intercessão represente, única e exclusivamente, o cumprimento dos seus deveres funcionais.

Não obstante, como os tipos previstos no artigo 5º da Lei nº 12.846/2013 não pressupõem necessariamente a presença de um agente público, consideram-se incluídos no conceito de corrupção os atos praticados exclusivamente pelas pessoas jurídicas ou seus representantes com o intuito de lesar o interesse público em prol de vantagens particulares, nomeadamente no âmbito das licitações e contratos públicos.[12] O "Guia de Avaliação de Riscos de Corrupção" disponibilizado pelo Pacto Global da ONU fornece um descritivo detalhado sobre as principais formas por meio das quais o fenômeno da corrupção se apresenta.[13]

2.1 Perspectivas da corrupção

As dificuldades em conceituar o fenômeno da corrupção permeiam as discussões teóricas travadas nas áreas do direito, das ciências econômicas, da sociologia, filosofia e psicologia – além dos pontos de

---

em razão da sobreposição de interesses privados (pessoais, familiares ou de pessoas próximas) em nome de ganhos financeiros ou de status". NYE, Joseph. Corruption and Political Development: A Cost-Benefit Analysis. *The American Political Science Review*, v. 61, n. 2, p. 417-427, jun. 1967, p. 419. O autor sustenta que os benefícios da corrupção podem sobrepor os seus custos. A obra de Susan Rose-Ackerman e Bonnie Palifka também aborda os efeitos positivos e negativos decorrentes do fenômeno. ROSE-ACKERMAN; PALIFKA, 2016. Tal análise não consta do presente trabalho. Embora não se descure da existência de possíveis efeitos econômicos positivos decorrentes dos atos de corrupção, adota-se o entendimento de que os eventuais benefícios são pouco significativos diante da magnitude dos efeitos negativos. Mesmo porque, como afirma Susan Rose-Ackerman, "o crescimento econômico não é a única meta digna de ser almejada. A corrupção também tende a distorcer a alocação dos benefícios econômicos, favorecer aqueles que têm em detrimento daqueles que não têm, levar a uma distribuição de renda menos igualitária". ROSE-ACKERMAN, Susan. A economia política da corrupção. In: ELLIOT, Kimberly Ann (Org.). *A corrupção e a economia global*. Brasília: UnB, 2002, p. 62. De forma ainda mais direta, Marco Aurélio Borges de Paula define a corrupção pública como a "venda de uma decisão pública". PAULA, Marco Aurélio Borges de. Efeitos da corrupção para o desenvolvimento. In: PAULA, Marco Aurélio Borges de; CASTRO, Rodrigo Pironti Aguirre de. *Compliance, gestão de riscos e combate à corrupção*: integridade para o desenvolvimento. Belo Horizonte: Fórum, 2018, p. 22.

[12] A tipificação não se confunde com a ideia de corrupção privada porque, embora não exija a presença de um agente público, pressupõe a malversação do interesse público em prol de interesses privados.

[13] PACTO GLOBAL DA ONU. *Guia de Avaliação de Riscos de Corrupção*, 2017, p. 12-13.

divergência dentro do próprio pensamento político. Dentre os possíveis ângulos de interpretação, assumem relevância: (i) a perspectiva econômica, centrada na análise do conjunto de incentivos postos à disposição dos atores racionais; e (ii) a perspectiva sociológica, essencialmente fundamentada na influência dos valores e do meio sobre a conduta dos mesmos atores racionais.

O enfrentamento da corrupção, por sua vez, pode ser sintetizado em três estratégias distintas e complementares: (i) promoção de valores éticos e morais; (ii) medidas preventivas que visam impedir a consumação dos atos ilícitos; e (iii) mecanismos repressivos e restaurativos, de punição aos infratores e recuperação dos eventuais prejuízos causados ao erário.

A funcionalidade do programa de *compliance* no combate à corrupção depende da conjugação de ambas as abordagens (econômica e sociológica) na estruturação de cada uma das três linhas de atuação. Não se trata, pois, de uma estratégia concentrada apenas no viés econômico ou nos estímulos morais. Ao contrário, a proposição é de que a abordagem majoritariamente pragmática (econômica) considere o impacto dos valores culturais no cálculo racional dos agentes.

2.1.1 Abordagem econômica do fenômeno da corrupção: a teoria da escolha racional e os sistemas de incentivo

A teoria da escolha racional traduz o paradigma clássico da economia em relação ao comportamento esperado dos agentes econômicos.[14] O ponto de partida da teoria consiste na concepção de que os atores racionais buscam satisfazer suas ambições individuais e, portanto, agem de forma autointeressada, sob o efeito de incentivos distintos.[15]

---

[14] A referência à escolha racional não se propõe a uma análise contextualizada nem a uma descrição minuciosa da teoria. A utilização dos postulados centrais da teoria racional é empregada com o intuito de assentar as bases teóricas que possibilitarão, no curso do trabalho, avaliar a influência dos instrumentos que compõem o programa de *compliance* no comportamento dos indivíduos. Considera-se, portanto, sem a pretensão de descrever os comportamentos individuais com exatidão, que, na média, os sujeitos se comportam de forma racional. A escolha da teoria para a análise dos programas de *compliance* justifica-se pelo fato de ser capaz de propor resultados para casos futuros (de incerteza) e não apenas analisar cenários baseados no histórico do comportamento dos atores. Para informações sobre as críticas à teoria da escolha racional ver: SEN, Armatya K. Rational fools: a critique of the behavioral foundations of economic theory. *Philosophy & Public Affairs*, v. 6, n. 4, 1977, p. 317-344; SEARLE, John R. *Rationality in action*. Cambridge: The Mit Press, 2011.

[15] FILGUEIRAS, Fernando. Notas críticas sobre o conceito de corrupção: um debate com

De acordo com o modelo da escolha racional os indivíduos: (i) buscam maximizar o seu bem-estar, em face das preferências individuais e dos recursos limitados de que dispõem;[16] (ii) operam de forma racional e, portanto, consciente;[17] e (iii) respondem a incentivos.[18] A racionalidade, segundo a definição teórica, permite que o sujeito escolha, dentro de uma gama limitada de opções, aquela capaz de minimizar os custos e potencializar os benefícios subjacentes ao resultado pretendido, maximizando os meios para a sua realização.[19]

A relevância da racionalidade na análise do direito – e, mais especificamente, no campo da criminologia – tomou forma com a publicação do artigo *"Crime and Punishment: an Economic Approach"*, de autoria de Gary Becker – Nobel em economia em 1992.[20] De acordo com a abordagem proposta pelo autor, a chave para a compreensão da conduta delituosa está em assumir que os agentes cometem infrações

---

juristas, sociólogos e economistas. *Revista de Informação Legislativa*, v. 164, out./dez., 2004, p. 138.

[16] Sem descurar do inexorável grau de subjetividade, os economistas assumem as preferências individuais como valores exógenos, o que significa que são determinantes apenas fora do cálculo econômico. COOTER, Robert; ULEN, Thomas. *Law and economics*. 6. ed. Boston: Addison-Wesley, 2016, p. 19. A teoria da escolha racional ampara-se no comportamento consciente e abstrato dos indivíduos que buscam a maximização de suas preferências, pouco importando os motivos ou gostos pessoais do agente, mas apenas o seu padrão de conduta.

[17] Significa que os atores são capazes de ranquear suas preferências individuais dentre um conjunto de escolhas possíveis. *Idem*, p. 18. A ideia da consciência e racionalidade é calcada na adequação entre meios e fins e não no julgamento sobre a licitude ou aceitabilidade do objetivo almejado.

[18] O modelo da escolha racional "supõe que os humanos escolherão, sempre, entre as opções disponíveis, aquela que lhes ofereça a maior satisfação". MACKAAY, Ejan; ROUSSEAU, Stéphane. *Análise econômica do Direito*. 2. ed. São Paulo: Atlas, 2015, p. 31.

[19] FEREJOHN, John; PASQUINO, Pasquale. A teoria da escolha racional na ciência política: conceitos de racionalidade em teoria política. *Revista brasileira de Ciências Sociais*, São Paulo, v. 16, n. 45, p. 5-24, fev. 2001. O postulado fundamental é de que "os tomadores de decisão são racionalmente autointeressados". COOTER; ULEN, 2016, p. 50, tradução livre.

[20] BECKER, Gary S. Crime and punishment: an economic approach. *The Journal of Political Economy*, v. 76, n. 2, 1968, p. 169-217. Segundo o autor, a análise do crime é uma "generalização da análise econômica dos danos externos [externalidades] e deseconomias. Analiticamente, a generalização consiste na introdução de custos de detecção e condenação, o que torna a probabilidade de detecção e condenação variáveis importantes na tomada de decisão, e no tratamento da punição por meio da prisão e de outros métodos, assim como o pagamento de multas". *Idem*, p. 201, tradução livre. O artigo enfatiza a função da pena de multa como forma de dissuadir o potencial criminoso e neutralizar os efeitos do ato ilícito, ressarcindo a vítima sem acrescer custos excessivos à sociedade, o que é inerente às penas preventivas de liberdade. Ao antever as críticas de que a imposição de multa poderia resultar numa espécie de precificação do delito, o autor parte da premissa de que a pena restritiva de liberdade segue o mesmo princípio, diferindo apenas na unidade de medida: tempo (de prisão) ou dinheiro.

apenas se os benefícios potenciais do ato ilícito superarem os riscos decorrentes de uma eventual punição. Uma política baseada na escolha racional opera, pois, por meio de um conjunto de incentivos e sanções, assumindo que os indivíduos poderão alterar o seu comportamento de acordo com o resultado do cálculo dos custos e benefícios.[21]

A aplicação da racionalidade no estudo da corrupção – sob o viés jurídico – encontra-se intimamente ligada aos conceitos de: maximização dos resultados, incentivos e riscos. A ideia de maximização dos resultados é indissociável do objetivo almejado e, na acepção econômica clássica, dos interesses individuais. Ou seja, o sujeito elege os meios mais *eficientes* para a obtenção dos resultados pretendidos.[22] O agente racional irá "inventariar os resultados desejados (valores), identificar as ações que podem ser tomadas na busca (opções); determinar em que medida cada ação contribui para o resultado desejado e a que custo (valorização) e adotar aquela que contribui mais"[23] para a realização de seus interesses.

Retomando o ponto de vista da corrupção pública, o modelo racional presumiria que o agente investido de poder não agiria com vistas ao interesse público, mas buscando seus interesses particulares, *abusando*, portanto, do poder que lhe foi confiado. O empresário, por outro lado, seria visto como *rent-seeker*, tendente a optar pela prática de atos de corrupção quando julgasse "que os prováveis benefícios por cometer um ato ilícito superam os custos".[24]

A busca pela maximização dos resultados, sob a perspectiva clássica, é limitada apenas pelas circunstâncias impostas ao agente –

---

[21] Os pressupostos da teoria da escolha racional não devem ser interpretados de forma absoluta: ao contrário, é preciso ter em mente que os indivíduos podem optar por escolhas irracionais.

[22] O conceito de eficiência, subjacente à maximização dos resultados, é fundamental no âmbito da teoria da escolha racional. O resultado eficiente pressupõe que (i) não seja possível verificar o mesmo rendimento usando uma combinação de insumos de custo mais baixo; e (ii) não seja possível constatar um rendimento superior com a mesma combinação de insumos. COOTER; ULEN, 2016, p. 13.

[23] MACKAAY; ROUSSEAU, 2015, p. 31.

[24] ZURBRIGGEN, Cristina. Empresários e redes rentistas. In: AVRITZER, Leonardo; BIGNOTTO, Newton; GUIMARÃES, Juarez; STARLING, Heloisa Maria Murgel. *Corrupção*: ensaios e críticas. Belo Horizonte: Editora UFMG, 2008, p. 433. Os exemplos são intermináveis: "As empresas se envolvem em diferentes tipos de corrupção. Podem pagar propinas ao chefe de Estado para obter preferência em projetos importantes; pagar o Legislativo para influenciar a lei em seu favor; subornar oficiais e burocratas para obter vantagens internas em licitações públicas ou para esquivar-se de taxas e regulamentos; e pagar o Judiciário e os aplicadores da lei para evitar punições". ROSE-ACKERMAN; PALIFKA, 2016, p. 14, tradução livre.

comumente reduzidas aos incentivos e riscos que compõem o cálculo racional.[25] Os incentivos para que o sujeito pratique um ato de corrupção podem ser traduzidos (i) na tentação que circunda a obtenção da vantagem indevida; ou (ii) nas pressões para a realização da conduta ilícita. Significa que os agentes podem ser *condicionados* a atuar de forma desonesta, porque acreditam que podem obter benefícios – tentação – ou porque não anteveem outra opção – pressão.

Já os custos – ou riscos – da prática do ato ilícito referem-se essencialmente (i) às chances de detecção da infração, diretamente ligadas aos mecanismos de fiscalização e à probabilidade de se identificar condutas vedadas; (ii) à gravidade da penalidade respectiva; e (iii) à certeza da sanção, ou seja, ao grau de efetividade do mecanismo punitivo: se, detectado o ilícito, a sanção é de fato aplicada ou se fica restrita ao plano da ameaça.[26]

Assim, quanto maiores as chances de detecção e punição, pior é o resultado do cálculo dos custos e benefícios relacionados à fraude. O raciocínio é sintetizado no seguinte excerto:

> Se a possibilidade de detecção e de castigo é alta, a oferta ou a demanda por suborno pode cair a zero. [...] A expectativa de custo do suborno é igual à probabilidade de se ser pego multiplicada pela probabilidade de se ser condenado multiplicada pelo castigo imposto. O corruptor ou agente público isento de riscos compara essa expectativa de custo com a expectativa de benefício, e só age corruptamente se o saldo for positivo.[27]

Por decorrência lógica, se forem tidas como constantes as variáveis honestidade e integridade, a dimensão e a incidência do ato de corrupção "são determinadas pelo nível geral de benefícios disponíveis pelos poderes discricionários das autoridades, pelo risco das transações

---

[25] O que se pretende dizer com o termo "perspectiva clássica" é que, de acordo com essa abordagem, a escolha racional não leva em consideração os condicionantes morais e os aspectos socioculturais cultivados no meio em que o sujeito se encontra inserido. Justamente por isso, há quem defenda, ao contrário do que se propõe no presente trabalho, que "o modelo da escolha racional pode ser oposto ao do '*Homo sociologicus*' [...] ser um humano cujo comportamento é regido por normas ou regras". MACKAAY; ROUSSEAU, 2015, p. 32.

[26] A advertência remonta às origens da criminologia e à proposição de que "o rigor do suplício não é o que previne os delitos com maior segurança, porém a certeza da punição [...]. A perspectiva do castigo moderado, porém inflexível, provocará sempre uma impressão mais forte do que o vago temor de um suplício horrendo, em relação ao qual aparece alguma esperança de impunidade". BECCARIA, Cesare. *Dos delitos e das penas*. São Paulo: Martin Claret, 2007, p. 64.

[27] ROSE-ACKERMAN, 2002, p. 72.

corruptas e pelo relativo poder de negociação do corruptor e do corrompido".[28] A proposição enfatiza a condição do agente público. Logo, para avaliar o comportamento dos agentes privados, devem ser incluídos no conjunto de custos e benefícios que compõem o cálculo racional os possíveis efeitos à reputação e à imagem, tanto da pessoa física quanto da pessoa jurídica, uma vez que eventuais sanções – cíveis ou penais – encontram-se abarcadas no mencionado "risco das transações corruptas".

Em estudo intitulado "A mão invisível da reputação nas empresas: suborno, escolha racional e sanções de mercado",[29] foram analisados relatórios financeiros em que empresas acusadas de fraude apresentaram declínio nos valores de mercado desde o momento em que a notícia foi divulgada. Os resultados apontaram que, embora a reação do mercado mudasse conforme as características da fraude,[30] os efeitos eram ainda mais sensíveis nas empresas sem mecanismos de *compliance* e governança corporativa, o que indicaria que tais organizações não seriam capazes de proteger os interesses de seus investidores.[31]

A conclusão foi de que para cada U$ 1,00 despendido em penalidades decorrentes de uma acusação de suborno, apenas U$ 0,18 representariam penalidades de ordem legal, sendo o restante referente à perda reputacional, sobretudo à saída em massa de investidores. A "mão invisível do mercado", segundo os autores, "penaliza as empresas em cerca de 4,5 mais que a mão invisível dos órgãos de controle".[32]

---

[28] *Idem*, p. 70.
[29] SAMPATH, Vijay S.; GARDBERG, Naomi A.; RAHMAN, Noushi. Corporate Reputation's Invisible Hand: Bribery, Rational Choice and Market Penalties. *Journal of Business Ethics*, jul. 2016. No mesmo sentido, Bruno Maeda adverte que, especialmente no âmbito do FCPA, "notícias envolvendo práticas de corrupção causam sérios danos à reputação das empresas. A simples comunicação ao mercado de que uma empresa está em processo de investigação ou colaborando com as autoridades na apuração de possíveis violações de legislação anticorrupção gera efeitos imediatos no valor das ações da empresa". O autor cita o caso do Wal-Mart, que, em abril de 2012, "imediatamente após a divulgação de possíveis violações de legislações anticorrupção por condutas ocorridas no México, as ações da empresa sofreram queda de aproximadamente 5% nos Estados Unidos". MAEDA, Bruno Carneiro. Programas de Compliance Anticorrupção: importância e elementos essenciais. In: DEL DEBBIO, Alessandra; MAEDA, Bruno Carneiro; AYRES, Carlos Henrique da Silva (Coord.) *Temas de anticorrupção e compliance*. Rio de Janeiro: Elsevier, 2013, p. 169.
[30] As principais variáveis utilizadas foram: a fraude ter sido praticada em jurisdição estrangeira e o envolvimento de administradores ou membros do conselho.
[31] Além disso, os autores alertam que, no cálculo racional dos gerentes de grandes empresas, o risco da fraude pode ser inferior aos potenciais benefícios quando tais agentes (i) estiverem pressionados a apresentar resultados; (ii) estiverem confiantes de que as penalidades pecuniárias decorrentes do ilícito podem ser cobertas pelo caixa da empresa; (iii) acreditarem que podem ludibriar a fiscalização, diminuindo as chances de quaisquer consequências negativas indiretas da ilegalidade.
[32] SAMPATH; GARDBERG, 2016.

As reações do mercado acionário acabam, sob essa perspectiva, sendo mais eficazes do que as penalidades impostas pelos órgãos de controle. Ainda sob o viés econômico, além da reação dos acionistas, alguns dos principais efeitos da perda de capital reputacional consistem na diminuição da atratividade para captar novos talentos, potencial perda de gerentes e diretores experientes e na deserção em massa de clientes.[33] Por esse motivo, os prejuízos à reputação da empresa perante o mercado e, consequentemente, a diminuição dos postos de trabalho – traduzida, no campo individual, na perda do emprego – podem constituir fortes incentivos para que os agentes racionais obedeçam às diretrizes preestabelecidas.[34]

Deve-se considerar, ainda sob a perspectiva da racionalidade, o nível de autonomia e independência do agente privado, que, em nome da empresa, pode vir a usar subterfúgios para obter benefícios ilegais perante o Poder Público.[35] Em outras palavras, se na estrutura organizacional de uma empresa que costuma participar de processos licitatórios os funcionários responsáveis pelo contato direto com os agentes públicos não forem fiscalizados, não estiverem obrigados a registrar a sua atuação e reportar irregularidades que venham ao seu conhecimento, os riscos – e, por consequência, os custos – de uma conduta corrupta serão preocupantemente baixos, o que aumenta as suas chances de incidência.

Na linha do exposto, Susan Rose-Ackerman adverte sobre a necessidade de que as sanções estejam atreladas aos "benefícios marginais das propinas recebidas". Vale dizer: as penalidades devem aumentar proporcionalmente à gravidade da conduta perpetrada.[36] Sem descurar da necessidade de fiscalização e responsabilização por todo tipo de

---

[33] A cena brasileira atual é bastante propícia à análise dos efeitos do envolvimento em escândalos de corrupção na reputação das empresas, ao menos num primeiro momento. Evidentemente que a organização não recebe sentença de "morte", mesmo porque a memória coletiva tem-se mostrado bastante fraca. A empresa pode, é bem verdade, reestruturar-se e reconquistar altos níveis de confiança. Mas é difícil antever um cenário em que não permaneça um estigma, ainda que muito sutil.

[34] Entre as indústrias já existem evidências de que o objetivo principal dos programas de *compliance* é proteger a reputação da empresa. MARTIN, Susan Lorde. Compliance Officers: more jobs, more responsability, more liability. *Notre Dame Journal of Law Ethics & Public Policy*, v. 29, n. 1, p. 169-198, 2015, p. 184.

[35] O entendimento é corroborado pela constatação de Susan Rose-Ackerman e Bonnie Palifka de que a polícia exerce um serviço extremamente propenso à corrupção, porque os policiais atuam de forma relativamente isolada e sem supervisão direta sobre as suas atividades, ou seja: monopolizando o poder, podem exercê-lo discretamente, reduzindo suas chances de responsabilização. ROSE-ACKERMAN; PALIFKA, 2016, p. 81.

[36] ROSE-ACKERMAN, 2002, p. 83.

desvio, a autora destaca a relevância da ponderação entre a pena e a irregularidade cometida.

Leopoldo Pagotto chama atenção para a importância da recuperação dos ativos – desviados ou subtraídos – nos mecanismos de combate à corrupção, o que reduziria consideravelmente os incentivos postos à disposição do agente. Segundo o autor é possível afirmar que, "na contabilidade motivadora dos jogadores corruptos, a manutenção das vantagens financeiras obtidas é um dos objetivos principais, mesmo quando os criminosos são detectados e punidos".[37] A certeza da perda do patrimônio a partir da restituição do proveito econômico obtido pelo agente corrupto – eventualmente associada à pena de multa – deve, pois, ser fortemente considerada nas estratégias de combate à corrupção.[38]

Como corolário da racionalidade, presume-se que os agentes racionais tendem a concordar apenas com as regras que lhes pareçam lógicas.[39] Não faz sentido que os agentes formalmente aquiesçam com os padrões de conduta estabelecidos se, no momento em que forem demandados, não encontrarem racionalidade no seu cumprimento. Consequentemente, para que uma política baseada na escolha racional seja capaz de produzir alguma mudança comportamental, é imprescindível que as imposições sejam minimamente condizentes com os costumes e valores dos agentes ou de determinada sociedade.[40] Caso contrário, corre-se o risco de produzir injustiças e comprometer a eficácia da medida.[41]

Por tradição, o combate à corrupção enfatiza o viés repressivo, voltado ao sancionamento dos atos ilícitos. No cenário brasileiro,

---

[37] PAGOTTO, Leopoldo Ubiratan Carreiro. Esforços globais anticorrupção e seus reflexos no Brasil. In: DEL DEBBIO, Alessandra; MAEDA, Bruno Carneiro; AYRES, Carlos Henrique da Silva (Coord.) *Temas de anticorrupção e compliance*. Rio de Janeiro: Elsevier, 2013. p. 37.

[38] O entendimento pode ser justificado nas propostas de Gary Becker no sentido de que a sanção prevista para os delitos deve onerar financeiramente o potencial infrator. BECKER, 1968, p. 209.

[39] FRANCÉS-GÓMEZ, Pedro; DEL RIO, Ariel. Stakeholder's Preference and Rational Compliance: A Comment on Sacconi's "CSR as a Model for Extended Corporate Governance II: Compliance, Reputation and Reciprocity". *Journal of Business Ethics*, v. 82, p. 59-76, set. 2008.

[40] É importante haver compatibilidade entre as restrições formais e informais (culturalmente derivadas), ainda que a garantia de tal harmonização implique padrões menos ambiciosos de comportamento – ou seja, que não se exija tanto dos agentes envolvidos –, sob pena de inocuidade das diretrizes formais. NORTH, Douglass C. *Institutions, Institutional Change and Economic Performance*. New York: Cambridge University Press, 1990, p. 45.

[41] STEWART, Jenny. Rational choice theory, public policy and the liberal state. *Policy Sciences*, v. 26, n. 4, p. 317-330, nov. 1993, p. 319.

objeto do presente estudo,[42] a regra tem sido tomar o efeito pela causa.[43] Por corolário, proliferam leis que restringem a liberdade dos contratantes e aumentam as medidas punitivas dos agentes envolvidos em contratações públicas, concentrando esforços no combate dos efeitos, dos resultados da corrupção, sem atentar para a sua causa.[44] Ocorre que as medidas repressivas, "por se caracterizarem pela prevalência do efeito intimidativo, não são os instrumentos mais adequados para evitar efetivamente que a prática de novos atos de corrupção venha a se repetir".[45]

Diante de tal percepção, verifica-se uma gradativa mudança de foco: da repressão dos crimes contra a Administração Pública às estratégias preventivas, que conferem destaque às escolhas racionais e ao sistema de incentivos. A ênfase nas medidas preventivas concentra a análise na redução dos incentivos implícitos nas transações corruptas

---

[42] Quando se diz "no cenário brasileiro", não se propõe uma comparação com os ordenamentos estrangeiros, dizendo que apenas no Brasil verifica-se essa situação ou que em um ou outro país a realidade seria distinta: apenas se limita o objeto de estudo, uma vez que o panorama da corrupção e da contratação pública dos demais países não foi abordado neste trabalho.

[43] Segundo Affonso Ghizzo Neto "a corrupção não é uma causa, mas sim efeito de incorporações pelos indivíduos e, consequentemente, pelas instituições públicas e privadas, das expectativas negativas futuras". GHIZZO NETO, Affonso. O combate à corrupção e a educação como instrumento de ação coletiva. In: CUNHA FILHO, Alexandre Jorge Carneiro da; ARAÚJO, Glaucio Roberto Brittes de; LIVIANU, Roberto; PASCOLATI JUNIOR, Ulisses Augusto (Coord.). *48 visões sobre corrupção*. São Paulo: Quartier Latin, 2016, p. 30.

[44] Como adverte Marçal Justen Filho, "as soluções cogitadas são a substituição dos governantes, a exacerbação das punições e a substituição da Lei de Licitações. Todas essas providências já foram tentadas no passado, não deram resultado e possivelmente não produzirão a alteração do atual cenário". JUSTEN FILHO, Marçal. Corrupção e contratação administrativa: a necessidade de reformulação do modelo jurídico brasileiro. *Revista Zênite – Informativo de Licitações e Contratos (ILC)*, Curitiba: Zênite, n. 258, ago. 2015. Citam-se, a título exemplificativo, as "10 Medidas Anticorrupção" propostas pelo Ministério Público Federal de caráter fortemente punitivista e, de acordo com os especialistas, "sem muitos olhos para a Constituição da República e mormente, nela, para as cláusulas pétreas". COUTINHO, Jacinto Nelson de Miranda. MPF: As 10 medidas contra a corrupção são só ousadas? *Boletim IBCCRIM*, São Paulo, n. 277, dez. 2015. O resumo das medidas pode ser consultado em sítio eletrônico próprio. MINISTÉRIO PÚBLICO FEDERAL. *As 10 medidas contra a corrupção*: propostas do Ministério Público Federal para o combate à corrupção e à impunidade.

[45] GHIZZO NETO, Affonso. *Corrupção, Estado Democrático de Direito e Educação*. 2008. 290 f. Dissertação (Mestrado) – Programa de Pós-Graduação em Direito, Universidade Federal de Santa Catarina, Santa Catarina, 2008, p. 253. O autor, promotor catarinense, foi o responsável pela criação do projeto "O que você tem a ver com a corrupção?", que atualmente é conduzido, em âmbito nacional, pelo Conselho Nacional dos Procuradores-Gerais dos Estados e da União (CNPG) e pela Associação Nacional dos Membros do Ministério Público (CONAMP). Segundo o autor, "ganharam terreno os novos métodos de combate à corrupção focados numa atuação de cunho preventivo, que propagam o engajamento conjunto do poder público e da sociedade civil organizada". *Idem*.

e não apenas nos mecanismos de controle e sanção posteriores. Com base no enunciado de que "quando se trata de corrupção, a melhor solução é a prevenção",[46] conclui-se que os esforços repressivos não serão eficientes se o sistema de incentivos subjacente ao ato de corrupção não for alterado e, sobretudo, se as recompensas que encorajam a prática do ato (*payoffs*) não forem reduzidas.[47]

Por fim, é importante esclarecer que o envolvimento de uma empresa em casos de corrupção não decorre necessariamente de um cálculo puramente racional em que os custos referentes ao risco de ser penalizada são inferiores aos benefícios que podem ser obtidos nos contratos firmados em esquemas de corrupção. A teoria da escolha racional, em sua acepção clássica, não fornece, isoladamente, mecanismos suficientes para sustentar uma estratégia de combate à corrupção. A racionalidade é influenciada por juízos morais – individuais e coletivos – e, consequentemente, pelos valores cultivados no âmbito de cada sociedade.

No âmbito das estruturas empresariais, Hess adverte que "a prática de pagamentos corruptos pode ser incorporada na cultura de uma empresa de forma gradual ao longo do tempo, devido a várias pressões organizacionais, incentivos e racionalizações".[48] Ainda segundo o autor, "isso cria um problema adicional, porque, a menos que a corporação busque medidas para mudar a cultura da organização – em vez de fazer mudanças técnicas em um programa de conformidade [*compliance*] – a corporação provavelmente voltará a realizar pagamentos injustificados logo após ter sido punida pelo governo".[49]

Daí a necessidade de, inclusive sob a perspectiva econômica da escolha racional, a estratégia de enfrentamento dos atos de corrupção levar em consideração os valores e a cultura cultivados no âmago de determinada sociedade para a modificação do conjunto de incentivos à disposição dos agentes racionais, o que denota a complementariedade

---

[46] JUSTEN FILHO, 2015.

[47] Por esse motivo, segundo Susan Rose-Ackerman e Bonnie Palifka, o primeiro objetivo das reformas voltadas ao combate à corrupção deve ser "reduzir os incentivos inerentes ao envolvimento em corrupção *ex ante*, e não acirrar os sistemas de controle *ex post*". ROSE-ACKERMAN; PALIFKA, 2016, p. 38, tradução livre.

[48] HESS, David. Catalyzing corporate commitment to combating corruption. *Journal of business ethics*, v. 88, p. 781-790, out. 2009, p. 783.

[49] Idem. No mesmo sentido, Susan Rose-Ackerman e Bonnie Palifka advertem que, se não forem reduzidos os incentivos para a prática do ato de corrupção, "a eliminação de um conjunto de 'maçãs podres' levará em breve à criação de um novo grupo de agentes públicos corruptos e pagadores privados de propina". ROSE-ACKERMAN; PALIFKA, 2016, p. 38, tradução livre.

das abordagens econômica e sociológica do fenômeno da corrupção. Em síntese: a proposta do presente trabalho não se desenvolve com base numa teoria pura da escolha racional.[50] Pelo contrário, identifica a necessidade de que os aspectos socioculturais sejam sopesados com parte integrante do conjunto de incentivos que compõe o cálculo dos agentes racionais.

2.1.2 Abordagem sociológica: a importância dos valores socioculturais

A perspectiva sociológica do conceito de corrupção proposta no presente estudo contextualiza o fenômeno com base nos valores, nos costumes e na cultura dominante em dado ambiente. Sob o aspecto sociológico, portanto, os padrões de comportamento – e, consequentemente, os atos de corrupção – seriam determinantemente impactados pelos valores culturais cultivados no seio de cada sociedade.[51] A abordagem, nesse ponto específico, vale-se de alguns dos postulados da economia comportamental (*behavioral economics*), com o escopo de enfatizar a influência do meio social no conjunto de incentivos que compõe o cálculo dos agentes.

O desenvolvimento da economia comportamental costuma ser atribuído à pesquisa empírica conduzida por Amos Tversky e Daniel Kahneman – Nobel em economia em 2002 – no trabalho "*Prospect theory: An analysis of decision under risk*", com o intuito de analisar as limitações da teoria da escolha racional.[52] A proposta dos autores concentra-se na ideia de que a racionalidade humana é limitada pela tendência em

---

[50] Traduzida na perspectiva clássica que refuta a influência do meio social sobre a atuação do agente racional. MACKAAY; ROUSSEAU, 2015, p. 32.

[51] Os resultados dos estudos empíricos empreendidos por Muel Kaptein indicam que a cultura de uma organização é determinante para condicionar o comportamento dos seus colaboradores. KAPTEIN, Muel. *Understanding unethical behavior by unraveling ethical culture*. Human relations. Thousand Oaks, Calif. [u.a.] Vol. 64, 2011, 6, p. 843-869. No mesmo sentido são os estudos dos economistas Richard H. Thaler, ganhador do prêmio Nobel de economia, e Cass R. Sunstein, sintetizados na obra "Nudge: como tomar melhores decisoes sobre saúde, dinheiro e felicidade". THALER, Richard H.; SUNSTEIN, Cass R. Rio de Janeiro: Objetiva, 2019.

[52] KAHNEMAN, Daniel; TVERSKY, Amos. Prospect theory: An analysis of decision under risk. *Econometrica*. 47 (2), p. 263-291, 1979; DALMARCO, Arthur Rodrigues. *Regulação energética*: sustentabilidade e inovação nos ambientes regulatórios brasileiro e estadunidense. 2017, 244 f. Dissertação (Mestrado) – Programa de Pós-Graduação em Direito, Universidade Federal de Santa Catarina, Santa Catarina, 2017, p. 44.

confiar em atalhos cognitivos,[53] o que acaba resultando em decisões ineficientes – e, portanto, irracionais sob a perspectiva clássica. O entendimento sintetizado é de que o processo decisório, pretensamente racional, é limitado pelos fatores – internos e externos[54] – que compõem os mencionados atalhos cognitivos, que abarcam, inclusive, os valores e costumes cultivados no âmbito de cada sociedade.

Dentre os possíveis atalhos cognitivos, destaca-se, pela pertinência temática com o fenômeno da corrupção, o papel da *imitação*, que consiste em reproduzir padrões de comportamento de terceiros quando o sujeito percebe que "aqueles comportamentos e escolhas são razoavelmente bem-sucedidos em face dos objetivos pretendidos, e que é menos custoso imitá-los do que buscar novas alternativas".[55] Com definição similar, a *disponibilidade,* enquanto atalho cognitivo, influencia o indivíduo a avaliar "a probabilidade de risco de um acontecimento [ou de uma conduta] com fundamento nos exemplos mais ativos na memória humana, independentemente de a conclusão extraída a partir deles não se comprovar estatisticamente".[56]

O importante é que os atalhos cognitivos podem ser diretamente condicionados por influências externas.[57] A atuação das normas sociais é "explicitada em virtude da influência exercida pela percepção

---

[53] O que aqui se convencionou chamar de "atalhos cognitivos" é normalmente referenciado pela doutrina especializada pelos termos heurísticas e vieses cognitivos. Ambos descrevem, de forma simplificada, vícios de julgamento decorrentes de juízos calcados em probabilidades – "achismos" – ou seja, quando o sujeito não tem muita certeza sobre as consequências de suas escolhas e decide estimando as probabilidades, com base em padrões cognitivos, traduzidos nas experiências pretéritas e nas percepções interiorizadas no seu subconsciente. Segundo Samson, as heurísticas seriam os "atalhos cognitivos", enquanto os vieses seriam os "erros sistemáticos" que podemos cometer enquanto tomamos decisões. SAMSON, Alain. Introdução à economia comportamental e experimental. In: ÁVILA, Flávia; BIANCHI, Ana Maria (Org.). *Guia de economia comportamental e experimental*. São Paulo: Economiacomportamental.org, 2015, p. 31. Embora não se descure da importância da diferenciação para o estudo aprofundado da teoria, para fins do presente trabalho o importante é que ambos os "atalhos cognitivos" limitam a racionalidade dos atores na medida em que impactam diretamente na sua interpretação sobre os custos e benefícios de determinada conduta.

[54] Do ponto de vista individual.

[55] CARVALHO, Cristiano. *Teoria da decisão tributária*. São Paulo: Saraiva, 2013, p. 77.

[56] COSTA, Natalia Lacerda Macedo. "Nudge" como abordagem regulatória de prevenção à corrupção pública no Brasil. *Revista de Informação Legislativa:* RIL, n. 54, n. 214, p. 91-111, abr./jun. 2017, p. 97. Assim, "uma pessoa pode considerar investimentos em previdência privada muito arriscados porque se lembra de um parente que perdeu a maior parte de suas economias para a aposentadoria na recessão recente". SAMSON, 2015, p. 32.

[57] Os resultados empíricos mais comuns revelam-se no âmbito das estratégias de marketing referentes às transações consumeristas. SAMSON, 2015, p. 32. Entretanto, não se vislumbra óbice à aplicação da mesma estratégia nos esforços de combate à corrupção.

do comportamento de outras pessoas no processo de tomada de decisão".[58] O raciocínio é de que a percepção das normas sociais pode ter impacto direto na conduta individual, na medida em que os agentes se importam com a sua reputação e amoldam-se aos valores cultivados no meio social.[59]

Segundo Sunstein, "em alguns contextos, as normas sociais podem ajudar a criar um fenômeno de *compliance sem coação* – como, por exemplo, quando as pessoas cumprem as leis que proíbem fumar dentro de locais fechados".[60] O mesmo fenômeno acontece quanto à reciclagem de lixo: as pessoas possuem uma tendência maior a reciclar quando sabem que muitas outras pessoas adotam essa postura.[61] As estratégias anticorrupção devem, pois, considerar o impacto do meio no comportamento individual e investir em mecanismos que influenciem e simplifiquem o processo de tomada de decisões, condicionando os atalhos cognitivos à mitigação do risco de envolvimento em condutas ilícitas.

Os postulados da economia comportamental auxiliam na análise dos graus de reprovabilidade dos atos de corrupção, que, a partir desse critério, podem ser classificados em diferentes "tons". Assim, as condutas legalmente tipificadas como atos de corrupção podem ser: (i) rechaçadas pela sociedade, em sinergia com a norma legal vigente, o que caracterizaria a chamada "corrupção negra"; (ii) aceitas pela população, que não concorda inteiramente com a sua tipificação e sanção legal – como ocorre no Brasil, de forma quase unânime, com o contrabando e a pirataria –, configurando a corrupção branca; e (iii) objeto de discordância entre parcelas da sociedade, quando uma parte quer ver a conduta punida e outra parte não, o que distinguiria a chamada corrupção cinza, que tem seus exemplos mais emblemáticos na descriminalização do uso de drogas e na legalização do aborto. A conclusão é de que ainda que tais condutas não sejam tipificadas como atos de corrupção, "a corrupção, contudo, é que permite que elas sejam praticadas", através do pagamento de subornos e propinas.[62]

---

[58] COSTA, 2017, p. 98.
[59] SUNSTEIN, Cass R. Nudges.gov: behavioral economics and regulation. In: ZAMIR, Eyal; TEICHMAN, Doron (Ed.). *Oxford handbook of behavioral economics and the law*. New York: Oxford University Press, 2013, p. 723.
[60] *Idem*, tradução livre.
[61] THALER, SUNSTEIN, 2019, p. 80. Os exemplos demonstrados no estudo são inúmeros; desde pessoas que passaram a levar sacos plásticos durante o passeio com os seus cachorros até contribuintes que diminuem a propensão a burlar o fisco e consumidores que reduzem o consumo de energia elétrica quando recebem a informação de que os seus vizinhos cumprem a lei e consomem menos energia.
[62] FILGUEIRAS, 2009; RIBAS JUNIOR, 2014, p. 71.

A diferenciação dos "tons de corrupção" corrobora as descobertas da economia comportamental, segundo a qual o grau de desonestidade depende, em grande medida, daquilo que é percebido pela sociedade como flagrantemente desonesto. Justamente por isso, crimes como contrabando e pirataria – enquadrados na chamada "corrupção branca" e relativamente tolerados pelo meio social – acabam sendo praticados cotidianamente por toda sorte de pessoas, que não se sentem nem mais nem menos desonestas por isso. Segundo Norberto Bobbio, aí reside o valor da sanção social. Em suas palavras:

> Grande parte da coesão de um grupo social é devida à uniformidade de comportamentos, provocada pela presença de normas com sanção externa, isto é, normas cuja execução é garantida pelas diversas respostas, mais ou menos enérgicas, que o grupo social dá em caso de violação. Afirma-se que a reação do grupo à violação das normas que garantem sua coesão é um dos mais eficazes meios de controle social. A presença dos outros com seus gostos, opiniões, hábitos é, na vida de cada um de nós, pesarosa, às vezes opressiva. Há muitos comportamentos que não assumimos somente por temor do juízo que os outros farão de nós, e das consequências que este juízo poderá ter sobre nosso futuro.[63]

Portanto, a consolidação de um ambiente de alta reprovalidade a transações corruptas (abordagem sociológica), ao pôr em risco a *reputação* do sujeito perante o grupo, traduz uma estratégia potencializadora dos riscos e mitigadora dos benefícios considerados pela teoria econômica.[64]

A desonestidade tem sido o foco central dos estudos recentes de Dan Ariely, expoente da economia comportamental.[65] O autor desafia alguns dos pressupostos fundamentais da economia clássica, notadamente as suposições de que: (i) as pessoas seriam desonestas ou corruptas por um simples cálculo de custo-benefício (como o modelo proposto pela teoria da escolha racional); (ii) a corrupção seria uma

---

[63] BOBBIO, Norberto. *Teoria da Norma Jurídica*. Bauru: Edipro, 2001, p. 157-158.
[64] Nesse sentido, destacam-se os esforços de Timothy Power e Júlio González para medir o efeito da cultura política sobre o nível de corrupção em determinados países. Por meio da análise de dados da edição de 2000 da *Corruption Perception Index* (produzida pela Transparência Internacional) e da *World Values Survey* (pesquisa coordenada por Ronald Inglehart), os autores demonstraram empiricamente que a cultura política e o capital social exercem tanta influência na percepção da população sobre a corrupção quanto o desenvolvimento econômico e a estabilidade democrática. POWER, Timothy; GONZÁLEZ, Júlio. Cultura política, capital social e percepções sobre corrupção: uma investigação quantitativa em nível mundial. *Revista de Sociologia Política*, Curitiba, n. 21, p. 51-69, nov. 2003.
[65] ARIELY, Dan. *A mais pura verdade sobre a desonestidade*. Rio de Janeiro: Elsevier, 2012.

atitude deliberada de pessoas sem escrúpulos; e, por fim, (iii) bastaria aumentar a punição e diminuir a impunidade para solucionar o problema da corrupção.

A proposta do autor é analisar o papel da irracionalidade nos comportamentos desonestos.[66] Para tanto, sustenta que os indivíduos, além das variáveis puramente econômicas (custos-benefícios indicados pela economia clássica), adicionam ao processo de tomada de decisão, ainda que inconscientemente, sentimentos como honestidade e honra – diretamente influenciados pelo viés sociológico – tentando identificar as situações em que é possível beneficiar-se com a desonestidade sem prejudicar a sua "autoimagem".[67]

A pesquisa teve início com a seguinte pergunta: quantas pessoas, dentro de um público delimitado, haviam mentido desde o início de 2014? Praticamente todos os entrevistados responderam afirmativamente. Logo em seguida, questionadas se consideravam-se honestas, as mesmas pessoas responderam que sim. Com base nesse resultado, Dan Ariely propôs-se a responder à seguinte indagação: como podem as pessoas, simultaneamente, considerar-se honestas e reconhecer a prática de padrões de desonestidade?

Os resultados da pesquisa são em grande parte reveladores e sistematizam muitas impressões do senso comum. Apenas a título exemplificativo, o autor demonstra a existência de um atalho cognitivo que consiste em justificar determinados comportamentos, sabidamente ilegítimos, sem pôr em xeque a autoimagem do indivíduo. É o que ocorre quando se ultrapassa o limite de velocidade dentro da margem de 10% tolerada ou quando há uma parcial sonegação de tributos. O sujeito que comete esses "pequenos" desvios tende a se justificar e, por consectário lógico, não enquadra a sua conduta como desonesta por considerá-la "inofensiva".

Ainda segundo a pesquisa, algumas das justificativas mais utilizadas para atenuar as condutas desonestas consistem no argumento de que (i) "todos fazem o mesmo";[68] (ii) a norma não foi violada por completo, mas apenas em parte; (iii) ninguém foi prejudicado ou, ao

---

[66] A proposta vai além do tradicional conceito de racionalidade limitada, buscando identificar padrões de comportamento irracionais.
[67] ARIELY, 2012, p. 25.
[68] Com base nessa constatação pode-se afirmar que "a incidência e a persistência da corrupção aumentam, portanto, com o número de agentes corruptos na economia". DAMANIA, Richard; FREDRIKSSON, Per G.; MANI, Muthukumara. The persistence of corruption and regulatory compliance failures: theory and evidence. *Public choice*, v. 121, p. 363-390, 2004, tradução livre.

revés, a conduta desviada traz benefícios para a pessoa, empresa ou determinado grupo. São estes os argumentos mais utilizados para justificar a prática de condutas condenáveis. Não é preciso esforço para identificar semelhanças entre os resultados levantados pelo autor e as "justificativas" comumente apresentadas pelos sujeitos denunciados por corrupção.

O estudo também evidenciou que as pessoas tendem a relativizar a imoralidade do ato quando há certo distanciamento do objeto. Por exemplo: o autor afirma que "podemos pegar um pouco de papel sulfite do escritório para usar na impressora de casa, mas seria altamente improvável que viéssemos a pegar R$ 3,50 do caixa, mesmo que imediatamente utilizássemos o dinheiro para comprar papel".[69] A conclusão é de que com o crescente distanciamento dos ativos – que pode ocorrer por meio de manipulação de contas bancárias, ações e derivativos, sem falar nas criptomoedas – a tendência é que os indivíduos não ruborizem com a adoção de posturas desonestas que não abalariam a sua autopercepção de integridade.[70]

As constatações explicam, em alguma medida, os resultados de pesquisa realizada pelo Instituto Brasileiro de Opinião Pública e Estatística (IBOPE) em 2006 com o objetivo de "retratar a sociedade brasileira no que diz respeito à ética, no contexto da crise política enfrentada pelo país a partir das denúncias do 'mensalão' e de corrupção na administração federal".[71] A pesquisa elencou vinte e seis condutas e submeteu-as à apreciação de um grupo de pessoas, dividido em dois grandes blocos: (i) o primeiro listava uma série de práticas ilegais passíveis de serem cometidas por pessoas comuns; (ii) o segundo trazia uma lista de atos de corrupção política, que poderiam ser praticados pelo cidadão comum. Os resultados revelaram que 98% da população comete alguma ilegalidade cotidiana, concluindo que:

---

[69] ARIELY, 2012, p. 28.
[70] O autor demonstra preocupação diante do desuso do dinheiro em espécie: "[...] a ideia que mais me preocupa é que, *quanto mais nossa sociedade deixar de usar dinheiro em espécie, mais nossa bússola moral possa falhar*. Se o fato de ficar apenas um passo a mais distante do dinheiro aumenta a trapaça a tal ponto, imagine o que pode acontecer se nos tornarmos uma sociedade que cada vez menos utilize papel-moeda". *Idem*, p. 29.
[71] IBOPE. *Corrupção na política*: eleitor vítima ou cúmplice? 2006, p. 8. O Instituto promove levantamentos anuais com o intuito de identificar quais as principais preocupações do eleitor brasileiro. A mais recente pesquisa, divulgada pelo portal "O Globo" em 31.12.2017, apontou que, pela primeira vez na história do país, a corrupção aparece como prioridade na agenda pública. G1 – GLOBO. *Corrupção é principal preocupação para 62% dos brasileiros, mas denúncias podem ser coadjuvantes*. 2017a. A pesquisa de 2006, no entanto, teve o foco específico de identificar a antinomia entre as percepções internas e externas da corrupção.

De um lado, os brasileiros demonstram há anos insatisfação e rejeição aos níveis de corrupção no ambiente político-governamental do nosso país, com agravamento em momentos de denúncias e CPIs. Por outro lado, parcela significativa do eleitorado apresenta desvios de conduta ética em seu dia-a-dia, sem notar qualquer relação com o comportamento dos políticos que a representam.[72]

Os resultados remontam à natureza aparentemente intratável da corrupção, que sustenta o entendimento de que a corrupção é "universalmente desaprovada, mas universalmente prevalente".[73] Ao que parece, em muitas oportunidades, os indivíduos "não são capazes de julgar o próprio comportamento. O *ethos* de corromper é tão forte que chega a cegar".[74] A capacidade de argumentar, aos demais ou na esfera íntima, leva o sujeito que pratica um ilícito a usar da retórica para se justificar, na tentativa de atenuar e legitimar sua conduta imoral.[75]

Por outro lado, os resultados levantados por Dan Ariely demonstram que o cérebro humano geralmente apresenta respostas muito intensas a uma conduta sabidamente desonesta. No entanto, à medida que essa conduta se repete – quando o sujeito mente ou age de má-fé duas, três, quatro vezes –, a mentira tende a ser maior e a reação do cérebro menor. É como se o cérebro humano "se acostumasse" com a desonestidade, como se os atalhos cognitivos que limitam a racionalidade fossem condicionados pelos repetidos desvios de conduta.

Por mera decorrência lógica, essa capacidade de adaptação não funciona em um único sentido.[76] A apresentação do programa de *compliance* como instrumento de combate à corrupção ampara-se

---

[72] Idem.
[73] HESS, 2009, p. 781.
[74] ZANCHIM, Kleber Luiz; BERTOCCELLI, Rodrigo de Pinho. Empresas, direito, ética e compliance: existe relação? In: CUNHA FILHO, Alexandre Jorge Carneiro da; ARAÚJO, Glaucio Roberto Brittes de; LIVIANU, Roberto; PASCOLATI JUNIOR, Ulisses Augusto (Coord.). *48 visões sobre corrupção*. São Paulo: Quartier Latin, 2016, p. 102.
[75] O cometimento de condutas imorais é um dado humano, que não pode ser resumido ao contexto brasileiro. O maior problema parece residir no cinismo, quando os desvios pessoais são justificados e os desvios de terceiros são severamente repudiados.
[76] A possibilidade de alterar os comportamentos sociais para maior obediência aos ditames legais é evidenciada por constatações empíricas. Segundo dados do Conselho de Controle de Atividades Financeiras (COAF), nos últimos cinco anos, uma média superior a 400.000 comunicações de suspeita de irregularidade foram feitas por ano. Por alguma razão – seja pela ampliação dos mecanismos de denúncia, pela maior informação acerca dos crimes financeiros, pela alteração do sistema de incentivos, pela conscientização, ou por todos esses fatores juntos –, esses sujeitos passaram a denunciar com maior frequência as irregularidades que chegaram ao seu conhecimento. MINISTÉRIO DA FAZENDA. Conselho de Controle de Atividades Financeiras. *Estatísticas Inteligência*. 2017.

justamente no pressuposto de que, por meio da modificação do sistema de incentivos – que devem incluir a perspectiva econômica e sociológica –, os indivíduos podem ser condicionados a atuarem, pelo menos em certa medida, de forma mais consentânea com os limites morais e legalmente impostos.[77] A proposta se constrói forte na premissa de que "a vergonha pode ser culturalmente condicionada".[78]

Em linhas gerais, os recentes estudos da economia comportamental indicam que o nível de aceitação e a repercussão de uma conduta corrupta ou desonesta dentro de determinada sociedade devem ser incluídos no cálculo puramente racional de custos e benefícios. Se o sujeito entende que a conduta é reprovada no seu meio, ele terá menor propensão a praticá-la, porque os incentivos são reduzidos e os custos elevados. Se, por outro lado, determinado ato, ainda que ilegal, é socialmente aceito, os custos são minimizados, sobretudo porque não comprometem a imagem do indivíduo perante os seus pares.

Em conclusão, diante das descobertas empíricas da economia comportamental, torna-se evidente que um modelo calcado na racionalidade pura das decisões humanas seria inservível. Assim, a avaliação empreendida sobre a funcionalidade dos programas de *compliance* proposta no presente estudo toma por base a ideia de que os atalhos cognitivos comprometem a percepção dos agentes sobre a gama de escolhas que lhes são postas à frente. Assim, não se antevê – para o objetivo que ora se apresenta – uma incompatibilidade entre as abordagens econômica e sociológica, mas uma relação de complementariedade, na medida em que o conjunto de incentivos (riscos e benefícios) que ampara a decisão humana é determinantemente impactado pelos atalhos cognitivos e, em certa medida, por situações que conduzem à irracionalidade da decisão.

Diante das limitações à racionalidade, mesmo em situações em que há domínio sobre as informações relativas aos custos e oportunidades – o que permitiria a maximização dos resultados –, as decisões humanas são marcadas pela suscetibilidade às falhas cognitivas e pela

---

[77] Neste trabalho, os indivíduos cujo comportamento se pretende avaliar, repita-se à exaustão, são os colaboradores das empresas que participam diretamente dos procedimentos de contratação pública.

[78] KLITGAARD, Robert. *A corrupção sob controle*. Rio de Janeiro: Jorge Zahar Ed., 1994, p. 27. Nesse mesmo sentido, "A ética, incorporando outros valores é comportamento que pode ser adquirido. Mais forte que o poder das leis é o exemplo dignificante. [...] Os bons exemplos – tal como pedra arremessada em lago plácido – desenham círculos concêntricos dinâmicos que evoluem de modo benfazejo e incessante para as bordas". BACELLAR FILHO, 2008, p. 355.

influência das normas sociais. Com base em tais considerações, o trabalho se desenvolve sob a premissa de que (i) o processo de tomada de decisão leva em consideração os custos e benefícios subjacentes a determinada conduta; (ii) os mesmos custos e benefícios podem apresentar-se aos indivíduos de forma distorcida em razão dos desvios produzidos pelos atalhos cognitivos; e (iii) os indivíduos respondem a incentivos – racional ou irracionalmente.

2.1.3 A necessidade de abandonar o discurso maniqueísta de combate à corrupção

Os atalhos cognitivos e a justificação dos atos de corrupção levam à materialização de um cenário em que a corrupção é combatida como um fenômeno eminentemente externo, exclusivamente identificado no comportamento de terceiros, uma prática atribuída a "eles" – políticos, empresários, agentes públicos. A constatação é corroborada por resultados empíricos[79] que evidenciam a seguinte antinomia: as mesmas pessoas que censuram a corrupção dos governantes – e de terceiros em geral – cometem uma série de atos ilícitos no seu dia a dia, apesar do discurso maniqueísta que identifica os políticos como os grandes responsáveis pelo fenômeno da corrupção.[80] Percebe-se, portanto, que a efetividade do combate à corrupção encontra-se diretamente ligada à pessoalização do seu tratamento. De forma simplificada, defende-se que a corrupção deve ser combatida "no espelho", sob uma perspectiva de autorreflexão e autorresponsabilidade. É preciso assumir que a corrupção pode permear a conduta de todos e de cada um, o que implica tomá-la como algo coletivo, "nosso" por assim dizer.

Nesse ponto específico, cabe um parêntese para destacar algumas considerações acerca da Operação "Mãos Limpas", deflagrada no início da década de 1990 com o intuito de investigar escândalos de corrupção na Itália.[81] Nas palavras de Gherardo Colombo, magistrado italiano que

---

[79] IBOPE, 2006, p. 8.

[80] A mesma contradição pode ser verificada no "nome" dado às leis e campanhas supostamente voltadas ao "combate da corrupção". As expressões comumente utilizadas não deixam margem para críticas. A partir de uma visão reducionista, quem critica os referidos instrumentos ou denuncia a sua inconstitucionalidade – ainda que com amplo respaldo técnico – não apoia o combate à corrupção. Simples assim.

[81] MORO, Sérgio Fernando. Considerações sobre a operação *mani pulite*. *Revista Jurídica do Centro de Estudos Judiciários*, Brasília, n. 26, p. 56-62, jul./set. 2004. As comparações das investigações brasileiras, sobretudo da Lava Jato, com a italiana Operação "Mãos Limpas" têm sido frequentes, destacando-se as advertências do historiador Giovanni Orsina acerca

atuou no caso, a herança da operação consiste em perceber que não é possível enfrentar a corrupção apenas por meio de uma investigação judicial.[82] O ex-ministro da Corte de Cassação, suprema corte italiana, afirma que "os cidadãos comuns tiveram uma parte importante na decretação do fim da Mãos Limpas porque, no início, eram todos entusiastas das investigações, pois elas nos levavam a descobrir a corrupção de pessoas que estavam lá em cima".[83] Nessa etapa, o discurso maniqueísta de combate à corrupção fortalecia-se na dicotomia entre "eles" corruptos e "nós" honestos.

Entretanto, o avanço das investigações acabou por revelar a "corrupção dos cidadãos comuns: o fiscal da prefeitura que fazia compras de graça, que não fiscalizava a balança do vendedor de frios, que continuava a vender apresuntado como se fosse presunto".[84] A partir daí o fenômeno da corrupção perdeu o estigma de "inimigo externo" e precisou ser encarado como um desvio presente no dia a dia de cada cidadão. As medidas judiciais, antes focadas na penalização de agentes do alto escalão político, passaram a atingir a rotina do cidadão comum, incapaz de identificar-se com a figura do "corrupto". A dificuldade em admitir a sujeição ao risco de incorrer em condutas corruptas e a tentação ao desvio, independentemente da sua magnitude, talvez tenha sepultado, sob essa perspectiva, o entusiasmo e o esforço da população italiana no combate à corrupção.

O cenário não é diferente no Brasil. Daí porque a certeza do cumprimento das regras preestabelecidas, mesmo quanto aos "pequenos" atos, é fundamental para condicionar o comportamento dos agentes. O desafio consiste em estruturar instituições, leis e costumes fortes o suficiente para estabilizar a desconfiança entre as partes.

Convém advertir que a criação de instituições não tem como solução exclusiva e automática o enfoque na Administração Pública, porque, como se verá adiante, a ampliação das funções estatais é tida

---

dos perigos da estigmatização dos agentes políticos, da idolatria do Poder Judiciário e, sobretudo, da falta de responsabilização individual – inserida no discurso que diferencia o "nós" honestos, do "eles" corruptos. Constata-se que a sociedade italiana, em vez de responsabilizar-se pelos eventos investigados, acabou por culpar exclusivamente os agentes políticos, como verdadeiros "bodes expiatórios". "Apoiaram a mãos limpas, só que nada foi plantado exceto a ideia de que a política é ruim, e que os magistrados eram mágicos". CONSULTOR JURÍDICO. *"Mãos limpas" foi um evento político*, diz o historiador Giovanni Orsina. 2017a.

[82] O ESTADÃO. "Quem acabou com a Operação Mãos Limpas foi o cidadão comum". 2016.
[83] Idem.
[84] Idem.

por muitos como fonte de corrupção. Nada impede que as medidas institucionais sejam implantadas na esfera privada, por proposição das empresas interessadas.

Parte-se, como já dito, do pressuposto de que os agentes tendem a buscar a maior renda possível, ainda que isso implique agir fora das regras de conduta. É a natureza humana, pois, e não a estrutura governamental o elemento que determina a tendência a manifestações desonestas. Destarte, ainda que algumas funções estatais sejam delegadas à iniciativa privada – como sugerido no curso deste trabalho –, não há garantia de que o mercado torne o ser humano incorruptível.[85] Muito pelo contrário: assim como o agente público, o empresário usa de incentivos para desvirtuar as normas existentes e maximizar seus interesses. É ele, igualmente, orientado pela busca de resultados, dentro ou fora das regras do jogo.

Não por outro motivo, ainda que os indivíduos tenham acordado em obedecer a determinados limites éticos ou legais, o risco de descumprir o pacto social, porque inerente à própria natureza humana, é sempre esperado. Disso decorre a imprescindibilidade da sanção e, em complemento, da existência de uma autoridade – pública ou privada – capaz de aplicá-la, sob pena de esvaziamento da norma, ainda que a ênfase recaia sobre as medidas preventivas.[86]

Em conclusão, e seguindo a linha dos resultados verificados pela economia comportamental, constata-se que a consolidação de valores éticos e de uma cultura de confiança tem reflexos diretos no cálculo dos agentes racionais. Justamente por isso, "onde a confiança é maior a corrupção tende a ser menor, enquanto onde a confiança é menor

---

[85] Como ensinam Emerson Gabardo e Gabriel Castella: "achar que falta de ética seria uma característica típica do setor público ou seria típica do setor privado não tem sentido. Qualquer teoria que parte de uma dessas duas premissas é falsa e não terá capacidade explicativa sobre como se deu a história do desenvolvimento humano". GABARDO, Emerson; CASTELLA, Gabriel Morettini. A nova lei anticorrupção e a importância do *compliance* para as empresas que se relacionam com a Administração Pública. *Revista de Direito Administrativo e Constitucional I*, Belo Horizonte, v. 15, n. 60, p. 129-147, abr./jun. 2015, p. 142. No mesmo sentido, Robert Klitgaard esclarece que "deixar uma firma privada distribuir bens e serviços no lugar do governo não reduz forçosamente os efeitos nocivos da corrupção. Se permanecerem o poder monopolista e a discricionariedade na execução, os consumidores podem esperar continuar pagando um preço demasiadamente elevado". KLITGAARD, 1994, p. 82.

[86] Voltando à teoria hobbesiana, é justamente a incapacidade dos indivíduos de manterem acordos de vantagens mútuas e cooperação e o consectário fantasma da deserção que exigem um Estado dotado de capacidade coercitiva. Quando há um soberano capaz de forçar o cumprimento do pacto firmado entre as partes, o medo da punição é suficiente para garantir que os agentes considerem a execução dos acordos uma escolha racional. Ainda que se aposte no sistema de incentivos, sob esse ângulo a sanção é imprescindível.

a corrupção tenderia a ser maior".[87] Daí a necessidade de analisar a corrupção sob o ponto de vista da estrutura institucional, tomando em consideração o *modus operandi* da Administração Pública.

2.2 O contexto da corrupção no Brasil

Não é de hoje que a corrupção pública no Brasil vem despertando atenção e sendo objeto de sucessivos escândalos de fraude contra o erário. A bibliografia brasileira é vasta na tentativa de decodificar as origens e o histórico da corrupção nacional. Dentre as inúmeras obras existentes, citam-se os clássicos: *Os donos do poder*, de Raymundo Faoro, e *Raízes do Brasil*, de Sérgio Buarque de Holanda. Ambos têm em comum a busca por respostas históricas ao persistente fenômeno da corrupção brasileira. Em linhas gerais, o que se extrai dos referidos registros é que o Estado brasileiro, patrimonialista em sua gênese, ainda hoje apresenta sintomas que remontam à sua formação.[88]

O termo corrupção é voz corrente no cenário da política brasileira. Os escândalos envolvendo a mais alta cúpula do governo e uma lista infindável de favores concedidos a grandes empresas, nacionais e internacionais, ainda que constantes na história do país, têm sido cada vez mais alardeados pela opinião pública – não porque mais frequentes, mas talvez em razão do apelo midiático e da comoção potencializada pelas redes sociais.[89]

---

[87] PAGOTTO, Leopoldo Ubiratan Carreiro. *O combate à corrupção:* a contribuição do direito econômico. 2010. 413f. Tese (Doutorado) – Programa de Pós-Graduação em Direito, Universidade de São Paulo, São Paulo, 2010, p. 58.

[88] Não se pretende aqui analisar a evolução do fenômeno da corrupção na história do país, nem identificar suas raízes. O objetivo, mais restrito, é simplesmente contextualizar – em linhas gerais – a realidade atual, especificamente no território nacional, em termos de corrupção.

[89] O processo de *impeachment* da presidente Dilma Rousseff, a despeito das discussões que envolvem a sua legitimidade, e ainda que não tenha sido legalmente fundado na prática de atos de corrupção, foi inquestionavelmente impelido por uma comoção popular direcionada – consciente ou inconscientemente – nesse sentido. Dito de forma direta e sem maiores rodeios, tendo havido ou não as chamadas "pedaladas fiscais", o apelo popular que culminou na votação para o processo de *impeachment* na Câmara dos Deputados fortaleceu-se sob o discurso do combate à corrupção. Algumas das justificativas utilizadas pelos deputados ilustram a desvirtuação do processo de *impeachment*, que, repita-se sem nenhum cunho ideológico, discutia a legalidade das chamadas "pedaladas fiscais". Citam-se, por exemplo, as falas de: Alceu Moreira (PMDB-RS): "Pelo fim da corrupção, pelo fim da vagabundização remunerada"; Carmen Zanotto (PPS-SC): "[...] pelo fim da corrupção em todos os espaços de poder, eu voto sim"; Jorge Boeria (PP-SC): "[...] pelo povo de SC que vai às ruas protestar contra a corrupção, eu voto sim"; Jorginho Mello (PR-SC): "[...] por entender que corrupção não combina com democracia, por SC e pelo Brasil, eu voto sim";

A despeito do fortalecimento do discurso e das manifestações populares, a corrupção continua, em alguma medida, sendo encarada como um fenômeno corriqueiro, muitas vezes com base na proposição de que o cidadão brasileiro tende naturalmente à desonestidade. Todavia, insistir no discurso que atribui a corrupção brasileira à formação colonial, além de traduzir uma visão extremamente fatalista e, por via de consequência, inócua, "constitui fuga da realidade e tentativa de esconder os verdadeiros motivos e reais beneficiários dos tão comuns desvios e fraudes praticados ao longo do século XX e que se perpetuam neste início de século XXI".[90] Da mesma forma que não é possível sintetizar o problema da corrupção no Brasil em um único fenômeno – como as contratações públicas –, o discurso que atribui as causas da corrupção à herança de um passado colonial, sem atentar para os problemas institucionais e conjunturais presentes, evidencia-se equivocado e reducionista.

A proposta deste trabalho se constrói sob a asserção de que o ambiente – definido pelas fronteiras de uma nação, por crenças religiosas ou pelas paredes de uma empresa – exerce papel determinante na postura dos indivíduos, e de que o atual cenário de corrupção brasileiro deve-se antes à ineficiência institucional e legislativa do que à herança portuguesa.

2.2.1 A herança patrimonialista: a dificuldade em distinguir o público do privado

A distinção entre a esfera pública e a privada parece ter sido incorporada de forma secundária – e incompleta – na formação do Estado brasileiro.[91] O país "se constituiria sob a marca de pedidos particulares às autoridades públicas, favores, tratamentos distintos sem

---

Rogério Peninha Mendonça (PMDB-SC): "pelo fim da corrupção no Brasil, eu voto sim"; Mara Gabrilli (PSDB-SP): "Pelo fim dessa quadrilha que assaltou o país [...] eu voto sim"; Expedito Netto (PSD-RO): "Contra a corrupção, venha ela de onde vier".
[90] FURTADO, 2015, p. 18.
[91] Nesse sentido, Luiz Henrique Urquhart Cademartori e Raísa Carvalho Simões advertem que "Durante o processo de formação do Estado e, sobretudo, desde o início da modernização da administração pública do país, já se evidenciavam práticas de favorecimento indevido imperando na esfera pública e seu entorno de relações privadas". CADEMARTORI, Luiz Henrique Urquhart; SIMÕES, Raísa Carvalho. A sobrevivência do modelo patrimonial na reforma administrativa gerencial do estado brasileiro. *Revista Panóptica*, v. 3, n. 18, p. 127-153, 2010.

compromissos com a isonomia",[92] prática que permanece corriqueira e que representa o cerne – ainda que acrescido de desvios e contraprestações financeiras – dos principais atos de corrupção nos dias atuais.

Segundo Raymundo Faoro, o patrimonialismo brasileiro seria resultado de uma relação em que o governo controla a economia e a sociedade por meio de um sistema de privilégios, sempre a serviço do governante. Nas palavras do autor, o merecimento vale pouco, "a conquista ao emprego, ao posto à dignidade se faz à custa da intriga bem tecida, da conversa doce".[93] Sem espaço para a meritocracia e a atuação escorreita, a sistemática patrimonialista teria enraizado a corrupção na história brasileira, revelada "numa arte cultivada às escondidas: a arte de furtar".[94]

Sob a visão patrimonialista, antagônica à separação entre público e privado, as "posições e cargos deveriam ser naturalmente explorados por governantes e funcionários, cujos recursos eram indistintos em relação aos do Estado ou advinham da exploração daquelas posições e cargos como prebendas que lhes permitiam extrair benesses pessoais".[95] Em síntese, as autoridades detentoras de poder se valeriam de uma posição privilegiada para fins particulares, negligenciando a natureza pública da função desempenhada.[96]

Embora seja pertinente a contextualização histórica, é preciso tomar cuidado com o eventual discurso de que a corrupção, como resultado do patrimonialismo, seria uma herança inextirpável deixada pela colonização ibérica.[97] Além de simplificar a realidade e de reduzir o fenômeno da corrupção ao cenário brasileiro,[98] a abordagem

---

[92] PIRES, Luis Manuel Fonseca. O fenômeno da corrupção na história do Brasil. In: CUNHA FILHO, Alexandre Jorge Carneiro da; ARAÚJO, Glaucio Roberto Brittes de; LIVIANU, Roberto; PASCOLATI JUNIOR, Ulisses Augusto (Coord.). *48 visões sobre corrupção*. São Paulo: Quartier Latin, 2016, p. 809.

[93] FAORO, Raymundo. *Os donos do poder*. Rio de Janeiro: Editora Globo, 2001, p. 97.

[94] *Idem*, p. 99.

[95] DOMINGUES, José Maurício. Patrimonialismo e neopatrimonialismo. In: AVRITZER, Leonardo; BIGNOTTO, Newton; GUIMARÃES, Juarez; STARLING, Heloisa Maria Murgel. *Corrupção*: ensaios e críticas. Belo Horizonte: Editora UFMG, 2008, p. 187.

[96] "Viagens oportunistas, obras associadas a políticos, autopromoção por realizações do próprio Estado e uso de recursos públicos para fins políticos são algumas dessas situações" em que os agentes atuam de forma pessoalizada quando deveriam manter a impessoalidade. PAGOTTO, 2010, p. 264.

[97] Mesmo porque, segundo o conceito adotado neste trabalho, a corrupção é percebida, em maior ou menor grau, como ilegal na maior parte do mundo, de modo que as justificativas culturais, tão comumente invocadas para justificar o fenômeno, "podem ser facilmente exageradas como explicação". KLITGAARD, 1994, p. 80.

[98] É fato incontestável que o fenômeno da corrupção não se restringe ao cenário brasileiro. O

essencialmente voltada ao passado colonial empobrece a análise e engessa a possibilidade de mudança social. Com o intuito de evitar essa falta de perspectiva, no presente estudo parte-se da concepção de que "a corrupção não está relacionada ao caráter do brasileiro, mas a uma construção social que permite que ela seja tolerada como prática".[99]

Assumida essa premissa e afastados os argumentos de que a corrupção estaria plasmada no código genético nacional, constata-se que a percepção acerca da realidade social brasileira assemelha-se ao conceito de *crony capitalism*, o capitalismo de favores e compadrios, onde o sucesso é determinado antes pelas relações entre empresários e agentes públicos do que pela escolha do consumidor.[100]

A importância da rede de relacionamentos e dos laços demonstra-se crucial na economia brasileira, especialmente nas interações com a Administração Pública.[101] A começar pela nomeação de cargos comissionados – nem sempre obstaculizada pela vedação ao nepotismo – e pelo encurtamento dos trâmites burocráticos quando há um "contato" dentro da repartição pública, a concessão de benefícios pode viabilizar a obtenção de informações privilegiadas determinantes para contratações públicas e a liberação de pagamentos devidos aos particulares.

Mas não é só. Mesmo na ausência de laços pessoais, a dificuldade em diferenciar as esferas pública e privada faz com que agentes públicos se sintam à vontade para exigir ou aceitar uma contrapartida financeira

---

presente trabalho, no entanto, limita o objeto de estudo ao âmbito nacional, sem pretender realizar qualquer espécie de comparação com a realidade verificada em outros países – até porque a análise de tais dados demandaria um estudo específico –, embora não se descure que o problema manifesta-se em maior ou menor grau em todos os cantos do mundo. Como afirmam Cristiana Fortini e Fabrício Motta: "segundo a OCDE, a corrupção representa 5% (cinco por cento) do GDP global [expressão equivalente ao PIB – Produto Interno Bruto], estimando-se o pagamento de mais de 1 trilhão de dólares todos os anos, adicionando-se um custo de 25% (vinte e cinco por cento) dos contratos públicos em países em desenvolvimento, afetando a economia e os direitos dos cidadãos". FORTINI, Cristiana; MOTTA, Fabrício. Corrupção nas licitações e contratações públicas: sinais de alerta segundo a Transparência Internacional. *Revista de Direito Administrativo e Constitucional*, Belo Horizonte, v. 16, n. 64, p. 93-113, abr./jun. 2016.

[99] FILGUEIRAS, Fernando. A tolerância à corrupção no Brasil: uma antinomia entre normas morais e prática social. *Opinião Pública*, v. 15, n. 2, 2009.

[100] Sobre as consequências perniciosas do capitalismo de laços para o desenvolvimento ver: PAULA, Marco Aurélio Borges de. Efeitos da corrupção para o desenvolvimento. In: PAULA, Marco Aurélio Borges de; CASTRO, Rodrigo Pironti Aguirre de. *Compliance, gestão de riscos e combate à corrupção*: integridade para o desenvolvimento. Belo Horizonte: Fórum, 2018.

[101] A exemplo das relações denunciadas na obra *O Processo*, de Franz Kafka, no capitalismo de laços "o decisivo, o que tinha verdadeiro valor, eram unicamente as relações pessoais, especialmente com funcionários superiores [...]; ninguém senão eles podiam influir no curso do processo". KAFKA, Franz. *O processo*. Rio de Janeiro: Nova Fronteira, 2011, p. 166.

para que cumpram suas obrigações funcionais ou deixem de fazê-las. Muitas vezes o pagamento é feito para que os serviços – constitucional ou legalmente garantidos aos cidadãos – sejam executados com mais rapidez, ou simplesmente para garantir que sejam de fato satisfeitos. Alguns exemplos de condutas cotidianas – e indecorosas – no cenário brasileiro retratam essa ambivalência entre público e privado:

> 1. o agente público cobra do administrado para conceder uma autorização que sabe indevida; 2. o agente público cobra do administrado pela expedição de mencionada autorização mesmo quando sabe que ela é devida; 3. o policial cobra para não aplicar uma multa de trânsito; 4. alto servidor se vale das prerrogativas do seu cargo para obter vantagens pessoais ou para terceiros, ou para traficar influência; 5. o servidor responsável pela aplicação de fundos públicos se apropria desses recursos; 6. funcionário, em razão do seu cargo, entra em acordo com terceiro para defraudar um ente público.[102]

Os exemplos são infindáveis. O denominador comum das hipóteses descritas, contudo, pode ser sintetizado na vulnerabilidade dos particulares frente à concentração de poder e discricionariedade nas mãos dos agentes públicos. A despeito da apregoada repulsa às práticas do modelo patrimonialista, verifica-se que a sociedade brasileira, ainda hoje, convive com favoritismos e conflitos de interesse decorrentes da proximidade de particulares e agentes públicos.

O Poder Público brasileiro chegou a uma situação em que "a corrupção administrativa torna-se sistêmica, no sentido de que ela se torna institucionalizada".[103] Tal constatação, é importante que se reitere, não decorre de análise comparativa em relação ao fenômeno da corrupção em outros países.[104] A premissa que se pretende afirmar é que há, no Brasil – e pouco importa que a situação seja pior ou melhor em outros lugares –, uma distorção na dinâmica de interação entre agentes públicos e privados, o que se evidencia pela cobrança ou recebimento

---

[102] FURTADO, 2015, p. 57-58.
[103] *Idem*, p. 58.
[104] Não se descura, nesse sentido, que o Brasil figura em 79º lugar num universo de 176 países ranqueados pela Transparência Internacional em relação aos índices de percepção da corrupção. TRANSPARENCY INTERNATIONAL. *Corruption Perceptions Index 2016*. 2016. Não se pretende afirmar que o fenômeno da corrupção é, aqui, mais grave do que na Coreia do Norte, no Sudão do Sul e na Somália (países que ocupam as últimas posições do *ranking*), onde a percepção da corrupção é mais elevada do que no país. Ainda que a corrupção seja um fenômeno global e transnacional, o objeto do presente trabalho restringe-se à sua percepção na sociedade brasileira.

de vantagens indevidas por parte dos primeiros para beneficiar os segundos, ou simplesmente para fornecer o que lhes é de direito.

2.2.2 A familiaridade com a corrupção e a cultura da impunidade[105]

Como já se viu aqui, sob a perspectiva da economia comportamental é inegável que os valores socioculturais possuem um peso maior sobre o processo decisório dos indivíduos do que as restrições legais ou institucionais. Nas palavras do economista André Lara Resende, "mais do que um cálculo de custos e benefícios, o que nos restringe são os valores da nossa comunidade. Se no meio onde vivemos a incorreção é aceitável, insuficiente para arranhar nossa percepção de que somos honestos, somos mais propensos à desonestidade".[106]

Talvez seja esse o ponto fulcral para contextualizar o fenômeno da corrupção no Brasil. Antes de avaliar a relação de causalidade entre o fenômeno e os reflexos da colonização hispano-portuguesa, é preciso reconhecer o fato de que alguns atos de corrupção praticados no dia a dia do cidadão comum acabam sendo socialmente tolerados, de uma forma geral e obviamente em reação diretamente vinculada a sua magnitude. A referência aqui é específica aos "pequenos" atos de corrupção que, conforme pesquisa empírica, os próprios cidadãos admitem praticar, mas que comprometeriam a sua autopercepção como cidadãos honestos.[107] A preocupação, em certa medida, cedeu lugar à aceitação social de incontáveis desvios de conduta.

Como adverte José Maurício Domingues, o patrimonialismo não se restringe ao *modus operandi* do governo: ao contrário, encontra-se enraizado nas condutas diárias dos agentes sociais, na medida em que é "do indivíduo isolado que suborna o guarda de trânsito à grande empresa que se articula a parlamentares e ministérios, passando pelo financiamento de campanhas eleitorais, que as próprias

---

[105] A impunidade a que se refere o título diz respeito aos crimes envolvendo atos de corrupção, na medida em que é difícil, especialmente diante da superlotação dos presídios brasileiros, afirmar categoricamente e sem um estudo aprofundado, que o sistema penal seria marcado pela impunidade. A cultura da impunidade envolvendo atos de corrupção é ilustrada na afirmação do empresário Joesley Batista, registrada em escuta telefônica divulgada no âmbito do acordo de leniência firmado pela JBS: "Que no final a realidade é essa, nós não vai ser preso, nós sabemos que não vai, vão fazer tudo, menos ser preso". G1 – GLOBO. *Em conversa com Saud, Joesley garante que eles não seriam presos*. 2017b.
[106] RESENDE, André Lara. Corrupção e capital cívico. *Valor econômico*, São Paulo, 31 jul. 2015.
[107] IBOPE, 2006.

posições e cargos estatais são tomados como objeto de posse privada de seus ocupantes".[108] Assim, embora os grandes escândalos possam eventualmente dificultar a perpetuação da lógica patrimonialista no plano macro, ela permanece enraizada nas "pequenas" propinas, nos "pequenos" favorecimentos e apropriações praticadas por grande parte da população.

Nesse particular, volta-se à importância da sanção social apregoada por Bobbio. E o receio da reação social reverbera na incerteza da punição, corroborada pela desconfiança nas instituições estatais. Remontando às lições da criminologia e da teoria da escolha racional, a certeza da sanção, ou seja, a percepção dos indivíduos de que o sistema é eficaz na função de detectar e punir, seria mais dissuasória do que recrudescer as normas punitivas.[109] Isso porque, para que os custos da atuação ilícita aumentem para o potencial infrator, ele deve acreditar de fato na probabilidade de ser flagrado e punido. Traçando um paralelo entre essas afirmações, é fácil perceber a influência da certeza da sanção – e, talvez em maior medida, da censura social – sobre o cálculo dos atores racionais.

Sob o viés sociológico, pode-se afirmar que a sociedade brasileira é, em certa medida, conivente – ou pelo menos se conformou – com a corrupção. O consentimento com práticas temerárias é ilustrado por Gustavo Henrique Carvalho Schiefler:

> Não é preciso viajar aos rincões brasileiros para se deparar com o uso ingênuo, sem malícia, por pessoas comuns do povo, sem qualquer prévia formalidade, de bens públicos para finalidades privadas; são acertos juridicamente ilícitos, mas culturalmente aceitos. Seja o uso do trator de uma prefeitura para abrir estradas particulares em propriedades rurais, seja o empréstimo de um caminhão pertencente ao patrimônio público para fazer o frete de uma mudança. Para muitos brasileiros, o agente público a ser admirado é aquele que resolve os problemas dos integrantes da comunidade, independentemente dos meios empregados e ainda que cobre vantagens indevidas para tanto – afinal, pensa-se, para que serve a administração pública senão para a resolução de problemas particulares? Por que não pagar uma remuneração "justa" ao agente público que lhe ajudou concretamente?[110]

---

[108] DOMINGUES, 2008, p. 189-190.
[109] BECCARIA, 2007, p. 64; BECKER, 1968, p. 178.
[110] SCHIEFLER, Gustavo Henrique Carvalho. *Diálogos público-privados*: da opacidade à visibilidade na administração pública. 2016. 377 f. Tese (Doutorado) – Programa de Pós-Graduação em Direito, Universidade de São Paulo, São Paulo, 2016, p. 58.

A desconfiança nas instituições, e na Administração Pública de uma forma geral, faz com que os indivíduos se sintam enganados e busquem as mais diversas justificativas para driblar suas obrigações. Em acréscimo, a cultura da impunidade acaba por diminuir, na percepção dos agentes, os riscos de adotar condutas ilegais.

De uma forma geral, antes de inviabilizar a mudança de postura da sociedade em relação ao patrimônio público, tais constatações apenas evidenciam as dificuldades a serem enfrentadas por uma população acostumada a atenuar a gravidade de determinados ilícitos por questões culturais e pela desconfiança no Poder Público. Muito mais do que um legado do passado colonial ou uma característica genética, o fenômeno da corrupção "está diretamente relacionado à eficiência e ao funcionamento das instituições estabelecidas por cada sociedade".[111] A "tolerância à corrupção" não pode, pois, ser definida como um desvio de caráter do brasileiro, uma propensão à imoralidade, mas deve ser compreendida dentro de um contexto social que é, também, condicionado pelo funcionamento das instituições – dentro e fora do serviço público.

2.2.3 O tamanho da Administração Pública: o amplo poder conferido às autoridades públicas como fator contributivo ao fenômeno da corrupção

Quando se trata de corrupção pública, é comum haver uma vertente interpretativa tendente a relacionar a intervenção do governo na economia à corrupção, sobretudo no cenário brasileiro. Parte-se do pressuposto de que, nos governos intervencionistas, em que a Administração Pública desempenha grande parte das atividades essenciais e é responsável por gerir a maior parcela dos recursos, há maior espaço para a corrupção.

Como enfatiza Gustavo Henrique Carvalho Schiefler, "A despeito de eventuais dúvidas sobre a correta interpretação da vontade popular pela assembleia nacional constituinte que deu origem à Constituição Federal de 1988, poucos discordariam de que o seu conteúdo fundamenta um estado intervencionista e dirigista".[112] Ainda segundo o autor, "os incentivos à corrupção são robustecidos quanto maiores os poderes que os agentes públicos possuem para alocar benefícios escassos e para impor custos onerosos aos particulares".[113]

---

[111] GHIZZO NETO, 2016, p. 33.
[112] SCHIEFLER, 2016, p. 49.
[113] *Idem*, p. 52.

A compreensão de que o espaço para a corrupção seria diretamente proporcional ao tamanho do Estado compõe o conceito de corrupção no mencionado no *Dicionário de Política*:

> A Corrupção é uma forma particular de exercer influência: influência ilícita, ilegal e ilegítima. Amolda-se ao funcionamento de um sistema, em particular ao modo como se tomam as decisões. A primeira consideração diz respeito ao âmbito da institucionalização de certas práticas: quanto maior for o âmbito de institucionalização, tanto maiores serão as possibilidades do comportamento corrupto. Por isso, a ampliação do setor público em relação ao privado provoca o aumento das possibilidades de Corrupção.[114]

O mesmo entendimento é defendido pela perspectiva econômica, que ressalta a necessidade de reformas institucionais para minimizar o papel das burocracias estatais e, consequentemente, restringir os sistemas de incentivos à corrupção. Sob esse viés, uma das principais causas da corrupção acaba sendo atribuída ao "tamanho" da Administração Pública brasileira:

> Um Estado que tudo regula e em tudo está cria tantas barreiras para a atividade empresarial que o "jeitinho" é questão de sobrevivência. De fato, o ambiente de negócios no Brasil é dos mais hostis entre as maiores economias do mundo. São tantos alvarás, autorizações, procedimentos, "fiscalizações" que há espaço para todo tipo de chicana e abuso por parte dos agentes estatais. E quando o pedido não vem destes, as próprias empresas ofertam para, então, obterem as tais vantagens narradas acima.[115]

Corroborando essa compreensão, Susan Rose-Ackerman afirma que o aparato estatal apresenta-se como fonte de corrupção porque "a demanda por serviços corruptos – ou seja, a oferta de subornos – depende do porte e da estrutura do Estado".[116] De forma direta, significa que quanto maior a máquina burocrática, ou seja, quanto maior a ingerência do Estado sobre a atuação dos agentes privados – por meio da emissão de documentos, cobrança de impostos e taxas –, maiores as *oportunidades* para que os agentes públicos exijam ou aceitem contraprestações dos agentes privados para conceder benefícios ou privilégios ilícitos.

---

[114] BOBBIO; MATTEUCI; PASQUINO, 2000, p. 292.
[115] ZANCHIM; BERTOCCELLI, 2016, p. 102.
[116] ROSE-ACKERMAN, 2002, p. 63-64.

Todas essas conclusões indicam uma relação direta entre a corrupção e o tamanho da máquina estatal. Por esse motivo, entende-se que "a multiplicidade de atividades sujeitas ao controle do governo torna-se uma fonte de corrupção",[117] especialmente quando não há institucionalização política suficiente, na medida em que aumenta os incentivos para que determinados grupos sociais se utilizem da máquina pública em prol de interesses privados.

É consensual que os mecanismos públicos de controle e sancionamento atualmente previstos no ordenamento brasileiro são ineficazes – ou pouco eficazes – no combate à corrupção. Os noticiários lembram-nos dessa inocuidade todos os dias. Não se trata, pois, da falta de normas, mas da forma como se dá a sua operacionalização. Sob essa perspectiva, parece evidente que as propostas destinadas ao combate à corrupção devem considerar, além de estratégias preventivas, a participação de agentes privados e não a simples ampliação do poder punitivo ou fiscalizatório do Poder Público.

Por fim, a desconfiança na Administração Pública e o clamor popular pelo combate à corrupção e fim da cultura da impunidade, pelo menos no Brasil, têm afetado a credibilidade dos agentes políticos e, de forma cada vez mais evidente, do próprio Poder Judiciário.[118] Como resposta, "os agentes controladores, na ânsia de atuar em responsividade à sociedade, tornam-se mais rigorosos e mais vigorosos, com o que frequentemente se excedem".[119] Cria-se, em razão disso, uma espécie de presunção de má-fé dos agentes públicos. A advertência feita no início do texto amolda-se com perfeição à realidade experimentada: o emprego do termo corrupção deve ser feito com cautela e responsabilidade.

É preciso ter cuidado, entretanto, para não cair na armadilha liberal que atribui ao mercado e à livre-iniciativa a solução absoluta para os desvios públicos. Como adiantado no tópico anterior, a busca pela maximização dos resultados é inerente à natureza humana, esteja o indivíduo dentro ou fora do aparato estatal. Significa, em outras palavras, que os agentes privados dispõem de tantos ou mais incentivos para violar as regras e os padrões de conduta do que os agentes públicos.[120]

---

[117] FILGUEIRAS, 2004, p. 135.

[118] A título exemplificativo, citam-se as insinuações e questionamentos feitos às posturas políticas e círculo de relacionamentos dos Ministros do Supremo Tribunal Federal nos julgamentos da Operação Lava Jato.

[119] SCHIEFLER, 2016, p. 66.

[120] A advertência ganha relevo nas recentes discussões envolvendo a exigência de certificação privada para a aceitação dos programas de *compliance* apresentados no âmbito das contratações públicas.

A observação não inviabiliza que alguns mecanismos de controle possam contar com a conjunção de esforços entre público e privado, apenas alerta para o perigo de soluções simples e imediatas para problemas complexos. Como elucidado por Susan Rose-Ackerman, "isso não nos permite concluir que privatização e desregulamentação não sejam, no final das contas, desejáveis em um amplo leque de casos, mas serve para advertir os reformistas no sentido de que analisem cuidadosamente os incentivos ao parasitismo que permanece".[121]

2.2.4 O lugar da corrupção no âmbito das contratações públicas: aspectos destacados das fraudes praticadas

Como problema central, o presente trabalho aborda a função do programa de *compliance* como mecanismo de combate à corrupção no âmbito das contratações públicas regidas pelo ordenamento brasileiro. O objetivo consiste em avaliar a possibilidade de utilizar os elementos do programa de *compliance* para coibir práticas desonestas na atuação das empresas e seus colaboradores, sem adentrar as motivações que impulsionam o comportamento dos agentes públicos. Sob a premissa já assentada de que a corrupção caracteriza-se como o desvirtuamento do poder público em favor de ganhos privados,[122] torna-se necessário apresentar um panorama atual, ainda que breve, dos principais desvios verificados no âmbito das contratações públicas.

A licitação pública é obrigatória para contratar obras, serviços, compras e alienações, salvo os casos excepcionados em lei, nos termos do inciso XXI do artigo 37 da Constituição Federal.[123] Como a regra é a obrigatoriedade dos processos licitatórios, é comum que o direcionamento das contratações públicas em prol de determinadas empresas ocorra no âmbito do próprio certame. A licitação, por muitas vezes, acaba sendo utilizada como verdadeiro instrumento de corrupção,

---

[121] ROSE-ACKERMAN, 2002, p. 88.
[122] ROSE-ACKERMAN; PALIFKA, 2016, p. 9.
[123] As exceções consistem nas hipóteses de dispensa e inexigibilidade da licitação pública. A obrigatoriedade da licitação é tão incutida no ordenamento brasileiro, como forma de garantir a isonomia entre os potenciais interessados, que a doutrina especializada afirma a sua indispensabilidade mesmo na ausência de previsão legal, por força constitucional: "ainda que não haja um determinado dispositivo legal exigindo a licitação, mesmo assim a Administração Pública está obrigada a licitar. Essa obrigatoriedade decorre diretamente da Constituição, cujos princípios são indubitavelmente imperativos". DALLARI, Adilson Abreu. *Aspectos jurídicos da licitação*. 6. ed. São Paulo: Saraiva, 2003, p. 33.

dando aparência de legalidade a conluios e desvios que poderiam levantar maiores suspeitas caso fossem formalizados por mecanismos de contratação direta.[124]

Com efeito, porque, em princípio, a renúncia ao processo licitatório levantaria maiores suspeitas, a fraude acaba sendo perpetrada dentro do próprio certame, dissimulada sob as vestes da legalidade. A violação aos princípios, sob esse aspecto, não é escancarada, mas camuflada, dificultando a identificação do ilícito e exigindo um olhar atento e minucioso dos órgãos de controle e do Poder Judiciário.

O fim precípuo da licitação, apregoado de forma invulgar pela doutrina e pela jurisprudência, consiste em promover a competição "a ser travada isonomicamente entre os que preencham os atributos e aptidões necessárias ao bom cumprimento das obrigações que se propõe assumir",[125] sempre com o intuito de proporcionar às entidades governamentais a obtenção do negócio mais vantajoso e a promoção do desenvolvimento nacional sustentável.

Ora, se o objeto da licitação consiste em selecionar a proposta mais vantajosa com o intuito de melhor satisfazer o interesse público, o desvirtuamento do processo de disputa – por meio de direcionamento e favoritismos – evidentemente compromete a finalidade do certame. Não significa, porém, que toda contratação direcionada resulta, necessariamente, em contratação prejudicial à Administração Pública. Pelo contrário, em inúmeras situações o agente público restringe o objeto do processo licitatório com o intuito de contratar empresa de melhor reputação, que sabidamente presta o serviço mais eficiente. Sem embargo, mesmo nas hipóteses em que a conduta do administrador estiver impregnada de má-fé e desonestidade, não é possível estabelecer uma relação de causalidade automática entre o direcionamento e a celebração de um contrato prejudicial ao interesse público.

A diferença, muitas vezes ignorada, refere-se à causa e à correlação. É que, embora possa haver correlação entre o direcionamento licitatório e a celebração de contratos ineficientes e superfaturados, não há, necessariamente, uma relação de causalidade. De forma direta, nem todas as licitações fraudadas, por mais temerária que soe tal afirmação, resultam em contratação prejudicial – em termos pecuniários e de eficiência – à Administração Pública. Mas, em todos os casos, e essa é a única relação de causalidade que se pode afirmar com precisão,

---

[124] DALLARI, Adilson Abreu. Licitação não é instrumento de combate à corrupção. 2017.
[125] BANDEIRA DE MELLO, 2014, p. 534.

há o desvirtuamento da essência do certame, traduzida no tratamento isonômico e na ampla competitividade, e, por consequência, o comprometimento do interesse público primário, consubstanciado na submissão do administrador às limitações legais.[126]

No âmbito dos contratos públicos, a conclusão de que os riscos de corrupção se ampliam proporcionalmente à amplitude do poder conferido aos agentes estatais parece ser irrefutável.[127] Nas palavras de Marçal Justen Filho "a corrupção decorre das oportunidades ofertadas pelo Direito para escolhas prepotentes do agente público".[128] Portanto, sempre que o agente público concentrar poder e discricionariedade para optar por uma ou outra decisão, especialmente quando a escolha refletir alguma vantagem ou desvantagem ao particular, abre-se margem para a prática de atos de corrupção.

A discricionariedade não deve ser combatida com o simples aumento das regras formais envolvendo as licitações e contratos públicos, como aparenta ser a tendência das estratégias legislativas. Pelo contrário, a grande crítica à legislação vigente traduz-se no excesso de burocracia e formalismo, sem ligação direta com o aumento da

---

[126] Como explica Sérgio Resende de Barros, a licitação remonta à concorrência pública modelada pelo liberalismo, que exigia, em prol da liberdade individual, que o Estado estivesse sujeito a normas que evitassem o subjetivismo do administrador. Nas palavras do autor, "a licitação defendia a liberdade individual, estreitando a liberdade estatal. Sujeitava o poder de licitar a uma estrita vinculação à lei". BARROS, Sérgio Resende de. *Liberdade e contrato:* a crise da licitação. Piracicaba: Editora UNIMEP, 1999, p. 83-85. A noção do processo licitatório como limitador do subjetivismo estatal coaduna-se com a concepção de supremacia do interesse público apregoada por Celso Antônio Bandeira de Mello, no sentido de que "por exercerem função, os sujeitos de Administração Pública têm que buscar o atendimento do interesse alheio, qual seja, o da coletividade, e não o interesse de seu próprio organismo, *qua tale* considerado, e muito menos o dos agentes estatais". BANDEIRA DE MELLO, 2014, p. 99. Sob o mesmo ângulo, Emerson Gabardo ressalta que "o simples fato de o princípio da supremacia [do interesse público] ser usado como argumento (ou álibi) de certos atos arbitrários não significa de modo algum a deturpação de sua essência ou sua força ética e normativa. O problema não é do princípio, mas de sua aplicação prática". GABARDO, Emerson. *Interesse público e subsidiariedade:* o Estado e a sociedade civil para além do bem e do mal. Belo Horizonte: Fórum, 2009, p. 303. Ressalva-se o entendimento do autor no sentido de que os conceitos de "interesse público" e "interesse coletivo", "do ponto de vista ontológico e normativo, não devem ser tratados de forma idêntica". *Idem*, p. 227.

[127] Interessante, nesse aspecto, a observação de Susan Rose-Ackerman e Bonnie Palifka, de que "as empresas e os indivíduos pagarão para evitar atrasos. Em muitos países um telefone, um passaporte, uma licença de motorista não pode ser obtida rapidamente sem um pagamento. Em casos extremos, os serviços estão disponíveis apenas aos corruptos, mas não aos cidadãos pacientes e honestos. De acordo com o *Global Corruption Barometer* (GCB) 2013 da Transparência Internacional (TI), 40% dos indivíduos que pagam propina pelo mundo o fazem em troca da obtenção de um serviço mais rápido, já para 27% é a única maneira para obter o serviço". *Idem*, p. 66.

[128] JUSTEN FILHO, 2015.

segurança no certame, como um "campo fértil para o florescimento da corrupção".[129]

Vale dizer: a excessiva burocratização das licitações e dos contratos públicos resulta na retirada de autonomia e, consequentemente, de responsabilidade do administrador público.[130] Explica-se. O sujeito que, aparentemente, seguiu o roteiro legalmente previsto, por mera decorrência lógica, não pode ser penalizado. Ocorre que, além de engessar e encarecer as aquisições e contratações da Administração Pública, a burocracia acaba por proteger os gestores mal intencionados, que, escondidos sob o véu do formalismo, dissimulam a observância das etapas legalmente previstas.

A constatação, aparentemente paradoxal, é irrefutável: a ampla discricionariedade dos gestores públicos, pretensamente justificada pela supremacia do interesse público, é mascarada pela burocratização dos processos de contratação que dá ares de legalidade a uma série de desvios, viabilizando parcialidades e exigências abusivas, sem a possibilidade de responsabilização equivalente, já que, repita-se, aparentemente não há margem decisória.[131] As estratégias públicas de combate à corrupção deveriam, pois, priorizar (i) o diálogo competitivo, sob a perspectiva da licitação,[132] aumentando a margem de atuação do agente público e, consequentemente, apostando na confiança;

---

[129] MOTTA, Fabrício. *Formalismos em contratos administrativos incentivam corrupção*. Interesse Público. Consultor Jurídico, 2015.

[130] Nas palavras de Luiz Carlos Bresser-Pereira, o erro fundamental da Lei nº 8.666/1993 "foi ter concentrado toda a sua atenção na tarefa de evitar a corrupção, através de medidas burocráticas estritas, sem preocupar-se em baratear as compras do Estado, nem permitir que o administrador público tome decisões. Partiu-se do pressuposto de que todo servidor público é corrupto e assim foi-lhe retirada qualquer capacidade de negociação, deixando tudo por conta da lei. Reduziu-se assim o espaço do administrador eventualmente corrupto, mas a um custo altíssimo: tornou quase impossível que o administrador honesto – que é a maioria – faça a melhor compra para o Estado". BRESSER-PEREIRA, Luiz Carlos. Propostas para aprofundar a Lei de Licitações. *Doutrina*, 734/32, out. 1996.

[131] A Lei nº 13.303/2016 parece caminhar em sentido oposto, conferindo maior autonomia decisória aos gestores públicos, o que amplia e confere maior fidedignidade à possibilidade de responsabilização, como esclarece Joel de Menezes Niebuhr: "Pode-se dizer que a Lei nº 13.303/2016 confia nos colaboradores das estatais, prefere decisões particularizadas, que levem em consideração as especificidades de cada caso, a soluções abstratas e dadas de antemão. Isso é muito positivo, tende a conferir mais flexibilidade e propiciar ganhos de eficiência, porém também exige mais responsabilidade dos colaboradores das estatais, cujas decisões, em exercício de competências discricionárias, serão mais frequentes e com repercussões de maior monta". NIEBUHR, Joel de Menezes. Regulamento de Licitações e Contratos nas Estatais. *Revista Eletrônica de Direito do Estado*, n. 307, 2016b.

[132] JUSTEN FILHO, 2015.

e (ii) instrumentos que permitam ao particular exigir o cumprimento de seus direitos, sobretudo no âmbito do contrato público.[133]

Sem atentar às inconsistências do sistema, o pano de fundo por detrás dos diplomas que disciplinam as contratações públicas parece ser o contínuo recrudescimento das medidas sancionatórias – aplicadas aos particulares – e a ampliação dos poderes públicos conferida aos administradores públicos, tidos como guardiões exclusivos do interesse público. Por outro lado, ampliam-se as normas que visam punir os servidores públicos responsáveis pelo empenhamento de despesas e decisões envolvendo contratos públicos. A lógica, simplificada, é de que os agentes – públicos e privados – são tendenciosos às práticas corruptivas e, por consequência, precisam ser postos sob constante ameaça de fiscalização e penalização.

Acerca do tema, transcreve-se a advertência, em tudo pertinente e atual, da obra de Sérgio Resende de Barros:

> Assim, ao exacerbar o direito para combater a corrupção, o estatuto da contratação administrativa brasileira contaminou-se de penalose em duplo sentido: aliando a tipificação penal, ora ao excesso, ora à deficiência de legislação. Mas, o que é penalose? É uma doença jurídica. Consiste em transformar tudo em infrações penais para aterrorizar todos com punições penais. Indigna do Estado de Direito, é uma afecção do direito penal manifestada por normas penaloides, nas quais a tipificação criminal visa ao fim-mor de incutir terror geral. Resulta na incriminação indiscriminada. Terrorismo jurídico.
>
> No Brasil recente, "o excessivo uso de conceitos indeterminados" em matéria penal e "a excessiva criminalização das condutas" chegam "a ponto de todos os brasileiros poderem ser incriminados" em vista de certas leis. É o fruto de uma época de inflação legislativa penal, "em que se identifica um verdadeiro furor incriminatório, como se a criminalização de condutas fosse a panaceia para os males brasileiros".
>
> Por isso mesmo, administrado ou administrador, por mais honesto que seja, não há quem não receie um estatuto tal, como o da licitação brasileira (grifo acrescido).[134]

---

[133] NIEBUHR, Joel de Menezes. 10 medidas de combate à insegurança jurídica e ao inadimplemento da Administração Pública em contratos administrativos. *Revista Eletrônica de Direito do Estado*, n. 270, 2016.

[134] BARROS, 1999, p. 14. Perfilhando de entendimento em tudo similar, Adilson Abreu Dallari sustenta que a Lei nº 8.666/1993 "desbordou dos limites constitucionais (pois deveria conter apenas normas gerais) e, com o propósito absurdo de disciplinar mediante regras específicas as infinitas situações que podem ocorrer nas licitações", acabou por gerar "enorme insegurança, na medida em que ensejou a multiplicação de pleitos que impedem ou dificultam muito o andamento normal dos procedimentos licitatórios". DALLARI, 2003, p. 8-9.

Numa análise preliminar, tomando por base os conceitos teóricos já trabalhados neste capítulo, a balança parece pender demasiadamente para o lado das medidas punitivas em detrimento dos sistemas de incentivo. Sem embargo dos crescentes instrumentos legais de fiscalização e sanção, o ordenamento brasileiro, até então, não concentrou esforços numa possível concessão de benefícios àqueles que observarem as diretrizes legais; e, o que é mais preocupante, na consolidação de uma cultura jurídica em que a certeza da sanção seja suficiente para coibir a adoção de posturas desonestas.

Em síntese, o que se tem de concreto é que, a despeito do contínuo incremento das normas sancionatórias, a legislação é incapaz de reprimir as práticas de corrupção nas contratações públicas. Segundo Susan Rose-Ackerman e Bonnie Palifka, 87% das empresas brasileiras afirmam que o pagamento de propina e o nepotismo são frequentes nos processos de aquisição empreendidos pelo governo.[135] A Organização para a Cooperação e Desenvolvimento Econômico (OCDE) já afirmou que, no Brasil, as fraudes em licitações públicas podem representar um acréscimo de até 50% dos preços dos contratos.[136] Os escândalos noticiados diariamente pela mídia apenas corroboram as estatísticas. Em tal cenário, sem embargo das mencionadas lacunas e inconsistências legais, há sintomas capazes de denunciar os principais desvios no âmbito das licitações públicas.

A seguir serão destacadas algumas das situações de fraude e corrupção mais rotineiras nos processos licitatórios e na execução dos contratos públicos. Sem o intuito de esgotar o tema, objetiva-se apenas sinalizar algumas das possíveis situações que podem ser evitadas com a implantação dos programas de *compliance*.

2.2.4.1 Vícios na etapa preparatória da contratação

O primeiro momento passível de desvios no processo de contratação reside na fase interna da licitação, definida como etapa preparatória, "em que a Administração Pública empreende planejamento e estudos

---

[135] ROSE-ACKERMAN, PALIFKA, 2016, p. 93.
[136] EBC AGÊNCIA BRASIL. *Custo adicional por fraude em licitações pode chegar a 50%, diz OCDE.* 2015. Mais recentemente, o economista Claudio Frischtak apresentou um cálculo, baseado nos dados fornecidos pelo Tribunal de Contas da União, de que as obras de infraestrutura no país, no período compreendido entre 1970 e 2015, apresentaram um superfaturamento de R$ 100 bilhões a R$ 300 bilhões, o que representa uma média de R$ 6,66 bilhões por ano. Reportagem exibida no programa Fantástico, da TV Globo, em 06.04.2017, onde é explicitada a metodologia da pesquisa.

prévios para definir o objeto da licitação pública e todas as condições para participar dela, elaborando o instrumento convocatório".[137] A elaboração do edital e a definição do objeto, assim como das condições de execução e dos requisitos de habilitação, no mais das vezes, são determinantes para a lisura do procedimento já que, a depender das exigências elencadas, é possível "definir de antemão o vitorioso da futura licitação ou até a impossibilidade de sua realização, conduzindo à contratação direta".[138]

Celso Antônio Bandeira de Mello elenca quatro principais vícios[139] que podem resultar na nulidade do instrumento convocatório: (i) indicação defeituosa do objeto da licitação ou delimitação incorreta do universo das propostas; (ii) impropriedade na delimitação do universo de proponentes; (iii) caráter aleatório ou discriminatório dos critérios de avaliação de proponentes e propostas; e (iv) estabelecimento de trâmites processuais cerceadores da liberdade de fiscalizar a lisura do procedimento.[140] Em maior ou menor grau, cada um dos desvios apontados é abordado nas linhas a seguir.

Partindo do último vício listado pelo autor, tem-se que muitas das anomalias constatadas nos editais de contratação pública são fruto de tratativas silenciosas, que visam a atender interesses ocultos. Sob esse aspecto, a transparência e o acesso à informação constituem elementos decisivos na garantia da integridade das contratações públicas.

Como regra geral, o teor do instrumento convocatório é delimitado dentro dos departamentos públicos, fora do alcance e controle da sociedade.[141] Isso permite que as especificações do objeto e os critérios de seleção que irão compor o edital sejam definidos de forma discricionária pelo gestor público, inclusive com o direcionamento da contratação para determinadas empresas. Não significa que todos os processos licitatórios aos quais não é conferida ampla publicidade sejam previamente direcionados. Muitas vezes o sigilo inicial é necessário por

---

[137] NIEBUHR, 2015, p. 276.
[138] FORTINI; MOTTA, 2016.
[139] Ao final da sistematização, o professor Celso Antônio adverte que "a relação de vícios apontada não é exaustiva", mas que "foram apontados os vícios mais frequentes". BANDEIRA DE MELLO, 2014, p. 598.
[140] *Idem*, p. 598.
[141] Diz-se regra geral porque é cada vez mais comum a utilização pela Administração Pública do Procedimento de Manifestação de Interesse, dos Chamamentos e Audiências Públicas e de instrumentos similares. Embora tais mecanismos não estejam imunes à corrupção, proporcionam significativo aumento de transparência e permitem que o Poder Público seja influenciado por opiniões técnicas e estratégicas de atores variados, e não apenas daquela parcela que mantém laços estreitos com os agentes públicos.

questões estratégicas,[142] além do que a abertura para discussão prévia à elaboração do instrumento convocatório pode resultar em processos intermináveis e pouco produtivos. O fato é que parte dos resultados dos certames é definida de antemão, por meio de conluios estabelecidos entre gestores públicos e particulares.

A ausência de transparência abre espaço à prática do *lobby* – a ser comentado mais adiante –, que embora não se confunda com a corrupção, quando praticado de forma desregulamentada, compromete o caráter competitivo do certame. Isso porque apenas aqueles agentes econômicos que têm algum grau de proximidade com os gestores públicos ou que lhes ofereçam alguma espécie de vantagem serão contemplados com informações privilegiadas ou com a possibilidade de influir no processo decisório da Administração Pública, inclusive sugerindo cláusulas editalícias.[143]

Sob a ótica das empresas privadas, limitadora do presente estudo, o ideal seria que o programa de *compliance* garantisse o maior nível de transparência nas oportunidades de interação com os agentes públicos. Os agentes econômicos, é bom que se advirta, não estão proibidos de contribuir com a Administração Pública nos processos de contratação, até porque são eles, muitas vezes, os detentores das soluções e informações técnicas mais atualizadas acerca do objeto a ser contratado. É, portanto, vantajosa e benéfica ao interesse público a possibilidade de contar com o *know-how* dos particulares, desde que essa troca de informações ocorra dentro dos limites legais. Em suma: aos particulares é proibida a manipulação dos processos licitatórios, a indução da modalidade de contratação e das descrições do objeto, mas não há óbice à participação meramente colaborativa. O fundamental é que todo tipo de interação seja formalizado, levado ao conhecimento da diretoria da empresa e conduzido de forma transparente pelo ente público, de modo que todos os potenciais interessados possam contribuir e fiscalizar a etapa de elaboração do certame.

Na etapa preparatória da licitação, a fraude pode ocorrer pelo direcionamento da contratação à empresa previamente selecionada. O responsável pela elaboração do instrumento convocatório, "tendo

---

[142] Cita-se, por ilustração, o orçamento sigiloso previsto para o Regime Diferenciado de Contratações (RDC), mais especificamente no §3º e *caput* do artigo 6º da Lei nº 12.462/2011, a fim de evitar que as licitantes apresentem propostas superfaturadas tomando como base o orçamento estimado para a contratação.

[143] Embora flagrantemente ilegal, não é incomum que as próprias empresas sejam responsáveis pela elaboração do instrumento convocatório que resultará na sua contratação.

em mente determinado fornecedor, sagazmente redige a peça editalícia colocando atributos que só o preferido – e somente ele – poderá preencher".[144] No mesmo sentido, pode haver exigência de capital registrado muito superior ao objeto da licitação[145] ou de requisitos desproporcionais referentes à capacitação técnica e desempenho de atividade anterior, impertinentes ao objeto licitado.[146]

O cenário antagônico, consubstanciado na excessiva abertura dos critérios de seleção, também levanta suspeitas por ampliar a margem de discricionariedade e subjetividade do gestor público responsável pelas etapas de habilitação, qualificação e julgamento das propostas. Além disso, empresas consolidadas e com alto potencial de eficiência podem deixar de acorrer aos certames regidos por editais com cláusulas obscuras, diante da imprecisão dos parâmetros para formular propostas e dos riscos inerentes à condução do processo licitatório sem diretrizes bem definidas.

A exiguidade do prazo para apresentar as propostas pode, igualmente, denotar a existência de ajuste prévio entre a entidade licitante e a empresa previamente avisada do procedimento de contratação. Sob esse aspecto, aliás, mais importante que a observância do prazo mínimo legalmente previsto é a compatibilidade com o objeto licitado, como esclarece Carlos Ari Sundfeld: "não basta atender ao prazo mínimo imposto em lei se este for, no caso concreto e considerando as complexidades do certame, por demais exíguo".[147]

---

[144] CASTRO, Carlos Borges de. *Desvios na licitação*. São Paulo: Imprensa Oficial do Estado, 1994, p. 61.

[145] Visando inibir ou até mesmo inviabilizar a ampla concorrência, o agente público, "ao fixar no edital o capital registrado exigido, fixa-o em limite muito superior e em desproporcionalidade com o objeto da licitação, para que, somente determinadas firmas que tenham o capital exigido no edital possam participar, em detrimento das outras". VAZ, Sérgio. *Nova Lei das Licitações, princípios, fraudes e corrupção na administração*. Presidente Prudente: Datajuris, 1993, p. 82. E mais, "isso ocorrerá quando a especificação for insuficiente, tornando incotejáveis as propostas, ou quando for excessiva, de molde a alijar discriminatoriamente concorrentes em benefício de alguns ou de algum interessado". BANDEIRA DE MELLO, 2014, p. 598.

[146] Por outro lado, é importante ter em vista que a natureza singular do objeto a ser contratado pode justificar a inserção de especificações minudentes com o intuito de garantir o interesse público envolvido na contratação, sem que isso traduza direcionamento ou fraude, a despeito da possível restrição do universo de participantes. Nesse aspecto, o professor Celso Antônio Bandeira de Mello destaca as exigências de (i) documentação excessiva, que normalmente excede os requisitos previstos em lei; (ii) índices de capacidade técnica ou econômica desproporcionais ao objeto licitado; e (iii) índices de capacitação técnica e financeira referentes a época diversa daquela em que seriam necessários para a segurança administrativa da licitação. *Idem*, p. 608-609.

[147] SUNDFELD, Carlos Ari. *Licitação e contrato administrativo*. São Paulo: Malheiros, 1994, p. 106.

No mesmo sentido, a inclusão de cláusulas ambíguas, sobretudo em relação à posterior fiscalização e execução do contrato, abre margem a uma série de desvios. Como cediço, em decorrência da estrita vinculação ao instrumento convocatório, "fiscaliza-se e gerencia-se a partir dos parâmetros previstos no ato convocatório, seus anexos e no contrato. Se frágil e/ou incompleta a definição do objeto e a forma de executá-lo, dificulta-se ou mesmo se inviabiliza a fiscalização".[148]

Diante da inexistência ou ambiguidade dos parâmetros elencados, o risco reside na realização de exigências excessivas – supostamente implícitas no instrumento convocatório – e, em direção diametralmente oposta, na condescendência diante de circunstâncias prejudiciais ao interesse público, em virtude da indeterminação das obrigações assumidas, o que pode dificultar e até mesmo obstar a aplicação de sanção, mesmo que justificada.

Ainda no âmbito das consequências, a imprecisão das cláusulas editalícias abre espaço para exigências e alterações unilaterais despropositadas por parte da Administração Pública, muitas vezes com impactos consideráveis, e nem sempre reconhecidos, sobre o equilíbrio econômico-financeiro do contrato. A utilização de termos de referência ou projetos básicos incompletos ou mal elaborados igualmente abre espaço para múltiplas interpretações e, via de regra, para a posterior formalização de aditivos.

Em todas essas hipóteses, o importante, sob a perspectiva do programa de *compliance*, é garantir que não haja um ajuste prévio entre a empresa, seus representantes e colaboradores, e o ente licitante. Por evidente, a empresa privada não pode ser responsabilizada por falhas ou ilegalidades contidas no instrumento convocatório. Não cabe à empresa, além de suas preocupações diárias, fiscalizar e preocupar-se com a regularidade dos atos administrativos. A responsabilidade pela existência de cláusula editalícia excessivamente restritiva é exclusiva da Administração Pública, a menos que seja comprovada a existência de conluio com o particular para tal desiderato. Daí a necessidade, já apontada, de formalização e registro de todas as interações envolvendo agentes econômicos e públicos.

De toda sorte, a publicidade limitada, a existência de especificações restritivas, a ambiguidade dos parâmetros previstos no instrumento convocatório e a desproporção entre o tempo de preparação das propostas devem ser avaliadas pelas empresas que optarem pela

---

[148] FORTINI; MOTTA, 2016, p. 98.

participação no certame como *red flags*, ou seja, sinais de alerta acerca de situações que merecem maior atenção, sobretudo dos setores jurídicos e de *compliance*.

Em 2014 a Transparência Internacional publicou um Guia Prático para driblar a corrupção nas contratações públicas.[149] O documento elenca os principais fatores de risco, diante dos quais os responsáveis pela contratação – ou, sob a perspectiva do trabalho, o setor de *compliance* – devem ter a atenção redobrada, dentre os quais se destacam: (i) a realização de compras urgentes, especialmente perto do encerramento do exercício fiscal;[150] (ii) contratações emergenciais ou em razão de calamidade pública; (iii) participação de empresas de propriedade de funcionários do governo, em razão dos potenciais conflitos de interesse, sobretudo quando a participação societária não é divulgada; (iv) a descentralização das contratações, para o âmbito dos governos locais que, invariavelmente, possuem menos conhecimento técnico, estão habituados a práticas locais distintas da legislação nacional, mantêm laços com as empresas locais e encontram-se sujeitos a mecanismos de fiscalização mais brandos; (v) contratações envolvendo obras públicas, extração de petróleo, gás e mineração, por serem considerados os setores mais vulneráveis à corrupção; e (vi) procedimentos de contratação negociada.[151]

É fácil perceber a pertinência das advertências feitas pela Transparência Internacional no cenário brasileiro. Muitas das hipotéticas situações de fraudes em licitações públicas envolvem as *red flags* denunciadas no documento da organização, o que pode levar, inclusive, à identificação de situações em que há maior propensão à ocorrência de desvios, em razão dos fatores econômicos e sociológicos debatidos nos tópicos anteriores. O ideal é que os mecanismos de *compliance* das empresas mapeiem e sinalizem previamente as situações de risco,

---

[149] TRANSPARENCY INTERNATIONAL. *Curbing corruption in public procurement*: a practical guide. 2014.

[150] A explicação é que os gestores públicos sentem-se pressionados a gastar o dinheiro disponível no orçamento para não precisar devolver aos cofres públicos ao final do exercício. Com isso, acabam realizando contratações desnecessárias e, mesmo aquelas justificadas, são conduzidas "às pressas".

[151] Modalidade de contratação autorizada pela *Federal Acquisition Regulation (FAR)* que permite que o ente licitante solicite propostas de possíveis interessados, englobando a forma pela qual pretende executar o contrato e o preço previsto (item 13, Seção C). OLIVEIRA, Christiaan Allessandro Lopes de. Compras públicas no âmbito federal nos Estados Unidos da América. Análise sucinta acerca das principais modalidades de compras de bens e serviços, bem como dos principais instrumentos contratuais decorrentes ou antecedentes. *Revista de Doutrina da 4ª Região*, Porto Alegre, n. 67, ago. 2015.

alertando funcionários e colaboradores para as possíveis consequências, individuais e coletivas, da prática de irregularidades.

2.2.4.2 Vícios na fase externa da contratação

Além das anomalias que podem resultar de cláusulas editalícias eventualmente direcionadas, na fase externa da licitação as possibilidades de fraude envolvem, aprioristicamente, (i) conluio entre licitantes; e (ii) subjetivismos na avaliação do julgador. Contratações superfaturadas acabam traduzindo o principal resultado dos desvios licitatórios, sobretudo dos ajustes firmados entre os concorrentes ou entre algum proponente e agente público, justamente em razão da frustração do caráter competitivo do certame.[152]

De forma resumida, o conluio ocorre quando empresas de um mesmo segmento ajustam previamente os preços que irão ofertar em determinada licitação, com o intuito de definir de forma antecipada o vencedor daquele certame.[153] As possibilidades de conluio entre empresas são tão vastas quanto a criatividade dos licitantes, pelo que não se pretende apontar todos os ajustes imagináveis.[154]

O Ministério da Justiça elaborou uma cartilha destinada ao "Combate a cartéis em licitações".[155] No documento, são elencados,

---

[152] Reitera-se a advertência de que nem toda licitação conduzida fora dos ditames legais é superfaturada ou danosa ao erário. O sobrepreço e o prejuízo ao ente público hão de ser analisados caso a caso.

[153] Também chamado de cartéis em licitações públicas. Segundo dados do Ministério da Justiça, "os cartéis geram um sobrepreço estimado entre 10 e 20% comparado ao preço em um mercado competitivo, causando prejuízos de centenas de bilhões de reais aos consumidores anualmente". MINISTÉRIO DA JUSTIÇA. *Cartilha*: "Combate a cartéis em licitações". Brasília: Ministério da Justiça, 2008. Como esclarece Ana Paula Martinez, especialista no tema, "os cartéis em licitação podem se travestir de várias formas, das quais se destacam o loteamento e o rodízio". MARTINEZ, Ana Paula. *Repressão a cartéis*: interface entre direito administrativo e direito penal. São Paulo: Editora Singular, 2013, p. 48.

[154] Os ajustes podem envolver a apresentação de propostas de empresas "laranjas", inidôneas, de outro ramo de atuação, bem como a utilização de documentos fraudulentos, tudo com o intuito de beneficiar uma determinada proponente. Sem pretensão de esgotar as probabilidades, foram elencados exemplos ilustrativos dos ajustes mais comuns nos processos licitatórios. O ajuste prévio de preços é bastante comum nas contratações na modalidade licitatória do pregão, uma vez que, sob a disciplina do pregão presencial, a apresentação de propostas financeiras em valores similares restringe a permissão de ofertas de lances verbais apenas aos membros do acordo, na medida em que só participam dessa fase "o autor da oferta de valor mais baixo e os das ofertas com preços até 10% (dez por cento) superior àquela", consoante preceitua o inciso VIII do artigo 4º da Lei nº 10.520.

[155] MINISTÉRIO DA JUSTIÇA, 2008. A OCDE possui documento similar, intitulado *Diretrizes para combater o conluio entre concorrentes em contratações públicas*. ORGANIZAÇÃO PARA COOPERAÇÃO E DESENVOLVIMENTO ECONÔMICO, 2009. A grande diferença em

como principais formas de conluio entre as empresas participantes de um processo licitatório, os seguintes exemplos: (i) fixação de preços; (ii) direcionamento privado da licitação; (iii) divisão de mercado a partir de regionalização dos contratos; (iv) supressão de propostas, modalidade em que os concorrentes deixam de comparecer ou retiram as propostas formuladas com o intuito de favorecer determinado licitante; (v) apresentação de proposta "pro forma", com valores exorbitantes ou vícios evidentes, propositalmente apresentadas com intuito desclassificatório; (vi) rodízio; e (vii) subcontratação, mecanismo pelo qual as empresas não participam da disputa ou desistem da proposta apresentada para, posteriormente, serem contratadas pelo vencedor da licitação, que dividirá o valor – possivelmente inflacionado – com o subcontratado.

Evidentemente, qualquer que seja a modalidade de contratação, a formação de conluio compromete o caráter competitivo e a própria razão de ser do processo licitatório, motivo pelo qual é tipificada como crime, nos termos do artigo 178 da Lei nº 14.133/2021. Nesses casos, como a formação do conluio independe da participação dos agentes públicos, os programas de *compliance* podem ser bastante eficazes caso sejam capazes de compelir as empresas a atuarem de maneira íntegra e dentro dos limites legais, recusando-se a acordar qualquer forma de ajuste com os potenciais concorrentes.

Os demais vícios concernentes às etapas de habilitação e avaliação das propostas resumem-se, basicamente, à inaptidão ou ao subjetivismo do julgador.

No primeiro grupo, presumindo-se a boa-fé do agente público responsável pela condução do certame, podem ser citados: (i) os equívocos na aferição da exequibilidade das propostas, que podem levar à escolha de propostas inexequíveis; e (ii) a consideração de características não exigidas no instrumento convocatório, ainda que benéficas à Administração Pública.[156] Sobre tais desvios, porque intimamente ligados à postura do agente público, o programa de *compliance* não

---

relação ao documento do Ministério da Justiça é que a cartilha da OCDE elenca uma série de procedimentos bastante detalhados para detectar a existência de ajustes entre particulares e as consequentes posturas que devem ser adotadas pelos agentes públicos responsáveis pela contratação.

[156] Toshio Mukai afirma que "tudo o que for ofertado além do pedido ou permitido no edital é de ser considerado não escrito, desde que possa ser eliminado da proposta sem desnaturá-la" e conclui que "se a licitante oferece menos do que o pedido estará desclassificada; se oferece a mais, desconsidera-se a referida vantagem, prosseguindo a licitante no certame". MUKAI, Toshio. *Licitações*: as prerrogativas da administração e os direitos das empresas concorrentes. 2. ed. Rio de Janeiro: Forense Universitária, 1995, p. 44.

exercerá grande influência, a não ser para evitar que a empresa realize o chamado "jogo de planilhas",[157] induzindo em erro o juízo de exequibilidade da proposta e sujeitando a Administração Pública à contratação superfaturada.

O subjetivismo do julgador, bem ou mal intencionado, pode manifestar-se das mais variadas formas. Talvez a evidência mais comum dessa imparcialidade se reflita na inobservância ou na distorção das condições estabelecidas no edital, que acabam sendo flexibilizadas ou enrijecidas, a depender de quem se pretende beneficiar. Não é raro que, numa mesma licitação, a comissão ou o pregoeiro confiram soluções antagônicas para situações idênticas, com o nítido intuito de favorecer determinado licitante. Evidencia-se, novamente, a posição de vulnerabilidade do particular perante o monopólio de discricionariedade de poder nas mãos do agente público.

As possibilidades de desvio são ilimitadas e permeiam todo o processo, desde a pura dissimulação do teor do instrumento convocatório; pontuações técnicas excessivamente subjetivas; consideração de documentos restritos à análise da proposta, já na etapa de habilitação e vice-versa; respostas evasivas aos questionamentos formulados pelos licitantes; até manobras mais ardilosas, envolvendo a aceitação de novos documentos; a promoção de diligência às escondidas, sem a prévia comunicação aos interessados; e a manipulação da avaliação de amostras.

Em todos esses casos, *a priori*, o foco dos programas de *compliance* deve ter o fito de evitar que as empresas acionem os gestores públicos, ou aceitem deles qualquer espécie de proposta, com o intuito de influenciar o juízo discricionário e subjetivo dos responsáveis pela condução do certame em prol de interesses escusos. Daí a recomendação, tanto no âmbito interno da Administração Pública quanto nos programas de *compliance*, de evitar a concentração de poder decisório nas mãos de um

---

[157] O "jogo de planilha" ou "jogo de preços" destina-se a ocultar inconsistências nos preços unitários apresentados pela empresa, normalmente inexequíveis, sob o véu de uma oferta global razoável e aparentemente vantajosa. Por esse mecanismo, a empresa arbitra valores irrisórios para aqueles itens de menor consumo, compensando-os com preços superfaturados nos itens de maior volume, majorando o seu faturamento e caracterizando um sobrepreço prejudicial à Administração Pública. Para evitar tal prática, a jurisprudência tem reiterado o entendimento de que o inciso X do artigo 40 da Lei nº 8.666/1993 exige que o edital contenha, impreterivelmente, critério de aceitabilidade dos preços unitários. É esse, inclusive, o teor da Súmula nº 259 do Tribunal de Contas da União: "Nas contratações de obras e serviços de engenharia, a definição do critério de aceitabilidade dos preços unitários e global, com fixação de preços máximos para ambos, é obrigação e não faculdade do gestor". TRIBUNAL DE CONTAS DA UNIÃO. Súmula nº 259, de 28 abr. 2010. *Diário de Justiça eletrônico*: Brasília, DF. 2010.

único agente: seja pela imposição de obrigatoriedade de chancela de determinadas decisões – mais sensíveis – por uma instância superior, ou por meio da exigência de que as decisões sejam tomadas em conjunto.[158]

Nas palavras de Marçal Justen Filho, é de todo relevante "promover a dissociação da competência administrativa. Os poderes extraordinários não devem ser exercitados pela autoridade diretamente envolvida no relacionamento com o contratado".[159] A orientação pode ser comparada com a sistemática de julgamento dos recursos interpostos no curso da licitação pela autoridade superior (§2º do artigo 165 da Lei nº 14.133/2021). Da mesma forma, há previsão de que a adjudicação e homologação do resultado do certame sejam feitas pela autoridade superior, e não pelo responsável pela disputa (inciso IV do artigo 71 da Nova Lei de Licitaçõs). As prescrições normativas reduzem, em certa medida, a discricionariedade do agente público que conduz o processo licitatório e/ou fiscaliza a execução do contrato.

A Lei nº 14.133/2021 estabelece, como regra geral, que a licitação será conduzida por agente de licitação (artigo 8º).[160] A constituição de uma comissão por três membros passa a ser excepcional, reservada às licitações que envolvam bens ou serviços especiais (§2º).[161] Ainda assim, a possibilidade[162] de diluir o poder decisório nas contratações de bens ou serviços especiais evidencia a crença do legislador na maior eficiência e segurança dos procedimentos conduzidos por mais de um responsável, seja pelo enriquecimento técnico – devido ao somatório das competências dos envolvidos –, seja pelo menor risco de corrupção.

A regra de pulverização da autoridade tampouco é replicada nos pregões, presenciais ou eletrônicos, centralizados na figura do pregoeiro. O risco de individualizar o poder, como advertem Cristiana Fortini e Fabrício Motta, é "compensado pela transparência do processo e pelo fato de que está a se decidir com base em elemento objetivo,

---

[158] O raciocínio se amolda às constatações da ciência econômica que sustentam uma relação direta entre o nível de autonomia do potencial corruptor e as oportunidades para a prática do ato ilícito.

[159] JUSTEN FILHO, 2015.

[160] Art. 8º A licitação será conduzida por agente de licitação.

[161] Art. 8º [...] §3º Em licitações que envolvam bens ou serviços especiais, desde que observados os requisitos estabelecidos no art. 7º desta Lei, o agente de contratação poderá ser substituído por comissão de contratação formada por, no mínimo, 3 (três) membros, que responderão solidariamente por todos os atos praticados pela comissão, ressalvado o membro que expressar posição individual divergente fundamentada e registrada em ata lavrada na reunião em que houver sido tomada a decisão.

[162] A Lei nº 14.133/2021 não impõe tal obrigação, apenas apresenta a constituição da comissão como alternativa.

qual seja, o menor preço".[163] De fato, a transparência e a abertura inerente às licitações na modalidade pregão, ao menos em tese, elevam as possibilidades de fiscalização e, consequentemente, dificultam a prática de desvios. É essa a lógica utilizada em muitas das propostas de efetivação dos programas de *compliance* trabalhadas no curso deste trabalho: ao menos em tese, quanto menor a concentração de poder e as chances de formação de laços entre agentes públicos e privados, e, simultaneamente, quanto maior a transparência e a fiscalização entre pares, menores são os riscos de corrupção.

Sem embargo, os mesmos autores advertem que concentrar as decisões pode abrir campo para a corrupção e, sob a ótica das empresas, o receio de que o pregoeiro não venha a aceitar determinado documento pode fomentar eventuais tentativas de corrupção dos agentes públicos. Nesse aspecto, exsurge novamente a importância dos programas de *compliance*, no intuito de evitar que os funcionários e representantes das empresas se utilizem de subterfúgios e manobras ilegais, oferecendo benefícios ou aceitando exigências dos agentes públicos para sagrarem-se vencedores da licitação a "qualquer custo".

2.2.4.3 Vícios no curso da execução do contrato

Além de prerrogativa do ente contratante, o controle da execução contratual traduz-se em imperativo normativo, nos termos do artigo 117 da Lei nº 14.133/2021, que impõe à Administração o dever de acompanhar e fiscalizar, por representante especialmente designado, a execução do contrato. Trata-se de dever inafastável, que, uma vez descumprido ou mitigado, deve ensejar a responsabilização daquele a quem competia exercê-lo. Nessa categoria incluem-se: a autoridade responsável pela contratação, os eventuais gestores e fiscais do contrato e o ordenador de despesas, cada qual respondendo nos limites de suas atribuições.

Celebrado o contrato, o universo de interessados nas particularidades do acordo é drasticamente reduzido. Embora possam continuar contestando o resultado do certame, inclusive pela via judicial, os potenciais concorrentes concentram seus esforços na regularidade do procedimento e não na execução do contrato, que passa a envolver, basicamente, o ente contratante e o particular. Nesse momento, a atuação dos órgãos de controle assume grande importância, mas muitas vezes não é suficiente, na medida em que a proximidade entre o agente

---

[163] FORTINI; MOTTA, 2016, p. 101.

público e o contratado pode propiciar um ambiente favorável à corrupção e traduzir-se em elevação de valores contratuais, sem base fática e legal para tanto, ou em negligência na efetiva fiscalização do cumprimento das obrigações assumidas pelo particular".[164]

Embora tradicionalmente se enfatize a fraude ao caráter competitivo do certame como a principal manifestação do fenômeno da corrupção no âmbito das contratações públicas, é importante esclarecer que os atos de corrupção ocorrem, na prática, com muito mais frequência no curso da execução do contrato do que na fase da licitação.[165] Como adverte Fabrício Motta, "atualmente, pode-se afirmar que os maiores desvios de recursos públicos ocorrem na execução, e não na formalização do contrato".[166]

A ampla discricionariedade dos agentes públicos no curso da execução dos contratos, aliada à falta de penalização efetiva nos casos de inadimplemento do Poder Público, contribui para consolidar uma sistemática em que os contratados acabam muitas vezes cedendo, inclusive por falta de opção, às exigências que lhe são impostas. A vulnerabilidade do particular na relação contratual decorre das cláusulas exorbitantes, calcadas na supremacia do interesse público, "que contemplam poderes unilaterais para o agente realizar uma escolha"[167] idealmente voltada aos interesses públicos, mas que, em muitas oportunidades, acabam sendo utilizadas para a realização de atos de corrupção. O grande problema, segundo Joel de Menezes Niebuhr, é que no atual panorama das contratações públicas "o desequilíbrio é excessivo, os contratados são vulneráveis, gozam de direitos, porém não de instrumentos para exigir o cumprimento de tais direitos".[168]

Marçal Justen Filho elenca as cinco principais manifestações das prerrogativas da Administração Pública que reforçam a vulnerabilidade do contratado.[169] A primeira consistiria na *escolha* entre contratar e não contratar, fulcrada no entendimento majoritário de que não há direito subjetivo à contratação. Assim, mesmo que o particular participe e sagre-se vencedor da licitação, o agente público pode – dentro dos limites legais – *optar* pela contratação. A segunda se traduziria na imposição

---

[164] FORTINI; MOTTA, 2016, p. 102.
[165] JUSTEN FILHO, 2015.
[166] MOTTA, Fabrício. Formalismos em contratos administrativos incentivam corrupção. *Interesse Público*. Consultor Jurídico, 2015.
[167] JUSTEN FILHO, 2015.
[168] NIEBUHR, 2016a.
[169] JUSTEN FILHO, 2015.

legal de que o particular continue prestando os serviços, a despeito do inadimplemento da Administração Pública, por um período de 2 (dois) meses.[170] A terceira residiria na possibilidade de alteração unilateral das condições contratuais, mantida pelo artigo 124 da Lei nº 14.133/2021. A quarta, na autoexecutoriedade das sanções impostas ao contratado, independentemente da intervenção de uma autoridade imparcial. Por fim, a quinta manifestação da vulnerabilidade do contratado consistiria na possibilidade de extinção do contrato por decisão unilateral da Administração Pública, com base em razões de interesse público – nos termos do inciso VIII do artigo 137 da Lei nº 14.133/2021.

Em todas essas situações é possível que os representantes da Administração Pública exijam alguma espécie de contrapartida para *escolher*, dentre as suas opções, aquela mais favorável ao contratado. Não é incomum que os agentes públicos esperem alguma espécie de vantagem para reconhecer a execução do objeto – no âmbito das medições –; conceder um reajuste devido; ou pagar por um serviço devidamente prestado, sobretudo quando não há a respectiva formalização.[171]

Existe um pressuposto, irrefutável a todos aqueles familiarizados com a rotina das contratações públicas, de que a Administração paga quem quer e quando quer. As empresas precisam, muitas vezes, barganhar para receber valores que lhes são devidos, contraprestações por serviços integral e satisfatoriamente executados. E pior: se o particular adota uma postura mais assertiva, cobrando do Poder Público o que lhe é de direito, corre o sério risco de ser sancionado, verdadeiramente perseguido pelos agentes estatais. Pela pertinência do tema, transcreve-se excerto da obra de Joel de Menezes Niebuhr:

> Os contratados, na grande maioria das situações, são forçados a cederem às arbitrariedades da Administração Pública, mormente em razão da ausência quase que absoluta no ordenamento jurídico nacional de instrumentos de controle e de garantia minimamente eficazes. Na prática, se os contratados opõem-se aos rompantes da Administração

---

[170] O inciso IV do §2º do artigo 137 da Lei nº 14.133/2021 autoriza a extinção do contrato em caso de "atraso superior a 2 (dois) meses, contado da emissão da nota fiscal, dos pagamentos ou de parcelas de pagamentos devidos pela Adminsitração por despesas de obras, serviços ou fornecimentos".

[171] Como destaca Fabrício Motta, "em diversas situações, o Estado é o infrator, seus agentes parecem pensar que fazem favor ao cumprir deveres. O empresário tem o direito de receber o que lhe é devido, no respectivo prazo, e esse direito deve ser garantido por meio do controle da ordem cronológica dos pagamentos. [...] Também é importante melhorar os sistemas de controle, aumentar as sanções aplicáveis aos responsáveis, e permitir o oferecimento de garantias ao particular por parte do poder público". MOTTA, 2015.

Pública, esta lhes suspende os pagamentos devidos, levando-os às portas da ruína.

[...] Além de tudo, essa situação força muitos contratados, ainda que a contragosto, a oferecerem propinas às autoridades responsáveis pelos pagamentos, criando espécie de padrão de comportamento, de certa forma já arraigado em boa parte da Administração. Ainda que ilegítima e imoral, a propina é, assaz das vezes, o único instrumento de que dispõem os contratados para receberem o que lhes é devido, mitigando os prejuízos que lhes são impingidos.[172]

Alguém poderia dizer que os contratados podem demandar judicialmente a prevalência de seus direitos subjetivos e que, portanto, devem recusar veementemente qualquer proposta suspeita dos agentes públicos. A proposição é verdadeira. O empresário que investiu recursos na execução de um contrato e prestou integralmente os serviços tem três possibilidades diante de um pedido de propina do agente público: buscar o Poder Judiciário, os órgãos de controle ou tentar "negociar" com esse mesmo agente público – o que abre espaço à corrupção.

Na primeira hipótese, em uma perspectiva otimista, considerando que o contratado consiga provar o seu direito – o que pode ser inviável nos casos em que é impossível medir com exatidão os serviços que foram prestados –, a resolução da controvérsia demandará anos de disputa judicial, consideráveis valores despendidos em custas e honorários advocatícios, além da alocação de pessoal para a reunião e conservação das provas que demonstrem a execução dos serviços. A atuação dos órgãos de controle por provocação dos particulares tampouco representa uma saída célere. Sob tais premissas, não é difícil intuir os motivos pelos quais os particulares aceitam exigências sabidamente ilícitas para obter contraprestações ou garantias que lhes são legalmente devidas.[173]

---

[172] NIEBUHR, Joel de Menezes. *Licitação Pública e Contrato Administrativo*. 4. ed. Belo Horizonte: Fórum, 2015, p. 794. Em recente artigo comentando os desvios identificados nas contratações promovidas pela Petrobras, Adilson Dallari deu ênfase à sistematização instituída no âmbito das contratações públicas. Segundo o autor, "as empreiteiras efetivamente participaram do conluio, mas a transcrição acima deixa também óbvio que *a única maneira de conseguir contratos era participar do grupo previamente escolhido, pela empresa estatal, para vencer qualquer licitação*" (grifo acrescido). DALLARI, 2017.

[173] Não se pretende aqui advogar a inocência absoluta dos agentes privados nem sugerir que estes seriam corrompidos pelos agentes públicos. É evidente que os atos de corrupção partem, muitas vezes, dos próprios particulares, que arquitetam a troca de benefícios com os administradores públicos. Contudo, é preciso reconhecer a influência do excesso de poder depositado nas mãos dos agentes públicos na corrupção.

A exorbitância das cláusulas contratuais, o inadimplemento da Administração Pública e a inexistência de instrumentos de controle capazes de compelir os agentes públicos a seguirem as normas legais consolida uma posição de extrema vulnerabilidade dos contratados e abre grande margem para a prática de ilícitos. O prognóstico melhorou com a edição da Lei nº 13.303/2016, tendo em vista que o conjunto de prerrogativas previsto na Lei nº 8.666/1993 não foi reproduzido na Lei das Estatais – exceção feita à possibilidade de aplicação de sanção administrativa unilateral. Entretanto, há muito ainda a ser feito. As estratégias de combate à corrupção, sob a perspectiva das contratações públicas, devem buscar a "redução radical das prerrogativas extraordinárias reservadas ao Poder Público".[174]

Como sinais de alerta inerentes à execução contratual, a Transparência Internacional elenca: (i) a alteração das especificações ou escopo do trabalho após a adjudicação do contrato; (ii) número excessivo de mudanças solicitadas; (iii) atrasos injustificados na entrega dos bens e serviços contratados; (iv) inutilização do bem ou serviço, ou utilização para fim diverso do contratualmente acordado; (v) inexistência de instruções fornecidas por escrito aos contratados; (vi) atraso no pagamento das faturas; (vii) número excessivo de assinaturas nas ordens de pagamento, podendo denotar tentativa de pulverizar a responsabilidade; (viii) avaliações de desempenho não registradas; (ix) custos injustificados; e (x) inconsistências na publicação de relatórios de auditoria financeira e avaliações de desempenho.[175]

Em todos esses casos existe a possibilidade de que o contratado ofereça algum tipo de benefício ao agente público para flexibilizar os parâmetros de controle da execução contratual, sejam eles extraídos da lei, do edital ou do contrato em si. É o que ocorre, por exemplo, quando a empresa contratada oferece vantagem pecuniária ao fiscal do contrato para que faça "vista grossa" de alguma flagrante irregularidade na execução do objeto, o que explica uma das razões por que os representantes das empresas prezam por manter uma "boa relação" com fiscais e gestores contratuais.

Na prática, o fiscal responsável pelo acompanhamento de uma obra pública acaba convivendo diariamente com a equipe encarregada pela obra, ou seja, com os funcionários da empresa contratada. A interação ocorre entre seres humanos, indivíduos que possivelmente

---

[174] JUSTEN FILHO, 2015.
[175] TRANSPARENCY INTERNATIONAL, 2014, p. 25.

encontrarão alguma espécie de afinidade, donde se depreende a dificuldade – e talvez ineficiência – de impor uma regra de segregação entre agentes públicos e privados, proibindo-os de interagir. Mesmo porque o interesse público é normalmente privilegiado pela cooperação entre os envolvidos na execução do contrato, o que evita paralisações e discussões inócuas, exigências despropositadas e abuso de poder.

Nesse ambiente cooperativo, é comum que a proximidade da equipe leve os representantes da empresa a oferecer algumas "gentilezas" aos fiscais do contrato, como, por exemplo, o patrocínio de refeições compartilhadas no curso da jornada de trabalho. Longe de fazer um juízo sobre a legalidade e moralidade de tais costumes, o objetivo desta afirmação é evidenciar circunstâncias práticas que devem ser levadas em consideração pelos programas de *compliance*.

Nos casos supracitados, como há interação direta entre os agentes públicos e privados, o programa de *compliance* pode contribuir para evitar o envolvimento da empresa em situações de legalidade controvertida. Para tanto, além dos já mencionados registros das interações com o poder público, o programa deve prever mecanismos capazes de verificar, previamente, que as condutas da empresa sejam compatíveis com as cláusulas previstas no edital e no instrumento contratual. As alterações contratuais devem ser vistas com cautela redobrada; toda e qualquer necessidade de prorrogação na entrega do objeto contratado deve ser devidamente formalizada – com as respectivas justificativas, sobretudo quando o atraso se der por culpa de terceiro –; e, ainda que não seja responsabilidade da empresa, a fiscalização contratual e eventual auditoria realizada pelo Poder Público devem ser registradas, podendo ser utilizadas como argumento de defesa em eventual processo investigatório.

Por fim, ainda sobre a atividade de controle contratual, uma última palavra. O Tribunal de Contas da União (TCU) sugere que as atividades de fiscalização, agora referenciadas no artigo 117 da Lei nº 14.133/2021, sejam feitas por agente administrativo distinto do responsável pela supervisão contratual – competência mais ampla, associada à figura do gestor – por entender que a pulverização de autoridade "favorece o controle e, portanto, a segurança do procedimento de liquidação de despesa".[176] No mesmo sentido, o já mencionado "Guia Prático de

---

[176] TRIBUNAL DE CONTAS DA UNIÃO. Acórdão nº 2.296. Relator: Ministro Benjamin Zymler. Brasília, DF. 3 set. 2014. *Diário de Justiça Eletrônico*: Brasília, 2014.

Combate à Corrupção nas Contratações Públicas",[177] da Transparência Internacional, inclui, na lista de *red flags* referentes à etapa de execução contratual, a confusão entre os responsáveis pelas decisões contratuais (gestão) e os envolvidos na fiscalização do contrato.

Mais uma vez, parte-se da premissa de que o estreitamento dos vínculos entre os agentes públicos e privados, por um lado, e a concentração de poder nas mãos de um único representante da Administração Pública, por outro, ensejam um ambiente de insegurança e aumentam as chances de ocorrência de atos de corrupção. A segregação de funções, por sua vez, é capaz de proporcionar uma sistemática em que cada um dos executores poderá conferir a regularidade da tarefa executada pelo seu antecessor e seus demais pares, e assim por diante, no curso de todos os procedimentos de contratação.

3 Os contornos jurídicos da corrupção

3.1 Esforços internacionais e estrangeiros de combate à corrupção

De acordo com o conceito adotado para os fins do presente trabalho, a corrupção pressupõe a malversação do interesse público em prol de benefícios particulares, do próprio agente ou em favor de terceiros. O sujeito lesado com a prática do ato corrupto é, em última análise, a coletividade, que acaba suportando todas as distorções, ineficiências e desigualdades que dele resultam. Por força de tal constatação, o combate à corrupção é uma bandeira levantada não só no ordenamento interno de muitos países, mas também um compromisso firmado em convenções e tratados internacionais.

De modo geral, além de fortalecerem a fiscalização e o controle por parte do Poder Público, os diplomas anticorrupção no mundo apresentam fortes incentivos à autorregulação das empresas. Destarte, tendo em vista o impacto das experiências pretéritas e a tradição brasileira de importar institutos estrangeiros para o ordenamento jurídico interno, torna-se imperiosa a apresentação de um breve panorama dos diplomas estrangeiros mais relevantes, especialmente no que concerne aos programas de *compliance*.

Com esse intuito, foram estudadas algumas das principais legislações anticorrupção estrangeiras: (i) o *The False Claims Act* (FCA) e o

---

[177] TRANSPARENCY INTERNATIONAL, 2014, p. 24.

Foreign Corrupt Practices (FCPA) dos Estados Unidos, promulgados em 1863 e 1977, respectivamente, sendo o último amplamente reconhecido como a norma pioneira na criminalização de práticas corruptas praticadas por empresas no exterior; (ii) a Lei *Sarbanes-Oxley*, legislação norte-americana acerca da regulamentação do mercado de capitais; e (iii) o *Bribery Act*, do Reino Unido (UKBA), promulgado em 2010 e considerado ainda mais rígido que o regramento norte-americano.

Ainda, diante da existência de um movimento de internacionalização do combate à corrupção e das pressões externas enfrentadas pelo ordenamento brasileiro, foram analisadas as três convenções ratificadas pelo Brasil, no âmbito da Organização para a Cooperação e Desenvolvimento Econômico (OCDE), da Organização dos Estados Americanos (OEA) e da Organização das Nações Unidas (ONU).

Para fins de contextualização histórica, os sobreditos diplomas foram apresentados de acordo com o critério cronológico de elaboração.

3.1.1 Legislação anticorrupção nos Estados Unidos – *The False Claims Act* (FCA), o *Foreign Corrupt Pratices Act* (FCPA) e a *Lei Sarbanes-Oxley Act*

O *The False Claims Act* (FCA), *Informer's Act* ou *Qui Tam Statute*, primeira norma norte-americana voltada para o combate aos atos fraudulentos perpetrados contra o Poder Público, foi promulgado em 1863, em plena Guerra Civil, por um Congresso preocupado que os fornecedores – sobretudo relacionados à indústria bélica – estivessem roubando o Exército nacional.[178] O diploma foi promulgado com o intuito de responsabilizar "aqueles que se utilizem de informações fraudulentas (§3279.a.1.B.), entreguem declarações falsas ao governo (§3279.a.e.) ou façam uso de registros falsos para assim diminuir ou evitar obrigações a serem pagas ou enviadas ao governo (§3279.a.1.G.)".[179]

Um dos grandes diferenciais da norma é que qualquer indivíduo detentor de informações sobre fraudes perpetradas contra o governo pode, ele próprio,[180] ajuizar ação de ressarcimento, que inclui a cominação

---

[178] UNITED STATES. Department of Justice. *The False Claims Act: A Primer.* 2011.

[179] PINTO, Nathália Regina. *A importância dos marcos regulatórios na prevenção à criminalidade econômica.* 2016. Dissertação (Mestrado) – Programa de Pós-Graduação em Direito, Universidade de São Paulo, São Paulo, 2016, p. 60.

[180] Como esclarece Teresa Cristina de Souza, "embora o FCA permita o ajuizamento da ação pelos particulares, toda a demanda se desenvolve tendo por base a 'sombra das prerrogativas governamentais', cabendo ao Estado até mesmo limitar a participação do particular no

de multa e pagamento de três vezes o valor do dano. O requerimento (*claim*) que autoriza o ajuizamento da ação abrange qualquer pedido ou exigência de dinheiro feita a funcionário público ou membro das Forças Armadas e, ainda, toda e qualquer solicitação que, embora feita a terceiro, seja custeada com recurso público, enquadrando-se perfeitamente no conceito de corrupção adotado neste trabalho.

O indivíduo que denuncia a existência do ato de corrupção pode vir a receber um percentual dos valores recuperados pelos cofres públicos.[181] O benefício legal não se aplica às informações públicas, notórias, ou que já tenham chegado ao conhecimento das autoridades governamentais. As denúncias sabidamente falsas, por sua vez, são punidas com a aplicação de multas, ajustadas periodicamente.

O montante recebido varia de acordo com a participação do Estado no processo, podendo resultar em um total de 30% do valor recuperado, caso o denunciante tenha atuado sem auxílio governamental (§3730(d)). Melhor explicando: o *The False Claims Act* permite que o próprio denunciante (*whistleblower*) inicie um processo em nome do governo, ocasião em que a ação recebe o nome de "*qui tam*" (§3730(b)). Se posteriormente o governo intervier na ação, ele assume a responsabilidade primária de levá-la adiante. Nas hipóteses em que há intervenção estatal, o percentual do denunciante é reduzido para o patamar de 15% a 25% do montante recuperado pelo governo por meio da *qui tam action*.

A utilização do *The False Claims Act* representa ganhos significativos para o governo norte-americano. Segundo o *US Department of Justice Civil Fraud Division*, o país recuperou no ano de 2016 mais de U$ 4,7 bilhões em acordos e sentenças de processos civis; e o total de recuperações desde 2009 alcança o montante de U$ 31,3 bilhões.[182] A proteção garantida aos denunciantes (*whistleblowers*), com ênfase

---

feito (§3730, c, 2, c) 22. De fato, referido dispositivo prevê a possibilidade de que o Estado limite a atuação judicial do autor quanto ao número de testemunhas que podem ser indicadas, o interrogatório e a duração do depoimento". SOUZA, Teresa Cristina. Recuperação de valores devidos ao erário no direito norte-americano: *qui tam action* e *false claims act*. *Publicações da Escola da AGU*: 2º Curso de Introdução ao Direito Americano – Fundamental of US Law Course – Escola da Advocacia-Geral da União Ministro Victor Nunes Leal, ano IV, v. 1, n. 16, p. 295-312, mar. 2012.

[181] O requerimento (*claim*) que autoriza o ajuizamento da ação abrange qualquer pedido ou exigência de dinheiro feita a funcionário público ou membro das Forças Armadas, assim como toda e qualquer solicitação que, embora feita a terceiro, seja custeada com recurso público.

[182] UNITED STATES. Department of Justice. Justice Department Recovers Over $4.7 Billion From False Claims Act Cases in Fiscal Year 2016. 2016b.

nas medidas antirretaliação, traduz o principal estímulo à realização de denúncias e ao sucesso do sistema. A norma proíbe perseguições, demissões e ameaças como represália aos funcionários que tenham atuado dentro dos limites legais. Caso o denunciante venha a ser demitido sem justa causa, há previsão de reintegração ao cargo, somado ao pagamento de indenização.

Retomando a cronologia legislativa, no início da década de 1970 os Estados Unidos vivenciaram uma de suas maiores crises políticas, em meio a escândalos de desvio de dinheiro que culminaram na renúncia do então Presidente Richard Nixon.[183] Conhecido como *Watergate*, o episódio tornou-se paradigmático na história do combate à corrupção e criou as bases para a elaboração do *Foreign Corrupt Pratices Act* (FCPA), legislação norte-americana destinada a combater atos de corrupção perpetrados por empresas nacionais no exterior.[184]

A investigação revelou um padrão de conduta que envolvia o uso de fundos corporativos não contabilizados de empresas privadas para pagamentos duvidosos realizados no exterior. E mais, as apurações demonstraram a existência de um fundo do partido Republicano – uma espécie de "caixa 2" – que envolvia diretamente agentes públicos de altos escalões do governo e contava com a contribuição de diversas empresas privadas, por meio da manipulação dos registros contábeis.

Determinada a dimensionar a magnitude da prática de suborno em governos estrangeiros, a Comissão de Valores Mobiliários dos Estados Unidos (*Securities and Exchange Commission* – SEC) deflagrou um programa de anistia que oferecia às empresas a oportunidade de relatar suas próprias irregularidades. Os resultados foram surpreendentes. Mais de 400 empresas admitiram ter feito pagamentos ilegais

---

[183] A operação teve início em junho de 1972, com uma invasão à sede do partido Democrata, que tinha por objetivo a instalação de escutas e outros equipamentos de espionagem. A condução das investigações, fomentadas em grande parte pelo jornalismo independente, demonstrou que a invasão foi ordenada pelo partido Republicano e que os pagamentos feitos aos invasores eram mascarados. Com o desenrolar da investigação, outras contribuições ilegais foram descobertas, muitas destinadas à campanha de reeleição do Presidente Richard Nixon. Além disso, as apurações acabaram por revelar a existência de fundos multimilionários destinados ao suborno de funcionários de governos estrangeiros com o intuito de garantir contratações lucrativas. Dentre as empresas envolvidas estavam Northrop, Exxon, Mobil, Gulf Oil, United Brands, Ashland Oil, and Phillips Petroleum. BIEGELMAN, Martin; BIEGELMAN, Daniel. *Foreign Corrupt Practices Act*: Compliance Guidebook. New Jersey: John Wiley & Sons, Inc., 2010, p. 8-9.

[184] CAMPBELL, Stuart Vincent. Perception is Not Reality: The FCPA, Brazil, and the Mismeasurement of Corruption. *Minnesota Journal of International Law*, v. 22, n. 1, p. 247, 2013; LIPPITT, Ane H. An empirical analysis of the foreign corrupt practices act. *Virginia Law Review*, v. 99, p. 1893-1930, 2013.

em valores que ultrapassavam a cifra de U$ 300 milhões desviados dos fundos corporativos para autoridades públicas, políticos e partidos políticos estrangeiros.[185]

Do ponto de vista punitivo, no entanto, o suborno de funcionário público estrangeiro não era tipificado como crime, de modo que os responsáveis não foram condenados criminalmente. A adulteração dos registros contábeis tampouco era combatida com o necessário vigor no ordenamento jurídico norte-americano. O acontecimento acabou por demonstrar que as mesmas razões que justificavam a criminalização do suborno e da corrupção doméstica evidenciavam-se na principal estratégia de inserção das empresas no mercado global.

Diante dos resultados obtidos, a Comissão de Valores Mobiliários estadunidense (SEC)[186] propôs ao Congresso criminalizar o pagamento de suborno pelas empresas estadunidenses aos funcionários públicos e partidos políticos estrangeiros. Com ainda mais ênfase, entendeu-se que grande parte dos desvios poderia ter sido evitada – ou previamente detectada – caso fosse exigido que as empresas mantivessem registros e livros contábeis capazes de identificar todas as transações e pagamentos efetuados.[187]

O *Foreign Corrupt Practices Act* (FCPA) foi promulgado em 1977, após votação unânime. Além da criminalização do suborno de agentes públicos estrangeiros, o principal foco da legislação recai sobre a manutenção de um rigoroso registro contábil às empresas – os chamados "*Books and Records*".[188] Todo pagamento não registrado de forma clara e fidedigna pode ser considerado ilegal e atrair as duras penalidades do FPCA. Na prática, há uma dupla penalidade: (i) pelo pagamento da propina em si; e (ii) pelo registro contábil "maquiado" – já que dificilmente a empresa vai registrar a despesa como "pagamento de propina".

De forma geral, "os dispositivos antissuborno são fiscalizados pelo Departamento de Justiça (DOJ), enquanto que os dispositivos contábeis são fiscalizados pela SEC".[189] Embora grande parte dos estudos

---

[185] WEISMANN, Miriam F. The foreign corrupt practices act: the failure of the self-regulatory model of corporate governance in the global business environment. *Journal of Business Ethics*, v. 88, n. 4, p. 615-661, 2009, p. 617.

[186] Órgão equivalente à Comissão de Valores Mobiliários (CVM).

[187] BIEGELMAN; BIEGELMAN, 2010, p. 15.

[188] CLEVELAND, Margot; FAVO, Christopher M.; FRECKA, Thomas J.; OWENS, Charles L. Trends in the international fight against bribery and corruption. *Journal of Business Ethics*, v. 90, p. 199-244, 2009, p. 203.

[189] KIM, Shin Jae et al. *Compliance* em empresas estatais. Padrões internacionais e legislação brasileira. In: PAULA, Marco Aurélio Borges de; CASTRO, Rodrigo Pironti Aguirre de. *Compliance, gestão de riscos e combate à corrupção*: integridade para o desenvolvimento. Belo Horizonte: Fórum, 2018, p. 158.

sobre FCPA, ao menos no Brasil, ainda recaia sobre os dispositivos que proíbem o pagamento de propina, as penalidades aplicadas em função da adulteração dos registros contábeis podem gerar sanções até trinta e cinco vezes maiores do que aquelas decorrentes de atos de corrupção.

Para se ter ideia, a pena de multa aplicada às empresas (pessoas jurídicas) por ato de corrupção pode chegar a até US$ 2 milhões, enquanto a mesma sanção decorrente da violação dos registros contábeis (*Books and Records*) pode ser arbitrada em até US$ 25 milhões. Na mesma linha, a pena de prisão decorrente dos atos de corrupção pode ser de até 5 (cinco) anos, enquanto nos casos envolvendo distorções de registros contábeis o sujeito pode ser condenado a até 20 (vinte) anos de prisão. Afora a justificativa histórica,[190] a discrepância se explica pelo intuito de garantir mecanismos de transparência e proteção aos acionistas das empresas.

A partir dessas duas frentes principais, "o FCPA rompeu com a banalização das práticas corruptivas das empresas norte-americanas, ao aplicar proibições aos subornos e exigência de auditorias nas contas, para que a versão apresentada fosse a verdadeira, e não uma mais conveniente".[191] A proibição do pagamento de propina (*bribe*) é atrelada à ideia de "qualquer coisa de valor", o que inclui presentes, patrocínio de refeições, ofertas de emprego, doações para instituições sem fins lucrativos, viagens etc. A oferta da vantagem, por si só, já é suficiente para atrair a aplicação das penalidades, ou seja, não há necessidade de que o pagamento seja de fato realizado. A avaliação dos órgãos de controle é pautada pelo intuito, por parte do corruptor, de "obter ou reter o negócio", o que pode incluir benefícios fiscais, flexibilização de deveres ambientais, obtenção de licenças, alvarás e, inclusive, informações privilegiadas sobre decisões que envolvam contratações públicas e processos licitatórios.

Posteriormente, com a promulgação de alterações legislativas, o *Foreign Corrupt Practices Act* passou a incidir também sobre pessoas e empresas estrangeiras que tivessem dado causa – diretamente ou por seus agentes – a atos de corrupção praticados em território norte-americano, desde que houvesse envolvimento de alguma autoridade estrangeira.[192]

Atualmente, todas as empresas com algum grau de interação com

---

[190] Tendo em vista as adulterações nos registros contábeis que foram descobertas a partir do escândalo do Watergate.
[191] PINTO, 2016, p. 64.
[192] O FCPA classifica como ilegal o pagamento ou a mera oferta de pagamento a autoridade estrangeira (não americana) com o intuito de obter vantagens indevidas, sendo aplicável, inclusive, às pessoas e empresas estrangeiras que atuem em território americano. UNITED STATES. Department of Justice. *Foreign Corrupt Practices Act*: An overview. 2017c.

o mercado estadunidense estão sujeitas às penalidades previstas *Foreign Corrupt Practices Act* (15 U.S.C. §78dd-3).[193] O DOJ, inclusive, já invocou a jurisdição americana contra a empresa estrangeira Syncor Taiwan, deflagrando uma investigação em razão de *e-mails* que foram enviados a partir do endereço da empresa Syncor International Corporation em Woodland Hills, na Califórnia. Os *e-mails* continham documentos com registros de pagamentos indevidos a funcionários estrangeiros.[194] A justificativa utilizada pelo DOJ foi de que a Syncor Taiwan "agiu no território dos Estados Unidos, isto é, enviou um correio eletrônico de Woodland Hills, California, para Taiwan, contendo orçamento que prevê o pagamento de acordos a funcionários públicos estrangeiros".[195]

Por oportuno, transcreve-se o trecho central da norma no que concerne à proibição dos atos de corrupção:

> §78dd-1 - Seção 30A da Lei de Mercado de Capitais (Securities & Exchange Act) dos EUA, de 1934. Práticas comerciais proibidas a emissores no exterior
>
> (a) Proibição
>
> É proibido a um emissor que possua uma classe de valores mobiliários [...] ou a qualquer dirigente, diretor, funcionário ou agente de tal emissor, ou a qualquer acionista do mesmo que aja em nome do dito emissor, fazer uso dos correios ou de qualquer outro meio ou organismo governamental de comércio interestadual, de forma corrupta, para promover uma oferta, pagamento, promessa de pagamento ou autorização de pagamento de qualquer soma em dinheiro, ou oferta, doação ou promessa de doação, ou ainda uma autorização de doação de qualquer item de valor a

---

[193] A gradual ampliação do âmbito de incidência do FCPA despertou a atenção da SEC e do DOJ para escândalos de corrupção envolvendo a Petrobras. A SEC abriu um processo de investigação criminal para apurar se a sociedade de economia mista – que por possuir ações negociadas nos Estados Unidos sujeita-se à legislação anticorrupção do país – violou o FCPA. SCANNELL, Kara; LEAHY, Joe. US turns up heat with criminal investigation into Petrobras. *Financial Times*, New York, 9 nov. 2014; KIERNAN, Paul. Petrobras Corruption Scandal Draws Attention of U.S. Investigators. *The Wall Street Journal*, New York, 12 nov. 2014.

[194] A empresa registrou o pagamento de propina como "despesas promocionais e publicitárias". Caso Estados Unidos v. Syncor Taiwan, 2002. Disponível em: < https://www.justice.gov/criminal-fraud/case/united-states-v-syncor-taiwan-inc-court-docket-number-02-cr-1244-svw>.

[195] "In or about the fourth quarter of 2001, in the Central Disctrict of California, the defendant, SYNCOR TAIWAN, INC., a person as that term is used in 15 U.S.C. §78dd-3 (f) (1), acted within the territory of the United States, that is, it senta n electronic mail message from Woodland Hills, California, to Taipei, Taiwan containing a budget providing for the funding of payments to foreign government officials". (Tradução livre) Disponível em: <https://www.justice.gov/sites/default/files/criminal-fraud/legacy/2011/02/16/12-05-02syncor-taiwan-info.pdf>.

(1) qualquer dirigente estrangeiro, [...]

(2) qualquer partido político estrangeiro ou a dirigente do mesmo ou a qualquer candidato a cargo político estrangeiro, [...]

(3) qualquer pessoa, sabendo que toda ou parte de tal soma em dinheiro ou item de valor será direta ou indiretamente oferecido, doado ou prometido a qualquer dirigente estrangeiro, partido político estrangeiro ou dirigente do mesmo, ou a qualquer candidato a cargo político estrangeiro, para fins de –

(A) (i) influenciar qualquer ato ou decisão de tal dirigente, partido político, dirigente de partido político ou candidato de partido político no exterior, em sua capacidade oficial; (ii) induzir tal dirigente, partido político, dirigente de partido, ou candidato de partido no exterior a realizar ou deixar de realizar qualquer ato, em violação da obrigação legal de tal dirigente, partido político, dirigente de partido ou candidato de partido político no exterior; ou (iii) garantir a obtenção de alguma vantagem indevida; ou

(B) induzir tal dirigente, partido político, dirigente de partido político ou candidato de partido político no exterior a usar sua influência junto a governos ou organismos governamentais no exterior para afetar ou influenciar qualquer ato ou decisão de tal governo ou organismo governamental e, assim, ajudar o dito emissor na obtenção ou manutenção de negócios para qualquer pessoa ou direcionar negócios a essa pessoa.[196]

Um dos destaques da legislação norte-americana consiste na possibilidade de responsabilizar a pessoa jurídica por atos de terceiros, quando estes estiverem agindo em nome da empresa (*vicarious liability*) e desde que a empresa tenha tido conhecimento do ato praticado. Significa que a empresa pode, por exemplo, ser responsabilizada pelo pagamento de propina por um despachante contratado para obter determinada licença ou para liberar um produto importado preso na alfândega.

O ponto temerário é que a exigência de que a empresa tenha tido "ciência" do ilícito pode ser satisfeita quando houver alta probabilidade de pagamento, oferta ou promessa de pagamento (15 U.S.C. §78dd-1(f)(2)(A)). Destarte, "quando aqueles que estão sujeitos ao FCPA tiverem conhecimento acerca da alta probabilidade de que qualquer coisa de valor seja dada ou prometida a funcionário público estrangeiro pelo terceiro", o que é bastante comum em países com altos índices de corrupção, "ou, de forma consciente e deliberada, evitarem tomar conhecimento de tal circunstância, existirá a ciência necessária para ensejar

---

[196] UNITED STATES. Department of Justice. Cláusulas Antissuborno e sobre Livros e Registros Contábeis da Lei Americana Anticorrupção no Exterior. 2004.

uma violação ao dispositivo anticorrupção do FCPA".[197] Na prática, sempre que houver indícios de algum tipo de pagamento indevido – os chamados "*red flags*" –, aumentam os riscos de responsabilização da empresa por atos de terceiros.[198]

O *Foreign Corrupt Practices Act* não faz menção expressa ao programa de *compliance*. Sem embargo, além de vedar a prática do suborno, tipifica como criminoso qualquer pagamento sem a respectiva anotação nos registros contábeis da empresa,[199] o que exige, por si só, o aperfeiçoamento dos mecanismos de controle internos. Não bastasse isso, a existência do programa de *compliance* pode evitar a persecução penal, na medida em que o ajuizamento da ação consiste em uma decisão discricionária, que deve sopesar as peculiaridades do caso concreto. No exercício dessa faculdade, "três dos nove princípios a tomar em consideração na decisão de ajuizar uma ação penal por violação ao FCPA dizem respeito a mecanismos prévios de *compliance* na empresa".[200] São eles:

[...] 2. A omnipresença do delito dentro da corporação, incluindo a cumplicidade ou a tolerância do delito cometido pela administração corporativa (ver USAM 9-28.500);

[...] 5. Existência e efetividade de um programa de *compliance* preexistente na empresa (ver USAM 9-28.800);

[...] 7. As ações de remediação adotadas pela empresa, incluindo quaisquer esforços para implantar um programa corporativo de *compliance* efetivo ou para aperfeiçoar um existente, substituir a administração responsável, penalizar ou demitir os infratores, pagar a restituição e cooperar com as agências governamentais (ver USAM 9-28.1000)[201] (tradução livre).

---

[197] AYRES, Carlos Henrique da Silva. Utilização de terceiros e operações de fusões e aquisições no âmbito do *Foreign Corrupt Practices Act*: Riscos e necessidade da *due diligence* anticorrupção. In: DEL DEBBIO, Alessandra; MAEDA, Bruno Carneiro; AYRES, Carlos Henrique da Silva (Coord.) *Temas de anticorrupção e compliance*. Rio de Janeiro: Elsevier, 2013, p. 206.

[198] LOW, Lucinda A.; BONHEIMER, Owen. The U.S. Foreign Corrupt Practices Act: past, present, and future. In: DEL DEBBIO, Alessandra; MAEDA, Bruno Carneiro; AYRES, Carlos Henrique da Silva (Coord.) *Temas de anticorrupção e compliance*. Rio de Janeiro: Elsevier, 2013, p. 81.

[199] A doutrina especializada afirma que, para o enquadramento legal, a acusação não precisa demonstrar a ocorrência do suborno, mas apenas o pagamento não registrado nos livros contábeis da empresa. BIEGELMAN; BIEGELMAN, 2010, p. 24.

[200] CARVALHO, 2015, p. 52.

[201] UNITED STATES. Department of Justice. *Attorney Manual*: Chapter 9-28.300. 2015a. No mesmo sentido, a SEC elenca quatro fatores centrais que devem ser levados em consideração no momento de ajuizamento da ação condenatória, dentre os quais verificar os

No mesmo sentido, como destaca Paulo Roberto Galvão, "de acordo com o U.S. Sentencing Guidelines, a existência de programas de compliance deve ser levada em consideração no momento da aplicação da penalidade à empresa, ou na escolha das condições a serem cumpridas para suspensão da pena ou do processo".[202] O Guidelines[203] estabelece um "índice de culpabilidade – culpability score" como forma de traçar parâmetros para as sanções aplicáveis às empresas envolvidas em crimes corporativos.[204] Assim, no momento de definir a penalidade, o julgador atribuiria à empresa determinada pontuação, à qual seriam somados ou subtraídos outros pontos, a depender das agravantes ou atenuantes constatadas. Segundo o documento, se no momento do ilícito a empresa já seguia um efetivo programa de compliance e ética, devem ser subtraídos 3 (três) pontos do índice de culpabilidade.[205]

Além disso, a responsabilidade no Foreign Corrupt Practices Act é subjetiva, depende da demonstração de culpa ou dolo do agente.[206] Assim, se a empresa tomou as providências necessárias à fiscalização

---

padrões de autovigilância da empresa (self-policing), o que compreende a existência de um efetivo programa de compliance com apoio da alta administração. BIEGELMAN; BIEGELMAN, 2010, p. 59.

[202] CARVALHO, 2015, p. 53.

[203] O Federal Sentencing Guidelines reúne diretrizes não obrigatórias para uniformizar as sentenças proferidas pelo sistema jurídico federal dos Estados Unidos. LEGAL INFORMATION INSTITUTE. Federal Sentencing Guidelines. 2017.

[204] "De forma análoga, a seção 9-28.900 dos já mencionados Principles of Federal Prosecution of Business Organizations, parte do U.S. Attorney's Manual, também indica às autoridades a observância da cooperação e da adequação dos programas de compliance quando da fixação de eventuais sanções". FÉRES, Marcelo Andrade; LIMA, Henrique Cunha Souza. Compliance Anticorrupção: formas e funções na legislação internacional, na estrangeira e na Lei nº 12.846/2013. In: FORTINI, Cristiana. Corrupção e seus múltiplos enfoques jurídicos. Belo Horizonte: Fórum, 2018, p. 155-156.

[205] "§ 8C2.5.(f)(1) If the offense occurred even though the organization had in place at the time of the offense an effective compliance and ethics program, as provided in §8B2.1 (Effective Compliance and Ethics Program), subtract 3 points". UNITED STATES. Sentencing commission. Guidelines Manual. 2016g. As diretrizes para a aferição da efetividade do programa estão elencadas no §8B2.1. do documento.

[206] O FCPA é expresso ao consignar que, para caracterizar o ilícito, o agente envolvido deve ter ciência da circunstância ofensiva, conforme se depreende da redação original do tópico (f), destinado a esclarecer os conceitos empregados na regulamentação: "(B) Quando se exige conhecimento da existência de uma circunstância particular para a comissão de uma ofensa, tal conhecimento é estabelecido quando uma pessoa está ciente de que há uma alta probabilidade da existência de tal circunstância, a menos que a pessoa acredite de fato que tal circunstância não existe". O DOJ e a SEC esclarecem, ainda, que embora não seja exigido que o responsável pelo desvio tenha consciência de que a sua atuação representa uma ofensa especificamente ao FCPA, é indispensável a intenção desonesta, ou seja, que o sujeito saiba que está cometendo uma conduta ilegal. UNITED STATES. Department of Justice. The FCPA guide. 2015b; UNITED STATES. Department of Justice. Evaluation of corporate compliance programs. 2017b.

e prevenção dos ilícitos, as chances de condenação por negligência, imprudência ou imperícia são drasticamente reduzidas.

Tanto é verdade que, em 2013, a Comissão de Valores Mobiliários norte-americana (SEC) afastou a aplicação das penalidades previstas no *Foreign Corrupt Practices Act* mediante a assinatura de um *non-prosecution agreement* com a Ralph Lauren, em razão da constatação de pagamento de propina na Argentina.[207] O ilícito foi denunciado pela própria empresa[208], que, segundo a SEC, forneceu documentos, apurou e informou imediatamente os resultados das investigações internas, e, em razão da existência de um programa de *compliance* consolidado, propôs e implantou modificações no sistema de controle interno.[209]

A existência do programa de *compliance* já foi até argumento capaz de afastar integralmente a responsabilidade da empresa no âmbito do *Foreign Corrupt Practices Act*. Em 2012, o Departamento de Justiça (DOJ) e a Comissão de Valores Mobiliários dos Estados Unidos (SEC) decidiram não incluir o banco Morgan Stanley no polo passivo do processo que visava apurar irregularidades cometidas por um diretor baseado na China.[210]

Na oportunidade, os órgãos de controle reconheceram que o banco mantinha um sistema de controles internos destinado a garantir a *accountability* e evitar que os seus funcionários oferecessem, prometessem ou pagassem valores a governos estrangeiros. Também consignaram que tais políticas eram constantemente atualizadas e que proibiam o pagamento de suborno e abarcavam práticas suspeitas, tais como a doação de presentes e brindes, patrocínio de refeições e viagens, dentre outros elementos típicos dos programas de *compliance*. Por fim entendeu-se que a realização de treinamentos periódicos acerca do *Foreign Corrupt Practices Act* e da legislação anticorrupção, o constante monitoramento, auditoria e a realização de *due diligence* demonstravam que o banco mantinha um sistema de controle interno rigoroso, ainda que falho.

---

[207] UNITED STATES. Securities and exchange commission. SEC Announces Non-Prosecution Agreement With Ralph Lauren Corporation Involving FCPA Misconduct. 2013.

[208] Embora a denúncia voluntária seja altamente valorizada pelos órgãos de controle, a legislação norte-americana não impõe a obrigação de denunciar eventuais ilegalidades identificadas no âmbito interno da empresa, nem mesmo ao *Compliance Officer*.

[209] Dentre as medidas adotadas, a Ralph Lauren promoveu novos treinamentos sobre *compliance*, rescindiu os contratos com parceiros e demitiu os envolvidos no episódio, além de fortalecer os mecanismos de controle interno e os procedimentos de *due diligence*. Idem.

[210] UNITED STATES. Department of Justice. *Former Morgan Stanley Managing Director Pleads Guilty for Role in Evading Internal Controls Required by FCPA*. 2012. Informação extraída do artigo de Bruno Maeda. MAEDA, 2013, p. 173.

Em fevereiro de 2019, o Departamento de Justiça (DOJ) declinou de um processo contra a empresa Cognizant Technology Solutions Corporation a despeito da constatação de que foram pagos U$ 2 milhões em propinas para agentes públicos na Índia, em manifesta violação ao FCPA (15 U.S.C. §§ 78dd-1). A decisão de não processamento levou em consideração, além da existência de um programa de *compliance*, o fato de que a empresa realizou uma minuciosa investigação interna e decidiu pela denúncia voluntária (*self-disclosure*) em apenas duas semanas após o Conselho ter tomado conhecimento acerca da ilegalidade.[211] Ou seja, o tempo foi um fator crucial para afastar as duras penalidades previstas na legislação.

Em síntese, ainda que o *Foreign Corrupt Practices Act* não preveja expressamente a figura do *compliance*, nem afaste a penalidade diante da constatação de sua existência, de fato existem vantagens e incentivos à sua implantação, sobretudo na forma de "atenuantes", mesmo que o resultado do cálculo possa ser questionável.[212]

Ainda acerca da importância conferida aos mecanismos de *compliance* pela legislação norte-americana, em junho de 2020 a Seção de Fraude do Departamento de Justiça (DOJ) publicou uma versão atualizada do documento intitulado *Evaluation of Corporate Compliance Programs (Evaluation Guidance)*, que descreve as principais expectativas do governo quanto à efetividade dos programas de *compliance*.[213] O documento elenca requisitos objetivos, além de uma seção de perguntas consideradas relevantes na avaliação da eficiência dos programas de *compliance* sob investigação criminal.

Muitas das diretrizes contempladas no documento já haviam sido expressas anteriormente pelo governo estadunidense. As aclamações

---

[211] Além disso, o DOJ considerou que: (i) a empresa cooperou integralmente com as investigações; (ii) não havia histórico criminal; (iii) a empresa adotou mecanismos de remediação, incluindo, mas não se limitando, a demissão dos funcionários envolvidos no ilícito e o reforço do programa de treinamentos; (iv) pagamento de U$ 6 milhões em multa; (v) devolução de todo e qualquer lucro recebido a partir dos negócios que foram viabilizados com o pagamento de propina (disgorgement). Disponível em: <https://www.justice.gov/criminal-fraud/file/1132666/download>.

[212] De forma sistematizada, pode-se dizer que o *compliance* atende a três objetivos perante o FCPA: "(i) evitar o processamento da empresa pelo DOJ ou, ao menos, permitir um tratamento mais leniente pelo órgão estatal, inclusive com aplicação mais branda de sanções; (ii) mitigar os danos resultantes de uma violação ao FCPA/ e, como consequência natural do respeito ao *compliance*, (iii) prevenir a ocorrência de violações, reduzindo a exposição da empresa à responsabilidade por práticas corruptivas". FÉRES; LIMA, 2018, p. 156.

[213] UNITED STATES. Department of Justice. *Evaluation of corporate compliance programs*. 2020. Disponível em: <https://www.justice.gov/criminal-fraud/page/file/937501/download>. Acesso em: 06 ago. 2020.

à iniciativa referem-se à sintetização das premissas básicas de um programa de *compliance* e das expectativas do Departamento de Justiça (DOJ) sobre sua eficácia. Afora isso, o documento reconhece expressamente que a existência de um desvio ou uma irregularidade não significa, por si só, que o programa de *compliance* não funcionava ou era ineficaz no momento em que a conduta foi praticada.[214] O grau de maturidade consignado nas recomendações do Departamento de Justiça (DOJ) afasta os comentários depreciativos – e, de certa forma, ingênuos – sobre as empresas que possuíam programas de *compliance* bem estruturados e que não foram capazes de impedir a ocorrência de desvios internos. Para os que ainda nutriam dúvidas, o documento esclarece que nenhum programa de *compliance* é capaz de prevenir toda e qualquer atividade ilícita dentro de uma organização.[215]

Em novembro de 2012, o Departamento de Justiça (DOJ) havia lançado uma espécie de guia do *Foreign Corrupt Practices Act* (*A Resource Guide to the U.S. Foreign Corrupt Practices Act*),[216] com as principais orientações fornecidas pelo Departamento de Justiça (DOJ) e pela Comissão de Valores Mobiliários (SEC) dos Estados Unidos, no intuito de fornecer informações úteis para as empresas, desde pequenas empresas estreantes em transações internacionais a grandes corporações multinacionais. O guia define "corrupção", "funcionário estrangeiro", relaciona os presentes considerados adequados, bem como os limites envolvendo despesas de viagem e entretenimento e as principais características de um programa de *compliance*.

Posteriormente, em abril de 2016, o Departamento de Justiça (DOJ) lançou um programa piloto de investigação (*The Fraud Section's Foreign Corrupt Practices Act Enforcement Plan and Guidance*),[217] desenvolvido especialmente para motivar as empresas a voluntariamente denunciarem as violações ao *Foreign Corrupt Practices Act*, cooperarem com a seção de fraude e, quando necessário, comprometerem-se a corrigir falhas em seus controles internos e programas de *compliance*.

Conforme os esclarecimentos do próprio Departamento de Justiça (DOJ), a transparência na condução dos mecanismos de fiscalização governamentais permite que a sociedade saiba quais condutas irão resultar em punição e que tipo de benefícios pode receber caso denuncie

---

[214] UNITED STATES, 2020, p. 14.
[215] UNITED STATES, 2020, p. 14.
[216] UNITED STATES, 2015b.
[217] UNITED STATES. Department of Justice. The Fraud Section's Foreign Corrupt Practices Act Enforcement Plan and Guidance. 2016f.

a existência de fraudes internas e coopere com a investigação, o que favorece o processo decisório calcado na racionalidade.

Por exemplo: o documento esclarece que se uma empresa optar por não denunciar a ocorrência de fraude interna, os benefícios de eventual cooperação posterior serão reduzidos. Como resultado, em um cenário ideal, em que a empresa se autodenuncia, coopera com as investigações e se propõe a corrigir as falhas internas, remediando o ocorrido, o Departamento de Justiça (DOJ) pode reduzir em até 50% o limite mínimo de penalidades aplicáveis, além de não exigir a presença de um *compliance monitor*.[218]

Apenas para ilustrar os efeitos práticos do *Foreign Corrupt Practices Act*, citam-se como exemplos[219] os seguintes resultados, somente no ano de 2016: (i) a VimpelCom, empresa alemã de telecomunicações, concordou em pagar mais de U$ 795 milhões em decorrência das acusações de atos de corrupção no Uzbequistão; (ii) o fundo de investimentos norte-americano JP Morgan anuiu com o pagamento de U$ 264 milhões, também como forma de evitar a condenação pela prática de atos de corrupção que envolviam a contratação, pelo banco, de estagiários e funcionários que eram parentes ou amigos de agentes públicos na região da Ásia e do Pacífico, em troca de benefícios governamentais, numa espécie de nepotismo privado; (iii) a Teva Pharmaceutical, empresa farmacêutica, pagou U$ 519 milhões por sanções de natureza cível e criminal por atos de suborno a funcionários russos, ucranianos e mexicanos; (iv) a brasileira Embraer celebrou um acordo de U$ 205 milhões pela acusação de que a sua subsidiária americana pagava, por meio de terceiros, propina a funcionários públicos na República Dominicana, Arábia Saudita e Moçambique;[220] e (v) a Braskem S.A., petroquímica brasileira, concordou em pagar U$ 957 milhões pela denúncia de que mantinha livros e registros contábeis falsos, ocultando o pagamento de milhões de dólares em subornos a funcionários do governo brasileiro.

A despeito dos resultados apresentados, cumpre salientar que, após mais de quatro décadas de vigência, muitos estudos denunciam o

---

[218] Tratada em tópico específico (4.1.3.2.).

[219] Todos os casos encontram-se listados na UNITED STATES. Securities and Exchange commision. *SEC Enforcement Actions*: FCPA cases. 2017f.

[220] De acordo com a SEC, a Embraer pagou US$ 3,52 milhões para um oficial da Força Aérea da República Dominicana como forma de garantir a formalização de contrato público de fornecimento de aeronaves militares; US$ 5,76 milhões para um agente público indiano para garantir a venda de três aeronaves militares altamente especializadas para a força aérea da Índia. Os pagamentos teriam sido falsamente registrados nos livros e registros da Embraer como parte de um contrato de consultoria inexistente. *Idem*.

insucesso do *Foreign Corrupt Practices Act* no efetivo combate à corrupção. Segundo a pesquisadora Miriam Weismann, apesar dos acordos existentes, o número de condenações de pessoas físicas e jurídicas não foi expressivo o suficiente para influenciar o cálculo dos custos e benefícios dos atores.[221] Nesse aspecto, a formalização de acordos para o afastamento integral das sanções parece "precificar" a corrupção, que – ao menos nessa perspectiva – deixa de ser enquadrada como um ilícito propriamente dito. Em outras palavras, as empresas podem entender ser mais vantajoso pagar o preço dos acordos ou eventuais multas, do que deixar de praticar os atos de corrupção. Para evitar essa monetarização do ilícito, a imposição de penalidades não pecuniárias, como a proibição de contratar com o Poder Público, torna-se uma peça fundamental no combate à corrupção.[222]

Demais disso, a legislação não abrange os casos de suborno praticados por empresas com mais de 50% do capital social estrangeiro e não criminaliza os *"grase payments"* – normalmente associados ao pagamento de taxas para expedir licenças, vistos, liberação de cargas, etc.[223] –, que traduzem atos de corrupção segundo o conceito aqui adotado. Para que não sejam caracterizados como crime, é preciso que tais pagamentos sejam considerados legais pelo ordenamento do país em que são praticados. Da mesma forma, são autorizadas "despesas afirmativas", desde que em valores razoáveis e realizadas de boa-fé (*bona fide business expenses*). É o caso das ações promocionais, atividades de demonstração e apresentação dos produtos ou serviços. Tais pagamentos devem ser previamente aprovados e adequados à legislação interna de cada país, que normalmente limita o valor a ser recebido e a forma de pagar.

Diante disso, Miriam Weismann defende que, em regra, os riscos de condenação com base no *Foreign Corrupt Practices Act* não se mostram fortes o suficiente para evitar que, numa escolha racional, as empresas optem por estratégias calcadas no pagamento de subornos. Embora válida, a observação parece não levar em consideração a possível mudança no comportamento das empresas, a partir da adoção

---

[221] WEISMANN, 2009, p. 624.
[222] A conclusão remonta à ideia de Gary Becker, de que alguns delitos, embora não dispensem a aplicação da sanção pecuniária, devem ser acrescidos de outras formas de penalização.
[223] BIEGELMAN; BIEGELMAN, 2010, p. 29. Os chamados *"facilitating payments"* são caracterizados pelo pagamento por serviços que seriam, de toda sorte, realizados, mas que acabam sendo ilegalmente recusados ou propositalmente postergados por agentes públicos. São, geralmente, pagamentos feitos para oficiais de baixo escalão do governo, por ações rotineiras.

de práticas de governança corporativa e implantação de programas de *compliance*, que podem ter reduzido a incidência dos atos de corrupção tipificados na legislação. Além disso, é preciso considerar que até a década de 1990 os Estados Unidos eram o único país cuja legislação criminalizava a corrupção internacional. A desvantagem competitiva imposta às empresas norte-americanas fez com que o *Foreign Corrupt Practices Act* não fosse invocado com tanta frequência. De toda sorte, como o presente estudo não objetiva analisar o (in)sucesso da legislação norte-americana, os registros são importantes apenas no que concerne à necessidade de avaliar a eficácia do sistema de incentivos – inclusive legais – apresentado aos atores.

Mais recentemente, em 30 de julho de 2002, após os sucessivos escândalos contábeis envolvendo grandes corporações norte-americanas,[224] a Lei *Sarbanes-Oxley* (SOX)[225] foi promulgada com o objetivo de "restaurar o equilíbrio dos mercados por meio de mecanismos que assegurem a responsabilidade da alta administração de uma empresa sobre a confiabilidade da informação por ela fornecida".[226]

Dentre outras medidas, a Lei *Sarbanes-Oxley* tornou obrigatória a implantação de rotinas de governança corporativa, sobretudo no que concerne aos controles internos. Nas palavras de Vania Borgerth, a Lei "tem por objetivo estabelecer sanções que coíbam procedimentos não éticos e em desacordo com as boas práticas de governança corporativa por parte das empresas atuantes no mercado norte-americano".[227] Ao buscar restaurar a confiança nas empresas, a grande contribuição da Lei *Sarbanes-Oxley* foi determinar a internalização de princípios éticos com o intuito de evitar a ocorrência de novos episódios de fraude.

Além de exigir o recrudescimento dos mecanismos de auditoria, o diploma buscou eliminar ou reduzir as relações que pudessem pressionar ou seduzir os auditores externos a atuarem de forma

---

[224] Apenas para elencar os casos mais divulgados no Brasil, citam-se a Enron, gigante do setor elétrico, e a WorldCom, segunda maior empresa de telecomunicações do mundo. Ambas viram-se enredadas em escândalos financeiros decorrentes de problemas de governança envolvendo fraudes e manipulação de dados contábeis. Para mais informações, o trabalho de conclusão do curso de mestrado de Nathália Regina Pinto, pela Universidade de São Paulo, traz farta bibliografia e informações riquíssimas, que exploram com especialidade os mencionados acontecimentos. PINTO, 2016.
[225] UNITED STATES. *Public Law 107-204*. An act to protect investors by improving the accuracy and reliability of corporate disclosures made pursuant to the securities laws, and for other purposes. Sarbanes-Oxley Act of 2002. Washington, DC. 30 jul. 2002.
[226] BORGERTH, Vania Maria da Costa. *SOX: entendendo a Lei Sarbanes-Oxley*. São Paulo: Cengage Learning, 2008, p. XVI.
[227] *Idem*, p. 19.

tendenciosa na avaliação de seus clientes corporativos.[228] Para tanto, disciplinou situações de potenciais conflitos de interesse, proibindo a existência de laços entre os auditores externos e a empresa auditada, o que poderia resultar na flexibilização dos mecanismos de controle, privilegiando os interesses particulares de ambos em detrimento dos investidores públicos.[229]

Em acréscimo, a legislação impõe o rodízio do sócio da empresa de auditoria encarregado de auditar determinada conta a cada cinco anos (SEC. 203).[230] A restrição ampara-se na ideia de que um período prolongado de relacionamento pode afetar a independência do auditor, uma vez que ele é remunerado pela empresa auditada. Ao menos nesse aspecto, a exigência prescrita pela Lei *Sarbanes-Oxley* revela importante ponto de partida para a reflexão acerca dos requisitos, instrumentos e controle necessários à efetivação dos programas de *compliance* estudados neste trabalho.

Outro ponto de destaque consiste na previsão de criar o *Public Company Accounting Oversight Board* (PCAOB), órgão regulador independente – que, nos termos da própria lei (SEC. 101.b.), não será considerado uma agência ou entidade do governo norte-americano[231] –

---

[228] CLARK, Robert Charles. Corporate Governance Changes in the Wake of the Sarbanes-Oxley Act: A Morality Tale for Policymakers Too. *Georgia State University Law Review*, v. 22, n. 2, p. 251-312, 2005. p. 260.

[229] Com esse intuito, a SOX proíbe que os auditores externos forneçam a seus clientes serviços não relacionados à auditoria, tais como (i) elaboração das demonstrações contábeis ou da base de dados que possibilitará a organização destas demonstrações; (ii) a elaboração ou instalação de *softwares* de contabilidade; (iii) serviços atuariais; (iv) serviços de auditoria interna; (v) desempenho de atividades de gestão; (vi) recursos humanos; (vii) prestação de serviços jurídicos; e (viii) pronunciar-se ou testemunhar em favor de seus clientes perante concorrentes (SEC. 201.a). A realização de *due diligence* e consultoria em *compliance* tributário, por outro lado, são permitidas aos auditores externos que prestem serviços à empresa, porque compatíveis com a natureza dos serviços de fiscalização. *Idem*, p. 261.

[230] No Brasil, como detalhado no item 4.3, a Comissão de Valores Mobiliários estabelece, como regra geral, uma regra de rodízio de cinco anos para as firmas de auditoria (Instrução Normativa nº 308/1999 – Art. 31. O Auditor Independente – Pessoa Física e o Auditor Independente – Pessoa Jurídica não podem prestar serviços para um mesmo cliente, por prazo superior a cinco anos consecutivos, contados a partir da data desta Instrução, exigindo-se um intervalo mínimo de três anos para a sua recontratação). Recentemente, com a edição da Instrução Normativa nº 509/2011, a CVM autoriza que as companhias que instalarem e mantiverem um Comitê de Auditoria Estatutário ("CAE") nas condições exigidas pela Instrução poderão contratar auditor independente para a prestação de serviços de auditoria por até 10 anos consecutivos. COMISSÃO DE VALORES MOBILIÁRIOS. *CVM edita norma que altera regra do rodízio de firmas de auditoria quando houver comitê de auditoria estatutário*. 2011.

[231] O PCAOB é, hoje, uma entidade privada, sem fins lucrativos, sob fiscalização da SEC e responsável pela fiscalização das empresas de auditoria e auditores independentes, que ficam condicionados à sua aprovação para o exercício das suas atividades.

responsável por "supervisionar o trabalho de auditoria das companhias abertas, de forma a proteger os interesses dos investidores e promover o interesse público na preparação de relatórios de auditoria que sejam informativos, precisos e independentes".[232]

Atualmente, o funcionamento de toda e qualquer empresa de auditoria norte-americana depende de autorização do *Public Company Accounting Oversight Board* (PCAOB). A Seção 105 autoriza o órgão regulador a impor sanções às empresas que desobedecerem às exigências legais, que podem ir desde a aplicação de multa até a suspensão das suas atividades enquanto não forem regularizadas as inconsistências apontadas. A Seção 106 determina que as regras da Lei *Sarbanes-Oxley* e os poderes regulatórios do órgão se estendem às empresas estrangeiras com ações registradas perante a Comissão de Valores Mobiliários dos Estados Unidos (SEC).

Por fim, importa registrar que a Seção 404, talvez a mais relevante para o estudo dos programas de *compliance*, exige que as empresas desenvolvam e mantenham mecanismos de controle interno responsáveis, inclusive, pela emissão de relatórios financeiros – que devem ser elaborados anual ou trimestralmente e certificados pelo presidente (CEO) e diretor-financeiro (CFO) da empresa (SEC.302.a.) – e pela avaliação da fiscalização interna. Assim, cabe à própria empresa atestar a eficiência dos seus mecanismos de controle e dar publicidade às conclusões a que chegou. Nesse ponto específico, é oportuno dizer que a Lei *Sarbanes-Oxley* responsabiliza pessoalmente o CEO e o CFO da empresa pelas informações constantes nos relatórios emitidos e pelo funcionamento dos mecanismos de controle interno.

Ambos ficam sujeitos às sanções criminais em casos de afirmações sabidamente falsas, com penalidades de: (i) multa de até US$ 1.000.000 ou prisão de até 10 anos nas hipóteses em que certificarem relatórios tendo ciência de que o documento encontra-se em desacordo com os requisitos legais; e (ii) multa de até US$ 5.000.000 ou prisão de até 20 anos quando declararem – portanto com dolo – informação sabidamente falsa.

---

[232] BORGERTH, 2008, p. 20. A autora esclarece que o PCAOB "será formado por cinco membros apontados pela SEC, dentre profissionais de reconhecida integridade e reputação, que tenham demonstrado comprometimento com os interesses dos investidores e compreensão da responsabilidade e natureza da evidenciação da informação contábil a ser divulgada. Somente dois desses membros podem ser contadores certificados. Todos os membros servirão ao PCAOB com dedicação exclusiva, não podendo receber qualquer remuneração de companhias privadas durante o seu período como conselheiro da entidade (a não ser aposentadoria)".

A Lei *Sarbanes-Oxley* tornou obrigatória, ainda, a criação de um comitê de auditoria (ou órgão equivalente) independente, composto por membros não executivos do Conselho da Administração e que, na prática, assume grande parte dos poderes e responsabilidades anteriormente delegados aos diretores-executivos, tudo com o fito de desvincular o serviço de auditoria independente da diretoria financeira da empresa (SEC. 301).

O comitê de auditoria é o responsável por contratar, remunerar e supervisionar o trabalho prestado pela empresa de auditoria externa contratada, inclusive por resolver eventuais divergências entre o gestor da empresa e o auditor acerca do conteúdo dos relatórios. É o comitê de auditoria, ainda, que recebe e encaminha as irregularidades apontadas pela auditoria externa em relação à contabilidade ou outros assuntos internos, assim como às denúncias confidenciais e anônimas que noticiem a existência de irregularidades no âmbito da empresa (SEC. 301.4).

O auditor externo contratado, por sua vez, tem o dever de reportar-se ao comitê de auditoria, e não mais à diretoria financeira da empresa auditada (SEC. 204). Segundo Vania Borgerth, "o grande propósito da criação desse comitê é eliminar a possibilidade de conivência entre empresas e auditoria independente",[233] preocupação que dever ser minuciosamente avaliada na estruturação de um programa de *compliance*.

Além disso, a Lei *Sarbanes-Oxley* exige a elaboração de um Código de Ética, que deverá ser aplicável à alta administração da empresa e disponibilizado em seu endereço eletrônico, para que a sociedade e seus colaboradores saibam do compromisso público assumido pela companhia para atuar em conformidade com a legislação (SEC.406). A empresa também deverá dar publicidade a todos os acontecimentos relevantes em que estiver envolvida, "evidenciando seu impacto sobre a situação financeira da empresa".[234]

A Lei *Sarbanes-Oxley* não está imune a críticas similares àquelas direcionadas à eficácia do *The False Claims Act* (FCA) e do *Foreign Corrupt Practices Act* (FCPA). Os resultados obtidos com a legislação, é bom que se repita, não são objeto do presente estudo. O que se extrai de relevante é que, além de inspirar mecanismos que podem romper eventual relação de conivência entre a auditoria externa e a diretoria da empresa auditada, a Lei *Sarbanes-Oxley* tornou obrigatória a adoção

---
[233] *Idem*, p. 28.
[234] *Idem*, p. 51.

de medidas de governança corporativa e *compliance*. Algumas das soluções propostas pelo referido diploma serão abordadas no curso deste trabalho, como possíveis mecanismos de efetivação dos programas de *compliance* implantados no contexto do ordenamento jurídico brasileiro.

3.1.2 O combate à corrupção na cena internacional: OEA, OCDE, ONU, o Banco Mundial e a Transparência Internacional

Como adiantado, após a aprovação do *Foreign Corrupt Practices Act*, as empresas norte-americanas encontravam-se em desvantagem competitiva em relação aos demais países industrializados, porque apenas elas estavam sujeitas à proibição expressa de suborno de funcionários públicos estrangeiros. Nos demais países a corrupção internacional não era criminalizada, "pelo contrário, alguns deles permitiam a dedução fiscal do suborno como 'despesas necessárias' à efetivação do negócio".[235]

Diante de tal cenário, passou a ser estrategicamente fundamental para a economia estadunidense implantar mecanismos de combate ao suborno internacional no maior número possível de países, o que explica a campanha anticorrupção encabeçada pelo país, principalmente no âmbito das organizações internacionais, por meio da celebração de acordos multilaterais. Assim, passado o ineditismo da regulamentação norte-americana – que se tornaria verdadeira *"matriz dos tratados que se seguiram"*[236] –, merecem destaque outros instrumentos que despontaram na cena internacional de combate à corrupção.

O primeiro tratado internacional específico sobre o tema do combate à corrupção[237] foi a Convenção Interamericana contra a Corrupção,

---

[235] Um exemplo comumente citado é o de empresas alemãs que, em algumas situações, eram autorizadas a deduzir os valores pagos com suborno estrangeiro do imposto de renda. PAGOTTO, 2013. p. 27. O autor esclarece: "A introdução do FCPA gerou um elemento desestabilizador no jogo da corrupção internacional: as empresas norte-americanas não mais podiam competir em igualdade de condições com as de outros países. Neste cenário, o ator 'governo norte-americano' foi pressionado a agir e se deparou com duas alternativas: ou abandonava a política recém-implantada, ou forçava para que os outros países adotassem a mesma política".

[236] CARVALHOSA, Modesto. *Considerações sobre a Lei Anticorrupção das Pessoas Jurídicas*. São Paulo: Revista dos Tribunais, 2015. p. 108. Como adverte Leopoldo Pagotto, o pioneirismo da legislação norte-americana é tamanho que "não é sem razão que muitos dos princípios dos acordos internacionais lembram o FCPA". PAGOTTO, 2013, p. 30.

[237] Em 1970 a Assembleia Geral das Nações Unidas abordou, pela primeira vez, o tema da corrupção sem, no entanto, propor um acordo ou tratado definitivo. A Resolução nº 3.514,

da Organização dos Estados Americanos (OEA), adotada em Caracas, em 29 de março de 1996 e ratificada pelo Brasil em 07 de outubro de 2002.[238] Além das medidas coercitivas contra a corrupção, o mecanismo elenca 12 providências preventivas com o intuito de facilitar a detecção da prática de suborno e, sobretudo, estimular o controle e a denúncia dos atos de corrupção. Já nesse momento, adianta-se a semelhança entre algumas das estratégias de prevenção propostas pela Convenção e os elementos centrais do programa de *compliance* previsto no ordenamento brasileiro, como a existência de (i) normas de conduta; (ii) canais de denúncia; e (iii) sistemas de proteção à identidade dos denunciantes, funcionários públicos ou cidadãos particulares.

Posteriormente, em 1997, a Organização de Cooperação e Desenvolvimento Econômico (OCDE) publicou a Convenção sobre o Combate à Corrupção de Funcionários Públicos Estrangeiros em Transações Comerciais Internacionais, ratificada pelo Brasil em 15 de junho de 2000.[239] Basicamente, a Convenção impõe a adequação da legislação dos países signatários às políticas internacionais de combate à corrupção de funcionários públicos estrangeiros na esfera das relações comerciais transfronteiriças. No âmbito nacional, a Convenção representou o primeiro passo no combate à corrupção internacional.

Nos termos do artigo 1º do Decreto nº 3.678/2000, a Convenção proíbe qualquer pessoa, física ou jurídica, de "intencionalmente oferecer, prometer ou dar qualquer vantagem pecuniária indevida ou de outra natureza, seja diretamente ou por intermediários, a um funcionário público estrangeiro", que venha a provocar "a ação ou a omissão do funcionário no desempenho de suas funções oficiais, com a finalidade de realizar ou dificultar transações ou obter outra vantagem ilícita na condução de negócios internacionais". O termo "vantagem", é importante que se esclareça, não se restringe a quantias pecuniárias, "mas abrange também presentes, viagens, favores ou qualquer outra recompensa que o funcionário receba por sua corrupção, tangível ou

---

de dezembro de 1975, de forma bastante genérica, *condena* todos os atos de corrupção e suborno; *reafirma* o direito dos Estados de adotarem mecanismos de combate à corrupção internacional, nos limites de suas legislações nacionais; e *chama* os Estados a tomaram as medidas necessárias à prevenção da corrupção e a cooperar com outros governos em prol da prevenção e do processamento dos atos de corrupção. UNITED NATIONS. General Assembly. *Resolution nº 3.514*. Measures against corrupt practices of transnational and other corporations, their intermediaries and others involved. 15 dez. 1975.

[238] BRASIL. Decreto nº 4.410, de 7 de outubro de 2002. *Diário Oficial da União*. Poder Executivo: Brasília, DF. 8 out. 2002c.

[239] BRASIL. Decreto nº 3.678, de 30 de novembro de 2000. *Diário Oficial da União*. Poder Executivo: Brasília, DF. 1 dez. 2000a.

intangível".[240] Para que não se caracterize como *indevida*, a vantagem – independentemente da forma que assuma – deve ser autorizada pelo ordenamento jurídico do país a que se reporta o agente público.

A Convenção estabelecia que os países signatários deveriam criminalizar a conduta das pessoas jurídicas que praticassem o crime de "suborno internacional". Ocorre que, da mesma forma que o Brasil, muitos países não dispunham de mecanismos legais para a responsabilização penal de pessoas jurídicas. Por consequência, nas hipóteses em que "a responsabilidade criminal, sob o sistema jurídico da Parte, não se aplique a pessoas jurídicas", o artigo 3º da Convenção estabelece que "a Parte deverá assegurar que as pessoas jurídicas estarão sujeitas a sanções não criminais efetivas, proporcionais e dissuasivas contra a corrupção de funcionário público estrangeiro, inclusive sanções financeiras".

Em termos práticos, a incorporação da Convenção ao ordenamento brasileiro resultou na inclusão do Capítulo II-A no Código Penal, tipificando os "crimes praticados por particular contra a Administração Pública estrangeira", nomeadamente a corrupção ativa em transação internacional e o tráfico de influência em transação comercial internacional, artigos 337-B e 337-C, respectivamente.[241] O artigo 337-D traz a definição de funcionário público estrangeiro, em consonância com o conceito insculpido na Convenção da Organização de Cooperação e Desenvolvimento Econômico (OCDE). Mais recente, a Lei nº 12.846/2013, chamada Lei Anticorrupção, direcionada exclusivamente às pessoas jurídicas, elenca uma série de sanções não criminais bastante rigorosas, incluindo a aplicação de multa no valor de até 20% do faturamento bruto da empresa.

A Convenção das Nações Unidas contra a Corrupção (Convenção de Mérida), incorporada ao ordenamento jurídico brasileiro por meio do Decreto nº 5.687, de 31 de janeiro de 2006,[242] aborda de forma ainda mais minuciosa a criminalização da corrupção, a imprescindibilidade da cooperação internacional e a importância das medidas preventivas. Nesse sentido, destaca-se a remissão expressa à necessidade de consolidação de um Código de Conduta "para o correto, honroso e devido cumprimento das funções públicas", nos termos do artigo 8º. O pacto prevê, ainda, a figura da corrupção privada, além de mecanismos de recuperação dos ativos, de forma direta ou por meio da cooperação internacional.[243]

---

[240] PAGOTTO, 2013, p. 33.
[241] BRASIL. Decreto-Lei nº 2.848, de 7 de dezembro de 1940. Código Penal. *Diário Oficial da União*. Poder Executivo: Rio de Janeiro. 31 jan. 1941.
[242] BRASIL, 2006.
[243] O Capítulo V da Convenção é especialmente destinado à recuperação dos ativos.

Em acréscimo, destacam-se os esforços dos bancos de fomento, multilaterais e internacionais, no combate à corrupção. Além de adotarem penas de banimento de empresas envolvidas em escândalos de corrupção, impedindo-as de participar de projetos financiados, tais instituições incentivam a implantação de programas de integridade e a gestão eficaz dos riscos, inclusive condicionando a liberação de crédito à comprovação de esforços nesse sentido. O Banco Mundial exige, especificamente, o estabelecimento (ou o aperfeiçoamento) e a implantação de um programa de *compliance* efetivo como condição principal para afastar a penalidade imposta. Nesse sentido, em setembro de 2010 a Vice-Presidência de Integridade do Banco Mundial (INT) estabeleceu o *Compliance Office* (ICO), como instância responsável por monitorar os programas de *compliance* nas empresas sancionadas.[244]

Por fim, a Transparência Internacional, organização não governamental com sede em Berlim, consiste em um dos principais mecanismos de conscientização dos efeitos da corrupção em nível nacional e internacional. Três dos seus relatórios de maior destaque, o *Corruption Perception Index* (CPI), o *Bribe Payers Index* (BPI) e o *Global Corruption Barometer* (GCB), fornecem informações cruciais acerca dos níveis de percepção[245] do suborno e da corrupção em todo o mundo. O *Corruption Perception Index* mede a corrupção nos países com base na impressão de empresários internacionais, residentes e não residentes, com base em 13 fontes de dados distintas, provenientes de 12 instituições, que capturaram as percepções acerca da corrupção nos últimos dois anos.[246]

Embora, como visto, grande parte dos regramentos internacionais incorporados ao ordenamento brasileiro tenha mencionado diretrizes e sugestões que se confundem, em alguma medida, com os elementos dos programas de *compliance*, o tom sempre foi de recomendação, sem traduzir imperativo normativo propriamente dito.

3.1.3 O UK Bribery Act

Voltando ao âmbito dos legislativos internos e seguindo a mesma dinâmica de reação legislativa aos escândalos envolvendo figuras públicas, em 2010 o Parlamento Britânico aprovou o *UK Bribery Act*

---

[244] THE WORLD BANK. *Sanctions & Compliance*. 2017.
[245] É importante esclarecer que a Transparência Internacional não mede a corrupção em si, mas a percepção da corrupção por determinada população ou no âmbito global.
[246] TRANSPARENCY INTERNATIONAL, 2016.

(UKBA), legislação inglesa igualmente destinada a combater os atos de corrupção praticados no exterior. A legislação ganhou notoriedade pelo enfoque conferido às políticas de prevenção – e não apenas ao sancionamento – e por ser considerada a legislação mais rigorosa e completa no combate à corrupção.[247] Diferentemente da legislação norte-americana, o *UK Bribery Act* trata da corrupção de forma integrada, englobando os atos que envolvem autoridades nacionais e internacionais, assim como a esfera pública e a privada. Além disso, a legislação inova ao prever a condenação das empresas que falharem na prevenção da corrupção.

O artigo 7º do *UK Bribery Act* prevê especificamente a figura do crime de *falha* na prevenção do suborno:

> 7 Falha das organizações comerciais na prevenção do suborno
> (1) Uma organização comercial relevante ("C") é culpada de uma infração se uma pessoa ("A") associada a C suborna outra pessoa pretendendo-
> (a) obter ou manter negócios para C, ou
> (b) obter ou manter uma vantagem na condução dos negócios de C[248] (tradução livre).

O diploma estende a jurisdição britânica para atos cometidos fora do Reino Unido, desde que haja "estreita conexão" com o país. Portanto, "amplia a gama de pessoas pelas quais a empresa se torna responsável, passando a incluir não apenas seus próprios dirigentes e empregados, mas também *empresas subcontratadas para a prestação dos serviços*".[249] Essa "estreita conexão" pode ser caracterizada, nos termos do artigo 12 (4) da norma, quando uma das partes é um sujeito britânico ou, no caso de uma empresa, quando houver sido criada sob a legislação britânica.[250]

Em complemento, o artigo 8º prevê a figura da "pessoa associada", que pode ser uma pessoa que executa serviços para outra ou em nome de outra. A própria legislação esclarece que não importa a natureza da relação ou a forma como se dá a prestação dos serviços, podendo abranger a figura do empregado, do agente ou da filial. O dispositivo adverte, ainda, que, nas hipóteses em que se tratar de empregado, presume-se a prestação dos serviços, caracterizando a "pessoa associada". Noutras palavras, uma empresa pode ser criminalmente

---

[247] TRANSPARENCY INTERNATIONAL. United Kingdom. *The Bribery Act*. 2017b.
[248] UNITED KINGDOM. *Bribery Act 2010*. London: Stationery Office Limited, 2010.
[249] CARVALHO, 2015, p. 47.
[250] UNITED KINGDOM, 2010.

responsabilizada por não evitar a prática de atos de corrupção mesmo quando nenhum elemento constitutivo da infração tiver ocorrido no Reino Unido.[251] Assim, uma empresa brasileira que mantenha negócios em território britânico – que, por exemplo, tenha uma filial, atue no comércio local ou que subcontrate uma empresa britânica – pode vir a ser responsabilizada por não ter sido capaz de evitar a prática de ato de corrupção, independentemente do local em que tenha ocorrido o ato ou da nacionalidade dos envolvidos.

Ao tipificar a falha na prevenção da corrupção como ilícito, o *UK Bribery Act* deposita grande credibilidade nos mecanismos de autorregulamentação, transferindo às empresas a responsabilidade pela prevenção de atos de corrupção, inclusive nas suas relações com terceiros. De forma coerente, a referida norma aceita, como argumento de defesa integral, a comprovação da existência de um programa efetivo e adequado de *compliance*.[252] É o que dispõe o artigo 7 (2), ao afirmar que "Constitui uma defesa para C provar que C possuía procedimentos adequados destinados a impedir que pessoas associadas a C praticassem aquela conduta".[253]

O Ministério de Justiça britânico dispõe de um "Guia do *Bribery Act*", elencando seis princípios que devem orientar a aplicação da legislação,[254] que muito se assemelham aos elementos essenciais dos programas de *compliance*: (1) adoção de procedimentos proporcionais ao tamanho da empresa, à natureza do serviço prestado, à complexidade da estrutura organizacional; (2) comprometimento do alto escalão da empresa, compreendidos os diretores, o conselho de administração

---

[251] QC, Jonathan Fisher. Overview of The UK Bribery Act. In: DEL DEBBIO, Alessandra; MAEDA, Bruno Carneiro; AYRES, Carlos Henrique da Silva (Coord.) *Temas de anticorrupção e compliance*. Rio de Janeiro: Elsevier, 2013, p. 126.

[252] Nas palavras de Bruno Maeda "o *UK Bribery Act* reconhece expressamente como uma defesa absoluta, capaz de isentar a responsabilidade da empresa, a existência de 'procedimentos adequados', anteriormente à prática do ilícito, para a prevenção da violação. Caso a empresa demonstre que possuía 'procedimentos adequados' para prevenir a prática das condutas ilícitas tratadas no *UK Bribery Act* (incluindo corrupção de funcionários públicos e corrupção no setor privado) por seus empregados ou por qualquer outro terceiro a ela associado, a empresa pode se isentar integralmente de responsabilidade pela 'falha em prevenir a corrupção'". MAEDA, 2013, p. 175.

[253] UNITED KINGDOM, 2010. A propósito, também no âmbito da legislação britânica, "a partir de 2014, passam a ser implementados DPA, assim como acontece nos Estados Unidos, e, dentre as condições para a celebração de acordos, pode estar a implementação de programas adequados de *compliance*". FÉRES; LIMA, 2018, p. 157.

[254] UNITED KINGDOM. *The Bribery Act 2010*: Guidance about procedures which relevant commercial organizations can put into place to prevent persons associated with them from bribing. London: Ministry of Justice, 2011.

e, inclusive, os proprietários da companhia, tudo com o objetivo de promover uma cultura anticorrupção dentro da empresa; (3) análise de riscos, internos e externos, de acordo com as características particulares da empresa; (4) procedimentos de *due diligence*, em relação aos indivíduos/empresas que executam ou irão executar serviços em nome da organização; (5) comunicação interna e externa (incluindo treinamento) sobre as políticas anticorrupção adotadas pela empresa; e (6) monitoramento e revisão dos mecanismos de controle interno.

A legislação eleva consideravelmente os benefícios – e consequentemente os incentivos – resultantes da implantação de programas de *compliance*. Sob essa perspectiva, não restam dúvidas do interesse na criação de mecanismos de controle interno direcionados a identificar e prevenir de riscos. Em síntese, "se a empresa demonstrar que, apesar da ocorrência de um ato de corrupção, tratou-se de um caso isolado e a empresa realmente adotou todas as medidas consideradas razoáveis para prevenir o ilícito, tal fato pode servir como uma verdadeira excludente de culpabilidade".[255]

3.2 A estratégia brasileira de combate à corrupção

Diversamente do que ocorre na esfera das teorias sociais e econômicas, em que o conceito de corrupção é indeterminado, no âmbito jurídico é possível delimitar com razoável precisão os contornos do ato corrupto, porque a aplicação do Direito, ao menos sob a perspectiva legalista, fica condicionada à subsunção do contexto fático à moldura semântica que se extrai do texto normativo.[256]

Assim, torna-se imperioso distinguir, no ordenamento jurídico brasileiro, quais condutas – de pessoas físicas ou jurídicas – são definidas como atos de corrupção. Para tanto, analisou-se, em primeiro lugar, o crime de corrupção previsto no Código Penal brasileiro e, em seguida, a necessária contextualização entre o ato de corrupção, os atos de improbidade administrativa e a prática do *lobby*. Posteriormente, foram consideradas as principais diretrizes da Lei nº 12.846/2013 e,

---

[255] CARVALHO, 2015, p. 53.
[256] Sem descurar da relevância das discussões hermenêuticas sobre a importância da interpretação na aplicação da norma, o presente trabalho não se propõe a adentrar no mérito das críticas às teorias positivistas e pós-positivistas ou à impossibilidade da mera subsunção dos fatos aos dispositivos legais. A utilização do termo subsunção serve, única e exclusivamente, para introduzir a tipificação do crime de corrupção positivado no Código Penal brasileiro e nas demais legislações esparsas, sem, no entanto, desconsiderar a necessidade de interpretação do texto legal no momento de aplicação da lei.

nesse particular, de que forma a existência dos programas de *compliance* pode contribuir para a defesa das empresas investigadas. Ainda, foram apresentados alguns dos principais pontos da Lei nº 13.303/2016, que impõe a obrigatoriedade de *compliance* no âmbito das estatais.

Além disso, foram analisadas, a Lei nº 12.813/2013, que dispõe sobre o conflito de interesse no exercício de cargo ou emprego do Poder Executivo federal, e, sobre o viés preventivo, o Código de Conduta da Alta Administração Federal e o Código de Ética Profissional do Servidor Público Civil do Poder Executivo Federal, como ponto de partida para avaliar os limites aceitáveis em posturas que suscitam alguma espécie de suspeita. Por fim, fez-se referência ao Decreto nº 9.203/2017, que determina a implantação de programas de *compliance* no âmbito dos órgãos e entidades da Administração Pública federal, e às leis estaduais ou municipais esparsas que exigem das empresas que contratam com o Poder Público a demonstração de existência do programa em prazo determinado após a contratação.

3.2.1 Contornos jurídicos: situando a corrupção no ordenamento jurídico brasileiro

O ato de corrupção não deve, como regra geral, ser confundido com ato ilícito, já que nem toda transação ilícita representa um ato de corrupção. A recíproca, entretanto, não pode ser afirmada com a mesma tranquilidade na medida em que todo ato de corrupção – conforme o conceito adotado neste trabalho[257] – representa, no mínimo, ofensa ao princípio da moralidade insculpido no artigo 37 da Constituição Federal. Por isso, e como forma de dar fluidez ao texto, a expressão "conduta ilícita" é empregada para referenciar atos de corrupção.

O termo "corrupção" aparece com diferentes conotações no ordenamento jurídico brasileiro, "fora do espectro político-administrativo: corrupção de menores, corrupção de água potável, corrupção de substância alimentícia e corrupção de substância medicinal são tipos que

---

[257] O conceito denotativo de corrupção, para fins do presente trabalho, foi construído no item "2. Marcos teóricos do fenômeno da corrupção: delimitação do objeto de estudo". A corrupção foi definida como o abuso ou desvio de poder público para fins particulares, restringindo-se aos casos em que, no âmbito das contratações públicas, (i) um indivíduo ou uma organização da iniciativa privada busca, por meio de suborno, obter privilégios perante agente público; ou (ii) a pessoa investida de autoridade pública exige algum tipo de benefício para interceder em favor de um particular, ainda que essa interseção represente, única e exclusivamente, o cumprimento dos seus deveres funcionais.

povoam o Código Penal".²⁵⁸ Além disso, existem muitas condutas que se enquadrariam no conceito de corrupção e que, não necessariamente, são descritas como "atos de corrupção" nos textos jurídicos.

É o caso, por exemplo, dos "Crimes contra a Administração Pública" descritos no Título XI do Código Penal.²⁵⁹ Da mesma forma, os crimes previstos na Lei nº 14.133/2021 e os atos que importam em enriquecimento ilícito, dano ao erário ou violação aos princípios administrativos, nos termos da Lei de Improbidade Administrativa, embora não empreguem o termo corrupção na tipologia normativa, amoldam-se ao conceito adotado no presente estudo. A prática do *lobby* e as situações em que há conflito de interesse, sobretudo em razão da falta de regulamentação, também podem atrair a pecha de corruptas.

Por essa razão, é necessário um breve esclarecimento sobre como o conceito de corrupção e os atos que – embora não utilizem a terminologia – podem traduzir posturas corruptas são abordados nos textos jurídicos, de modo a elucidar com maior precisão quais condutas se pretendem evitar com a instituição dos programas de *compliance*.

3.2.1.1 O crime de corrupção

Como afirma Flávio Rezende Dematté, "o eixo de normas penais brasileiras voltadas para o combate à corrupção é constituído essencialmente por quatro leis principais":²⁶⁰ (i) o Código Penal, quando trata dos crimes praticados contra a Administração Pública; (ii) a Nova Lei de Licitações (Lei nº 14.133/2021); (iii) a Lei de Lavagem de Dinheiro (Lei nº 9.613/1998); e (iv) a Lei das Organizações Criminosas (Lei nº 12.850/2013). Os dois últimos diplomas, como já adiantado, não se enquadram no conceito de corrupção adotado para fins deste trabalho, que se restringe aos desvios envolvendo licitações públicas, pelo que não serão abordados.

O Código Penal tipifica a corrupção sob duas modalidades: ativa, quando se analisa a conduta do corruptor que *oferece* ou *promete* vantagem indevida para que o funcionário público²⁶¹ pratique, omita-se

---

[258] PAGOTTO, 2010, p. 120.
[259] BRASIL, 1940.
[260] DEMATTÉ, Flávio Rezende. *Responsabilização de pessoas jurídicas por corrupção*: a Lei nº 12.846/2013, segundo o direito de intervenção. Belo Horizonte: Fórum, 2015, p. 83.
[261] Sem perder de vista que o conceito de funcionário público é ampliado em função da norma contida no artigo 327 do Código Penal, com a seguinte redação: "Art. 327 - Considera-se funcionário público, para os efeitos penais, quem, embora transitoriamente ou sem

ou retarde ato de ofício (artigo 333); e passiva, quando se considera a conduta do agente público que solicita, recebe ou aceita a promessa de vantagem indevida (artigo 317).

A opção pela separação dos tipos que caracterizam o crime de corrupção destina-se, segundo a doutrina especializada, "a evitar a indispensável bilateralidade do delito, ou seja, se houver punição para o corruptor, deve-se punir também o corrompido".[262] Não significa, entretanto, que a consumação do crime de corrupção – ativa ou passiva – demande que o agente público aceite a vantagem oferecida ou prometida; ou que o corruptor pague o proveito solicitado pelo agente público. Basta o oferecimento, no caso da corrupção ativa; ou a solicitação, no caso da corrupção passiva; para que o sujeito seja penalizado, independentemente da manifestação da outra parte. A absolvição de um dos denunciados, portanto, não exclui a possibilidade de condenação da outra parte, na medida em que apenas o recebimento da vantagem pelo agente público torna o crime bilateral.

A vantagem, para que seja considerada indevida, prescinde de conteúdo econômico. Assim, classifica-se como indevida toda vantagem que "não se encaixa, de modo algum, no interesse público da Administração",[263] ou seja, a vantagem que representa um benefício voltado a interesse pessoal, independentemente do seu caráter patrimonial. Inclusive, o §2º do artigo 317 prescreve como atenuante da pena aplicada ao crime de corrupção passiva a hipótese em que a atuação – comissiva ou omissiva – do agente público é motivada por "pedido ou influência de outrem". Não se trata de uma vantagem propriamente dita, mas de ato praticado por pedido ou pressão do corruptor.

O ato de ofício, por sua vez, é aquele que somente o agente público pode operar, pouco importando a sua licitude para fins da configuração do crime de corrupção. O relevante é que o agente tenha sido condicionado a praticar o ato em função da vantagem indevida. Não por outro motivo, para a configuração do crime de corrupção ativa, "é fundamental o oferecimento ou a promessa da vantagem *antes*

---

remuneração, exerce cargo, emprego ou função pública. §1º - Equipara-se a funcionário público quem exerce cargo, emprego ou função em entidade paraestatal, e quem trabalha para empresa prestadora de serviço contratada ou conveniada para a execução de atividade típica da Administração Pública".

[262] NUCCI, Guilherme de Souza. *Corrupção e Anticorrupção*. Rio de Janeiro: Forense, 2015, p. 15.

[263] *Idem*, p. 18. O autor adverte, entretanto, que a posição majoritária, na doutrina e jurisprudência, é de que a vantagem "há de ter caráter patrimonial: dinheiro ou qualquer utilidade material".

do cometimento do ato de ofício".[264] Assim, se o sujeito entrega um presente ou quantia em dinheiro ao agente público, como forma de "gratificá-lo" pela realização do ato de ofício, não há corrupção ativa, embora possa vir a ser caracterizado o crime de corrupção passiva caso o agente público aceite o benefício.[265]

O artigo 317 estabelece que a vantagem pode ser exigida "direta ou indiretamente" pelo agente público, pelo que se admite a consumação do crime de corrupção passiva quando a exigência é feita por terceiro em nome e por determinação do agente público.[266] Embora o artigo 333 não reproduza a mesma expressão, a doutrina e jurisprudência entendem que "o delito de corrupção ativa pode ser praticado por interposta pessoa".[267] Assim, "admite-se que a vantagem indevida possa percorrer tortuosos caminhos até chegar nas mãos do corrupto; nem por isso deixa de ser corrupção ativa".[268]

O ato de corrupção nem sempre emerge com a forma prevista nos artigos 317 e 333 do Código Penal, que carregam o termo *corrupção* em sua definição. Outras condutas, com diferentes títulos e tipos incriminadores, previstas inclusive em outros diplomas normativos, amoldam-se à perfeição ao conceito adotado neste trabalho.

O Título XI do Código Penal é inteiramente destinado aos "Crimes contra a Administração Pública", todos tendo como sujeito ativo a figura do funcionário público. A nova lei de licitações incluiu 12 novos tipos penais diretamente relacionados a desvios nas contratações

---

[264] *Idem*, p. 25.
[265] Guilherme de Souza Nucci manifesta posicionamento firme contra a aplicação do princípio da insignificância aos crimes de corrupção passiva, sustentando que "Servidores podem comprar seus próprios presentes de Natal ou componentes para a sua ceia. É tempo de cessar esse mau vezo de *gratificar* pessoas por *nada*, representando uma forma de, no futuro, demandar qualquer favor". *Idem*, p. 58. A posição é reiterada por meio do seguinte exemplo: "imagine-se o policial que, para não multar o motorista infrator, consente em receber a quantia de R$ 10,00. Poder-se-ia dizer que é simples bagatela? Em nosso entendimento, não. De R$ 10,00 em R$ 10,00 o policial se acostuma a ser corrupto. Sua função pública é multar o infrator e não negociar o ato de ofício. Se ele se vende barato, isso não é problema do direito penal, que deve incidir em qualquer nível de corrupção". *Idem*.
[266] O agente não pode ser penalizado por eventual exigência que tenha sido feita por terceiro sem a sua ciência e consentimento, como ocorre com as pessoas jurídicas na Lei nº 12.846/2013. A configuração do tipo penal depende da culpabilidade do agente e, nessa medida, demanda a presença do elemento subjetivo doloso, a consciência da ilicitude do ato. Como esclarece Nucci, "não se pune a forma culposa, que pode, no entanto, consistir em infração administrativa". *Idem*, p. 55.
[267] BRASIL. Superior Tribunal de Justiça. Agravo no Recurso Especial nº 1.154.263. Relator: Ministro Sebastião Reis Júnior. Brasília, DF. 16 maio 2013. *Diário de Justiça Eletrônico*: Brasília, 29 maio 2013.
[268] NUCCI, 2015, p. 26.

públicas (artigos 337-E a 337-P). São, portanto, 31 tipos penais capazes de se enquadrar no conceito de *ato de corrupção*.

O crime de concussão perfectibiliza-se com a exigência, direta ou indireta, para si ou para terceiros, de vantagem indevida em razão da função pública. É o que ocorre, por exemplo, quando um fiscal de contrato público exige uma vantagem ilícita qualquer da empresa prestadora de serviços para medir a obra. A prevaricação é descrita como o ato de "retardar ou deixar de praticar, indevidamente, ato de ofício, ou praticá-lo contra disposição expressa de lei, para satisfazer interesse ou sentimento pessoal". Ocorre, por exemplo, quando o mesmo fiscal verifica uma irregularidade, mas deixa de noticiá-la para manter um bom relacionamento com a empresa prestadora do serviço. O crime de violação de sigilo funcional, por sua vez, caracteriza-se quando o funcionário público dá publicidade a conteúdo que deveria permanecer em segredo, eventualmente favorecendo algum licitante.

Além disso, o Código prevê, nos "Crimes praticados por particulares contra a Administração Pública em geral", o crime de tráfico de influência (artigo 332), quando o sujeito – que pode ser qualquer pessoa, inclusive funcionário público – solicita, exige, cobra ou obtém vantagem indevida "a pretexto de influir em ato praticado por funcionário público no exercício da função". Em todos esses casos, "há evidente desmoralização da Administração Pública, resultado da conduta corrompida ou desvirtuada de seu funcionário ou do particular em face do Estado".[269]

Por fim, é importante mencionar a inclusão no Código Penal, pela Lei nº 10.467/2002, do Capítulo II-A, que trata dos "Crimes praticados por particular contra a Administração Pública estrangeira", após o Brasil ter ratificado a já mencionada Convenção sobre o Combate da Corrupção de Funcionários Públicos Estrangeiros em Transações Comerciais, da Organização de Cooperação e Desenvolvimento Econômico (OCDE).

A Lei nº 14.133/2021 revogou, de forma imediata, os crimes que estavam previstos nos artigos 89 a 108 da Lei nº 8.666/1993, nos termos do inciso I do artigo 193.[270] Há questões sensíveis quanto à aplicabilidade da norma penal no tempo, sobretudo porque a parte não penal da Lei nº 8.666/1993 permanece vigente pelo prazo de 2 (dois) anos – nos termos do inciso II do mesmo artigo 193. O artigo 337-E, por exemplo, proíbe e criminaliza a conduta de "admitir, possibilitar ou dar causa

---

[269] NUCCI, 2015, p. 70.
[270] Art. 193. Revogam-se: I – os arts. 89 a 108 da Lei nº 8.666, de 21 de junho de 1993, na data de publicação desta Lei.

à contratação direta fora das hipóteses previstas em lei", com pena prevista de 4 (quatro) a 8 (oito) anos, além de multa. O novo tipo penal se diferencia do crime previsto no artigo 89 da Lei nº 8.666/1993 por ampliar o seu alcance – na medida em que não se restringe ao agente público que viabiliza a contratação direta fora das hipóteses legais – e por cominar pena mais grave – o que impede a sua retroatividade.

Sem adentrar nos aspectos processuais, o fato é que a Lei nº 14.133/2021 endereça, de forma bastante assertiva, os principais desvios e fraudes que acometem as contratações públicas. As alterações normativas evidenciam o viés punitivista que marca o ordenamento brasileiro tanto pela ampliação dos tipos penais, quanto pelo agravamento das sanções previstas.

O artigo 337-F, introduzido no Código Penal pela Lei nº 14.133/2021, define como crime "frustrar ou fraudar, com o intuito de obter para si ou para outrem vantagem decorrente da adjudicação do objeto da licitação, o caráter competitivo do processo licitatório". A redação é praticamente idêntica à do artigo 90 da Lei nº 8.666/1993. Para que haja a possibilidade de *fraude* e *frustração à competitividade* do certame, é imprescindível a existência de uma conduta comissiva, um conluio entre agentes "mediante ajuste, combinação ou por qualquer outro meio".[271] O crime consuma-se apenas com a efetiva frustração ou fraude à competitividade do certame, prejudicando o universo de licitantes interessados ou deserta a licitação.

O artigo 337-G equivale ao crime de advocacia administrativa previsto no artigo 321 do Código Penal. O crime dirige-se ao servidor que patrocina, ainda que indiretamente, "interesse privado perante a Administração, dando causa à instauração de licitação ou à celebração de contrato, cuja invalidação vier a ser decretada pelo Poder Judiciário". A crítica ao dispositivo – que, nas palavras de Marçal Justen Filho, é "virtualmente impossível" – reside na necessidade de verificação de uma pluralidade complexa de elementos, sobretudo, da existência de uma "decisão judicial que invalide dita licitação ou contratação".[272]

O artigo 337-H reproduz o teor do artigo 92 da Lei nº 8.666/1993, com a ampliação da pena respectiva, que pode chegar de 4 (quatro) a 8 (oito) anos, além de multa. O tipo penal configura-se pela modificação contratual feita ou admitida em favor do adjudicatário, por meio da

---

[271] GASPARINI, 2004, p. 103.
[272] JUSTEN FILHO, Marçal. *Comentários à lei de licitações e contratos administrativos*. São Paulo: Revista dos Tribunais, 2014, p. 1.179.

concessão de vantagens indevidas, inclusive a prorrogação contratual, porque não previstas em Lei, no ato convocatório, no contrato ou em instrumento equivalente. Para penalizar o particular, é indispensável que tenha, conscientemente, concorrido para consumar a ilegalidade, de modo que "o mero pleito da vantagem nem será ele punido a título de culpa".[273] Evidentemente que o particular que apenas requisita à Administração Pública celebração de aditivo ou prorrogação contratual não pode ser penalizado sem que haja a demonstração de conluio com o agente público.

O artigo 337-H criminaliza, ainda, a quebra da ordem de cronológica de pagamentos de acordo com a apresentação das faturas, insculpida no *caput* do artigo 5º do mesmo diploma legal. Parte-se da premissa de que os agentes públicos não podem *escolher* quais fornecedores querem pagar primeiro, sob o risco de alocar os recursos públicos de acordo com interesses eminentemente privados, o que remete à definição de corrupção assumida no presente estudo.

O artigo 337-I define como crime "impedir, perturbar ou fraudar a realização de qualquer ato de procedimento licitatório". Já o artigo 337-J proíbe "devassar o sigilo de proposta apresentada em procedimento licitatório, ou proporcionar a terceiro o ensejo de devassá-lo". A conduta tipificada traduz uma frustração das etapas do certame, na medida em que "o conhecimento da proposta, via de regra, só pode acontecer no momento oportuno do procedimento licitatório e em sessão pública",[274] em razão do seu conteúdo estratégico.

A atuação do agente público que afasta ou tenta "afastar licitante, por meio de violência, grave ameaça, fraude ou oferecimento de vantagem", que não deixa de ser um desdobramento da frustração do caráter competitivo do certame, é tipificada no artigo 337-K. O artigo 337-L abarca uma série de condutas lesivas ao patrimônio público, entre elas: (i) entrega de mercadoria ou prestação de serviço com qualidade ou quantidade diversa da prevista nos instrumentos convocatórios; (ii) fornecimento de mercadoria falsificada, deteriorada, inservível para consumo ou com prazo de validade vencido; (iii) entrega de uma mercadoria por outra; (iv) alteração de substância, qualidade ou quantidade da mercadoria ou do serviço fornecido; e (v) qualquer meio fraudulento que torne mais onerosa a proposta ou execução do contrato.

---

[273] *Idem*, p. 1.181.
[274] GASPARINI, 2004, p. 130.

O artigo 337-M proíbe que a Administração autorize a participação em licitação ou contrate empresa ou profissional declarado inidôneo. O §2º do dispositivo estende a penalização àquele que, declarado inidôneo, venha a participar da licitação ou contratar com a Administração Pública. O artigo 337-N criminaliza a conduta do servidor público que obsta, impede ou dificulta, "injustamente, a inscrição de qualquer interessado nos registros cadastrais" que viabilizam a participação em licitações ou promove "indevidamente a alteração, suspensão ou cancelamento do registro inscrito".

Finalmente, a nova lei de licitações cria um tipo penal a partir do artigo 337-O, denominado "omissão grave de dado ou de informação por projetista". O dispositivo veda tanto a omissão quanto a ação de modificar e entregar, para a Administração Pública, levantamento cadastral ou condição de contorno em relevante dissonância com a realidade, frustrando o caráter competitivo da licitação.

Todas as condutas listadas, tipificadas como crime no Código Penal ou na Lei de Licitações, guardam relação com o conceito de corrupção adotado para fins deste estudo e descrevem atos que podem contar com a participação ou ser incitados por agente privado. São, pois, condutas que se pretende evitar – ao menos por parte das empresas e seus colaboradores – com a implantação dos programas de *compliance*.

3.2.1.2 Corrupção e improbidade administrativa

Além das condutas tipificadas como crime no Código Penal e na Lei de Licitações, a Administração Pública possui mecanismos de controle interno que estabelecem sanções aos infratores, a exemplo da Lei Complementar nº 101/2000 e da Lei nº 8.112/1990, também conhecida como "Estatuto do Funcionalismo Público". Entretanto, são os atos descritos na Lei nº 8.429/1992 – chamada Lei de Improbidade Administrativa – aqueles que mais se aproximam da definição de corrupção envolvendo as contratações públicas.

A despeito do seu caráter eminentemente sancionador, que atrai a incidência de algumas garantias típicas do Direito Penal,[275] a Lei de

---

[275] A exemplo dos princípios da legalidade, culpabilidade, tipicidade, proporcionalidade, contraditório, ampla defesa, individualização da pena, devido processo legal, presunção de inocência e *non bis in idem*. Como cediço, a função administrativa sancionadora e as prerrogativas previstas no âmbito do Direito Penal, ainda que sujeitas a regimes jurídicos distintos, escoram-se em "princípios estruturalmente próximos e radicalmente comuns em suas origens constitucionais", na medida em que ambas guardam, em sua essência, o

Improbidade ostenta natureza cível, ainda que algumas das condutas descritas no diploma possam, também, ser subsumidas à descrição dos ilícitos penais, sobretudo aqueles associados ao crime de corrupção passiva.[276] Em resumo, tem-se que a improbidade "pode coexistir com diversas modalidades de ilícitos penais, mas não é, geneticamente, nenhum deles".[277]

Segundo Waldo Fazzio Júnior, há "estreita correlação entre os crimes de corrupção (ativa e passiva) e os atos de improbidade administrativa".[278] Para Emerson Garcia, "no Brasil, a corrupção configura tão somente uma das faces do ato de improbidade, o qual possui um espectro de maior amplitude [...]. Improbidade e corrupção relacionam-se entre si como gênero e espécie, sendo esta absorvida por aquela".[279] De modo mais detalhado, Marino Pazzaglini Filho, Márcio Fernando Elias Rosa e Waldo Fazzio Júnior afirmam que a improbidade administrativa pode ser definida como:

> A corrupção administrativa, que, sob diversas formas, promove o desvirtuamento da Administração Pública e afronta os princípios nucleares da ordem jurídica (Estado de Direito, Democrático e Republicano) revelando-se pela obtenção de vantagens patrimoniais indevidas às expensas do erário, pelo exercício nocivo das funções e empregos públicos, pelo "tráfico de influência" nas esferas da Administração Pública e pelo favorecimento de poucos em detrimento

---

poder de impor determinadas condutas, sob pena de restrição das liberdades individuais daqueles que não observarem as determinações preestabelecidas. OSÓRIO, Fábio Medina. *Direito Administrativo Sancionador*. 4. ed. São Paulo: Revista dos Tribunais, 2011, p. 147. Por corolário, a atuação punitiva – seja do Poder Executivo ou do Poder Judiciário – deve observar os princípios prescritos na Constituição Federal com o fito de assegurar a proteção dos direitos fundamentais, porque "a incidência do regime penalístico produz necessariamente a extensão dos princípios processuais pertinentes no tocante à aplicação das sanções administrativas". DALLARI, Adilson Abreu; FERRAZ, Sérgio. *Processo Administrativo*. 3. ed. São Paulo: Malheiros, 2007, p. 257.

[276] Para ilustrar a diferenciação, Salomão Ribas Junior cita o exemplo da "Ação Penal nº 470 em tramitação no Supremo Tribunal Federal, conhecida como "Mensalão", a qual envolve várias pessoas que são ou foram agentes públicos particularmente em 2005. Recentemente, alguns dos réus e que também são acusados de improbidade administrativa em Ação Civil Pública tiveram sua absolvição ou exclusão por falta de provas confirmadas pelo Superior Tribunal de Justiça no processo REsp nº 1.305.905. Os atos descritos como ímprobos são assemelhados aos tipificados como crimes (corrupção em especial) na ação penal anteriormente referida. Contudo, a decisão do STJ, na ação pública de improbidade administrativa, em nada afeta a ação penal de onde corre por razões de foro especial no Supremo Tribunal Federal". RIBAS JUNIOR, 2014, p. 105.

[277] FAZZIO JUNIOR, Waldo. *Improbidade Administrativa*. São Paulo: Atlas, 2016, p. 134.

[278] FAZZIO JUNIOR, Waldo. *Corrupção e improbidade*, 2012.

[279] GARCIA, Emerson. A corrupção: uma visão jurídico-sociológica. *Revista da EMERJ*, Rio de Janeiro, v. 7, n. 26, p. 203-245, 2004, p. 204.

dos interesses da sociedade, mediante a concessão de obséquios e privilégios ilícitos.[280]

A Lei nº 8.429/1992, chamada Lei de Improbidade Administrativa, ao regulamentar o §4º do artigo 37 da Constituição Federal,[281] caracteriza como ato de improbidade as condutas praticadas por agente público, servidor ou não, no exercício do mandato, cargo, emprego ou função na Administração direta, indireta ou fundacional, incluindo, ainda, as empresas incorporadas ao patrimônio público, com ou sem a participação de terceiros, que atentem contra a probidade administrativa,[282] "entendida como síntese coordenada dos princípios constitucionais da Administração Pública".[283] Em suma, "trata-se da canonização da honestidade no exercício de funções públicas, que decorre do princípio de moralidade constante do *caput* do artigo 37".[284]

Não há previsão expressa de responsabilização de pessoas jurídicas, embora a jurisprudência autorize a incidência da Lei de Improbidade às empresas, com base na figura do "terceiro" prevista no artigo 3º.[285]

---

[280] PAZZAGLINI FILHO, M.; ELIAS ROSA, M. F.; FAZZIO JUNIOR, W. *Improbidade Administrativa*. São Paulo: Atlas, 1996.

[281] §4º Os atos de improbidade administrativa importarão a suspensão dos direitos políticos, a perda da função pública, a indisponibilidade dos bens e o ressarcimento ao erário, na forma e gradação previstas em lei, sem prejuízo da ação penal cabível.

[282] O constituinte originário insculpiu a proteção à moralidade administrativa no inciso LXXIII do artigo 5º, autorizando a propositura de Ação Popular contra ato que lhe seja lesivo, no *caput* do artigo 37, e no inciso V do artigo 85, que estabelece como "crime de responsabilidade" os atos do Presidente da República que atentem contra a probidade da administração. Além disso, a legislação infraconstitucional, nomeadamente a Lei nº 7.347, autoriza o ajuizamento de ação civil pública para a defesa da moralidade administrativa. Tais diplomas e dispositivos, entretanto, não constituem objeto do presente estudo.

[283] FAZZIO JUNIOR, 2016, p. 137.

[284] ROSA, Márcio Fernando Elias; MARTINS JUNIOR, Wallace Paiva. A teoria da cegueira deliberada e a aplicação aos atos de improbidade administrativa. In: MARQUES, Mauro Campbell. *Improbidade Administrativa*: temas atuais e controvertidos. Rio de Janeiro, Forense, 2017, p. 225.

[285] O STJ tem esta jurisprudência sedimentada: "Considerando que as pessoas jurídicas podem ser beneficiadas e condenadas por atos ímprobos, é de se concluir que, de forma correlata, podem figurar no polo passivo de uma demanda de improbidade, ainda que desacompanhada de seus sócios". BRASIL. Superior Tribunal de Justiça. Recurso Especial nº 1186389. Relator: Ministro Herman Benjamin. Brasília, DF. 7 abr. 2015. *Diário de Justiça Eletrônico*: Brasília, 7 nov. 2016. Apenas para ilustrar a inexistência de unanimidade sobre a questão, José dos Santos Carvalho Filho afirma que "o terceiro jamais poderá ser pessoa jurídica. As condutas de indução e colaboração para a improbidade são próprias de pessoas físicas". CARVALHO FILHO, José dos Santos. *Manual de Direito Administrativo*. 22. ed. Rio de Janeiro: Lumen Juris, 2009, p. 1020. No mesmo sentido, Waldo Fazzio Júnior adverte que o dispositivo "não distingue entre terceiro pessoa física e terceiro pessoa jurídica, mas

Os atos descritos na Lei de Improbidade podem resultar em (i) enriquecimento ilícito; (ii) prejuízo ao erário; e (iii) violação aos princípios da Administração Pública. São estas, em síntese, as condutas descritas nos artigos 9º, 10 e 11 do sobredito diploma legal. Em qualquer uma das hipóteses, é necessária a ação ou omissão do agente público que tenha dado causa ao resultado questionado (nexo de causalidade). Além disso, a subsunção do fato demanda o elemento subjetivo doloso consubstanciado na má-fé, na intenção desonesta do agente, ainda que o prejuízo ao erário admita a modalidade culposa[286]. É que, mesmo nessas hipóteses, "só se alvitra reprovar o prejuízo administrativo, quando gerado por ilegalidade, ou seja, quando o agente público livre e conscientemente rompe com a lei; quando concebe e admite o resultado danoso ao erário ou pelo menos negligencia na adoção dos meios legais para evitá-lo".[287]

Muitas das previsões contidas na Lei de Improbidade correlacionam-se com os tipos insculpidos no Código Penal que remetem ao conceito de corrupção envolvendo contratações públicas. É o caso do enriquecimento ilícito em razão da percepção de vantagem indevida, previsto nos incisos I, II, III, VI, IX e X do artigo 9º da Lei nº 8.429/1992, que guardam estreita relação com o crime de corrupção passiva. "Aqui, o ato de corrupção consiste na recepção de suborno para inexercício ou exercício desviado de poderes públicos".[288] Segundo Waldo Fazzio Junior:

> Ninguém fornece vantagem ao agente público, de graça. Fornece-se ao corruptor, em troca de benesse indevida. O motivo de sua ação é a existência de interesse próprio ou de terceiro, suscetível de ser atingido ou, caso contrário, protegido, por conduta administrativa do agente público. Com efeito, quando o corruptor tem interesse ou pretensão administrativa direta ou indireta que possa ser afetada por conduta comissiva ou omissiva do agente público, fornece-lhe dinheiro, bem, valor ou outra vantagem.[289]

---

ao usar a expressão 'mesmo que não seja agente público' e ao aludir aos verbos 'induzir' e 'concorrer', para descrever a conduta do extraneus, certamente está se referindo à pessoa natural, não à jurídica". FAZZIO JUNIOR, Waldo. *Atos de improbidade administrativa:* doutrina, legislação e jurisprudência. 2. ed. São Paulo: Atlas, 2008, p. 206

[286] É preciso advertir que a jurisprudência vem reconhecendo a possibilidade de caracterização do ato de improbidade administrativa, mesmo sem a presença do elemento subjetivo doloso, a partir do que se convencionou chamar de "dolo genérico", o que pressuporia apenas a consciência do agente acerca do resultado pretendido.

[287] FAZZIO JUNIOR, 2016, p. 211.

[288] FAZZIO JUNIOR, 2016, p. 204.

[289] *Idem*, p. 205-206.

Ainda no campo dos atos de improbidade que importem enriquecimento ilícito do agente ou de terceiros (artigo 9º), podem ser citados como exemplos o percebimento de vantagem (i) decorrente de negócio superfaturado (inciso II); (ii) para a realização de declaração falsa sobre medição ou avaliação em obras públicas ou qualquer outro serviço (inciso VI); (iii) decorrente de intermediação de verba pública (inciso IX); ou (iv) para o descumprimento de dever de ofício (inciso X).

Também no que concerne aos atos de improbidade que resultem em prejuízo ao erário (artigo 10) é possível antever a caracterização de corrupção nas contratações públicas. Inserem-se, nesse rol: a (i) facilitação para incorporar ao patrimônio particular bens, rendas, verbas ou valores públicos (inciso I); (ii) permissão ou facilitação do subfaturamento na prestação de serviço por entidade da Administração, bem como na alienação, permuta ou locação de bem público (inciso IV); (iii) permissão ou facilitação de superfaturamento na aquisição, permuta ou locação de bem ou serviço pela Administração (inciso V); (iv) outorga de benefícios administrativos ou fiscais ilegais (inciso VII); (v) frustração do processo licitatório (inciso VIII); (vi) autorização ou realização de despesas ilegais ou irregulares (inciso IX); e (vii) inobservância das formalidades previstas na Lei nº 13.019/2014 (Lei das Parcerias Voluntárias), em benefício de particular (incisos XVI a XXI). Em todas essas hipóteses, é bom que se esclareça: a demonstração do efetivo prejuízo é requisito indispensável para caracterizar o ato de improbidade.[290]

Por derradeiro, os atos de improbidade que importam violação aos princípios da Administração (artigo 11) apresentam estreita ligação com os atos de corrupção, sobretudo quando caracterizam (i) prática de ato visando a fim proibido em lei (inciso I); (ii) retardamento de ato de ofício (inciso II); (iii) quebra de sigilo (inciso III); (iv) negativa de publicidade a atos oficiais (inciso IV); (v) frustração à licitude de concurso público (inciso V); e, novamente, (vi) descumprimento das formalidades previstas na Lei nº 13.019/2014 em prol de interesses privados (incisos VIII e IX).

Da abertura e indeterminação dos conceitos utilizados na Lei nº 8.429/1992, percebe-se que a corrupção equivalente à improbidade

---

[290] Embora haja quem defenda que o prejuízo pode ser presumido, pela ausência de competição, defende-se que "a configuração dos atos de improbidade administrativa previstos no art. 10 da Lei de Improbidade Administrativa exige a presença de pressuposto objetivo, qual seja, o efetivo dano ao erário". BRASIL. Superior Tribunal de Justiça. Agravo Regimental no Agravo em Recurso Especial nº 724.450. Relator: Ministro Humberto Martins. Brasília, DF, 15 set. 2015. *Diário de Justiça eletrônico*: Brasília, 23 set. 2015c.

administrativa é mais ampla do que aquela descrita no Código Penal, o que atinge o seu ápice com a possibilidade de ser condenada toda forma de comprometimento dos "deveres de honestidade, imparcialidade, legalidade, e lealdade às instituições" (artigo 11).

Embora o dispositivo legal não remeta expressamente aos princípios insculpidos no *caput* do artigo 37 da Constituição Federal, soa razoável a interpretação que equipara os deveres de honestidade, imparcialidade e lealdade às instituições ao conteúdo jurídico do princípio da moralidade administrativa.[291] Nada impede, portanto, que a incidência do comando proibitivo previsto no artigo 11 da Lei nº 8.429/1992 ocorra "pela via oblíqua, isto é, pela violação aos demais princípios regentes da Administração Pública, desde que a moralidade seja inequivocamente atingida, de modo simultâneo".[292] Assim, a ausência de densidade normativa dos "princípios"[293] da Administração Pública e, sobretudo, da moralidade, permite que praticamente todas as condutas, com um mínimo de esforço argumentativo, possam ser transformadas em improbidade administrativa e, no linguajar atécnico, em ato de corrupção.

Diante do exposto, e tendo por base a definição adotada para fins deste estudo, entende-se que os programas de *compliance* têm por objetivo evitar, por parte das empresas e seus colaboradores, não só a prática dos crimes enquadrados no conceito genérico, mais abrangente, de corrupção, mas também o envolvimento dos particulares nos atos descritos como de improbidade administrativa.

3.2.1.3 A prática do *lobby*: a falta de regulamentação e a equiparação com atos de corrupção

Gustavo Henrique Carvalho Schiefler define *lobby* como "a atividade em que um determinado particular [ou grupo de], em defesa

---

[291] A despeito das controvérsias acerca do conteúdo do princípio da moralidade – que não compõem o objeto do presente estudo –, faz-se oportuno o esclarecimento de Juarez Freitas, no sentido de que "na seara propriamente das relações publicistas, vê-se que a ação ímproba do agente público, ainda quando não cause qualquer dano material ao erário, nem enriquecimento ilícito, pode já representar uma violação nuclear e inescusável do princípio da moralidade administrativa, de maneira a configurar improbidade administrativa, nos termos do art. 11 da Lei 8.429/92, isto é, a chamada improbidade por violação a princípios". FREITAS, Juarez. Reflexões sobre moralidade e direito administrativo. In: *Revista do Direito*, Santa Cruz do Sul, v. 29, p. 96, 2008.

[292] *Idem*, p. 100.

[293] Sem adentrar na discussão que envolve a natureza dos princípios e regras.

de uma medida que reconhecidamente lhe é mais favorável, busca convencer algum representante estatal a respeito do maior benefício público dessa mesma medida".[294] Em outras palavras, há prática de *lobby* quando agentes privados aproximam-se da Administração Pública para propor soluções que lhe sejam favoráveis, o que não implica, direta ou necessariamente, a existência de uma contraprestação ou vantagem imediata.

Há mais de dez anos tramita no Brasil um projeto de lei (PL nº 1.201/2007) que visa a disciplinar a atividade de *lobby* e a atuação dos grupos de pressão ou de interesse e assemelhados no âmbito dos órgãos e entidades da Administração Pública Federal. O projeto foi aprovado em dezembro de 2016 pela Comissão de Constituição e Justiça e de Cidadania (CCJC); atualmente, aguarda apreciação do Senado. Há, ainda, uma proposta de emenda à Constituição (PEC nº 47/2016) que objetiva incluir a previsão de regulamentação da atividade de representação de interesses perante a Administração Pública.

A falta de regulamentação da prática de *lobby* faz com que atos de corrupção sejam comumente confundidos com tal atividade. A bem da verdade, paira no senso comum a ideia de que a participação ativa de grupos privados no processo de decisão governamental é de todo contrária ao interesse público, de tal modo que os "esforços dos interesses privados em influenciar políticas públicas são considerados *intrinsecamente* corruptos",[295] o que abandona a atividade à marginalidade e reforça a ignorância da sociedade acerca do tema, no sentido mais literal do termo.

Como bem destacado por Salomão Ribas Júnior, "o Brasil está entre as nações de legislação tardia em matéria de *lobbying*, não tendo até agora situado os limites legítimos da motivação dos governantes".[296] Entretanto, segundo o mesmo autor:

> O fato é que a movimentação de pessoas, entidades representativas de corporações ou grupos informais, junto aos governos, é usual. Costuma-se, até mesmo, em linguagem popular, dizer que alguém está "fazendo lobby", quando procura o apoio para uma ideia, venda de um produto ou causa mais abrangente. Qualquer campanha em favor de alguma coisa pode ser confundida como a atividade dos lobistas. Estes são

---

[294] SCHIEFLER, 2016, p. 173.
[295] LEFF, N. H. Economic policy-making and development in Brazil, 1968 *apud* REIS; ABREU, 2008, p. 165.
[296] RIBAS JUNIOR, 2000, p. 220.

considerados como qualquer pessoa que pertence a um lobby, isto é, a grupo de interesse.

Essas atividades são consideradas por alguns como nocivas ao interesse público, pois, para eles, trata-se de um mecanismo a mais para fazer presente à confusão entre o público e o privado, típico do patrimonialismo. Outros consideram essa aproximação entre representantes da sociedade civil ou do mundo econômico com os agentes públicos bastante salutar para encontrar soluções adequadas no legislativo e na administração. Na verdade, o lobby, desde que exercido com honestidade e ética, não causa maiores danos ao interesse público e pode sim contribuir para soluções equilibradas. Já o mau uso do instituto que se confunde com o tráfico de influência ou mesmo com atividades corruptoras, obviamente, é muito nocivo.[297]

Na verdade, a influência dos grupos de interesse no processo legislativo é inerente ao sistema democrático, sobretudo quando se pretende privilegiar a participação popular. O perigo reside na *forma* como o *lobby* vem ocorrendo no cenário brasileiro: "diretamente, sem filtros, controles ou escrutínios, sem preocupação com o sopesamento ou a consideração de outros interesses e normalmente no contexto de barganhas privadas com os parlamentares envolvidos".[298] É que, da forma como é conduzida, a prática do *lobby* acaba por beneficiar apenas aqueles agentes de maior poder econômico, setores específicos do mercado, sem que os demais tenham sequer oportunidade de manifestar-se ou contribuir para o processo legislativo.

Em consonância com o conceito adotado neste trabalho, a prática de *lobby* não se confunde com os atos de corrupção e não necessariamente consubstancia-se em atividade antagônica e prejudicial ao interesse público. Pelo contrário, "é materialmente possível que haja uma conciliação entre interesses econômicos privados e interesses públicos".[299]

A despeito da ausência de regulamentação específica para a prática de *lobby*,[300] a Administração Pública vem abrindo espaço para outras

---

[297] RIBAS JUNIOR, 2014, p. 139-140.
[298] FRAZÃO, Ana. *Precisamos falar sobre lobby:* o controle do lobby como forma de administrar a tensão entre democracia e mercado. 2017. Como salienta a autora, "em casos mais graves, como alguns dos mencionados em várias das delações na operação Lava-Jato, tais práticas evoluem para a transformação do Poder Legislativo em um verdadeiro balcão de negócios, em que emendas são verdadeiramente compradas pelos agentes interessados, tornando todo o sistema político refém da corrupção".
[299] SCHIEFLER, 2016, p. 173.
[300] Embora não haja referência expressa em lei, o Decreto nº 4.081, de 11 de janeiro de 2002, que estabelece o Código de Conduta Ética da Presidência e Vice-Presidência da República, proíbe que tais figuras prestem informações que caracterizem "privilégio para quem solicita ou que

formas de participação e oitiva de particulares e grupos de interesse, inclusive em termos de licitação pública. Por exemplo: é possível que o agente privado *proponha* soluções que podem ou não vir a ser contratadas pelo Poder Público, como expressamente prevê a Lei nº 13.019/2014,[301] na realização de audiências públicas e na adoção de Procedimentos de Manifestação de Interesse,[302] regulamentados pelo Decreto nº 8.428/2015. A aproximação com os agentes econômicos permite que a Administração Pública colha "soluções contemporâneas – e, por vezes, mais eficientes – para variados campos de aplicação do conhecimento" e que "se encontram na esfera de atuação econômica da iniciativa privada e na esfera de atuação participativa da sociedade civil".[303]

Na visão de Rebeca dos Santos Freitas,[304] a regulamentação do *lobby* contribuiria para (i) institucionalizar o controle recíproco entre os grupos de pressão; (ii) estimular a prática, conferindo-lhe legitimidade; (iii) ampliar o papel dos lobistas enquanto fornecedores de conhecimento especializado às autoridades governamentais; (iv) aumentar a responsabilidade e transparência, possibilitando o controle da atividade; e (v) garantir a assimetria de poder entre os grupos de pressão. O fato é que a desregulamentação contribui para a marginalização da atividade e, consequentemente, predominância dos interesses de grupos mais organizados e com maior capacidade financeira, em flagrante violação à isonomia, o que acaba por aproximar o *lobby* dos contornos jurídicos conferidos ao conceito de corrupção, inclusive no âmbito das contratações públicas. Conclui-se, portanto, que "a corrupção não decorre do *lobby*, mas pode ser parcialmente fruto do descaso do Estado para com essa atividade, suas características e suas necessidades".[305]

---

se refira a interesse de terceiros" (inciso II do artigo 10), além de exigir que as "audiências com pessoas físicas ou jurídicas, não pertencentes à Administração Pública direta e indireta de qualquer dos Poderes da União, dos Estados, do Distrito Federal e dos Municípios ou de organismo internacional do qual o Brasil participe, interessadas em decisão de alçada do agente público" sejam solicitadas e registradas formalmente, e, ainda, acompanhadas de pelo menos um outro servidor público ou militar. BRASIL. Decreto nº 4.081, de 11 de janeiro de 2002. *Diário Oficial da União*. Poder Executivo: Brasília, DF. 14 jan. 2002a.

[301] O "termo de fomento" previsto na Lei das Parcerias Voluntárias é caracterizado por decorrer de uma proposição das organizações da sociedade civil.

[302] Para mais informações, SCHIEFLER, Gustavo Henrique Carvalho. *Procedimento de Manifestação de Interesse (PMI)*. Rio de Janeiro: Lumen Juris, 2014.

[303] *Idem*, p. 175-176.

[304] FREITAS, Rebeca dos Santos. A reforma política e a regulamentação do lobby no Brasil. In: BUSTAMANTE, Thomas; SAMPAIO, José Adércio Leite; MARTINS, João Victor Nascimento (Org.). *Anais do II Congresso Internacional de Direito Constitucional e Filosofia Política*: Reforma Política e Novas Perspectivas de Democracia Constitucional, v. 2. Belo Horizonte: Initia Via, 2016.

[305] FERREIRA JUNIOR, Nivaldo Adão; NOGUEIRA, Patrícia Maria. Lobby e regulamentação: a busca da transparência nas relações governamentais. In: CUNHA FILHO, Alexandre

Portanto, embora se advogue a diferenciação entre o *lobby* e a corrupção, é preciso que a atividade seja exercida com transparência, cautela e com o máximo de "abertura à competição de interesses entre os particulares potencialmente afetados pela decisão administrativa".[306] É com base nessa concepção que os programas de *compliance* devem disciplinar o exercício da atividade ou de posturas similares.

3.2.1.4 A Lei nº 12.813/2013 e a pretensão de regulamentar os conflitos de interesses dos servidores federais

A Lei nº 12.813/2013, ou simplesmente Lei de Conflito de Interesses, dispõe sobre o conflito de interesses de agentes públicos ligados à Administração Federal, direta e indireta,[307] assim como sobre os impedimentos posteriores ao exercício do cargo ou emprego público.[308] O diploma tem como pano de fundo a regulamentação das hipóteses de "confronto entre interesses públicos e privados, que possa comprometer o interesse coletivo ou influenciar, de maneira imprópria, o desempenho da função pública", assim como a obtenção de informação privilegiada, inclusive após o exercício do cargo ou emprego no âmbito do Poder Executivo federal.

A mesma tensão que caracteriza o fenômeno da corrupção, traduzida na possibilidade de utilizar meios públicos para conseguir fins privados, encontra-se presente nos conflitos de interesse. A diferença crucial é que a situação de conflito de interesses, embora inevitável, pode ocorrer sem que haja qualquer tipo de transgressão ou violação legal. Destarte, "ao contrário da corrupção, portanto, conflitos de interesse não pedem punição, mas uma estratégia de administração",[309] com ênfase no viés preventivo.

Os artigos 5º e 6º da Lei nº 12.813/2013 elencam as condutas vedadas aos servidores federais. Basicamente, pretende-se evitar que

---

Jorge Carneiro da; ARAÚJO, Glaucio Roberto Brittes de; LIVIANU, Roberto; PASCOLATI JUNIOR, Ulisses Augusto (Coord.). *48 visões sobre corrupção*. São Paulo: Quartier Latin, 2016, p. 214.
[306] SCHIEFLER, 2016, p. 174.
[307] O artigo 2º faz menção expressa aos ocupantes de cargos e empregos públicos em autarquias, fundações públicas, empresas públicas e sociedades de economia mista.
[308] A Lei nº 13.303/2016, que trata dos requisitos de governança no âmbito das empresas estatais, traz critérios rígidos e hipóteses ainda mais específicas do que a Lei nº 12.813/2013, que serão objetos de análise em um tópico próprio.
[309] REIS; ABREU, 2008, p. 164.

o agente investido em posição decisória ou com acesso a informação privilegiada se utilize do cargo público para beneficiar interesses privados, próprios ou de terceiros. A título de ilustração, a Lei proíbe que o agente (i) receba presentes de quem tenha interesse em decisão de sua competência; (ii) atue em benefício de empresa de que participe algum familiar ou pessoa que lhe seja próxima e (iii) exerça atividade incompatível com as atribuições do cargo ou emprego. As duas últimas hipóteses citadas pretendem impedir, por exemplo, que um servidor verifique, a pedido de um parente ou amigo, como está o processo de pagamento em determinado órgão, avaliando se é possível priorizá-lo em relação aos demais; e que, nas horas vagas, um servidor que atue na área de política monetária preste consultoria para instituição financeira.[310]

Além disso, a legislação impõe um período de "quarentena" de seis meses após a desvinculação do cargo ou emprego, durante o qual o agente não poderá (i) prestar serviços, sequer indiretamente, àqueles com quem tenha tido qualquer tipo de relacionamento em razão do exercício da função pública; (ii) assumir cargo de administrador ou conselheiro ou estabelecer vínculo profissional com pessoa física ou jurídica que desempenhe atividade relacionada à área de competência do cargo ou emprego ocupado; (iii) prestar serviços de consultoria ou assessoramento a órgão ou entidade em que tenha ocupado o cargo ou emprego; e (iv) intervir, ainda que indiretamente, em favor de interesse privado perante órgão ou entidade em que haja ocupado cargo ou emprego. O prazo de seis meses pode ser diminuído por autorização expressa da Comissão de Ética (CEP) ou da Controladoria-Geral da União (CGU).

Sem descurar da necessidade de adequar o prazo ao caso concreto, sobretudo diante da inexorável constatação de que a influência exercida pelo servidor público pode perdurar por período muito superior ao legalmente estabelecido, o fato é que a lei busca obstar a ingerência de pessoas que exercem ou exerceram cargo público em prol de interesses privados, em aberta violação aos princípios do Direito Administrativo e a um sem-número de garantias constitucionais.

O artigo 12 prescreve que a prática dos ilícitos disciplinados na referida norma caracteriza ato de improbidade administrativa, por violação aos princípios da Administração Pública, na forma do artigo 11

---

[310] MINISTÉRIO DA TRANSPARÊNCIA, FISCALIZAÇÃO E CONTROLADORIA-GERAL DA UNIÃO, 2017a.

da Lei nº 8.423/1992. A penalização, portanto, independe de enriquecimento ilícito ou prejuízo ao erário (§2º do artigo 4º).[311]

São desnecessárias maiores digressões para traçar um paralelo entre a Lei nº 12.813/2013 e o objetivo dos programas de *compliance*. Os conflitos de interesses de funcionários e colaboradores talvez sejam o principal óbice à conformidade das empresas com a legislação vigente e para a adoção de comportamentos éticos. Bem por isso, é essencial que estejam amplamente disciplinados nos programas de *compliance*, que devem regular alternativas e orientações aos funcionários e colaboradores que se encontrarem diante de situações desse jaez.

3.2.2 A Lei nº 12.846/2013 (Lei Anticorrupção)

A Lei nº 12.846/2013 foi publicada em meio a inúmeras denúncias, escândalos de corrupção, superfaturamento de obras públicas e um sem-número de manifestações públicas de indignação com o cenário de impunidade vivenciado no país.[312] O diploma, que ficou conhecido como "Lei Anticorrupção" ou "Lei da Empresa Limpa", inovou ao autorizar a responsabilização objetiva das pessoas jurídicas[313] pelos atos de corrupção praticados por seus funcionários ou agentes, atentatórios à Administração Pública, nacional ou estrangeira, com a corolária imposição de penalidades administrativas e judiciais, que vão desde a aplicação de multas, passando pela divulgação da eventual condenação em meios de comunicação de grande circulação – o que pode incluir a sinalização da penalidade no estabelecimento ou endereço eletrônico da empresa –, até a suspensão ou interdição das atividades empresariais.

---

[311] SCHIEFLER, 2016, p. 137.

[312] Em junho de 2013, as ruas das principais cidades brasileiras foram tomadas pela "maior sequência de protestos no país desde o Fora Collor". FOLHA. *Manifestações não foram pelos 20 centavos*. 2013. Iniciadas pela indignação de estudantes com o aumento da tarifa de ônibus, as manifestações passaram a agregar outras pautas, dentre as quais os vultosos gastos iminentes com a Copa do Mundo – que impulsionaram o grito 'não vai ter Copa' –, pedidos de investimentos em saúde e educação, o fim da corrupção e da impunidade.

[313] Com algumas exceções, o Brasil, assim como a maior parte dos países, não reconhece a responsabilidade penal das pessoas jurídicas. A discussão acerca da possibilidade de responsabilização descortina um viés mais profundo, que remonta à clássica discussão sobre a viabilidade de as pessoas jurídicas cometerem delitos pela impossibilidade de ser aferida sua *intenção*, que acaba se perdendo na abstração do conceito – não há consenso sequer sobre a natureza existencial das pessoas jurídicas, se real ou fictícia. Sem embargo das inúmeras controvérsias, que estão longe de serem solucionadas pela doutrina e pela jurisprudência, as exceções no sistema penal brasileiro acabam restringindo-se aos crimes ambientais (§3º do artigo 225). BRASIL, 1988.

Segundo consta na exposição de motivos do projeto que deu origem à lei (Projeto de Lei nº 6.826/2010), a norma "tem por objetivo suprir uma lacuna existente no sistema jurídico pátrio no que tange à responsabilização de pessoas jurídicas pela prática de atos ilícitos contra a Administração Pública, em especial por atos de corrupção e fraudes em licitações e contratos administrativos".[314] A referência à existência dessa lacuna deveu-se, sobretudo, aos já mencionados compromissos internacionais assumidos pelo Brasil e à inexistência de medidas internas que possibilitassem a aplicação de penalidades às pessoas jurídicas envolvidas em casos de suborno internacional. Como reconhecido por grande parte da doutrina, a promulgação da lei se deu antes por influência dos organismos internacionais (OCDE, ONU e OEA) do que pela existência de um clamor interno nesse sentido.[315]

O inciso IV do artigo 5º é inteiramente voltado aos atos de corrupção praticados no âmbito das licitações públicas:

> Art. 5º Constituem atos lesivos à administração pública, nacional ou estrangeira, para os fins desta Lei, todos aqueles praticados pelas pessoas jurídicas mencionadas no parágrafo único do art. 1º, que atentem contra o patrimônio público nacional ou estrangeiro, contra princípios da administração pública ou contra os compromissos internacionais assumidos pelo Brasil, assim definidos:
> [...] IV - no tocante a licitações e contratos:
> a) frustrar ou fraudar, mediante ajuste, combinação ou qualquer outro expediente, o caráter competitivo de procedimento licitatório público;
> b) impedir, perturbar ou fraudar a realização de qualquer ato de procedimento licitatório público;
> c) afastar ou procurar afastar licitante, por meio de fraude ou oferecimento de vantagem de qualquer tipo;
> d) fraudar licitação pública ou contrato dela decorrente;
> e) criar, de modo fraudulento ou irregular, pessoa jurídica para participar de licitação pública ou celebrar contrato administrativo;
> f) obter vantagem ou benefício indevido, de modo fraudulento, de modificações ou prorrogações de contratos celebrados com a administração pública, sem autorização em lei, no ato convocatório da licitação pública ou nos respectivos instrumentos contratuais; ou
> g) manipular ou fraudar o equilíbrio econômico-financeiro dos contratos celebrados com a administração pública;

---

[314] BRASIL, 2010a.
[315] GABARDO; CASTELLA, 2015; DEMATTÉ, 2015.

Do teor do dispositivo, percebe-se a semelhança com os tipos previstos no Código Penal e na Lei de Licitações, além da inclusão de condutas mais detalhadas, especialmente nas alíneas "e", "f" e "g". Todavia, "os cinco incisos do artigo 5º abarcam um universo muito amplo de hipóteses de atos lesivos à Administração Pública, o que acarreta uma quase impossibilidade real de existir um ato lesivo que não se enquadre em uma daquelas descrições".[316] O espectro de incidência da lei, portanto, é muito mais abrangente do que a sua nomenclatura popular poderia sugerir. Além disso, a lei não estabelece sanções específicas para cada uma das condutas, o que implica a inexistência de critérios objetivos para a aplicação das penalidades, que ficam sujeitas à discricionariedade da autoridade responsável pelo procedimento.

No âmbito administrativo, o artigo 6º da Lei nº 12.846/2013 autoriza a aplicação de multa, no valor de 0,1% a 20% do faturamento bruto do último exercício, ou até R$ 60 milhões quando não for possível calcular. O dispositivo prevê, ainda, a publicação extraordinária da sentença condenatória em meios de comunicação de grande circulação, acarretando sérios prejuízos à imagem da empresa.

A competência para instaurar e julgar o Processo Administrativo de Responsabilização (PAR) cabe, nos termos do artigo 8º, à autoridade máxima de cada entidade dos Poderes Executivo, Legislativo e Judiciário ou, "em caso de órgão da administração direta, do seu Ministro de Estado" (artigo 3º do Decreto nº 8.420/2015). O §1º do artigo 8º da Lei nº 12.846/2013 autoriza a delegação da competência, sendo vedada a subdelegação. Já o §2º transmite à Controladoria-Geral da União (CGU), no âmbito do Executivo federal, a competência concorrente para instaurar procedimentos administrativos de responsabilização de pessoas jurídicas ou para avocar os processos instaurados com fundamento nessa lei, para exame de sua regularidade ou para corrigir-lhes o andamento. A medida visa evitar que o processo seja conduzido por órgãos desprovidos de capacidade técnica para tanto.

O processo administrativo é conduzido por uma comissão, composta por dois ou mais servidores estáveis ou empregados públicos (nas entidades da Administração Pública Federal cujos quadros funcionais não sejam formados por servidores estatutários), designada pela autoridade instauradora. A Comissão será responsável por encaminhar relatório sobre os fatos apurados e sugerir, motivadamente, as sanções a serem aplicadas. É da Comissão, igualmente, a responsabilidade pela

---

[316] DEMATTÉ, 2015, p. 120.

análise da existência e funcionamento do programa de *compliance* (§4º do artigo 5º do Decreto nº 8.420/2015). A decisão final, que deverá ser precedida de manifestação jurídica elaborada pelo órgão de assistência jurídica competente (§4º do artigo 9º do Decreto nº 8.420/2015), incumbe à autoridade que instaurou o processo.[317]

É importante ressalvar, ainda, que o Decreto autoriza que os atos previstos como infrações administrativas à Lei de Licitaçãoes, ou a outras normas de licitações e contratos administrativos, serão apurados e julgados conjuntamente, nos mesmos autos do PAR (artigo 12). Nessas hipóteses, além da multa e da publicação extraordinária da penalidade, a empresa estará sujeita às "sanções administrativas que tenham como efeito restrição ao direito de participar em licitações ou de celebrar contratos com a administração pública, a serem aplicadas no PAR" (artigo 16).

Já na esfera judicial, as sanções elencadas no artigo 19 – e não menos controvertidas –, englobam desde (i) a perda dos bens, direitos ou valores que representem a vantagem ou proveito decorrentes da infração; (ii) a suspensão ou interdição parcial das atividades empresariais; (iii) a dissolução compulsória da pessoa jurídica; até (iv) a proibição de receber incentivos, subsídios, subvenções, doações ou empréstimos de órgãos ou entidades públicas, pelo prazo de 1 a 5 anos. A tais penalidades soma-se o dever de reparação integral do dano causado, nos termos do parágrafo único do artigo 21.[318]

A responsabilização judicial será promovida mediante o ajuizamento de ação civil pública, cuja legitimidade é atribuída ao Ministério Público, à União, aos Estados, ao Distrito Federal e aos Municípios. Na hipótese de ser constatada a omissão da autoridade competente para instaurar o PAR, e sendo o Ministério Público o autor da ação, poderão ser cumuladas às penalidades judiciais as sanções previstas no artigo 6º da Lei.

---

[317] A concentração da competência de instaurar, conduzir e julgar o PAR, nas mãos de um só órgão é criticada por Felipe Mêmolo Portela, que entende ter-se perdido "a oportunidade de evoluir no modelo de processo administrativo, caminhando para instâncias instauradora e julgadora independentes, trazendo maior segurança, qualidade e imparcialidade às decisões proferidas". PORTELA, Felipe Mêmolo. O processo administrativo de responsabilização e sua adequação aos princípios do direito administrativo sancionador. In: CUNHA FILHO, Alexandre Jorge Carneiro da; ARAÚJO, Glaucio Roberto Brittes de; LIVIANU, Roberto; PASCOLATI JUNIOR, Ulisses Augusto (Coord.). *48 visões sobre corrupção*. São Paulo: Quartier Latin, 2016. p. 634.
[318] "Art. 21. Nas ações de responsabilização judicial, será adotado o rito previsto na Lei nº 7.347, de 24 de julho de 1985. Parágrafo único. A condenação torna certa a obrigação de reparar, integralmente, o dano causado pelo ilícito, cujo valor será apurado em posterior liquidação, se não constar expressamente da sentença". BRASIL, 1993.

Sancionada em meados de 2013 e passando a vigorar em janeiro de 2014, a Lei Anticorrupção ficou quase dois anos sem regulamentação federal, postergando sua utilização, em virtude da alta insegurança jurídica e da ausência de diretrizes para impor sanções. Faltava definir os parâmetros para a dosimetria das sanções e mensuração das multas, as condições para a celebração do acordo de leniência e, sobretudo, as diretrizes e os requisitos para caracterizar os programas de *compliance* para fins de redução das penalidades.

Com o intuito de suprir as lacunas legislativas e fornecer os vetores básicos para a instauração do processo de responsabilização, foi publicado o Decreto nº 8.420, destinado a regulamentar a Lei nº 12.846/2013. Menos de um mês após a publicação do referido regulamento, a Controladoria-Geral da União (CGU) divulgou normas complementares, mais especificamente as Instruções Normativas nº 1 e nº 2 e as Portarias nº 909 e nº 910, pormenorizando algumas das regulamentações referentes à Lei Anticorrupção, sobretudo no que diz respeito aos programas de *compliance*.

3.2.2.1 A responsabilidade objetiva por ato de terceiro

A norma contida nos artigos 1º e 2º da Lei nº 12.846/2013 estabelece que a responsabilidade, administrativa e civil,[319] da pessoa jurídica é objetiva, bastando, portanto, a presença do nexo causal e do dano resultante de ato ilícito para que seja imposto o dever de ressarcimento. Não há, pois, necessidade de aferir o estado subjetivo das pessoas físicas responsáveis pelo ilícito. Entretanto, como advertem Benjamin Zymler e Laureano Canabarro Dios, "a ausência de perquirição de culpa não afasta a necessidade de que haja a constatação da prática de determinada conduta ilícita. Assim, a pessoa jurídica, para ser objeto das sanções da Lei Anticorrupção, deve ser considerada responsável pelo ato lesivo".[320]

---

[319] No que concerne à ação judicial, a responsabilização das pessoas jurídicas, pela Lei nº 12.846/2013, "não ocorrerá no âmbito penal, preferindo o nosso legislador adotar um direito administrativo sancionador, de natureza civil, para as pessoas jurídicas". SMANIO, Gianpaolo Poggio. O sistema normativo brasileiro anticorrupção. In: CUNHA FILHO, Alexandre Jorge Carneiro da; ARAÚJO, Glaucio Roberto Brittes de; LIVIANU, Roberto; PASCOLATI JUNIOR, Ulisses Augusto (Coord.). *48 visões sobre corrupção*. São Paulo: Quartier Latin, 2016. p. 745.

[320] ZYMLER, Benjamin; DIOS, Laureano Canabarro. *Lei Anticorrupção – Lei nº 12.846/2013*: uma visão do controle externo. Belo Horizonte: Fórum, 2016. p. 52.

Além disso, a lei autoriza a responsabilização da pessoa jurídica por ato praticado por "interposta pessoa", ou seja, por terceiro representante da empresa ou que atue em seu nome. Significa que as empresas podem ser responsabilizadas pela prática de atos de corrupção realizados em seu benefício, por funcionários ou terceirizados, ainda que os seus dirigentes não tenham tido conhecimento do ilícito. Como esclarece Pierpaolo Bottini,

> Pelo texto legal, a aplicação das sanções não exige a intenção da corporação ou de seus dirigentes em corromper ou a demonstração de sua desídia em relação a atos deste gênero que eventualmente ocorram. Basta que se constate que alguém – um funcionário, parceiro, contratado, consorciado – tenha oferecido ou pago vantagem indevida a servidor público (ou praticado qualquer dos atos previstos em seus dispositivos), e a instituição será penalizada, desde que beneficiada direta ou indiretamente pelo comportamento ilícito. Assim, se uma corporação contrata um terceiro para obtenção de licença pública para determinada atividade, e este usa de propina para obter o documento, ambos serão punidos, contratante e contratado. A responsabilidade é automática, objetiva[321] (grifo acrescido).

É difícil delimitar os atos que podem ser considerados como tendo sido praticados em benefício da empresa. Por exemplo: o cenário em que um representante comercial pretenda celebrar um contrato com um órgão público por dispensa de licitação. O sujeito pode incorrer em uma série de ilegalidades com o intuito de garantir a contratação, "bater a meta", demonstrando bons níveis de desempenho. Da mesma forma, um funcionário de transportadora contratada pela empresa que venceu a licitação pode, hipoteticamente, subornar um agente alfandegário para liberar a carga retida. Nesse caso a situação é ainda mais extrema, porquanto o sujeito é funcionário de uma transportadora contratada. Em ambos os exemplos, a motivação é individual: o sujeito não foi orientado a perpetrar qualquer sorte de desvio, tampouco incentivado a fazê-lo. O resultado, entretanto, consiste na contratação da empresa ou na liberação da carga, ou seja, o ilícito resultou em benefício à pessoa jurídica, cabendo a incidência da Lei nº 12.846/2013, nos termos do artigo 2º.

Sob essa premissa, é importante que a empresa adote mecanismos capazes de conscientizar todos os seus colaboradores e terceiros

---

[321] BOTTINI, Pierpaolo Cruz; TAMASAUSKAS, Igor. A controversa responsabilidade objetiva na Lei Anticorrupção. 2014.

eventualmente contratados acerca dos prejuízos advindos da prática de atos de corrupção – e aqui se remete ao cálculo racional trabalhado no primeiro tópico deste trabalho, com ênfase nos potenciais prejuízos à reputação da empresa – e fiscalizar o seu modo de atuar. Em outras palavras, a Lei incentiva, ainda que indiretamente, a adoção de políticas de *compliance* e controle interno.

Não bastasse isso, o artigo 3º estabelece que a responsabilidade objetiva da pessoa jurídica não exclui a responsabilidade individual de seus "dirigentes ou administradores ou de qualquer pessoa natural, autora, coautora ou partícipe do ato ilícito". Daí exsurge talvez o ponto de maior relevância acerca dos mecanismos de controle interno, tal como o programa de *compliance*. É que a existência de tais políticas, embora não elida a responsabilidade da pessoa jurídica, ao menos resguarda a responsabilização individual dos seus dirigentes.

Explica-se. A responsabilidade objetiva é apenas da pessoa jurídica, não de seus administradores. Justamente por isso, o §2º do artigo 3º prescreve que "os dirigentes ou administradores somente serão responsabilizados por atos ilícitos na medida da sua culpabilidade". Ou seja, para a pessoa física dos dirigentes das empresas a responsabilidade continua sendo subjetiva e depende da demonstração de que o sujeito agiu, no mínimo, de forma imprudente, negligente ou imperita.

A existência de mecanismos preventivos, de controle interno, caso demonstrada, pode afastar a culpabilidade dos dirigentes da empresa. Justamente por isso costuma-se dizer que o programa de *compliance* tem o potencial de resguardar a responsabilização individual dos gestores. Por evidente, aquele que adotou todas as medidas que lhe cabiam, atuando de forma diligente, não deve – ou não deveria – ser responsabilizado, pura e simplesmente porque não deu causa, por ação ou omissão, ainda que culposa, ao ato ilícito.

O ponto central da Lei é que à empresa – pessoa jurídica – não é dado alegar que desconhecia a conduta ilícita. E mais: ainda que o faça, a afirmação não afasta a responsabilidade pelo dano, desde que demonstrado o nexo de causalidade entre o ato ilícito e a empresa supostamente beneficiada. A redação do §1º do artigo 3º é inequívoca: "A pessoa jurídica será responsabilizada *independentemente* da responsabilização individual das pessoas naturais referidas no caput" (grifo acrescido). O *caput* do dispositivo refere-se, além dos dirigentes e administradores da empresa, a qualquer pessoa natural, autora, coautora ou partícipe do ato ilícito.

Há, entretanto, quem defenda que a responsabilidade da empresa prescinde da responsabilização subjetiva de alguma pessoa física que a ela seja ligada. Sob esse aspecto específico, transcrevem-se as advertências de Marçal Justen Filho:

> Outra questão que desperta a atenção é a regra de que a responsabilidade das pessoas jurídicas é objetiva (art. 1º). O texto literal deve ser interpretado em termos. Nenhuma pessoa jurídica atua diretamente no mundo. Toda pessoa jurídica se vale de pessoas físicas. As práticas de corrupção são consumadas por meio da conduta de uma ou mais pessoas físicas. Somente se consuma uma das infrações previstas na Lei 12.846 quando a conduta da pessoa física for eivada de um elemento subjetivo reprovável. Esse elemento será necessariamente o dolo. Em momento algum a Lei 12.846 institui uma espécie de "corrupção objetiva", em que seria bastante e suficiente a ocorrência de eventos materiais. Ocorre que, consumada a infração em virtude da conduta reprovável de um ou mais indivíduos, poderá produzir-se a responsabilização da pessoa jurídica. Essa responsabilização será "objetiva", na acepção de que bastará a existência de um vínculo jurídico com a pessoa física infratora. Configurar-se-á a responsabilidade objetiva da pessoa se o indivíduo que cometeu a infração for a ela relacionado, ainda que não na qualidade de administrador ou representante. O vínculo exigido compreende os casos de representação formal, mas também abrange aquelas hipóteses em que a pessoa jurídica forneceu elementos ou recursos para a prática da infração. Mais precisamente, é indispensável existir um vínculo que permitisse à pessoa jurídica controlar a conduta do indivíduo infrator, especificamente para adotar as providências necessárias a impedir a prática da infração.
> Ou seja, nem seria o caso de aludir a responsabilidade da pessoa jurídica. *O que a Lei impõe é o dever de diligência especial no âmbito das empresas privadas, determinando-lhes que estruturem as suas atividades de modo a impedir que algum sujeito a elas vinculado pratique condutas de corrupção. Isso significa adotar padrões de governança corporativa transparente, em que nenhum agente vinculado à empresa goze da oportunidade para engajar-se em práticas de corrupção. A responsabilização da pessoa jurídica decorrerá, em última análise, da falha na implantação de controles apropriados. Há uma presunção absoluta de que, se o indivíduo envolveu a empresa numa prática de corrupção, isso foi resultado de defeitos organizacionais e gerenciais*[322] (grifo acrescido).

A interpretação de que a responsabilidade objetiva da empresa depende da responsabilização subjetiva da pessoa natural que praticou o ato de corrupção parece ser mais consentânea com os princípios

---

[322] JUSTEN FILHO, Marçal. A "Nova" Lei Anticorrupção Brasileira (Lei Federal 12.846). *Informativo Justen, Pereira, Oliveira e Talamini*, Curitiba, n. 82, dez. 2013.

constitucionais. Parte-se da mesma premissa de que o objetivo da lei é punir os agentes desonestos e não os inábeis. Com base nessa premissa, há autores renomados que defendem ser imprescindível verificar o elemento subjetivo doloso ou culposo para responsabilizar as pessoas físicas para, só então, aplicar a responsabilização objetiva à pessoa jurídica.

Entretanto, como a lei visa a fortalecer o ambiente institucional de prevenção e repressão da corrupção, incentivando a adoção de políticas de integridade e *compliance*, entende-se que a responsabilidade objetiva da pessoa jurídica independe da perquirição do elemento subjetivo da pessoa física que deu causa ao ilícito, porque lhe cabia promover a conscientização do funcionário ou agente terceirizado, evitando posturas negligentes, imprudentes e imperitas. O STF já se posicionou nesse sentido, em relação à responsabilização penal das empresas por crimes ambientais, ao consignar que "condicionar a aplicação do art. 225, §3º, da Carta Política a uma concreta imputação também a pessoa física implica indevida restrição da norma constitucional, expressa na intenção do constituinte originário não apenas de ampliar o alcance das sanções penais, mas também de evitar a impunidade pelos crimes ambientais frente às imensas dificuldades de individualização dos responsáveis internamente às corporações.[323]

Destarte, se por um lado permanece vedada a penalização do sujeito inábil, por outro, ao impor-se à empresa o dever de orientar e controlar a atuação de seus colaboradores, inaugura-se a possibilidade de responsabilizar a pessoa jurídica independentemente de existir o elemento subjetivo doloso na conduta do agente infrator.[324]

---

[323] BRASIL. Supremo Tribunal Federal. Recurso Extraordinário nº 548181. Relatora: Ministra Rosa Weber. Brasília, DF. 06 ago. 2013. *Diário de Justiça Eletrônico*: Brasília, 30 out. 2014.

[324] A Lei nº 12.846/2013 não exige, em dispositivo algum, a verificação do elemento subjetivo na conduta dos agentes infratores, prevendo, inclusive, a responsabilização da pessoa jurídica ainda que os indivíduos não sejam penalizados. Para esclarecer a distinção, transcreve-se o didático exemplo de Guilherme de Souza Nucci: "imagine-se o empregado novato, que leva determinado dinheiro ao funcionário público, acreditando pagar diretamente alguma taxa, ganhando tempo para a empresa. Termina por cometer, objetivamente falando, a infração do art. 5º, I desta Lei. A sua conduta foi voluntária e consciente de entrega da quantia indevida, mas não houve dolo. Em sua mente, não estava corrompendo ninguém. Porém, objetivamente o fez. Há nexo causal entre a conduta de dar vantagem indevida ao agente público e – note-se – o referido art. 5º, I, *não prevê finalidade específica*, logo, a simples entrega consuma a infração, restando para a pessoa jurídica um pesado encargo. Pode-se, inclusive, buscar a punição desse empregado na esfera criminal, quando, então, pode até ser absolvido pelo crime de corrupção ativa, por falta de dolo. Mas continuaria a punição objetiva da pessoa jurídica". NUCCI, 2015, p. 97-98.

É importante esclarecer que, embora se saiba que "a corrupção não acontece ao acaso, sem intenção, sem convenção" e "é preciso um dolo específico para se corromper ou para ser corrompido",[325] a Lei não restringe a possibilidade de penalização ao termo "corrupção". Ao contrário, a abertura semântica do rol de condutas passíveis de punição permite incluir praticamente toda sorte de deslize. O que precisa ficar claro é que, embora sob o ponto de vista semiótico a corrupção exija o elemento subjetivo doloso,[326] a consciência e a vontade do agente em praticar uma conduta ilícita, a norma permite responsabilizar a empresa que, mesmo involuntariamente, tenha incorrido em algum dos tipos legais.

Nesse ponto específico, a legislação ostenta nítido caráter preventivo, incentivando a adoção de mecanismos de autorregulação no âmbito das empresas, em consonância com as premissas adotadas pelos instrumentos internacionais de combate à corrupção. A intenção é que as próprias empresas se tornem responsáveis por conter comportamentos censurados, fiscalizar a ocorrência de práticas de corrupção e sancionar internamente os ilícitos apurados. Diante disso, o *compliance* adquire relevo especial por traduzir – ao menos em tese[327] – o comprometimento ético das empresas e a intenção de atuar em conformidade com o ordenamento jurídico, por meio da adoção de um Código de Conduta, da criação de mecanismos de persecução destinados às hipóteses de descumprimento do código, da constante análise dos riscos e da eficácia do programa implantado.

A responsabilização introduzida pelo novel diploma não se confunde com a responsabilidade com sucedâneo na teoria do risco integral. Nesse sentido, como bem ensinam Diogo de Figueiredo Moreira Neto e Rafael Véras de Freitas, caso a pessoa jurídica indiciada com base na Lei nº 12.846/2013 consiga demonstrar a inexistência do ato de corrupção ou de nexo causal entre o prejuízo sofrido pela Administração Pública e a conduta da empresa ou seus representantes, afasta-se a possibilidade de sancionamento.[328] Mesmo porque a presunção de que a prática do ato de corrupção – doloso ou culposo – decorre necessariamente de

---

[325] SCHIEFLER, 2016, p. 46.
[326] A rigor, ninguém pratica ato de corrupção agindo de forma inocente ou por mero descuido.
[327] Diz-se "em tese" porque, como será visto adiante, muitas empresas se utilizam do *compliance* "de fachada" apenas com o intuito de afastar eventual condenação, sem, no entanto, ter qualquer tipo de intenções reais de observar o ordenamento e os princípios éticos.
[328] MOREIRA NETO, Diogo de Figueiredo; FREITAS, Rafael Véras. *A juridicidade da Lei Anticorrupção*: Reflexões e interpretações prospectivas. 2014.

falhas nos sistemas de controle interno da empresa, e que, portanto, verificada a ocorrência de uma conduta ilícita, a empresa é automaticamente responsabilizada, ampara-se na percepção, em tudo utópica e equivocada, de que seria possível instituir um sistema de controle interno infalível.[329]

A subsistência da penalização, mesmo diante da comprovação de que a empresa possuía programas de integridade e *compliance* sérios parece, no mínimo, um contrassenso, porque se verifica "uma incongruência lógica entre a imposição de responsabilização para pessoas jurídicas que adotam o *compliance*, porquanto a responsabilidade objetiva é calcada na teoria do risco".[330] De forma direta: não pode ser responsabilizado aquele que não poderia ter atuado de forma diversa.[331]

Assim, na hipótese de existir um programa efetivo, estar-se-ia diante de uma conduta de não assunção do risco e adoção de todas as medidas preventivas possíveis, o que afastaria a culpabilidade, tendo em vista tratar-se de pretensão sancionatória e não de ressarcimento. Nesse caso, a empresa poderia ser condenada ao ressarcimento de eventual prejuízo causado ao erário, mas não às sanções previsatas na Lei nº 12.846/2013. É que o Superior Tribunal de Justiça já decidiu que a responsabilidade objetiva se limita às hipóteses de reparação de danos, não sendo aplicável à pretensão punitiva:

> Pelo princípio da intranscendência das penas (art. 5º, XLV, CF 88), aplicável não só ao âmbito penal, mas também a todo o Direito Sancionador, não é possível ajuizar execução fiscal em face do recorrente para cobrar multa aplicada em face de condutas imputáveis a seu pai. *Isso porque a aplicação de penalidades administrativas não obedece à lógica da responsabilidade objetiva da esfera cível (pela reparação dos danos causados), mas deve obedecer à sistemática da teoria da culpabilidade, ou seja, a conduta*

---

[329] A exigência de que o programa de *compliance* seja infalível é expressamente afastada pelo DOJ e pela SEC, ao reconhecerem que a falha da empresa na tentativa de evitar ilegalidades não significa necessariamente que o programa de *compliance* não seja efetivo, em termos gerais. Mesmo porque, "nenhum programa de *compliance* é capaz de evitar toda e qualquer conduta criminal dos funcionários da empresa". UNITED STATES, 2015b, p. 65.

[330] FIGUEIREDO, Rudá Santos. *Direito de Intervenção e Lei 12.846/2013*: a adoção do *compliance* como excludente de responsabilidade. 2015. 229 f. Dissertação (Mestrado) – Programa de Pós-Graduação em Direito, Universidade Federal da Bahia, Salvador, 2015. p. 213.

[331] Nesse sentido, "A implementação de um sistema de *compliance*, cujas feições e funcionamentos atendem às necessidades concretas de vigilância das atividades empresariais individuais, é indício da ausência de dolo, mesmo eventual, nos escalões superiores da empresa, o que não pode ser dito de um sistema 'aparente' ou 'de papel'". ESTELLITA, Heloisa. *Responsabilidade penal dos dirigentes das empresas por omissão*. São Paulo: Marcial Pons, 2017. p. 293.

deve ser cometida pelo alegado transgressor, com demonstração de seu elemento subjetivo, e com demonstração do nexo causal entre conduta e dano[332] (grifo acrescido).

O equívoco punitivo é muito bem ilustrado por Pierpaolo Bottini e Igor Tamasauskas:

> Assim, imaginemos uma empresa cujo setor de compliance detecta um funcionário que oferece vantagens a servidores públicos para obter contratos, ampliando seu bônus em vendas com tal prática. Em seguida, a instituição apura os fatos, junta documentos, e comunica a prática às autoridades do ente afetado. É justo e correto que os danos eventualmente causados sejam suportados pela empresa, que foi beneficiada. Também que o funcionário envolvido responda pelo crime praticado. Mas não parece adequado que a pessoa jurídica, que não decidiu pelo ato, e que não *foi imprudente – ao contrário, dispunha de um sistema de integridade que detectou o ato – seja castigada com as sanções previstas nos artigos 6º e/ou 19 do diploma*. Ainda que a multa seja pequena – reduzida a 0,1% do faturamento bruto com um desconto de 2/3 por uma eventual leniência – não parece ser aplicável. Não se trata de tamanho, mas de princípio. *Impor a pena neste caso é admitir que se castigue um ato sem culpabilidade, algo que não se justifica em um Estado cuja constituição prevê a intranscendência da pena* (Constituição Federal, artigo 5º, XLV)[333] (grifo acrescido).

Em que pese o entendimento de que a existência de programas de integridade (*compliance*) devesse afastar a responsabilização da pessoa jurídica, diante da comprovação de que esta agiu com o máximo de prudência e cautela, a Lei nº 12.846/2013 restringiu tais mecanismos à condição de atenuante da multa sancionatória,[334] prevista para as hipóteses de responsabilização administrativa (inciso VIII do artigo 7º

---

[332] BRASIL. Superior Tribunal de Justiça. Recurso Especial nº 1251697. Relator: Ministro Mauro Campbell Marques. Brasília, DF. 12 abr. 2012. *Diário de Justiça eletrônico:* Brasília, 17 abr. 2012. O entendimento foi reiterado em outro julgamento: BRASIL. Superior Tribunal de Justiça. Recurso Especial nº 1401500. Relator: Ministro Herman Benjamin. Brasília, DF. 16 ago. 2016. *Diário de Justiça eletrônico:* Brasília, 13 set. 2016b.

[333] BOTTINI, Pierpaolo Cruz; TAMASAUSKAS, Igor. A controversa responsabilidade objetiva na Lei Anticorrupção. 2017.

[334] Dentre os possíveis atenuantes da multa sancionatória descritos no artigo 18 do Decreto nº 8.420/2015 citam-se, ainda, (i) a não consumação da infração; (ii) a comprovação de ressarcimento do prejuízo causado; (iii) a colaboração da pessoa jurídica com a investigação ou a apuração do ato lesivo, independentemente do acordo de leniência; e (iv) a comunicação espontânea pela pessoa jurídica antes da instauração do PAR acerca da ocorrência do ato lesivo. BRASIL. Decreto nº 8.420, de 18 de março de 2015. *Diário Oficial da União*: Poder Executivo, Brasília, DF, 19 mar. 2015a.

da Lei Federal nº 12.846/2013 cominado com o inciso V do artigo 18 do Decreto nº 8.420/2015).[335]

A partir de uma interpretação literal e eminentemente positivista, portanto, no atual sistema jurídico, o fato é que a existência de programas de integridade (*compliance*) constitui apenas um possível atenuante de responsabilidade que autoriza a redução da multa civil. Nada impede, entretanto, que o órgão de controle, no processo administrativo de responsabilização – e, da mesma forma, o Poder Judiciário – considere, com algum grau de discricionariedade, "se as medidas de precaução interna adotadas justificam a atenuação (ou mesmo supressão) das penas",[336] ainda que o ilícito não tenha sido evitado. Não faltam exemplos na jurisprudência internacional de empresas que sequer foram processadas após terem comprovado a existência de programas de *compliance* efetivos. E nesse ponto vale reiterar a advertência, feita pelo DOJ, no sentido de que nenhum programa de *compliance* é capaz de prevenir toda e qualquer atividade ilícita dentro de uma organização.[337]

3.2.2.2 A implantação do programa de *compliance* como condição para a celebração do acordo de leniência

A Lei nº 12.846/2013, e sobretudo as controversas interpretações conferidas pelo Poder Judiciário, tem posto em destaque a figura do acordo de leniência, até então restrito aos processos conduzidos pelo Conselho Administrativo de Defesa Econômica (CADE).[338] O acordo

---

[335] Para uma análise aprofundada sobre os incentivos para a implantação de programas de *compliance* com base na Lei nº 12.846/2013, ver VERÍSSIMO, Carla. *Compliance*: incentivo à adoção de medidas anticorrupção. São Paulo: Saraiva, 2017. A dissertação de mestrado de Rudá Santos Figueiredo defende tal entendimento com robustez e profundidade. Cf. FIGUEIREDO, 2015. Perfilhando esse mesmo entendimento, Pierpaolo Bottini e Igor Tamasauskas afirmam que "o que se pode compreender da novel legislação é que a existência e o funcionamento efetivo do seu sistema de integridade é a chave para compreender aquilo que o artigo 2º denominou responsabilidade objetiva: a organização empresarial deve possuir *standards* de comportamento e estruturas, inclusive após a constatação do ilícito, que permitam concluir que o ato lesivo decorreu de um ato individual e isolado de determinado colaborador. Assim, não apenas como prevenção ao ilícito – com treinamentos, estruturas de *whistle-blowing*, regras e códigos de conduta – mas também no momento de colaboração para apuração dos fatos, é que se poderá afirmar se a organização empresarial compactuou ou não com o ilícito verificado". BOTTINI; TAMASAUSKAS, 2014.
[336] GABARDO, CASTELLA, 2015, p. 147.
[337] UNITED STATES, 2020, p. 14.
[338] Para mais informações sobre a figura do acordo de leniência ver: MARRARA, Thiago. Acordos de leniência no processo administrativo brasileiro: modalidades, regime jurídico e problemas emergentes. *Revista Digital de Direito Administrativo (RDDA)*, São Paulo, v. 2, n. 2, p. 509-527, jun. 2015. O acordo de leniência já era previsto no ordenamento brasileiro

de leniência previsto no artigo 16 da Lei nº 12.846/2013[339] – que não se confunde com os acordos firmados em litígios envolvendo questões concorrenciais e infrações contra a ordem econômica[340] – autoriza a redução das penalidades aplicáveis à empresa acusada de corrupção em troca da colaboração com o processo investigatório.

Dentre as exigências para celebrar o acordo de leniência,[341] o inciso IV do artigo 37 do Decreto nº 8.420/2015 estabelece que o acordo deve conter cláusula que verse sobre a adoção, ampliação ou aperfeiçoamento do programa de integridade. Ou seja, para a celebração do acordo de leniência, a Administração Pública pode exigir, como condição, que a empresa implante um programa de *compliance* ou o aperfeiçoe, caso já exista. A exigência, entretanto, não garante a possibilidade de reduzir a multa insculpida no inciso V do artigo 18 para as empresas que tenham programas de *compliance*. Sob essa perspectiva, a implantação ou o aperfeiçoamento dos mecanismos de *compliance* constitui apenas um pré-requisito para a celebração do acordo de leniência.

Cita-se, como exemplo, o acordo de leniência firmado entre o Ministério Público Federal e a Odebrecht S.A.[342] Dentre as obrigações

---

desde 2000, com a promulgação da Lei nº 10.149/2000, que passou a prever a possibilidade de que a União, por intermédio da antiga Secretaria de Direito Econômico (SDE), pudesse celebrar acordos de leniência "com a extinção da ação punitiva da administração pública ou a redução de um a dois terços da penalidade aplicável, nos termos deste artigo, com pessoas físicas e jurídicas que forem autoras de infração à ordem econômica". Atualmente, os acordos de leniência no âmbito do direito concorrencial são celebrados pelo CADE, sob a égide da Lei nº 12.529/2011.

[339] É importante mencionar que a Lei nº 12.846 prevê, além do acordo de leniência previsto no artigo 16, referente às condutas descritas no artigo 5º do próprio diploma, a possibilidade de que os órgãos ou entidades responsáveis por contratos públicos regidos pela Lei nº 8.666/1993 celebrem acordo de leniência com as empresas contratadas nas hipóteses em que incidirem as sanções previstas na Lei de Licitações. MARRARA, 2015, p. 523.

[340] Apenas como ilustração, citam-se as seguintes diferenças entre as duas espécies de acordo de leniência: (i) os benefícios do acordo firmado pelo CADE podem ser estendidos aos dirigentes, administradores e demais colaboradores das pessoas jurídicas (§6º do artigo 86 da Lei nº 12.529/2011), prerrogativa que não foi encampada pela Lei nº 12.846/2013, que prescreve a possibilidade de responsabilizar as pessoas físicas, inclusive daquelas que tenham assinado o acordo de leniência; (ii) o artigo 87 da Lei nº 12.529/2011 impede o oferecimento de denúncia criminal contra as pessoas físicas beneficiárias do acordo de leniência e a extinção da punibilidade dos crimes respectivos, previsão inexistente na Lei nº 12.846/2013.

[341] Os incisos do §1º do artigo 16 da Lei nº 12.846 elencam os requisitos que precisam ser preenchidos, cumulativamente, para validar o acordo. Dentre eles: a empresa precisa ser a primeira a se qualificar para o acordo, deve cessar completamente o envolvimento com o ilícito investigado, admitir a sua participação e cooperar permanentemente com as investigações. BRASIL, 2013b.

[342] O termo do acordo foi extraído dos autos da ação de improbidade nº 5011119-11.2016.4.04.7000, em trâmite na 11ª Vara Federal de Curitiba. Não se discute aqui a

assumidas pela empresa, consta o compromisso genérico de "implantar ou aprimorar programa de integridade nos termos do artigo 41 e 42 do Decreto nº 8.420/2015, em atenção às melhores práticas, a ser iniciado no prazo de 90 (noventa) dias". Além disso, a empresa concordou em submeter-se a monitoramento externo independente – similar à figura do *compliance monitor*, trabalhada em tópico específico (3.1.3.2.) – pelo prazo de 2 (dois) anos.

Em resumo: durante esse período, os monitores independentes, contratados e pagos pela Odebrecht,[343] devem ter acesso livre a todas as informações do grupo e entregar relatórios regulares ao Ministério Público Federal e ao Departamento de Justiça americano (DOJ) descrevendo as medidas adotadas para aprimorar o programa de *compliance* interno. A função dos monitores não é investigar os ilícitos do passado, mas garantir que a empresa está implantando mecanismos eficientes para garantir uma atuação ética e transparente.

Da mesma forma, o acordo de leniência firmado entre o Ministério Público Federal e a J&F Investimento S.A.[344] contempla disposição similar, ainda mais detalhada. Além da obrigação de aprimorar o programa de *compliance*, o acordo prevê que sejam envidados os "melhores esforços para implantar as demais ações e medidas condizentes com as normas do padrão ISO 19600, e ISO 37001 (sistema de gestão antissuborno)".[345]

Após a celebração do acordo de leniência, o Ministério Público Federal emitiu uma nota explicativa esclarecendo os parâmetros

---

legitimidade para celebrar os acordos de leniência no âmbito da Lei nº 12.846/2013. Entretanto, é importante ilustrar os principais contornos da discussão de modo a alertar o leitor para o alto grau de insegurança jurídica que permeia o instituto. O §10º do artigo 16 da Lei nº 12.846/2013 estabelece que a Controladoria-Geral da União é o órgão competente para celebrar os acordos de leniência no âmbito do Poder Executivo Federal ou quando o ilícito envolver a Administração Pública Estrangeira. A Lei não menciona a possibilidade de o acordo ser celebrado pelo Ministério Público. Não obstante, o acordo de leniência do Grupo Odebrecht foi celebrado pelo Ministério Público Federal e posteriormente homologado pelo juiz Sérgio Moro. Mais tarde, em agosto de 2017, o Tribunal Regional da 4ª Região afirmou a existência de vício no acordo, porque o Ministério Público Federal não teria legitimidade para celebrar o termo (Agravo de Instrumento 5023972-66.2017.4.04.0000). Ao final, prevaleceu o entendimento de que os acordos de leniência não podem ser assinados sem a anuência dos representantes da União — no caso da Lei Anticorrupção, a Controladoria-Geral e a Advocacia-Geral da União.

[343] Os monitores nomeados, respectivamente, pelo Ministério Público Federal e pelo Departamento de Justiça dos Estados Unidos (DOJ), foram o brasileiro Otavio Yazbek e o americano Charles Duross.
[344] MINISTÉRIO PÚBLICO FEDERAL. Força-Tarefa das Operações Greenfield, Sépsis e Cui Bono. Operação Carne Fraca. *Acordo de Leniência*. Brasília, DF, 5 jun. 2017b.
[345] *Idem*.

utilizados no cálculo da multa imposta à empresa. Na oportunidade, consignou que "apesar de a colaboradora já possuir anteriormente um programa de *compliance*, decidiu-se não aplicar o abatimento previsto no inciso V do artigo 18 em razão da ineficácia de tal programa que não impediu o cometimento de ilícitos por parte dos agentes da colaboradora".[346]

O Ministério Público Federal não externou quais foram os parâmetros utilizados para avaliar o grau de eficácia do programa de *compliance* mantido pela empresa. A despeito dos vícios de fundamentação, é possível extrair da literalidade da nota emitida pelo órgão ministerial a premissa de que, se o programa de *compliance* não for capaz de evitar a ocorrência do ilícito, não serve como atenuante da pena de multa. O consectário lógico levaria à conclusão de que só é válido o programa de *compliance* infalível, o que esvazia por completo o sentido da norma. É que se o programa de *compliance* for capaz de evitar o ilícito, em tese a empresa sequer será submetida à Lei nº 12.846/2013.

Do posicionamento exarado, até se poderia extrair que, para o Ministério Público, o programa de *compliance* deveria, pelo menos, ter conseguido identificar a ocorrência do ilícito, ainda que *a posteriori*. Mesmo nesse caso, o posicionamento ministerial parece ser contrário à intenção do Legislador.

A Lei nº 12.846/2013 prevê expressamente que a existência do programa de *compliance* deverá ser levada em conta na aplicação das sanções. Não exige que o programa tenha impedido a ocorrência do ilícito investigado, como sugere o posicionamento ministerial. O que se pretende é incentivar as empresas a implantarem mecanismos de controle interno com o máximo de eficiência possível. Todo e qualquer esforço nesse sentido é válido, desde que, é evidente, não se trate de um mero embuste da empresa.

Consciente dos riscos e também da inviabilidade de se exigir um sistema infalível, o Legislador estabeleceu parâmetros para avaliar o grau de eficácia dos programas de *compliance*. No caso da J&F Investimento S.A., ao que tudo indica, os parâmetros elencados no artigo 42 do Decreto nº 8.420/2015, que deveriam pautar a dosimetria das sanções justamente em função da verificação dos elementos que compõem o programa de *compliance*, foram absolutamente negligenciados pelo Ministério Público Federal, que decidiu não aplicar a atenuante prevista

---

[346] MINISTÉRIO PÚBLICO FEDERAL. *Despacho Complementar*. Referências: IC nº 1.16.000.000393/2016-10 e PA de acompanhamento nº 1.16.000.001755/2017-62. Brasília, DF, 2 ago. 2017a.

no inciso V do artigo 18 do Decreto nº 8.420/2015 pura e simplesmente porque o programa de *compliance* "não impediu o cometimento de ilícitos por parte dos agentes da colaboradora", sem elucidar os parâmetros de avaliação do seu grau de eficácia.

Em sentido diametralmente oposto, o acordo de leniência firmado entre o estaleiro Keppel Fels, o Ministério Público Federal e as autoridades dos Estados Unidos e de Cingapura, dispensou a contratação de um *compliance monitor* e reduziu a pena de multa aplicada, por reconhecer que a empresa adotou medidas corretivas envolvendo "melhorias significativas nos sistemas de *compliance* e controles internos", além de "ações disciplinares contra os indivíduos envolvidos nos ilícitos".[347]

É evidente que a desconsideração de todo e qualquer esforço da empresa para implantar e manter sistemas de controle interno compromete a utilização do programa de *compliance* como mecanismo de combate à corrupção. No mesmo sentido, a insegurança jurídica decorrente das incertezas relacionadas ao acordo de leniência acaba desencorajando as empresas de optarem pela colaboração com os órgãos de controle, preferindo defender-se perante o Poder Judiciário, o que contribui para o descrédito dos instrumentos de combate à corrupção.

Como o país não possui um único órgão incumbido de combater a corrupção, mantendo um sistema "multiagência", a competência para "realizar ações preventivas, repressivas e de responsabilização das pessoas físicas e jurídicas que ferem a legislação anticorrupção, nas esferas administrativa, cível, criminal e dos Tribunais de Contas", é compartilhada entre diversos órgãos e entidades públicas.[348]

Nesse cenário, a disputa de poder institucional e a falta de clareza quanto à legitimidade para celebrar os acordos de leniência – que, sob a ótica das empresas, deveria permitir sua reinserção no mercado, inclusive com a reabilitação para contratações públicas – acabam suscitando a desconfiança no instrumento, comprometendo os investimentos em programas de *compliance* e o próprio andamento das investigações.

---

[347] VIEIRA, André Guilherme. Keppel devolverá R$ 692,4 mi por corrupção ligada à Petrobras. *Valor econômico*, São Paulo, 22 dez. 2017.

[348] OLIVEIRA, Gustavo Justino. *A insegurança jurídica das empresas e os acordos de leniência na legislação anticorrupção brasileira*. 2017. O autor sugere "a criação de uma Comissão ou Comitê, com um representante de todos os órgãos competentes, para negociar e ao final deliberar sobre um único acordo de leniência para uma dada empresa, no âmbito federal". Ao final, esse acordo poderia ser homologado pelo TCU. A proposta é compartilhada por Walfrido Jorge Warde Júnior, de modo que "quem firmasse acordo saberia que nenhum outro órgão se moveria para anular aquele contrato". CONSULTOR JURÍDICO. *Processo irracional*: "Consequência da insegurança na leniência é a demolição do capitalismo brasileiro". Entrevista com Walfrido Warde, especialista em direito societário. 2017b.

3.2.3 O programa de *compliance* como requisito para a reabilitação

O artigo 163 da Lei nº 14.133/2021 inova ao detalhar os requisitos para a reabilitação das empresas que tenham sido sancionadas com o impedimento de licitar e contratar ou com a declaração de inidoneidade. Vale lembrar que ambas as sanções podem ser aplicadas em decorrência da inexecução parcial ou total contratual – o que não pressupõe a ocorrência de um ato de corrupção.[349] A nova lei de licitações prevê que o licitante ou contratado pode requerer a reabilitação passado 1 (um) ano da aplicação da penalidade no caso de impedimento de licitar e contratar, ou de 3 (três) anos no caso de declaração de inidoneidade (inciso III do artigo 163). Afora o lapso temporal, é necessário o preenchimento de requisitos cumulativos: (i) reparação integral de eventuais prejuízos à Administração Pública; (ii) pagamento de multa; (iii) cumprimento das demais condições de reabilitação definidas no ato punitivo; (iv) análise jurídica prévia, com posicionamento conclusivo quanto ao preenchimento de tais requisitos.

O parágrafo único do artigo 163 condiciona a reabilitação daqueles que tenham apresentado declaração ou documentação falsa no curso do certame, prestado declaração falsa durante a licitação ou execução do contrato (inciso VIII do artigo 155) ou praticado algum dos atos lesivos previstos no artigo 5º da Lei nº 12.846/2013 (Lei Anticorrupção) à implantação ou aperfeiçoamento do programa de *compliance*.

O condicionamento aparece como uma forma de penalizar a empresa contratada e proteger a Administração Pública da celebração de negócios com empresas que não possuam mecanismos de integridade. Ou seja, a implantação do programa de *compliance* não aparece propriamente como uma alternativa à pessoa jurídica, o que poderia ocorrer caso houvesse a possibilidade de redução da proibição de contratar a partir do aprimoramento dos controles internos.

Nesse ponto, o preceito normativo se distancia de diplomas internacionais que autorizam o afastamento da proibição de contratar com o Poder Público antes do termo previsto em lei, mediante a adoção de medidas de autossaneamento (*self cleaning*), como a implementação do programa de *compliance*. Cita-se, por ilustração, a legislação norte-americana, que autoriza a redução do período de impedimento, ou a

---

[349] Não obstante a doutrina especializada sustentasse, sob a vigência da Lei nº 8.666/1193, a necessidade de identificação do "elemento subjetivo reprovável" na conduta da empresa contratada para a configuração do ilícito capaz de atrair a penalidade (JUSTEN FILHO, Marçal. *Comentários à lei de licitações e contratos administrativos*, 2019).

extensão desse mesmo impedimento, em função da eliminação das causas que ensejaram a aplicação da penalidade, dentre outras.[350] Seguindo a mesma toada, as diretrizes do Banco Mundial preveem a possibilidade de que a empresa penalizada continue elegível desde que atenda a certas condições, no prazo estabelecido pela instituição (*Conditional Non-Debarment*). Se não forem cumpridos os requisitos, a empresa fica excluída da lista de potenciais parceiros do Banco Mundial.[351]

A Lei nº 14.133/2021 institui um cenário que engessa as possibilidades de reabilitação das empresas penalizadas – se comparada à Lei nº 8.666/1993. É que a interpretação literal do inciso IV do artigo 87 da Lei nº 8.666/1993 autorizava a conclusão de que a declaração de inidoneidade poderia ser afastada antes do lapso temporal de dois anos, desde que a empresa adotasse medidas de autossaneamento.[352] O dispositivo estabelecia que a sanção permaneceria vigente enquanto perdurassem os motivos determinantes da punição *ou* até que fosse promovida a reabilitação – esta, sim, condicionada ao transcurso do prazo de dois anos.

Já o artigo 163 da Lei nº 14.133/2021 exige o preenchimento de requisitos cumulativos, dentre eles o transcurso do prazo mínimo de 1 (um), ano no caso de impedimento de licitar, ou de 3 (três) anos, no caso de declaração de inidoneidade. Ou seja, é possível que a pessoa jurídica detentora de programa de *compliance* já estruturado venha a ser declarada inidônea em função da apresentação de documento falso por algum de seus funcionários. Nesse caso, ainda que a ocorrência do

---

[350] Nos termos do *Federal Acquisition Regulation* – FAR (9.406-4).

[351] O Banco Mundial celebrou acordo de conciliação condicionada com a Odebrecht em função de desvios verificados no projeto de recuperação do Rio Bogotá, na Colômbia. Uma das condições para que a empresa volte a ser considerada elegível é justamente o compromisso de desenvolver um programa de *compliance* compatível com as Diretrizes de Cumprimento da Integridade do Grupo Banco Mundial. Disponível em: <https://www.worldbank.org/pt/news/press-release/2019/01/29/world-bank-group-announces-settlement-with-brazilian-subsidiary-of-odebrecht>.

[352] Nesse sentido, Cesar Pereira Guimarães e Rafael Wallbach Schwind esclarecem que "o único sentido possível da expressão contida no inc. IV é o de possibilitar a extinção da medida tão logo o fornecedor tenha condições de provar que a ilicitude praticada não tem a possibilidade de se repetir. Caso a regra se voltasse apenas para o passado, a expressão não teria sentido: os motivos que justificaram a inidoneidade (a conduta irregular) nunca deixarão de existir. O que poderá desaparecer é o risco que a contratação do referido fornecedor pode oferecer à Administração. As medidas de autossaneamento são precisamente o modo pelo qual se demonstra a inexistência desse risco" (PEREIRA, Cesar A. Guimarães; SCHWIND, Rafael Wallbach. *Autossaneamento* (self-cleaning) *e reabilitação de empresas no direito brasileiro anticorrupção*. Informativo Justen, Pereira, Oliveira e Talamini. Curitiba, nº 102, agosto de 2015).

desvio tenha decorrido de uma pequena falha nos controles internos, passível de rápida solução, é possível que a empresa seja obrigada a aguardar o transcurso de 3 (três) anos para pleitear a sua reabilitação perante a Administração Pública.[353]

Não há dúvida de que a nova lei de licitações reforça a importância dos programas de *compliance*, em especial para as empresas que contratam com a Administração Pública. Acontece que a norma segue um padrão punitivista acrítico e cai no lugar comum ao desconsiderar que a adoção de medidas de *compliance* pode ser mais benéfica do que o simples afastamento de determinadas empresas dos processos licitatórios, tanto sob a perspectiva da Administração Pública, diante do aumento do número de potenciais licitantes, quanto do contexto sócio-econômico que pode ser impactado pela inatividade da empresa.

3.2.4 O Código de Conduta da Alta Administração e o Código de Ética Profissional do Servidor Público Civil do Poder Executivo Federal

Ainda no que concerne aos esforços do ordenamento brasileiro no combate à corrupção, destaca-se o Decreto nº 1.171/1994, que aprovou o Código de Ética Profissional do Servidor Público Civil do Poder Executivo Federal,[354] prevendo a criação de uma Comissão de Ética em cada órgão e entidade da Administração Pública Federal direta, indireta, autárquica e fundacional, ou em qualquer órgão ou entidade que exerça atribuições delegadas pelo poder público. A transgressão ao Decreto nº 1.171/1994, todavia, não implica necessariamente violação legal. A penalidade prevista é meramente política, consubstanciada em manifestação de censura, devidamente fundamentada (inciso XXII).

O Código enfatiza a importância da "dignidade, decoro, zelo, eficácia e a consciência dos princípios morais" como norteadores da atuação do servidor público, fazendo alusão à necessidade de promover o interesse comum e aos princípios insculpidos no artigo 37 da Constituição Federal. A moralidade é invocada repetidas vezes, com a ênfase de que o servidor público "não poderá jamais desprezar o

---

[353] Diz-se que é "possível" porque, nos termos do §1º do artigo 156 da Lei nº 14.133/2021, a aplicação da penalidade deve levar em consideração as peculiaridades do caso concreto e, ainda, a implantação ou o aperfeiçoamento dos programas de *compliance*, o que, trazendo para situação hipotética, dificilmente autorizaria a aplicação da penalidade de declaração de inidoneidade.

[354] BRASIL, 1994.

elemento ético de sua conduta", devendo estabelecer uma distinção, no âmbito decisório, "entre o honesto e o desonesto" (inciso II). Em síntese, funciona como uma espécie de lembrete das condutas éticas que devem – ou pelo menos espera-se que devam – pautar a atuação dos servidores públicos.

Sob o mesmo viés, foi aprovado o chamado "Código de Conduta da Alta Administração", de natureza declaradamente preventiva.[355] O objetivo foi fomentar a adoção de posturas éticas por parte do mais alto escalão da estrutura do governo (Ministros de Estado, Secretários-Executivos, Diretores de empresas públicas, sociedades de economia mista, fundações, autarquias e órgãos reguladores), sem necessariamente recrudescer as normas jurídicas de viés repressivo. Como se extrai da exposição de motivos:

> Na verdade, o Código trata de um conjunto de normas às quais se sujeitam as pessoas nomeadas pelo Presidente da República para ocupar qualquer dos cargos nele previstos, sendo certo que a transgressão dessas normas não implicará, necessariamente, violação de lei, mas, principalmente, descumprimento de um compromisso moral e dos padrões qualitativos estabelecidos para a conduta da Alta Administração. Em consequência, a punição prevista é de caráter político: advertência e "censura ética". Além disso, é prevista a sugestão de exoneração, dependendo da gravidade da transgressão.[356]

Nas palavras de Gustavo Henrique Carvalho Schiefler, a normativa "impõe regras básicas e oficiais, em caráter de orientação, para a resolução de eventuais conflitos de interesse que podem acometer esses agentes públicos".[357] O documento prescreve diretrizes para o posicionamento das pessoas ligadas à Administração Pública diante de situações que podem suscitar algum tipo de desconfiança, como é o caso (i) da participação societária em sociedades de economia mista,

---

[355] Na exposição de motivos consta que "a resposta ao anseio por uma administração pública orientada por valores éticos não se esgota na aprovação de leis mais rigorosas, até porque leis e decretos em vigor já dispõem abundantemente sobre a conduta do servidor público, porém, em termos genéricos ou então a partir de uma ótica apenas penal" e "aperfeiçoamento da conduta ética do servidor público não é uma questão a ser enfrentada mediante proposição de mais um texto legislativo, que crie novas hipóteses de delito administrativo. Ao contrário, esse aperfeiçoamento decorrerá da explicitação de regras claras de comportamento e do desenvolvimento de uma estratégia específica para sua implementação". BRASIL. Exposição de motivos nº 37, de 18 de agosto de 2000. *Diário Oficial da União*. Poder Executivo: Brasília, DF. 21 ago. 2000b.

[356] Idem.

[357] SCHIEFLER, 2016, p. 150.

instituições financeiras ou empresas que negociem com o Poder Público; (ii) de alterações relevantes no patrimônio das autoridades estatais; (iii) do recebimento de presentes, transporte, hospedagem ou quaisquer favores de particulares ; e (iv) todas as demais hipóteses que ponham o agente público em alguma espécie de conflito de interesse.

Anterior à publicação da Lei nº 12.813/2013, o Código proibia que os agentes públicos, mesmo após o afastamento do cargo ou emprego, beneficiassem particulares, valendo-se de informações privilegiadas ou perante o órgão ou entidade de atuação, pelo prazo de quatro meses. Como já visto, o período de "quarentena" foi estendido pela Lei nº 12.813/2013 para o lapso mínimo de seis meses.[358]

Em que pese não ostentar muita popularidade para além das suas esferas de aplicabilidade, o Código de Conduta da Alta Administração passou a ser frequentemente mencionado a partir da regulamentação da Lei nº 12.846/2013, por constituir um dos únicos parâmetros positivados acerca dos limites de atuação considerados éticos. Embora bastante defasado, visto que elaborado há quase 20 anos, há quem sustente, ainda hoje, a utilização do Código como uma espécie de referencial para a elaboração de Códigos de Conduta empresariais.

Por fim, o Decreto nº 4.081, de 11 de janeiro de 2002,[359] institui o "Código de Conduta Ética dos Agentes Públicos em exercício na Presidência e Vice-Presidência da República", bastante similar ao Código de Conduta da Alta Administração.

O Decreto trouxe duas importantes inovações: ampliou o rol de penalidades, que passa a incluir, além da cesura, a possibilidade de exoneração do cargo em comissão ou dispensa da função de confiança; e impôs a exigência de que as audiências com pessoas físicas ou jurídicas, não pertencentes à Administração Pública direta e indireta de qualquer dos Poderes ou de organismos internacionais, interessadas em decisão de alçada do agente público, sejam (i) solicitadas formalmente pelo interessado; (ii) objeto de registro específico; e (iii) acompanhadas de pelo menos um outro servidor público ou militar. O escopo da sobredita proibição é evitar o tráfico de influência e a prática do *lobby* sobre os agentes públicos ligados à Presidência da República, prezando pela transparência nas suas interações.

A exigência de que o agente público seja acompanhado de outro servidor público ou militar parece refletir a premissa estabelecida no

---

[358] *Idem*, p. 151.
[359] BRASIL, 2002a.

primeiro tópico deste trabalho, sobre a relação direta entre o nível de autonomia do potencial corruptor e as chances da prática do ilícito.[360] O objetivo, como enfatiza Gustavo Henrique Carvalho Schiefler, "é diminuir a probabilidade de conluio entre o agente público e o particular, pois, para que o ajuste ilegítimo aconteça durante o encontro, seria necessária a subversão de todos os agentes públicos presentes, e não somente de um agente público".[361]

No mesmo ano, o Decreto nº 4.334, de 12 de agosto de 2002, estendeu as formalidades e exigências referentes às audiências com particulares a todos os agentes públicos em exercício na Administração Pública Federal direta, nas autarquias e fundações públicas federais. Entretanto, as tímidas imposições normativas não são capazes de coibir a reunião informal de agentes públicos e particulares, como se depreende dos escândalos noticiados diariamente. A ineficiência pode ser atribuída tanto à existência de lacunas nos citados decretos[362] quanto ao desconhecimento e consequente inaplicabilidade da norma.

3.2.5 A Lei Federal nº 13.303/2016: a obrigatoriedade do programa de *compliance* no âmbito das empresas estatais

A Lei nº 13.303/2016, popularmente conhecida como "Lei das Estatais", detalhou com maior precisão as regras jurídicas para a constituição e funcionamento das empresas públicas, sociedades de economia mista e suas subsidiárias, em todas as esferas federativas. No que concerne ao *compliance*, o ponto de maior relevância consiste na imposição de normas relacionadas à transparência e governança corporativa – previstas entre os artigos 1º e 27.

Já de início, o artigo 6º estabelece que o estatuto das empresas públicas, sociedades de economia mista e suas subsidiárias deverá

---

[360] No tópico 2.1 do presente trabalho, foi afirmado que "se um único funcionário for responsável por todas as tratativas com os agentes públicos reduzem-se as chances de que o ato de corrupção seja descoberto. Se, por outro lado, a função for pulverizada entre mais de um responsável, é bastante provável que eventuais desvios na conduta de um sejam levados ao conhecimento do outro, a menos que haja um conluio entre ambos".

[361] SCHIEFLER, 2016, p. 195.

[362] O Decreto nº 4.334 permite que o agente público dispense a companhia de servidor público ou militar, em audiência realizada fora do local de trabalho, quando julgar desnecessário, ou em função do tema a ser tratado; e excepciona das formalidades exigidas as audiências realizadas para tratar de matérias relacionadas à administração tributária, à supervisão bancária, à segurança e a outras sujeitas a sigilo legal. BRASIL, 2002b.

"observar regras de governança corporativa, de transparência e de estruturas, práticas de gestão de riscos e de controle interno, composição da administração e, havendo acionistas, mecanismos para sua proteção".

Os mecanismos de transparência são listados nos incisos do artigo 8º, que impõe a obrigação de divulgar informações referentes à estrutura de controle interno, aos fatores de risco, políticas e práticas de governança corporativa e descrição da composição e remuneração da alta administração. O dispositivo amplia as possibilidades de controle – por parte dos órgãos oficiais e, sobretudo, da sociedade – da atividade desenvolvida pelas estatais e da destinação dos recursos financeiros, com destaque para a necessidade de divulgar a remuneração dos dirigentes e da política de divisão de dividendos.

Por serem pessoas jurídicas, as estatais encontram-se automaticamente submetidas ao regime da Lei nº 12.846/2013, pelo que já seria altamente recomendável adotar políticas de *compliance* e controle interno – diante dos motivos já expostos alhures.[363] O artigo 9º da Lei nº 13.303/2016, no entanto, tornou a recomendação uma obrigatoriedade. Os requisitos legais englobam os pontos essenciais de um programa de *compliance*, consoante se extrai da doutrina especializada e dos documentos publicados por órgãos de controle estrangeiros, em especial o Departamento de Justiça dos Estados Unidos (DOJ).

Portanto, a lógica dos programas de integridade mencionados pela Lei nº 13.303/2016 é a mesma do *compliance*, o que poderia ser defendido por analogia. O §4º do artigo 9º, contudo, encerra qualquer dúvida sobre a exigência do *compliance* no âmbito das estatais, ao prescrever que "o estatuto social deverá prever, ainda, a possibilidade de que a área de *compliance* se reporte diretamente ao conselho de administração", em situações específicas. A despeito das previsões contidas na Lei nº 12.846/2013, foi a primeira vez que o termo *compliance* foi utilizado pelo Poder Legislativo. Os requisitos para a implantação de mecanismos de *compliance* e governança no âmbito de empresas estatais serão abordados em capítulo específico.

---

[363] É que, embora não se descure da existência de controvérsias quanto aos limites de aplicação da Lei nº 12.846/2013 às estatais, sobretudo no que concerne às penalidades, entende-se que os parâmetros elencados no artigo 42 do Decreto nº 8.420/2015 devem balizar a estruturação dos programas de *compliance* nas empresas públicas e sociedades de economia mista, sendo adaptados de acordo com as particularidades jurídicas de cada uma, como se pretendeu demonstrar no curso do presente tópico. SILVEIRA, Daniel Barile da; SILVA, Tiago Nunes da. Algumas reflexões sobre aplicabilidade da Lei nº 12.846/2013 (Lei Anticorrupção) em relação às empresas estatais. *Interesse Público – IP*, Belo Horizonte, ano 19, n. 103, maio/jun. 2017.

3.2.6 O Decreto nº 9.203/2017 e o programa de *compliance* no âmbito da Administração Pública federal

Seguindo as pressões internacionais e a tendência legislativa evidenciada nos tópicos anteriores, o Decreto nº 9.203, publicado em 22.11.2017, impôs a obrigatoriedade de instituição de programa de *compliance* no âmbito dos órgãos e entidades da administração pública federal direta, autárquica e fundacional.[364] Destinados a prevenir, detectar, punir e remediar fraudes e atos de corrupção, os programas deverão ser estruturados em torno de quatro eixos: (i) comprometimento e apoio da alta administração;[365] (ii) existência de unidade responsável pela implantação do programa; (iii) análise, avaliação e gestão de riscos associados à integridade;[366] e (iv) monitoramento dos atributos do programa (artigo 19). A norma inova ao prever um roteiro para a estruturação dos programas de integridade a partir da elaboração do chamado plano de integridade, que deve indicar as estruturas básicas para o exercício das competências previstas e os riscos de integridade diagnosticados.

O Decreto enfatiza as questões de governança e o aperfeiçoamento dos mecanismos de controle interno já estabelecidos nos entes públicos. O artigo 20 estabelece que o Ministério da Transparência e Controladoria-Geral da União definirá "os procedimentos necessários à estruturação, à execução e ao monitoramento dos programas de integridade dos órgãos e das entidades da administração pública federal".

É bem verdade que a regulamentação poderá oferecer parâmetros e orientação às empresas que pretendam instituir programas de *compliance*. Em especial, estabelecer mecanismos de integridade do setor público pode persuadir os particulares a aprimorar seus próprios sistemas de controle, diante do aumento, ao menos em tese, das chances de detectar os atos de corrupção.

---

[364] BRASIL. Decreto nº 9.203, de 22 de novembro de 2017. *Diário Oficial da União*: Poder Executivo, Brasília, DF, 23 nov. 2017b.

[365] Composta, nos termos do inciso III do artigo 2º, pelos "Ministros de Estado, ocupantes de cargos de natureza especial, ocupantes de cargo de nível 6 do Grupo-Direção e Assessoramento Superiores – DAS e presidentes e diretores de autarquias, inclusive as especiais, e de fundações públicas ou autoridades de hierarquia equivalente". BRASIL, 2017b.

[366] Definida como o "processo de natureza permanente, estabelecido, direcionado e monitorado pela alta administração, que contempla as atividades de identificar, avaliar e gerenciar potenciais eventos que possam afetar a organização, destinado a fornecer segurança razoável quanto à realização de seus objetivos" (inciso IV do artigo 2º). BRASIL. 2017b.

3.2.7 A exigência de mecanismos de integridade para as empresas que contratam com a Administração Pública

No contexto de popularização das medidas de integridade, tem havido uma tendência dos entes governamentais em exigir a adoção de programas de *compliance* para as empresas que pretendem celebrar contratos públicos. O Estado do Rio de Janeiro e o Distrito Federal foram os primeiros a editar leis tornando obrigatória a implantação dos programas após celebração do contrato. Seguindo a mesma tendência, Amazonas, Rio Grande do Sul, Mato Grosso, Goiás e Pernambuco também publicaram leis similares, que obrigam as empresas a investir em mecanismos de integridade.

De forma geral, as leis estaduais passam a exigir a implantação dos programas de integridade no âmbito das empresas que celebrem contrato, consórcio, convênio, concessão comum ou parceria público-privada com a Administração Estadual. Afora isso, a Lei nº 10.744/2018, do Estado do Mato Grosso, torna obrigatória a assinatura do chamado "Termo Anticorrupção" por todas as empresas beneficiadas direta ou indiretamente com recursos estaduais. O artigo 2º da norma mato-grossense impõe às pessoas jurídicas o dever de "comunicar a ocorrência de problema ou indício de qualquer irregularidade no curso da execução do instrumento firmado com o órgão, entidade ou Poder". O diploma inova porque não há, no ordenamento jurídico brasileiro, obrigação de que as empresas comuniquem eventuais suspeitas de fraude ou desvio às autoridades públicas. Sob a premissa da lei mato-grossense, a existência do vínculo jurídico faria nascer, perante a empresa, o dever de reporte.

A iniciativa é louvável sob vários aspectos. Não é à toa que a nova lei de licitações contém disposição similar, autorizando a exigência de programas de integridade nas contratações de grande vulto (artigo 25, §4º). Os legisladores estaduais que assumiram os riscos e os ônus do ineditismo merecem, pois, o reconhecimento da sociedade. Passados alguns anos da edição das primeiras normas, é natural que as críticas se avolumem e acumulem alguma consistência.

As normas estaduais contêm vícios e erros de redação que podem prejudicar a consolidação de um sistema normativo que trate o instrumento com a seriedade que lhe é inerente. A generalização da exigência de mecanismos de *compliance*, sobretudo desacompanhada de mecanismos de aferição e da mensuração de efetividade, pode gerar mais descrédito do que resultados positivos.

3.2.7.1 A exigência de programa de *compliance* como obrigação contratual não traduz inconstitucionalidade

As normas estaduais foram inicialmente divulgadas sob um *slogan* ambíguo, que ainda abre espaço à interpretação de que o programa de *compliance* passaria a ser exigido como requisito de habilitação nas licitações. Mas, com exceção do Distrito Federal, as leis estaduais e a nova lei de licitações não exigem que as empresas comprovem a existência de programas de *compliance* como condição de participação nos certames públicos ou como pré-requisito para a assinatura do contrato. Reitera-se que a exigência de implantação do programa de *compliance* é elevada à condição de cláusula obrigatória nos contratos firmados com a Administração Pública.

De forma direta, as inovações legais não inviabilizam a participação de empresas que não possuam programas de *compliance* nos procedimentos licitatórios. Em dimensão mais restrita, os diplomas exigem que, caso venha a se sagrar vencedora, a empresa implante programas de *compliance* num prazo determinado, após a celebração do contrato. Tais esclarecimentos afastam as previsíveis críticas acerca da ilegalidade ou inconstitucionalidade da inclusão de novos requisitos de habilitação, afora os já elencados na Lei de Licitações.

O §4º do artigo 25 da Lei nº 14.133/2021 prevê que a penalidade em caso de descumprimento da obrigação de implantar o programa de *compliance* será descrita em regulamento posterior. As normas estaduais, como regra geral, preveem a aplicação de multa até o limite de 10% sobre o valor do contrato, sendo que no caso da lei pernambucana a multa pode atingir 20% do valor global atualizado. Todas as leis estaduais estabelecem, ainda, que o descumprimento da obrigação implica inscrição da multa em dívida ativa e justa causa para a rescisão contratual. Por fim, o descumprimento acarreta, em todos os casos, a impossibilidade de contratação da empresa com a Administração Pública até que o programa de *compliance* seja efetivamente implantado.

Não há, aprioristicamente, restrição ao caráter competitivo do certame. Até se poderia argumentar que as empresas que já possuem programa de *compliance* teriam vantagem competitiva na medida em que não precisariam contemplar na proposta os custos com a implantação de mecanismos de controle interno. O argumento, entretanto, não implica automática restrição à competitividade. Caso contrário, seria vedado ao Edital estabelecer qualquer tipo de exigência mais detalhada acerca da equipe técnica – e de outras tantas especificações da proposta – na medida em que as empresas especializadas no segmento do contrato ou as empresas de maior porte, que já possuíssem em seu quadro de funcionários profissionais com a experiência exigida no instrumento convocatório, não precisariam incluir no preço os custos com a contratação de novos profissionais. A exigência de implantação de programa de *compliance*, enquanto fração do objeto contratual, não restringe, por si só, o rol de potenciais interessados.

As inovações legislativas escapam igualmente às críticas feitas aos editais de licitação que exigem a apresentação de certificações como requisitos de habilitação – normalmente sem qualquer respaldo legal. O exemplo clássico é o da certificação ISO e suas variantes, majoritariamente censurado pela doutrina e jurisprudência enquanto requisito de habilitação. O entendimento é de que, por depender de declaração de terceiro, o procedimento para a obtenção da referida certificação pode se estender por meses, e até inviabilizar a participação da empresa no certame.[367]

De fato, a prática demonstra que é quase impossível que uma empresa consiga, entre o lapso que intercede a publicação do instrumento e a abertura da licitação, obter certificação emitida por terceiro. Nessa hipótese, apenas as empresas que já possuíssem o referido certificado estariam aptas a participar da licitação, pelo que se poderia cogitar restrição à competitividade.

As ponderações relacionadas à ISO e às demais certificações emitidas por terceiros reverberariam nos mencionados diplomas caso fosse exigida, como condição de habilitação, a apresentação de padrões mínimos de qualidade referentes ao programa de *compliance*. As legislações poderiam, por exemplo, determinar que as empresas comprovassem a existência do selo "Pró-Ética", iniciativa do Ministério da Transparência e Controladoria-Geral da União (CGU), em parceria com o Instituto Ethos, que avalia a efetividade dos programas de *compliance* das pessoas jurídicas de direito privado. Nesse caso, como a avaliação do "Pró-Ética" é anual, as empresas que não detivessem o selo de antemão estariam impossibilitadas de acorrer à disputa, o que tornaria a exigência abusiva e comprometeria a escolha da proposta mais vantajosa, fim precípuo da licitação.

As leis estaduais acertaram ao não exigir qualquer tipo de certificação ou avaliação por parte de terceiro, público ou privado, como requisito de habilitação. A obrigação imposta às empresas que

---

[367] JUSTEN FILHO, 2014. p. 624.

contratam com a Administração Pública, repita-se, é de que implantem, após a celebração do contrato, um programa de *compliance* que obedeça aos parâmetros mínimos previstos na legislação.

As leis estaduais que impõem a obrigação de implementação de programas de *compliance* não estabelecem nova hipótese de rescisão contratual ou nova formalidade para o procedimento de rescisão. A Lei nº 14.133/2021 já autoriza que a inexecução total ou parcial do contrato resulte na sua rescisão. As previsões das leis estaduais disciplinam mera obrigação contratual, que não se confunde com norma geral em matéria de contratos públicos – até porque seria inviável que a lei federal esgotasse todas as possibilidades de obrigações contratuais.

Ainda que o conceito de normas gerais não encontre contornos precisos, a obrigatoriedade de implantação de programa de *compliance*, enquanto obrigação contratual, não esbarra no óbice constitucional. Não há, a partir das leis estaduais, desnaturação ou violação dos princípios norteadores das licitações públicas, tampouco incompatibilidade com a Lei de Licitações.

A legislação do Distrito Federal é diferente. A primeira versão da Lei nº 6.112/2018 estabelecia, no artigo 5º, que a "implantação do Programa de Integridade no âmbito da pessoa jurídica se dá no prazo de 180 dias corridos, a partir da data de celebração do contrato", com exceção dos contratos que já estivessem em vigor. A redação do dispositivo foi alterada pela Lei nº 6.176/2018, passando a determinar que a "implantação do Programa de Integridade no âmbito da pessoa jurídica se dá a partir de 1º de junho de 2019". Posteriormente, a Lei nº 6.308/2019 promoveu uma nova alteração no texto do dispositivo, que agora passa a vigorar com a seguinte redação: "A exigência do Programa de Integridade dá-se a partir da celebração do contrato, consórcio, convênio, concessão ou parceria público-privada".

A previsão de que a obrigatoriedade de implementação do programa de *compliance* possa ser exigida de imediato, sob pena de aplicação de multa diária de 0,08% incidente sobre o valor atualizado do contrato, tem o efeito prático de restringir a contratação àquelas empresas que já tenham programas de *compliance* estruturados e cuja existência esteja efetivamente documentada. Ora, se a implantação do programa de *compliance* em 180 (cento e oitenta) dias já se entremostra extremamente desafiadora, a exigência do cumprimento da obrigação imediatamente após a celebração da avença, sem um prazo minimamente razoável, faz com que o *compliance* se torne um pressuposto para a contratação – mesmo que não esteja incluído dentre os requisitos de habilitação – ou, o que é pior, uma espécie de armadilha para empresas inexperientes.

Não bastasse, a legislação distrital é regulamentada pelo Decreto nº 40.388/2020, cujo artigo 2º estabelece que os órgãos e entidades da Administração Pública direta e indireta do Distrito Federal *exigirão para a celebração* do contrato, consórcio, convênio, concessão ou parceria público-privada, a apresentação de Relatório de Perfil e Relatório de Conformidade – em clara referência aos documentos mencionados na Portaria nº 909 da CGU. O comando previsto no artigo 2º do Decreto nº 40.388/2020 é ilegal, porque contraria o teor do artigo 5º da Lei nº 6.308/2019, cuja redação estabelece a obrigação de implementar o programa de *compliance* a partir da assinatura do contrato e não antes dela. O ponto é que a apresentação dos Relatórios de Perfil e de Conformidade pressupõe a existência prévia do programa, o que reforça a constatação de que as normas hoje vigentes no Distrito Federal elevaram o *compliance* à condição de pré-requisito contratual.

Em síntese, o panorama normativo vigente no Distrito Federal, após as alterações realizadas na lei, é inconstitucional porque restringe indevidamente a licitação àquelas empresas que já possuem programa de compliance;[368] ou, caso se pretenda negar o óbvio, porque impõe aos contratados o cumprimento de obrigação impossível. Independentemente das críticas à legislação, é fundamental que as empresas se apercebam da severidade da exigência vigente e, sobretudo, dos impactados do descumprimento da obrigação contratual antes da formalização do negócio jurídico com a Administração Pública.

3.2.7.2 A constitucionalidade da sanção de impossibilidade de contratar com a Administração Pública estadual enquanto não for implementado o programa de *compliance*

Um segundo ponto em comum das normas estaduais consiste na previsão de que a não implementação do programa de *compliance* resulta na *impossibilidade* de licitar ou contratar com a Administração Pública até que a obrigação seja cumprida. Chama atenção que os legisladores estaduais tenham utilizado o termo "impossibilidade" de licitar e

---

[368] Como cediço, o inciso XXI do artigo 37 da Constituição Federal estabelece que o Edital só pode prever "exigências de qualificação técnica e econômica indispensáveis à garantia do cumprimento das obrigações".

contratar, em clara distinção às sanções administrativas de *declaração de inidoneidade* e *impedimento de licitar e contratar* previstas, respectivamente, nos incisos III e IV do artigo 156 da Lei nº 14.133/2021. A redação dos dispositivos estaduais não estabelece um condicionante temporal, ou seja, a penalidade subsistiria enquanto a autoridade responsável por avaliar a efetividade do programa de *compliance* não estivesse satisfeita com as evidências apresentadas pela empresa.

A primeira observação que deve ser feita em relação aos dispositivos consiste na necessidade de interpretação conforme o inciso XLVIII do artigo 5º da Constituição Federal, que determina que "não haverá penas: [...] de caráter perpétuo". Significa, pois, que a penalidade não pode perdurar eternamente, ainda que a empresa não implemente o programa de *compliance*. O descumprimento da obrigação contratual não justifica a manutenção da penalidade por prazo indefinido. Tendo em vista que a Lei nº 14.133/2021 limitou a vigência da declaração de inidoneidade ao prazo máximo de 6 (seis) anos (§5º do artigo 156), o ideal seria que as leis estaduais fossem atualizadas para se adequarem à norma federal.

Afora isso, a declaração de inidoneidade, dada a sua gravidade, é reservada a situações excepcionais, justificadas pela gravidade do ilícito cometido. Tanto que o inciso I do §6º do artigo 156 da Lei nº 14.133/2021 estabelece que a sanção só pode ser aplicada por Ministro de Estado, Secretário Estadual ou Municipal. Ocorre que, nos termos das leis estaduais, a sanção de *impossibilidade* de contratar ou licitar não fica sujeita ao mesmo rigor da declaração de inidoneidade. Pelo contrário, a sanção pode ser aplicada mesmo nas hipóteses em que a empresa tenha envidado esforços para implementar o programa de *compliance*, mas a autoridade responsável entendeu que a obrigação não foi cumprida, ou seja, que as evidências apresentadas não foram suficientes. É possível, portanto, que a sanção seja aplicada sem o devido sopesamento com a gravidade da conduta praticada, em manifesta violação à proporcionalidade.

É bem verdade que as normas estaduais restringem os efeitos da impossibilidade de contratar ou licitar à Administração Pública estadual, o que torna a penalidade menos severa que a declaração de inidoneidade. Ainda assim, é fato que a penalidade retira do particular os requisitos de habilitação, ao menos em relação àquele Estado. É que a empresa contratada que não tenha instituído o programa de *compliance* ficará impossibilitada de contratar com a Administração Pública estadual, ao passo que uma segunda empresa, também sem programa de *compliance*, poderá participar do certame – sendo-lhe facultada a implementação no prazo legal. A distinção estabelecida em função da penalidade aplicada se justifica, ainda que as empresas tenham as mesmas condições técnicas e econômicas, em função do inadimplemento praticado pela empresa que não implementou o programa de *compliance*. A proibição é consequência direta do descumprimento contratual. Não há, sob essa premissa, violação à isonomia ou restrição indevida da competitividade.

Por outro lado, é fácil perceber que os diplomas estaduais inauguram uma nova modalidade sancionatória, menos grave que a declaração de inidoneidade – porque restrita à Administração estadual. Resta saber se a instituição de penalidade não contemplada na Lei de Licitações violaria a competência exclusiva da União para legislar sobre normas gerais de licitações e contratos, nos termos do inciso XXVII do artigo 22 da Constituição Federal.

É fato que a Constituição Federal e a Lei de Licitações não definem o conceito de normas gerais em matéria de licitações e contratos. A análise deve ser feita em razão da questão disciplinada, sob a premissa de que a previsão constitucional busca privilegiar a unidade normativa. Segundo Marçal Justen Filho, "deve reputar-se que as normas gerais sobre licitação e contratação administrativa são aquelas pertinentes à instauração, formalização, realização e extinção de licitações e de contratos, relativamente a questões cujo tratamento não uniforme seja potencialmente apto a comprometer a unidade nacional".[369]

A jurisprudência dos tribunais superiores não contribui para a definição do que seriam normas gerais em matéria de licitação e contratação pública. O que se percebe, sobretudo das decisões do Supremo Tribunal Federal, é que, com exceção de questões relativas às fases do certame,[370] o julgamento da constitucionalidade das normas estaduais é pautado por uma análise subjetiva acerca do conteúdo da alteração proposta – e não pelo limite da competência legislativa dos Estados. Ou seja, se a norma traduz uma medida pretensamente benéfica à sociedade sob a perspectiva dos julgadores, é possível que ela seja considerada constitucional.

No julgamento do Recurso Extraordinário nº 423560, sob a relatoria do então Ministro Joaquim Barbosa, o Supremo Tribunal Federal considerou constitucional uma lei do Município de Brumadinho,

---

[369] JUSTEN FILHO, 2014, p. 23.
[370] O Supremo Tribunal Federal tem declarado constitucionais as normas estaduais que determinam a inversão de fases do processo licitatório. Cita-se, como exemplo, o Recurso Extraordinário nº 1.188352 e a Ação Direta de Inconstitucionalidade nº 4116.

Minas Gerais, que *criou* uma vedação não prevista na Lei nº 8.666/1993, proibindo que a administração municipal contratasse parentes do Prefeito, Vice-Prefeito, Vereadores e ocupantes de cargos em comissão. O racional empregado na referida decisão foi de que "dentro da permissão constitucional para legislar sobre normas específicas em matéria de licitação" a proibição inaugurada pela norma municipal "evidentemente homenageia os princípios da impessoalidade e da moralidade administrativa, prevenindo eventuais lesões ao interesse público e ao patrimônio do Município, sem restringir a competição entre os licitantes".[371]

Não é preciso esforço para compreender que a "proibição de contratar parentes, afins ou consanguíneos, do prefeito, do vice-prefeito, dos vereadores e dos ocupantes de cargo em comissão ou função de confiança" – inclusive daqueles que não tenham qualquer relação com o processo de contratação – desborda em muito as diretrizes vigentes na Lei nº 8.666/1993, restringindo direitos individuais e violando o princípio da livre concorrência. Basta imaginar a mesma proibição aplicada ao Município de São Paulo, que conta com mais de 120.000 (cento e vinte mil) servidores.[372] É evidente que a norma proibitiva traria impacto considerável no rol de potenciais licitantes interessados em contratar com a Administração Pública municipal, restringindo a competitividade.

A decisão proferida contrasta com a solução adotada em outros julgados similares. O Supremo Tribunal Federal considerou inconstitucional a lei do Mato Grosso do Sul que pretendia exigir dos licitantes "certidão negativa de violação a direitos do consumidor". O acórdão, da relatoria do Ministro Teori Zavascki, consignou que "somente a lei federal poderá, em âmbito geral, estabelecer desequiparações entre os concorrentes e assim restringir o direito de participar de licitações com condições de igualdade. Ao direito estadual (ou municipal) somente será legítimo inovar neste particular se tiver como objetivo estabelecer condições específicas, nomeadamente quando relacionadas a uma classe de objetos a serem contratados ou a peculiares circunstâncias de interesse local".[373] A conclusão expressa na Ação Direta de

---

[371] Supremo Tribunal Federal, Recurso Extraordinário nº 423560, Relator: Ministro Joaquim Barbosa, Segunda Turma, Julgado em 29/05/2012.
[372] Disponível em: <https://www.prefeitura.sp.gov.br/cidade/secretarias/gestao/servidor/index.php?p=22498>. Acesso em: 06 set. 2020.
[373] Supremo Tribunal Federal, ADI 3735, Relator: Ministro Teori Zavascki, Tribunal Pleno, Julgado em 08 set. 2016.

Inconstitucionalidade nº 3735 foi diametralmente oposta daquela consignada no Recurso Extraordinário nº 423560, ao assentar que a lei do Mato Grosso do Sul "usurpou a competência privativa da União de dispor sobre normas gerais na matéria ("art. 22, XXVII, da CF)".

Seguindo a mesma linha, na Ação Direta de Inconstitucionalidade nº 3059 (Medida Cautelar), sob a relatoria do então Ministro Ayres Britto, o Supremo Tribunal Federal declarou inconstitucional norma do Estado do Rio Grande do Sul que determinava a preferência abstrata pela aquisição de *softwares* livres ou sem restrições proprietárias. Na oportunidade, além de consignar que o Legislativo não poderia substituir o juízo discricionário do gestor público na escolha por um determinado tipo de *software*, a Corte entendeu que "a lei em debate se revestiu de atributo que a Magna Lei Federal lhe sonegou: o de produzir normas gerais, em tema de licitação".[374]

O mesmo entendimento pautou o julgamento da Ação Direta de Inconstitucionalidade nº 3670, que julgou inconstitucional a lei do Distrito Federal que proibia a contratação, pela Administração Pública, daquelas pessoas jurídicas que tivessem discriminado, na escolha da mão de obra, pessoas cujos nomes constassem em listas de proibição de crédito. O argumento foi de que houve "ofensa à competência privativa da União para legislar sobre normas gerais de licitação e contratação administrativa".[375]

A posição foi mantida no julgamento da Ação Direta de Inconstitucionalidade nº 4748, sob a relatoria da Ministra Cármen Lúcia, que declarou inconstitucional a lei paranaense que determinava que o Poder Público deveria adquirir pelo menos 65% dos bens e serviços definidos em registro de preços. A conclusão foi de que a norma estadual invadiu "a competência privativa da União para estabelecer normas gerais sobre licitação e contratação". O entendimento sufragado pela Suprema Corte nos casos relatados é de que as condições genéricas a serem atendidas pelos licitantes, que independem das circunstâncias do caso concreto, enquadram-se no conceito de normas gerais, nos termos do inciso XXVII do artigo 22 da Constituição Federal.

Ainda mais recentemente, o Supremo Tribunal Federal declarou inconstitucional a lei do Estado de São Paulo que proibia a contratação, pela Administração Pública, de empresa em cujo quadro constasse

---

[374] Supremo Tribunal Federal, ADI 3059 (MC), Relator: Ministro Ayres Britto, Tribunal Pleno, Julgado em 15/04/2004.

[375] Supremo Tribunal Federal, Ação Direta de Inconstitucionalidade nº 3670, Relator: Ministro Sepúlveda Pertence, Tribunal Pleno, Julgado em 02/04/2007.

pessoa condenada por crime ou contravenção envolvendo atos discriminatórios. Na Ação Direta de Inconstitucionalidade nº 3092, relatada pelo Ministro Marco Aurélio, o Ministro Luis Roberto Barroso consignou ser "possível que os entes públicos estaduais, municipais e distrital, a fim de promover outras finalidades protegidas pela Constituição, estabeleçam restrições competitivas não previstas em legislação nacional",[376] desde que observem as três dimensões do princípio da proporcionalidade.

Com todo respeito, a ressalva registrada pelo Ministro Luis Roberto Barroso torna evidente a indefinição acerca da competência legislativa consignada no inciso XXVII do artigo 22 da Constituição Federal. De duas, uma: (i) ou as normas que restringem a competição não são consideradas normas gerais e, portanto, estão sujeitas ao controle constitucional pautado na observância dos princípios – o que vai de encontro aos julgados já transcritos; (ii) ou a edição de normas gerais pelos entes federados é autorizada desde que observados os limites da proporcionalidade.

A jurisprudência do Supremo Tribunal Federal não apresenta uma solução uniforme, que possa servir de baliza a análises futuras. De uma forma geral, pode-se dizer que o Supremo Tribunal Federal *tende* a considerar inconstitucionais as leis estaduais, municipais e distrital que representem restrição à competitividade, impondo requisitos de habilitação, em âmbito genérico, não previstos na Lei de Licitações. Mas, na linha da ressalva feita na Ação Direta de Inconstitucionalidade nº 3092, é preciso reiterar que a Corte já declarou a constitucionalidade de lei estadual que criava proibição de contratação, em caráter genérico, por considerá-la compatível com os princípios insculpidos no *caput* do artigo 37 da Constituição Federal.

A avaliação da posição do Supremo Tribunal Federal acerca do conceito de "normas gerais" é importante porque, como dito, as leis estaduais sob análise estabelecem uma nova hipótese sancionatória, não prevista na Lei de Licitações. A nova lei de licitações estabelece que as penalidades previstas para o caso de descumprimento da obrigação de implementar o programa de *compliance* serão definidas em regulamento posterior – §4º do artigo 25. Ou seja, a discussão deve se acentuar a depender do teor do regulamento vindouro.

Mas o fato é que se a empresa, ao assinar o contrato, assume a obrigação de implementar o programa de *compliance*, e não o faz, há

---

[376] Supremo Tribunal Federal, Ação Direta de Inconstitucionalidade nº 3.092, Relator: Ministro Marco Aurélio, Julgado em 22/06/2020.

evidente descumprimento de obrigação contratual, o que justifica a rescisão do contrato e, na mesma linha, a aplicação da sanção de impossibilidade de contratar com a Administração Pública enquanto não for implementado o programa, ou pelo prazo máximo de 6 (seis) anos – em consonância ao que dispõe o §5º do artigo 156 da Lei nº 14.133/2021.

Ou seja, ainda que o conceito de normas gerais não encontre contornos precisos na jurisprudência, e já se vislumbrem futuras demandas judiciais, defende-se que as normas estaduais não esbarram no óbice constitucional – com exceção da atual redação da lei distrital. É que não há desnaturação ou violação dos princípios norteadores das licitações, tampouco incompatibilidade com a nova lei de licitações – pelo contrário.

3.2.7.3 O problema da indexação

Um terceiro ponto de atenção referente às leis estaduais diz respeito à estratificação dos contratos que comportam a exigência de implementação do programa de *compliance*. Com exceção da legislação gaúcha, pode-se dizer que as normas restringem a obrigação às contratações de grande vulto. O problema é que, em alguns casos, a indexação é feita a partir do valor estabelecido para a modalidade licitatória, em nível federal, acompanhado da descrição em termos numéricos.

Muitas dessas leis foram editadas antes do Decreto nº 9.412/2018, que atualizou os valores de referência das modalidades licitatórias. Outras foram editadas após o Decreto, mantendo os valores originais da Lei nº 8.666/1993. Agora, com a previsão expressa na Lei nº 14.133/2021 de que as contratações de grande vulto devem incluir a exigência de programas de *compliance*, é preciso refletir se as normas estaduais devem seguir o mesmo parâmetro de indexação.

Há uma ressalva quase que unânime, nas normas estaduais, de que os valores serão atualizados anualmente, normalmente pela unidade fiscal *estadual* de referência – o que desvincula a indexação dos parâmetros federais. A verdade é que há uma confusão quanto aos valores de referência para que o contrato possa contemplar a exigência de implementação do programa de *compliance*, o que compromete a segurança jurídica dos licitantes e a credibilidade do instituto.

A ânsia pela implementação de medidas de integridade não pode justificar exigências que não traduzam resultados positivos para a Administração Pública. O programa de *compliance* é um meio e não um fim em si mesmo, por isso é preciso maturidade para avaliar até que ponto faz sentido estender a exigência de forma irrestrita, sem considerar as particularidades dos objetos contratuais e as realidades dos entes contratantes.

3.2.7.4 Competência para fiscalizar: o desafio para a efetividade da exigência de *compliance* nas contratações públicas

O grande desafio quanto à efetividade da exigência dos programas de *compliance* consiste justamente na competência para a fiscalização. As leis do Rio de Janeiro e do Amazonas estabelecem que a implantação do programa será fiscalizada pelo Gestor do Contrato. As leis do Rio Grande do Sul e de Goiás não especificam de que forma será acompanhado o cumprimento da obrigação contratual. A lei de Pernambuco estabelece que a fiscalização ficará sob a responsabilidade da Secretaria da Controladoria-Geral do Estado e das unidades de controle interno da entidade contratante, a depender da natureza e do vulto da contratação. O Decreto nº 40.388/2020, que regulamenta a lei do Distrito Federal, atribui à Unidade de *Compliance* da Controladoria-Geral do Distrito Federal (CGDF) a responsabilidade por acompanhar o cumprimento da obrigação. A lei do Mato Grosso prevê que a fiscalização será feita por uma Comissão formada por membros da Controladoria-Geral do Estado, da Procuradoria-Geral do Estado e da Secretária da Fazenda, mas, em manifesta contradição, afirma que o *"gestor do contrato pode realizar entrevistas e solicitar novos documentos"* para avaliar o programa de *compliance*.

Ou seja, as normas estaduais não apresentam solução uníssona ou factível, sobretudo se contemplada a realidade dos servidores públicos, marcada pela escassez de tempo e ausência de capacitação específica sobre o tema. Não por outra razão, ainda hoje remanescem dúvidas quanto à viabilidade da exigência legal, na medida em que não se tem notícia de empresas que tenham sido efetivamente fiscalizadas ou punidas pelo descumprimento da obrigação – muito embora algumas leis tenham sido promulgadas em 2017.

A despeito das diferentes soluções pertinentes à competência para fiscalizar a obrigação, os critérios de avaliação são relativamente homogêneos e devem levar em consideração a existência de elementos que incluem, entre outros: (i) a contínua análise de riscos; (ii) o monitoramento do programa e a realização de treinamentos periódicos; (iii) a existência de canais de denúncia; e (iv) a existência de procedimentos específicos para prevenir fraudes e ilícitos no âmbito de processos licitatórios, na execução de contratos administrativos ou em qualquer interação com o setor público, ainda que intermediada por terceiros, tal como pagamento de tributos, sujeição a fiscalizações, ou obtenção de autorizações, licenças, permissões e certidões. Os requisitos reproduzem o teor do artigo 42 do Decreto nº 8.420/2015, que regulamentou a Lei Federal nº 12.846/2013 (Lei Anticorrupção) e estabeleceu os elementos mínimos exigidos dos programas de *compliance*.

Com efeito, algumas questões permanecem em aberto, sobretudo no que concerne aos instrumentos e mecanismos necessários para evitar os programas de *compliance* "de aparência". É sabido que Estados e, sobretudo, Municípios não dispõem de servidores com condições mínimas, em termos de tempo e conhecimento especializado, para fiscalizar a obrigação de implementar o programa de *compliance*. Afora isso, a atribuição da competência para a avaliação do programa à pessoa do gestor do contrato pode abrir espaço para novas formas de corrupção. Na linha do que se verifica hoje, não seria absurdo imaginar que a empresa pudesse oferecer ou o gestor pudesse exigir alguma forma de benefício para "facilitar" a avaliação do programa.

As questões práticas que permeiam a implantação dos programas de *compliance* e os requisitos mínimos elencados na legislação não se encontram bem delineados no ordenamento jurídico brasileiro, especialmente diante das particularidades que envolvem os diversos segmentos de mercado e a realidade de cada organização. As empresas, seguindo as orientações emanadas em caráter eminentemente explicativo, sobretudo pela CGU, acabam tateando em busca de respostas que se amoldem às expectativas dos órgãos de controle. A avaliação fica, nesse cenário, sujeita a todo o tipo de arbitrariedades e subjetivismos.

Além disso, é preciso refletir se 180 dias é tempo suficiente para que o programa de *compliance* seja implantado e produza resultados satisfatórios, sob pena de a obrigação se tornar inócua e distorcer a exigência legal, que poderia, sob essa perspectiva, ser considerada pré--requisito para a participação em procedimentos licitatórios. A pressa pode desviar a preocupação das empresas para a aparência do programa e não para os seus resultados. Em outras palavras: pouco importa que o programa funcione em 180 dias, mas é preciso *parecer* que funciona.

Ainda nesse sentido, não se pode desconsiderar que os custos com a implantação dos programas de *compliance* serão repassados à Administração Pública no valor final da proposta. Ao fim e ao cabo, é possível que o Poder Público venha a pagar mais caro para que as empresas implantem programas de *compliance*. Sob essa premissa, é importante ponderar se os ansiados benefícios do programa – no combate à corrupção, sob a perspectiva dos prejuízos que dela decorrem e do fomento à moralidade – fazem frente aos gastos que serão suportados pela Administração Pública em razão do aumento do valor dos contratos. Em outras palavras, é preciso avaliar se o programa de *compliance* resulta, efetivamente, no incremento à integridade e na redução da corrupção nos contratos públicos e, nesse caso, se é interessante que a sua exigência seja tratada como um tema de política pública a ponto de tornar-se obrigatória, por expressa previsão legislativa, nas contratações públicas.

Muito se tem discutido sobre as alternativas para o acompanhamento da obrigação. O Decreto nº 55.631/2020, do Rio Grande do Sul, inovou ao prever que a comprovação do cumprimento da obrigação se dará por meio de preenchimento de relatórios simplificados de perfil e de conformidade no Sistema de Controle de Programa de Integridade, com a documentação comprobatória correlata (artigo 103, §1º). Ou seja, é a pessoa jurídica quem afirma se possui ou não o programa de *compliance*, e, caso atinja a pontuação especificada, automaticamente o sistema emite um certificado com validade de 12 meses. O §5º do mesmo artigo 103 estabelece que a Contadoria e Auditoria-Geral do Estado poderá revisar e anular o certificado, caso entenda que a empresa não atingiu o "nível de mitigação de riscos esperado" – ou seja, que as informações inseridas no sistema não correspondiam à realidade. Significa, em termos práticos, que a fiscalização será feita por amostragem, e é possível que empresas que não possuem o programa de *compliance* passem ilesas à obrigação.

Seguindo a mesma linha, já houve Projeto de Lei disciplinando que a implantação do programa de integridade seria comprovada mediante a apresentação de autodeclaração, emitida pela empresa, com a previsão de rescisão contratual em caso de fraude, além das sanções cíveis e penais cabíveis.[377] Em caso de dúvida sobre a veracidade da declaração, previu-se a possibilidade de que qualquer cidadão ou empresa poderia questionar a efetividade do programa, cabendo à Controladoria do ente emitir parecer definitivo sobre a situação

Embora sejam alvo de críticas, as soluções dialogam com o problema de forma realista e madura, consciente das limitações técnicas e temporais que acometem os servidores públicos, sem sucumbir à crença utópica de que toda e qualquer obrigação deve ser submetida à

---

[377] Projeto de Lei nº 847/2019, do Município de Belo Horizonte.

fiscalização pela Administração Pública – como se fosse a única forma de "garantir" o cumprimento dos deveres impostos aos particulares. Afora isso, as propostas incorporam premissas da economia comportamental: a exigência de uma autodeclaração, similar ao que ocorre com a declaração de não empregar menores, traduz um voto de confiança à empresa contratada e um apelo à autorresponsabilidade do particular, contribuindo para a construção de uma cultura de integridade.

O sistema de fiscalização e repressão que marca o ordenamento jurídico brasileiro é falho; o Estado não é capaz de impedir a prática de ilícitos ou de punir com eficiência os infratores. Ainda assim, há uma falsa sensação de que a ausência de controle abriria espaço para mais corrupção. Essa premissa precisa ser descontruída, sob pena de estagnação. É preciso desapegar da lógica do comando e controle e investir em mecanismos de incentivo como meio de promoção de mudança cultural. A proposta da capital mineira merece aplausos por privilegiar a confiança sem eliminar a possibilidade de atuação subsidiária da Administração Pública, caso haja denúncia ou suspeita de irregularidade.

Mais uma vez: é importante dar o primeiro passo, ainda que um primeiro passo vacilante, sedento de melhorias. A exigência dos programas de *compliance* é um caminho sem volta – seja nas relações públicas ou privadas. O Governo Federal, assim como outros Estados, dá um bom exemplo ao optar por fortalecer as estruturas de governança internas *antes* de exigir o *compliance* das empresas contratadas. O problema é que a vontade do Legislativo e a realidade do Executivo nem sempre dialogam. Diante disso, é importante que os Legislativos dos Estados que optarem por aderir à tendência de trazer o *compliance* para o âmbito das contratações públicas o façam de forma pragmática, sob pena de comprometer a credibilidade da ferramenta.

4 Afinal, o que é *compliance*?

Até muito recentemente restrito à administração empresarial, o termo *compliance* designa o conjunto de ações destinadas à observância do "dever de cumprir, de estar em conformidade e fazer cumprir leis, diretrizes, regulamentos internos e externos, buscando mitigar o risco atrelado à reputação do risco legal/regulatório".[378]

---

[378] COIMBRA, Marcelo de Aguiar; MANZI, Vanessa Alessi. *Manual de* compliance: preservando a boa governança e a integridade das organizações. São Paulo: Atlas, 2010. p. 2.

Nos domínios do Direito, a implantação de programas de integridade (*compliance*) manifesta, a princípio, o intuito de observância das limitações impostas pelo ordenamento jurídico, o que perpassa pela consolidação de uma cultura de valores comuns e pelo estabelecimento de mecanismos de prevenção, controle e sancionamento de condutas proibidas. O objetivo é, pois, abrandar os riscos inerentes à atividade empresarial, diante da natural impossibilidade de controle absoluto sobre todo o corpo da empresa.

Os primeiros programas de *compliance* e ética corporativa foram criados em 1991, em resposta à publicação do *Federal Sentencing Guidelines*. Os princípios subjacentes às diretrizes pretendiam "o reconhecimento de certo grau de culpabilidade por parte das empresas e o incentivo a um comportamento organizacional desejável – uma abordagem de '*carrot and stick*' para controlar os crimes corporativos".[379]

As instituições financeiras foram as primeiras a implantar programas de *compliance*,[380] sendo seguidas pelo setor farmacêutico, alimentício e de telecomunicações.[381] Atualmente, a adoção de tais políticas vem se expandindo consideravelmente, ultrapassando as fronteiras que demarcam os nichos de mercado.

Sob a perspectiva da Lei Anticorrupção, o *compliance* é descrito como "programa de integridade" e tem como ênfase a prevenção, detecção, remediação e punição dos ilícitos previstos na própria lei. As condutas que se pretende combater envolvem, sobretudo, os acordos ilícitos orquestrados entre empresas e agentes públicos, tentativas de fraude a procedimentos licitatórios e contratos administrativos, além da obstrução de atividades de investigação ou fiscalização por parte do Poder Público. Seguindo a mesma tendência, o artigo 9º da Lei das Estatais (Lei nº 13.303/2016) determina que a empresa pública e

---

[379] MARTIN, 2015, p. 172.

[380] SANTOS, Renato Almeida dos et al. *Compliance* e liderança: a suscetibilidade dos líderes ao risco de corrupção nas organizações. *Einstein*, São Paulo, v. 10, n. 1, p. 1-10, mar. 2012; CARDOSO, Débora Motta. *Criminal compliance na perspectiva da lavagem de dinheiro*. São Paulo: LiberArs, 2015. p. 34. A autora atribui a introdução do conceito de *compliance* no ordenamento brasileiro às recomendações da Basileia I, colocadas em prática pela Resolução do Banco Central 2.554/98. Entretanto, ainda que a normativa discipline a implantação e implementação de sistemas de controles internos, o objeto central, nos termos do artigo 1º, é voltado à regulamentação das atividades financeiras, que, embora possam ser enquadradas num conceito mais amplo de corrupção, não se confundem com os atos de corrupção verificados no âmbito das contratações públicas, objeto de estudo deste trabalho, pelo que o documento não será abordado em detalhes. BANCO CENTRAL DO BRASIL. *Resolução nº 2554*, de 24 de setembro de 1998. Dispõe sobre a implantação e implementação de sistema de controles internos. Brasília, DF. 24 set. 1998.

[381] COIMBRA; MANZI, 2010, p. 2.

a sociedade de economia mista devem adotar estruturas e práticas de gestão de risco e controle interno que se assemelham em grande medida aos programas de integridade descritos na Lei Anticorrupção.

A associação feita pelo ordenamento brasileiro entre os programas de *compliance* e o combate à corrupção é inegável. Sucede que o conceito de *compliance*, na sua acepção técnica, não se restringe a essa finalidade única e exclusiva. Pelo contrário. *O programa de compliance pode ser definido como um sistema de gestão interna com duas finalidades centrais: promover uma determinada cultura organizacional – eleita pela instituição – e criar mecanismos de controle interno que aumentem a aderência dos colaboradores, nas suas rotinas diárias, à referida cultura e ao arcabouço normativo aplicável às atividades da empresa. A vocação do programa de compliance é reduzir os riscos inerentes à atividade empresarial, incluindo perdas financeiras e desgastes reputacionais, e garantir o alcance dos objetivos estratégicos eleitos pela organização.*

A máxima de "estar em conformidade", comumente atrelada à razão de ser dos programas de *compliance*, traduz um *meio* que pode ser destinado a qualquer fim. Como um *sistema interno de gestão*, o *compliance* pode ser direcionado para promover um maior nível de aderência a qualquer outra legislação ou finalidade, não necessariamente relacionada ao combate à corrupção.

A empresa pode, por exemplo, entender como estratégico fomentar a aderência à legislação trabalhista. Nesse caso, os esforços internos devem enfatizar a disseminação de informações sobre os direitos dos empregados e as prerrogativas da empresa, mediante treinamentos, comunicações internas e, também, a partir de exemplos da alta administração da própria entidade. As estratégias de ação podem envolver a elaboração de diretrizes internas e institucionalização e/ou aperfeiçoamento de controles capazes, respectivamente, de traduzir comandos claros, prevenir desconformidades e aumentar as chances de detecção de eventuais violações à legislação trabalhista. Sob essa perspectiva é que se pode falar em "*compliance* trabalhista".

A mesma lógica se aplica para o *compliance* tributário, aduaneiro e ambiental. Tais expressões são cunhadas pela *finalidade* a que o programa de *compliance* se destina precipuamente, enquanto sistema interno de gestão. O ordenamento jurídico brasileiro não traz nenhuma disposição específica sobre programa de *compliance* trabalhista, tributário ou ambiental – pelo menos até a última edição deste livro. A menção ao programa de *compliance* e, sobretudo, aos elementos necessários à sua caracterização é feita no ordenamento brasileiro na Lei das Estatais, na Lei Anticorrupção e nas legislações que ou instituem o programa de integridade no âmbito do Poder Executivo federal, estadual e municipal, ou passam a exigi-lo das empresas contratadas pelo Poder Público – tudo, repita-se, com o intuito de promover o combate à corrupção.[382]

Evidentemente, é aconselhável que sejam instituídos mecanismos vocacionados a fomentar a observância às leis trabalhistas, ambientais, tributárias e assim por diante. No entanto, é preciso responsabilidade com o uso do termo, sob pena de banalização e descrédito do instituto. Reitera-se que o objetivo central dos programas de *compliance* é promover o alcance dos objetivos estratégicos da organização – e não apenas o cumprimento de leis. Os controles internos auxilizam as organizações a avaliar e gerenciar os riscos que recaem sobre esses objetivos.

Por fim, embora possa parecer, num primeiro momento, uma preocupação exclusiva de multinacionais e empresas que contratam com a Administração Pública, a importância dos programas de *compliance* tem sido cada vez mais reconhecida por pequenas e médias empresas, independentemente do seu âmbito de atuação. Além das exigências legais, a crescente demanda pelo *compliance* justifica-se pela necessidade de transparência e segurança nos negócios que, "movidos pelos avanços tecnológicos e pela globalização, são realizados em sua maioria a distância, e sem qualquer pessoalidade".[383]

Feitas estas considerações preliminares, antes de adentrar as especificidades do programa de *compliance* previsto na legislação brasileira, cumpre delimitar alguns dos conceitos que permeiam a utilização do termo.

4.1 Governança corporativa, auditoria interna e *compliance*

Apesar da popularização do conceito de *compliance*, os limites teóricos que diferenciam o programa das práticas de governança corporativa e auditoria interna ainda são empregados de forma vaga e ambígua. Embora em termos pragmáticos os conceitos possam ser intercambiáveis, para fins técnicos é importante que se estabeleçam as devidas distinções terminológicas.

---

[382] Não se descura sobre a menção ao termo *compliance* em outros diplomas normativos. A advertência é de que a referência à figura dos programas de *compliance* ou de integridade é restrita às leis de combate à corrupção. Nos demais casos, o termo *compliance* é utilizado como sinônimo de conformidade. A Lei nº 13.334/2016 menciona, por exemplo, que os órgãos, entidades e autoridades responsáveis pelo Programa de Parcerias de Investimento (PPI) devem assegurar articulação com o Conselho Administrativo de Defesa Econômica (CADE) para *"fins de compliance com a defesa da concorrência"*.
[383] CARDOSO, 2015, p. 15.

4.1.1 Governança corporativa e *compliance*

O Instituto Brasileiro de Governança Corporativa (IBGC) define governança corporativa como o "sistema pelo qual as empresas e demais organizações são dirigidas, monitoradas e incentivadas, envolvendo os relacionamentos entre sócios, conselho de administração, diretoria, órgãos de fiscalização e controle e demais partes interessadas".[384] A Comissão de Valores Mobiliários (CVM), por sua vez, conceitua o termo como "o conjunto de práticas que tem por finalidade otimizar o desempenho de uma companhia ao proteger todas as partes interessadas, tais como investidores, empregados e credores, facilitando o acesso ao capital".[385] Já o Decreto nº 6.021/2007 inclui no conceito de governança corporativa "os relacionamentos entre acionistas ou quotistas, conselhos de administração e fiscal, ou órgãos com funções equivalentes, diretoria e auditoria independente, com a finalidade de otimizar o desempenho da empresa e proteger os direitos de todas as partes interessadas, com transparência e equidade".[386]

Além de definir a governança corporativa como o "conjunto de mecanismos de incentivo e controle que visam a assegurar que as decisões sejam tomadas em linha com os objetivos de longo prazo das organizações", a Bolsa de Valores de São Paulo (Bovespa), destaca, dentre os mecanismos de governança, a existência de: (i) conselho de administração ativo e que atue com independência; (ii) sistema de remuneração dos administradores e colaboradores alinhado com interesses da Companhia e de seus acionistas; (iii) controles internos que assegurem procedimentos e práticas de acordo com os regulamentos da Companhia e exigências legais; e (iv) práticas transparentes e sistemáticas de reporte dos resultados para os acionistas e demais partes interessadas.[387]

Como se percebe, o enfoque reside em questões majoritariamente ligadas às normas de direito empresarial, buscando conciliar a propriedade com a gestão.[388] Em linhas gerais, um plano de governança

---

[384] INSTITUTO BRASILEIRO DE GOVERNANÇA CORPORATIVA, *Governança corporativa*. 2017.
[385] COMISSÃO DE VALORES MOBILIÁRIOS. Recomendações da CVM sobre governança corporativa. 2002.
[386] BRASIL. Decreto nº 6.021, de 22 de janeiro de 2007. *Diário Oficial da União*. Poder Executivo: Brasília, DF. 22 jan. 2007.
[387] BM&FBOVESPA. Diretrizes de governança corporativa. 2017.
[388] Segundo Cristiana Fortini, "a alusão ao termo *governança corporativa* guarda relação com a condução racional da entidade por meio de um sistema de gestão em que se exaltam

corporativa tem o escopo de estabelecer a forma como as empresas são dirigidas, administradas e controladas.

Na verdade, a origem da governança corporativa se confunde com a evolução do direito societário e reporta-se à identificação de conflitos referentes à chamada "propriedade dispersa", verificada sobretudo nas grandes corporações,[389] quando "o controle da organização passa a ser exercido por executivos não proprietários (ou detentores de um número pequeno de ações)".[390] A expansão da organização faz com que sejam aprimorados o gerenciamento e os mecanismos de administração, de modo que a empresa passa a ser dirigida não apenas por seus proprietários originais, familiares ou pessoas próximas. Nesse processo, o vínculo pessoal é gradualmente substituído por relações profissionais cada vez mais especializadas e despersonalizadas.

A dispersão da propriedade remete à natural divergência entre os interesses dos sócios, acionistas (*shareholders*), executivos, administradores e todos aqueles – pessoas físicas ou jurídicas – que puderem afetar substancialmente ou puderem ser afetados pelo bem-estar da empresa, os chamados *stakeholders*, categoria que inclui clientes, funcionários, fornecedores, sociedade e agentes públicos, dentre outros.[391] Nas situações de divergência caracteriza-se o chamado "conflito de agência", que emerge quando os gestores da empresa privilegiam outros interesses em detrimento dos interesses dos acionistas.[392] É que os

---

os mecanismos de controle. [...] A norma encerra a essência da governança corporativa, ao enaltecer a preservação da empresa, que deve ser protegida inclusive de ações nocivas do acionista controlador". FORTINI, Cristiana. Programas de Integridade e Lei Anticorrupção. In: FORTINI, Cristiana. *Corrupção e seus múltiplos enfoques jurídicos*. Belo Horizonte: Fórum, 2018, p. 194.

[389] Ainda que as origens da governança corporativa remontem à forma societária das sociedades anônimas, é importante registrar, na atualidade, a sua aplicação às mais diversas espécies de sociedade, inclusive em empresas fechadas ou familiares.

[390] NASSIF, Elaina; SOUZA, Crisomar Lobo de. Conflitos de agência e governança corporativa. *Caderno de Administração*: Revista do Departamento de Administração da FEA – Pontifícia Universidade Católica de São Paulo, v. 7, n. 1, p. 2, jan./dez. 2013.

[391] JENSEN, Michael; MECKLING, W. H. Agency costs and the theory of the firm. *Journal of Financial Economics 3*, p. 305-360, 1976. p. 9.

[392] SHLEIFER, Andrei; VISHNY, Robert W. A Survey of corporate governance. *The journal of finance*, v. LII, n. 2. p. 737-783, 1997, p. 740. Segundo Shleifer e Vishny, "a essência do conflito de agência consiste na separação entre gerência e finanças, ou – em uma linguagem mais simples – entre propriedade e controle. [...] O conflito de agência nesse contexto refere-se às dificuldades dos acionistas para garantir que seus fundos não serão expropriados ou gastos em projetos pouco atrativos" (tradução livre). Outras condutas que podem gerar conflito entre os acionistas controladores e os agentes: (i) investimentos que exijam fluxo de caixa que poderia ser distribuído como dividendo; (ii) altos salários da diretoria da empresa; (iii) compra de insumos de valores relevantes; etc.

acionistas são, em última instância, os detentores do poder decisório, por serem eles os verdadeiros proprietários da empresa.[393] Entretanto, como sob a ótica contratual seria inviável a tomada de decisão pelos próprios acionistas, há a celebração de um contrato transferindo poderes aos executivos para tomar decisões e gerir os recursos da empresa.

Os instrumentos contratuais são incapazes de prever todas as hipóteses e possíveis cenários experimentados no ambiente organizacional. Assim, em muitas oportunidades, não há previsão expressa do que os gestores devem fazer – levando em consideração o interesse dos acionistas – diante, por exemplo, de excesso de caixa ou de uma contingência orçamentária. Em razão desse problema, os acionistas e os administradores da empresa alocam, no contrato que firmam entre si, direitos de controle residuais, ou seja, distribuem o poder de tomar decisão em situações não previstas expressamente no contrato.[394]

Em um primeiro momento, o foco da governança corporativa foi este: a separação das figuras do gestor e do controlador e o estabelecimento de novas técnicas de relacionamento na companhia,[395] tudo com o objetivo de reduzir os conflitos e maximizar o valor da empresa. Daí a importância, para a governança corporativa: do acordo de acionistas (artigo 118 da Lei Federal nº 6.404/1976); do estabelecimento de normativos internos prevendo a divulgação periódica das negociações; da existência e da estruturação do conselho de administração; da definição dos atos decisórios que demandam aprovação de instâncias superiores[396] e das circunstâncias que autorizam a atenuação das formalidades.

---

[393] A depender da estrutura societária, os conflitos podem ocorrer entre acionistas minoritários e majoritários.

[394] SHLEIFER; VISHNY, 1997, p. 741.

[395] RIBEIRO, M. Nassau. *Aspectos jurídicos da governança corporativa*. São Paulo: Quartier Latin, 2007. p. 18.

[396] É bastante comum que as empresas celebrem contratos com cláusulas de limitação de responsabilidade em hipóteses de dano. Nesses casos, a responsabilidade pelo dever de indenizar pode ser limitada a um percentual do valor do contrato. Todavia, em algumas situações, por questões comerciais, a empresa pode abrir mão da referida cláusula, ou decidir responsabilizar-se até o valor integral do contrato. O papel da governança corporativa, em situações como esta, é estabelecer quem tem competência para optar entre uma ou outra decisão. Assim, pode haver um normativo interno determinando que todos os contratos prevendo a responsabilização pelo valor integral do contrato devam ser necessariamente aprovados pela diretoria financeira, ou, ainda, que os contratos sem cláusula de limitação de responsabilidade sejam autorizados pela diretoria financeira e pelo conselho de administração e assim por diante. Esse tipo de hierarquização e compartimentação do processo decisório é apenas uma das manifestações da adoção de práticas de governança corporativa.

Segundo o IBGC, os princípios básicos da governança corporativa, são (i) transparência; (ii) equidade; (iii) prestação de contas (*accountability*); e (iv) responsabilidade corporativa.[397] Nas diretrizes da CVM para a análise da governança corporativa aplicada ao mercado de capitais é suprimida apenas a responsabilidade corporativa, sendo reiterados os três primeiros princípios.[398]

A transparência é definida como a ampla disponibilização de informações às partes interessadas, independentemente da existência de obrigação legal nesse sentido. A diminuição das assimetrias de informação, como um desdobramento dos conflitos de agência, é um dos objetivos da governança corporativa. A equidade, por sua vez, consiste em não discriminar sócios e *stakeholders* – sem descurar dos direitos, deveres, interesses e expectativas de cada grupo – o que reitera a necessidade de simetria nas informações. O cumprimento das normas de governança também é tido como indispensável à garantia da equidade nas relações da organização com os *stakeholders*.[399]

O termo *accountability* remete ao dever e ao compromisso dos agentes em prestar contas da sua atuação, assumindo a responsabilidade e as possíveis consequências de seus atos.[400] O significado léxico da palavra envolve "implicitamente a responsabilização pessoal pelos atos praticados e explicitamente a exigente prontidão para a prestação de contas, seja no âmbito público ou no privado".[401] Destarte, os mecanismos de *accountability* seriam aqueles destinados a garantir a responsabilização dos agentes, públicos ou privados, pela prestação de contas – não apenas no sentido contábil – e pelo resultado de sua atuação, o que inclui as sanções respectivas.

---

[397] INSTITUTO BRASILEIRO DE GOVERNANÇA CORPORATIVA, 2017.
[398] COMISSÃO DE VALORES MOBILIÁRIOS, 2002.
[399] COIMBRA; MANZI, 2010, p. 25
[400] É importante anotar que não existe uma tradução literal do termo para a língua portuguesa. "O que se percebe são "traduções diferentes para o termo por parte de vários autores, ainda que os termos produzidos possam estar próximos ou convergentes". PINHO, José Antonio Gomes de; SACRAMENTO, Ana Rita Silva. *Accountability*: já podemos traduzi-la para o português? *Revista de Administração Pública*, Rio de Janeiro, p. 1346, nov./dez. 2009.
[401] *Idem*, p. 1347. Após uma análise detida dos significados registrados em dicionários, os autores concluem que o termo "*accountability*" nasce com a assunção por uma pessoa da responsabilidade delegada por outra, da qual se exige a prestação de contas, sendo que a análise dessas contas pode levar à responsabilização. Representando-a, ainda que num esquema bem simples, temos: "A" delega responsabilidade para "B" → "B", ao assumir a responsabilidade, deve prestar contas de seus atos para "A" → "A" analisa os atos de "B" → feita tal análise, "A" premia ou castiga "B". *Idem*.

A doutrina especializada reconhece que a conceituação do termo se sujeita a constante adaptação, a depender do contexto em que se encontra inserida.[402] Entretanto, são indicados três requisitos mínimos para caracterizar a existência de *accountability*: (i) transparência,[403] com a publicidade dos atos praticados; (ii) devida motivação das posturas assumidas; e (iii) previsão de sanção. Diante desses conceitos, não restam dúvidas sobre a indispensabilidade da transparência de informações no âmbito da governança corporativa.

A Organização para Cooperação e Desenvolvimento Econômico (OCDE), por sua vez, publicou uma cartilha de princípios de governança corporativa.[404] O documento é dividido em duas partes. A primeira enumera os princípios, desmembrados em cinco áreas: (i) direito dos acionistas e pressupostos fundamentais ao seu exercício; (ii) tratamento equitativo dos acionistas; (iii) papel dos *stakeholders*; (iv) divulgação de informação e transparência; e (v) as responsabilidades do Conselho da Administração. A segunda parte é composta de notas explicativas, destinadas a complementar e esclarecer os conceitos expostos na seção anterior.

A já mencionada Lei *Sarbanes-Oxley* (SOX) define quatro princípios fundamentais à orientação das atividades das empresas: (i) o *compliance*; (ii) a *accountability* (responsabilidade pelos resultados); (iii) a *disclosure* (transparência); e (iv) a *fairness (equidade)*. Assim, em que pese a expressão governança corporativa não traduzir um único significado e a despeito de inexistir apenas um modelo predefinido, é possível antever a existência de relativa unanimidade quanto às diretrizes vinculadas à utilização do termo.

Por fim, é oportuno mencionar que a adoção de boas práticas de governança corporativa é requisito para determinadas estratégias empresariais. A Bovespa, por exemplo, exige para a emissão de ações listadas no "Novo Mercado"[405] que as empresas comprometam-se,

---

[402] SCHEDLER, Andreas. Conceptualizing Accountability. In: DIAMOND, Larry; PLATTNER, Marc. F.; SCHEDLER, Andreas. *The Self Restraining State:* power and Accountability in new democracies. Colorado: Lynne Rienner Publishers, 1999, p. 21.

[403] A publicidade, segundo Schedler, diferencia a *accountability* da supervisão, o que pressupõe investigação de algo que não veio a público.

[404] ORGANIZAÇÃO PARA A COOPERAÇÃO E O DESENVOLVIMENTO ECONÔMICO. *Os princípios da OCDE sobre o governo das sociedades*. 2004. Posteriormente, a OCDE disponibilizou novo documento, destinado às empresas controladas pelo Poder Público: ORGANIZAÇÃO PARA A COOPERAÇÃO E O DESENVOLVIMENTO ECONÔMICO. *Diretrizes da OCDE sobre Governança Corporativa para empresas de controle Estatal*. 2015.

[405] O "Novo Mercado" é o segmento mais sofisticado da Bolsa de Valores, exigindo das empresas os mais altos níveis de transparência. O benefício, resumidamente, consiste na atra-

voluntariamente, "com a adoção de práticas de governança corporativa adicionais àquelas exigidas pela legislação brasileira em vigor"; mais especificamente, aquelas descritas no documento denominado "Diretrizes de governança corporativa".[406] O objetivo do "Novo Mercado" é conferir maior credibilidade aos investimentos realizados na bolsa de valores.

Ainda no âmbito da governança corporativa aplicada às instituições financeiras, o Banco Central do Brasil publicou, em 27 de abril de 2017, a Resolução nº 4.567,[407] que exige das instituições controladas pelo Banco, a criação de canais de comunicação que permita que seus "funcionários, colaboradores, clientes, usuários, parceiros ou fornecedores possam reportar, sem a necessidade de se identificarem, situações com indícios de ilicitude de qualquer natureza" (artigo 2º). A obrigação refere-se aos chamados "canais de denúncia internos", típicos dos programas de *compliance*.

Em acréscimo, a Resolução exige a designação de um "componente organizacional", funcionário ou setor, responsável por receber e encaminhar as denúncias recebidas (§1º do artigo 2º), o que se equipara à figura do departamento de *compliance* ou do *compliance officer*. As atribuições do componente organizacional responsável pelo processamento dos reportes encontram-se descritas nos §§3º e 4º e englobam a elaboração de relatório semestral, descrevendo os resultados obtidos utilizando o canal de denúncias, o prazo de processamento e as medidas adotadas pela instituição. Além disso, os procedimentos de uso do canal de denúncia e de apuração de indícios de irregularidades, com as respectivas penalidades, devem constar em regulamento próprio, divulgado na página institucional da organização.

---

[406] ção de um maior número de investidores em razão da abertura de informações. A publicidade das informações referentes às empresas listadas no Novo Mercado permite que os avaliadores precifiquem a empresa com maior grau de certeza e segurança, o que também constitui um atrativo aos investidores. Também em razão disso, essas empresas tendem a ter maior volume de negociação de suas ações. Além disso, determinados fundos de investimento, como é o caso de certos fundos de pensão, restringem os seus investimentos às empresas listadas no "Novo Mercado", o que constitui mais um incentivo para aderir às altas exigências de governança.

[406] BM&FBOVESPA, 2017.

[407] BANCO CENTRAL DO BRASIL. *Resolução nº 4.567*, de 27 de abril de 2017. Dispõe sobre a remessa de informações relativas aos integrantes do grupo de controle e aos administradores das instituições financeiras e das demais instituições autorizadas a funcionar pelo Banco Central do Brasil e sobre a disponibilização de canal para comunicação de indícios de ilicitude relacionados às atividades da instituição. Brasília, DF. 27 abr. 2017.

Também nesse sentido, a Comissão de Valores Mobiliários editou, no dia 08 de junho de 2017, a Instrução CVM 586,[408] que impõe aos emissores de valores mobiliários que negociam em mercados regulamentados o dever de divulgar informações sobre a aplicação das diretrizes insculpidas no Código Brasileiro de Governança Corporativa – Companhias Abertas, elaborado pelo Grupo de Trabalho Interagentes, composto por onze entidades do mercado.[409] Além de exigências envolvendo a estrutura acionária e a composição da administração, o Código traz uma série de recomendações referentes à implantação de controles internos e mecanismos de autorregulação.

Como se depreende do panorama apresentado, a governança corporativa não se restringe a questões societárias ou comerciais. Pelo contrário, além de garantir a equidade entre os interessados, a transparência das informações e a responsabilidade dos agentes, um dos fundamentos da governança corporativa reside na conformidade com as leis e regulamentos vigentes. É justamente por isso que o programa de *compliance* pode ser considerado um dos pilares da governança corporativa, tendo como função primordial o "fortalecimento do respeito a normas e políticas bem como a mitigação de riscos".[410]

Diante disso, não há como se cogitar da existência de práticas de governança corporativa eficientes sem o respectivo programa de *compliance*, responsável por identificar e mitigar os riscos aos quais a empresa encontra-se submetida, por fortalecer os mecanismos de controle interno – voltados à conformidade legal – e por disseminar valores éticos.

O fato é que a adoção de medidas de governança corporativa, há pouco encaradas como sinônimo de despesa, muitas vezes supérfluas, vem se revelando indispensável à sobrevivência de empresas inseridas

---

[408] COMISSÃO DE VALORES MOBILIÁRIOS. Instrução CVM nº 586, de 8 de junho de 2017. Altera e acrescenta dispositivos à Instrução CVM nº 480, de 7 de dezembro de 2009. *Diário Oficial da União:* Brasília, DF. 10 jul. 2017.

[409] O Grupo Interagentes é formado pelas seguintes instituições: Associação Brasileira das Entidades Fechadas de Previdência Complementar (ABRAPP), Associação Brasileira das Companhias Abertas (ABRASCA), Associação de Investidores no Mercado de Capitais (AMEC), Associação Brasileira de Private Equity & Venture Capital (ABVCAP), Associação Brasileira das Entidades dos Mercados Financeiro e de Capitais (ANBIMA), Associação dos Analistas e Profissionais de Investimento do Mercado de Capitais (APIMEC), B3, Brasil Investimentos & Negócios (BRAiN), Instituto Brasileiro de Governança Corporativa (IBGC), Instituto IBMEC e Instituto Brasileiro de Relações com Investidores (IBRI), tendo a CVM e o Banco Nacional de Desenvolvimento Econômico e Social (BNDES) como observadores.

[410] COIMBRA; MANZI, 2010, p. 26.

num ambiente cada vez mais competitivo e intolerante a desvios éticos na conduta de seus representantes. Daí o brocardo de que "a única coisa mais cara que o *compliance* é o *non compliance*", porque os custos decorrentes da inexistência de políticas de *compliance* se mostram muito superiores aos da implantação do programa.[411]

4.1.2 Auditoria interna e *compliance*

Convém destacar que *compliance* não se confunde com a auditoria interna da organização, outro importante pilar da governança corporativa. As atividades desenvolvidas pelo *compliance* e pela auditoria, como esclarecem Coimbra e Manzi, "não são coincidentes, mas, sim, complementares".[412] As diferenças são bem explicadas pelo modelo das publicado pelo Instituto Internacional dos Auditores Internos (IAA) – uma atualização do modelo anteriormente conhecido como "três linhas de defesa".[413]

O modelo das três linhas busca definir o funcionamento dos sistemas de controle interno de uma organização pública ou privada a partir do gerenciamento de riscos. A alta administração ou os órgãos de governança são definidos como os responsáveis por determinar a direção da instituição, "definindo a visão, missão, valores e apetite organizacional a riscos".[414] As atribuições de governança e a distribuição das competências de cada uma das três linhas varia de acordo com o tamanho da organização e com a sua natureza – se pública ou privada. O modelo anterior, das três linhas de defesa, reconhecia expressamente a possibilidade de cumulação excepcional de atribuições, "especialmente em pequenas empresas".[415] O ideal, em todos os casos, é que as funções das três linhas não se confundam, para garantir o desempenho de todas as funções de controle interno.

---

[411] BIRD, Robert; PARK, Stephen Kim. Turning corporate compliance into competitive advantage. *University of Pennsylvania Journal of Business Law*, v. 19, n. 2, 2017.

[412] COIMBRA; MANZI, 2010, p. 33.

[413] THE INSTITUTE OF INTERNAL AUDITORS (IAA). *Modelo das três linhas do IAA 2020*: Uma atualização das três linhas de defesa. Julho de 2020. Disponível em: <https://na.theiia.org/translations/PublicDocuments/Three-Lines-Model-Updated-Portuguese.pdf>. Acesso em: 06 set. 2020.

[414] *Idem*, p. 7.

[415] THE INSTITUTE OF INTERNAL AUDITORS (IAA). *Declaração de Posicionamento do IIA: As três linhas de defesa no gerenciamento eficaz de riscos e controles*. Janeiro de 2013. Disponível em: <https://global.theiia.org/translations/PublicDocuments/PP%20The%20Three%20Lines%20of%20Defense%20in%20Effective%20Risk%20Management%20and%20Control%20Portuguese.pdf>. Acesso em: 06 set. 2020.

Em linhas gerais, pode-se dizer que a primeira linha é ocupada pelas equipes responsáveis pela atividade-fim da organização, incluindo as funções de apoio – o *front of house* e o *back office*. O departamento de compras, a área comercial, o departamento de recursos humanos e todos aqueles responsáveis pela "entrega de produtos e/ou serviços aos clientes da organização", podem ser definidos como a primeira linha. O modelo das três linhas é expresso ao consignar que a primeira linha tem responsabilidade pela gestão de riscos, inclusive por estabelecer e manter estruturas e processos para o gerenciamento de operações e riscos.

A ressalva é importante, porque não faria sentido que a segunda linha impusesse os controles e processos a serem aplicados na rotina da primeira linha, sem a participação desta equipe ou profissional. As contribuições da primeira linha são fundamentais para que o gerenciamento de riscos seja desenhado como uma ferramenta facilitadora do alcance dos objetivos estratégicos da organização – e não o contrário. O gerenciamento de riscos sem a participação da primeira linha corre sério risco de traduzir procedimentos meramente burocráticos, sem aplicação prática. A atualização das três linhas visa evitar que as políticas internas de controle fiquem engavetadas nas empresas, completamente desconhecidas dos responsáveis pela operação.

A responsabilidade pelo programa de *compliance* coincide com os papeis atribuídos à segunda linha. Daí porque o modelo também atribui à segunda linha a responsabilidade pelo gerenciamento dos riscos, não no nível operacional, mas sim estratégico. A segunda linha tem a responsabilidade por realizar uma análise crítica sobre o gerenciamento de riscos visando a sua melhoria contínua. Além disso, é a segunda linha quem detém responsabilidade pela conformidade com a lei, pela elaboração de regulamentos e políticas internas, por promover a cultura de integridade.

A auditoria interna ocupa a terceira linha, "presta avaliação e assessoria independentes e objetivas sobre a adequação e eficácia da governança e do gerenciamento de riscos".[416] A independência da terceira linha não se confunde com isolamento. O auditor deve se aproximar do negócio apontando não só desconformidades, mas também situações que possam representar perdas estratégicas.

O modelo das três linhas é representado a partir do seguinte diagrama:

---

[416] THE INSTITUTE OF INTERNAL AUDITORS (IAA), 2020, p. 3.

O Modelo das Três Linhas do The IIA

ÓRGÃO DE GOVERNANÇA
Prestação de contas aos stakeholders pela supervisão organizacional
Papéis do órgão de governança: integridade, liderança e transparência

GESTÃO
Ações (incluindo gerenciar riscos) para atingir objetivos organizacionais

AUD. INTERNA
Avaliação independente

Papéis da 1ª linha: Provisão de produtos/serviços aos clientes; gerenciar riscos

Papéis da 2ª linha: Expertise, apoio, monitoramento e questionamento sobre questões relacionadas a riscos

Papéis da 3ª linha: Avaliação e assessoria independentes e objetivas sobre questões relativas ao atingimento dos objetivos

PRESTADORES EXTERNOS DE AVALIAÇÃO

LEGENDA:
↑ Prestação de contas, reporte
↓ Delegar, orientar, recursos, supervisão
⇔ Alinhamento, comunicação, coordenação, colaboração

Fonte: THE INSTITUTE OF INTERNAL AUDITORS (IAA), 2020, p. 4.

A atualização do modelo deixa em evidência a importância da independência da auditoria interna em relação à gestão. A terceira linha é responsável por auditar e reportar o resultado da auditoria à alta administração ou aos órgãos de governança da organização. Se assumir funções de consulta e gestão, a auditoria perde a imparcialidade necessária para identificar eventuais falhas e inconformidades.

A necessidade de distinguir as atribuições de consulta e auditoria é tão relevante, que a Instrução Normativa nº 308/1999 da Comissão de Valores Mobiliários veda que o auditor independente (externo) preste "serviços de consultoria que possam caracterizar a perda da sua objetividade e independência", incluindo o remodelamento dos sistemas de controle interno (inciso VI do artigo 23). A norma foi declarada válida pelo Supremo Tribunal Federal no julgamento do Recurso Extraordinário nº 902.261, sob a relatoria do Ministro Alexandre de Moraes, em cujo voto restou expressamente consignado que:

> É indene de dúvidas que há um potencial conflito de interesse quando os trabalhos de consultoria e auditoria são prestados, a um mesmo cliente, pelo mesmo auditor. Naquela primeira atividade, o profissional pode fornecer orientação e sugerir diretrizes para a tomada de decisão pela

instituição auditada; e, na segunda tarefa, terá que avaliar os balanços e resultados dessa mesma empresa que poderão refletir a influência das ações tomadas com base nos serviços de consultoria.

Assim, não vislumbro que a restrição imposta pela CVM configure obstáculo ao exercício profissional, até porque não há vedação absoluta à prestação de nenhum serviço, seja de auditoria, seja de consultoria; apenas se interdita que ambas as atividades sejam prestadas de forma concomitante pela mesma empresa de auditoria.

Trata-se, em verdade, de medida salutar que, inclusive, resguarda a própria idoneidade do auditor. Por outro lado, visa a salvaguardar a imparcialidade do trabalho de auditoria, em prol da proteção do investidor, do mercado de capitais, e até mesmo, da ordem econômica e financeira do País.[417]

A conclusão reforça a afirmação de que "a auditoria interna e a área de *compliance* fazem parte de linhas de defesa diferentes, ou seja, suas atividades são de natureza incompatível, uma vez que a área de auditoria estaria em conflito e não poderia "autoauditar" seus próprios procedimentos e processos relacionados à *compliance*".[418]

A segunda linha deve ser composta de especialistas capazes de instituir mecaniscos de controle – a partir das constatações da terceira linha. Os responsáveis pelo *compliance* devem atuar de forma preventiva, contínua e permanente, em prol do atingimento dos objetivos estratégicos eleitos pela alta administração. Diferentemente da auditoria interna, a segunda linha desempenha papel de gestão, sendo responsável por *fomentar* que as diversas áreas e unidades da organização conduzam suas atividades em conformidade com a legislação e regulamentação aplicável ao negócio, observando as normas e procedimentos internos destinados à prevenção e controle de riscos.

A diferença fundamental entre o *compliance* e a auditoria interna consiste, pois, no envolvimento com a gestão da organização. Significa que, embora a auditoria interna possa sugerir medidas para otimizar o alcance dos objetivos estratégicos, ela não deve assumir funções de gestão. O modelo do Instituto Internacional dos Auditores Internos esclarece que "a independência da auditoria interna em relação a responsabilidade de gestão é fundamental para a sua objetividade, autoridade e credibilidade".

---

[417] BRASIL. Supremo Tribunal Federal. Recurso Extraordinário nº 902.261. Relator: Ministro Marco Aurélio. Brasília, DF, 22 set. 2020. *Diário de Justiça eletrônico*. Brasília, 09 out. 2020.

[418] PIRONTI, Rodrigo; GONÇALVES, Francine. *Compliance e gestão de riscos nas empresas estatais*. 2. ed. Belo Horizonte: Fórum, 2019, p. 33.

4.1.3 O programa de *compliance*: algumas questões conceituais

Segundo o conceito da Controladoria-Geral da União (CGU), o programa de *compliance* seria um gênero do qual o programa de integridade, previsto na Lei Federal nº 12.846/2013, constituiria espécie, como se depreende da seguinte definição: "programa de integridade é um programa de *compliance* específico para prevenção, detecção e remediação dos atos lesivos previstos na Lei 12.846/2013, que tem como foco, além da ocorrência de suborno, também fraudes no processo de licitações e execução de contratos com o setor público".[419]

As normas ISO também contêm uma diferenciação: a ISO 37001[420] descreve os requisitos para os *sistemas de gestão antissuborno*, que podem ser traduzidos como programas de *compliance* destinados a lidar com os riscos de integridade. A ISO 37301[421] é mais abrangente, especifica requisitos e fornece diretrizes para os sistemas de *compliance* em um conceito mais abrangente, que será delimitado de acordo com o escopo desenhado pela própria organização.[422] Ambas as normas se aplicam a organizações públicas e privadas e são passíveis de certificação.

Sem confrontar o conceito proposto pela CGU, o entendimento adotado nesta obra é de que o programa de *compliance* consiste em um sistema de gestão interna, um *meio* que, no atual panorama do ordenamento jurídico brasileiro, tem a *finalidade* precípua de evitar a ocorrência de fraudes e corrupção. Em função disso, os conceitos

---

[419] MINISTÉRIO DA TRANSPARÊNCIA, FISCALIZAÇÃO E CONTROLADORIA-GERAL DA UNIÃO, 2015d. No conceito da doutrina especializada, "*compliance* é o dever de cumprir, de estar em conformidade e fazer cumprir leis, diretrizes, regulamentos internos e externos, buscando mitigar o risco atrelado à reputação do risco legal/regulatório" COIMBRA; MANZI, 2010. p. 2. Segundo a Transparência Internacional, o termo *compliance* refere-se aos "procedimentos, sistemas ou departamentos dentro de agências públicas ou empresas que assegurem que todas as atividades legais, operacionais e financeiras serão realizadas em conformidade com as leis, regras, normas, regulamentos, padrões e expectativas da sociedade" TRANSPARENCY INTERNATIONAL. *Anti-corruption glossary*. 2017a.
[420] ASSOCIAÇÃO BRASILEIRA DE NORMAS TÉCNICAS. *NBR ISO 37001: Sistemas de gestão antissuborno* – requisitos com orientações para uso. Rio de Janeiro, 2017.
[421] INTERNATIONAL ORGANIZATION FOR STANDARDIZATION. *ISO 37301: Compliance management systems* — requirements with guidance for use. 2021.
[422] A ISO 37301 esclarece que o escopo do sistema de gestão de *compliance* destina-se a esclarecer os principais riscos de *compliance* que a organização está enfrentando e os limites geográficos e organizacionais, ou ambos, para os quais o sistema de gestão de *compliance* se aplicará, especialmente se a organização é parte de uma entidade maior. Assim, a organização tem a liberdade de escolher implementar o sistema de gestão de *compliance* em toda a organização, em uma unidade específica ou função específica dentro da organização. *Idem*, p. 12, 31.

"programa de *compliance*" e "programa de integridade" serão utilizados como sinônimos.

De maneira geral, o programa de *compliance* reflete uma ideia de "autorregulação regulada", a partir da internalização de mecanismos de controle com o propósito de evitar o cometimento de ilícitos.[423] A noção exordial do conceito está vinculada à atuação em conformidade com a lei. Entretanto, mais do que a conformidade legal, o programa envolve estratégias que potencializem o alcance dos objetivos estratégicos e possibilitem uma alteração nos padrões culturais da empresa em relação à ética e às diretrizes que norteiam o ambiente regulatório, evitando os riscos inerentes à atividade empresarial e às punições legalmente previstas, com o consequente prejuízo à imagem da organização.

Justamente por ser voltado à otimização da gestão e à diminuição dos riscos inerentes à atuação da empresa, o programa de *compliance* não se restringe às medidas anticorrupção ou às relações com o Poder Público. A *conformidade* também se refere aos relacionamentos comerciais firmados entre agentes particulares. É possível, inclusive, verificar ganhos econômicos na implantação de controles internos destinados a fiscalizar a relação com fornecedores, clientes e colaboradores. As políticas de *compliance* podem, por exemplo, ser destinadas a garantir a procedência dos insumos adquiridos, aumentar a confiabilidade na marca da empresa, racionalizar a gestão de pessoal, diminuir o grau de incerteza das transações contratuais e evitar a propositura de demandas judiciais, reduzindo assim eventuais gastos nesse sentido.

Como um mecanismo de gestão interna, o *compliance* pode ser aplicado a cada um dos microssistemas jurídicos, sobretudo àqueles com regulação específica. Atualmente são bastante comuns as menções a programas de "*tax compliance*", destinados a conformidade tributária, de "*criminal compliance*", comumente associados à lavagem de dinheiro e aos crimes contra a ordem econômica, de *compliance* ambiental ou trabalhista, isso sem falar nos programas direcionados à indústria farmacêutica, aos bancos e instituições financeiras, todos com as suas devidas especificidades. Não é difícil, portanto, que dois programas de *compliance* eficientes, quando comparados, passem a impressão de não guardarem qualquer similitude entre si.

---

[423] SILVEIRA, Renato de Mello Jorge; SAAD-DINIZ, Eduardo. *Compliance, direito penal e lei anticorrupção*. São Paulo: Saraiva, 2015, p. 113. Segundo os autores, os programas de *compliance* refletem uma "autoimposição voluntária de *standards* de conduta por parte dos seus organizadores e dos próprios indivíduos", pelo que podem ser considerados produtos de um processo de autorregulação.

Mas, independentemente do objetivo final, pode-se dizer que o processo de elaborar e implantar os programas de *compliance* divide-se em quatro momentos que se aplicam a todas as organizações: (i) diagnóstico, que envolve a análise dos riscos inerentes àquela espécie de atividade empresarial; (ii) estruturação, etapa que engloba a revisitação dos princípios e valores da companhia, elaboração de um Código de Conduta que norteará a atuação de todos os colaboradores da empresa, a criação de um departamento de *compliance*, responsável pelo gerenciamento do programa, de canais de denúncia, mecanismos de investigação e sancionamento internos; (iii) comunicação, momento em que o programa será apresentado à empresa e seus colaboradores; e (iv) acompanhamentos e treinamentos periódicos, para evitar que o programa se torne obsoleto. As etapas e requisitos para a implementação dos programas de *compliance* foram detalhados de forma pormenorizada no item 4.2, com ênfase na legislação brasileira, nas normas técnicas e nas orientações dos órgãos de controle.

Embora a proposta seja útil, é preciso enfatizar que não existe uma fórmula única, predefinida para a estruturação dos programas de *compliance*. A estruturação das políticas e o desenho do programa encontram-se intrinsecamente subordinados à análise dos riscos, à cultura e à realidade da organização, à regulamentação do mercado e, em última instância, à vontade dos seus dirigentes. A elaboração do programa ocorre sob medida, considerando as peculiaridades da atividade empresarial. Assim, "é fundamental que o programa de *compliance* seja desenvolvido e adaptado de modo a endereçar de forma apropriada e proporcional o nível de risco e as peculiaridades de cada ramo de atividades e de cada jurisdição em que a empresa opera".[424]

Além disso, parte-se da premissa de que a maioria das empresas relaciona-se, em algum momento e ainda que indiretamente, com o Poder Público, motivo pelo que os programas de *compliance* assumem grande relevância, sobretudo diante das inovações legislativas que passam a responsabilizar, de forma objetiva e por ato de terceiros, pessoas jurídicas envolvidas em atos de corrupção.

Embora a Lei nº 12.846/2013 não obrigue as pessoas jurídicas a implantarem programas de *compliance*,[425] as duras sanções e a possi-

---

[424] MAEDA, 2013. p. 168.
[425] O programa de *compliance* é obrigatório para prevenir a lavagem de dinheiro, sob pena de aplicação de penalidade administrativa às pessoas físicas, jurídicas e administradores das entidades listadas no artigo 9º da Lei nº 9.613, nos termos do artigo 12 do mesmo diploma. BRASIL. Lei nº 9.613, de 3 de março de 1998. *Diário Oficial da União*: Poder Executivo, Brasília, DF, 4 mar. 1998.

bilidade de responsabilização objetiva, inclusive por atos de terceiro, tornam fundamental a existência do programa. As empresas que pretendem contratar com a Administração Pública de determinados entes federais e órgãos públicos precisam estar preparadas para a implantação do programa.[426]

A doutrina especializada se posiciona solidamente no sentido de que programas de *compliance* devidamente implementados deveriam ser suficientes para afastar a responsabilidade objetiva, diante da não assunção do risco e da adoção de todas as medidas preventivas possíveis, em que pese a previsão legal que atribui ao mecanismo a condição de atenuante da multa sancionatória, prevista para as hipóteses de responsabilização administrativa (inciso VIII do artigo 7º). Sem embargo das discussões acerca da (i)legalidade da responsabilização quando verificada a eficiência do programa, o fato é que a existência de programas de *compliance* traduz um argumento de fundamental importância para a defesa das organizações envolvidas em atos de corrupção.

Além disso, os programas de *compliance* adquirem relevância ao evitar – sob a presunção de que seriam capazes de diminuir os atos de corrupção – os danos à reputação das empresas envolvidas em escândalos públicos. Como adverte Bruno Maeda, "a simples comunicação ao mercado de que uma empresa está em processo de investigação ou colaborando com as autoridades na apuração de possíveis violações de legislações anticorrupção gera efeitos imediatos no valor das ações da empresa".[427] Não bastasse isso, o compromisso com a ética e a integridade agrega valor à imagem da empresa e representa ganhos em termos de competitividade.[428]

Ainda devem ser levados em consideração os efeitos da existência do programa sobre as possíveis consequências aplicáveis às pessoas físicas, dirigentes ou administradores das empresas. Isso porque a responsabilidade objetiva da pessoa jurídica da Lei Federal nº 12.846/2013 não exclui a responsabilidade individual de seus "dirigentes

---

[426] A obrigação foi detalhada no item 3.2.7c.
[427] MAEDA, 2013, p. 169.
[428] COIMBRA; MANZI, 2010, p. 5. Segundo os autores: "O sucesso das organizações é extremamente dependente da admiração e da confiança pública, refletida no valor de suas marcas, na sua reputação, na capacidade de atrair e fidelizar clientes, investidores, parceiros e até os empregados. Estudos recentes têm demonstrado como estão à frente as organizações que apresentam uma estrutura sólida de preceitos éticos e atuam de forma responsável, em detrimento das demais que atuam de forma diversa. A cada dia, aumenta a importância de fatores intangíveis. O *compliance* contribui com sua parte ao aumento deste valor intangível por ser um instrumento cujo objetivo principal é a proteção da reputação da empresa".

ou administradores ou de qualquer pessoa natural, autora, coautora ou partícipe do ato ilícito", nos termos do artigo 3º. Sob essa perspectiva, o programa de *compliance* resguarda a responsabilização individual dos dirigentes e administradores nos termos do §2º do artigo 3º, que prevê: "os dirigentes ou administradores somente serão responsabilizados por atos ilícitos na medida da sua culpabilidade".

Por fim, é imperioso ressaltar o nítido caráter preventivo do programa – em oposição às tradicionais medidas repressivas de combate à corrupção –, na linha das abordagens mais modernas e em consonância com as premissas adotadas pelos instrumentos internacionais de combate à corrupção, que incentivam a adoção de mecanismos de autorregulação no âmbito interno das empresas. Com a implantação dos programas de *compliance* pretende-se que as próprias empresas assumam a responsabilidade por prevenir, fiscalizar e sancionar a prática de ilícitos.

4.1.3.1 *Compliance officer*

Um dos pilares dos programas de *compliance* consiste na estruturação de uma instância de *compliance* responsável por implantar as políticas de conformidade e os mecanismos de controle interno da empresa. A Lei não define o que entende por "instância", de modo que a estruturação do departamento de *compliance* fica diretamente vinculada às possibilidades e pretensões da empresa.[429] A estruturação e implantação do programa podem ser prévias à designação dos responsáveis pela área, mas é inimaginável um programa de *compliance* sem uma equipe ou ao menos um responsável por monitorá-lo.

Dentre as possibilidades de estruturação da instância de *compliance*, sem pretender esgotar o rol de desenhos institucionais plausíveis, citam-se os seguintes exemplos: (i) a instância de *compliance* pode ser constituída por colaboradores já inseridos no quadro profissional da empresa que desempenhem outras atribuições e passem,

---

[429] Desde 2015, a Comissão de Valores Mobiliários exige que, nas instituições financeiras, a responsabilidade "pelo cumprimento de regras, políticas, procedimentos e controles internos" seja atribuída a um diretor estatutário (inciso IV do artigo 4º da Instrução CVM nº 558, de 26 de março de 2015). Ou seja, a função do *compliance officer* (responsável pelo programa de *compliance*) deve ser necessariamente exercida por um diretor estatutário. COMISSÃO DE VALORES MOBILIÁRIOS. Instrução CVM nº 558, de 26 de março de 2015 com as alterações introduzidas pela Instrução CVM nº 593/17. Dispõe sobre o exercício profissional de administração de carteiras de valores mobiliários. *Diário Oficial da União*: Brasília, DF. 27 mar. 2015.

a partir da nomeação formal, a acumular as responsabilidades referentes ao programa de *compliance*;[430] (ii) pode ser criado um departamento específico para gerenciar o programa de *compliance*, com funcionários que exerçam apenas funções relacionadas à área; (iii) pode ser designado um único responsável por monitorar o programa de *compliance*.[431]

Em todos os casos é recomendado – mas não expressamente exigido – que, além da criação de um comitê ou instância de *compliance*,

---

[430] Em pesquisa publicada em 2014, a PwC constatou que, em mais da metade das empresas entrevistadas (54%), o responsável pelo *compliance* acumula outras funções. Em mercados menos regulamentados, esse percentual sobe para 69%. PWC. *What it means to be a "chief" compliance officer: today's challenges, tomorrow's opportunities.* 2014. p. 10. Embora seja uma possibilidade estrutural sem vedação legal, o ideal, sobretudo nas empresas de médio e grande porte, é que o programa de *compliance* seja coordenado por alguém exclusivamente dedicado à função. Especialmente no tocante às políticas preventivas, o acúmulo de outras funções pode deixar os objetivos do *compliance* em segundo plano, quando questões mais "urgentes" demandarem a atenção imediata do encarregado. Por outro lado, como ensina Bruno Maeda, "além de ser positivo do ponto de vista da alocação de recursos, a formação de comitês multidisciplinares ou regionais para tratar de temas de *compliance* também contribui para evitar uma centralização excessiva da função de *compliance* e disseminá-la em todos os níveis e em todos os locais em que a empresa opera". MAEDA, 2013, p. 184.

[431] Conforme as orientações fornecidas pela CGU e pelo Instituto Ethos de Empresas e Responsabilidade Social para obter o selo "Pró-Ética", "dependendo do porte da empresa, a responsabilidade pela implementação do programa pode ser atribuída a uma área com diversos funcionários e com um responsável pela coordenação, ou a uma única pessoa [...] caso haja mais de uma área/pessoa responsável pela implementação do programa, como uma área gerencial (gerência, superintendência, diretoria, etc.) e um órgão colegiado (comitê de ética, comitê de *compliance*, etc.) favor explicar a estrutura, atribuições e recursos de cada uma separadamente". MINISTÉRIO DA TRANSPARÊNCIA, FISCALIZAÇÃO E CONTROLADORIA-GERAL DA UNIÃO, 2015a. O DOJ e a SEC, por sua vez, esclarecem que, para avaliar o programa será verificado se a empresa atribuiu a responsabilidade pela implantação e acompanhamento do programa a um ou a mais executivos seniores; a depender do tamanho e estrutura da empresa, *pode ser recomendada* a designação de profissionais específicos para acompanhar o programa. Não há, portanto, imposição – embora seja recomendado – que sejam designados funcionários única e especificamente para o acompanhamento do programa de *compliance*. UNITED STATES, 2015b, p. 58. Nas palavras de Heloisa Estellita, "a posição hierárquica e as funções do encarregado de *compliance* não estão definidas com precisão na legislação e não necessariamente serão concentradas nas mãos de uma só pessoa. Será frequente, especialmente nas empresas de menor porte, que a função de controle e prevenção de infrações seja parte integrante das incumbências de cada área operacional, como, por exemplo, a ambiental, a de crédito, a tributária, etc.". ESTELLITA, 2017, p. 214. Como esclarecem Helena Regina Lobo da Costa e Marina Pinhão Coelho Araújo, a figura do *compliance officer* não reside, necessariamente, em um único indivíduo, podendo ser representada por um setor interno da empresa ou até mesmo por auditor(es) externo(s). COSTA, Helena Regina Lobo da; ARAÚJO, Marina Pinhão Coelho. Compliance e julgamento da APn 470. *Revista Brasileira de Ciências Criminais*, São Paulo, v. 22, n. 106, jan./fev. 2014. p. 223. Para Débora Motta Cardoso, "a função desempenhada pelo *chief compliance officer* a depender da estrutura organizacional bancária [ou de qualquer sociedade empresarial], pode ser conferida a um funcionário, a um diretor executivo, ou mesmo a um dos membros do conselho de administração. Em verdade, o tamanho do banco [empresa] e consequentemente a dimensão local ou global de seus negócios é o que irá determinar a forma de organização da estrutura de *compliance*". CARDOSO, 2015, p. 56.

seja destacado um profissional específico para gerenciar a implantação e o acompanhamento do programa, função que costuma ser atribuída ao *compliance officer*.[432] Entretanto, diante da similaridade das funções desempenhadas pelos responsáveis pela instância de *compliance* – qualquer que seja a alcunha institucional atribuída à área – e pelo *compliance officer*, mais usual nas grandes corporações, ambas as figuras serão doravante tratadas como sinônimos sob a designação do termo *compliance officer*.

A figura do *compliance officer*, ou da instância de *compliance*, é o eixo ao redor do qual o sistema de integridade se constrói. O *compliance officer* é, regra geral,[433] alguém do quadro de colaboradores da empresa que deve atuar com o máximo de independência e autonomia possível, sobretudo no fomento da ética e da observância à legislação e aos regulamentos internos, no processo investigatório e na imediata comunicação de eventuais ilícitos detectados, independentemente do grau hierárquico dos envolvidos.

Embora a figura do *compliance officer* não encontre referência expressa no âmbito legislativo, é possível extrair algumas diretrizes sobre a estruturação da instância de *compliance* e, consequentemente, das atribuições de seus responsáveis. O inciso IX do artigo 42 do Decreto nº 8.420/2015, por exemplo, exige, como um dos parâmetros objetivos de avaliação do programa de *compliance*, "independência, estrutura e autoridade da instância interna responsável pela aplicação do programa de integridade e fiscalização de seu cumprimento". O artigo 9º da Lei Federal nº 13.303/2016, por sua vez, estabelece a forma de estruturação da área de *compliance* nas estatais – também referenciada como responsável por verificar o cumprimento das obrigações e da gestão de riscos. O §2º do dispositivo determina que a gestão dos riscos seja alocada no âmbito da diretoria estatutária, sob a supervisão do diretor presidente, o que denota a relevância atribuída à área.

O Decreto nº 9.203/2017 impôs aos órgãos e entidades públicos a obrigação de instituir programas de integridade que contemplem, no mínimo, uma unidade responsável por implantar o programa, o que

---

[432] A incumbência das tarefas relacionadas ao programa de *compliance* pode ser atribuída a diversos níveis de gestão da empresa, sendo bastante comum que se estendam por pelo menos três: (i) dirigentes, (ii) encarregado central de *compliance* e (iii) encarregados setoriais. Nas grandes estruturas fala-se "em um CCO, *Chief Compliance Officer*, normalmente encarregado de atividades de organização e coordenação, com alto grau de generalidade, em empresas multinacionais". ESTELLITA, 2017, p. 213.

[433] Diz-se regra geral porque, embora não tão usual, a responsabilidade pela implantação e monitoramento do programa de *compliance* pode ser atribuída a agentes externos, consultores, auditores, etc.

remete às atribuições do *compliance officer* (artigo 19). Em complemento, o dispositivo determina que os riscos associados à integridade sejam constantemente avaliados e que o programa seja continuamente monitorado. Por decorrência lógica e por todas as informações levantadas até aqui, presume-se que também essas funções sejam atribuídas à unidade responsável pelo programa – semelhante à figura do *compliance officer*.

No mesmo sentido, as diretrizes fornecidas pela Controladoria-Geral da União para a implantação dos programas de *compliance* no âmbito das empresas privadas reforçam a necessidade de ser criada uma instância responsável por desenvolver, aplicar e monitorar o programa.[434] Ademais, considera-se fundamental alocar recursos financeiros, materiais e humanos suficientes, além de independência e autonomia, para que a referida instância funcione de forma eficaz.

Por sua vez, o "Referencial de Combate à Fraude e à Corrupção",[435] do Tribunal de Contas da União, afirma que cada organização deve instituir uma "Comissão de Ética", responsável por monitorar a aplicação do Código de Ética e de Conduta, julgar as condutas que possam tê-los infringido, além de definir as sanções cabíveis e supervisionar as ações de promoção da ética e da integridade na organização.

Como se depreende das orientações oficiais, não há consenso acerca da definição das funções do *compliance officer* ou instância de *compliance*. O fundamental é que exista esforço e investimento na estruturação do departamento responsável pelo programa de *compliance*.[436] De acordo com as particularidades de cada empresa ou dos entes públicos, as atribuições e responsabilidades do(s) profissional(ais) serão

---

[434] MINISTÉRIO DA TRANSPARÊNCIA, FISCALIZAÇÃO E CONTROLADORIA-GERAL DA UNIÃO, 2015d.
[435] TRIBUNAL DE CONTAS DA UNIÃO. Referencial de Combate à Fraude e à Corrupção. 2016.
[436] No programa piloto de investigação lançado em abril de 2016 pelo Departamento de Justiça norte-americano (DOJ) (*The Fraud Section's Foreign Corrupt Practices Act Enforcement Plan and Guidance*) foram elencados oito fatores que orientam a investigação acerca da eficácia dos programas de *compliance* e que evidenciam a importância do *compliance officer*, nomeadamente: (i) a existência, dentro da empresa, de uma cultura de conformidade; (ii) a destinação de recursos suficientes ao programa de conformidade; (iii) a qualidade e a experiência dos profissionais responsáveis pelo setor de *compliance*; (iv) a independência da função de *compliance*; (v) a existência de avaliação de risco sobre o programa; (vi) a remuneração e os critérios de promoção da equipe responsável pelo *compliance*, em comparação com os demais; (vii) a existência de auditorias regulares para assegurar a eficácia do programa; e, por fim, (viii) a estrutura dos relatórios produzidos pelo setor de *compliance*. UNITED STATES, 2016f. Ainda mais recente, o *Evaluation of Corporate Compliance Programs* (*Evaluation Guidance*) enumera uma série de perguntas referentes à autonomia e à relevância da área de *compliance* como forma de atestar a eficiência e a eficácia do programa. UNITED STATES, 2017b.

definidas:(i) por designação do estatuto, no caso de administrador; (ii) pela descrição contida no contrato de trabalho; ou (iii) por qualquer outro documento que contenha a *job description*.

Entretanto, o que se tem verificado na prática é a criação de uma instância de *compliance* ou a designação de um *compliance officer* "em um nível inferior ao da administração (no sentido societário), com incumbências de implementar um sistema de prevenção e detecção, treinar empregados, vigiar o cumprimento das normas legais e regras internas da sociedade, investigar irregularidades e transmitir as informações à administração da empresa".[437] Nesse cenário, o mais usual é que a posição do *compliance officer* seja ocupada por um ou mais colaboradores internos da empresa, destituídos de poder disciplinar sobre os demais funcionários, cabendo-lhes, em dimensão mais restrita, a função de diagnosticar e comunicar eventuais irregularidades, mas não a responsabilidade de intervir diretamente ou tomar providências para fazer cessar a sua prática.[438]

Destarte, guardadas as particularidades de cada organização social, pode-se dizer que, em linhas gerais, cabe ao *compliance officer* (i) manter atualizada a análise dos riscos envolvendo a atividade empresarial; (ii) garantir a existência de procedimentos de controle interno;[439] (iii) assegurar que o programa satisfaça os requisitos legalmente estabelecidos, mantendo-se constantemente atualizado; e (iv) avaliar periodicamente a eficiência e a eficácia do programa de *compliance* na prevenção dos atos de corrupção, registrando os resultados obtidos em relatórios periódicos.

O *compliance officer* é responsável por supervisionar a atividade empresarial em todos os níveis hierárquicos e sua conformidade com a legislação em vigor e com as diretrizes estabelecidas no Código de

---

[437] ESTELLITA, 2017, p. 218.

[438] Assim, por exemplo, se o *compliance officer* ou a instância de *compliance* constatam que um funcionário da empresa está sendo indevidamente beneficiado em uma licitação, em razão de alguma relação de proximidade com o agente público ou do pagamento de vantagem ilícita, tem o dever de comunicar imediatamente ao conselho de administração da empresa, ao CEO ou ao órgão/pessoa a qual esteja subordinado, mas não está obrigado a interferir diretamente na conduta do funcionário – nem se espera dele que o faça, a menos que o contrato de trabalho ou instrumento similar lhe tenha expressamente designado tal função.

[439] O *compliance officer* não é, necessariamente, o responsável por *criar* os procedimentos internos, o Código de Conduta ou o canal de denúncias. É bem possível que tais mecanismos já estejam instituídos quando o profissional assuma a responsabilidade por suas funções. O dever do *compliance officer* é garantir que o programa funcione de acordo com os parâmetros legalmente estabelecidos.

Conduta. O dever de supervisão abarca desde o processo de contratação e promoção de funcionários, que, regra geral, deve pautar-se por critérios objetivos e refutar favoritismos, até as contratações e tratativas com o Poder Público, objeto do presente estudo. É, ainda, incumbência do *compliance officer* garantir que os Códigos de Conduta e os mecanismos de controle interno estejam sempre atualizados, acompanhando a evolução dos riscos inerentes à atividade empresarial.

Em regra, o responsável pelo programa de *compliance* não detém poder para intervir diretamente na conduta dos colaboradores supervisionados, o que não compromete necessariamente a sua independência. A independência do *compliance officer* refere-se também ao processo de investigação. Sob essa perspectiva, o programa é eficiente se os seus responsáveis conseguem atuar com autonomia no controle da atividade empresarial e na apuração dos indícios de desvios, tendo acesso aos documentos e registros dos departamentos da empresa, independentemente de autorização da direção.

A função do *compliance officer* é essencialmente de prevenção, diagnóstico e comunicação. Espera-se que seja capaz de fomentar uma cultura de conformidade, identificar eventuais irregularidades e comunicá-las imediatamente à alta direção da empresa, para que esta adote as providências que entender cabíveis. O *compliance officer* não é, aprioristicamente, o responsável por impedir a ocorrência do ilícito, a menos que tal atribuição lhe tenha sido expressamente conferida. A prevenção refere-se antes à promoção de valores éticos e de mecanismos de controle do que ao poder de intervir diretamente na conduta dos colaboradores. Excepcionados os casos de delegação expressa, o poder diretivo permanece nas mãos do administrador.

Uma das questões controvertidas envolvendo o *compliance officer* refere-se à subordinação, porquanto um dos pressupostos para a sua atividade é o grau máximo de independência. A Lei Federal nº 12.846/2013 e os diplomas que a regulamentam não esclarecem de que forma essa autonomia deve ser garantida. As diretrizes disponibilizadas pela Controladoria-Geral da União (CGU) tampouco definem o que caracteriza a independência da instância de *compliance*.

Embora reconheça que a estruturação do programa de *compliance* depende das particularidades da empresa, o guia do *Foreign Corrupt Practices Act* (FCPA), publicado pelo Departamento de Justiça norte-americano (DOJ), dá alguns indicativos nesse sentido, ao afirmar que "a autonomia incluiria acesso direto à Presidência da organização, ao Conselho da Administração e aos Comitês de Conselho da

Administração".[440] Na mesma linha, a Lei Federal nº 13.303/2016 exige que o estatuto social das empresas públicas preveja a possibilidade de que a instância de *compliance* se reporte "diretamente ao conselho de administração em situações em que se suspeite do envolvimento do diretor-presidente em irregularidades ou quando este se furtar à obrigação de adotar medidas necessárias em relação à situação a ele relatada".

O Código de *Compliance* Corporativo divulgado pelo Instituto Brasileiro de Direito e Ética Empresarial (IBDEE)[441] sugere que as empresas mantenham um "Comitê de *Compliance,* independentemente da nomenclatura adotada, liderado pelo *Compliance Officer* e com participação das principais lideranças relacionadas a atividades de controle, tais como Gerência Geral e os departamentos Jurídico, Regulatório, Financeiro e Recursos Humanos, conforme a estrutura de cada empresa" (artigo 6º). Além disso, afirma que o *compliance officer* deve fazer parte da alta administração da empresa, podendo convocar os órgãos societários e comitês diretivos, como a assembleia geral de acionistas, o conselho de administração e do conselho fiscal (artigo 5º).

Em todos os casos, o ideal é que o *compliance officer* esteja no mesmo nível hierárquico dos demais gestores da empresa e reporte-se diretamente ao conselho de administração, quando existente, ou, pelo menos, à presidência da empresa. É essa a orientação fornecida às empresas que pretendem obter o selo "Pró-Ética", conferido pela Controladoria-Geral da União: a área responsável pelo programa de *compliance* deve reportar-se ao dirigente máximo da empresa.[442]

De acordo com pesquisa realizada pela PwC,[443] apenas 34% dos responsáveis pela função de *compliance* reportam-se à presidência/CEO da empresa, enquanto 27% reportam-se ao conselho geral. Os números foram corroborados por estudo da Delloite, que constatou que o setor de *compliance* de 21% das empresas entrevistadas reporta-se ao conselho

---

[440] UNITED STATES, 2015b, p. 58.
[441] IBDEE. *Código de Compliance Corporativo*: Guia de melhores práticas de *compliance* no âmbito empresarial. 2017.
[442] MINISTÉRIO DA TRANSPARÊNCIA, FISCALIZAÇÃO E CONTROLADORIA-GERAL DA UNIÃO, 2015a. No caso de pequenas organizações, o §1º do artigo 4º do Código de *Compliance* Corporativo do IBDEE preceitua: "quando a empresa não tiver capacidade de manter um profissional de *Compliance* com dedicação integral, recomenda-se nomear e qualificar profissional de área relacionada a atividades de controle, tais como dos departamentos Jurídico, Regulatório, Financeiro ou de Recursos Humanos". IBDEE. *Código de Compliance Corporativo*: Guia de melhores práticas de compliance no âmbito empresarial. 2017.
[443] PWC, 2014, p. 9.

geral e 36% reporta-se à presidência/CEO.[444] Além disso, o estudo da PwC revelou que 54% dos *Chief Compliance Officers* acumulam outras funções, o que pode comprometer a eficácia do programa de integridade, talvez por não receber a devida atenção.

A melhor prática recomenda que a instância de *compliance* seja autônoma, independente e reporte-se diretamente ao conselho de administração. Todavia, é evidente que, na impossibilidade de estruturar uma instância de *compliance* autônoma, diretamente ligada ao conselho de administração e com profissionais exclusivamente destinados às funções de integridade, empresas menores ou que não disponham de recursos suficientes devem estruturar o programa dentro da sua realidade.

Em outras palavras, é melhor ter um programa de *compliance* incipiente do que nenhuma política de integridade, porque, como a Lei Federal nº 12.846/2013 não estabelece critérios objetivos quanto à estruturação e à garantia de independência da instância de *compliance* ou do *compliance officer*, a verificação da eficiência e da eficácia do programa ficará condicionada às particularidades do caso concreto e, consequentemente, às dimensões e à realidade da empresa.

Importante advertir, ainda, ser extremamente natural que a instância de *compliance* ou o *compliance officer* encontrem resistência em outros setores da empresa, alegando que suas atividades são eminentemente burocráticas, de fiscalização excessiva, podendo constituir-se num "entrave" às atividades fim da organização.[445] É provável que surjam conflitos "entre os objetivos da área de *compliance* e as metas da empresa",[446] sobretudo em termos comerciais. Por isso, é fundamental que a instância de *compliance* conte com o apoio da alta administração, em autonomia, recursos e autoridade, buscando expor a importância do programa de *compliance* em linguagem acessível a todos os colaboradores da empresa.

4.1.3.1.1 Responsabilidade do *compliance officer*

Por fim, já é possível vislumbrar discussões acerca dos limites da responsabilidade – administrativa, civil e penal – do *compliance officer*,

---

[444] DELLOITE. *The Chief Compliance Officer*: The fourth ingredient in a world-class ethics and compliance program. 2015.

[445] Muitos *compliance officers* têm reclamado que os CEOs das empresas não estão dispostos a ouvir conselhos nem advertências e que os programas de *compliance* não são levados a sério. MARTIN, 2015, p. 183.

[446] PINTO, 2016, p. 144.

especialmente em relação ao dever de vigilância para que a empresa atue com retidão. De forma simplificada, a questão remete à possibilidade de responsabilizar o *compliance officer* pela ocorrência de ilícitos – o que em tese denotaria a ineficácia do programa de *compliance*.[447]

Antes de mais nada, é importante registrar que o ordenamento brasileiro não autoriza a responsabilidade objetiva, consagrando a culpabilidade como princípio implícito na Constituição Federal (*nullum sine culpa*).[448] É que a "culpabilidade é exigência *sine qua non* para a imposição de qualquer sanção, mesmo na seara administrativa".[449] E mais, "nada justifica que se interprete a responsabilidade objetiva prevista pela Lei Anticorrupção como uma autorização para punição mesmo sem a reprovabilidade da conduta".[450] Assim, só é possível punir (i) a conduta voluntária dirigida à produção do resultado; e (ii) a violação de um dever de cuidado.

O ordenamento brasileiro não prevê o tipo específico de descumprimento dos deveres de *compliance*, o que impede a sua responsabilização por omissão própria. Portanto, o *compliance officer* só poderia ser penalizado por omissão imprópria,[451] nos termos do artigo 13 do Código Penal. O dispositivo estabelece que "o resultado, de que depende a existência do crime, somente é imputável a quem lhe deu causa" (ação ou omissão). A omissão só é "penalmente relevante quando o omitente *devia* e *podia* agir para evitar o resultado" e não o fez. O "dever de agir", por sua vez, "incumbe a quem: a) tenha por lei obrigação de cuidado, proteção ou vigilância; b) de outra forma, assumiu a responsabilidade

---

[447] Como vem sido defendido no curso deste trabalho, a prática de ilícitos por parte de colaboradores da empresa não resulta, por si só, na decretação de ineficiência do programa de *compliance*.

[448] Segundo Guilherme de Souza Nucci, "o princípio é expresso no Código Penal (art. 18), mas implícito na Constituição, onde encontra respaldo na busca por um direito de intervenção mínima, com fulcro na meta estatal geral de preservação da dignidade da pessoa humana". NUCCI, Guilherme de Souza. *Código Penal Comentado*. Rio de Janeiro: Forense, 2015, p. 15.

[449] FRAZÃO, Ana. Responsabilidade de pessoas jurídicas por atos de corrupção: reflexões sobre os critérios de imputação. In: FORTINI, Cristiana. *Corrupção e seus múltiplos enfoques jurídicos*. Belo Horizonte: Fórum, 2018, p. 47.

[450] *Idem*, p. 49.

[451] Quando o agente, por assumir a posição de garantidor, nos termos do §2º do artigo 13 do Código Penal, "*devia* e *podia* agir para evitar o resultado". O exemplo típico é o dos pais em relação aos filhos, do salva-vidas em relação aos banhistas e de todo aquele que, devendo e podendo agir de modo a evitar o resultado lesivo, tenha se omitido dolosa ou culposamente. De toda sorte, o pressuposto mínimo para caracterizar a posição de garantidor de qualquer integrante da empresa é que a infração praticada seja conectada às atividades empresariais.

de impedir o resultado; e c) com seu comportamento anterior, criou o risco da ocorrência do resultado".

O artigo 13 do Código Penal impõe o dever de agir para evitar a ocorrência do resultado danoso ao sujeito que ostenta posição jurídica de *garantidor*, ou seja, a quem detenha a responsabilidade de impedir o resultado. De acordo com a literalidade do dispositivo, somente aquele que *deveria* – por lei, assunção de responsabilidade ou manifestação anterior – contribuir para evitar o resultado ilícito pode ser responsabilizado em caso de omissão, desde que, comprovadamente: (i) pudesse ter agido daquela maneira;[452] e (ii) a omissão tivesse concorrido para a perfectibilização do ato ilícito.

De acordo com a doutrina especializada, o dever de cuidado, proteção e vigilância incumbe, por lei, aos administradores da empresa,[453] e não à figura do *compliance officer*. Contudo, na estruturação de um programa de *compliance*, o dever de vigilância – que corresponde ao dever de evitar a ocorrência do resultado ilícito – pode: (i) permanecer concentrado na figura dos administradores da empresa; (ii) ser delegado ao *compliance officer*; ou (iii) ser pulverizado entre os responsáveis pelo respectivo setor de atividade (departamentos de recursos humanos, comercial, setor de contabilidade, etc.).[454]

A delegação do dever de vigilância atrai a incidência da alínea "b" do mencionado artigo 13 do Código Penal, na medida em que o responsável designado assume – em função do estatuto social; pela descrição contida no contrato de trabalho; ou por qualquer outro documento que contenha a *job description* – a responsabilidade de impedir o resultado ilícito. Assim, caso tal competência tenha sido formalmente delegada ao *compliance officer*, pode-se falar em responsabilidade penal por omissão.

---

[452] A culpabilidade, como cediço, pressupõe que o sujeito pudesse agir de forma diversa, que tivesse *escolha*.

[453] Como esclarece Heloisa Estellita, "Garantidores originários de vigilância na empresa serão os integrantes de órgãos de administração que tenham uma relação juridicamente fundada de controle, ainda que parcial, sobre a empresa, e que tenham assumido faticamente esse controle" e, mais adiante, "A determinação inicial, ou indiciária, de quem são esses administradores é feita com base na legislação de regência, ou seja, em conformidade com as normas societárias, sua fundamentação inicial, mas ainda precária, é legal. [...] Todavia, a mera designação nos documentos sociais ou no organograma da companhia será irrelevante se não corresponder ao seu exercício fático. Para fins de responsabilidade penal, mais valerá o exercício de fato do que a designação em documentos societários ou em contrato de trabalho. Não por outra razão, para fins de responsabilidade penal por omissão, o administrador de fato é tão "administrador" quanto os legalmente designados e o fundamento legal da sua posição de garantidor se encontrará seja na alínea "b", seja, eventualmente, na "c", do §2º, do art. 13, CPB". ESTELLITA, 2017, p. 130, 132.

[454] *Idem*, p. 213.

A alínea "c", por sua vez, prescreve a responsabilidade daqueles que, em razão de um comportamento anterior, criaram o risco da ocorrência do resultado (ingerência). O dispositivo pode ser aplicado à figura do *compliance officer* sob dois vieses.

Na primeira hipótese, se ao *compliance officer* é atribuído o poder de, autônoma e independentemente, intervir diretamente para evitar o resultado ilícito, considera-se que o dever de vigilância – e os seus consectários legais – lhe foi delegado, o que autoriza a sua responsabilização penal caso a empresa venha a envolver-se em ato ilícito. Não há, é bom que se advirta, responsabilidade objetiva do agente. Entende-se, de forma simplificada, que o *compliance officer* detinha competência e poder para impedir a ocorrência do ilícito. Se não o fez – considerando-se que pudesse fazê-lo, ou seja, que detivesse conhecimento dos fatos ilícitos, o que decorre diretamente do princípio da culpabilidade –, contribuiu, em razão de um comportamento anterior, para a ocorrência do resultado, o que atrai a incidência da alínea "c" e autoriza a sua responsabilização pela consumação do crime.

Na segunda hipótese, se lhe incumbia apenas o dever de monitorar o programa de *compliance*, nele incluída a obrigação de reporte à alta administração, a responsabilidade por evitar o resultado permaneceria nas mãos do garantidor originário. Nesse caso, o *compliance officer* poderia vir a ser responsabilizado por omissão apenas se (i) tomasse conhecimento da potencial ocorrência do ilícito; e (ii) deixasse de comunicar à alta administração, situação em que, em razão de comportamento anterior, teria contribuído para a ocorrência do resultado.[455]

Com efeito, na maior parte dos casos, o *compliance officer* não está obrigado a impedir a ocorrência do resultado ilícito, mas a adotar todas as medidas possíveis para evitá-lo – o que, no âmbito do programa de *compliance*, significa monitorar os mecanismos de controle interno e, caso verificado algum desvio, comunicá-lo à alta direção da empresa. Assim, "a ausência de um poder diretivo ou de tomar decisões por parte do CO [*compliance officer*] não afeta sua posição de garantidor, mas limitará o conteúdo do seu dever concreto de agir em função de sua possibilidade jurídica de atuação".[456]

Significa que o sujeito incumbido de zelar pelo funcionamento do programa de *compliance* – repita-se: normalmente sem poder diretivo

---

[455] Lembrando que a responsabilidade por omissão depende da demonstração de que a conduta omissiva contribuiu, de fato, para a ocorrência do resultado ilícito.
[456] ESTELLITA, 2017, p. 223.

sobre a conduta dos colaboradores da empresa – tem o dever de comunicar ao conselho de administração ou à presidência, os delegantes do poder de vigilância, as suspeitas acerca da ocorrência do ilícito. Suas obrigações "são obrigações de meio e não de resultado".[457] Não é ele o responsável por evitar o ilícito ou determinar as providências que devem ser tomadas diante da sua constatação, pelo que não pode ser penalmente responsabilizado caso o programa de *compliance* não seja capaz de impedir o envolvimento da empresa em alguma irregularidade.

Em todos os casos, por força do artigo 18 do Código Penal ou do artigo 3º da Lei Federal nº 12.846/2013, a responsabilidade individual dos dirigentes, administradores ou de qualquer pessoa natural ficará restrita aos limites de sua culpabilidade. O raciocínio que conduz à responsabilização civil e administrativa é, portanto, similar ao encadeamento lógico previsto no rito penal: o sujeito só pode ser penalizado por aquilo que lhe incumbia, nos exatos limites de suas atribuições. E mais, "se adotados todos os cuidados no sentido da evitação dos delitos pelos terceiros, não será possível a sua responsabilização. É nesse ponto que se mostra relevante o programa de integridade".[458]

A questão foi parcialmente submetida à apreciação do Supremo Tribunal Federal no julgamento da Ação Penal nº 470 – que julgou o chamado "Mensalão" –, especificamente em relação ao dever de denunciar a ocorrência de condutas ilícitas e prevenir o crime de lavagem de dinheiro.[459] Muitos dos réus supostamente envolvidos nas irregularidades haviam ocupado a vice-presidência – função que pretensamente presidiria a área de *compliance* – ou a superintendência de *compliance* do Banco Rural.[460]

---

[457] GABARDO; CASTELLA, 2015, p. 137. No mesmo sentido, a ISO 37001 esclarece que a responsabilidade pela implantação do *compliance* não deve ser confundida "com a responsabilidade direta pelo desempenho antissuborno da organização e cumprimento das leis antissuborno aplicáveis". ASSOCIAÇÃO BRASILEIRA DE NORMAS TÉCNICAS. *NBR ISO 37001: Sistemas de gestão antissuborno* – requisitos com orientações para uso. Rio de Janeiro, 2017, p. 31.
[458] PINTO, Felipe Martins; BRENER, Paula Rocha. Responsabilidade corporativa e *compliance*: novas estratégias de prevenção à criminalidade econômica. In: FORTINI, Cristiana. *Corrupção e seus múltiplos enfoques jurídicos*. Belo Horizonte: Fórum, 2018, p. 348.
[459] BRASIL. Supremo Tribunal Federal. Ação Penal 470. Relator: Ministro Joaquim Barbosa. Brasília, DF, 17 dez. 2012. *Diário de Justiça eletrônico*. Brasília, 22 abr. 2013c.
[460] Os réus José Augusto Dumont, José Roberto Salgado e Ayanna Tenório Torres de Jesus foram, em algum momento, vice-presidentes do Banco Rural. O réu Carlos Roberto Sanches Godinho liderava a Superintendência de *Compliance* e apresentou Relatório de "Lavagem de Dinheiro" com comentários abonadores sobre as práticas ilegais que ensejaram, posteriormente, a condenação. BRASIL, 2013c, p. 6.122.

A primeira dificuldade que se extrai da leitura do acórdão é justamente a ausência de delimitação de responsabilidade. Não fica claro a quem o Supremo Tribunal Federal atribui a responsabilidade pelo programa de *compliance*. A decisão algumas vezes cita os "diretores de controles internos e *compliance*"[461] como os responsáveis pelo sistema de controle e identificação de operações suspeitas. Em outras oportunidades, atribui tal competência ao superintendente de *compliance* ou, sob uma terceira perspectiva, afirma que a vice-presidência respondia pela área de *compliance* e teria a incumbência de fazer cessar as operações ilícitas perpetradas.[462] Repita-se que não há, com precisão, delimitação de quem eram os responsáveis pelo programa de *compliance* da instituição financeira e, menos ainda, das responsabilidades daquele que seria considerado o *compliance officer*.

Ao final, o Superior Tribunal Federal absolveu a ré Ayanna Tenório Torres de Jesus, ex-vice-presidente do Banco Rural, por considerar que "sua participação [nos procedimentos e controles internos] era uma mera formalidade" e que, apesar de ter subscrito a aprovação dos empréstimos considerados ilegais, "não tinha o domínio técnico da matéria financeira que lhe era submetida" e que "não recebeu informações a respeito da ilicitude dos empréstimos contratados com as empresas de Marcos Valério".[463]

A conduta fraudulenta teria sido proposta pelo réu Carlos Godinho, Superintendente de *Compliance*, departamento supostamente "subordinado à vice-presidência ocupada por Ayanna".[464] Sob essa perspectiva e, sobretudo, diante da falta de clareza da decisão, não seria desarrazoado equiparar a posição ocupada pela ré Ayanna, responsável pela subscrição dos relatórios financeiros sugeridos pela superintendência de *compliance*, com a figura do *chief compliance officer* (CCO).

---

[461] BRASIL, 2013c.

[462] Na fundamentação a decisão afirma que "*Ayanna Tenório era Vice-Presidente responsável pelo Comitê de Prevenção à Lavagem de Dinheiro e pelas áreas de compliance,* contabilidade jurídica, operacional, comercial e tecnológica da instituição financeira" (grifo acrescido). BRASIL, 2013c, p. 6.127.

[463] BRASIL, 2013c. Como foi detalhado nos itens 3.2 e no capítulo 4, um dos requisitos para avaliar o programa é que as pessoas responsáveis pela área de *compliance* tenham conhecimento suficiente sobre a matéria que lhes é posta a apreciação. Evidentemente que, se os controles internos exigiam a assinatura da vice-presidência do banco nos relatórios financeiros e o responsável pelo cargo "não tinha o domínio técnico da matéria financeira que lhe era submetida", o procedimento não serve como forma de evitar a ocorrência de ilícito e o programa, sob esse aspecto, não passa de um mero formalismo.

[464] Idem, p. 6.115.

As discussões travadas entre os Ministros do Supremo Tribunal Federal questionaram especificamente a responsabilidade do réu Vinícius Samanare, então diretor estatutário de controles internos e *compliance*, que poderia, igualmente, ser equiparado à figura do *compliance officer*. Nesse sentido, e diante da pertinência temática, transcreve-se excerto do debate travado:

> O SENHOR MINISTRO RICARDO LEWANDOWSKI (REVISOR) – [...] eu fiquei na dúvida com relação à responsabilidade deste réu Vinícius Samarane, sobretudo no que diz respeito a sua intenção subjetiva, ao dolo específico de cometer fraude. [...] Mas o que procurei ressaltar, eminente Relator, é exatamente isso: ele não tinha o poder de impedir a concessão de empréstimos, nem de conceder.
> O SENHOR MINISTRO JOAQUIM BARBOSA (RELATOR) – Mas tinha o poder de alertar.
> O SENHOR MINISTRO RICARDO LEWANDOWSKI (REVISOR) – Como empregado, não. Talvez lá, sentado no Conselho de Administração, a partir de 2004, ele pudesse vetar, pudesse manifestar-se de viva voz etc. Mas, antes disso, eu tenho dúvida.
> O SENHOR MINISTRO JOAQUIM BARBOSA (RELATOR) – Vossa Excelência conhece muito bem, Ministro Lewandowski, a palavra, o verbo, da língua inglesa, que consta do cargo exercido por ele. *Compliance*. *Compliance* vem de quê? Vem de *comply*. O que significa *comply* em inglês?
> O SENHOR MINISTRO RICARDO LEWANDOWSKI (REVISOR) – O que significa?
> O SENHOR MINISTRO JOAQUIM BARBOSA (RELATOR) – Fazer cumprir, cumprir normas.
> O SENHOR MINISTRO RICARDO LEWANDOWSKI (REVISOR) – Sim, fazer cumprir. Mas ele, como subordinado, não pode fazer com que a autoridade superior cumpra.[465]

O réu foi condenado por uma suposta condescendência "com a prática rotineira de lavagem de dinheiro", embora o Supremo Tribunal Federal tenha entendido que "não há uma aprovação expressa sua quanto ao que foi proposto pelo Superintendente de *Compliance*".[466] O que se extrai da decisão é que, como o réu detinha conhecimento mais acurado sobre a matéria financeira e conduziu a "23ª Reunião do Comitê de Controles Internos e Prevenção a Ilícitos", oportunidade em

---

[465] *Idem*, p. 2.683.
[466] *Idem*, p. 6.122-6.123.

que foram acatadas as sugestões – consideradas ilegais – da superintendência de *compliance*, deveria ter impedido a ocorrência do ilícito.[467] O Supremo Tribunal Federal considerou que o diretor de controles internos e *compliance* deveria indicar à vice-presidência a existência de operações suspeitas nos relatórios financeiros. Ou seja, o réu Vinícius Samare foi condenado porque não identificou as irregularidades sugeridas pela superintendência de *compliance* e, consequentemente, não alertou a vice-presidência, que acabou aprovando os empréstimos.

Assim, diversamente do que consigna grande parte das críticas jornalísticas e acadêmicas sobre a decisão, o réu não foi condenado porque *não interveio* diretamente, ou porque *não obstou* a conduta ilícita – que consistiria na renovação dos empréstimos –, mas porque, repita-se, não advertiu a direção da instituição financeira sobre a existência de operações suspeitas. Ao final, portanto, o Supremo Tribunal Federal acabou por responsabilizar apenas os agentes considerados envolvidos – ainda que por omissão, quando permitido pelo tipo penal – diretamente nas condutas tidas como fraudulentas. Ou seja, a responsabilização penal não foi atrelada à condição de *compliance officer* ou a qualquer outra posição ocupada dentro do Banco, mas aos limites da culpabilidade do agente.

Como afirmam Helena Costa e Marina Araújo, em comentário à decisão do Supremo Tribunal Federal, o *compliance officer* "não assume o dever de evitar todo e qualquer resultado de prática de crimes dentro da empresa, mas, sim, de estabelecer regras, fiscalizar sua aplicação e comunicar eventuais problemas àqueles que detêm, na empresa, os poderes de administração".[468] Em todos os casos, a aplicação do direito penal exigiria uma análise contextualizada das funções desempenhadas pelos profissionais alocados na instância de *compliance*, sobretudo do seu grau de autonomia, bem como da contribuição de sua postura – omissiva ou comissiva – para a concretização do resultado.

Embora não descure da existência de controvérsias acerca da posição de garantidor, em linhas gerais, pode-se dizer que, no ordenamento brasileiro, o *compliance officer* só pode responder pelo programa em si, e não pela retidão da conduta da empresa.[469] O seu dever – repita-se,

---

[467] O réu foi condenado com base no artigo 4º da Lei nº 7.492, que descreve o crime de gestão fraudulenta de instituição financeira. BRASIL. Lei nº 7.492, de 16 de junho de 1986. *Diário Oficial da União*: Poder Executivo, Brasília, DF, 18 jun. 1986.
[468] COSTA; ARAÚJO, 2014, p. 226.
[469] A menos que a estruturação interna da empresa preveja a delegação do dever de vigilância. Em regra, o *compliance officer* "não assume o dever de evitar todo e qualquer resultado de prática de crimes dentro da empresa, mas sim de estabelecer regras, fiscalizar e comunicar

em consonância com a posição do Supremo Tribunal Federal – é de diagnóstico.[470] Assim, sendo capaz de fiscalizar, e, eventualmente, comunicar a ocorrência do ilícito, ainda que nenhuma providência seja adotada pelo órgão de direção da empresa, o profissional de *compliance* não pode ser responsabilizado por eventual desvio.

4.1.3.1.2 Obrigação de reporte às autoridades públicas

É possível questionar, ainda, a responsabilidade do *compliance officer* por eventuais ilícitos que, praticados e posteriormente identificados, tenham sido comunicados apenas ao conselho de administração ou à presidência da empresa, sem reportá-los aos órgãos de controle. Na configuração hipotética apresentada,[471] o *compliance officer* não é obrigado a reportar a ocorrência ou a suspeita de ocorrência do ilícito às autoridades públicas. O seu compromisso é interno, com a empresa, e não com o Poder Público. Assim, se o *compliance officer* toma conhecimento da potencial ocorrência de um ato ilícito e comunica à alta administração da empresa, não se pode dizer que contribuiu para a consumação do resultado ilícito porque não comunicou às autoridades públicas. Como afirmado, a competência para evitar o resultado remanesce nas mãos do garantidor originário, de modo que o *compliance officer* não pode ser responsabilizado por omissão.

Por outro lado, a verificação de falha no programa, somada à existência de culpa ou dolo na conduta do *compliance officer* – uma vez que não se trata de responsabilidade objetiva –, poderia conduzir à sua responsabilização. A única omissão possível, como consignado, seria referente aos deveres inerentes ao monitoramento do programa de *compliance* em si e não ao dever de evitar a ocorrência do ilícito.[472]

---

problemas aqueles que detêm, na empresa, os poderes de administração. [...] Até por uma exigência lógica, se o *compliance officer* assumisse a obrigação de evitar a prática de crimes, em geral, por terceiros, teria necessariamente de deter poder para impedir ou suspender tais atos". *Idem*, p. 226.

[470] Até porque, por mais sofisticado que seja o programa e o grau de autonomia do responsável, a menos que se trate de um colaborador externo, é inegável o vínculo de trabalho entre o *compliance officer* e a Administração da empresa.

[471] Em que o *compliance officer* não detém dever de vigilância, tampouco de ingerência sobre a conduta dos demais colaboradores, cabendo-lhe tão somente o dever de implantar e fiscalizar o programa de *compliance*.

[472] A conclusão é consentânea com o raciocínio apresentado no *Securities Exchange Act of 1924*, ao estabelecer que "Nenhuma pessoa pode ser julgada como tendo falhado na supervisão de outra pessoa se: (i) existiam procedimentos estabelecidos e um sistema para a aplicação de tais procedimentos, o que seria razoavelmente esperado para prevenir e

Nesse particular, relevante a anotação de que a responsabilidade do *compliance officer* vem aumentando nos últimos anos, passando a englobar a responsabilidade pela conscientização sobre os riscos de envolvimento em ilícitos, sobretudo danos à reputação da empresa,[473] o que, em última análise remete à responsabilidade de, em conjunto com a administração da empresa, avaliar os incentivos existentes para que os colaboradores observem os padrões de conduta exigidos pela empresa e, eventualmente, a necessidade de alterar a cultura corporativa, sob a perspectiva sociológica, na linha do que foi trabalhado no segundo capítulo deste trabalho.

A título de informação e devido à pertinência temática, é importante mencionar o recente acordo celebrado entre o ex-*chief compliance officer* de uma das maiores agências de transferência de dinheiro no mundo (MoneyGram), o *Financial Crimes Enforcement Network* (FinCEN)[474] e a Procuradoria-Geral do Distrito Sul de Nova York.[475] O executivo Thomas Haider ocupou, de 2003 a 2008, o cargo de Diretor do Departamento de Fraude e do Departamento de *Compliance* Antilavagem de Dinheiro da MoneyGram.[476] Segundo o FinCEN, Haider não tomou as providências necessárias para encerrar fraudes perpetradas por colaboradores da empresa, mesmo após terem chegado ao seu conhecimento.

O caso pode ser resumido à seguinte cronologia. Em 2006 e 2007, após a apuração de uma série de denúncias, os membros do Departamento de Fraude da empresa propuseram a implantação de

---

detectar, na medida do possível, violação dessa espécie por qualquer outra pessoa; e (ii) a pessoa cumpriu razoavelmente os deveres e obrigações que lhe incumbiam em função dos procedimentos e do sistema implementados, não havendo razões para acreditar que tais procedimentos e sistema não estariam sendo cumpridos" (Seção 15(b)(4)(E)). UNITED STATES. *Security Exchange Act of 1934*. Washington, DC, 10 ago. 2012. Seguindo essa lógica, diante da existência de um programa de *compliance* efetivo e da inexistência de razões para acreditar que o *compliance officer* não lhe estaria dando cumprimento, a responsabilidade do profissional fica restrita ao funcionamento do programa e não aos desvios de conduta dos colaboradores da empresa. Entretanto, ao interpretar o dispositivo, a própria SEC afirmou que a delimitação das situações em que *compliance officer* pode ser responsabilizado na condição de supervisor encontra-se indefinida.

[473] DELLOITE, 2015.
[474] O FinCEN é uma agência do Departamento do Tesouro Norte-Americano que recolhe e analisa informações sobre transações financeiras com o intuito de combater os crimes de lavagem de dinheiro – nacional e internacional, financiamento de terrorismo e outros ilícitos financeiros. UNITED STATES. Department of the Treasury. Financial Crimes Enforcement Network. *Mission*. 2017e.
[475] UNITED STATES. Department of the Treasury. Financial Crimes Enforcement Network. FinCEN and Manhattan U.S. Attorney Announce Settlement with Former MoneyGram Executive Thomas E. Haider. 2017d.
[476] Anti-Money Laundering (AML) Compliance Department.

uma política interna que resultaria no encerramento das atividades dos estabelecimentos da MoneyGram, suspeitos de serem cúmplices no esquema de fraude envolvendo a transferência de dinheiro ou com alto risco de envolvimento em ilícitos.[477] Segundo o Departamento de Justiça Norte-Americano, Haider tinha autoridade para demitir colaboradores e determinar o fechamento de pontos de venda em razão de suspeitas de fraude ou problemas de conformidade. Entretanto, por questões internas – que abarcariam majoritariamente a oposição do Departamento de Vendas –, o executivo não tomou as medidas recomendadas pelo Departamento de Fraude.

Ao final, mesmo sem prova alguma de envolvimento no esquema de fraude financeira identificado, Haider foi considerado responsável por (i) não ter determinado, mesmo tendo competência para tanto, o imediato encerramento das atividades dos estabelecimentos suspeitos e daqueles sujeitos a alto risco de envolvimento em fraudes; e (ii) por não ter implantado um programa de *compliance* antilavagem de dinheiro capaz de impedir ou cessar imediatamente a ocorrência do ilícito.[478] Em maio de 2017, Haider concordou em pagar multa no valor de U$ 250.000,00 e sujeitar-se à proibição de prestar qualquer tipo de serviço na área de transferência de dinheiro pelo prazo de três anos.

Como mencionado, diversamente do caso da MoneyGram, a prática tem revelado certa resistência das empresas em delegar poderes diretivos ao *compliance officer*, o que, em regra, inviabilizaria a sua responsabilização por ilícitos praticados pela empresa.[479] A análise do grau de responsabilidade em cada caso, repita-se, dependerá da estruturação do programa de *compliance* e, sobretudo, do contrato de trabalho ou do documento que defina as atribuições do *compliance officer*.

---

[477] A política foi redigida e apresentada a Haider pelo Departamento de Fraude. O relatório recomendava, com base em provas robustas, o encerramento de pontos de venda e pagamento da MoneyGram suspeitos de fraude na transferência de dinheiro.

[478] UNITED STATES. Department of Justice. Acting Manhattan U.S. Attorney Announces Settlement Of Bank Secrecy Act Suit Against Former Chief Compliance Officer at Moneygram for Failure to Implement and Maintain an Effective Anti-Money Laundering Program and File Timely SARS. 2017a.

[479] No ordenamento norte-americano a tendência é cada vez mais no sentido de responsabilizar os indivíduos envolvidos nos ilícitos e não apenas a empresa. Nessa linha, o Departamento de Justiça dos Estados Unidos (DOJ) emitiu um Memorando, em setembro de 2015, reforçando a necessidade de responsabilização individual – e não apenas da pessoa jurídica – nos crimes de lavagem de dinheiro e fraudes em geral. Segundo o "Memorando Yates", como as empresas não atuam senão por meio de pessoas físicas, o foco na responsabilidade individual fornece um panorama mais amplo acerca dos controles internos da empresa e dos limites de atuação dos colaboradores, identificando os problemas centrais de responsabilidade corporativa. UNITED States. Department of Justice. *Individual Accountability for Corporate Wrongdoing*. 2015.

Por fim, ainda quanto às atribuições do *compliance officer*, é oportuna a provocação no sentido de ser possível, eventualmente, exigir-se do *compliance officer* a obrigação de reportar operações suspeitas de lavagem de dinheiro e/ou corrupção aos órgãos de controle. A comparação leva em consideração a obrigação, imposta pelo Conselho Federal de Contabilidade aos contadores e empresas prestadoras de serviço contábil, de denunciar operações suspeitas de lavagem de dinheiro, sob pena de responder às sanções previstas no artigo 12 da Lei Federal nº 9.613/1998, nos termos da Resolução CFC nº 1.445/2013.[480]

Obrigação similar é extraída do artigo 11 da Lei Federal nº 12.613/1998 (Lei da Lavagem de Dinheiro), que impõe ao *compliance officer* das instituições referenciadas no artigo 9º – que não se confunde com o *compliance officer* objeto do presente estudo – o dever de "comunicar ao COAF, abstendo-se de dar ciência de tal ato a qualquer pessoa, inclusive àquela à qual se refira a informação, no prazo de 24 (vinte e quatro) horas, a proposta ou realização" de todas as movimentações suspeitas de crime de lavagem de dinheiro.

Especificamente em relação aos programas de *compliance* e aos atos de corrupção, não há, atualmente, exigência legal ou regulatória que imponha ao *compliance officer* o dever de comunicar às autoridades públicas a ocorrência de ilícitos. O compromisso do *compliance officer* ou do profissional responsável pela instância de *compliance* é com a empresa e não com os órgãos de controle.[481] Portanto, a menos que haja alguma alteração legislativa – que leve em consideração os limites impostos pelo exercício da profissão desempenhada –, o dever do *compliance officer* encerra-se na comunicação de eventuais irregularidades à direção da empresa.

A situação é diferente no âmbito da Administração Pública. Em algumas hipóteses, a não comunicação das irregularidades internas pode caracterizar inclusive o crime de prevaricação, na medida em que há um dever de ofício sendo descumprido. Isso, porque o inciso VI do artigo 116 da Lei nº 8.112/1990 impõe aos servidores públicos federais o dever de "levar as irregularidades de que tiver ciência em razão do cargo ao conhecimento da autoridade superior ou, quando houver

---

[480] CONSELHO FEDERAL DE CONTABILIDADE. Resolução nº 1.445, de 30 de julho de 2013. Dispõe sobre os procedimentos a serem observados pelos profissionais e Organizações Contábeis, quando no exercício de suas funções, para cumprimento das obrigações previstas na Lei nº 9.613/1998 e alterações posteriores. *Diário Oficial da União*: Brasília, DF. 30 jul. 2013.
[481] ESTELLITA, 2017, p. 224.

suspeita de envolvimento desta, ao conhecimento de outra autoridade competente para apuração". Os responsáveis pelo *compliance* no âmbito da Administração Pública federal devem, pois, observar o dever de reporte às autoridades, sob pena de responsabilização.

A obrigatoriedade da comunicação vale para os servidores públicos federais, inclusive para aqueles vinculados às autarquias e fundações públicas federais. Já os dirigentes das empresas estatais, por não serem servidores públicos em sentido limitado, não estão sujeitos à obrigação de reporte, à luz da Lei nº 8.112/1990, exceto nas hipóteses em que houver previsão expressa na lei de criação da estatal ou no seu regimento interno.

Por fim, a título de complementação, vale mencionar que o *Dodd-Frank Act* dos Estados Unidos não autoriza que os membros do departamento de *compliance* possam se utilizar da condição de *whistleblower* para reportar irregularidades às autoridades e obter benefícios. Evidentemente, tais pessoas têm acesso privilegiado às denúncias internas e possuem o dever de lealdade perante a pessoa jurídica. Não seria razoável, então, que pudessem obter vantagem financeira a partir de uma denúncia externa que só é possível a partir da competência funcional desempenhada.

4.1.3.2 *Compliance monitor* (monitor independente ou monitor externo)

Diferentemente da instância de *compliance* e do próprio *compliance officer*, a figura do *compliance monitor* (monitor independente ou monitor externo) não encontra respaldo legislativo – nem no âmbito nacional, nem na legislação norte-americana. Ocorre que muitos dos acordos firmados no âmbito do *Foreign Corrupt Practices Act* (FCPA)[482] – e mais

---

[482] Na aplicação das penalidades previstas no FCPA, o DOJ tem oferecido às empresas acusadas a possibilidade de celebrar acordo mediante determinadas condições. Trata-se do *Deferred Prosecution Agreement* (DPA) e do *Non-Prossecution Agreement* (NPA), espécies de acordo voluntário, por meio do qual um órgão do governo (normalmente o DOJ e/ou a SEC) posterga ou renuncia ao processamento da empresa em troca de determinadas exigências que podem incluir: ampla e irrestrita cooperação com a investigação em curso, reconhecimento da irregularidade, pagamento de multas e restituição de valores, implantação ou reforma dos programas de *compliance* e contratação de monitor independente para acompanhar os controles internos. No DPA, normalmente mais detalhista, a acusação fica arquivada em juízo até que se cumpram as condições estabelecidas, enquanto o NPA obsta o ajuizamento da ação, desde que não haja violação do acordo. Os acordos têm sido utilizados em todas as áreas de crimes corporativos, incluindo casos de fraude, suborno, evasão fiscal e violações ambientais. UNITED STATES, 2015b, p. 74-75; ALEXANDER,

recentemente os acordos de leniência celebrados pelas autoridades brasileiras – acabam impondo às empresas a obrigação de contratar monitores externos para supervisionar a observância dos termos do acordo e monitorar o programa de *compliance* da empresa.[483]

Como já se viu aqui, a implantação de um programa de *compliance* ou o aprimoramento do programa já existente podem ser exigidos das empresas como condicionante para a celebração dos mencionados acordos. A contratação do *compliance monitor* é imposta justamente para o fim de avaliar e monitorar os esforços envidados pela empresa na implantação – ou aperfeiçoamento – de mecanismos de *compliance*, com o fito de diminuir o risco de reincidência na conduta ilícita, dentro dos limites do acordo firmado.

O Departamento de Justiça norte-americano (DOJ) define o *compliance monitor* como "um terceiro independente que avalia e monitora a adesão da empresa aos requisitos de *compliance* previstos em acordo elaborado para reduzir o risco de recorrência no desvio de conduta da empresa".[484] Não se trata, pois, de função que, a exemplo do *compliance officer*, pode ser atribuída a colaborador ou empregado da empresa. O *compliance monitor* é um terceiro externo e independente,[485] pago pela empresa, incumbido de fiscalizar a conformidade do programa de

---

[483] Cindy R; COHEN, Mark A. *Trends in the use of non-prosecution, deferred prosecution and plea agreements in the settlement of allefed corporate criminal wrongdoing*. Arlington: Law & Economics Center – George Mason University School of Law, 2015; LYONS, Len; MARINO, Audra. *Deferred Prosecution Agreements, Non-Prosecution Agreements and Monitoring Services*. 2012. Além do DPA e do NPA, é possível celebrar o tradicional *Plea-Agreement*, acordo que depende de homologação judicial anterior à sentença por meio do qual a empresa necessariamente declara-se culpada em troca de sanções menos severas. A diferença primordial reside, pois, na possibilidade de nunca vir a ser ajuizada a pretensão condenatória em decorrência da celebração do DPA e NPA, enquanto o *Plea-Agreement* é celebrado justamente no âmbito de uma ação judicial. Regra geral, os DPAs e NPAs acabam contendo mais disposições relativas a questões de governança – como a necessidade de implantar programas de *compliance* e contratação de monitores externos – do que o *Plea-Agreement*.

[483] Segundo a doutrina especializada, a exigência é amparada no dispositivo da Lei de Mercado de Capitais Norte-Americana (The Exchange Act of 1934, Section 21 (d) (5)), que autoriza a SEC, em qualquer ação ou processo sujeito àquela legislação, a buscar "qualquer remédio equitativo apropriado ou necessário em benefício dos investidores" (tradução livre). FRANK, Jonny J. SEC-Imposed Monitors. In: STUART, David. *SEC Compliance and Enforcement Answer Book*. Practising Law Institute: 2017. p. 9-3.

[484] UNITED STATES, 2015b, p. 71.

[485] O DOJ nomeia indivíduos, e não empresas para a função de monitor. Além disso, o DOJ não exige formação acadêmica específica para a função de *compliance monitor*. Ao contrário, esclarece que, embora advogados possam, em regra, ter habilidades que os qualifiquem para o exercício da função, em determinados casos outros especialistas podem ser mais indicados para o desempenho das funções previstas no acordo. UNITED STATES. Department of Justice. *Selection and Use of Monitors in Deferred Prosecution Agreements and Non-Prosecution Agreements with Corporations*. 2008, p. 4.

compliance com as obrigações assumidas na celebração do acordo com os órgãos de controle.

A doutrina especializada aponta a existência de duas espécies de monitores que podem ser exigidos pelos órgãos de controle norte-americanos: o *independent compliance consultant* e o *independent compliance monitor*.[486] A primeira figura é exigida na fase de execução das ações promovidas pela SEC, enquanto a segunda é imposta não em decorrência de uma sentença judicial, mas por ocasião da celebração de acordos com os órgãos de controle, nomeadamente o *Plea Agreement*, o *Deferred Prosecution Agreement* (DPA) e o *Non-Prossecution Agreement* (NPA).

Regra geral, o rol de responsabilidades do *compliance monitor* é superior ao do *compliance consultant*.[487] Enquanto a função típica do *compliance consultant* consiste em uma revisão do programa de *compliance* e das medidas adotadas para remediar o desvio que levou à persecução da empresa, as atribuições do *compliance monitor* normalmente abrangem uma primeira revisão voltada ao diagnóstico,[488] além do acompanhamento da implantação das alterações sugeridas e do próprio acordo, o que exige novas avaliações ao longo do período de monitoramento.

Em ambos os casos, o objetivo é a familiarização do monitor com a estrutura da empresa, que ele identifique eventuais falhas nos mecanismos de controle interno, elabore relatórios, recomende a implantação de melhorias e informe ao órgão que celebrou o acordo as medidas adotadas pela empresa. Na visão do Departamento de Justiça norte-americano (DOJ), o ideal é que a empresa leve as recomendações do *monitor* a sério e utilize o período de monitoramento para encontrar e corrigir as falhas que possibilitaram a ocorrência do ilícito.[489] Assim, a empresa pode encerrar o período de monitoramento com um programa de *compliance* mais forte e duradouro.

---

[486] FRANK, 2017, p. 9.
[487] *Idem*, p. 9.
[488] Os acordos celebrados pelo DOJ com a Brasken, Embraer e Odebrecht são expressos nesse sentido. Em todos eles há previsão de uma primeira revisão (*initial review*), com ênfase nas áreas que o monitor entender serem mais sensíveis. Não há necessidade de que o relatório apresente uma descrição da história da empresa ou de toda a política de *compliance*, apenas dos pontos que poderão ser objeto de melhorias. Posteriormente, há previsão de duas revisões de monitoramento (*follow-up reviews*). Também nesse aspecto é exigido do *compliance monitor* um relatório, registrando a avaliação dos esforços empregados pela empresa e eventuais novas recomendações que se mostrarem necessárias. Por fim, dias antes do prazo previsto para o término do período de monitoramento – em todos os três casos estipulado em três anos – o monitor deve apresentar um relatório final (*Certification Report*) reportando suas conclusões sobre os esforços de remediação envidados pela empresa.
[489] UNITED STATES, 2015b, p. 72.

Apenas determinar a implantação de mecanismos de controle interno ou o aperfeiçoamento dos instrumentos já existentes traduz um comando excessivamente vago, que abre uma arriscada margem de interpretação. Por outro lado, seria desarrazoado esperar que o Poder Público dispusesse de expertise e pessoal suficientes para delinear, já no momento de celebração do acordo, se e quais medidas precisam ser implantadas pela empresa. Por isso, a etapa de diagnóstico – denominada pelo Departamento de Justiça e pela Comissão de Valores Mobiliários norte-americanos (DOJ e SEC) de *initial review* – é extremamente importante para munir o *compliance monitor* de parâmetros objetivos capazes de orientar a avaliação, sob pena de tornar ineficiente e injustificadamente dispendiosa sua contratação.

Importante advertir que a responsabilidade por elaborar e/ou melhorar o programa de *compliance* continua sendo da empresa. O monitor apenas reporta aos órgãos de controle a realidade dos mecanismos de controle interno e, posteriormente, os esforços empregados no cumprimento das obrigações assumidas no acordo. O *compliance monitor* também não pode ser considerado funcionário do governo nem advogado da empresa, que não deve esperar obter instruções legais do monitor.[490] O seu compromisso, insista-se, é com a avaliação independente do programa de *compliance* e das obrigações assumidas no acordo.

Regra geral, a contratação de um *compliance monitor* é recomendada pelos órgãos de controle nas hipóteses em que a empresa não dispõe de mecanismos de controle interno ou quando a insuficiência dos instrumentos de integridade já implantados pode ter contribuído para a ocorrência do ilícito.[491] Porém, a figura do *compliance monitor* nem sempre é necessária ou apropriada. Após a primeira revisão, a atuação do monitor só se justifica se o Poder Público desconfia da empresa. Justamente por isso, antes de impor a obrigação de contratar um monitoramento externo, é importante que sejam avaliadas as peculiaridades do caso concreto e, sobretudo, a postura da empresa depois de identificada a irregularidade.[492]

---

[490] Os acordos celebrados pelo DOJ com a Brasken, Embraer e Odebrecht são explícitos ao afirmar que "as partes concordam que nenhuma relação advogado-cliente será formada entre a empresa e o monitor". O objetivo, dentre outros, é evitar a invocação do sigilo profissional pelo *compliance monitor* como justificativa para recusar a divulgação de informações colhidas no curso do monitoramento.
[491] BIEGELMAN; BIEGELMAN, 2010, p. 63.
[492] O DOJ elenca alguns dos requisitos que devem ser levados em consideração na avaliação da necessidade de contratar um *compliance monitor*, nomeadamente: (i) gravidade da irregularidade verificada; (ii) duração do desvio; (iii) o grau de disseminação da irregu-

A existência de um programa de *compliance* já consolidado pode, por exemplo, dispensar a contratação do monitor, como no recente acordo de leniência firmado entre o estaleiro Keppel Fels, o Ministério Público Federal e as autoridades dos Estados Unidos e de Cingapura.[493] Se os mecanismos de controle internos foram capazes de identificar a ocorrência da ilegalidade e a empresa comunicou imediatamente aos órgãos de controle, não há razão para acreditar que a empresa não cumpriria as determinações de aprimorar o programa de *compliance*.

Tomando-se a experiência estadunidense como parâmetro, se a empresa encerrou as atividades na área em que os ilícitos ocorreram, o Departamento de Justiça norte-americano (DOJ) entende que a figura do *compliance monitor* é dispensável,[494] desde que, presume-se, a falha tenha sido isolada e o programa de *compliance* em relação às demais áreas de atuação da empresa não apresente inconsistência. Nesse ponto cabe enfatizar que a ocorrência do ilícito não conduz, necessariamente, à conclusão de que o programa de *compliance* é ineficaz. Muito ao contrário, se a irregularidade tiver sido oportunamente detectada pela empresa, há indícios suficientes de que o programa funcionava satisfatoriamente, podendo os órgãos de controle dispensar a contratação de um *compliance monitor*.

Em algumas hipóteses, os órgãos de controle estadunidenses podem autorizar as empresas a implantar um monitoramento próprio (*selfmonitoring*) em vez de contratar um monitor externo independente. A autorização é normalmente concedida nos casos em que a empresa fez uma divulgação voluntária (*voluntary disclosure*), cooperou integralmente com as investigações e demonstrou compromisso genuíno com a implantação de melhorias no sistema de controle interno.[495] Além disso, nos casos de imposição por decisão judicial, a empresa pode terceirizar uma empresa responsável por avaliar o programa de *compliance* em vez de contratar um *independent compliance consultant*.[496]

Segundo Jonny Frank, essa possibilidade é consentânea com as diretrizes do *U.S. Sentencing Guideline*, que recomenda que as empresas utilizem consultores profissionais externos para assegurar uma adequada avaliação e implantação de qualquer modificação no programa de

---

laridade, inclusive se o desvio atravessava limites geográficos ou abarcava mais de um produto; (iv) natureza e tamanho da empresa; (v) qualidade do programa de *compliance* da empresa no momento da irregularidade; e (vi) os esforços na remediação do ilícito. UNITED STATES, 2015b, p. 71.
[493] VIEIRA, 2017.
[494] UNITED STATES, 2008, p. 2.
[495] UNITED STATES, 2015b, p. 71.
[496] FRANK, 2017, p. 9-7.

compliance (U.S. Sentencing Guideline, §8B2.1, Nota 6). Ainda nas palavras do autor, tanto a Comissão de Valores Mobiliários norte-americana (SEC) quanto o *U.K. Serious Fraud Office* já dispensaram a contratação de consultor externo em hipóteses em que as empresas demonstraram haver contratado um profissional independente e qualificado para a mesma função.[497]

O Departamento de Justiça norte-americano (DOJ) publicou, em março de 2008, um Memorando – posteriormente conhecido como Memorando Morford[498] – elencando nove princípios que devem ser levados em consideração na escolha do *compliance monitor*, na delimitação de suas responsabilidades e na definição do período de monitoramento. Em abril de 2016, foi publicado um novo Memorando, mais específico, sobre os princípios e procedimentos que devem pautar a seleção dos monitores.[499] Em síntese, os documentos recomendam que o monitor, com alto grau de qualificação e boa reputação, seja selecionado com base em critérios meritocráticos; que sejam evitados monitores que possam suscitar conflitos de interesse em razão de algum grau de relacionamento com o órgão de controle e com a empresa; e que sejam capazes – em certa medida – de instigar a confiança pública. Ao final, a indicação dos monitores, que pode ocorrer por parte da empresa ou do ente governamental,[500] precisa ser chancelada pelo Subprocurador Geral.

A título exemplificativo, no *Deferred Prosecution Agreement* (DPA) celebrado pela Embraer com o Departamento de Justiça norte-americano (DOJ) em outubro de 2016, foi exigido que os candidatos a *compliance monitor* ou os membros do seu time demonstrassem: (i) expertise em relação ao *Foreign Corrupt Practices Act* (FCPA) e demais leis anticorrupção; (ii) experiência da designação e revisão de políticas de *compliance* corporativo; (iii) possuir os recursos necessários

---

[497] Idem.
[498] UNITED STATES, 2008. Posteriormente, em maio de 2010, foi publicado um novo Memorando – Memorando Grindler – com esclarecimentos sobre os limites da atuação do Poder Público na resolução de possíveis controvérsias entre as empresas e os monitores em decorrência dos termos do acordo. UNITED STATES. Department of Justice. *Additional Guidance on the Use of Monitors in Deferred Prosecution Agreements and Non-Prosecution Agreements with Corporations*. 2010.
[499] UNITED STATES. Department of Justice. Statement of Principles for Selection of Corporate Monitors in Civil Settlements and Resolutions. 2016d.
[500] Não há uma definição precisa acerca do procedimento para a escolha do *compliance monitor*. O DOJ prevê que a indicação pode partir tanto da empresa quanto do Poder Público. A doutrina especializada, no entanto, esclarece que, na prática, o DOJ acaba selecionando um monitor de um conjunto de três candidatos recomendados pela empresa. FRANK, 2017, p. 9-10.

para cumprir as obrigações previstas no acordo; e (iv) independência suficiente em relação à empresa, de modo a assegurar que atuarão com imparcialidade.[501]

As cláusulas que devem estar contidas nos acordos que tratam do *compliance monitor* estão discriminadas no Memorando Breuer, também do Departamento de Justiça norte-americano (DOJ), publicado em junho de 2009.[502] O documento exige que o acordo (i) descreva a qualificação mínima do monitor; (ii) contenha declaração de que as partes completarão o processo de seleção do monitor em até 60 dias após a assinatura do acordo; (iii) a descrição pormenorizada das responsabilidades do monitor; e (iv) o período de monitoramento. Os três memorandos estabelecem, ainda, o passo a passo para escolher o *compliance monitor*, por uma comissão (*Standing Comittee*),[503] que selecionará um dos candidatos recomendados pela empresa.[504]

Os monitores atuam de forma voluntária, mantendo uma relação continuada com a empresa, por quem são remunerados. Os memorandos emitidos pelo Departamento de Justiça norte-americano (DOJ) enfatizam a proibição de contratação – direta, indireta ou subcontratação – do *compliance monitor* pela empresa por pelo menos um ano após o período de monitoramento, o que poderia suscitar desconfianças

---

[501] UNITED STATES. Department of Justice. *Case nº 16-60294-CR-COHN*. 2016a. As mesmas exigências foram reproduzidas no *Pleas Agreement* celebrados pelo DOJ com a Brasken e com a Odebrecht S.A.

[502] UNITED STATES. Department of Justice. Statement of Principles for Selection of Monitors in Criminal Division Maters. 2016e.

[503] A comissão será composta pelo *Deputy Assistant Attorney General ("DAAG")*, uma espécie de Subprocurador Geral adjunto, ou seu designado – que será o Presidente da Comissão; pelo Chefe da Seção de Fraude ou seu designado; pelo Chefe do órgão responsável pelo acordo e pelo *Deputy Designated Agency Ethics Official for the Criminal Division*. Há, ainda, a possibilidade de nomeação de outros membros temporários ou adicionais, a depender do caso concreto.

[504] A empresa recomenda três candidatos, que serão entrevistados pelos procuradores da Divisão Criminal, com o intuito de avaliar suas qualificações, referências e adequação ao caso. Se nenhum dos três candidatos indicados pela empresa passar pelo escrutínio da Comissão, a empresa será notificada para indicar outro monitor e assim sucessivamente, até que algum seja aprovado. Escolhido o candidato, os procuradores remeterão um memorando (*"Monitor Selection Memorandum"*) à Comissão, relatando o processo de seleção. O memorando deve conter, pelo menos, (i) resumo do caso; (ii) descrição da proposta de acordo, inclusive com as exigências feitas; (iii) explicação sobre o porquê de o monitor ser necessário naquele caso; (iv) sumário das responsabilidades do monitor; (v) descrição do processo utilizado para a seleção do candidato; e (vi) descrição da qualificação do candidato selecionado. A decisão final sobre a escolha do *compliance monitor* cabe à Comissão e deve ser referendada pelo Subprocurador Geral. Cf. UNITED STATES, 2016e.

quanto à imparcialidade do trabalho executado, e, notadamente, quanto à divulgação de possíveis novas falhas.[505]

Além disso, há expressa recomendação para que as atribuições do *compliance monitor* não sejam demasiado amplas, mas se restrinjam ao objetivo de reduzir o risco de reincidência na conduta. Na maior parte dos casos é exigido que o monitor elabore relatórios periódicos, tanto para o Poder Público quanto para a empresa, descrevendo: (i) suas atividades; (ii) se a empresa vem cumprindo os termos do acordo; e (iii) eventuais alterações necessárias para adequar o sistema de *compliance* da empresa com as obrigações assumidas no acordo.

Nas obrigações assumidas pelo *compliance monitor* inclui-se a notificação do órgão que celebrou o acordo caso a empresa se recuse a cumprir as recomendações sugeridas no curso do monitoramento. Nesse caso, o Poder Público avaliará as eventuais justificativas da empresa, se a sugestão era pertinente e se, a despeito da sua irresignação, a empresa está cumprindo os termos do acordo. Por fim, o *compliance monitor* poderá – dependendo dos termos celebrados no acordo – denunciar eventuais novas ilegalidades verificadas no período de monitoramento, diretamente à empresa ou ao Poder Público.[506]

A utilização do termo *poderá* é proposital em razão da inexistência de imposição legal nesse sentido. O Memorando Morford recomenda que o acordo defina quais irregularidades devem ser comunicadas diretamente ao Poder Público e em quais situações o monitor tem discricionariedade para decidir se informa primeiramente a empresa ou o órgão responsável pelo acordo. O conteúdo dos acordos é variável, variando também a obrigação do *compliance monitor* em reportar a ocorrência de novas irregularidades diretamente ao Poder Público ou à administração da empresa.

O acordo celebrado pela Brasken, por exemplo, estabelece que o monitor *deve* reportar imediatamente ao Departamento de Justiça norte-americano (DOJ) as irregularidades que: (i) representem risco à saúde, segurança pública ou ao meio ambiente; (ii) envolvam a alta administração da empresa; (iii) obstrução à justiça; ou (iv) de outra forma representem um substancial risco de dano. Posteriormente, o documento

---

[505] O período de um ano pode ser estendido, a exemplo da proibição insculpida no DPA celebrado pela SEC com a corretora de investimentos Och-Ziff: a empresa deverá abster-se de qualquer relação profissional – incluindo relação de emprego, consultoria, auditoria, advogado-cliente – com o *compliance monitor* no período de dois anos após o monitoramento. UNITED STATES. Security and Exchange Commission. *Security and Exchange Act of 1934*: Release n. 78989. 2016.

[506] UNITED STATES. Department of Justice. *Plea Agreement nº 16-644 (RJD)*. 2016c.

prevê que, caso o monitor acredite que um desvio de conduta pode representar violação criminal ou regulamentar (*"Actual Misconduct"*), deve comunicar imediatamente ao Departamento de Justiça.

Nessas hipóteses, ainda nos termos do acordo, a irregularidade será noticiada à empresa – conselho de administração, *Chief Compliance Officer* ou comitê de auditoria – apenas quando o Departamento de Justiça e o *compliance monitor* julgarem apropriado. Sem adentrar a discussão sobre os limites da atuação do *compliance monitor*, adverte-se apenas que a excessiva proximidade com o Poder Público pode pôr em xeque a relação de confiança indispensável ao exercício das atividades do monitor.[507]

As orientações contempladas nos memorandos emitidos pelo Departamento de Justiça norte-americano (DOJ) podem ser flexibilizadas de acordo com o porte da empresa e o ramo de atividade. No mesmo sentido, o período de monitoramento deve ser estipulado de acordo com a natureza das irregularidades identificadas e com prazo suficiente para implantar as medidas corretivas necessárias. Igualmente, devem ser levados em consideração: o grau de envolvimento da alta administração da empresa com o ilícito identificado, o histórico da empresa em desvios similares, os valores e a cultura corporativa, além do estágio de desenvolvimento do programa de *compliance* em relação às alterações necessárias.

Ao final, o Memorando Morford sugere que o acordo disponha sobre a possibilidade de prorrogar o período de monitoramento caso a empresa não consiga tomar as medidas exigidas no prazo pactuado, assim como a conclusão antecipada caso a empresa demonstre ter preenchido os requisitos exigidos e que o programa de *compliance* funciona de maneira satisfatória, dispensando-se a presença do monitor.[508]

Embora a figura do *compliance monitor* seja mais usual nos acordos firmados pelos órgãos de controle norte-americanos, no âmbito do *Foreign Corrupt Practices Act* (FCPA) as autoridades brasileiras têm começado a impor obrigações similares às empresas que celebram acordos de leniência. No acordo de leniência firmado entre o Ministério

---

[507] Os acordos costumam prever que a empresa permita que o *compliance monitor* tenha acesso a todas as informações, documentos, registros, instalações e funcionários no âmbito de sua função. Ainda nesse sentido, que a empresa envide esforços para viabilizar ao monitor acesso aos seus antigos funcionários, fornecedores e consultores terceirizados. UNITED STATES, 2016a.

[508] O Memorando Morford cita como exemplo a hipótese de a empresa ser comprada ou passar por um processo de fusão com outra empresa, detentora de um programa de *compliance* efetivo, o que poderia justificar a conclusão antecipada do período de monitoramento. UNITED STATES, 2008, p. 8.

Público Federal e a Odebrecht S.A. houve o compromisso específico de contratar um monitoramento externo independente pelo prazo de dois anos.[509] Os acordos de leniência celebrados pela Braskem e pelo grupo J&F contêm disposição similar.[510]

4.2 Como implantar um programa de *compliance*: elementos essenciais de acordo com o artigo 42 do Decreto nº 8.420/2015

De forma bastante simplificada, pode-se dizer que a implantação de qualquer programa de *compliance* segue as seguintes etapas: (1) análise de riscos e levantamento dos procedimentos internos em funcionamento;[511] (2) constituição de uma instância responsável pelo programa; (3) criação de um canal de denúncia; (4) elaboração de um

---

[509] O *compliance monitor* contratado, o advogado Otavio Yazbek, ex-diretor da Comissão de Valores Mobiliários (CVM), concedeu entrevista afirmando que o maior desafio à efetivação do programa de *compliance* – que já existia dentro da construtora – é garantir que as medidas de controle interno não fiquem só no papel e que o trabalho do monitor é justamente o de acompanhar e verificar a efetividade do programa. Segundo Otavio Yazbek, "quando há um acordo que exige a adoção de medidas de conformidade, cabe a ele [*compliance monitor*] verificar se não está sendo "só papel". Um trabalho absolutamente vazio, "para inglês ver". Então, o que se definiu com o passar do tempo é que a companhia indica uma lista de potenciais nomes [para essa função] e a autoridade escolhe uma dessas pessoas. É um trabalho basicamente intensivo, de fazer visita, de discutir, de ver se todos os treinamentos estão funcionando, de fazer levantamento por amostragens das variáveis financeiras relevantes, essas coisas. É um trabalho, em princípio, muito de fiscalização mesmo, de acompanhamento". MELO, Luísa. *Trabalho é evitar que compliance fique 'só no papel', diz monitor da Odebrecht*: Para Otavio Yazbek, fiscal da empreiteira no acordo dentro da operação Lava Jato, onda de combate à corrupção nas empresas precisa ir além de manuais anticorrupção. 2017.

[510] O acordo de leniência celebrado pela Braskem encontra-se, ainda, sob sigilo. A sujeição ao monitoramento, entretanto, já é amplamente noticiada. G1 – GLOBO. *Justiça Federal homologa acordo de leniência da Braskem com MPF*: Decisão é a etapa que faltava para a homologação definitiva do acordo global firmado pela empresa com autoridades dos EUA, Suíça e Brasil. 2017c. A versão do acordo de leniência da J&F disponibilizada na página do Ministério Público Federal não prevê expressamente a figura do *compliance monitor*, mas estabelece que a empresa deverá contratar auditoria independente para o acompanhamento das obrigações assumidas no acordo e que os resultados das auditorias e investigações internas deverão ser "reportados a um Comitê de Supervisão Independente, formado por 3 (três) membros independentes de reputação ilibada, que poderão ter seus nomes vetados pelo Ministério Público Federal, por meio de comunicação fundamentada", semelhante à figura do *compliance monitor* descrita no presente tópico. MINISTÉRIO PÚBLICO FEDERAL, 2017b.

[511] A análise de riscos é o primeiro passo para a implementação de um programa de *compliance*. Entretanto, como o presente trabalho buscou seguir a estrutura lógica apresentada no artigo 42 do Decreto nº 8.420/2015, os elementos foram trabalhados de acordo com a ordem dos incisos e não com a cronologia que deve pautar a estruturação dos programas.

documento que expresse os valores apregoados pela empresa e a postura que espera de seus colaboradores – usualmente chamado de Código de Conduta ou de Ética; (5) definição de políticas e controles internos destinados a tratar os riscos apurados na primeira etapa, o que inclui o gerenciamento dos riscos; e (6) apresentação do Código de Conduta e dos citados procedimentos aos colaboradores e parceiros da empresa, o que inclui não só a divulgação do conteúdo, mas uma exposição didática e detalhada, por meio de treinamento. Posteriormente o programa exigirá monitoramento continuado e eventuais revisões, tanto das diretrizes estabelecidas quanto dos resultados obtidos, podendo evidenciar a necessidade de reforço da importância do programa de *compliance* e a intensificação dos treinamentos aos colaboradores.

Em linhas gerais, é esse o arcabouço dos programas de *compliance*, conforme o "roteiro" previsto no Decreto nº 8.420/2015 e nas normas técnicas ISO 37301[512] e 37001.[513] Não há, entretanto, uma receita pronta ou uma única fórmula aplicável a todas as empresas. O trabalho é eminentemente artesanal e demanda profunda e acurada análise do segmento no qual a empresa atua e dos principais riscos a que está sujeita, inclusive adequação aos requisitos legais vigentes, que variam de acordo com o ordenamento jurídico e com o nível de regulação do mercado de cada atividade.

Existem inúmeros referenciais que poderiam ser adotados para descrever um procedimento base para implantar os programas de *compliance*.[514] Todavia, como o objeto do presente estudo destina-se à análise dos programas de *compliance* referenciados no inciso VIII do artigo 7º da Lei Federal nº 12.846/2013,[515] o parâmetro norteador do detalhamento dos elementos mínimos do programa é o artigo 42 do Decreto nº 8.420/2015, acrescido de eventuais instruções complementares

---

[512] INTERNATIONAL ORGANIZATION FOR STANDARDIZATION. 2021.
[513] ASSOCIAÇÃO BRASILEIRA DE NORMAS TÉCNICAS, 2017.
[514] Citam-se, apenas por ilustração, as inúmeras leis vigentes nos diversos países que possuem regulamentação sobre o tema; os guias e memorandos emitidos pelos órgãos de controle; as cartilhas disponibilizadas por conselhos, associações, organizações e institutos voltados ao estudo do tema; as certificações ISO já existentes; as orientações do selo "Pró-Ética", etc. Muitos destes materiais serão utilizados ao longo do trabalho em caráter complementar, como balizas para a interpretação dos requisitos elencados no artigo 42 do Decreto nº 8.420. BRASIL, 2015a.
[515] A Lei nº 12.846/2013 e o Decreto nº 8.420/2015 não usam o termo programa de *compliance*, mas, sim, programa de integridade. Entretanto, tendo em vista a inexistência de conceito unívoco no ordenamento jurídico e na doutrina nacional – o que se extrai da Lei nº 13.303/2016, que usa o termo *compliance* para referir-se ao programa de integridade –, os conceitos serão utilizados, neste trabalho, como sinônimos, sob a designação programa de *compliance*.

fornecidas pelas normas técnicas e pelos órgãos de controle nacionais e internacionais.

Antes de discriminar cada um dos elementos que compõem o programa de *compliance*, convém reiterar que a implantação do programa não é garantia absoluta de que nenhum tipo de desvio venha a ocorrer.[516] O objetivo do programa de *compliance* é aprimorar a gestão, aumentar a aderência aos objetivos estratégicos e reduzir as probabilidades de ocorrência de ilegalidades no âmbito das contratações públicas, notadamente por meio de uma postura preventiva e vigilante assumida pela empresa.

Em complemento, é importante destacar que a utilização do tempo verbal imperativo – afirmativo ou negativo – não compromete a natureza discricionária das sugestões apresentadas ao longo do texto, que não passam de *recomendações*. Isso porque o artigo 42 do Decreto nº 8.420/2015 elenca apenas parâmetros para a avaliação dos programas de *compliance* e não requisitos obrigatórios. Com o mesmo tom, as interpretações constantes nas cartilhas divulgadas pelos órgãos de controle oferecem *orientações*, que devem ser compatíveis com o contexto da organização e não devem ser confundidas com obrigações positivadas. Vale a ressalva de que, caso a organização pretenda obter as certificações técnicas ISO 37001 e 37301, aí sim precisará preencher todos os requisitos listados na norma.

Nesta segunda edição, ao final de cada tópico serão apresentadas perguntas que embasam a avaliação realizada pelos órgãos de controle, nacionais e estrangeiros, com o objetivo de fornecer sugestões práticas para que o leitor possa criar registros capazes de demonstrar a eficiência do programa. As perguntas têm o condão de evidenciar que o programa de *compliance* funciona na prática – e não se prestam a maquiar a existência de instrumentos meramente formais.

4.2.1 Comprometimento da alta administração (inciso I)

O primeiro passo para a elaboração de um programa de *compliance* é a decisão da alta administração da empresa. Antes de mais nada, é preciso que os líderes da organização *queiram* investir na implantação

---

[516] Como reconhecem o DOJ e a SEC, "nenhum programa de *compliance* será capaz de impedir toda e qualquer conduta criminal dos funcionários de uma corporação". UNITED STATES, 2015b, p. 65. Nos termos do Guia do UK Bribery Act, publicado pelo Ministério da Justiça britânico, "nenhuma política ou procedimento é capaz de detectar e evitar completamente a corrupção" (tradução livre). UNITED KINGDOM, 2011, p. 7.

do programa e, consequentemente, que estejam dispostos a modificar a cultura empresarial e privilegiar posturas éticas, ainda que isso implique abrir mão de oportunidades de negócio rentáveis.

A necessidade de suporte e fomento por parte da alta administração da empresa para o sucesso do programa é unanimidade em matéria de *compliance*. A direção deve demonstrar, de forma consistente, explícita e pública, que apoia e se submete ao programa. O compromisso costuma ser referenciado por meio das expressões "*tone from the top*" e "*top level commitment*", que refletem a "necessidade de uma mensagem clara e inequívoca constantemente transmitida pelos mais altos níveis da organização, não somente através de discurso, mas principalmente pelo exemplo",[517] de que a empresa não tolera violações aos valores e padrões éticos elencados no Código de Conduta.

A alta direção da empresa corresponde, conforme definição da Controladoria-Geral da União (CGU), aos "níveis hierárquicos mais elevados da empresa, ocupantes de cargos com alto poder de decisão em nível estratégico e, até mesmo, o conselho da administração se houver".[518] A depender do formato societário da empresa, a alta direção pode ser representada pelos "administradores – sócios, proprietários, donos, chefes e gerentes".[519] As orientações às empresas que pretendem obter o selo "Pró-Ética" definem a alta administração como "o presidente ou CEO da empresa, bem como aqueles que: (i) ocupam cargos no conselho de administração, caso existente; e (ii) tenham poder de decisão final em diretorias da empresa".[520]

---

[517] MAEDA, 2013, p. 182.
[518] MINISTÉRIO DA TRANSPARÊNCIA, FISCALIZAÇÃO E CONTROLADORIA-GERAL DA UNIÃO, 2015d, p. 8. Segundo o guia fornecido pela divisão de drogas e crimes da ONU, o "*tone from the top*" é definido pela gerência sênior da empresa, pelos proprietários, diretores, pelo conselho de administração ou órgão equivalente. UNITED NATIONS, 2013. p. 9. Segundo o documento, vários estudos indicam que o comportamento da alta administração da empresa foi classificado como o fator mais influente no processo de tomada de decisão dos funcionários. A necessidade de comprometimento da alta administração é reforçada pela Transparência Internacional no documento intitulado "*Business principles for countering bribery*", segundo o qual o conselho de administração, ou órgão equivalente, deve demonstrar visível e ativo compromisso com a implementação do programa. TRANSPARENCY INTERNATIONAL. *Business principles for countering bribery*: a multi-stakeholder initiative led by Transparency International. 2013.
[519] MINISTÉRIO DA TRANSPARÊNCIA, FISCALIZAÇÃO E CONTROLADORIA-GERAL DA UNIÃO, 2015b. A mesma definição é extraída do anexo à Portaria Conjunta nº 2.279/2015, da CGU e da Secretaria da Micro e Pequena Empresa. MINISTÉRIO DA TRANSPARÊNCIA, FISCALIZAÇÃO E CONTROLADORIA-GERAL DA UNIÃO, 2015c. p. 2-4.
[520] MINISTÉRIO DA TRANSPARÊNCIA, FISCALIZAÇÃO E CONTROLADORIA-GERAL DA UNIÃO, 2017b. p. 2.

No âmbito público, o Decreto nº 9.203/2017 esclarece que a alta administração é representada pelos Ministros de Estado, ocupantes de cargos de natureza especial ou de nível 6 do Grupo-Direção e Assessoramento Superiores (DAS) e presidentes e diretores de autarquias, inclusive as especiais, e de fundações públicas ou autoridades de hierarquia equivalente. Em síntese, a alta administração é representada pelos tomadores de decisão, aqueles que, em última instância, representam a organização – seja ela pública ou privada – e têm mais peso nas decisões estratégicas.

A importância que será dada ao programa de *compliance* depende da mensagem transmitida pela alta administração. Os líderes da empresa são as pessoas em melhor condição de promover uma cultura de integridade e censura à corrupção.[521] Daí a importância de, já de antemão, estabelecer critérios para a escolha dos membros que compõem a alta administração da empresa – a exemplo das vedações previstas no §2º do artigo 17 da Lei Federal nº 13.303/2016.[522] Como consignado no Manual Prático de Avaliação do Programa de Integridade publicado pela Controladoria-Geral da União, "estabelecer critérios de integridade para os ocupantes dos principais cargos da pessoa jurídica é uma forma de demonstrar seu comprometimento e o dos membros da alta direção com o tema".[523]

Além disso, é fundamental que a direção da empresa se responsabilize pelo programa e encare com seriedade os mecanismos de prevenção e controle. O comprometimento deve ser reiterado em discursos, internos e externos, constantes referências ao Código de Conduta e veiculação de informações e "lembretes" acerca do programa de *compliance*.[524]

---

[521] UNITED KINGDOM, 2011. Para o comprometimento, a orientação do Ministério da Justiça britânico é de que a alta administração: (i) comunique a postura anticorrupção adotada pela empresa; e (ii) se envolva no desenvolvimento de procedimentos voltados à prevenção de suborno.

[522] O dispositivo estabelece os impedimentos para a ocupação de cargo de administrador das estatais.

[523] MINISTÉRIO DA TRANSPARÊNCIA, FISCALIZAÇÃO E CONTROLADORIA-GERAL DA UNIÃO. *Manual Prático de Avaliação do Programa de Integridade em PAR*. 2018. Disponível em: <http://www.cgu.gov.br/Publicacoes/etica-e-integridade/arquivos/manual-pratico-integridade-par.pdf>. Acesso em: 20 set. 2018.

[524] Em avaliação sobre o programa de integridade da Eletronorte, a CGU apontou irregularidades quanto ao comprometimento da alta administração, afirmando não ter sido "identificada uma sistemática troca de informações entre os responsáveis pelas políticas de integridade, o responsável pelo programa de integridade e a alta administração da empresa". MINISTÉRIO DA TRANSPARÊNCIA, FISCALIZAÇÃO E CONTROLADORIA-GERAL DA UNIÃO. *Relatório de avaliação da integridade das empresas estatais nº 201503925*. Empresa: Centrais Elétricas do Norte do Brasil S.A. – Eletronorte. 2015e, p. 7.

Além de traduzir os valores e a identidade da empresa, a postura dos líderes da organização serve de exemplo aos demais colaboradores. É natural que os colaboradores procurem enquadrar-se na cultura organizacional e satisfazer aquelas que entendem ser as expectativas da empresa e, em última instância, dos seus superiores. Daí a necessidade de criar e disseminar uma cultura de compromisso com a transparência, integridade e zero tolerância à corrupção.

Somado ao comprometimento da alta cúpula da empresa, é importante que as lideranças locais estejam alinhadas com o programa de *compliance*. A ISO 37301 especifica as atribuições dos cargos de direção, que são responsáveis pelo *compliance* dentro de suas áreas de competência.[525]

Pela proximidade com os funcionários que compõem as suas equipes e com os riscos experienciados nas atividades cotidianas, os diretores e gerentes regionais são essenciais para disseminar a política de *compliance* na empresa e alertar os responsáveis sobre a existência de fatores de risco não contemplados pelo programa ou possíveis inconsistências no sistema de controle.

A postura da direção da empresa deve ser firme ao transmitir a mensagem de que o cumprimento das normas – internas e externas – e o respeito aos padrões éticos é requisito obrigatório para a atividade empresarial. Se prevalecer a percepção de que os padrões de conduta podem ser mitigados quando necessário ao sucesso dos negócios, os mecanismos de prevenção, por mais sofisticados que sejam, terão pouca ou nenhuma utilidade. Por isso, é preciso erradicar a crença de que as contratações devem ser celebradas "a qualquer custo".[526] Se os colaboradores acreditarem que atingir as metas comerciais é mais importante que obedecer aos limites legais e assumir uma postura ética, o programa de *compliance* dificilmente "sairá do papel".[527]

---

[525] INTERNATIONAL ORGANIZATION FOR STANDARDIZATION, 2021, p. 17.

[526] Segundo a orientação da CGU, "é essencial garantir que os chefes sejam enfáticos quanto à não tolerância do cometimento de atos lesivos contra a administração pública nacional e estrangeira e aos princípios da empresa, ainda que isso signifique, em última instância, deixar de fazer o negócio". MINISTÉRIO DA TRANSPARÊNCIA, FISCALIZAÇÃO E CONTROLADORIA-GERAL DA UNIÃO, 2015d. p. 9.

[527] O Guia do FCPA disponibilizado pelo DOJ e pela SEC é enfático ao advertir sobre os riscos ao programa de *compliance* que podem resultar de uma política de vendas muito agressiva. O documento alerta, ainda, que quanto maiores forem os ganhos financeiros com a transação, maior é a tentação da alta administração da empresa em priorizar o lucro sobre a conformidade. UNITED STATES, 2015b, p. 57. Ainda sob esse aspecto, é importante rememorar que a condenação do ex-*Chief Compliance Officer* da MoneyGram, Thomas Haider, narrada no item 4.1.3.1, decorreu justamente da constatação de divergências entre

Na mesma linha, deve-se evitar que o programa de *compliance* seja referenciado como algo negativo. Afirmar que o *compliance* é um "mal necessário", um mecanismo para garantir a participação em processos licitatórios ou para evitar a responsabilização da empresa, pode comprometer a credibilidade do compromisso com a ética e a integridade por parte da alta administração. Mais do que um "seguro" contra eventual responsabilização, a reputação da empresa e de seus colaboradores deve ser o grande incentivo para que o programa de *compliance* conte com o máximo apoio possível.

O discurso da alta administração é relevante, mas a sua postura é o que solidifica o comprometimento. Entre outras maneiras, o apoio ao programa de *compliance* pode manifestar-se por meio de: (i) suficiência dos recursos destinados à estruturação do programa; (ii) aprovação formal dos documentos elaborados pela instância de compliance; e (iii) alocação de profissionais qualificados e investidos de autoridade e independência suficiente para desempenhar as funções relacionadas ao *compliance*.[528] Também é importante que a direção da empresa receba relatórios e se reúna periodicamente com os responsáveis pelo *compliance* para participar da tomada de decisão e garantir que o programa esteja na lista de prioridades da alta administração.[529] Outra sugestão é que os líderes da empresa participem dos treinamentos de *compliance* com os

---

o departamento de fraudes e a equipe de vendas da empresa. Na mesma linha, o Guia de Programas de *Compliance* disponibilizado pelo CADE adverte ser "essencial, para que o *compliance* seja de fato parte da cultura corporativa, que os funcionários não sejam cobrados por 'resultados acima de tudo' e que não exista incentivo ou tolerância a práticas que, não obstante ilícitas, trazem resultados positivos para a organização no curto prazo. Tal direcionamento advém necessariamente das posições superiores, por isso sua essencialidade no estabelecimento dos programas". CONSELHO ADMINISTRATIVO DE DEFESA ECONÔMICA. *Guia Programas de Compliance*: orientações sobre estruturação e benefícios da adoção dos programas de *compliance* concorrencial. 2016.

[528] As questões referentes à autonomia e qualificação da instância de *compliance* foram detalhadas no item 4.2.8. O anexo à Portaria Conjunta nº 2.279/2015, da CGU e da Secretaria da Micro e Pequena Empresa, traz sugestões para que as empresas de médio e pequeno porte demonstrem o comprometimento da alta administração, como: (i) disponibilização de cursos, palestras e exposições sobre a importância da ética e integridade e sobre os prejuízos da corrupção; e (ii) difusão de conteúdo referente à ética e integridade por meio de e-mails, redes sociais, cartazes. Todas as sugestões são mencionadas, com maior ou menor detalhe, no curso do presente capítulo. MINISTÉRIO DA TRANSPARÊNCIA, FISCALIZAÇÃO E CONTROLADORIA-GERAL DA UNIÃO, 2015c. p. 3.

[529] Na mencionada avaliação sobre o programa de integridade da Eletronorte, a CGU recomendou que a organização criasse "vídeos e materiais de divulgação nos quais a alta administração apareça como divulgadora e incentivadora de práticas de ética e integridade". MINISTÉRIO DA TRANSPARÊNCIA, FISCALIZAÇÃO E CONTROLADORIA-GERAL DA UNIÃO, 2015e, p. 7.

demais colaboradores, o que reforça a mensagem de que o programa é aplicável a todos, independentemente do cargo ou grau hierárquico.[530]

Por fim, é importante que a direção da organização seja rígida em relação aos desvios detectados, sobretudo quando constatado o envolvimento de membros da alta administração ou de colaboradores que trazem resultados financeiros positivos. Nesse sentido, um dos questionamentos listados pelo Manual Prático de Avaliação do Programa de Integridade da Controladoria-Geral da União é destinado a verificar se "os membros da alta direção envolvidos nos atos lesivos ora investigados permanecem em seus cargos ou em outros cargos da alta direção" da empresa.[531]

O programa de *compliance* não se compraz com relativizações ou acobertamento de infrações, independentemente da autoria. Assim, caso a alta administração, tendo conhecimento de eventual irregularidade, não adote as providências cabíveis em razão da posição ocupada pelo infrator, ou caso evite, intencionalmente, "tomar conhecimento de fatos que lhe criariam responsabilidades, torna-se evidente a falta de comprometimento real com o programa".[532]

4.2.1.1 Como demonstrar o comprometimento da alta administração

De forma a sintetizar as diretrizes quanto ao apoio da alta administração, destacam-se alguns dos apontamentos consignados nos relatórios de avaliações do Pró-Ética,[533] que consideraram como pontos positivos: (i) direcionamento dos relatos de *compliance* diretamente à Diretoria Colegiada e/ou Comitê Executivo;[534] (ii) procedimentos de

---

[530] Segundo o guia de *compliance* fornecido pelo CADE, a "participação de colaboradores de níveis hierárquicos elevados em treinamentos com colaboradores de menor nível é um modo tanto de demonstrar o comprometimento da diretoria com o programa quanto de reforçar a importância dos próprios treinamentos". CONSELHO ADMINISTRATIVO DE DEFESA ECONÔMICA, 2016, p. 21.
[531] MINISTÉRIO DA TRANSPARÊNCIA, FISCALIZAÇÃO E CONTROLADORIA-GERAL DA UNIÃO. *Manual Prático de Avaliação do Programa de Integridade em PAR*. 2018. Disponível em: <http://www.cgu.gov.br/Publicacoes/etica-e-integridade/arquivos/manual-pratico-integridade-par.pdf>. Acesso em: 20 set. 2018.
[532] MINISTÉRIO DA TRANSPARÊNCIA, FISCALIZAÇÃO E CONTROLADORIA-GERAL DA UNIÃO, 2015d, p. 9.
[533] Disponíveis em: <http://www.cgu.gov.br/assuntos/etica-e-integridade/empresa-pro-etica/relatorios-de-avaliacao/2017>. Acesso em: 20 set. 2018.
[534] Relatório de Avaliação Pró-Ética – Unimed Belo Horizonte Cooperativa de Trabalho Médico.

aprovação de contratos de alto risco que demandam aprovação expressa do CEO da empresa;[535] (iii) reuniões em que a alta administração é inteirada sobre as métricas e indicadores que avaliam o programa;[536] (iv) resultados das ações de *due diligence* de fornecedores realizadas pela área de *compliance* são reportados ao Conselho de Administração;[537] (v) criação de uma aba específica no site da empresa destinada à integridade e ética;[538] e (vi) contrato com escritório de advocacia para auditoria externa do programas de *compliance* pelo período de três anos.[539]

Ainda, o guia de avaliação dos programas de integridade da CGU[540] apresenta uma lista de perguntas que orientam a análise do grau de comprometimento da alta administração, nomeadamente:

2.1 A PJ possui critérios formalizados para escolha dos membros da alta direção que incluem elementos de integridade, como o não envolvimento em atos de corrupção?
2.2. A aprovação das principais políticas relacionadas ao programa de integridade é feita pelas mais elevadas instâncias decisórias da PJ?
2.3. A alta direção da PJ participa da supervisão das atividades relacionadas à aplicação do programa de integridade?
2.4. Os membros da alta direção da PJ participaram de treinamentos sobre o programa de integridade nos últimos 12 meses, contados a partir da data de apresentação dos relatórios de perfil e conformidade no PAR?
2.5. Os membros da alta direção envolvidos nos atos lesivos ora investigados permanecem em seus cargos ou em outros cargos da alta direção da PJ?
2.6. Foram apresentadas manifestações de apoio ao programa de integridade feitas pela PJ?
2.6.1. As manifestações de apoio ao programa apresentadas:
a) São pessoalizadas, isto é, são manifestações assinadas diretamente pelos membros da alta direção que atuam na PJ ora avaliada?
b) Foram feitas por membros da alta direção envolvidos nos atos lesivos investigados no PAR?
c) Foram feitas de forma periódica (não isolada) nos últimos 12 meses, contados a partir da data de apresentação dos relatórios de perfil e conformidade no PAR?

---

[535] Relatório de Avaliação Pró-Ética – Siemens.
[536] A reunião realizada com os membros da alta administração para discutir questões relacionadas ao programa de *compliance* é citada em praticamente todos os Relatórios de Avaliação.
[537] Relatório de Avaliação Pró-Ética – Câmara de Comercialização de Energia Elétrica (CCEE).
[538] Relatório de Avaliação Pró-Ética – Chiesi Farmacêutica Ltda.
[539] Relatório de Avaliação Pró-Ética – ELEKTRO REDES S.A.
[540] MINISTÉRIO DA TRANSPARÊNCIA, FISCALIZAÇÃO E CONTROLADORIA-GERAL DA UNIÃO, 2018, p. 75.

d) Possuem conteúdo que expressa uma mensagem de incentivo para os empregados adotarem uma conduta ética, seguindo os ditames do programa de integridade?
e) São dirigidas ao público interno da PJ?
f) São dirigidas ao público externo da PJ?
2.7. A PJ deixou de apresentar evidências sobre o comprometimento e o apoio dos membros da alta direção ao programa de integridade. Para indicar SIM como resposta, o avaliador deve ter respondido NÃO (zero) a todas as demais perguntas do item 2.

Algumas das perguntas sugeridas pelo DOJ também fornecem um norte para demonstrar o apoio da alta administração[541]. Cita-se, como exemplo:

(i) Como a alta administração, por meio de suas palavras e ações, encorajou ou desencorajou a atuação em conformidade, incluindo a conduta objeto da investigação?
(ii) Os gerentes toleram grandes riscos de *compliance* para buscar novos negócios ou maiores receitas?
(iii) Os gerentes incentivaram os funcionários a agir de forma antiética para atingir um objetivo de negócio ou impediram a equipe de *compliance* de efetivamente executar suas funções?
(iv) O Conselho de Administrracção e/ou os auditores externos mantiveram sessões privadas com a equipe de *compliance* e de controles internos?

Além disso, de uma forma geral, a participação da alta administração nos comitês de *compliance* e nos treinamentos, a assinatura de "carta" do presidente/CEO nos Códigos de Conduta,[542] bem como a divulgação de lembretes, newsletters e vídeos em mídias sociais – inclusive na conta pessoal dos membros da alta administração[543] – costumam ser avaliadas positivamente.

A ISO 37001 orienta que "o órgão diretivo esteja bem informado sobre o conteúdo e a operação do sistema de gestão, e convém que

---

[541] UNITED STATES, 2020, p. 10.
[542] Nos termos do Manual Prático de Avaliação do Programa de Integridade da Controladoria-Geral da União, é importante que as mensagens sejam periódicas – não isoladas – e pessoais, ou seja, "manifestações assinadas diretamente pelos membros da alta direção".
[543] Por exemplo, no Relatório de Avaliação Pró-Ética – ABB, consta, como ponto positive, que "o Presidente da ABB Brasil, periodicamente, reforça a importância do tema Integridade na empresa por meio da sua conta de Twitter e Linkedin e em entrevistas concedidas em diversos jornais de grande circulação".

exerça uma supervisão razoável com relação à adequação, eficácia e implementação do sistema de gestão", que "receba periodicamente informações com relação ao desempenho do sistema de gestão por meio do processo de análise crítica da direção (que pode caber a todo o corpo diretivo, ou a um comitê do corpo diretivo, como o comitê de auditoria)".[544] A norma técnica esclarece que, nas organizações menores, os papéis do órgão diretivo e da diretoria executiva podem ser combinados, inclusive num mesmo indivíduo.

Algumas avaliações do Pró-Ética listaram como pontos de necessário aprimoramento: (i) maior ênfase do apoio da alta administração nos canais corporativos;[545] (ii) envio de mensagens e manifestações públicas da presidência expressando apoio ao programa de *compliance*;[546] (iii) comprovação efetiva de que os diretores e o presidente participam de reuniões sobre *compliance*;[547] e (iv) o aprimoramento da forma de divulgação do compromisso com a ética e integridade para o público externo.[548]

4.2.2 Padrões de conduta, código de ética, políticas e procedimentos de integridade (incisos II e III)

Existe uma máxima de que todas as organizações possuem processos, "quer os percebamos ou não. Nós temos duas escolhas: ou os ignoramos e rezamos para que façam o que desejamos, ou os entendemos e gerenciamos".[549] Tendo em vista que o programa de *compliance* objetiva otimizar o desempenho da organização e promover o alcance dos objetivos estratégicos, é natural que os processos internos das organizações sejam desenhados e revistos a partir dos riscos identificados. O objetivo é encontrar possíveis medidas de tratamento

---

[544] ASSOCIAÇÃO BRASILEIRA DE NORMAS TÉCNICAS, 2017, p. 30.

[545] Relatório de Avaliação Pró-Ética – Unimed Belo Horizonte Cooperativa de Trabalho Médico.

[546] Relatório de Avaliação Pró-Ética – 3M do Brasil Ltda.

[547] No Relatório de Avaliação Pró-Ética – ENEL BRASIL S.A. restou consignado que "Em que pese a empresa afirmar que o Presidente e/ou diretores participam de reuniões extraordinárias do Comitê de Supervisão do Programa de Integridade, não foi encaminhada nenhuma comprovação dessa alegação".

[548] Relatório de Avaliação Pró-Ética – Ernst & Young Auditores Independentes S/S. No Relatório de Avaliação Pró-Ética – GranEnergia Investimentos S.A, há sugestão de que seja criado "informativo sobre o tema com base nas experiências internas e participação em eventos externos, a ser publicado no site da empresa e distribuído para o público externo".

[549] RUMMLER, Geary. *The process level of performance*. Disponível em: <https://www.rummlerbrache.com/Process-level-of-performance>. Tradução livre.

aos riscos, aumentar a segurança da organização e diminuir eventuais perdas de efiência.

Segundo a definição da Controladoria-Geral da União, os padrões de ética e de conduta são documentos que devem refletir os valores da organização e "o comportamento esperado de todos os funcionários e dirigentes da empresa".[550] O Código de Conduta, como é mais comumente chamado,[551] deve ser a bússola que norteará a postura de todos os colaboradores da organização. Os princípios e valores podem estar inseridos no Código de Conduta – sem que haja a necessidade de elaboração de um Código de Ética ou qualquer outro documento principiológico apartado.[552] As políticas e os procedimentos internos, por sua vez, traduzem comandos diretos, o detalhamento de processos destinados a evitar a ocorrência de irregularidades e aumentar a eficiência da organização.[553]

Por melhores que sejam as intenções dos responsáveis pela implantação do programa, é indispensável que as diretrizes sejam minimamente condizentes com a cultura da empresa. Se o Código de Conduta e as políticas internas estabelecerem procedimentos incompatíveis com o dia a dia da organização, há grandes chances de que o programa de *compliance* nunca "saia do papel".[554] Com exceção das condutas que

---

[550] MINISTÉRIO DA TRANSPARÊNCIA, FISCALIZAÇÃO E CONTROLADORIA-GERAL DA UNIÃO, 2015d, p. 14.

[551] A utilização do termo *conduta* é mais consentânea com os objetivos do código, que descreve, de modo mais objetivo possível, a postura que se espera dos colaboradores da empresa, sem valorações ou subjetivismos, inerentes a qualquer tentativa de definir a palavra ética.

[552] Embora exista uma diferença conceitual, não se antevê benefício na elaboração de dois documentos apartados: Código de Ética e Código de Conduta. Vale lembrar que a existência de uma multiplicidade de documentos pode dificultar a consulta, ao invés de fomentar a adesão dos colaboradores.

[553] 'É o caso, por exemplo, das políticas (i) de relacionamento com a Administração Pública; (ii) de oferecimento de brindes e presentes, sobretudo a agentes públicos; (iii) de doações e patrocínios; (iv) de registros contábeis; (v) de conflitos de interesse; e (vi) de *due diligence*. Também se incluem no rol de procedimentos internos práticas de auditoria e políticas de documentação de todas as atividades da empresa.

[554] É importante que haja compatibilidade entre as restrições formais e informais (culturalmente derivadas), ainda que a garantia de tal harmonização implique padrões menos ambiciosos de comportamento – ou seja, que não se exija tanto dos agentes envolvidos –, sob pena de inocuidade das diretrizes formais. NORTH, 1990, p. 45. O CADE enfatiza que mecanismos que "adotam objetivos irreais, descrevem as situações de forma idealizada ou demasiado distante do que se apresenta no dia a dia da entidade costumam não surtir efeitos – ou, em certos casos, até mesmo surtir efeitos negativos, pois os colaboradores passam a questionar a validade de um programa que não compreende a realidade por eles vivida". CONSELHO ADMINISTRATIVO DE DEFESA ECONÔMICA, 2016, p. 23. No mesmo sentido, a divisão de drogas e crimes da ONU sugere que a prévia avaliação de riscos pode sugerir as formas mais eficientes de treinamento aos colaboradores da empresa,

forem escancaradamente ilegais, que devem ser imediata e duramente censuradas, a mudança pretendida precisa ser gradualmente inserida na cultura da empresa, sob pena de não haver mudança alguma.[555]

Para tanto, é fundamental que o levantamento dos riscos empresariais preceda a elaboração do Código de Conduta e das políticas e mecanismos de controle interno.[556] O objetivo é identificar as principais áreas e operações que podem aumentar as chances de concretizar condutas ilícitas no âmbito de cada empresa.[557]

Por ilustração, empresas que participam continuamente de processos licitatórios devem destacar, no Código de Conduta ou em política interna específica, a postura que esperam de seus representantes nos certames e os limites da interação com os agentes públicos. Em contrapartida, empresas que gerenciam grandes quantidades de dados, como é o caso do uso crescente de *big data*, precisam dar ênfase às questões de cibersegurança e aos limites impostos pelo direito à privacidade e à identidade. O importante é que o documento reflita a realidade da empresa.

O mapeamento prévio de riscos também é necessário para que sejam definidos os procedimentos e as áreas prioritárias para a alocação de recursos, sobretudo nas empresas que estejam formulando ou implantando um programa de *compliance* inexistente ou pouco desenvolvido.[558]

---

a partir da identificação da cultura organizacional, preferências e costumes. Pode-se, assim, optar entre treinamentos presenciais ou fornecidos em plataformas eletrônicas, na divulgação do Código de Conduta em meio físico ou digital, etc. A mesma conclusão pode ser aplicada na definição dos incentivos para a adoção de posturas de conformidade. UNITED NATIONS, 2013, p. 25.

[555] As proibições insculpidas no Código de Conduta não devem ser necessariamente absolutas. O único limite absoluto deve ser o da intolerância à corrupção. Nada impede, no entanto, que uma conduta vedada, como regra geral, possa ser excepcionalmente autorizada após detida e documentada análise por parte dos órgãos de direção, da instância de *compliance* ou do departamento jurídico. UNITED STATES, 2015b, p. 58.

[556] A orientação da CGU para as pequenas e médias empresas é bastante didática: "Identificar riscos previamente à criação de um programa de integridade nada mais é do que perguntar: em qual aspecto minha empresa está vulnerável e precisa se proteger? Existe a possibilidade de que funcionários tenham atitudes antiéticas, como oferecer ou pagar propina? Será que minha empresa já cometeu ou cometerá fraudes em licitação? A empresa tem condição de cumprir com os orçamentos e os acordos? Conheço bem meus funcionários e meus parceiros de negócios?". MINISTÉRIO DA TRANSPARÊNCIA, FISCALIZAÇÃO E CONTROLADORIA-GERAL DA UNIÃO, 2015b, p. 29.

[557] O DOJ adverte que os programas de *compliance* padrão ("*one-size-fits-all*"), também chamados de programas de prateleira, são ineficientes e não serão levados em consideração em eventual processo de investigação. UNITED STATES, 2015b, p. 59.

[558] Sob essa premissa, "a partir de um exercício formal de classificação de riscos, a empresa poderá demonstrar que, na impossibilidade de endereçar todos os riscos ao mesmo tempo

Especificamente em relação aos programas de *compliance*,[559] a Controladoria-Geral da União destaca os seguintes fatores de risco, que devem ser abordados nos Códigos de Conduta e procedimentos internos: (i) participação em licitações; (ii) obtenção de licenças, autorizações e permissões; (iii) contato com agentes públicos durante eventuais processos de fiscalização; (iv) contratação de agentes públicos e ex-agentes públicos; (v) oferecimento de hospitalidades, brindes e presentes a agentes públicos; (vi) estabelecimento de metas inatingíveis ou outras formas de pressão; (vii) oferecimento de patrocínios e doações; (viii) contratações de terceiros; e (ix) fusões, aquisições e reestruturações societárias.[560]

Embora, como já dito, o programa de *compliance* deva ser pensado e formatado individualmente para cada empresa, alguns pressupostos são basilares e, portanto, indistintamente necessários à elaboração de qualquer Código de Conduta.

É comum que o documento inicie com uma mensagem do mais alto líder da organização e/ou do responsável pelo departamento de *compliance*. O objetivo é reforçar o comprometimento da alta administração com o desenvolvimento das medidas de integridade e comunicar expressamente que o *compliance* é uma questão prioritária para gestão e, como tal, deve ser levado a sério por toda a organização.

Logo em seguida, o documento deve consignar os princípios e valores que orientam a cultura da organização, bem como a missão e o propósito da empresa. Deve, ainda, indicar os comportamentos expressamente vedados pela empresa, especialmente nas áreas mais suscetíveis a violações. Nos programas de *compliance*, por decorrência lógica, a ênfase deve recair sobre situações que envolvam a Administração Pública. Destacam-se, nesse sentido, as orientações acerca da participação em processos licitatórios e das interações com servidores estatais, especialmente em relação ao oferecimento de brindes, presentes

---

com os recursos disponíveis, procurou mitigar prioritariamente aqueles riscos entendidos como mais significativos" (MAEDA, 2013, p. 189).

[559] Os Relatórios de Avaliação do Pró-Ética, de uma forma geral, determinam que haja, nos Códigos de Conduta, expressa menção à Lei nº 12.846/2013 e à proibição de fraude e corrupção transnacional.

[560] MINISTÉRIO DA TRANSPARÊNCIA, FISCALIZAÇÃO E CONTROLADORIA-GERAL DA UNIÃO, 2015d, p. 12-13. Também por recomendação da CGU, as empresas devem, na medida do possível, elaborar uma política específica, acompanhada dos respectivos instrumentos de controle interno, para cada um dos mencionados fatores de risco. Nada impede, entretanto, que as vedações e recomendações concernentes às sobreditas situações estejam disciplinadas no próprio Código de Conduta da empresa. A estratégia adotada dependerá, como já dito, das características de cada pessoa jurídica.

e hospitalidades.[561] Outrossim, qualquer que seja a ênfase dada, os Códigos de Conduta, de maneira geral, costumam disciplinar situações envolvendo critérios de admissão e progressão na carreira, padrões mínimos de interação social e proibição de qualquer espécie de discriminação, além de questões trabalhistas e de governança corporativa.

Independentemente da amplitude temática, a linguagem utilizada no documento deve ser clara, concisa, acessível a todos os colaboradores, sem distinção de nível hierárquico.[562] O ideal é que não sejam utilizados termos muito complexos, vagos ou ambíguos – o que não impede que sejam contempladas as exceções às diretrizes estabelecidas. O emprego de exemplos, casos práticos ou explicações em forma de perguntas e respostas, pode ser um recurso interessante para a compreensão do texto. Além disso, é imprescindível que o Código seja disponibilizado no idioma local, sobretudo no caso de multinacionais que tenham subsidiárias em mais de um país.

O Código de Conduta e os procedimentos internos devem ser disponibilizados não apenas aos colaboradores internos da empresa, mas a todos os parceiros de negócio e *stakeholders* externos.[563] Caso a alta

---

[561] Segundo a CGU: "para fins de atendimento aos requisitos da Lei nº 12.846/2013, espera-se que o código de ética ou de conduta: a) explicite os princípios e os valores adotados pela empresa relacionados a questões de ética e integridade; b) mencione as políticas da empresa para prevenir fraudes e ilícitos, em especial as que regulam o relacionamento da empresa com o setor público; c) estabeleça vedações expressas: c.1) aos atos de prometer, oferecer ou dar, direta ou indiretamente, vantagem indevida a agente público, nacional ou estrangeiro, ou a pessoa a ele relacionada, c.2) à prática de fraudes em licitações e contratos com o governo nacional ou estrangeiro; c.3) ao oferecimento de vantagem indevida a licitante concorrente; c.4) ao embaraço à ação de autoridades fiscalizatórias; d) esclareça sobre a existência e a utilização de canais de denúncia e de orientação sobre questões de integridade; e) estabeleça a proibição de retaliação a denunciantes e os mecanismos para protegê-los; f) contenha previsão de medias disciplinares para casos de transgressões às normas e às políticas da empresa". MINISTÉRIO DA TRANSPARÊNCIA, FISCALIZAÇÃO E CONTROLADORIA-GERAL DA UNIÃO, 2015d, p. 14. Não obstante a expressa recomendação de que o Código de Conduta prescreva vedações quanto aos atos de corrupção, o inciso VIII do artigo 42 do Decreto nº 8.420 exige, como requisito autônomo, a existência de "Procedimentos voltados à prevenção de fraudes e ilícitos nas contratações públicas" pelo que se entende ser suficiente que o Código mencione a proibição da prática de atos de corrupção, podendo o detalhamento das políticas e mecanismos de controle interno voltados a esse fim específico ser definidos em documento específico. É essa, aliás, a prática que vem sendo adotada pelas empresas que reestruturaram seus programas de *compliance* após terem sido envolvidas em escândalos de corrupção, como é o caso da Siemens, que possui um guia próprio para tratar do tema corrupção. BRASIL, 2015a.

[562] Em termos de acessibilidade, é importante que o documento seja adaptado aos colaboradores com necessidades especiais (pode, por exemplo, ser disponibilizado em braile). A linguagem deve ser pensada de forma a alcançar desde os altos executivos da empresa, até os operários alocados no "chão de fábrica". Diante disso, pode ser necessária a elaboração de mais de um documento, cada um com linguagem própria.

[563] O inciso III do artigo 42 é incisivo ao estabelecer que o Código de Ética e os procedimentos de integridade sejam "estendidos, quando necessário, a terceiros, tais como, fornecedores,

administração não anteveja prejuízos, é altamente recomendado que o Código de Conduta seja divulgado no sítio eletrônico da empresa, em local de fácil acesso.[564] Como adverte a doutrina especializada, "não basta ter um programa de integridade, é preciso 'mostrar que tem'".[565] A ampla visibilidade deve ser a palavra de ordem sobre todos os elementos do programa de *compliance*.

É igualmente sugerido que os colaboradores da empresa, após serem apresentados ao Código de Conduta, firmem termo de responsabilidade dando ciência do seu conteúdo e assumindo o compromisso de comportar-se de acordo com os padrões exigidos.[566] A mesma exigência pode ser estendida aos parceiros externos, por meio da inserção de cláusulas contratuais que submetam as partes ao programa de *compliance* ou de declaração formal subscrita por terceiros contratados, manifestando ciência acerca do conteúdo do Código de Conduta e dos procedimentos internos que lhe forem impostos.

Diante da impossibilidade de descrição exaustiva dos comportamentos autorizados e proibidos, o Código de Conduta deve prever a existência de mecanismos internos para o saneamento de dúvidas.[567]

---

prestadores de serviço, agentes intermediários e associados". A recomendação da CGU é de que "o código de ética ou conduta e os demais documentos que tratam sobre integridade nos negócios estejam disponíveis em locais de fácil acesso a todos, como a internet ou a rede interna da empresa" e, ainda, como "parte dos funcionários pode não ter acesso a computadores, a empresa deve providenciar estratégias alternativas e eficazes de divulgação, como disponibilização de cópias impressas ou fixação em locais visíveis a todos". MINISTÉRIO DA TRANSPARÊNCIA, FISCALIZAÇÃO E CONTROLADORIA-GERAL DA UNIÃO, 2015d. p. 20.

[564] Um dos parâmetros utilizados para a concessão do selo "Pró-Ética" é verificar a disponibilidade do Código de Conduta, se ele está disponível no site, se pode ser acessado na intranet e se cópias físicas são disponibilizadas aos funcionários, fornecedores e/ou clientes. MINISTÉRIO DA TRANSPARÊNCIA, FISCALIZAÇÃO E CONTROLADORIA-GERAL DA UNIÃO, 2017b, p. 21.

[565] GABARDO; CASTELLA, 2015, p. 142.

[566] As diretrizes fornecidas pela CGU orientam que, "para garantir a ciência de todos sobre o código de ética e as políticas de integridade, a empresa pode, por exemplo, solicitar que funcionários assinem documento atestando conhecimento". MINISTÉRIO DA TRANSPARÊNCIA, FISCALIZAÇÃO E CONTROLADORIA-GERAL DA UNIÃO, 2015d. p. 20. Além disso, o TCU sugere que sejam firmados, anualmente, termos de compromisso, por meio dos quais os colaboradores afirmam, por escrito, que cumpriram os últimos doze meses de acordo com padrões éticos e de integridade da organização. O intuito é "criar um efeito moral no subscritor do termo para induzi-lo a seguir os normativos". No caso de novos colaboradores, o TCU sugere que um treinamento sobre o programa de *compliance* seja incluído no curso de formação "para garantir que, antes de iniciar sua atividade laboral, o servidor tenha sido conscientizado da existência e da importância desses códigos". TRIBUNAL DE CONTAS DA UNIÃO, 2016, p. 46.

[567] Segundo a CGU, a empresa deve "manter canais para fornecer orientações e esclarecimentos de dúvidas com relação aos aspectos do Programa de Integridade. Os canais devem ser gratuitos e de fácil acesso a todos na empresa e abertos a terceiros e ao público, quando for

Pode haver orientação para que os superiores hierárquicos ou a instância de *compliance* sejam consultados ou, em sistemas mais sofisticados, um canal de comunicação para que os colaboradores possam registrar os seus questionamentos e obter as respectivas orientações. O Código deve prever, ainda, a existência de um canal voltado às denúncias e exposições de eventuais irregularidades, com ampla proteção ao denunciante.[568] Os canais podem ser estruturados de forma conjunta ou separada, como será descrito em tópico específico a seguir.

Ademais, é importante que as medidas disciplinares previstas para as hipóteses de descumprimento das diretrizes e políticas da empresa estejam expressas no documento, e que seja antecipada a forma de apuração de eventuais infrações, os responsáveis pela condução do processo e pela aplicação de penalidades, bem como os meios de garantir o contraditório e a ampla defesa.[569] Por fim, como parte do programa de *compliance*, o Código de Conduta deve ser revisto e atualizado periodicamente, de acordo com eventuais mudanças legais, regulatórias, ou em face de alterações estruturais vivenciadas pela empresa.[570]

A existência de um Código de Conduta, todavia, não é suficiente para caracterizar a funcionalidade de um programa de *compliance*. Enquanto o Código define os valores da empresa e a postura que se espera de seus colaboradores, a estruturação do programa demanda um conjunto mais amplo de políticas e controles internos voltados à mitigação dos riscos de fraude e corrupção, sobretudo nas atividades consideradas mais sensíveis (normalmente envolvendo transações financeiras, interações com o Poder Público, situações de conflito de interesse, oferecimento de hospitalidade, brindes e presentes, etc.). Tais políticas e procedimentos podem estar descritos no Código de Conduta

---

o caso". MINISTÉRIO DA TRANSPARÊNCIA, FISCALIZAÇÃO E CONTROLADORIA-GERAL DA UNIÃO, 2015d, p. 20.

[568] Não há impedimento para que um único canal concentre as duas funcionalidades. O importante é que os colaboradores e parceiros da empresa saibam onde buscar esclarecimentos e disponham de um meio de comunicação seguro para registrar eventuais denúncias de irregularidades. As especificidades referentes ao canal de denúncias foram tratadas em tópico específico (4.2.8). Em avaliação sobre o programa de integridade dos Correios, a CGU apontou como irregularidade o fato de o Código de Conduta não fazer remissão ao canal de denúncias. MINISTÉRIO DA TRANSPARÊNCIA, FISCALIZAÇÃO E CONTROLADORIA-GERAL DA UNIÃO. *Relatório de avaliação da integridade em empresas estatais nº 201503942.* Empresa: Empresa Brasileira de Correios e Telégrafos (ECT). 2015f, p. 7.

[569] No Relatório de Avaliação Pró-Ética – CPFL Energia consta, como necessário ponto de aprimoramento, a descrição das medidas disciplinares passíveis de aplicação e suas hipóteses de cabimento.

[570] O compromisso com a atualização do Código de Conduta é um dos critérios utilizados pelo DOJ e pela SEC para verificar a eficiência do programa de *compliance*. UNITED STATES, 2015b, p. 58.

ou em documentos apartados, que devem seguir as mesmas diretrizes de acessibilidade e divulgação.[571]

Além de aumentar o grau de detecção, esses mecanismos geram uma expectativa nos "potenciais fraudadores e corruptos de que poderão ser pegos e com isso podem preferir não correr esse risco. Os controles preventivos funcionam dissuadindo o cometimento da fraude e da corrupção".[572] O objetivo é ampliar as possibilidades de identificar o ilícito e, consequentemente, alterar as variáveis que compõem o cálculo dos agentes, minimizando os riscos de práticas corruptas.

Entretanto, mais do que estabelecer incentivos e aumentar os custos dos agentes propensos a adotar posturas corruptas, os mecanismos de controle interno devem "permitir que todas as informações relevantes sejam facilmente capturadas e analisadas por níveis adequados dentro da organização responsáveis pela sua aprovação",[573] o que serve para evidenciar o zelo da empresa em relação às áreas mais suscetíveis à ocorrência de irregularidades. Os procedimentos internos, se bem desenhados, devem permitir o registro histórico e a rastreabilidade da decisão, facilitando a identificação das responsabilidades individuais. Em síntese, espera-se que a empresa tenha maior controle sobre os atos que são praticados em seu nome ou benefício.

4.2.2.1 Como demonstrar a existência de políticas e procedimentos internos

Em termos práticos, os órgãos de controle avaliam muito mais o conteúdo, a forma e a eficiência dos Códigos de Conduta e procedimentos internos, do que a sua existência pura e simplesmente. Com o amadurecimento do tema, os especialistas em *compliance* têm rechaçado veemente afirmações levianas e infelizmente frequentes de que o Código de Conduta seria suficiente para demonstrar a existência do programa.

Partindo dessa premissa, a planilha de avaliação dos programas de integridade da CGU[574] contém alguns questionamentos que podem nortear a elaboração de Códigos de Conduta e procedimentos internos:

---

[571] Mais detalhes de tais procedimentos no item 4.2.6.
[572] TRIBUNAL DE CONTAS DA UNIÃO, 2016, p. 52. Essa abordagem foi mais bem detalhada no capítulo 4, em tópico destinado à análise das estratégias destinadas a garantir a eficiência do programa de *compliance*.
[573] MAEDA, 2013, p. 192.
[574] MINISTÉRIO DA TRANSPARÊNCIA, FISCALIZAÇÃO E CONTROLADORIA-GERAL DA UNIÃO, 2018, p. 75.

4.1 A PJ apresentou Código de Ética e Conduta, ou documento equivalente, disponível em português?

4.2. O documento apresentado foi formalmente aprovado pela alta direção da PJ?

4.3. Em relação ao conteúdo, o documento apresentado:

(i) Inclui expressamente a ética e/ou a integridade entre os princípios ou valores da Pj?

(ii) Está alinhado com as especificidades da PJ, como áreas de atuação e grau de interação com a administração pública?

(iii) Está alinhado com a legislação anticorrupção brasileira, contendo vedações expressas à prática de corrupção e outros atos lesivos à administração pública?

(iv) Indica expressamente os responsáveis para dirimir dúvidas sobre sua aplicação?

(v) Indica expressamente os canais para realização de denúncias de violações éticas/legais?

(vi) Prevê expressamente as garantias para proteção do denunciante de boa-fé?

(vii) Menciona a possibilidade de aplicação de sanções para aqueles que cometerem violações éticas/legais, independentemente do cargo ou função ocupados pelo infrator?

4.4. Em relação à acessibilidade, o documento apresentado:

(i) Possui uma linguagem de fácil compreensão?

(ii) Pode ser facilmente acessado pelos empregados da PJ, incluindo aqueles que não possuem acesso a computadores, se for o caso?

(iii) Encontra-se disponível na página eletrônica (site) da PJ?

4.5. Foram realizadas ações de divulgação desse documento nos últimos 12 (doze) meses, contados a partir da data de apresentação dos relatórios de perfil e conformidade no PAR?

4.6. Esses treinamentos alcançaram, pelo menos, 50% dos empregados da PJ?

5.1. O Código de Ética ou Conduta da PJ ou documento equivalente aplicável a terceiros:

a) Proíbe expressamente a prática de corrupção e outros atos lesivos à administração pública por parte dos terceiros?

b) Indica os canais de denúncias disponíveis para os terceiros?

c) Menciona a possibilidade de aplicação de sanções para os terceiros que cometerem violações éticas/legais?

5.2. A PJ disponibiliza esse documento ou informa como ele pode ser acessado por esses terceiros?

5.3. A PJ solicita que os terceiros declarem expressamente estarem cientes da existência desse documento?

5.4. Foram oferecidos treinamentos sobre seu conteúdo aos principais terceiros com os quais a PJ se relaciona nos últimos 12 (doze) meses, contados a partir da data de apresentação dos relatórios de perfil e conformidade no PARs?

A avaliação sugerida pelo DOJ[575] vai além, com destaque para a metodologia de elaboração do Código de Conduta e das políticas e procedimentos internos, o que se extrai dos seguintes questionamentos:

(i) Qual é o processo da empresa para o desenho e implementação de novas políticas e procedimentos e para a atualização das políticas e procedimentos existentes? Esse processo foi alterado com o passar do tempo?
(ii) Quem esteve envolvido na elaboração das políticas e procedimentos?
(iii) As unidades de negócio foram consultadas antes da implementação das políticas e procedimentos internos?
(iv) Quais esforços foram feitos pelas empresas para monitorar e implementar políticas e procedimentos que reflitam e lidem com os riscos enfrentados, incluindo mudanças no cenário legal e regulatório?
(v) As políticas e procedimentos internos foram publicados em formato pesquisável, para fácil acesso?
(vi) A empresa rastreia o acesso às políticas e procedimentos para entender quais estão atraindo a atenção de empregados relevantes?
(vii) Quem foi o responsável por integrar as políticas e procedimentos?
(viii) Qual foi a orientação e treinamento, se é que houve, para os *gatekeepers* [guardiões] dos processos de controle (ex. aqueles com autoridade para aprovar ou certificar responsabilidades? Eles sabem quais desvios procurar? Eles sabem quando e como escalar preocupações?

É fácil perceber que a avaliação não foca no fato de a empresa possuir um documento escrito, denominado Código de Conduta, mas sim nas práticas que demonstram que o programa de *compliance* é incorporado no dia a dia da operação, em cada unidade de negócio.

4.2.3 Treinamentos periódicos (inciso IV)

Uma vez instituídos, o Código de Conduta e os procedimentos internos precisam ser apresentados de forma clara, didática e acessível, a todos os colaboradores da empresa. As medidas destinadas à comunicação efetiva dos valores e dos padrões de conduta esperados

---

[575] UNITED STATES, 2020, p. 4.

dos colaboradores devem utilizar recursos que garantam a compreensão do conteúdo por parte de todos os destinatários, sejam empregados, administradores ou terceiros que possam atuar em seu nome ou em seu benefício – fornecedores, prestadores de serviço, agentes intermediários e associados.

Entretanto, a mera apresentação do Código de Conduta não é suficiente, porque muitas das áreas que representam maior risco à empresa não são totalmente regulamentadas, sujeitando-se a regras que variam conforme o país ou que oferecem margem a diferentes interpretações. Por esse motivo, é importante que os colaboradores sejam treinados para seguir as diretrizes estabelecidas pela empresa. Como ensina Bruno Maeda, "treinamentos são essenciais para suprir quaisquer lacunas internas de entendimento a respeito das normas legais aplicáveis ou das políticas internas da empresa", sobretudo porque os empregados normalmente "expostos a situações de risco não terão, via de regra, formação específica que os permita interpretar as normas existentes de forma correta e segura simplesmente por meio da leitura de políticas".[576]

As orientações emitidas pelos órgãos oficiais são enfáticas em destacar a importância do treinamento para efetivar o programa de *compliance*. O Guia fornecido pela Controladoria-Geral da União recomenda que a empresa tenha "um plano de capacitação com o objetivo de treinar as pessoas sobre o conteúdo e os aspectos práticos das orientações e das políticas de integridade".[577] O Departamento de Justiça e a Comissão de Valores Mobiliários dos Estados Unidos (DOJ e SEC), por sua vez, avaliam a promoção de treinamentos periódicos voltados aos diretores, demais colaboradores e, quando necessário, aos parceiros comerciais, como um dos requisitos para a efetividade dos programas de *compliance*.[578] Na mesma linha, o Guia publicado pela ONU prescreve que, além de conhecerem o conteúdo do Código de Conduta, a empresa precisa garantir que seus colaboradores tenham as habilidades necessárias à identificação e mitigação dos riscos relacionados à corrupção.[579]

---

[576] MAEDA, 2013, p. 196.
[577] MINISTÉRIO DA TRANSPARÊNCIA, FISCALIZAÇÃO E CONTROLADORIA-GERAL DA UNIÃO, 2015d, p. 20,
[578] UNITED STATES, 2015b, p. 59; UNITED STATES, 2017b.
[579] UNITED NATIONS, 2013, p. 69. A mesma exigência é prevista nos princípios enumerados pelo Instituto Brasileiro de Governança Corporativa, pela Transparência Internacional e pelo Ministério de Justiça britânico.

Noutros termos, significa que, uma vez feita a primeira apresentação ou treinamento, é importante que os colaboradores sejam frequentemente relembrados dos compromissos assumidos perante a organização.[580] Os treinamentos, mentorias e exemplos são essenciais para o desenvolvimento de uma *cultura de compliance* – um dos requisitos exigidos pela ISO 37301.[581] Sob essa ótica, os treinamentos periódicos são necessários por pelo menos três razões, como se esclarece a seguir.

Em primeiro lugar, os treinamentos servem como ferramenta de reforço dos valores e padrões éticos que a empresa pretende cultivar. As pessoas tendem a relativizar ou esquecer-se da importância da conformidade se não forem continuamente lembradas dos riscos inerentes a sua atividade. Os treinamentos periódicos desempenham fundamental papel na conscientização dos colaboradores sobre os prejuízos inerentes à corrupção e na consolidação do compromisso com o programa de *compliance*. Embora possa parecer um preciosismo exagerado, a repetição entremostra-se essencial à consolidação – ou alteração – da cultura empresarial.[582]

Em segundo lugar, os treinamentos periódicos permitem a capacitação de novos colaboradores[583] e a atualização dos colaboradores já treinados sobre eventuais alterações legislativas ou regulatórias e, nomeadamente, sobre o próprio programa de *compliance*, que pode ter o seu enfoque alterado em razão dos resultados da avaliação de riscos ou de decisão estratégica de priorização de determinada atividade.

Por fim, os treinamentos podem ser uma ótima ferramenta de monitoramento do programa de *compliance*, sobretudo se realizados

---

[580] A orientação da ONU é que os treinamentos periódicos sejam realizados pelo menos uma vez por ano, com a ressalva de que as áreas de risco podem exigir treinamentos mais frequentes e personalizados. *Idem*, p. 69.

[581] INTERNATIONAL ORGANIZATION FOR STANDARDIZATION, 2021, p. 36.

[582] A cartilha disponibilizada pela CGU para as pequenas e médias empresas orienta que os "treinamentos contribuem em grande medida para a criação de uma cultura ética na empresa. O treinamento em si pode ser uma oportunidade para que a direção e os funcionários discutam sobre valores relevantes para a empresa". MINISTÉRIO DA TRANSPARÊNCIA, FISCALIZAÇÃO E CONTROLADORIA-GERAL DA UNIÃO, 2015b, p. 42.

[583] A recomendação da ONU é de que o conhecimento do programa de *compliance*, inclusive por meio de treinamentos, seja exigido como pré-requisito para contratar novos colaboradores ou para iniciar uma relação comercial. UNITED NATIONS, 2013, p. 69. Em palestra promovida na OAB de Santa Catarina no dia 23.11.2017, o *Compliance Officer* da Radix Engenharia e Desenvolvimento de Software relatou ter obtido ganhos significativos ao implantar um procedimento de distribuição do Código de Conduta da empresa aos candidatos a vagas de emprego, antes mesmo da entrevista. Assim, os novos colaboradores da empresa passaram a ingressar já conscientes da cultura e das políticas instituídas na empresa, o que facilitou o seu alinhamento com o programa de *compliance*.

de forma presencial. A ampla interação permite que os colaboradores da empresa exponham as suas principais dúvidas e relatem situações cotidianas mais delicadas, pontos que podem ter passado despercebidos no momento de elaborar o programa (ou que podem ter surgido posteriormente). Fomentar a discussão sobre as experiências individuais durante os treinamentos pode aumentar significativamente a compreensão das diretrizes de integridade e a importância dos mecanismos anticorrupção.[584]

Tais razões delineiam motivos suficientes para que os treinamentos sejam "fornecidos periodicamente, particularmente para os empregados e funções mais expostas a risco, mantendo-se registro e documentação a respeito da participação de cada empregado nos treinamentos",[585] o que pode ser considerado, inclusive, para fins de avaliação de desempenho e bonificação, como forma de incentivar o colaborador a conhecer e envolver-se com o programa de *compliance*.[586] A Controladoria-Geral da União sugere, inclusive, que a empresa torne os treinamentos obrigatórios em alguns casos, além de criar "incentivos para a sua participação, como, por exemplo, vincular a promoção na carreira à realização de treinamentos periódicos sobre o Programa de Integridade".[587]

Assim como a elaboração do Código de Conduta, a alocação e organização dos treinamentos variam de acordo com as peculiaridades de cada empresa.[588] Empresas que trabalham diretamente com licitações públicas, por exemplo, podem sentir necessidade de promover um

---

[584] *Idem*, p. 71.
[585] MAEDA, 2013, p. 197.
[586] A sugestão é reiterada nas orientações fornecidas pela organização do selo "Pró-Ética" ao especificar que, no preenchimento do questionário, a empresa deve descrever "a estratégia utilizada para incentivar a participação dos funcionários nos treinamentos, o que pode incluir fatores como o oferecimento dos cursos no mesmo local e horário do trabalho, utilização da participação em capacitações como fator positivo no cálculo de bônus ou pontuação para promoção, dentre outros". MINISTÉRIO DA TRANSPARÊNCIA, FISCALIZAÇÃO E CONTROLADORIA-GERAL DA UNIÃO, 2017b, p. 23.
[587] MINISTÉRIO DA TRANSPARÊNCIA, FISCALIZAÇÃO E CONTROLADORIA-GERAL DA UNIÃO, 2015d, p. 21. As orientações fornecidas às empresas que pretendem obter o selo "Pró-Ética" sugerem, inclusive, que sejam aplicadas medidas disciplinares àqueles que faltarem sem justificativa aos treinamentos. *Idem*, p. 23.
[588] É o caso de avaliar se os treinamentos serão presenciais ou fornecidos em plataformas digitais, o que pode reduzir os custos e facilitar a distribuição do conteúdo. O CADE adverte que "em regra, contar tão somente com treinamentos eletrônicos não é aconselhável. [...] é desejável que o colaborador tenha a possibilidade de interagir com os profissionais responsáveis pelo *compliance* de maneira mais direta, a fim de adquirir confiança no programa e nas pessoas com ele envolvidas". CONSELHO ADMINISTRATIVO DE DEFESA ECONÔMICA, 2016, p. 22.

treinamento específico para os colaboradores alocados nessa área,[589] enquanto empresas altamente dependentes de serviços terceirizados podem concentrar recursos na promoção de treinamentos voltados aos prestadores de serviço ou agentes intermediários, sobretudo quando a atividade envolver algum tipo de interação com o Poder Público.[590] Podem, ainda, ser priorizados treinamentos que abordem os mecanismos de *due diligence* para a seleção de fornecedores ou sobre aspectos regulatórios especificamente voltados à proteção de dados ou à concorrência empresarial. A estratégia adotada, repita-se, deverá amoldar-se às peculiaridades de cada organização.

Sob o mesmo raciocínio, empresas de menor porte que não tenham recursos para criar ou executar treinamento próprio sobre temas específicos – como a prevenção de desvios em licitações – podem, inclusive financeiramente, incentivar a participação de seus colaboradores em cursos externos, de reconhecida credibilidade. Nesses casos, a participação precisa ser demonstrada por meio de certificados, lista de presença, etc.[591]

Na mesma linha da advertência relativa ao Código de Conduta, os treinamentos deverão levar em consideração as características do público-alvo, o que pode resultar na necessidade de desmembramento das apresentações, com a utilização de recursos de linguagem e abordagens distintos, mais adequados à realidade de cada grupo. Tanto na apresentação dos documentos que compõem o programa de *compliance* quanto nos treinamentos periódicos realizados posteriormente, é

---

[589] A orientação para as empresas que desejam obter o selo "Pró-Ética" é de que sejam realizados treinamentos específicos sobre a Lei nº 12.846/2013. MINISTÉRIO DA TRANSPARÊNCIA, FISCALIZAÇÃO E CONTROLADORIA-GERAL DA UNIÃO, 2017b, p. 25.

[590] Segundo a CGU, "Com relação às políticas específicas, tais como as normas para prevenir atos lesivos em licitações e contratos ou regras de controle em registros contábeis, a empresa pode oferecer treinamentos específicos, direcionados especialmente para aquelas pessoas que atuam diretamente nessas atividades". MINISTÉRIO DA TRANSPARÊNCIA, FISCALIZAÇÃO E CONTROLADORIA-GERAL DA UNIÃO, 2015d, p. 21.

[591] É igualmente recomendado que sejam buscados "cursos gratuitos oferecidos pela internet sobre o tema integridade, direcionados para micro e pequenas empresas", bem como "parcerias com entidades de classe ou associações de comércio local do ramo de atuação para a elaboração de cursos sobre integridade para as diversas empresas do segmento e da região". MINISTÉRIO DA TRANSPARÊNCIA, FISCALIZAÇÃO E CONTROLADORIA-GERAL DA UNIÃO, 2015b, p. 43. A ONU, na mesma linha, sugere que as empresas de menor porte que façam parte de uma cadeia de fornecimento de uma empresa maior solicitem a participação em treinamentos ou o recebimento de comunicações sobre o programa de *compliance*, ou, ainda, que sejam selecionados determinados colaboradores para um treinamento externo, de modo que, posteriormente, possam promover cursos ou apresentações para replicar os ensinamentos que aprenderam no meio interno. UNITED NATIONS, 2013, p. 71.

fundamental que sejam explorados casos práticos e exemplos hipotéticos que se amoldem à atividade dos treinandos, de modo a facilitar a associação entre as situações de risco e as posturas que a empresa espera de seus colaboradores.[592]

Ao final do treinamento, o Conselho Administrativo de Defesa Econômica (CADE) recomenda que "os colaboradores treinados sejam submetidos a uma breve avaliação de retenção dos principais conceitos transmitidos, para assegurar a efetividade mínima do mecanismo".[593] A orientação é reproduzida pelo Manual Prático de Avaliação do Programa de Integridade da Controladoria-Geral da União, que elenca como critério de efetividade do programa a realização de testes e simulados sobre o conteúdo dos treinamentos.[594]

A sugestão pode ser combinada com outros mecanismos associados à avaliação de desempenho que incentivem os colaboradores a conhecer o conteúdo do Código de Conduta e dos procedimentos de controle interno. Os resultados dos testes devem motivar uma reflexão crítica sobre o formato, metodologia e conteúdo do treinamento, de modo a orientar eventuais adaptações que se revelem necessárias. O objetivo central é fazer com que o treinamento seja encarado com seriedade pelos colaboradores da empresa, o que exige incentivo e constante suporte da alta administração.

Adicionalmente ao treinamento propriamente dito, as empresas devem investir na divulgação periódica de informações sobre as políticas de anticorrupção e sobre o programa de *compliance* de forma geral. A comunicação pode ocorrer por meio de informativos, vídeos, e-mails, guias compactos e até recursos digitais, como aplicativos ou

---

[592] Nesse ponto específico, a ONU recomenda que sejam utilizados, como incentivo, exemplos práticos de colaboradores que reagiram adequadamente diante de uma situação de risco e foram reconhecidos por essa postura. *Idem*, p. 71.

[593] CONSELHO ADMINISTRATIVO DE DEFESA ECONÔMICA, 2016, p. 22. A sugestão é reiterada pela organização do selo "Pró-Ética", que menciona, além da aplicação de testes, a "realização de entrevistas com funcionários, ou análise das mudanças nos padrões de conduta após o treinamento". MINISTÉRIO DA TRANSPARÊNCIA, FISCALIZAÇÃO E CONTROLADORIA-GERAL DA UNIÃO, 2017b, p. 24. O TCU, por sua vez, fornece um exemplo de matriz para avaliar os treinamentos anticorrupção, elencando, dentre os parâmetros objetivos, a verificação de testes ao fim do treinamento e se os resultados dos testes são acompanhados e mantidos. Não bastasse, o documento sugere que seja levada em consideração a existência de medidas disciplinares a quem não concluir o treinamento e, por outro lado, que a participação seja incluída na avaliação de desempenho do funcionário. TRIBUNAL DE CONTAS DA UNIÃO, 2016, p. 156.

[594] MINISTÉRIO DA TRANSPARÊNCIA, FISCALIZAÇÃO E CONTROLADORIA-GERAL DA UNIÃO. *Manual Prático de Avaliação do Programa de Integridade em PAR*. 2018. Disponível em: <http://www.cgu.gov.br/Publicacoes/etica-e-integridade/arquivos/manual-pratico-integridade-par.pdf>. Acesso em: 20 set. 2018.

pop-ups programados para enviar um conteúdo – ou mesmo lembrete – semanal, ou mensal sobre o programa.[595]

4.2.3.1 Como demonstrar a realização de treinamentos periódicos

Os treinamentos são uma peça fundamental para promover o interesse e a importância do programa de *compliance* dentro das organizações. A planilha de avaliação dos programas de integridade fornecida pela CGU[596] apresenta alguns questionamentos que podem nortear uma estratégia de programação de treinamentos voltados ao programa de *compliance*, especialmente:

> 6.1 A PJ apresentou um planejamento para realização de treinamentos relacionados ao programa de integridade?
> 6.2. A instância responsável pelo programa de integridade participa do planejamento, elaboração, aplicação e/ou contratação dos treinamentos sobre temas de integridade?
> 6.3. Existem controles para verificar a participação dos empregados nos treinamentos?
> 6.4. Existem mecanismos para verificar a retenção dos conteúdos abordados nos treinamentos?

A contratação de especialistas externos para a realização de palestras e *workshops* é uma estratégia válida para promover o engajamento dos colaboradores na temática. Mas o treinamento e a comunicação não devem ser inteiramente terceirizados, sem um envolvimento mínimo da alta administração. Qualquer que seja a opção adotada pela organização, o importante é que a realização do treinamento e as estratégias de comunicação não sejam etapas meramente formais, mas pautadas pelos riscos identificados, conforme se extrai dos parâmetros de avaliação fornecidos pelo DOJ:[597]

> (i) Quais treinamentos os empregados em relevantes funções de controle receberam?

---

[595] É interessante a estratégia adotada por algumas empresas de instituir um *"Compliance Day"*, programação destinada a reforçar – por meio de encontros, atividades ou pelo simples envio de conteúdo digital – o conteúdo das políticas de integridade.
[596] MINISTÉRIO DA TRANSPARÊNCIA, FISCALIZAÇÃO E CONTROLADORIA-GERAL DA UNIÃO, 2018, p. 75.
[597] UNITED STATES, 2020, p. 5.

(ii) A empresa forneceu treinamentos sob medida para os empregados responsáveis por atividades de alto risco e de controle, incluindo treinamento sobre os riscos relacionados à área em que o desvio investigado ocorreu?

(iii) Os colaboradores que ocupam função de supervisão, receberam treinamento diferente ou complementar?

(iv) Qual análise a empresa realizou para determinar quem deve ser treinado e em quais assuntos?

(v) O treinamento é fornecido online ou presencialmente e qual a razão da escolha por cada modalidade?

(vi) Como a empresa mediu a eficácia do treinamento?

(vii) Os funcionários foram testados sobre o que aprenderam?

(viii) A empresa avaliou até que ponto o treinamento teve impacto no comportamento ou nas operações do colaborador?

(ix) O que a alta administração fez para que os colaboradores conhecessem a posição da empresa em relação aos desvios de comportamento?

Assim como todas as etapas do programa de *compliance*, as comunicações e treinamentos devem ser integralmente documentados em registros que contenham a "informação de todos os que foram treinados e em que temas, pois isso poderá ser necessário para a empresa comprovar seus esforços de implementação do programa de integridade".[598] Tendo em vista que a demonstração da existência do programa de *compliance* poderá ser invocada como argumento de defesa por parte da empresa, vale a máxima de que tudo que não puder ser evidenciado considera-se como não tendo sido feito. Daí ser imprescindível registrar e documentar todas as etapas e elementos do programa de *compliance*.[599]

---

[598] MINISTÉRIO DA TRANSPARÊNCIA, FISCALIZAÇÃO E CONTROLADORIA-GERAL DA UNIÃO, 2015d, p. 21. No mesmo sentido, "Lembre-se: deixe tudo registrado! Temas dos treinamentos, convites, listas de presença, etc. A documentação será muito relevante caso a empresa precise comprovar a realização dos treinamentos". MINISTÉRIO DA TRANSPARÊNCIA, FISCALIZAÇÃO E CONTROLADORIA-GERAL DA UNIÃO, 2015b, p. 42.

[599] A recomendação da ONU é de que as atividades de comunicação e treinamento sejam "documentadas para permitir a avaliação de sua efetividade, eficiência e sustentabilidade. Os registros dos atendimentos de funcionários e dos eventos de treinamento devem ser mantidos para demonstrar em detalhes o volume de treinamento que cada funcionário recebeu. Isso permitirá uma melhor defesa por parte da empresa em caso de alegações de corrupção". UNITED NATIONS, 2013, p. 70, tradução livre.

4.2.4 Gerenciamento, análise periódica de riscos e monitoramento contínuo do programa de *compliance* (incisos V e XV)

A análise e o gerenciamento dos riscos traduzem a pedra angular de todo e qualquer programa de *compliance*. É que os esforços para prevenir e combater a corrupção de forma eficiente pressupõem que os riscos que a organização pode enfrentar sejam minamente compreendidos. O diagnóstico dos riscos é, pois, o ponto de partida que vai orientar a estruturação de todos os mecanismos de controle interno, incluindo os esforços voltados à prevenção de desvios. A análise dos riscos é o que torna o programa único, permite que seja desenhado sob medida para a organização, como uma ferramenta capaz de contribuir não só para o combate à corrupção, mas para a realização dos objetivos estratégicos.

É que as organizações – públicas ou privadas – enfrentam riscos diferentes, ainda que a ênfase seja o combate à corrupção. A chave para os responsáveis pelos programas de *compliance* é, pois, "dirigir recursos para as ameaças específicas enfrentadas pela empresa, e para onde elas têm probabilidade de ter um maior efeito na redução da corrupção. Isso será diferente para cada empresa porque cada empresa tem um perfil de risco e recursos diferentes".[600] Assim, uma empresa contratada para a realização de grandes projetos de infraestrutura para a Administração Pública lida com riscos distintos de empresas de tecnologia, que não participam de licitações ou contratações públicas. A mesma premissa vale para os territórios de operação da organização. Cada país, cada segmento de mercado e cada modelo de negócios representam riscos muito particulares, que devem orientar a estruturação do programa.

O "Guia de Avaliação de Risco de Corrupção" do Pacto Global da ONU reconhece a importância de uma avaliação de riscos coordenada, englobando as questões regulatórias, os desafios operacionais, competitivos e financeiros. Mas a orientação é de que "mesmo que a avaliação de risco de corrupção possa estar alinhada a outras iniciativas de avaliação de risco, será benéfico para muitas empresas manter a avaliação de risco de corrupção como um empreendimento autônomo".[601] É que, como dito, a avaliação dos riscos de integridade, especificamente, é um dos requisitos para que o programa de *compliance* seja considerado

---

[600] PACTO GLOBAL DA ONU, 2017, p. 10.
[601] *Idem*, p. 11.

eficiente e possa servir de argumento de defesa em prol da organização e de seus gestores. Assim, embora seja recomendável uma análise de riscos global da organização, são os riscos de integridade que interessem aos órgãos de controle num eventual processo de responsabilização.

A análise dos riscos, por si só, não é suficiente para que o programa de *compliance* seja efetivo. Para garantir o seu funcionamento, análise não deve ser vista como um projeto único, pontual, mas como um movimento contínuo, de busca pela melhoria da gestão, maior transparência e integridade dentro da empresa.[602] A prevenção da corrupção impõe o dever de "monitorar continuamente os aspectos de maior exposição da empresa e continuar vigilante em relação a esses eventos, relacionamentos e interações que podem aumentar ou criar novos riscos".[603]

A necessidade de *gerenciamento* dos riscos decorre do fato de que os riscos – internos ou externos – não são estáticos: encontram-se sujeitos a alterações decorrentes de mudanças no ambiente legislativo e regulatório, no cenário sócio-econômico, assim como em razão de decisões internas da empresa (que podem incluir a ampliação do mercado para outros países, processos de fusão e aquisição, desenvolvimento de novos produtos e o relacionamento com diferentes parceiros comerciais).[604]

4.2.4.1 Análise e gerenciamento de riscos de integridade

Análise e gerenciamento de riscos não são sinônimos, e a sua diferenciação é fundamental para o sucesso do programa de *compliance*. Embora o gerenciamento de riscos pressuponha uma análise inicial, a recíproca não é verdadeira. É bastante comum que as empresas realizem análises de risco pontuais, seja para iniciar a implementação do

---

[602] UNITED NATIONS. Office on Drugs and Crime (UNODC). An Anti-Corruption Ethics and Compliance Programme for Business: a Practical Guide. 2013. p. 27.
[603] PACTO GLOBAL DA ONU, 2017, p. 11.
[604] Segundo a CGU, "é importante que o processo de mapeamento de riscos seja periódico a fim de identificar eventuais novos riscos, sejam eles decorrentes de alteração nas leis vigentes ou de edição de novas regulamentações, ou de mudanças internas na própria empresa, como ingresso em novos mercados, áreas de negócio ou abertura de filiais, por exemplo". MINISTÉRIO DA TRANSPARÊNCIA, FISCALIZAÇÃO E CONTROLADORIA-GERAL DA UNIÃO, 2015d, p. 11. A ONU, por sua vez, classifica como mudanças que podem exigir a adequação do programa de *compliance* (i) a inserção em novos mercados; (ii) novos relacionamentos comerciais; (iii) novas estruturas organizacionais (a exemplo de novas subsidiárias) ou novos procedimentos adotados (como terceirização de compras ou serviços); (iv) novas metas de desempenho; (v) novas exigências no ambiente social; e (vi) casos de corrupção envolvendo agentes e empresas do mesmo segmento. UNITED NATIONS, 2013, p. 97.

programa de *compliance*, seja para avaliar a criticidade de uma determinada situação e subsidiar a tomada de decisão do gestor. Embora seja recomendável, não há garantia de que a análise de riscos será sucedida de um processo de gerenciamento.

Com exceção da Lei nº 13.303/2016, as leis vigentes no ordenamento jurídico brasileiro que tratam dos programas de *compliance* não utilizam a expressão *gestão de riscos*. Reproduzindo o teor do inciso V do artigo 42 do Decreto nº 8.420/2015, as normas fazem menção à *"análise periódica de riscos para realizar adaptações necessárias ao programa de integridade"*. A exigência de *monitoramento* do programa prevista no inciso XV do artigo 42, embora remeta ao acompanhamento dos mecanismos de *compliance*, não se confunde com um sistema de *gestão de riscos* propriamente dito.

A rigor, portanto, as normas que tratam de *compliance* nas contratações públicas não exigem que as empresas realizem a *gestão* dos riscos. É plenamente possível que a organização promova uma análise de riscos no momento da implantação do programa de integridade, estruture os requisitos elencados no Decreto nº 8.420/2015 e, para o monitoramento, realize sucessivas avaliações periódicas – que podem ser anuais e até mesmo terceirizadas. Mas, ainda que pela literalidade das normas vigentes subsista a possibilidade de estruturação de um programa de *compliance* sem um sistema de gestão de riscos, é preciso advertir que essa configuração pode comprometer a eficiência dos mecanismos de controle interno, a prevenção de desvios e, principalmente, o alcance dos objetivos estratégicos da organização.

A gestão de riscos é uma realidade há muito arraigada nas práticas de governança corporativa. Tanto é verdade, que o IBGC possui um "Guia de Orientação para Gerenciamento de Riscos Corporativos" datado de 2007.[605] O documento esclarece que "o risco pode ser gerenciado a fim de subsidiar os administradores na tomada de decisão, visando a alcançar objetivos e metas dentro do prazo, do custo e das condições preestabelecidas". A gestão dos riscos também é um pressuposto da implantação dos sistemas de gestão antissuborno previstos nas ISO 37001[606] e 37301.[607]

---

[605] INSTITUTO BRASILEIRO DE GOVERNANÇA CORPORATIVA. *Guia de orientação para gerenciamento de riscos corporativos*. 2007. Disponível em: <https://conhecimento.ibgc.org.br/Lists/Publicacoes/Attachments/22121/Orienta%c3%a7%c3%b5es%20sobre%20Risco%20cad3.pdf>. Acesso em: 12 set. 2020.

[606] ASSOCIAÇÃO BRASILEIRA DE NORMAS TÉCNICAS, 2017.

[607] Aqui vale a ressalva de que, enquanto a ISO 37001 disciplina os sistemas de gestão antissuborno, aproximando-se do programa descrito no Decreto nº 8.420/2015, a ISO 37301 trata

Também não é de hoje que o Tribunal de Contas da União tem destacado a importância da gestão de riscos, com ênfase para a Administração Pública. A Corte define o mecanismo como um instrumento para reduzir o impacto dos riscos negativos sobre os objetivos estratégicos da organização.[608] Sob essa premissa, o Manual de Gestão de Riscos do Tribunal de Contas da União[609] conceitua a *análise de riscos* como uma etapa preliminar do processo de gestão, exatamente como fazem as normas técnicas ISO 37001, 31000[610] e a COSO-ERM 2017 – *Enterprise Risk Management Framework*,[611] referenciais nacionais e internacionais.

A ISO 31010[612] apresenta técnicas com orientações específicas sobre o processo de avaliação de riscos descrito na ISO 31000. A norma esclarece que a avaliação de riscos "é a parte da gestão de riscos que fornece um processo estruturado para identificar como os objetivos podem ser afetados, e analisa o risco em termos de consequências e suas probabilidades antes de decidir se um tratamento adicional é requerido".[613] Nos termos da ISO 31010, a avalição de riscos é um processo macro que compreende: (i) identificação de riscos, (ii) análise de riscos e (iii) avaliação de riscos.

A grande distinção, portanto, é que a avaliação de riscos se traduz em uma análise pontual, que pode ser repetida diversas vezes. A gestão de riscos, além de ser contínua, requer a definição e o monitoramento de indicadores de desempenho – ou KPIs (*key performance indicators*) – que permitem medir a eficácia e o retorno dos mecanismos de controle internos implementados. A gestão de riscos tem por objetivo reduzir a *probabilidade* de um evento negativo ocorrer e, simultaneamente, antecipar o gerenciamento dos *impactos*, caso o risco venha a se concretizar. A capacidade de adaptação permite que as organizações atuem com mais resiliência, inclusive diante de uma eventual escassez de recursos.

---

dos programas de *compliance* de uma forma mais abrangente, sem enfatizar uma área de risco específica. Ambas as normas são passíveis de certificação.

[608] TRIBUNAL DE CONTAS DA UNIÃO. *Levantamento de governança e gestão das aquisições*, 2013.

[609] TRIBUNAL DE CONTAS DA UNIÃO. *Manual de gestão de riscos*, 2018.

[610] ASSOCIAÇÃO BRASILEIRA DE NORMAS TÉCNICAS. *NBR ISO 31000: Gestão de riscos – princípios e diretrizes*. Rio de Janeiro, 2018.

[611] THE COMMITTEE OF SPONSORING ORGANIZATIONS OF THE TREADWAY COMMISSION (COSO). *Enterprise Risk Management – Integrating with Strategy and Performance*. COSO 2017. Disponível em: <https:// www.coso.org/Documents/2017-COSO-ERM-Integrating-with-Strategy-and-Performance-Executive-Summary.pdf>.

[612] ASSOCIAÇÃO BRASILEIRA DE NORMAS TÉCNICAS. *NBR ISO 31010: Gestão de riscos – técnicas para o processo de avaliação de riscos*. Rio de Janeiro, 2012.

[613] *Idem*, p. xiii.

Seguindo a mesma linha, a COSO-ERM dedica bastante ênfase à necessidade de aproximar os mecanismos de controle dos objetivos estratégicos da organização, ressaltando que a gestão de riscos: (i) não é uma função ou departamento, mas uma cultura destinada a criar valor; (ii) é mais do que uma lista inventariada de riscos ou um mero *checklist*, exigindo um sistema de monitoramento, aprendizado e melhoria de *perfomance*; (iii) não se restringe aos controles internos; e (iv) pode ser implementada em organizações de todos os tamanhos, desde que a missão, a estratégia e os objetivos estejam bem definidos. A premissa que orienta a gestão de riscos é de que toda e qualquer organização – seja ela governamental, com ou sem finalidade lucrativa – só existe para gerar *valor* aos seus *stakeholders*. A norma segmenta a gestão de riscos em cinco componentes centrais, que podem ser aplicados a todas as organizações, independentemente do tamanho ou segmento econômico:

Governança e Cultura
Exerce supervisão de riscos por meio do Conselho: o Conselho de Administração supervisiona a estratégia e assume a responsabilidade de governança para apoiar a administração da empresa a atingir a estratégia e os objetivos de negócio.
Estabelece estruturas operacionais: A organização estabelece estruturas operacionais com o intuito de atingir a estratégia e os objetivos de negócio.
Define a cultura desejada: A organização define os comportamentos esperados que caracterizam a cultura desejada pela instituição.
Demonstra comprometimento com os valores centrais: A organização demonstra compromisso com os seus valores centrais.
Atrai, desenvolve e retém pessoas capazes: A organização tem o compromisso de construir um capital humano compatível com a estratégia e os objetivos de negócio.
Estratégia e definição de objetivos
6. *Analisa o contexto do negócio*: a organização leva em consideração o contexto do negócio na definição do perfil de riscos.
7. *Define o apetite de riscos*: A organização define o apetite de risco no contexto da criação, preservação e realização de valor.
8. *Avalia estratégias alternativas*: A organização avalia estratégias alternativas e seu possível impacto no perfil dos riscos.
9. *Formula objetivos de negócio*: A organização considera o risco enquanto estabelece os objetivos de negócio nos diversos níveis que alinham e apoiam a estratégia.

Performance
10. *Identifica o risco*: a organização identifica os riscos que impactam a execução da estratégia e os objetivos de negócio.
11. *Avalia a severidade do risco*: a organização avalia a severidade do risco.
12. *Prioriza os riscos*: a organização prioriza os riscos como uma base para selecionar as respostas aos riscos.
13. *Implementa respostas aos riscos*: a organização identifica e elege respostas aos riscos.
14. *Adota uma "visão de portfólio"*: a organização adota e avalia uma visão consolidada do portfólio de riscos.

Revisão
15. *Avalia mudanças substanciais*: a organização identifica e avalia mudanças que podem afetar substancialmente a estratégia e os objetivos do negócio.
16. *Revisão dos riscos e performance*: A organização revisa a sua *performance*, considerando os riscos.
17. *Busca o aprimoramento no gerenciamento dos riscos corporativos*: a organização busca o aprimoramento contínuo no gerenciamento dos riscos corporativos.

Informação, comunicação e reporte
18. *Alavanca os sistemas de informação*: a organização alavanca a utilização dos seus sistemas de informação e tecnologia para apoiar o gerenciamento dos riscos corporativos.
19. *Comunica informações sobre riscos*: A organização utiliza canais de comunicação para apoiar o gerenciamento de riscos corporativos.
20. *Divulga informações de riscos, cultura e performance*: a organização elabora e divulga informações sobre riscos, cultura e *performance* nos múltiplos níveis e em toda a organização.

A sistematização apresentada pela COSO ERM evidencia a diferença entre a avaliação de riscos e o sistema de gestão de riscos – muito mais complexo. É fácil perceber o grau de maturidade de gestão e governança administrativa proposto pela norma técnica. Há uma preocupação com os *custos* da gestão de riscos, dos mecanismos de *compliance* e dos controles internos se comparados ao retorno gerado para as organizações. A norma reconhece que o controle, por si só, não traz benefícios; é preciso *medir* os resultados. Existe um ponto ótimo entre a gestão de riscos e a *performance* da empresa – sem desperdício de recursos com rotinas supercontroladas e sem os riscos decorrentes da ausência de controle. A orientação é de que os esforços em termos de controle interno sejam coordenados de forma eficiente, para gerar o máximo de benefício à organização. Daí porque o monitoramento inclui uma revisão da *performance* da organização e dos resultados obtidos, considerando os riscos identificados e a forma como eles foram tratados.

Embora possa despertar resistência, a divulgação de informações pertinentes aos riscos é natural para as grandes empresas de mercado, sobretudo aquelas listadas em bolsa. A Instrução CVM n. 480/2009 exige que todas as empresas de capital aberto enviem anualmente um documento intitulado Formulário de Referência, descrevendo as "atividades, fatores de risco, administração, estrutura de capital, dados financeiros, comentários dos administradores sobre esses dados, valores mobiliários emitidos e operações com partes relacionadas". É por isso que as organizações que pretendem atingir um patamar significativo no mercado precisam se *familiarizar* com a gestão e divulgação dos riscos referentes à sua atuação.

A ISO 31000 conceitua o risco como o *efeito* da incerteza sobre os objetivos da organização. A COSO ERM, por sua vez, define o risco como "a possibilidade de que um evento ocorra e afete a concretização da estratégia e dos objetivos do negócio". Ambas as normativas fornecem uma ideia abrangente de risco a partir das situações que podem podem comprometer ou reduzir o valor gerado pela organização. A ISO 37301 esclarece que o risco de *compliance* é aquele decorrente do não cumprimento das obrigações mandatórias e daquelas que a organização voluntariamente decide cumprir.[614]

Aqui vale a ressalva de que, por força do princípio da legalidade, todas as organizações, sejam públicas ou privadas, têm a obrigação de cumprir as normas legais e regulatórias que se apliquem à sua atividade. Como já dito, o programa de *compliance* traduz um sistema de gestão interna que *fomenta* a aderência a tais obrigações. Ou seja, o programa não inaugura o dever de cumprir a lei, mas se apresenta como uma ferramenta que auxilia as organizações a atuarem dentro da legalidade. Afora isso, o *compliance* tem o propósito de promover uma cultura interna de cumprimento das obrigações voluntariamente assumidas: valores, padrões de conduta, políticas internas.

---

[614] A norma cita como exemplos de obrigações mandatórias: leis, regulamentos, limites impostos por permissões, licenças ou outras formas de autorização, ordens regras ou diretrizes emitidas por agências reguladoras, decisões judiciais e administrativas. Dentre as obrigações voluntárias, tem-se: acordos com organizações não governamentais e grupos comunitários, políticas e procedimentos internos, compromissos ambientais e sociais. INTERNATIONAL ORGANIZATION FOR STANDARDIZATION, 2021, p. 10, 32.

O escopo do programa é o que vai definir quais obrigações e, consequentemente, quais riscos serão priorizados – daí se falar em *compliance* financeiro, trabalhista, ambiental. Nesse ponto, a ISO 37301 orienta que as organizações priorizem a identificação dos riscos de *compliance* mais importantes para o negócio e, só então, passem a abarcar todas as outras obrigações de *compliance* – em uma analogia à regra de Pareto.[615] É importante enfatizar que, com exceção da ISO 37001, nenhuma das normas técnicas mencionadas tem a vocação de tratar exclusivamente os riscos de integridade – incluindo fraude, corrupção e conflito de interesse. As normas referenciadas são mais abrangentes, dedicadas a agregar valor às organizações e garantir o sucesso das estratégias de negócio. Em função disso, costumam ser aplicadas a toda espécie de risco: regulamentares, legais, financeiros, operacionais ou estratégicos.[616] Para se ter dimensão dos riscos gerenciados, a Deloitte publicou, em 2017, um estudo apontando os dez riscos empresariais priorizados pelas organizações:

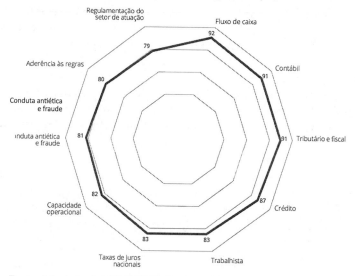

Fonte: Adaptado de DELOITTE. Os cinco Pilares dos Riscos Empresariais, 2017.

---

[615] *Idem*, p. 33.
[616] Essas são as categorias de riscos apresentadas pela COSO ERM.

Os riscos financeiros, que possuem uma correlação direta com os resultados da empresa, são historicamente priorizados, o que explica a ênfase nas estratégias para gerenciar incertezas relacionadas a (i) fluxo de caixa, (ii) riscos contábeis e (iii) riscos tributários e fiscais. Mas os riscos relacionados a condutas antiéticas, fraude e conformidade (aderência às regras) também merecem destaque, sobretudo se comparados às pesquisas realizadas com os mesmos segmentos de mercado em anos anteriores. Uma versão mais atualizada do mesmo estudo demonstra que os riscos operacionais, financeiros e regulatórios estão em estágio mais avançado de gerenciamento, sendo que o grande desafio atual das empresas passa a ser o fortalecimento da gestão dos riscos estratégicos e cibernéticos.[617]

O programa de *compliance* previsto na Lei nº 12.846/2013 e nas normas estaduais que impõem essa obrigação aos contratados pela Administração Pública é mais restrito, tem o objetivo específico de evitar os riscos de fraude, desvios e conflito de interesse nas relações público-privadas, sobretudo nas contratações públicas. Sob a mesma premissa, a ISO 37001, que trata dos sistemas de gestão antissuborno, também estabelece que as organizações devem estruturar processos de avaliação de riscos de suborno.[618] Daí porque os programas de *compliance* estruturados sob a perspectiva dessas normas devem priorizar o tratamento dos riscos de integridade – sendo considerados todos aqueles abarcados no conceito de corrupção definido nesta obra.

Tanto a COSO ERM quanto as ISO 31000 e 37301 estabelecem que o processo de gestão de riscos deve iniciar com a participação da alta administração da organização. Sem a adesão de executivos seniores, a avaliação de risco pode perder o ímpeto ou ter a sua qualidade afetada por outros executivos e gerentes que escolham não participar.[619] Isso, porque "a eficácia da gestão de riscos dependerá da sua integração na governança e em todas as atividades da organização, incluindo a tomada de decisão. Isso requer apoio das partes interessadas, em particular da Alta Direção".[620] É a liderança da organização quem vai determinar o apetite de riscos, ou seja, o quanto de riscos a organização está preparada e apta a aceitar levando em consideração as expectativas dos *stakeholders*.[621]

---

[617] DELOITTE, 2019.
[618] ABNT, 2017, p. 8.
[619] PACTO GLOBAL DA ONU, 2017, p. 15.
[620] ABNT, 2018, p. 4.
[621] THE COMMITTEE OF SPONSORING ORGANIZATIONS OF THE TREADWAY COMMISSION – COSO, 2017.

Além do apoio da alta administração, é fundamental que a gestão de riscos seja precedida por uma compreensão sobre o contexto interno e externo da organização – incluindo os objetivos definidos no planejamento estratégico. A partir daí, é possível estabelecer o apetite de risco da organização, ou seja, qual o ponto ótimo entre a *performance* esperada e os riscos internamente tolerados. Definir o apetite de riscos é "um exercício constante de buscar o equilíbrio entre o risco e a oportunidade",[622] equação que deve, necessariamente, refletir a cultura da organização. Com os objetivos estratégicos bem fixados e com o apetite definido, a organização está apta a iniciar o processo de (i) identificação, (ii) análise e (iii) avaliação dos riscos.

Identificação dos riscos

A identificação de riscos tem o propósito de encontrar, reconhecer e descrever os riscos que podem afetar o alcance dos objetivos da organização.[623] Trata-se de uma espécie de inventário, uma listagem dos eventos que podem impactar a estratégia e a *performance* do negócio.

Não existe um único método para a identificação de riscos. A ISO 31010 sugere que sejam analisados dados históricos, relatórios de auditoria, mas também que sejam estudados os processos existentes na organização a partir de um "conjunto estruturado de instruções ou perguntas", além de técnicas de apoio como *"brainstorming"*, HAZOP e o método Delphi.[624] O "Guia de Avaliação de Risco de Corrupção" do Pacto Global da ONU sugere que sejam realizados: (i) pesquisa documental a partir de relatórios de auditoria, registros de participação em processos licitatórios, relatórios de despesas e avaliações de terceiros; (ii) entrevistas; (ii) pesquisas e autoavaliação; (iv) *workshops*, sessões de discussão de ideias ou grupo de foco.[625]

O documento esclarece que, para que as pesquisas funcionem, os executivos e colaboradores devem ter uma clara compreensão do que se entende por corrupção. Além disso, destaca que algumas perguntas podem despertar a atenção dos próprios gestores sobre a necessidade de aprimoramento dos seus controles internos: "perguntar a um administrador regional quais são os cinco maiores riscos de corrupção pode ser interpretado como uma 'isca' que pode levá-lo a atender uma demanda cada vez maior por controles e linhas de subordinação".[626]

---

[622] *Idem.*
[623] ABNT, 2018, p. 12.
[624] ABNT, 2012, p. 7.
[625] PACTO GLOBAL DA ONU, 2017, p. 22-24.
[626] *Idem*, p. 23.

A COSO ERM propõe, em complemento, que o processo de identificação seja realizado por meio de questionários, *workshops* e entrevistas. Em referência às advertências da economia comportamental, a norma esclarece que as pessoas respondem com mais intensidade ao medo da perda do que à possibilidade de ganho. Assim, convém que o risco seja descrito com base no potencial prejuízo, ao invés de um possível ganho. O exemplo é bastante ilustrativo:

> Um indivíduo é confrontado com dois conjuntos de escolhas:
> Um ganho certo de $240, ou uma chance de 25% de ganhar $ 1.000 e uma chance de 75% de não ganhar nada.
> Uma perda certa de $750, ou uma chance de 75% de perder $1.000 e uma chance de 25% de não perder nada.
> No primeiro conjunto, a maioria das pessoas escolhe "um ganho certo de $240", porque a sentença é positiva. No segundo conjunto, a maior parte das pessoas seleciona "uma chance 75% de perder $1.000", porque neste caso é a perda que é mais certa. A teoria prospectiva sustenta que as pessoas não querem colocar em risco o que elas já possuem ou pensam que podem ter, mas elas têm uma tolerância maior ao risco quando pensam que podem minimizar as perdas.

A COSO ERM também destaca a importância de identificar não apenas os riscos existentes, mas os riscos futuros, decorrentes de novas tecnologias, ampliação do papel das ferramentas de *big data*, escassez de recursos naturais, alteração no estilo de vida, padrões de saúde e características demográficas.

Para os programas de *compliance* voltados a prevenir desvios e irregularidades nas relações com a Administração Pública, é recomendado que sejam formuladas perguntas específicas relacionadas à participação em processos licitatórios, à contratação de representantes, à obtenção de licenças e alvarás etc. O TCU possui um "Questionário de Perfil de Governança das Aquisições" que pode orientar a identificação de riscos tanto por parte das empresas privadas quanto das entidades públicas. Cita-se, como exemplo de questionamento:

> (i) Os ocupantes das funções-chave na área de aquisições são selecionados por meio de processo formal, transparente e baseado nas competências necessárias ao desempenho das atividades? Área de aquisições: setor da organização responsável pela gestão (planejamento, coordenação, controle e supervisão) das aquisições.
> (ii) A estrutura de recursos humanos da área de aquisições (quantitativo e qualificação do pessoal) é avaliada periodicamente?

(iii) Há carreira(s) específica(s) para os servidores que atuam na área de aquisições no plano de cargos da organização?
(iv) Com respeito ao principal dirigente responsável pelas aquisições:
☐ Pertence ao quadro permanente da organização.
☐ Foi indicado, selecionado e nomeado por meio de um processo transparente e formalizado que teve como base a avaliação de competências.
☐ Nenhuma das opções anteriores descreve a situação desta organização.
(v) Ainda quanto ao principal dirigente responsável pelas aquisições:
1. Há quantos meses ele ocupa a posição na organização___
2. Quantidade de horas em ações para desenvolvimento de competências ligadas à gestão de aquisições (e.g., capacitação em licitações e contratos) de que ele participou nos últimos 2 anos___
3. Quantos níveis hierárquicos ele está abaixo do dirigente máximo da organização___
(vi) Quantas vezes houve troca do principal dirigente responsável pelas aquisições nos últimos 5 anos?[627]

Não é difícil antever os riscos que se pretende identificar a partir das perguntas sugeridas pelo TCU, sobretudo em relação à isenção das pessoas designadas como responsáveis pela área de compras e contratações – que costuma traduzir riscos de integridade expressivos. Na mesma linha, o "Guia de Avaliação de Risco de Corrupção" do Pacto Global da ONU oferece um rol de exemplos de situações de risco de corrupção, que pode auxiliar nessa etapa de identificação inicial:[628]

1	Numa rodada de licitação, os termos de referência (inclusive especificações técnicas) são tendenciosos em favor de um fornecedor ou para excluir concorrentes potenciais.
2	O intermediário oferece uma empresa para vencer uma licitação a partir do pagamento de taxa de perdedor durante a etapa de licitação ou pré-licitação.
3	Solicitação de suborno por informação confidencial durante a etapa de licitação ou pré-licitação.

---

[627] TRIBUNAL DE CONTAS DA UNIÃO. Questionário Governança das Aquisições, 2013. Disponível em: <https://portal.tcu.gov.br/comunidades/controle-externo-das-aquisicoes-logisticas/atuacao/perfil-de-governanca-das-aquisicoes/>. Acesso em: 20 maio 2020.
[628] PACTO GLOBAL DA ONU, 2017, p. 55.

4	Cenário de "comissão": Seu representante de vendas recebe uma oferta de remuneração escondida através do cliente ou de um intermediário.
5	O país anfitrião pode impor ou impõe uma parceria com uma empresa local designada que pode apresentar altos riscos de corrupção.
6	O cliente demanda uma "taxa de fechamento" de último minuto para fechar um negócio que agora está atrasado demais para fechar.
7	Uma empresa que reclama sobre um processo de aquisição injusto é ameaçada com um processo criminal espúrio que vai levar a uma multa de grande valor.
8	Uma agência governamental local exige uma taxa por aprovação técnica de equipamento.
9	Funcionários recém-contratados não podem obter permissões de trabalho, a não ser que seja paga uma sobretaxa de emprego.
10	Um policial local solicita pagamento para permitir que um trabalhador expatriado cruze uma fronteira interna no país.
11	Um funcionário da empresa estatal de eletricidade exige dinheiro para fazer conexão com a rede.
12	Equipamento essencial, aguardado há muito tempo, está parado na alfândega esperando liberação e só o pagamento de uma taxa "especial" pode garantir liberação imediata.
13	Produtos perecíveis são mantidos na alfândega e só serão liberados ser for feito um pagamento em dinheiro.
14	Um inspetor fiscal pede uma "comissão" em troca de garantir a dispensa ou aceitação de acerto de uma disputa fiscal.
15	Um líder sindical exige pagamento para um fundo de previdência de funcionários antes de permitir que seus membros descarreguem um navio.
16	Durante uma visita à sua sede, um cliente pede à sua empresa para arranjar e pagar um *checkup* em um hospital de prestígio.
17	Um funcionário de governo solicita amostras gratuitas de produtos para uso privado.
18	Um representante de governo solicita patrocínio para uma atividade conectada a interesses privados de funcionários de governo de alto nível.
19	Um intermediário de serviços financeiros exige incentivos sobre e acima de comissões regulamentadas e taxas para indicação de clientes para fornecedores de produtos financeiros.
20	Um fornecedor oferece suborno para um gerente de contratos para deixar passar produtos ou serviços inferiores ou "fora das especificações".

21	O representante de um cliente exige pagamento de uma taxa que não tinha sido previamente acordada como condição para uma mudança de contrato.
22	Mediante pagamento de uma taxa, um "empresário" se oferece para ajudar a restabelecer os pagamentos parcelados que foram interrompidos sem razão aparente.

Análise de riscos

Uma vez inventariados, os riscos precisam ser categorizados – o que a ISO 31010 denomina *análise de riscos*. A análise de riscos, segundo a norma, "envolve a consideração das causas e fontes de risco, suas consequências e a probabilidade de que essas consequências possam ocorrer".[629] As causas são as razões que permitem a eventual ocorrência do risco; as consequências, os resultados que podem se materializar com a concretização do risco. São essas consequências que afetam os objetivos estratégicos da organização.

Aqui é impotante lembrar que nem todo desvio é eivado de desonestidade ou má-fé. A materialização do risco pode ser resultado de falta de conhecimento ou negligência. Assim, as causas para esse risco podem ser relacionadas à ausência de *controles preventivos*, como falta de treinamento ou inexistência de políticas claras sobre os limites de atuação no processo licitatório. Isso ocorre sobretudo nos casos em que há ambiguidade, como no recebimento de presentes que fogem do razoável, mas que não representam uma clara intenção de influenciar uma decisão. Mas é bem verdade que há irregularidades praticadas de forma intencional, normalmente arquitetadas para burlar os mecanismos de controle. Daí porque são necessários *controles detectivos*, que visam justamente identificar os possíveis desvios partindo da premissa de que o transgressor vai buscar evitar a detecção. Pela sua própria natureza, pode ser recomendado que alguns controles detectivos sejam conhecidos apenas por algumas pessoas dentro da organização, até como forma de evitar eventuais tentativas de contornar os mecanismos de detecção.

Para ilustrar os conceitos descritos até aqui toma-se como exemplo um potencial risco de integridade traduzido no direcionamento de alguma das etapas do procedimento licitatório com o intuito de beneficiar uma organização. O exemplo clássico é o do representante da empresa que "auxilia" os agentes públicos a construírem um Termo de Referência extremamente técnico. As causas, nesse caso, podem

---

[629] ABNT, 2012, p. 8.

decorrer do desconhecimento dos limites de interação entre os agentes públicos e privados. Mas é possível que o sujeito saiba que não pode participar da elaboração do instrumento convocatório e atue com o objetivo de esconder essa interação. Nesse caso, as causas do risco decorrem da ausência de controles detectivos. As consequências, por sua vez, podem ser diversas, como: (i) responsabilização da empresa em caso de detecção do direcionamento; (ii) prejuízo reputacional; (iii) perda financeira decorrente de um eventual impedimento de participar de novas licitações.

Após a identificação das causas e consequências, o risco deve ser classificado em valores práticos, numéricos, de acordo com o seu nível de impacto na organização e com a probabilidade de que ele venha a se concretizar. A multiplicação entre os valores de probabilidade e impacto traduz o *risco inerente*, ou seja, "o nível do risco sem considerar quaisquer controles que reduzem ou podem reduzir a probabilidade da sua ocorrência ou do seu impacto".[630] A diferenciação entre os riscos inerentes e residuais será exposta a seguir.

O cálculo do nível de *impacto* do risco deve estar alinhado com os objetivos estratégicos da organização. Um determinado risco pode afetar diferentes objetivos da empresa, ter impactos de natureza e magnitude distintas e interessar a *skateholders* de natureza também diversa. Por isso é importante que "os tipos de consequência a serem analisados e as partes interessadas afetadas tenham sido decididos quando o contexto foi estabelecido".[631] O "Guia de Avaliação de Risco de Corrupção" do Pacto Global da ONU sugere que sejam considerados os seguintes fatores para a avalição do impacto:[632]

- Impacto de incidentes anteriores do esquema de corrupção na empresa, se houver;
- Impacto de incidentes de esquema de corrupção em outras empresas;
- Valores potenciais de multas e penalidades;
- O custo de oportunidade resultante de restrições regulatórias sobre a capacidade da empresa de operar e expandir;
- Impacto sobre operações, como interrupção da capacidade da empresa para transportar produtos ou obter permissões e outras aprovações necessárias;

---

[630] MINISTÉRIO DA TRANSPARÊNCIA, FISCALIZAÇÃO E CONTROLADORIA-GERAL DA UNIÃO. *Metodologia de gestão de riscos*. 2018, p. 20.
[631] ABNT, 2012, p. 8.
[632] PACTO GLOBAL DA ONU. 2017, p. 31.

- Impacto potencial sobre demonstrações financeiras;
- Impacto sobre o recrutamento e retenção de funcionários;
- Impacto sobre retenção de clientes e receitas futuras.

A análise qualitativa do *impacto* pode ser traduzida em uma descrição textual das possíveis consequências esperadas caso o evento venha a se concretizar. Um evento que possa traduzir risco reputacional, caracterizar dano ao erário ou favorecimento indevido em licitação pública pode ser caracterizado como de alto impacto, enquanto um evento que prejudique a operação, mas seja de fácil solução, pode ser definido como de baixo impacto. O TCU também possui uma sugestão de matriz qualitativa de impacto, com base em 5 níveis de classificação:

ESCALA DE CONSEQUÊNCIAS

IMPACTO	DESCRIÇÃO DO IMPACTO NOS OBJETIVOS, CASO O EVENTO OCORRA	PESO
Muito baixo	Mínimo impacto nos objetivos (estratégicos, operacionais, de informação/comunicação/divulgação ou de conformidade).	1
Baixo	Pequeno impacto nos objetivos (idem).	2
Médio	Moderado impacto nos objetivos (idem), porém recuperável.	5
Alto	Significativo impacto nos objetivos (idem), de difícil reversão.	8
Muito alto	Catastrófico impacto nos objetivos (idem), de forma irreversível.	10

Fonte: TCU. Gestão de Riscos: Avaliação de Maturidade, 2018.

Já a análise quantitativa, por sua vez, elege critérios referenciais objetivos, tais como (i) faturamento bruto, (ii) resultado operacional – EBITDA[633], (iii) receita líquida etc. São definidas "faixas" sobre o critério escolhido e, a partir daí, é calculado o impacto do risco sobre os objetivos da organização. Um evento que tenha o potencial de comprometer mais de 60% do resultado operacional da empresa pode ser classificado como muito alto, enquanto aquele com impacto menor que 20% pode ser definido como baixo. Tudo, repita-se, vai depender do apetite de risco eleito pela organização.

É possível que a organização opte por conjugar uma série de fatores para a avaliação do risco, aliando as abordagens quantitativas e qualitativas, como no seguinte exemplo de matriz de impacto:

---

[633] *Earnings before interest, taxes, depreciation and amortization*. O EBITDA representa o resultado operacional, ou seja, quanto a empresa gera de recursos sem levar em consideração os efeitos dos juros, tributos, depreciações e amortizações.

Impacto potencial		Reputação	Financeiro	Jurídico/conformidade	Acionistas - Clientes	Acionistas - Funcionários
Impacto insignificante	1	Atenção mínima da mídia local rapidamente contida, recuperabilidade de curto prazo.	O impacto financeiro é <5% do item orçamentário selecionado (ou seja, receita ou rendimento).	Notificação de violação/alertas que exigem ação administrativa e penalidades mínimas.	Reclamações mínimas do cliente e custos de recuperação.	Impacto insignificante sobre a capacidade do Departamento _____ para recrutar e reter funcionários.
Impacto pequeno	2	Impacto do mercado local sobre a marca e a reputação do Departamento.	O impacto financeiro é de 5% a 10% do item orçamentário selecionado (ou seja, receita ou rendimento)	A rotina que governa os litígios do órgão sujeito a multas e penalidades moderadas, pode estar sujeita a processos e/ou audiências regulatórias.	Declínio mínimo das relações com o cliente e alguns custos de recuperação.	Algum impacto sobre a capacidade do Departamento _____ de recrutar e reter funcionários.
Impacto moderado	3	Cobertura de imprensa local mantida com crescentes implicações para o cliente.	O impacto financeiro fica entre 10% e 20% do item de orçamento selecionado (por exemplo, receita ou rendimento).	Litígio rotineiro sujeito a penalidades e multas substanciais, sujeito a processos e/ou audiências regulatórias.	Perda ou declínio das relações com o cliente e custos de recuperação moderados.	Impacto significativo sobre a capacidade do Departamento _____ de recrutar e reter funcionários de alto desempenho.
Impacto importante	4	Cobertura da imprensa regional ou nacional mantida com danos de longo prazo para a imagem pública.	O impacto financeiro fica entre 20% e 30% do item de orçamento selecionado (por exemplo, receita ou rendimentos).	Potencialmente, um exame minucioso de órgão governamental significativo, investigações sujeitas a penalidades e multas substanciais, que podem incluir acusações criminais sujeitas a processos regulatórios e/ou audiências.	Relacionamentos tensos com o cliente e custos de recuperação significativos e ameaça ao crescimento futuro.	Impacto importante sobre a capacidade do Departamento _____ de recrutar funcionário de alto desempenho.
Catastrófico Impacto	5	Cobertura da mídia global	O impacto financeiro é >30% do item selecionado do orçamento (por exemplo, receita ou rendimento)	Exame minucioso importante, investigações sujeitas a multas e penalidades substanciais, que incluem acusações criminais e/ou ordens de cessação e desistência, possível ação regulatória	Perda de importantes relações com o cliente e grave ameaça ao crescimento futuro.	Impacto sustentado sobre a capacidade do Departamento _____ de recrutar e reter funcionários de alto desempenho.

Fonte: PACTO GLOBAL DA ONU. 2017, p. 59.

O risco cujo impacto seja considerado extremo deve ser analisado de forma mais ampla, considerando o cenário completo. Um exemplo é a utilização dos "testes de *stress*"[634] – uma simulação de como a empresa responderia, ou "resistiria", diante de uma crise. Por exemplo, uma

---

[634] Desde 2010, o teste de *stress* é uma obrigação legal imposta às instituições financeiras submetidas ao *Dodd-Frank Act – Dodd–Frank Wall Street Reform and Consumer Protection Act* (Sec. 165)(i)(2)(A).

usina hidrelétrica pode fazer um teste de resistência simulando um cenário de estiagem extrema; uma rede de restaurantes pode considerar o cenário de ausência severa de insumos; uma empresa que gerencia planos de saúde, por sua vez, pode utilizar uma hipotética pandemia para avaliar sua capacidade de resposta à crise de saúde. Assim, além de prever controles para lidar pontualmente com os riscos identificados, a organização pode planejar alternativas e propor planos de contingência para garantir a continuidade da operação.

O cálculo da *probabilidade* do risco, nessa fase preliminar, pode ser quantitativo, qualitativo ou uma combinação de ambos. A ISO 31000 define a probabilidade como a "chance de algo acontecer, não importando se definida, medida ou determinada, ainda que objetiva ou subjetivamente, qualitativa ou quantitativamente, e se descrita utilizando-se termos gerais ou matemáticos (como probabilidade ou frequência durante um determinado período de tempo)".[635]

Os métodos de análise qualitativa definem a probabilidade por nível de significância utilizando termos como: alta, média e baixa. Já a análise quantitativa estima valores práticos, em unidades matemáticas específicas. Por fim, a avaliação semi-quantitativa utiliza "escalas de classificação numérica para consequência e probabilidade e as combinam para produzir um nível de risco utilizando uma fórmula. As escalas podem ser lineares ou logarítmicas, ou podem ter alguma outra relação; as fórmulas utilizadas também podem variar".[636]

É comum que a probabilidade seja definida com base em uma escala de probabilidade de 1 a 5, conforme orienta o TCU:

ESCALA DE PROBABILIDADES

PROBABILIDADE	DESCRIÇÃO DA PROBABILIDADE, DESCONSIDERANDO OS CONTROLES	PESO
Muito baixa	Improvável. Em situações excepcionais, o evento poderá até ocorrer, mas nada nas circunstâncias indica essa possibilidade.	1
Baixa	Rara. De forma inesperada ou casual, o evento poderá ocorrer, pois as circunstâncias pouco indicam essa possibilidade.	2
Média	Possível. De alguma forma, o evento poderá ocorrer, pois as circunstâncias indicam moderadamente essa possibilidade.	5
Alta	Provável. De forma até esperada, o evento poderá ocorrer, pois as circunstâncias indicam fortemente essa possibilidade.	8
Muito alta	Praticamente certa. De forma inequívoca, o evento ocorrerá, as circunstâncias indicam claramente essa possibilidade.	10

Fonte: TCU. Gestão de Riscos: Avaliação de Maturidade, 2018.

---

[635] ABNT. 2018, p. 2.
[636] ABNT. 2012, p. 8.

A análise da probabilidade é feita com base em registros de auditoria interna, situações passadas já vivenciadas pela organização, entrevistas, técnicas preditivas, opinião de especialistas e até em comparações com o mercado (*benchmarking*).[637] Recomenda-se, nesse ponto, que sejam consultados os Formulários de Referência de outras organizações. As normas técnicas advertem que, mesmo com uma análise quantitativa completa, é importante deixar registrado que os riscos calculados são sempre meras *estimativas*, nunca números exatos.[638]

A análise da probabilidade dos riscos deve considerar, ainda, os controles existentes dentro da organização. A COSO ERM diferencia os *riscos inerentes* à atividade e os *riscos residuais*, ou seja, aqueles que persistem mesmo após a adoção de medidas de tratamento. Para calcular os riscos residuais, é fundamental que seja feita uma avaliação da adequação e eficácia dos controles existentes. A ISO 31010 sugere que sejam questionados: (i) quais os controles existentes para lidar com um risco em particular; (ii) qual a capacidade dos controles de tratar adequadamente o risco; e (iii) se há evidências práticas de que os controles estão operando na forma pretendida.

Cita-se, como exemplo, o funcionamento de um fogão a gás. Existe o risco inerente de que a chama se apague e o gás permaneça vazando, com possibilidade de explosão, dada a sua natureza inflamável. Como forma de tratar esse risco, historicamente, o gás de cozinha é acrescido de um composto à base de enxofre, com cheiro bastante característico, para revelar a sua presença em caso de vazamento. O risco residual de vazamento permanece, embora reduzido pelo controle adicionado – o cheiro de enxofre. Diante da severidade do risco, algumas marcas desenvolveram um novo controle, traduzido em uma válvula de segurança que corta o gás quando a chama se apaga, reduzindo ainda mais o risco residual.

---

[637] Conforme registrado na COSO ERM, "As abordagens da análise qualitativa, tais como entrevistas, *workshops*, pesquisas e *benchmarking*, são comumente usadas quando não é viável ou economicamente possível obter informação suficiente para a análise quantitativa. A análise qualitativa é completada de forma mais eficiente; mas, há limitações na capacidade de identificar correlações ou *performances* em uma análise de custo-benefício" (tradução livre). THE COMMITTEE OF SPONSORING ORGANIZATIONS OF THE TREADWAY COMMISSION – COSO, 2017. A ISO 31010 reconhece que "A análise quantitativa completa pode nem sempre ser possível ou desejável devido a informações insuficientes sobre o sistema ou atividade que está sendo analisado, à falta de dados, à influência dos fatores humanos etc., ou porque o esforço da análise quantitativa não é justificável ou requerido. Em tais circunstâncias uma classificação comparativa semi-quantitativa ou qualitativa de riscos por especialistas, conhecedores em suas respectivas áreas, pode também ser eficaz". ABNT. 2012, p. 9.

[638] ABNT. 2012, p. 9.

O risco residual pode ser definido como "o risco a que uma organização está exposta após a implementação de medidas de controle para o tratamento do risco".[639] Para calcular o risco residual, é importante avaliar a eficácia dos controles existentes. Mesmo nas organizações em que há rotinas de controle documentadas, escritas em políticas internas, manuais ou procedimentos operacionais, é necessário avaliar se as orientações são, de fato, observadas na prática. A realização de entrevistas e a avaliação documental de processos já finalizados permite verificar se os controles escritos foram utilizados no dia a dia da organização.

No caso de empresas de pequeno e médio porte, é possível que os controles não estejam escritos, mas que haja algumas rotinas adotadas com o intuito de evitar desvios. Nesses casos, é importante identificar os mecanismos de mitigação aplicados no dia a dia da organização e documentá-los no processo de avaliação de riscos de corrupção. Embora seja difícil calcular os riscos residuais a partir de controles que não estejam formalmente estabelecidos, o resultado das rotinas existentes deve ser levado em consideração para que a organização possa avaliar "o custo ou benefício e a necessidade de investimento adicional em controles e procedimentos anticorrupção".[640]

O risco residual é calculado a partir da multiplicação do risco inerente (soma das ameaças e vulnerabilidades) pelo fator de avaliação dos controles internos existentes. A CGU sugere uma escala de cinco pontos para o cálculo do "fator de avaliação dos controles":[641]

Nível	Descrição	Fator de Avaliação dos Controles
Inexistente	Controles inexistentes, mal desenhados ou mal implementados, isto é, não funcionais.	1
Fraco	Controles têm abordagens ad hoc, tendem a ser aplicados caso a caso, a responsabilidade é individual, havendo elevado grau de confiança no conhecimento das pessoas.	0,8
Mediano	Controles implementados mitigam alguns aspectos do risco, mas não contemplam todos os aspectos relevantes do risco devido a deficiências no desenho ou nas ferramentas utilizadas.	0,6
Satisfatório	Controles implementados e sustentados por ferramentas adequadas e, embora passíveis de aperfeiçoamento, mitigam o risco satisfatoriamente.	0,4
Forte	Controles implementados podem ser considerados a "melhor prática", mitigando todos os aspectos relevantes do risco.	0,2

Fonte: CGU. *Metodologia de Gestão de Riscos*, 2018, p. 22.

---

[639] MINISTÉRIO DA TRANSPARÊNCIA, FISCALIZAÇÃO E CONTROLADORIA-GERAL DA UNIÃO, 2018, p. 22.
[640] PACTO GLOBAL DA ONU, 2017, p. 34.
[641] *Idem*, p. 22.

As organizações podem elaborar escalas próprias de classificação para avaliar a eficácia dos controles. O "Guia de Avaliação de Risco de Corrupção" do Pacto Global da ONU esclarece que "enquanto alguns controles podem ter apenas poucos critérios usados como base para classificação, não é incomum ter várias dezenas de critérios de avaliação distintos por controle em uma avaliação profunda".[642]

O objetivo é verificar se os controles internos previstos têm auxiliado no tratamento dos riscos identificados. Caso contrário, é recomendado que as organizações revejam as suas políticas e os procedimentos internos levando em consideração os recursos disponíveis e o nível do risco. O controle pelo controle não agrega aos programas de *compliance*. Pelo contrário, prejudica o alcance dos objetivos da organização e pode, inclusive, comprometer a estratégia de combate à corrupção.

Ao final da análise de risco, o produto será um mapa com a descrição de impacto *versus* probabilidade – o que se convencionou chamar de "mapa de calor" ou "*heat map*". Utiliza-se, novamente, o exemplo proposto pelo TCU:

IMPACTO		Muito Baixa 1	Baixa 2	Média 5	Alta 8	Muito Alta 10
Muito Alto	10	10 RM	20 RM	50 RA	80 RE	100 RE
Alto	8	8 RB	16 RM	40 RA	64 RA	80 RE
Médio	5	5 RB	10 RM	25 RM	40 RA	50 RA
Baixo	2	2 RB	4 RB	10 RM	16 RM	20 RM
Muito Baixo	1	1 RB	2 RB	5 RB	8 RB	10 RM
		PROBABILIDADE				

Fonte: TCU. Gestão de Riscos: avaliação de maturidade, 2018.

O gráfico representa, além dos riscos identificados, o apetite definido pela empresa na elaboração do planejamento estratégico.

---

[642] *Idem*, p. 38.

A ISO 37301 esclarece que a avaliação de riscos envolve a comparação do nível de risco de *compliance* encontrado durante o processo de análise com o nível de risco de *compliance* que a organização está disposta a aceitar.[643] É de se esperar que organizações com menor tolerância ao risco tenham um maior número de riscos classificados como de "alto impacto" se comparadas àquelas mais arrojadas.

Reitera-se que o mapa deve ser construído de forma a registrar individualmente os riscos. Se um risco for relevante para a empresa e tiver um impacto muito alto, ele deve ser priorizado, independentemente da sua probabilidade. Embora a representação gráfica seja benéfica, sobretudo para a compreensão dos executivos, avaliar individualmente os riscos permite "destacar riscos improváveis, mas potencialmente devastadores – os chamados eventos Cisne Negro".[644]

Basta imaginar as consequências de se encarar um risco de nível 1 de probabilidade e 4 de impacto com a mesma prioridade que um risco de nível 4 de probabilidade e 1 de impacto. Ainda que em ambos os casos a multiplicação resulte no mesmo valor, é possível que o segundo risco represente uma situação diária, facilmente manejável pela organização, e o primeiro não seja sequer tolerado – dado o alto nível de impacto. Mais uma vez, a ISO 37301 esclarece que a abordagem baseada no risco para a gestão de *compliance* não significa que, para situações de baixo risco de *compliance*, o não cumprimento seja aceito pela organização.[645] Daí porque a representação gráfica deve refletir, com o máximo possível de informação, as particularidades de cada risco identificado, sobretudo os impactos que foram estimados.

Uma vez registrados os riscos, a organização deve identificar eventuais gatilhos que possam exigir uma reanálise dos graus de impacto e probabilidade, incluindo mudanças no planejamento estratégico e, consequentemente, no apetite de riscos. Um novo entendimento jurisprudencial que traga impactos tributários ou modifique a demonstração financeira da organização, por exemplo, pode tornar a estratégia do negócio mais arriscada e exigir uma reclassificação.

Avaliação de riscos

Após a análise inicial, a ISO 31010 orienta que seja realizada a etapa de avaliação, que compreende a tomada de decisão sobre a

---

[643] INTERNATIONAL ORGANIZATION FOR STANDARDIZATION, 2021, p. 34.
[644] PACTO GLOBAL DA ONU, 2017, p. 49.
[645] INTERNATIONAL ORGANIZATION FOR STANDARDIZATION, 2021, p. 35.

forma de lidar com o risco.⁶⁴⁶ Na COSO ERM, essa fase coincide com a implementação de uma das seguintes respostas aos riscos: (i) aceitar; (ii) evitar; (iii) perseguir; (iv) mitigar; ou (v) compartilhar. A definição de cada uma das possíveis alternativas de tratamento é importante para compreender as medidas que serão adotadas pela organização:

> *Aceitar*: Nenhuma medida é tomada para alterar a severidade do risco. Essa resposta é apropriada quando o risco para a estratégia e para os objetivos de negócio já está contemplado no apetite de riscos. O risco que esteja fora do apetite de risco da organização e que o gestor queira aceitar geralmente vai exigir uma aprovação do Conselho ou outros órgãos de supervisão.
>
> *Evitar*: São tomadas medidas para remover o risco, o que pode significar encerrar uma linha de produto, desistir de expandir para um novo mercado geográfico, ou vender um departamento. A opção por evitar o risco sugere que a organização não estava apta a identificar a resposta que iria reduzir o risco para um nível aceitável de severidade.
>
> *Perseguir*: São tomadas medidas que aceitam o aumento do risco para alcançar uma melhora de performance. Isso pode envolver adotar estratégias de crescimento mais agressivas, expandir operações, ou desenvolver novos produtos e serviços. Quando escolhem perseguir o risco, os gestores entendem a natureza e a extensão de qualquer mudança necessária para atingir a performance desejada sem exceder os limites de tolerância aceitáveis.
>
> *Mitigar*: São tomadas medidas para reduzir a severidade do risco. Isso envolve qualquer uma das inúmeras decisões de negócio diárias que reduzem o risco para um patamar de severidade alinhado com o perfil de risco residual definido e com o apetite de risco.
>
> *Compartilhar*: São tomadas medidas para reduzir a severidade do risco transferindo ou compartilhando de outro modo uma parcela do risco. Técnicas comuns incluem a terceirização para prestadores de serviço especializados, contratação de seguros, utilização de transações de hedge. Da mesma forma que uma medida de mitigação, compartilhar o risco reduz o risco residual, promovendo um alinhamento com o apetite de risco.⁶⁴⁷

Nem todas as organizações terão recursos disponíveis para tratar todos os riscos identificados da forma ideal. Em função disso, os riscos devem ser priorizados de acordo com o seu grau de severidade e com

---

⁶⁴⁶ ABNT, 2012, p. 11.
⁶⁴⁷ THE COMMITTEE OF SPONSORING ORGANIZATIONS OF THE TREADWAY COMMISSION – COSO, 2017, tradução livre.

o apetite de riscos definido pela organização. Mais uma vez, a CGU sugere critérios para a priorização dos riscos:

Quadro 8: Atitude perante o risco para cada classificação

Classificação	Ação necessária	Exceção
Risco Baixo	Nível de risco dentro do apetite a risco, mas é possível que existam oportunidades de maior retorno que podem ser exploradas assumindo-se mais riscos, avaliando a relação custo x benefício, como diminuir o nível de controles.	Caso o risco seja priorizado para implementação de medidas de tratamento, essa priorização deve ser justificada pela unidade e aprovada pelo seu dirigente máximo.
Risco Médio	Nível de risco dentro do apetite a risco. Geralmente nenhuma medida especial é necessária, porém requer atividades de monitoramento específicas e atenção da unidade na manutenção de respostas e controles para manter o risco nesse nível, ou reduzi-lo sem custos adicionais.	Caso o risco seja priorizado para implementação de medidas de tratamento, essa priorização deve ser justificada pela unidade e aprovada pelo seu dirigente máximo.
Risco Alto	Nível de risco além do apetite a risco. Qualquer risco nesse nível deve ser comunicado ao dirigente máximo da unidade e ter uma ação tomada em período determinado. Postergação de medidas só com autorização do dirigente máximo da unidade.	Caso o risco não seja priorizado para implementação de medidas de tratamento, a não priorização deve ser justificada pela unidade e aprovada pelo seu dirigente máximo.
Risco Extremo	Nível de risco muito além do apetite a risco. Qualquer risco nesse nível deve ser objeto de Avaliação Estratégica (seção 4.1 I), comunicado ao Comitê de Gestão Estratégica e ao dirigente máximo da unidade e ter uma resposta imediata. Postergação de medidas só com autorização do Comitê de Gestão Estratégica.	Caso o risco não seja priorizado para implementação de medidas de tratamento, a não priorização deve ser justificada pela unidade e aprovada pelo seu dirigente máximo e pelo Comitê de Gestão Estratégica.

Fonte: CGU. Metodologia de gestão de riscos, 2018.

Vale lembrar que qualquer medida de tratamento ao risco exige que sejam estabelecidos ou revistos os controles internos para assegurar que os objetivos definidos pela organização sejam pelo menos perseguidos. Suponha-se que uma empresa, localizada em um Município pequeno, identifica um alto risco de que os seus representantes, na execução de um contrato público, interajam com parentes ou amigos próximos que tenham sido designados como fiscais do contrato. Tendo em vista que essa situação pode caracterizar conflito de interesses e até ato de corrupção – considerando a abrangência do termo – a empresa decide *mitigar* o risco. Essa decisão precisa ser acompanhada de procedimentos internos que diminuam as chances de o evento ocorrer.

Como dito, a organização precisa considerar os custos e benefícios decorrentes da implementação de controles internos, para não criar burocracias inúteis, que não reduzam os riscos identificados. Algumas sugestões de controles internos, caso a opção de tratamento seja mitigar ou evitar os riscos de corrupção, são: (i) criação de um programa de *compliance* com o estabelecimento de uma instância de integridade, de um Código de Conduta e de canal de comunicação; (ii) treinamentos com colaboradores e terceiros; (iii) procedimento de avaliação e classificação de riscos de terceiros; (iv) múltiplos níveis de aprovação decisória, sobretudo de questões contratuais; (v) controles contábeis da análise de faturas, recebimentos de serviços e pagamento de fornecedores; (vi) acompanhamento de despesas de viagem e reembolsos; (vii) entrevistas de desligamento; (viii) rotatividade de determinados cargos. A opção por um ou outro instrumento de controle deve ser compatível com a estrutura da organização, para, além de prevenir a corrupção, contribuir com a realização dos objetivos estratégicos.

O resultado da avaliação de risco consiste em uma matriz com o registro de todas as informações levantadas sobre o evento, os processos que são afetados, os responsáveis por gerenciar o risco identificado – "dono" do risco –, bem como os planos de ação correspondentes às medidas de tratamento eleitas para o risco. A matriz de riscos pode vir representada da seguinte forma:

Risco	Causa(s)	Conseq. (s)	Prob.	Impacto	Nível Risco	Controles existentes	Risco residual	Resposta	Responsável - dono do risco

Existem inúmeros modelos de matriz de risco disponíveis. Cada organização e cada atividade empresarial vai exigir um nível de detalhamento e especificação do risco muito particulares. Não há uma matriz de riscos única, que possa ser aplicada a todas as organizações de forma indistinta.

Após a definição de um responsável pela resposta ao risco, é importante que sejam definidas as medidas de tratamento ou planos de ação para lidar com o risco. É recomendado que os planos de ação contenham: (i) descrição de cada etapa/ação a ser implementada; (ii) responsáveis por cada etapa/ação; (iii) prazos para o início e fim de cada etapa/ação; e (iv) estimativa de recursos necessários para a execução – incluindo número de pessoas, horas e orçamento.

É importante registrar que os controles internos não são aplicados pela instância de *compliance*, mas por toda a organização. Em alguns casos, os mecanismos de controle podem estar integrados a processos de negócios pertencentes a funções específicas, como o setor de compras e logística. Há controles de natureza jurídica (por exemplo, a análise dos termos e condições de um contrato), de natureza financeira (como a aprovação de pagamentos) ou jurídico/contábil (a exemplo da opção pelo regime de tributação). Outros podem ficar sob a responsabilidade da área de recursos humanos (como a verificação do histórico de pretensos candidatos a ocupar cargos nos conselhos).

Essa advertência é importante porque "uma questão crítica para a implementação bem-sucedida do plano de resposta ao risco de corrupção é, em geral, o apoio de executivos seniores, do conselho diretor, do comitê auditor e de outros que exerçam governança. Sem esse suporte de alto nível, a implementação do plano de resposta pode estagnar, já que certas funções e pessoas podem não dar a importância e a atenção exigida para os itens no plano de resposta".[648] Em função disso, recomenda-se que os colaboradores que serão responsáveis pelo plano de ação sejam envolvidos no processo de avaliação do risco e que a execução dos planos de ação esteja atrelada à avaliação de desempenho e ao cumprimento das metas individuais para progressão na carreira ou obtenção de bônus.[649]

Por fim, a COSO ERM adverte que os gestores devem reconhecer que "o risco pode ser gerenciado, mas não eliminado. Algum risco residual sempre vai existir, não só porque os recursos são limitados, mas em função da incerteza do futuro e das limitações inerentes a todas as tarefas".[650] Na mesma linha, a ISO 37001, que trata dos sistemas de gestão antissuborno, ressalva que "não é possível eliminar completamente o risco de suborno, e nenhum sistema de gestão antissuborno será capaz de prevenir e detectar o suborno como um todo".[651]

A ISO 31010 recomenda que o processo de avaliação de riscos seja documentado em um relatório que defina, com precisão, o escopo da avaliação realizada, incluindo "descrição de partes pertinentes do sistema e suas funções; um resumo dos contextos externo e interno da organização e como eles se relacionam com a situação, sistema ou circunstâncias que estão sendo avaliados; os critérios de risco aplicados e sua justificativa; limitações, premissas e justificativas de hipóteses; metodologia de avaliação; resultados da identificação de riscos; dados, premissas e suas fontes de validação; resultados da análise de riscos e sua avaliação; análise de sensibilidade de incerteza; premissas críticas e outros fatores que necessitam ser monitorados; discussão dos resultados; conclusões e recomendações; e referências".[652]

O documento "Roteiro de Avaliação de Maturidade da Gestão de Riscos", disponibilizado pelo TCU, contém uma centena de perguntas e

---

[648] PACTO GLOBAL DA ONU, 2017, p. 46.
[649] Idem.
[650] THE COMMITTEE OF SPONSORING ORGANIZATIONS OF THE TREADWAY COMMISSION – COSO, 2017, tradução livre.
[651] ABNT, 2017, p. 8.
[652] ABNT, 2012, p. 12.

critérios de aferição que devem ser utilizados para orientar a estrutura de gestão de riscos, no contexto público ou privado.[653] Quanto à documentação da análise de riscos, são apresentados os seguintes questionamentos:

> ***Documentação da identificação e análise de riscos***
> 2.1.4 No registro de riscos, a documentação da identificação e da análise de riscos contém elementos suficientes para apoiar o adequado gerenciamento dos riscos, incluindo, pelo menos:
> a) O registro dos riscos identificados e analisados em sistema, planilha ou matriz de avaliação de riscos, descrevendo os componentes de cada risco separadamente com, pelo menos, suas causas, o evento e as consequências e/ou impactos nos objetivos identificados na etapa de estabelecimento do contexto;
> b) O escopo do processo, da atividade, da iniciativa estratégica ou do projeto coberto pela identificação e análise de riscos;
> c) Os participantes das atividades de identificação e análise;
> d) A abordagem ou o método de identificação e análise utilizado, as especificações utilizadas para as classificações de probabilidade e impacto e as fontes de informação consultadas;
> e) A probabilidade de ocorrência de cada evento, a severidade ou magnitude do impacto nos objetivos e a sua descrição, bem como considerações quanto à análise desses elementos;
> f) Os níveis de risco inerente resultantes da combinação de probabilidade e impacto, além de outros fatores que a entidade considera para determinar os níveis de risco;
> g) A descrição dos controles existentes e as considerações quanto à sua eficácia e confiabilidade; e
> h) O risco residual.

Em linhas gerais, o processo de análise de riscos exigido pelas leis brasileiras termina com a etapa de avaliação, em que são eleitas as medidas de tratamento para o risco. A ISO 37001 também não abarca a gestão de riscos. O documento descreve apenas o processo de "avaliação de riscos de suborno" como um dos requisitos para o programa, que estaria preenchido com: (i) identificação; (ii) análise, avaliação e priorização; e (iii) avaliação dos controles existentes para mitigar os riscos de suborno. Ao final, orienta que a organização deve produzir

---

[653] TRIBUNAL DE CONTAS DA UNIÃO. *Roteiro de Avaliação de Maturidade da Gestão de Riscos*, 2018. Disponível em: <https://portal.tcu.gov.br/biblioteca-digital/gestao-de-riscos-avaliacao-da-maturidade.htm>. Acesso em: 06 ago. 2020.

evidências – informação documentada – de que o processo de avaliação de riscos foi utilizado para conceber ou melhorar o sistema de gestão antissuborno.[654]

A legislação não impõe uma periodicidade mínima para a análise dos riscos.[655] O Manual Prático de Avaliação do Programa de Integridade da Controladoria-Geral da União, por outro lado, prevê, como critério de aferição da efetividade do programa, que a análise tenha sido realizada nos últimos 24 meses.[656]

De forma geral, é importante que a empresa consiga demonstrar que a análise de riscos faz parte de um procedimento formalmente instituído e regularmente aplicado, e não uma prática pontual. Para tanto, "o exercício do mapeamento e análise de riscos deve ser devidamente documentado em relatórios, com a indicação das principais áreas de risco que servirão de base para a estruturação, aprimoramento ou atualização" do programa de *compliance*.[657] Além da análise de riscos programada, é preciso que a empresa esteja apta a realizar revisões pontuais diante de denúncias ou caso seja constatada alguma irregularidade mais alarmante.[658]

---

[654] ABNT, 2017, p. 8-9.

[655] O IBGC afirma os procedimentos de controle interno devem ser avaliados anualmente. INSTITUTO BRASILEIRO DE GOVERNANÇA CORPORATIVA, 2014, p. 92. O referencial de combate à corrupção do TCU – destinado aos órgãos e entidades da Administração Pública – consigna que é usual que a avaliação seja realizada "de dois em dois anos", mas esclarece que "a frequência com que a organização deve conduzir essa avaliação de risco depende de fatores como o tamanho da entidade, sua natureza, complexidade, riscos gerais do setor em que a organização atua, da diversidade de processos e atribuições, a distribuição geográfica, o nível de controle pelo qual a organização é monitorada por órgãos reguladores e de fiscalização e o nível e a frequência de mudanças operacionais e tecnológicas". TRIBUNAL DE CONTAS DA UNIÃO, 2016, p. 59.

[656] MINISTÉRIO DA TRANSPARÊNCIA, FISCALIZAÇÃO E CONTROLADORIA-GERAL DA UNIÃO. *Manual Prático de Avaliação do Programa de Integridade em PAR*. 2018. Disponível em: <http://www.cgu.gov.br/Publicacoes/etica-e-integridade/arquivos/manual-pratico-integridade-par.pdf>. Acesso em: 20 set. 2018.

[657] MAEDA, 2013, p. 190. Novamente, é importante lembrar que o ônus da prova sobre a eficiência do programa recai sobre a empresa, pelo que a metodologia utilizada para o cálculo do risco e revisão do programa deve ser explícita, facilitando a verificação pelos órgãos de controle em eventual processo de investigação. A utilização de parâmetros claros e objetivos demonstra, ainda, que a empresa não buscou dissimular ou esconder falhas previamente conhecidas em meio ao conjunto de informações.

[658] Em caso de constatação de irregularidade que represente risco de corrupção, é necessário avaliar se os controles falharam ou se a hipótese decorreu de uma conjunção de fatores não prevista pelo programa de *compliance*. Em ambos os casos pode ser necessário que os mecanismos de controle interno sejam aprimorados. Também é possível que a avaliação seja motivada por outros eventos, como, por exemplo, "por mudanças governamentais nos países em que a empresa opera, por incidentes de suborno ou por reportagens negativas" (tradução livre). UNITED KINGDOM, 2011, p. 32.

É recomendável que a avaliação periódica dos riscos seja conduzida, ou auxiliada por profissionais capacitados, inseridos no contexto da atividade empresarial e familiarizados com processos investigatórios e com as normas legais e/ou regulatórias aplicadas à empresa.[659] O Conselho Administrativo de Defesa Econômica (CADE) sugere, como opção, que a análise periódica de riscos seja realizada com o apoio de auditores ou especialistas externos, que podem "contribuir não apenas com conhecimentos técnicos e experiência prática na área de defesa da concorrência [ou outra matéria legal], mas também com uma visão distanciada do cotidiano e das pressões internas da companhia".[660]

Gestão de riscos

Embora não haja recomendação legal expressa, convém que a análise de riscos evolua para um sistema de *gestão dos riscos*. A ISO 31004 define a gestão de riscos como a "arquitetura que as organizações usam (princípios, estrutura e processo) para gerenciar riscos efetivamente (com eficácia)".[661] A norma esclarece, ainda, que a "gestão de riscos não é uma atividade autônoma, separada das principais atividades e processos da organização", mas faz "parte das responsabilidades da direção e uma parte integrante de todos os processos organizacionais".[662]

---

[659] Em empresas de maior porte, a avaliação de risco pode ser conduzida pela equipe de auditoria interna, eventualmente subordinada a um comitê de auditoria. Em empresas menores, que não possuem um departamento voltado especificamente à auditoria interna, a avaliação pode ser conduzida pela instância de *compliance* ou pelo *compliance officer*. Em todos os casos, é interessante que sejam consultados os diversos departamentos da empresa e, se for o caso, que sejam contratados especialistas externos. Como adverte Carla Veríssimo, "para a avaliação dos riscos legais, portanto, será preciso contar com um advogado ou pessoa que possua formação jurídica. Se a empresa tiver um departamento jurídico ou um departamento de *compliance*, poderá fazer uso do conhecimento técnico desses profissionais". VERÍSSIMO, 2017, p. 282.

[660] CONSELHO ADMINISTRATIVO DE DEFESA ECONÔMICA, 2016, p. 20. Acerca da contratação de especialistas externos, Bruno Maeda faz uma advertência interessante: "como o mapeamento e análise de riscos acaba por apontar as principais áreas de risco e vulnerabilidades da empresa, em muitos casos é recomendável que o exercício seja conduzido ou coordenado por advogados a fim de conferir proteção com base no privilégio de comunicações entre cliente e advogado, o que pode ser especialmente importante para evitar sua apresentação obrigatória em processos por possível violação do FCPA junto às autoridades norte-americanas". MAEDA, 2013, p. 190. É o que ocorre, por exemplo, caso os contadores e empresas prestadoras de serviço contábil identifiquem operações suspeitas de lavagem de dinheiro. Nessas hipóteses, há expressa obrigação de que as transações suspeitas sejam denunciadas ao COAF, sob pena de responsabilização com base nas sanções previstas no artigo 12 da Lei nº 9.613/1998, nos termos da Resolução COAF nº 1.445/2013, conforme já esclarecido no item 4.1.3.1, ao tratar da responsabilidade do *compliance officer*.

[661] ABNT, 2015, p. 10.

[662] ABNT, 2015, p. 12.

Significa, de forma direta, que as organizações devem fomentar uma *cultura de gerenciamento de riscos* em todas as áreas e atividades. A atividade não deve ser vista como uma tarefa burocrática acessória, que não gera valor para a organização ou que é executada por um departamento específico, isolado da atividade fim. Cabe à alta administração das organizações apoiar o processo de implementação da gestão de riscos e reiterar a sua importância na condução dos negócios. E, sob a premissa de que o tom vem do topo, o exemplo da alta administração é condicionante para o sucesso de qualquer sistema de gestão de riscos.

O processo de gerenciamento de riscos pode ser ilustrado, conforme as diretrizes da ISO 31000, a partir da seguinte representação:

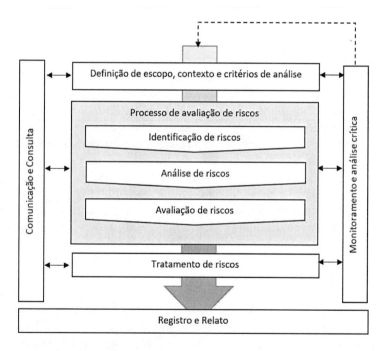

Fonte: Adaptado de ABNT, 2018.

Ou seja, além do processo de avaliação de riscos, o gerenciamento inclui as etapas de (i) comunicação e consulta; (ii) tratamento dos riscos; (iii) monitoramento e análise crítica; e (iv) registro e relato.

Enquanto a comunicação tem o propósito de promover a conscientização sobre a importância da gestão de riscos e sobre eventuais riscos específicos que tenham sido identificados, a consulta consiste em buscar, junto às partes interessadas e às áreas especializadas dentro da organização, informações que sejam capazes de auxiliar o gestor na tomada de decisão. É importante que a área operacional seja ouvida no processo de implementação de controles internos e respostas aos riscos, tanto para garantir a aderência às medidas impostas, quanto para evitar que sejam instituídas rotinas que inviabilizem a atuação dos colaboradores.

Afora isso, é fundamental que os interesses dos *stakeholders* sejam levados em consideração no gerenciamento dos riscos, uma vez que a sua percepção é determinante para o valor gerado pela organização. É por isso que um dos principais propósitos da comunicação e consulta é promover um "senso de inclusão e propriedade entre os afetados pelo risco".[663]

Com esse intuito de promover a inclusão e transparência, a ISO 31004 sugere que seja realizada uma retroalimentação periódica para avaliar se "o que foi prometido ou concebido realmente funcionou na prática", como forma de fomentar a crença dos colaboradores e demais *stakeholders* na gestão de riscos. No mesmo sentido, recomenda que "visões não solicitadas sejam encorajadas, reconhecidas e apreciadas".[664]

O tratamento de riscos é a etapa que sucede a avaliação e, mais especificamente, a escolha das respostas para cada evento identificado. Nos termos da ISO 31000, essa etapa consiste em um processo de; (i) formular e selecionar opções de tratamento; (ii) planejar e implementar o tratamento do risco; (iii) avaliar a eficácia deste tratamento; (iv) decidir se o risco remanescente é aceitável; e (v) se não for aceitável, realizar tratamento adicional.[665] Em linhas gerais, a etapa de tratamento consiste na estruturação de planos de ação, com a definição de prazos e responsáveis, para implementar as respostas que foram eleitas para cada um dos riscos identificados.

O monitoramento dos riscos pressupõe que seja avaliado o progresso da organização no desenvolvimento das medidas de tratamento propostas – a partir de indicadores de esforço – e os resultados obtidos a partir dos controles implementados – com o estabelecimento de indicadores de desempenho ou resultado.

É muito comum que se confundam os conceitos de indicadores de esforço e indicadores de resultado ou *performance* – os chamados

---

[663] ABNT, 2018, p. 10.
[664] ABNT, 2015, p. 20.
[665] ABNT, 2018, p. 14.

KPIs (*Key Performance Indicators*). O número de treinamentos realizados, o número de políticas aprovadas, a quantidade de áreas submetidas à avaliação de riscos não são indicadores de resultado, são indicadores de esforço, que demonstram apenas a evolução dos planos de ação. Os indicadores de resultado têm relação direta com os eventos de risco identificados e com os objetivos organizacionais. O número de fraudes e desvios internos, por exemplo, reflete um importante indicador de resultado. Se o número de ocorrências diminui, significa que os controles internos surtiram efeito.

O que vai medir a eficiência dos mecanismos de *compliance* são os indicadores de resultado (KPIs) e não os indicadores de esforço. A ISO 31004 elenca os seguintes exemplos de indicadores de resultado: (i) incidentes e acidentes, (ii) perdas reais, (iii) desalinhamentos, (iv) reclamações de clientes, (v) dívida ativa, (vi) disponibilidade do sistema, (vii) a extensão em que os objetivos da organização estão sendo alcançados e (viii) a extensão em que os objetivos da gestão de riscos estão sendo alcançados.[666]

A norma destaca a importância de que eventuais variações entre os resultados dos indicadores e a percepção interna sejam investigadas. Por exemplo, "se a gerência continua preocupada que os riscos não estão sendo bem gerenciados, apesar de as inúmeras avaliações de riscos indicarem baixos níveis de risco, convém que essas preocupações sejam investigadas e não rejeitadas".[667]

Existe um brocardo jurídico que consigna que "o que não está nos autos, não está no mundo".[668] A premissa vale para os programas de *compliance*, na medida em que só é possível comprovar o que foi feito a partir dos registros efetivamente documentados. Por isso, a orientação de que tudo deve ser registrado, inclusive o processo de gerenciamento dos riscos, em todas as suas etapas. É evidente que algumas informações sensíveis precisam ser documentadas com cautela, sob pena de exposição da organização. Pode ser recomendável, em determinadas situações, que "as informações em registro de risco sejam segregadas" para que o acesso possa ser restringido.[669] O relato, por sua vez, visa fornecer informações às partes interessadas, incluindo aquelas que podem ser afetadas caso a gestão de riscos falhe.

---

[666] ABNT, 2015, p. 33.
[667] *Idem*, p. 38.
[668] "*Quod non est in actis non est in mundo*"
[669] ABNT, 2015, p. 20.

A gestão de riscos é um pilar fundamental para o processo de tomada de decisão. Uma adequada identificação dos riscos permite que o gestor possa fazer escolhas conscientes e sustentáveis, inclusive antecipando efeitos adversos inerentes à estratégia de negócio. Uma empresa do ramo de energia que decide construir uma hidrelétrica precisa estar preparada para os desgastes que podem resultar de manifestações sociais e até de um eventual desastre ambiental que possa vir a ocorrer. Conhecendo esses possíveis cenários, o gestor vai estar mais apto para tomar uma decisão que privilegie os objetivos estratégicos da organização. Fechar os olhos para os riscos não faz com que eles desapareçam, mas impõe à organização uma caminhada no escuro.

4.2.4.2 Monitoramento e aperfeiçoamento do programa de *compliance*

O inciso XV do artigo 42 do Decreto nº 8.420/2015 impõe às empresas que pretendem demonstrar a existência de um programa de *compliance* efetivo o "monitoramento contínuo do programa de integridade visando ao seu *aperfeiçoamento* na prevenção, detecção e combate" dos atos de corrupção.[670] O que se exige, portanto, é a avaliação dos *resultados* do programa de *compliance*, analisando: (i) se os destinatários estão agindo em consonância com as diretrizes do Código de Conduta e demais políticas da empresa; e (ii) se houve, de fato, diminuição dos incidentes que poderiam suscitar eventual suspeita de corrupção.

Como destacado pelo Departamento de Justiça dos Estados Unidos (DOJ), "os programas de *compliance* que não existem apenas no papel, mas são seguidos na prática, inevitavelmente revelam fragilidades em termos de *compliance* e exigem aprimoramentos".[671] Nesse sentido, recomenda-se que as empresas utilizem o *tempo* como um aliado no aperfeiçoamento dos programas de *compliance*, promovendo

---

[670] A obrigação não se estende às microempresas e empresas de pequeno porte, nos termos do §3º. As sugestões da CGU para o monitoramento do programa de *compliance* das pequenas e médias empresas é de que (i) seja realizada uma avaliação semanal e/ou mensal dos procedimentos destinados à prevenção de fraudes em licitações; (ii) que os colaboradores da empresa sejam constantemente consultados sobre a eficiência do programa, sobretudo os funcionários que estejam saindo da empresa; (iii) que sejam comparados dados e informações de períodos diferentes com o intuito de verificar os resultados do programa; e (iv) que sejam estipuladas metas e objetivos para o aprimoramento de eventuais inconsistências. MINISTÉRIO DA TRANSPARÊNCIA, FISCALIZAÇÃO E CONTROLADORIA-GERAL DA UNIÃO, 2015b, p. 53.
[671] UNITED STATES, 2015b, p. 59; UNITED STATES, 2017b, p. 62.

reiterados testes e avaliações dos procedimentos implantados, inclusive com o auxílio de auditorias externas especializadas, que podem ser contratadas especificamente para esse fim.[672]

Uma revisão abrangente das políticas e procedimentos anticorrupção demanda a coleta de grande volume de informações, provenientes de diversas fontes, como, por exemplo: (i) de mecanismos de controle e auditoria interna, sobretudo em relação à participação e aderência dos colaboradores aos treinamentos e promoções de conteúdo referentes ao programa de *compliance*; (ii) auditorias externas; (iii) *feedbacks* dos colaboradores, parceiros e ex-funcionários da empresa; (iv) avaliação da qualificação dos colaboradores da empresa sobre as suas respectivas áreas de atuação, especialmente quando tiverem sido mapeadas as que representam maior risco à atividade empresarial, o que pode demonstrar a necessidade de investir em capacitação; e (v) comparações com os programas de *compliance* de empresas do mesmo segmento.[673]

As empresas podem instituir, ainda, uma etapa de entrevista com os funcionários em processo de desligamento. As chances de detecção de possíveis irregularidades legais ou éticas podem ser maiores na medida em que enquanto alguns "empregados poderão relutar em comunicar violações durante o curso de seus vínculos com a empresa, a probabilidade de que estejam dispostos a fazê-lo no momento de sua saída da empresa será, via de regra, maior".[674] Além disso, é fundamental que a análise periódica de riscos e o monitoramento do programa levem em consideração o conteúdo dos relatos registrados no canal de denúncia da empresa, assim como eventuais dúvidas que possam ter sido levantadas pelos colaboradores acerca da interpretação das políticas internas.

Outras estratégias mais acessíveis, e igualmente eficientes, podem ser adotadas caso a empresa não disponha de recursos. Uma simples conversa informal pode revelar muito sobre os resultados do programa de *compliance* e sobre os riscos a que a empresa se encontra exposta. Em complemento, os responsáveis pelo monitoramento podem empenhar-se em participar de reuniões de departamento, visitar operações

---

[672] UNITED STATES, 2017b, p. 6.
[673] UNITED NATIONS, 2013, p. 96-97. O Ministério de Justiça britânico também recomenda, para fins de monitoramento, que sejam comparadas com as práticas adotadas por outras empresas, e com eventuais publicações de órgãos de comércio ou regulação. UNITED KINGDOM, 2011, p. 32.
[674] MAEDA, 2013, p. 200.

em campo, acompanhar encontros com agentes públicos e revisar relatórios de pagamento, tudo com ênfase nas *red flags* predefinidas na etapa de análise de riscos. Uma sugestão interessante é que sejam aplicados "filtros de verificação de frase e palavras-chave críticas em comunicação por e-mail (como: jeitinho, resolva logo, suborno, fiscal, combinar preço, etc.)".[675] Tudo isso é importante para que as organizações sejam capazes de *medir* a sua cultura de *compliance*.[676]

Seguindo a orientação da divisão de drogas e crimes da Organização das Nações Unidas, os programas de *compliance* precisam ser avaliados com base em três critérios essenciais: efetividade, eficiência e sustentabilidade. A efetividade seria constatada com a verificação de que os procedimentos implantados contribuíram para minimizar os riscos de envolvimento da empresa aos atos de corrupção, enquanto a eficiência corresponderia à relação custo-benefício do programa e a sustentabilidade à manutenção dos resultados positivos – em termos de mitigação dos riscos – no longo prazo.[677] O resultado das avaliações pode indicar não apenas a necessidade de incrementar ou substituir os procedimentos internos, mas também a possibilidade de aperfeiçoar e simplificar os mecanismos de controle, caso seja constatado algum excesso ou ineficiência.

Não basta, entretanto, que as eventuais inconsistências do programa de *compliance* sejam oportunamente identificadas pela empresa. O inciso XV do artigo 42 exige que o programa seja avaliado com o intuito de *aperfeiçoar* o sistema de prevenção, detecção e combate à corrupção. É, portanto, indispensável que as empresas tomem alguma providência diante de eventuais resultados negativos obtidos por meio da avaliação. Toda e qualquer alteração ou providência, repita-se à exaustão, deve ser devidamente registrada.[678]

---

[675] SERPA, Alexandre da Cunha. *Compliance descomplicado*. [S.l.: s.n.], 2016. p. 68.
[676] INTERNATIONAL ORGANIZATION FOR STANDARDIZATION, 2021, p. 37.
[677] UNITED NATIONS, 2013, p. 98.
[678] As recomendações da ONU e da Transparência Internacional, em razão das exigências previstas na *Sarbanes-Oxley Act* – que demanda dos emissores e auditores externos que tornem públicas informações sobre a eficácia dos controles internos referentes aos registros financeiros –, sugerem que as empresas divulguem todos os esforços referentes ao programa de *compliance*, incluindo a metodologia adotada para análise periódica de riscos, monitoramento dos procedimentos internos e resultados obtidos. Embora não se questione os benefícios que podem ser obtidos a partir do maior nível de transparência, as informações levantadas na revisão do programa podem ser prejudiciais à empresa em termos estratégicos. Assim, como a legislação brasileira sugere apenas que a análise de riscos e o monitoramento sejam documentados, entende-se não haver necessidade de divulgação dos relatórios de análise de risco e monitoramento do programa.

O Departamento de Justiça dos Estados Unidos (DOJ) e a ONU orientam que as inconsistências sejam documentadas e reportadas ao Conselho de Administração – ou órgão equivalente – e que sejam discutidas as medidas necessárias à correção das fragilidades.[679] As melhorias implantadas devem ser objeto de nova rodada de avaliação e assim sucessivamente, de modo que o programa de *compliance* esteja em constante monitoramento e aperfeiçoamento.

A Transparência Internacional sugere que, de tempos em tempos, a empresa submeta-se, voluntariamente, a uma avaliação externa destinada a examinar a efetividade do programa de *compliance*. A orientação é de que a empresa divulgue a contratação dessa avaliação independente juntamente com os resultados e com as medidas implantadas para aprimorar o programa.[680]

4.2.4.3 Como demonstrar a análise de risco e o monitoramento contínuo do programa de *compliance*

A análise de riscos é o pilar fundamental dos programas de *compliance*, é o que vai evidenciar o funcionamento efetivo dos mecanismos de controle interno. Sem embargo, a planilha de avaliação disponibilizada pela Controladoria-Geral da União traz apenas três perguntas sobre a análise de riscos:

> 7.1 A PJ realizou uma análise de riscos que contempla expressamente riscos relacionados a corrupção e fraude?
> 7.2 A análise de riscos foi realizada (ou refeita) nos últimos 24 (vinte e quatro) meses, contados a partir da data de apresentação dos relatórios de perfil e conformidade no PARs?
> 7.3 Há planejamento para que a análise de riscos seja realizada de forma periódica?

É fácil perceber que a análise de riscos não tem um peso tão relevante na avaliação dos programas de *compliance* pela Controladoria-Geral da União. Essa é provavelmente uma das grandes mudanças que

---

[679] UNITED STATES, 2017b. p. 6; UNITED NATIONS 2013, p. 100. No mesmo sentido, a Transparência Internacional sugere que os resultados da avaliação sejam encaminhados ao comitê de auditoria, ao conselho de administração ou órgão equivalente. TRANSPARENCY INTERNATIONAL, 2013, p. 11.
[680] *Idem*.

serão percebidas com o amadurecimento de tema no ordenamento brasileiro, sobretudo em relação ao gerenciamento dos riscos. Cita-se, por exemplo, o Roteiro de Avaliação de Maturidade da Gestão de Riscos do Tribunal de Contas da União, que traz uma centena de perguntas destinadas a avaliar os mecanismos destinados ao gerenciamento dos riscos dentro das instituições públicas.[681] Transcreve-se, por oportuno, alguns dos dados que a auditoria pretende avaliar:

> Se os processos de governança e gestão incorporam explicitamente indicadores-chaves de risco e indicadores-chaves de desempenho, monitorados regularmente.
> Se o órgão de governança e a alta administração são notificados de modo regular e oportuno sobre as exposições da organização a riscos, sobre os riscos mais significativos e sobre como a administração está respondendo a esses riscos.
> Se o órgão de governança faz uma revisão sistemática da visão de portfólio dos riscos em contraste com o apetite a riscos, fornecendo direção clara para gerenciamento dos riscos.
> Se o órgão de governança e a alta administração utilizam os serviços da auditoria interna e de outras instâncias de asseguração para se certificarem de que a administração tem processos eficazes de gerenciamento de riscos e controles.
> Se o órgão de governança definiu um nível de maturidade almejado para a gestão de riscos e monitora o progresso das ações para atingir ou manter-se no nível definido.

O guia de avaliação disponibilizado pelo DOJ segue a mesma tendência de valorização da gestão de riscos, orientando que os Promotores creditem qualidade e eficácia a um programa de *compliance* que seja baseado em riscos, "mesmo que ele tenha falhado em prevenir uma infração".[682] As perguntas sugeridas pelo DOJ também demonstram uma percepção acurada sobre a importância da análise de riscos:

> (i) Qual metodologia a companhia usou para identificar, analisar e responder aos riscos específicos que enfrenta?
> (ii) Quais informações ou métricas a empresa coletou e usou para ajustar a detectar o tipo de má-conduta em questão?
> (iii) Como as informações ou métricas pautaram o programa de *compliance* da empresa?

---

[681] TCU, 2018.
[682] UNITED STATES, 2020, p. 3.

(iv) A empresa dedica uma quantidade desproporcional de tempo para o policiamento de áreas de baixo risco ao invés de áreas de alto risco, como pagamentos questionáveis a consultores terceirizados, atividade comercial suspeita ou descontos excessivos a revendedores e distribuidores?

(v) A empresa dá mais escrutínio, conforme garantido, às transações de alto risco (por exemplo, um contrato vultuoso com um órgão público em um país de alto risco) do que às hospitalidades e entretenimentos mais modestos e rotineiros?

(vi) A avaliação de riscos é atual e sujeita a revisão periódica? A revisão periódica é limitada a um registro "instantâneo" ou baseada em acesso contínuo a dados operacionais e informações entre funções?

(vii) As revisões periódicas levaram a atualizações nas políticas, procedimentos e controles?

(viii) Essas atualizações contabilizam os riscos descobertos a partir de desvios de conduta ou outras falhas no programa de *compliance*?

(ix) A empresa possui um processo para rastrear e incorporar em sua avaliação de riscos periódica as lições aprendidas tanto com episódios anteriores da própria empresa quanto com situações de outras empresas que operam no mesmo setor e/ou região geográfica?

Afora esse conjunto de perguntas específico, as diretrizes fornecidas pelo DOJ, de uma forma geral, questionam se os demais elementos do programa de *compliance* foram concebidos a partir de uma concepção de risco, priorizando as maiores vulnerabilidades da organização em relação ao envolvimento em atos de corrupção.

No que concerne ao monitoramento, a ISO 19600 orienta que sejam produzidos "Relatórios de *Compliance*" registrando-se o desempenho do sistema de gestão e as medidas de aprimoramento. A norma orienta que os relatórios sejam produzidos com alguma periodicidade, mas que "um sistema de relatórios de exceção esteja em vigor, facilitando relatórios ad hoc de não cumprimentos emergentes".[683]

A prática é altamente recomendada porque facilita a construção do "Relatório de Perfil" e do "Relatório de Conformidade" exigidos pela CGU, nos termos da Portaria nº 909/2015, para a avaliação dos programas de *compliance*. Caso a pessoa jurídica esteja envolvida em algum ato suspeito de corrupção e precise apresentar defesa no Processo Administrativo de Responsabilização (PAR), os relatórios de perfil e conformidade devem ser entregues no prazo de 30 (trinta) dias, nos termos da Portaria nº 910/2015, também da CGU.

---

[683] ABNT, 2014, p. 28.

4.2.5 Registros contábeis completos e precisos e controles internos que assegurem a confiabilidade das informações (incisos VI e VII)

O inciso VI do artigo 42 do Decreto nº 8.420/2015 exige, para fins de comprovação da existência de um programa de *compliance* efetivo, a demonstração de que a empresa possui "registros contábeis que reflitam de forma completa e precisa as transações da pessoa jurídica". Como a experiência prática demonstra que pagamentos decorrentes de atos de corrupção e suborno são "geralmente disfarçados contabilmente em pagamentos legítimos como comissões, consultorias, gastos com viagens, bolsas de estudo, entretenimentos, etc.",[684] o objetivo é evitar que transações ilícitas possam ser camufladas nas operações financeiras.

A primeira recomendação é de que as empresas observem as diretrizes legais que disciplinam as demonstrações financeiras, a exemplo das disposições contidas na Resolução nº 1.328/2011, do Conselho Federal de Contabilidade,[685] na Lei Federal nº 6.404/1976 (Lei das Sociedades por Ações), na Lei Federal nº 11.638/2007, na Lei Complementar nº 123/2006 (Estatuto Nacional da Microempresa e da Empresa de Pequeno Porte), além das normas, procedimentos e interpretações técnicas fornecidas pelo Instituto dos Auditores Independentes do Brasil (IBRACON) e pelo Conselho Federal de Contabilidade.

O objeto do presente trabalho não comporta a análise das regras de contabilidade aplicadas a cada uma das estruturas societárias. O fundamental é que, independentemente do tamanho da organização, as empresas estejam cientes de que a demonstração de um programa de *compliance* efetivo permeia a existência de registros contábeis completos e precisos, em consonância com as diretrizes legais aplicáveis a cada empresa.

Segundo o esclarecimento da Controladoria-Geral da União, a exigência pretende que as empresas imponham procedimentos de controle que garantam maior detalhamento dos registros contábeis, como, por exemplo, a exigência de que a contratação de determinados serviços seja justificada, informações sobre o preço contratado – eventualmente

---

[684] MINISTÉRIO DA TRANSPARÊNCIA, FISCALIZAÇÃO E CONTROLADORIA-GERAL DA UNIÃO, 2015d, p. 17.
[685] CONSELHO FEDERAL DE CONTABILIDADE. Dispõe sobre a Estrutura das Normas Brasileiras de Contabilidade e revoga a Resolução nº 1.295, de 17 de setembro de 2010, e a Resolução nº 1.328, de 18 de março de 2011. *Diário Oficial da União*: Brasília, DF. 22 nov. 2011.

acompanhada de pesquisa de mercado –, assim como registros certificando a entrega e eventuais comentários sobre a qualidade do serviço ou produto em relação ao valor pago.[686] O ideal, segundo o Manual Prático de Avaliação do Programa de Integridade da Controladoria-Geral da União, é que a empresa possua (i) regras de segregação de funções e níveis de alçada de aprovação de receitas e despesas; e (ii) mecanismos para detectar receitas e despesas fora do padrão e/ou *"red flags"* durante a realização de lançamentos contábeis.[687]

Para tanto, as empresas devem registrar adequadamente todas as transações nos seus livros contábeis oficiais, em ordem cronológica e nos exatos termos dos documentos originais. Além disso, seria interessante que os responsáveis pela aprovação dos pagamentos e pelos respectivos registros recebam treinamento específico, com alertas sobre os riscos inerentes à função.[688] Os livros contábeis, como prova dos registros, devem ser cuidadosamente guardados e preservados pelo prazo legalmente estabelecido, assim como os documentos que fundamentam o cálculo dos impostos e contribuições pagos pela empresa.

A divisão de crimes e drogas da ONU esclarece que o termo "livros e registros" não se restringe à documentação das transações financeiras, mas comporta, em dimensão mais ampla, outros documentos, como contratos, aditivos e recibos de entrega.[689] Tais documentos devem ser conservados com igual zelo, evitando divulgações, rasuras e alterações impróprias ou não autorizadas – intencionais ou não. Os registros eletrônicos, por sua vez, devem ser mantidos em formato que não autorize edição ou exclusão.

A Controladoria-Geral da União sugere que a empresa avalie a possibilidade de designar uma área ou pessoa como responsável pelo monitoramento dos registros contábeis com o intuito de identificar transações suspeitas. De forma geral, a recomendação é de que o profissional seja capacitado e confiável, sem histórico de envolvimento em situações suspeitas.[690] As empresas devem designar, ainda, uma equipe

---

[686] MINISTÉRIO DA TRANSPARÊNCIA, FISCALIZAÇÃO E CONTROLADORIA-GERAL DA UNIÃO, 2015d, p. 17.
[687] MINISTÉRIO DA TRANSPARÊNCIA, FISCALIZAÇÃO E CONTROLADORIA-GERAL DA UNIÃO. *Manual Prático de Avaliação do Programa de Integridade em PAR*. 2018. Disponível em: <http://www.cgu.gov.br/Publicacoes/etica-e-integridade/arquivos/manual-pratico-integridade-par.pdf>. Acesso em: 20 set. 2018.
[688] UNITED STATES, 2017b. p. 4.
[689] UNITED NATIONS, 2013, p. 65.
[690] MINISTÉRIO DA TRANSPARÊNCIA, FISCALIZAÇÃO E CONTROLADORIA-GERAL DA UNIÃO, 2015b, p. 46.

ou uma pessoa responsável pela auditoria interna sobre os registros contábeis e financeiros.[691] Às empresas de maior porte, por sua vez, é recomendado que, "devido à quantidade e complexidade de seus processos, promovam auditoria externa independente de seus registros contábeis".[692] A independência e a imparcialidade dos auditores externos são fundamentais para a credibilidade do trabalho.

Em todos os casos, devem ser considerados como fatores de risco: mudanças, como elevação de valor não prevista em contratos públicos, redução do valor usualmente pago por determinado tributo ou licença, contratação de serviços por valor superior ao de mercado. Caso seja identificada alguma operação suspeita, a empresa deve promover uma investigação detalhada acerca da fidedignidade dos registros contábeis. Além disso, como os pagamentos ilícitos normalmente são feitos por meio de contas bancárias ou ações de caixa não documentadas (*off-the-books accounts*), recomenda-se que as entradas e saídas de caixa sejam encaradas como fator de risco que demanda maior vigilância.

É indicado, na linha do que já foi exposto, uma dupla verificação (*double check*) dos registros mais sensíveis, como forma de garantir a confiabilidade das informações. Eventuais falhas podem ocorrer não só por má-fé do agente, mas por simples descuido ou falta de atenção. Uma opção comumente mencionada pelos órgãos de controle é que as funções de aprovação das faturas, liberação dos pagamentos e registro das transações financeiras sejam atribuídas a funcionários ou departamentos distintos.[693]

Voltando ao exemplo anterior, o departamento financeiro pode ficar responsável pela conferência dos registros contábeis no sistema eletrônico, enquanto ao departamento de auditoria interna pode ser designada a incumbência de verificar fisicamente as informações bancárias, ao menos no período de fechamento.

---

[691] MINISTÉRIO DA TRANSPARÊNCIA, FISCALIZAÇÃO E CONTROLADORIA-GERAL DA UNIÃO, 2017b, p. 18.

[692] MINISTÉRIO DA TRANSPARÊNCIA, FISCALIZAÇÃO E CONTROLADORIA-GERAL DA UNIÃO, 2015d, p. 18.

[693] Os mecanismos de controle não precisam ficar, e nem é recomendável que fiquem, concentrados na instância de *compliance*. Os esforços podem ser combinados entre diferentes departamentos da empresa (por exemplo: entre o setor financeiro e a equipe de auditoria, especialmente em relação aos registros contábeis, ou entre a equipe de *marketing* e a instância de *compliance*, nas situações que envolverem patrocínio de eventos ou campanhas promocionais). Como advertido pelo TCU, "a organização deve identificar as funções que tomam decisões críticas e segregá-las, de modo que a competência de decisão não esteja concentrada em uma única instância. [...] A ideia da segregação de funções é que nenhum servidor possa estar numa posição capaz de executar todas as etapas necessárias para cometer uma fraude e corrupção e ocultá-la". TRIBUNAL DE CONTAS DA UNIÃO, 2016, p. 53.

A dupla conferência reduz os riscos de perpetuação de simples falha humana, como de atuações mal-intencionadas, conferindo maior grau de precisão às informações e proporcionando um mecanismo de "freios e contrapesos" interno, com a diluição do poder decisório. Ainda em termos de controle, é amplamente recomendado que as funções mais expostas a riscos sejam submetidas a uma política de dupla verificação.[694]

Os livros contábeis e demais documentos relevantes devem ser integralmente disponibilizados ao serviço de auditoria externa quando a empresa optar por esse procedimento. Além disso, é importante que sejam verificadas as relações entre os representantes da empresa, os responsáveis pelas transações financeiras e os agentes bancários, a fim de evitar eventual conflito de interesses.

4.2.5.1 Como demonstrar a existência de registros contábeis completos e precisos e controles internos que assegurem a confiabilidade das informações

Na linha dos comentários apresentados, a planilha de avaliação dos programas de integridade disponibilizada pela CGU[695] fornece parâmetros para a estruturação de procedimentos que assegurem a fidedignidade e completude dos registros internos, o que se extrai dos seguintes questionamentos:

> 10.1 A PJ possui fluxos de trabalho para elaboração dos lançamentos contábeis?
>
> 10.2 A PJ possui regras que estabelecem a segregação de funções e a definição de níveis de aprovação de receitas e despesas?
>
> 10.3 A PJ possui mecanismos para detectar receitas e despesas fora do padrão e/ou *"red flags"* durante a realização de lançamentos contábeis?

---

[694] A orientação para as empresas que pretendem obter o selo "Pró-Ética" é de que apresentem "documentos que atestem a existência do sistema contábil/financeiro, se for o caso, e sua efetiva utilização pela empresa, como, por exemplo, *print screen* de telas, fluxogramas, normas internas que estabeleçam separação de competências e a necessidade de aprovações/autorizações por diferentes níveis hierárquicos para realização de pagamentos, aprovação de relatórios e outras atividades". MINISTÉRIO DA TRANSPARÊNCIA, FISCALIZAÇÃO E CONTROLADORIA-GERAL DA UNIÃO, 2017b, p. 17.

[695] MINISTÉRIO DA TRANSPARÊNCIA, FISCALIZAÇÃO E CONTROLADORIA-GERAL DA UNIÃO, 2018, p. 75.

10.4 A PJ possui regras que exigem a verificação do cumprimento do objeto do contrato para realização do pagamento?
10.5 A PJ possui uma área de auditoria interna formalmente estruturada?
10.6 A PJ está submetida à auditoria contábil independente?

A ISO 37001 também sugere diretrizes para que os controles financeiros reduzam os riscos de suborno, nomeadamente:

a) Implementar a separação de funções, de modo que a mesma pessoa não possa ao mesmo tempo iniciar e aprovar um pagamento;
b) Implementar níveis escalonados apropriados de autoridade para aprovação de pagamentos (para que transações maiores requeiram a aprovação de um gerente mais sênior);
c) Verificar se a indicação do beneficiário e o trabalho ou serviços executados foram aprovados pelos mecanismos de aprovação pertinentes da organização;
d) Requerer pelo menos duas assinaturas para aprovações de pagamentos;
e) Requerer a documentação apropriada de apoio para ser anexada às aprovações de pagamento;
f) Restringir o uso de dinheiro em espécie e implementar métodos efetivos de controle de fluxo de caixa;
g) Requerer que categorizações e descrições de pagamento na contabilidade sejam corretas e claras;
h) Implementar uma análise crítica periódica da gestão de transações financeiras significativas;
i) Implementar auditorias financeiras independentes e periódicas, e substituir, em bases regulares, a pessoa física ou a organização que conduz a auditoria. [696]

Por fim, vale a ressalva de que o Banco Central exige das empresas reguladas estruturas ainda mais sofisticadas de controle interno, com ênfase para a prevenção à lavagem de dinheiro e ao financiamento do terrorismo. A Circular DC/Bacen nº 3.978/2020, por exemplo, detalha as etapas de elaboração de tais políticas (PLD/FT), destacando a importância de que os controles internos sejam estruturados a partir dos perfis de risco: (i) dos clientes; (ii) da instituição; (iii) das operações, transações, produtos e serviços; bem como (iv) dos funcionários, parceiros e prestadores de serviço terceirizados. As exigências quanto à personalização das políticas e dos procedimentos internos têm a vocação

---
[696] ABNT, 2017, p. 38.

de evitar a mera reprodução de documentos genéricos ou elaborados a partir da realidade de outras instituições.

4.2.6 Procedimentos voltados à prevenção de fraudes e ilícitos nas contratações públicas e nas demais interações com o Poder Público (inciso VIII)

A pedra angular dos programas de *compliance* referenciados na Lei Federal nº 12.846/2013 e no Decreto nº 8.420/2015 deve ser as políticas e procedimentos internos destinados a prevenir a corrupção pública. Os recursos públicos atraem a incidência de princípios e regras que não se aplicam às relações privadas, além de maior grau de fiscalização e penalidades mais severas, representando importante fator de risco às organizações. No atual cenário de policiamento, toda e qualquer interação com agentes públicos – nacionais ou estrangeiros – representa um alto grau de vulnerabilidade, o que evidencia a importância do programa de *compliance*, mesmo para aquelas empresas que não participam de processos licitatórios.

Isso porque, em maior ou menor grau, todas as empresas, em algum momento, precisarão relacionar-se com o Poder Público. A obtenção de licenças, certidões e alvarás, a sujeição à fiscalização, o pagamento de impostos, taxas e contribuições são apenas alguns dos exemplos de interação com a Administração Pública que não guardam relação com os processos licitatórios. Reforça-se, assim, a necessidade de implantar políticas anticorrupção no âmbito de todas as empresas, independentemente da sua atividade. As estratégias e os instrumentos de controle interno, por sua vez, devem ser estruturados em consonância com as características da organização, de acordo com os resultados obtidos na análise prévia de risco e com a priorização das áreas mais expostas.

Antes de detalhar cada uma das sugestões sobre os procedimentos internos para combater a corrupção nas interações com o setor público, adverte-se que os programas de *compliance* devem, além de instituir mecanismos de controle, buscar fomentar a consolidação de uma cultura corporativa de integridade e ética, de modo que a reprovabilidade do ato de corrupção, sobretudo pelos pares do potencial infrator, seja incluída no cálculo dos custos e benefícios e possa influenciar a reação do sujeito diante de oportunidades de fraude e corrupção.

Afora isso, vale reiterar que a Lei Federal nº 12.846/2013 autoriza a responsabilização objetiva da empresa por atos lesivos de terceiros "praticados em seu interesse ou benefício" (artigo 2º). Há muitos exemplos de atos praticados em interesse ou benefício da empresa. É bastante comum contratar terceiros para representar as empresas em licitações, sobretudo quando ocorrem fora da região em que está localizada a sede da organização. Além disso, agentes intermediários são usualmente contratados para obter licenças, permissões e alvarás. Por atuarem especificamente no desempenho de tais funções, é maior o grau de proximidade entre os terceiros e os agentes públicos responsáveis pela condução e emissão desses procedimentos e documentos, o que aumenta os riscos de barganha e vantagens indevidas.

A ISO 37001 traz alguns exemplos de atuação de terceiros que podem representar risco de corrupção para as empresas. Além dos exemplos clássicos de pagamento de propina para a obtenção de contratos, a norma cita as seguintes situações: (i) pagamento de suborno por uma subsidiária; (ii) um parceiro pagando propina para obter um trabalho para uma *joint venture* da qual a empresa participa; (iii) um cliente pedindo que a empresa contrate um fornecedor específico para que esse próprio cliente, ou um agente público, possa se beneficiar da indicação.[697]

Diante disso, é importante que os controles internos incluam a exigência de análise prévia à seleção dos terceiros contratados pela empresa e que as diretrizes e mecanismos de controle interno destinados a regulamentar as relações com o setor público sejam estendidos a eles, inserindo cláusula contratual ou assinatura de termo de responsabilidade que consigne o seu comprometimento e submissão ao programa de *compliance* da empresa, com a possibilidade de rescisão em caso de violação.[698]

Como regra geral, a empresa deve buscar mecanismos para garantir a máxima aplicação – consciente das limitações inerentes à relação contratual – das diretrizes e políticas internas aos terceiros que atuem em seu nome ou em seu benefício, inclusive com a divulgação dos documentos que compõem a política anticorrupção.[699] Uma sugestão

---

[697] ABNT, 2017, p. 40.

[698] A necessidade de extensão do programa de *compliance* aos terceiros, colaboradores ou contratados, foi detalhada no item 4.2.11. O termo abarca agentes intermediários, prestadores de serviço, representantes, consultores, corretores, fornecedores e todos os terceiros que atuem em nome da empresa ou em seu benefício Um dos questionamentos realizados às empresas que pretendem obter o selo "Pró-Ética" é se o Código de Conduta, "ou documento equivalente, possui também diretrizes aplicáveis a fornecedores, prestadores de serviços, agentes intermediários, dentre outros". MINISTÉRIO DA TRANSPARÊNCIA, FISCALIZAÇÃO E CONTROLADORIA-GERAL DA UNIÃO, 2017b, p. 9.

[699] As diretrizes acerca do oferecimento de brindes, presentes e hospitalidades aos agentes públicos, detalhadas a seguir, devem ser transmitidas e aplicadas aos terceiros que atuem

é que a empresa promova treinamentos específicos para os seus parceiros de negócios – pessoas físicas e jurídicas – especialmente sobre o tema anticorrupção. Como forma de garantir maior transparência e profissionalismo, a forma de remuneração, as despesas e os registros dos terceiros contratados devem ser devidamente documentados e detalhados. Evita-se, assim, suspeita de que a empresa tenha usado um terceiro intermediário para obter algum privilégio indevido.

Os princípios enunciados pela Transparência Internacional trazem uma importante advertência para o âmbito das contratações públicas.[700] O documento determina que as empresas integrantes de um consórcio, quando não puderem garantir que os demais membros tenham um programa de *compliance* consistente com o seu próprio, devem convencionar medidas para a hipótese de outro integrante incorrer em corrupção ou alguma outra ilegalidade. Nesse caso, o próprio termo de consórcio pode prever a aplicação de penalidades ou a saída da empresa do consórcio, com a individualização das respectivas responsabilidades.

4.2.6.1 Políticas de relacionamento com o setor público e contratações públicas

Os riscos mais comuns envolvendo as contratações públicas foram destacados no item 2.2.4 do presente trabalho. Os procedimentos destinados a prevenir "fraudes e ilícitos no âmbito de processos licitatórios, na execução de contratos administrativos ou em qualquer interação com o setor público" objetivam, dentre outros fins, a implantação de mecanismos para evitar os desvios enumerados naquele tópico, além de outras possíveis ilegalidades.

Como adiantado, nada impede que as diretrizes gerais anticorrupção estejam previstas dentro do próprio Código de Conduta.[701] O importante é que os colaboradores da empresa sejam conscientizados e constantemente relembrados dos riscos envolvidos em qualquer

---

em nome da empresa, mediante a celebração de termo de compromisso ou cláusula contratual que reconheça a obrigação de submissão ao programa de *compliance* da empresa.

[700] Idem.

[701] A orientação às empresas que pretendem obter o selo "Pró-Ética" é: "ainda que o tema da prevenção da corrupção e da vedação de fraude e atos de corrupção na empresa seja tratado no Código de Ética/Conduta, é importante que haja uma ou mais políticas que abordem o tema de forma mais detalhada, sobretudo para empresas que apresentem alto grau de relação com o Poder Público". MINISTÉRIO DA TRANSPARÊNCIA, FISCALIZAÇÃO E CONTROLADORIA-GERAL DA UNIÃO, 2017b, p. 9.

interação com o Poder Público e dos limites que devem pautar tais relações. As orientações devem evitar ambiguidades, o que é facilitado pela utilização de conceitos bem definidos. Os documentos internos postos à disposição dos colaboradores devem descrever, de forma clara, o que se entende por suborno, corrupção, vantagem indevida, agente público, etc.[702] O detalhamento não só robustece o programa como ajuda a consolidar uma política de zero tolerância à corrupção, com base em elementos concretos e compreensíveis.

É imprescindível, caso faça parte da atividade empresarial, que a empresa instrua seus representantes – sejam eles funcionários ou terceiros contratados – sobre a participação em processos licitatórios, inclusive com explicações sobre as principais normas que regem as contratações públicas. Essa conscientização pode ser promovida por meio de treinamentos, divulgação de conteúdo informativo, cursos de capacitação e outras opções já mencionadas no tópico anterior. O intuito é tornar os colaboradores e representantes da empresa cada vez mais capazes de identificar situações de risco e evitar o envolvimento em circunstâncias que se assemelhem às irregularidades descritas no item 2.2.4.

A propósito, nesse aspecto específico, o Manual Prático de Avaliação do Programa de Integridade da Controladoria-Geral da União, elenca como critério de efetividade do programa a existência de políticas e procedimentos que abordem, especificamente: (i) a relação com concorrentes em processos licitatórios, a fim de evitar práticas anticoncorrenciais; (ii) o acompanhamento da execução dos contratos públicos; e (iii) as definições e responsabilidades pela autorização de medidas relacionadas à participação em licitações e à celebração/prorrogação de contratos públicos.[703]

Além do fomento à cultura de integridade e à conformidade com a legislação vigente, é bastante comum que as empresas se preocupem, pelo alto risco envolvido, em instituir mecanismos de controle interno voltados especificamente para interações com o setor público, mesmo que não participem de processos licitatórios. As diretrizes expostas a seguir aplicam-se tanto às tratativas inerentes às licitações e posterior

---

[702] Caso a empresa atue em mais de um país, é imprescindível que sejam consideradas as variações legais que impactam os conceitos e vedações contemplados pelo programa de *compliance*.

[703] MINISTÉRIO DA TRANSPARÊNCIA, FISCALIZAÇÃO E CONTROLADORIA-GERAL DA UNIÃO. *Manual Prático de Avaliação do Programa de Integridade em PAR*. 2018. Disponível em: <http://www.cgu.gov.br/Publicacoes/etica-e-integridade/arquivos/manual-pratico-integridade-par.pdf>. Acesso em: 20 set. 2018.

acompanhamento do contrato quanto às demais formas de interação, em termos genéricos, com agentes públicos.

O primeiro exemplo de mecanismo de controle interno citado pelos órgãos de controle consiste na já mencionada imposição de um mínimo de rotatividade aos ocupantes de cargos e funções que tenham contato direto com agentes públicos. Embora não haja garantia de que a rotatividade resultará em menos incidentes ou irregularidades, parece ser uma constante nos principais documentos orientativos – públicos ou privados – a recomendação de que um mesmo agente não permaneça por tempo demasiado na mesma função, quando houver envolvimento direto com agentes públicos. O objetivo é evitar a formação de laços ou que o sujeito, familiarizado com a rotina dos controles internos do cargo, sinta-se mais seguro à malversação das funções.[704]

Em conjunto com a política de rotatividade, há enfática recomendação de que os processos envolvendo atividades de maior risco relacionadas ao setor público passem por dupla aprovação,[705] preferencialmente com a atuação de nível hierárquico superior – de alguma diretoria específica, da instância de *compliance* e, a depender das variáveis envolvidas, do próprio CEO. Segundo a Controladoria-Geral da União, não é "aconselhável que um único funcionário valide de forma autônoma documentos que serão apresentados para participação da empresa em licitações, em virtude do risco de falsificação ou eventuais fraudes ao processo".[706] A precaução, além de garantir a fidedignidade das informações, pode evitar, ainda, que a empresa seja inabilitada ou desclassificada do certame em razão de alguma exigência editalícia que passou despercebida pelo responsável pela documentação.

A Controladoria-Geral da União recomenda, em acréscimo, que as empresas limitem a discricionariedade dos responsáveis por

---

[704] Segundo o TCU, a "longa permanência de uma pessoa na mesma função pode encorajá-la a cometer fraude e corrupção, haja vista que conhecerá os controles existentes e a frequência e a profundidade das auditorias. A organização deve avaliar caso a caso tanto as funções que requeiram segregação quanto rotação. O excesso de segregação pode burocratizar a tomada de decisão, retardando-a além do esperado. E o excesso de rotação pode prejudicar a continuidade das operações pela perda da memória organizacional". TRIBUNAL DE CONTAS DA UNIÃO, 2016, p. 54.

[705] A estratégia é conhecida como *"four-eyes principle"* e traduz um procedimento em que a decisão deve ser aprovada por pelo menos duas pessoas. UNITED NATIONS, 2013, p. 12. A orientação foi consignada no Relatório de Avaliação Pró-Ética da Nova/SB, que considerou ser "necessário avaliar os processos relativos à participação em licitações e execuções de contratos com a administração pública com a finalidade de verificar eventual necessidade de estipular controles como 'segregação de funções' e 'estabelecimento de níveis de aprovação' para decisões consideradas críticas".

[706] MINISTÉRIO DA TRANSPARÊNCIA, FISCALIZAÇÃO E CONTROLADORIA-GERAL DA UNIÃO, 2015d, p. 15.

atividades mais críticas, adotando parâmetros bem definidos para a tomada de decisões. O exemplo utilizado aconselha que a proposta de preços apresentada em processo licitatório fique condicionada aos parâmetros técnicos preestabelecidos e à média dos valores praticados pela empresa em outras contratações. O entendimento é que "a restrição da discricionariedade na estipulação do preço evita que o processo seja influenciado por combinação com concorrentes, jogo de planilhas, etc."[707]

Como desdobramento dessa recomendação, é imprescindível que as empresas definam as responsabilidades de seus colaboradores de forma detalhada e sem margem para ambiguidades. Um dos principais obstáculos à responsabilização dos agentes públicos consiste justamente na ausência de clareza sobre as atribuições e competência para a tomada de decisão ou para a realização do ato supostamente ilegal.[708] Assim, a indicação clara e objetiva da competência de cada um dos executivos e colaboradores da empresa, além de facilitar a identificação dos responsáveis por eventual irregularidade, pode contribuir para aumentar os riscos – e, consequentemente, os custos – da adoção de uma conduta proibida.[709]

Outro recurso comumente utilizado como mecanismo de controle interno é a pulverização das responsabilidades, aumentando as chances de detectar ilícitos.[710] Com esse intuito, não é raro que as empresas

---

[707] Não significa que a empresa não possa, por questões estratégicas, optar por operar com margem reduzida de lucro ou mesmo sem lucro algum. O importante é que tais situações, excepcionais, sejam internamente justificadas, preferencialmente documentadas, e contem com a aprovação de mais de um colaborador ou, ainda, da diretoria ou da instância de *compliance*.

[708] Nas ações de improbidade administrativa que questionam a regularidade de determinada contratação pública, por exemplo, alega-se que o ordenador de despesas não é responsável por conferir a legalidade do processo de contratação, que os membros da comissão não são responsáveis pelas especificidades do edital, que a equipe técnica não é a responsável pela condução do certame e assim por diante. A argumentação se sustenta porque há pouca clareza no âmbito da Administração Pública, sobre os limites das competências de cada servidor envolvido no processo de contratação, o que prejudica a identificação do verdadeiro responsável, no caso de irregularidade, e consequentemente favorece a sensação de impunidade.

[709] Os relatos sobre o famoso caso de corrupção envolvendo a Siemens apontam que, especialmente nos grandes contratos, as assinaturas ou vistos necessários à validação costumavam ser anexados ao documento por meio de *post-its*, notas adesivas, para que pudessem ser removidos posteriormente, de modo a preservar a identidade dos responsáveis pela autorização. KLINKHAMMER, Julian. On the dark side of the code: organizational challenges to an effective anti-corruption strategy. *Crime Law Soc Change*, 60, p. 191-208, p. 198, 2013.

[710] Algumas das justificativas para diluir o poder decisório foram abordadas no tópico que tratou das principais fraudes verificadas nos processos licitatórios (2.2.4.) e, com mais detalhe, no capítulo 5.

determinem que as interações com o Poder Público sejam sempre conduzidas por pelo menos dois representantes, ou que o funcionário responsável pelo processo licitatório não seja o mesmo designado para acompanhar o contrato.[711]

A exigência parece refletir a premissa estabelecida no primeiro tópico deste trabalho e repetida em outros itens,[712] acerca da relação direta entre o nível de autonomia do potencial corruptor e as chances da prática do ilícito.[713] Dessa forma, para que se concretize um ajuste ilegítimo entre representante da empresa e agente público, seria necessário o conluio de todos os envolvidos, e não de apenas um colaborador.[714]

Na mesma linha, a empresa deve buscar documentar, com máximo detalhamento possível – por atas ou relatos enviados por e-mail –, todas as tratativas com os agentes públicos, indicando o colaborador que realizou o contato, data, hora e assunto debatido. Os Relatórios de Avaliação do Pró-Ética referentes ao ano de 2017 indicam, de uma forma geral, como pontos de necessário aprimoramento, que seja instituído o "registro de reuniões com servidores ou empregados públicos e um monitoramento/controle da agenda de reuniões com esses agentes públicos".[715]

---

[711] O Relatório de Avaliação Pró-Ética da Tecnew consigna, como ponto de necessário aprimoramento, que a empresa determine que, "além dos registros, as reuniões com agentes públicos sejam em dupla".

[712] A lógica é similar às justificativas para a imposição de dupla conferência em determinados procedimentos ou decisões. Nesse caso, eventual irregularidade, bem ou mal-intencionada, precisará passar pela anuência de dois funcionários da empresa ou dois departamentos, o que diminui as chances de concretizar-se o ilícito.

[713] Foi afirmado, no tópico 2.1 do presente trabalho, que "se um único funcionário for responsável por todas as tratativas com os agentes públicos reduzem-se as chances de que o ato de corrupção seja descoberto. Se, por outro lado, a função for pulverizada entre mais de um responsável, é bastante provável que eventuais desvios na conduta de um sejam levados ao conhecimento do outro, a menos que haja um conluio entre ambos".

[714] A sugestão segue a linha das disposições previstas no Decreto nº 4.081, que instituiu o já mencionado "Código de Conduta Ética dos Agentes Públicos em exercício na Presidência e Vice-Presidência da República", bastante similar ao Código de Conduta da Alta Administração federal. A normativa exige que todas as "audiências" – reuniões ou encontros – entre os agentes públicos diretamente ligados à Presidência da República e pessoas físicas ou jurídicas, não pertencentes à Administração Pública direta e indireta de qualquer dos Poderes ou de organismos internacionais, interessada em decisão de alçada do agente público, sejam (i) solicitadas formalmente pelo interessado; (ii) objeto de registro específico; e (iii) acompanhadas de pelo menos um outro servidor público ou militar.

[715] Relatório de Avaliação Pró-Ética – ICTS Global Serviços de Consultoria e Gestão de Riscos Ltda. No Relatório de Avaliação da Ernest Young, há observação negativa em função da inexistência de "normas para regulamentar as situações de contato com agentes públicos e de controles de reuniões realizadas com servidores públicos". A mesma observação é consignada no Relatório de Avaliação da Siemens, no sentido de que a empresa deveria "dar consecução à recomendação da edição anterior do Pró-Ética, quanto ao estabelecimento

Infelizmente, diante do estado de desconfiança generalizada, parece valer a máxima de que "o preço da liberdade é a eterna vigilância". Algumas empresas optam por divulgar, em seus sítios eletrônicos, um número relevante de dados sobre contratos públicos, o que pode incluir, além do número do edital e do objeto contratual, a indicação do(s) responsável(is) pela aprovação da avença e a existência de aditivos e seus respectivos valores.[716]

A contratação de atuais ou ex-agentes públicos também constitui fator de risco às empresas. Por essa razão, o Código de Conduta da Alta Administração Federal e a Lei Federal nº 12.813/2013[717] impõem um período de "quarentena" de seis meses[718] durante o qual o agente público, após desvincular-se do cargo ou função, não poderá (i) prestar serviços, ainda que indiretamente, àqueles com quem tenha tido algum relacionamento em razão do exercício da função pública; (ii) assumir cargo de administrador, conselheiro ou estabelecer vínculo profissional com pessoa física ou jurídica que desempenhe atividade relacionada à área de competência do cargo ou emprego público ocupado; (iii) prestar serviços de consultoria ao órgão ou entidade a que esteve vinculado; e (iv) intervir, inclusive indiretamente, em favor de interesse privado perante o referido órgão ou entidade. O Relatório de Avaliação Pró-Ética da Câmara de Comercialização de Energia Elétrica (CCEE) de 2017 é expresso ao apontar, como ponto a ser aprimorado, a instituição de "Regras e orientações sobre a contratação (permanente ou eventual) de atuais e ex-servidores ou empregados públicos".[719]

Além disso, a Lei Federal nº 12.813/2013 proíbe que o agente com poder decisório ou com acesso a informação privilegiada use o cargo

---

de registro de agenda de encontros com agentes públicos, ainda sem evidência de implementação operacional até o momento". Novamente, no Relatório de Avaliação da CPFL Energia, com a recomendação de "Formalizar na política anticorrupção o controle de agenda de reuniões com agentes públicos que é realizado para os níveis mais altos da organização e prevê um controle para os demais níveis que tenham contato com agentes públicos". No Relatório da Duratex, a equipe de avaliação apontou, como pontos negativos, que o "procedimento para controle de reuniões com agentes públicos encontra-se em implementação" e que deveria ser instituída "verificação prévia a possível existência de período de quarentena na contratação de agentes ou ex-agentes públicos".

[716] Como exemplo, cita-se o sistema de *compliance* da Radix, empresa de engenharia e *software* que mantém em seu sítio eletrônico uma tabela atualizada sobre todas as informações envolvendo as contratações públicas. RADIX, *Contratos com o poder público*, 2017.

[717] Que regula o conflito de interesse dos servidores públicos federais.

[718] O prazo de seis meses pode ser diminuído desde que haja autorização expressa da Comissão de Ética (CEP) ou da CGU.

[719] Relatório de Avaliação Pró-Ética – Câmara de Comercialização de Energia Elétrica (CCEE). A mesma observação é consignada no Relatório de Avaliação da Neoenergia.

público para beneficiar interesses privados, próprios ou de terceiros. O propósito central da vedação legal é evitar a ingerência de pessoas que exercem ou exerceram cargo público em prol de interesses privados. Um programa de *compliance* efetivo exige que as empresas adotem a mesma postura. Por isso, não é aconselhável que atuais ou ex-agentes públicos e pessoas a eles relacionadas sejam contratados sem cuidados adicionais que enfatizem o caráter técnico da escolha.

A aproximação com atuais ou ex-agentes públicos pode ocorrer, inclusive, de forma indireta. Para evitar potenciais conflitos de interesse ou suspeitas de favorecimento, a empresa deve disciplinar regras e orientações sobre a atuação de colaboradores, sobretudo se ocupantes de cargo diretivo ou com poder decisório, que tenham parentesco ou relacionamento com agente público capaz de beneficiar a empresa.

Por fim, é oportuno salientar que o ordenamento brasileiro não autoriza os chamados *"grease payments"*, ou pagamentos por ato de rotina, permitidos pela legislação norte-americana a funcionários estrangeiros.[720] A prática é comumente associada ao pagamento de taxas aos agentes públicos para que realizem serviços inerentes a sua função, que deveriam ser executados de ofício, tal como a expedição de licenças, vistos, liberação de cargas, etc. Tais pagamentos, sob a perspectiva da Lei Federal nº 12.846/2013, enquadram-se no conceito de "vantagens indevidas", passíveis de responsabilização civil e administrativa, e traduzem atos de corrupção segundo o conceito adotado neste trabalho, pelo que devem ser expressamente vedados pelas políticas e controles internos da empresa.

As empresas que operam em mais de um ordenamento, por sua vez, devem orientar seus colaboradores e parceiros sobre as limitações legais vigentes em cada país. Nesse caso, é evidente que as chances de infração se elevam pela inexistência de um padrão uniforme. Sem o devido cuidado, os colaboradores da empresa podem "confundir-se" e praticar condutas autorizadas em determinados países, em ambientes em que são fortemente reprovadas ou criminalizadas. As empresas que atuam em mais de uma jurisdição podem, como forma de contornar o problema, implantar diretrizes globais, independentemente do país

---

[720] O FCPA autoriza que os pagamentos sejam feitos a agentes públicos estrangeiros e não norte-americanos. Além disso, para que não sejam criminalizados, é preciso que tais pagamentos sejam considerados legais pelo ordenamento do país em que são praticados. O DOJ e a SEC esclarecem que pagamentos que pretendem um desvio de conduta do agente público, como, por exemplo, o pagamento de uma taxa para que um fiscal ignore o fato de que a empresa não possui permissão válida para operar uma fábrica, não se enquadram no conceito de pagamento facilitador. UNITED STATES, 2015b, p. 25.

de atuação, excepcionando, de forma detalhada e mediante controle redobrado, as situações em que as proibições podem ser relativizadas.[721]

4.2.6.2 Políticas relativas ao oferecimento de brindes, presentes ou hospitalidade

A promoção da atividade empresarial envolve, com frequência, o envio de brindes, presentes e hospitalidades aos clientes mais relevantes, o que pode incluir servidores estatais. Além disso, é comum a empresa patrocinar despesas e refeições de seus colaboradores e, eventualmente, de parceiros comerciais ou operacionais que os estiverem acompanhando. O problema é que a aceitação de presentes e hospitalidades é vista como uma das maneiras mais comuns de suborno e corrupção.

A Lei Federal nº 12.846/2015 tipifica como ato de corrupção a promessa, oferta ou concessão de "vantagem indevida" a agente público ou a terceiro a ele relacionado. O conceito é amplo e não se restringe ao pagamento de quantias em dinheiro – ainda que a título de consultoria ou comissão repassada por agentes intermediários. Uma vantagem indevida pode ser traduzida em envio de brindes e presentes, além de patrocínio de despesas com viagens, refeições, hospedagens ou eventos.

Como regra geral, qualquer vantagem, ainda que de valor inexpressivo, que possa parecer ter sido concedida com o intuito de influenciar o agente público ou obter um benefício indevido, pode resultar em ilicitude.[722] Os riscos não decorrem da natureza da despesa em si, mas dos fatores circunstanciais e da desproporção dos valores, quantidades e frequência dos benefícios.[723]

Justamente por isso, os documentos que compõem a política anticorrupção devem citar, com a maior precisão possível, os limites

---

[721] A advertência encontra o seu exemplo mais didático na figura dos mencionados pagamentos de facilitação, mas é igualmente recomendável que seja estendida às práticas e costumes locais que envolvem o envio de brindes, presentes, patrocínio de hospitalidades e similares.

[722] Em relação ao FCPA, para que a vantagem seja considerada ilícita, é imprescindível a intenção dolosa do pagador de influenciar indevidamente um agente público, o que protege as empresas que apenas realizam ações promocionais legítimas. Como esclarecem o DOJ e a SEC, "é difícil imaginar qualquer cenário em que a distribuição de xícaras de café, corridas de táxi ou itens promocionais da empresa de valor nominal possa de alguma forma evidenciar intenção corrupta, e nem o DOJ nem a SEC alguma vez conduziram uma investigação com base em tal conduta". UNITED STATES, 2015b, p. 15.

[723] UNITED NATIONS, 2013, p. 43.

que diferenciam as ações autorizadas daquelas que podem levantar algum tipo de suspeita. É igualmente imprescindível que os colaboradores da empresa sejam conscientizados e sensibilizados sobre os riscos de que as ações promocionais e o patrocínio de hospitalidades sejam interpretados como tentativa de persuadir os agentes públicos a atuarem em benefício da empresa.

As regras referentes a esse tipo de atividade podem variar de um país para outro, mas as desconfianças se acentuam muito quando a prática está de alguma forma associada com uma transação contratual ou alteração regulatória relevante, o que pode pôr em xeque a imparcialidade dos agentes públicos destinatários do benefício.

O envio de presentes de "valor nominal"[724] costuma ser autorizado no âmbito corporativo sem maiores formalidades – podendo dispensar o consentimento da instância de *compliance* ou da diretoria específica, mas não o registro da ação. Não há impedimento de que ofertas específicas ultrapassem o valor de referência estabelecido, desde que não sejam desproporcionais e contem com aprovação expressa da instância competente. O importante é que, independentemente do valor, o envio seja formalizado nos registros da empresa.

De igual modo, é uma prática cultural e costumeira em todo o mundo a tratativa de negócios durante refeições – emendadas em reuniões específicas para esse fim. A legislação brasileira não veda esse hábito, mas, na mesma linha de raciocínio deste trabalho, deve-se evitar suspeita quanto à retidão da conduta. De forma geral, pode ser sugerido que o valor despendido seja equivalente a uma refeição normal de negócios nos padrões locais, que os excessos, como restaurantes refinados e vinhos caros, sejam taxativamente evitados e que a refeição de negócios não inclua a presença de cônjuge ou de outros convidados.[725]

É igualmente comum que as empresas realizem eventos para apresentação de novos produtos e serviços aos clientes, que promovam viagens para que parceiros ou potenciais parceiros comerciais conheçam as instalações da empresa, além de cursos de capacitação e aperfeiçoamento que podem ser igualmente estendidos a terceiros, inclusive agentes públicos. A Lei Federal nº 12.846/2013 não proíbe objetivamente o patrocínio de viagens a agentes públicos. O que a lei proíbe é a concessão de vantagem indevida. Portanto, se a viagem ou

---

[724] Em geral brindes de valor inexpressivo – canetas, camisetas, bonés, garrafas de água, etc. –, que costumam ser distribuídos com a logomarca da empresa.

[725] Não há imposição legal nesse sentido, trata-se de mera recomendação.

o curso são oferecidos sem o intuito de influenciar indevidamente a decisão do agente público, não há, em tese, ilegalidade. Para comprovar a finalidade da viagem, é importante que a participação no evento ou a visita às instalações sejam devidamente documentadas.[726]

O Tribunal de Contas da União adverte que, mesmo quando assume caráter estritamente profissional, a participação de agente público em congresso ou seminário pode levantar suspeita quanto à existência de conflito de interesse.[727] Para evitar desconfianças nesse sentido, a empresa pode optar por encaminhar o convite à instituição como um todo, sem endereçar nominalmente a um agente público específico – sobretudo se este concentrar algum poder decisório. Feito isso, a própria instituição decide qual servidor é mais indicado para participar do evento, podendo, inclusive, promover sorteios ou rodízio para que todos sejam contemplados. Caso seja necessária a presença de um agente específico, recomenda-se que a empresa justifique tecnicamente a indicação, com base em critérios técnicos – tudo devidamente documentado.

Embora reconheça o caráter cultural dessas práticas, a Controladoria-Geral da União alerta que a empresa deve ter cautela para evitar suspeitas de tentativa de influenciar os agentes públicos ou alguma outra forma de atuação ilícita. É o que se extrai das diretrizes fornecidas às empresas privadas sobre os programas de *compliance*:

> Obviamente, não se trata aqui de condenar práticas usuais e legítimas que fazem parte do ramo empresarial. É comum que empresas convidem representantes dos governos de países onde pretendem fazer negócios para conhecer as instalações da empresa, apresentar um produto ou uma determinada tecnologia. Convites para feiras e exposições de produtos, recepções e jantares sociais e de negócios são usuais, além do oferecimento de brindes e presentes nessas e em outras ocasiões. De modo geral, essas práticas são formas legítimas para a empresa promover seu trabalho, divulgar seu nome e sua marca e apresentar seus produtos e serviços ao mercado externo. No entanto, devem-se

---

[726] A título ilustrativo, o DOJ e a SEC relatam investigação que constatou que uma empresa de telecomunicação californiana patrocinou viagens registradas com o intuito de fornecer treinamento e proporcionar a vistoria das instalações da empresa a agentes do governo chinês. Ao total foram gastos U$ 7 milhões em aproximadamente 225 viagens para destinos turísticos nos Estados Unidos. Ao final foi constatado o caráter fraudulento dos registros e que as viagens objetivavam o favorecimento em contratações públicas deflagradas naquele país, já que a empresa sequer possuía instalações nos locais de destino. UNITED STATES, 2015b, p. 15-16.

[727] TRIBUNAL DE CONTAS DA UNIÃO, 2016, p. 50.

tomar cuidados específicos para que o convite realizado ou o brinde ofertado não sejam considerados atos ilícitos que resultem na imposição de multas e outras sanções.[728]

Em qualquer hipótese, seja envio de brindes, presentes ou patrocínio de refeições e outras despesas, deve ser levada em consideração a potencial influência do destinatário nas decisões públicas que beneficiem – ainda que indiretamente – a empresa. As mesmas diretrizes valem para a oferta de convites para eventos de entretenimento (*shows*, festivais, peças de teatro), inclusive aqueles promovidos pela empresa.

A Lei Federal nº 12.846/2013 não proíbe o envio de brindes nem o pagamento de hospitalidades. O que a lei pretende evitar é a "vantagem indevida", como o pagamento de suborno disfarçado. A diferenciação, no entanto, pode ser bastante tênue. Por isso, para caracterizar um programa de *compliance*, o Decreto nº 8.420/2015 exige que as diretrizes internas da empresa regulem e limitem o oferecimento de benefícios – seja no próprio Código de Conduta ou em política específica para esse fim.

Destarte, além da orientação detalhada sobre a necessidade de avaliar se as despesas podem ser consideradas razoáveis e de boa-fé, os programas de *compliance* devem prever mecanismos de controle interno capazes de mitigar os riscos de que os colaboradores – ainda que involuntariamente – descumpram as determinações quanto às ações promocionais e ao patrocínio de despesas de agentes públicos. Em complemento, é importante que o Código de Conduta ou a política interna da empresa orientem os colaboradores a esclarecer eventuais dúvidas acerca de ações promocionais, envio de brindes, presentes e patrocínio de hospitalidades, perante determinado departamento, diretoria ou com a própria instância de *compliance*.

Nesse sentido, recomenda-se a dupla aprovação como procedimento prévio à definição de estratégias comerciais que permeiem a concessão de algum tipo de vantagem aos clientes da empresa, sobretudo quando entre os destinatários figurar agente público. Além do reforço no controle das intenções fraudulentas, a exigência de que a ação seja aprovada por duas instâncias pode auxiliar na diferenciação entre planos de ação autorizados e posturas suspeitas.[729] É importante,

---

[728] MINISTÉRIO DA TRANSPARÊNCIA, FISCALIZAÇÃO E CONTROLADORIA-GERAL DA UNIÃO, 2015d, p. 16.
[729] O departamento responsável pela verificação da regularidade da atuação deve considerar o tipo de brinde, presente ou hospitalidade patrocinada, os valores envolvidos, qual a

ainda, que as responsabilidades sejam bem definidas, com a expressa indicação de quais pessoas precisam ser informadas acerca da medida, e que os procedimentos – desde a fase de aprovação, até o registro do envio e os respectivos destinatários – sejam devidamente documentados. Além disso, a equipe responsável deve atentar para a frequência de presentes e hospitalidades destinadas a um mesmo servidor público, o que pode aparentar suspeição ou impropriedade. O Departamento de Justiça e a Comissão de Valores Mobiliários dos Estados Unidos (DOJ e SEC) relatam, por exemplo, um caso em que a empresa forneceu à agente do governo uma taxa de associação em clube, despesas de manutenção com a casa, pagamento de contas de celular e serviços de limusine. Na hipótese, ainda que os valores dos benefícios não tenham sido tão expressivos, a constância e a natureza das ofertas evidenciaram um padrão que levou à descoberta de um esquema muito maior.[730]

Ao final, toda e qualquer atuação nesse sentido deve (i) ser permitida pela legislação local; (ii) não contrariar as leis que tratam de suborno transnacional – basicamente aquelas mencionadas no segundo capítulo deste trabalho, com ênfase especial para a Lei Federal nº 12.846/2013 – e eventuais regras internas da instituição à qual o destinatário do benefício está vinculado; (iii) evitar que o destinatário seja agente público com poder decisório capaz de beneficiar a empresa; (iv) ser promovida em valor razoável e adequado às circunstâncias e à ocasião,[731] de modo a não levantar suspeitas de que a empresa pretende obter vantagens impróprias ou influenciar de maneira injustificada a decisão das autoridades públicas; (iv) contar com a aprovação dos responsáveis designados dentro da empresa, com a sugestão de que a autorização seja submetida a pelo menos duas instâncias; e (v) ser devidamente documentada, na linha do exposto no item anterior, nos registros da empresa.

A Lei Federal nº 12.846/2013 não regula a situação inversa, quando as benesses são oferecidas aos colaboradores da empresa. Entretanto, as mesmas suspeitas de que brindes, presentes, hospitalidades ou viagens possam representar uma tentativa de influenciar a condução dos negócios podem ser aplicadas no âmbito privado, quando a

---

contrapartida para a empresa e se ela compensa os gastos, ainda que a compensação não se dê em termos eminentemente financeiros, a natureza da relação comercial e a ocasião.

[730] O DOJ e a SEC chamaram essa prática de suborno *sistêmico*. UNITED STATES, 2015b, p. 15.

[731] Embora devam submeter-se ao mesmo grau de controle, políticas promocionais são mais comuns em épocas festivas, o que, desde que dentro dos limites de razoabilidade, pode diminuir os riscos à empresa.

empresa é, de alguma forma, levada a optar por determinado parceiro ou fornecedor. Embora não haja vedação legal, sugere-se que, para evitar desconfianças e mal-entendidos – inclusive internos, suscitando conflitos entre o interesse próprio e os interesses da organização –, os colaboradores sejam orientados a não receber presentes de uma forma geral, com exceção daqueles com nítido caráter promocional.[732]

Além do tema relacionado à interação com a Administração Pública, outras áreas de risco podem demandar o estabelecimento de políticas e procedimentos específicos. O artigo 42 do Decreto nº 8.420/2015 exige, nesse sentido, a existência de (i) mecanismos de *due diligence* para a contratação de terceiros (inciso XIII); (ii) instrumentos de verificação da existência de irregularidades em processos de fusões, aquisições e reestruturações societárias (inciso XIV); e (iii) transparência nas doações para candidatos e partidos políticos (inciso XVI), temas que foram detalhados em tópicos específicos.

4.2.6.3 Como demonstrar a existência de procedimentos voltados à prevenção de fraudes e ilícitos nas contratações públicas

Os procedimentos e controles internos voltados a prevenir fraudes e ilícitos nas contratações públicas – e em todas as interações com a Administração Pública – são os pontos mais valorizados dos programas de *compliance* no ordenamento brasileiro. Embora os Códigos de Conduta já adiantem algumas das diretrizes que a empresa espera de seus colaboradores, é recomendável que haja procedimentos especificamente desenhados para disciplinar as relações público-privadas.

Embora não haja obrigação legal detalhando quantos e quais controles devem ser estruturados, a planilha de avaliação dos programas de integridade disponibilizada pela CGU[733] apresenta os seguintes questionamentos quanto aos procedimentos internos voltados à prevenção de irregularidades nas contratações públicas:

---

[732] Os colaboradores devem ser orientados sobre como proceder em tais oportunidades. A orientação mais conservadora é que os presentes de valores mais significativos sejam sempre recusados. Se a recusa do presente puder ofender o cliente, ou se for ofertado em uma situação pública, que possa causar algum tipo de constrangimento, a empresa pode autorizar o colaborador a recebê-lo e, posteriormente, decidir qual a melhor destinação a ser dada ao bem.
[733] MINISTÉRIO DA TRANSPARÊNCIA, FISCALIZAÇÃO E CONTROLADORIA-GERAL DA UNIÃO, 2018, p. 75.

8.1 A PJ apresentou políticas e procedimentos que:

a) Vedam expressamente a concessão de vantagens indevidas, econômicas ou não, a agentes públicos?

b) Tratam do oferecimento de presentes, brindes e hospitalidades (refeições, entretenimento, viagem e hospedagem) a agentes públicos?

c) Tratam da prevenção de conflito de interesses nas relações com a Administração Pública, incluindo contratações de agentes públicos e seus familiares?

d) Estabelecem orientações e controles sobre temas como realização de reuniões, encontros e outros tipos de interações entre administradores e empregados da PJ com agentes públicos?

e) Estabelecem orientações específicas para que seus administradores, empregados ou terceiros agindo em nome da PJ cooperem com eventuais investigações e fiscalizações realizadas por órgãos, entidades ou agentes públicos?

8.2 As políticas e procedimentos existentes podem ser facilmente acessados pelos empregados da PJ?

8.3 Os conteúdos dessas políticas e procedimentos foram abordados nos treinamentos realizados pela PJ nos últimos 12 (doze) meses, contados a partir da data de apresentação dos relatórios de perfil e conformidade no PAR?

8.4 Foram presentados documentos que comprovam a aplicação nos últimos 12 (doze) meses, contados a partir da data de apresentação dos relatórios de perfil e conformidade no PAR, das políticas e procedimentos que tratam dos seguintes temas:

a) Oferecimento de brindes, presentes e hospitalidades?

b) Conflito de interesse?

c) Interações com agentes públicos, como realização de reuniões e encontros?

8.5 A PJ apresentou documentos que indicam o monitoramento da aplicação das políticas e procedimentos apresentados, como relatórios periódicos, estatísticas e indicadores?

9.1 Nas políticas e procedimentos apresentados existem orientações sobre a conduta esperada, nos processos licitatórios e na execução de contratos administrativos, dos:

a) Empregados da PJ?

b) Terceiros que atuam em nome da PJ nos processos licitatórios e na execução de contratos administrativos?

9.2 Em relação ao conteúdo, as políticas e procedimentos apensados:

a) Tratam da relação da PJ com seus concorrentes, a fim de evitar práticas anticoncorrenciais que possibilitem a fraude em processos licitatórios e na execução de contratos administrativos?

b) Tratam do acompanhamento da execução dos contratos celebrados com a Administração Pública?

c) Indicam expressamente os responsáveis por autorizar a adoção de medidas relacionadas à participação em licitações e celebração/prorrogação de contratos administrativos?

9.3 Foram realizados treinamentos específicos sobre as políticas e procedimentos existentes para o público responsável por sua aplicação, nos últimos 12 (doze) meses, contados a partir da data de apresentação dos relatórios de perfil e conformidade no PAR?

9.4 Foram apresentados documentos que comprovam a aplicação nos últimos 12 (doze) meses, contados a partir da data de apresentação dos relatórios de perfil e conformidade no PAR, das políticas e procedimentos que tratam de licitações e execução de contratos celebrados com a Administração Pública?

9.5. A PJ apresentou documentos que indicam o monitoramento da aplicação das políticas e procedimentos relacionados à participação em licitações e execução de contratos administrativos, como relatórios periódicos, estatísticas e indicadores?

9.6. A PJ disponibiliza ao público externo informações sobre participação em licitações e contratos celebrados com a Administração Pública?

Como dito, não há obrigação legal referente aos questionamentos que balizam a avaliação da CGU. O peso atribuído aos procedimentos vocacionados a evitar irregularidades nas contratações públicas é reflexo do histórico de desvios e escândalos de corrupção, que se confundem com a própria razão de ser da Lei nº 12.846/2013. Independentemente da inexistência de obrigação legal, o fato é que as perguntas elencadas no documento traduzem boas práticas que contribuem para a eficácia dos programas de *compliance* e para aumentar a segurança jurídica da organização.

4.2.7 Independência, estrutura e autoridade da instância de *compliance* (inciso IX)

Talvez a principal forma de demonstrar o comprometimento da alta administração da empresa com o programa de *compliance* seja o investimento – de tempo, recurso e pessoal – em uma instância específica destinada à aplicação e fiscalização do cumprimento das diretrizes estabelecidas.[734] O DOJ reconhece que "mesmo um programa de *compliance* bem desenhado pode ser malsucedido na prática se a implementação

---

[734] MINISTÉRIO DA TRANSPARÊNCIA, FISCALIZAÇÃO E CONTROLADORIA-GERAL DA UNIÃO, 2015d, p. 9.

for relaxada, com poucos recursos ou de outra forma ineficaz".[735] A estruturação do departamento ou instância de *compliance*, em termos de recursos, funções e responsabilidades, dependerá, a exemplo dos demais elementos do programa, das características e das pretensões da empresa quanto aos níveis de controle e promoção de uma cultura de integridade.[736]

A norma ISO 37001, que fornece orientações para a implementação de um programa antissuborno,[737] descreve a instância de *compliance* sob a designação "função de *compliance* antissuborno" e esclarece que:

> A.6.1. O número de pessoas trabalhando na função de *compliance* antissuborno depende de fatores como o tamanho da organização, a extensão do risco de suborno que a organização enfrenta, e a carga de trabalho resultante da função. Em uma organização pequena, é provável que a função de *compliance* antissuborno seja uma pessoa a quem foi atribuída a responsabilidade em tempo parcial, e que consiga combinar esta com outras responsabilidades. Quando a extensão do risco de suborno e a carga de trabalho resultante justifiquem, a função de *compliance* antissuborno pode ser uma pessoa a quem seja atribuída a responsabilidade em tempo integral. Em organizações de grande porte, a função provavelmente será ocupada por várias pessoas. Algumas organizações podem atribuir a responsabilidade a um comitê que incorpore uma gama de competências pertinentes. Algumas organizações podem optar por usar uma terceira parte para realizar parte ou toda a função de *compliance* antissuborno, e isso é aceitável, desde que um gerente apropriado da organização mantenha responsabilidade global e autoridade sobre a função de *compliance* antissuborno, e supervisione os serviços prestados pela terceira parte.[738]

---

[735] UNITED STATES, 2020, p. 9.

[736] Os possíveis desenhos institucionais destinados a implantar uma instância de *compliance* foram apresentados no item 4.1.3.1. O Código de Melhores Condutas do IGBC é mais específico e afirma que após a designação dos membros do comitê de conduta (equivalente à instância de *compliance*) devem ser eleitos um coordenador e um secretário. Além disso, prevê que os "membros devem preparar e submeter à aprovação do conselho de administração um regimento interno, um calendário anual de reuniões, agendas e atas das reuniões". INSTITUTO BRASILEIRO DE GOVERNANÇA CORPORATIVA, 2014, p. 96.

[737] No documento há esclarecimento de que a norma é aplicável "apenas a suborno", o que limita a sua contribuição para o presente trabalho: "Este documento não aborda especificamente fraude, cartéis e outros delitos antitruste/anticoncorrencial, lavagem de dinheiro ou outras atividades relacionadas a práticas corruptas". ASSOCIAÇÃO BRASILEIRA DE NORMAS TÉCNICAS, 2017, p. 1.

[738] *Idem*, p. 30.

Embora não haja vedação à atribuição de funções de *compliance* a departamentos ou colaboradores que já desempenhem outras funções, o Manual Prático de Avaliação do Programa de Integridade da Controladoria-Geral da União antecipa os possíveis prejuízos da adoção desse modelo:

> É comum que a instância responsável pelo programa seja uma parte do departamento jurídico ou da auditoria ou, até mesmo, do departamento de pessoal. Isso não é desejável, pois, embora existam pontos de contatos com essas áreas, há também conflitos, de modo que o acúmulo de funções pode prejudicar o bom funcionamento do programa. Por isso, o desejável é a existência de uma área específica responsável pelo Programa de Integridade (ou pelo Compliance). A depender das especificidades da pessoa jurídica, como a existência de poucos empregados, isso pode não ser viável. É preciso que o avaliador verifique se a estrutura que está sendo apresentada é adequada para a realidade daquela pessoa jurídica.[739]

Não há exigência de que todas as funções referentes ao programa de *compliance* sejam desempenhadas pela instância de *compliance* ou pelo *compliance officer*. Dependendo do tamanho e da complexidade institucional, as responsabilidades pela implantação e pela supervisão podem ser distribuídas entre mais de um grau hierárquico ou, ainda, entre as diversas unidades da empresa.[740] Em grandes estruturas organizacionais pode, por exemplo, ser mais eficiente que a atividade de

---

[739] MINISTÉRIO DA TRANSPARÊNCIA, FISCALIZAÇÃO E CONTROLADORIA-GERAL DA UNIÃO. *Manual Prático de Avaliação do Programa de Integridade em PAR*. 2018. Disponível em: <http://www.cgu.gov.br/Publicacoes/etica-e-integridade/arquivos/manual-pratico-integridade-par.pdf>. Acesso em: 20 set. 2018. No mesmo sentido, o Relatório de Avaliação Pró-Ética – ICTS Global Serviços de Consultoria e Gestão de Riscos Ltda. considerou, como ponto negativo, o fato de que "a equipe que atua no Programa de Ética e Compliance não possui dedicação exclusiva, distribuindo suas horas de trabalho em projetos da empresa para clientes, o que pode impactar de forma negativa nas execuções das atividades relacionadas ao programa. Desse modo, sugere-se que alguns membros da equipe tenham dedicação exclusiva às atividades do Programa de Ética e *Compliance*". Mesmo para empresas do mesmo grupo econômico, a equipe de avaliação do Pró-Ética recomendou que fosse nomeado um *Compliance Officer* exclusivo para cada empresa. Relatório de Avaliação Pró-Ética – GranEnergia Investimentos S.A.

[740] UNITED NATIONS, 2013, p. 29. Para obter o selo "Pró-Ética", as empresas com unidades dispersas geograficamente devem, "obrigatoriamente, informar se há representantes da área de integridade nas diferentes localidades", o que antecipa um possível posicionamento dos órgãos de controle no sentido de considerar a designação de responsáveis regionais como um dos elementos capazes de demonstrar a existência de um programa de *compliance* efetivo. MINISTÉRIO DA TRANSPARÊNCIA, FISCALIZAÇÃO E CONTROLADORIA-GERAL DA UNIÃO, 2015a, p. 5.

supervisão seja confiada ao *compliance* regional, com reporte direto ao *chief compliance officer* (CCO).

O que se espera é que o acompanhamento do programa, desde a implantação do Código de Conduta, divulgação das políticas e controles internos instituídos, promoção de treinamentos, análise periódica de riscos, monitoramento dos canais de dúvida e denúncias, até o processamento de eventuais investigações, ainda que com eventuais delegações, seja centralizado em uma figura ou departamento especificamente designado para tal atribuição. Além disso, é recomendado que os responsáveis pelo *compliance* sejam consultados em casos de dúvida sobre a legalidade de determinado procedimento ou ação – o que corrobora a importância que é atribuída à área.

Nesse sentido, é importante que a instância de *compliance* conte com um regulamento interno próprio, descrevendo a sua composição, as garantias e atribuições dos seus membros, bem como o procedimento para apurar as investigações e monitorar o programa, a frequência com que se espera que sejam promovidos treinamentos ou eventos destinados a divulgar o conteúdo das políticas de integridade.[741]

Se não houver um regimento interno, tais disposições podem ser comprovadas por meio de contrato ou estatuto social devidamente registrado em que haja previsão expressa da área responsável pelo programa; cópia da ata de reunião da assembleia geral de acionistas, do conselho de administração ou de diretoria em que haja deliberação sobre as competências da área; qualquer outro documento interno que demonstre "a existência de uma área/pessoa responsável pelo programa de integridade".[742]

A maior parte dos parâmetros oficiais traçados pelos órgãos de controle recomenda que seja analisado, para fins de avaliação do programa de *compliance*: (i) se há uma ou mais pessoas especificamente designada(s) para a área;[743] (ii) o grau de senioridade, instrução e

---

[741] O Relatório de Avaliação Pró-Ética – Câmara de Comercialização de Energia Elétrica (CCEE) considerou, como ponto a ser aprimorado, o fato de não existir "normativo específico que estabeleça as atribuições da área responsável pelo Programa de *Compliance*".

[742] MINISTÉRIO DA TRANSPARÊNCIA, FISCALIZAÇÃO E CONTROLADORIA-GERAL DA UNIÃO, 2015a, p. 5.

[743] As recomendações para as empresas que pretendem obter o selo "Pró-Ética" são no sentido de que a empresa informe se "a área ou pessoa responsável pelo Programa de Integridade exerce exclusivamente essa função ou acumula outras funções que não estão diretamente relacionadas ao Programa, como jurídica ou financeira". MINISTÉRIO DA TRANSPARÊNCIA, FISCALIZAÇÃO E CONTROLADORIA-GERAL DA UNIÃO, 2015a, p. 4. Sob tais recomendações, é possível antever a predileção dos órgãos de controle nacional por uma estrutura que conte com funcionários especificamente designados para

especialidade desses colaboradores;[744] (iii) o nível hierárquico deles dentro da empresa e qual a sua remuneração;[745] (iv) a participação desses profissionais nas decisões estratégicas e operacionais da empresa; (v) o grau de rotatividade dos cargos; e (vi) a quantidade de recursos humanos e financeiros destinados ao programa de *compliance*.[746]

O Guia de Boas Práticas da Organização para a Cooperação e Desenvolvimento Econômico (OCDE) recomenda que a supervisão dos programas de *compliance* e das políticas anticorrupção seja atribuída a um – ou mais de um – executivo da empresa, que deve ter suficiente autonomia, recursos e autoridade.[747] A ISO 37301 enfatiza que a função de *compliance* não é uma posição júnior que possa ser anulada ou ter relatórios alterados por aqueles com mais autoridade dentro da organização.[748] Aliás, a posição de *compliance* deve ter autoridade suficiente para defender e apresentar preocupações. A posição hierárquica dos responsáveis pelo programa de *compliance* é o que garante suficiente "independência e autonomia na implementação de políticas, controle e procedimentos adequados,

---

acompanhar o programa de *compliance*. Portanto, não é recomendado, embora não haja impedimento nesse sentido, adicionar a função de monitoramento do programa a colaboradores que já tenham seu tempo disponível preenchido por suas próprias atividades profissionais. A orientação não se aplica às microempresas e empresas de pequeno porte por força do §3º do artigo 42 do Decreto nº 8.420, como esclarecido ao final do presente tópico.

[744] O IBGC recomenda que os membros da instância responsável pelo *compliance* possuam "competências, experiências e habilidades complementares e que sejam selecionados em função de sua reputação e credibilidade entre os profissionais da organização (evitando-se o predomínio de diretores)". INSTITUTO BRASILEIRO DE GOVERNANÇA CORPORATIVA, 2014, p. 96. O DOJ e a SEC consideram, para fins de avaliação do programa, a experiência e qualificação técnica sobre as matérias de conformidade dos membros da instância responsável pelo programa. UNITED STATES, 2017b. p. 2; UNITED STATES, 2020, p. 11.

[745] O §7º do artigo 38 do Decreto nº 8.945/2016, que regula o estatuto jurídico das empresas estatais, determina que o Comitê de Auditoria Estatutária, que concentra algumas das atribuições do que aqui se convencionou chamar instância de *compliance*, "deverá possuir autonomia operacional e dotação orçamentária, anual ou por projeto [...] para conduzir ou determinar a realização de consultas, avaliações e investigações relacionadas às suas atividades, inclusive com a contratação e a utilização de especialistas externos independentes". O §8º, por sua vez, prescreve que a remuneração dos membros do Comitê não pode ser "inferior à remuneração dos Conselheiros Fiscais", o que denota a preocupação com a independência da área.

[746] Para a Transparência Internacional, recrutamento, promoção, treinamento, avaliação de desempenho, remuneração e reconhecimento devem refletir o compromisso da empresa com o programa. TRANSPARENCY INTERNATIONAL, 2013, p. 10.

[747] ORGANIZATION FOR ECONOMIC COOPERATION AND DEVELOPMENT. *Good practice guidance on internal controls, ethics, and compliance*. 2010. Similar é a orientação consignada no *Guidelines Manual 2016*, disponibilizado pela United States Sentencing Commission, no sentido de que "indivíduos específicos dentro do pessoal do mais alto nível da organização devem ser responsáveis pelo programa de *compliance*" (§8B2.1 (2)(A)). UNITED STATES, 2016g, p. 534.

[748] INTERNATIONAL ORGANIZATION FOR STANDARDIZATION, 2021, p. 37.

bem como na avaliação, aprovação ou veto de questões que possam envolver riscos de *compliance*".[749]

Como oportunamente registrado por Susan Martin, em pesquisa realizada pela Deloitte em 2013 revelou que cerca de metade das empresas consultadas tinha menos de cinco colaboradores alocados no setor responsável pelo programa de *compliance* e que os orçamentos disponibilizados à área eram bastante inexpressivos perto dos investimentos das empresas em outros departamentos. Ainda segundo a autora, pesquisa com *Chief Compliance Officers* (CCOs) de grandes empresas demonstrou que "quase metade dos entrevistados disseram que não dispunham de recursos suficientes para gerenciar o programa de *compliance* e mais da metade afirmou que os programas de avaliação e incentivo de suas empresas" não estimulam as pretensões e objetivos da instância de *compliance*.[750] A pesquisa foi atualizada em 2018, a partir de consultas a 211 empresas situadas no Brasil. O percentual de organizações que afirmou dispor de um "profissional designado para garantir o cumprimento das políticas de governança e do código de ética" em 2012-2014 subiu de 27% para 59% em 2018.[751]

Ao que tudo indica, apesar da crescente ênfase sobre a importância dos mecanismos de *compliance*, as empresas ainda relutam em investir verdadeiramente em políticas de integridade e controle interno. Até se verifica uma disposição inicial para que o programa de *compliance* seja implantado. Ocorre que, quando as empresas percebem os elevados custos da promoção de treinamentos, gerenciamento de riscos, divulgação de conteúdos e manutenção dos mecanismos de controle, além de precisar abandonar definitivamente algumas posturas e estratégias negociais, o programa de *compliance* pode acabar negligenciado em função de outras questões tidas como "prioritárias".[752]

Por isso, é importante reafirmar que o compromisso com o *compliance* deve ser consistente e perene. De nada adianta a implantação de uma série de procedimentos se estes forem relativizados toda vez

---

[749] MAEDA, 2013, p. 183.
[750] MARTIN, 2015, p. 183 (tradução livre).
[751] DELOITTE, *Integridade Corporativa no Brasil*. 2018. Disponível em: <https://www.google.com/search?q=DELOITTE%2C+Integridade+Corporativa+no+Brasil%2C+2018&rlz=1C5CHFA_enBR913BR913&oq=DELOITTE%2C+Integridade+Corporativa+no+Brasil%2C+2018&aqs=chrome..69i57.435j0j7&sourceid=chrome&ie=UTF-8>. Acesso em: 06 set. 2020. p. 7.
[752] O DOJ e a SEC incluem, nos parâmetros de avaliação do programa, a verificação de como as decisões sobre a alocação de pessoal e recurso para a instância de *compliance* são tomadas, levando em consideração a análise prévia de riscos, bem como se alguma solicitação de recursos ou outra forma de suporte por parte da instância de *compliance* foi negada e, em caso afirmativo, como a decisão foi tomada. UNITED STATES, 2017b. p. 3.

que a empresa estiver prestes a fechar um negócio importante, ou se não forem conduzidos e supervisionados por profissionais capacitados, com recursos suficientes para o exercício de suas atribuições. O trinômio independência, estrutura e autoridade da instância de *compliance* é mais um pressuposto fundamental para que o programa se concretize.

A título ilustrativo, no já mencionado julgamento da Ação Penal nº 470 ("Mensalão"),[753] o Superior Tribunal Federal absolveu a Ré Ayanna Tenório Torres de Jesus, ex-vice-Presidente do Banco Rural, por considerar que "sua participação [nos procedimentos e controles internos] era uma mera formalidade" e que, apesar de ter subscrito a aprovação dos empréstimos considerados ilegais, "não tinha o domínio técnico da matéria financeira que lhe era submetida".[754] Sob a perspectiva dos controles internos, é absolutamente ineficiente alocar um responsável que não tenha um mínimo de conhecimento técnico sobre a matéria que lhe é submetida para apreciação. Não há como considerar qualquer funcionalidade na existência de um procedimento que exige dupla aprovação se, como na hipótese, o designado para uma das etapas de conferência é leigo no assunto.

No caso, não houve dupla conferência, mas a mera aposição de uma segunda assinatura, formalismo completamente inútil para fins de evitar a ocorrência de desvios. Por isso é tão relevante que os responsáveis pelo *compliance* sejam dotados de competência técnica e que os instrumentos de controle interno sejam projetados visando aos resultados e não apenas ao preenchimento de um requisito formal ou à construção de argumento de defesa.

Além de recursos, a instância de *compliance* deve ter autonomia e independência para realizar suas atividades. Na plena acepção do termo, "autonomia" não significa que a instância de *compliance* deve ser investida de poder decisório a ponto de demitir ou punir funcionários, sem a anuência do conselho de administração nem da diretoria da empresa.[755] Tampouco pressupõe que a instância de *compliance* deva reportar-se diretamente às autoridades públicas, quando verificada a ocorrência de um ilícito no âmbito da empresa.[756] A independência da

---

[753] O caso, assim como alguns aspectos destacados da responsabilidade penal do *compliance officer*, foi detalhado no item 4.1.3.1.

[754] BRASIL, 2013c, p. 6.130.

[755] Nada impede que haja estruturação societária nesse sentido, mas não há exigência legal e tampouco é o desenho institucional que se verifica com maior frequência na prática. A Lei nº 12.846/2013 e os diplomas que a regulamentam não esclarecem de que forma essa autonomia deve ser garantida.

[756] Como assentado no item 4.1.3.1.2, o compromisso da instância de *compliance* ou do

instância de *compliance* refere-se antes ao monitoramento do programa e ao processo de investigação do que à interferência direta na conduta dos colaboradores.[757]

O indispensável, portanto, é que os responsáveis pelo *compliance* detenham livre acesso – independentemente de autorização da direção – aos documentos e registros dos departamentos da empresa, como forma de acompanhar a atividade empresarial e a sua conformidade com os padrões estabelecidos no Código de Conduta e nos procedimentos internos. O amplo acesso é necessário caso a instância de *compliance* seja responsável por apurar os indícios de ilicitude, o que é bastante comum.

O acesso dos profissionais de *compliance* à alta administração[758] – preferencialmente ao conselho de administração, a um de seus comitês ou à presidência da empresa – é indispensável ao desenvolvimento do programa.[759] Os Relatórios de Avaliação das empresas que pretendiam obter o selo Pró-Ética em 2017 foram enfáticos ao recomendar às empresas que (i) aumentassem o número de funcionários nos departamentos de *compliance*; e (ii) possibilitassem o reporte direto ao Diretor Presidente e/ou Conselho de Administração.[760]

O reporte à alta administração garante autonomia e independência à área de *compliance*, diminuindo os riscos de impunidade caso

---

compliance officer é com a empresa e não com as autoridades públicas.

[757] Tanto é assim que o Guia da CGU estabelece que a instância de *compliance* deve "ter autonomia para tomar decisões e implementar as ações requeridas para seu correto funcionamento [do programa] e ter autoridade para apontar mudanças necessárias", bem como "para garantir que indícios de irregularidades sejam apurados de forma efetiva, ainda que envolvam outros setores ou membros da alta direção". MINISTÉRIO DA TRANSPARÊNCIA, FISCALIZAÇÃO E CONTROLADORIA-GERAL DA UNIÃO, 2015d, p. 10.

[758] A questão da independência e subordinação da instância de *compliance* foi apresentada com maior profundidade no item 4.1.3.1. O acesso direto "à Presidência da organização, ao Conselho da Administração e aos Comitês de Conselho da Administração" é recomendado pelo DOJ e pela SEC. UNITED STATES, 2015b, p. 58. Já a Lei nº 13.303/2016, na mesma linha, exige que o estatuto social das empresas públicas preveja a possibilidade de que a instância de *compliance* reporte-se "diretamente ao Conselho de Administração" (§4º do artigo 9º).

[759] É essa a orientação fornecida às empresas que pretendem obter o selo "Pró-Ética", conferido pelo Ministério da Transparência e Controladoria-Geral da União, no sentido de que a área responsável pelo programa de *compliance* deve reportar-se ao dirigente máximo da empresa. MINISTÉRIO DA TRANSPARÊNCIA, FISCALIZAÇÃO E CONTROLADORIA-GERAL DA UNIÃO, 2015a. No mesmo sentido, o Guia fornecido pela CGU consigna ser indispensável que a instância de *compliance* "tenha a prerrogativa de, caso necessário, reportar-se diretamente ao nível hierárquico mais elevado da empresa". MINISTÉRIO DA TRANSPARÊNCIA, FISCALIZAÇÃO E CONTROLADORIA-GERAL DA UNIÃO, 2015d, p. 10.

[760] No Relatório de Avaliação Pró-Ética – CPFL Energia consta, como ponto de necessário aprimoramento, a desvinculação do Comitê de Ética à Vice-Presidência Jurídica e de Relações Institucionais.

um membro do alto escalão esteja envolvido em alguma suspeita de corrupção. Além disso, se os riscos ou violações identificados não puderem ser levados diretamente ao conhecimento da alta administração, se dependerem de aprovação de gerências ou estruturas intermediárias, a eficiência dos mecanismos de controle ficará extremamente comprometida. A independência exige, além do acesso direto, a garantia de que não haverá retaliação interna caso a instância de *compliance* comunique a existência de irregularidade ou operação suspeita.[761]

É importante, ainda, que toda e qualquer orientação ou comunicação de operação suspeita pela instância de *compliance* seja encarada com seriedade pela empresa. A interação com a alta administração deve operar como uma via de mão dupla: além do reporte, é fundamental que o *compliance* seja consultado nas decisões estratégicas das organizações. Se o responsável pelo *compliance* ou pela gestão de riscos for o último a tomar conhecimento das ações da empresa, é muito difícil que ele seja capaz de contribuir para a geração/proteção de valor.

Em outras palavras, significa que o *compliance* não pode ser visto como uma função acessória, apartada da operação. Aliás, essa é a configuração típica do programa de *compliance* "de aparência", "para inglês ver", que não passa de um planejamento no papel. Pelo contrário, o *compliance* precisa estar integrado no dia a dia das organizações, apoiando a tomada de decisão tanto no nível estratégico quanto no nível operacional. Se for necessário, a alta administração deverá determinar a imediata interrupção dos negócios, ou, se as circunstâncias permitirem a continuidade das tratativas, que os indícios de irregularidade apontados pelo departamento de *compliance* sejam examinados com o devido cuidado.[762]

Além do desempenho das atividades cotidianas, os responsáveis pelo *compliance* devem registrar todas as advertências encaminhadas à direção, como forma de garantir o cumprimento do seu dever. À alta administração da empresa, por sua vez, cabe deliberar sobre as sugestões da instância de *compliance* e sobre quais providências serão adotadas como forma de resposta às preocupações levantadas.

---

[761] Justamente por isso, o DOJ e a SEC incluem nos parâmetros de avaliação a verificação de quem determinou o pagamento de bônus, aumento de remuneração, contratação, rescisão e penalidade dos membros da instância de *compliance*. UNITED STATES, 2017b. p. 3.

[762] A postura da direção da empresa frente aos relatórios e reportes da instância de *compliance* é que vai determinar, para fins de avaliação pelos órgãos de controle, o seu comprometimento com o programa. *Idem*.

O reporte à alta administração não deve ocorrer apenas de maneira pontual, em casos de detecção de irregularidades. Muito pelo contrário, a interação deve ser constante. A responsabilidade pela existência do programa, em si, remanesce com os gestores da empresa, que respondem pela ocorrência de eventual ilicitude.[763] Daí a necessidade de que a alta administração avalie o desempenho da instância de *compliance* e acompanhe de perto as suas atividades no que concerne à implantação, divulgação de conteúdo, promoção de treinamentos e processamento das denúncias recebidas e monitoramento do programa, com avaliação periódica de riscos e análise dos resultados.

As orientações dirigidas às empresas que pretendem obter o Selo "Pró-Ética" induzem à conclusão de que, a despeito da existência de uma instância responsável pelo programa de *compliance*, a sua implantação e manutenção devem ser supervisionadas pela alta administração. O documento apresentado no processo de avaliação deve "descrever a forma como a alta direção da empresa exerce a supervisão sobre o programa de integridade" podendo ser acompanhado por: (i) atas de reuniões ou cópias de comunicação internas que demonstrem a interação com os responsáveis pelo *compliance* da empresa; (ii) comprovação da participação nas atividades da instância de *compliance*; e (iii) assinatura dos membros da alta administração nos relatórios de atividades do programa de integridade.[764]

Por fim, é importante mencionar que o §3º do artigo 42 do Decreto nº 8.420/2015 afasta expressamente a exigência de designação de uma instância responsável pela implantação e monitoramento do programa de *compliance* nas microempresas e empresas de pequeno porte.[765] Nessas organizações, basta o comprometimento da alta administração, que deverá empregar, ela própria, esforços para que o programa seja difundido entre os colaboradores e eventuais parceiros da empresa.

---

[763] Conforme exposto no tópico 4.1.3.1, são os gestores que ocupam a posição de garantidor. Para mais informações sobre as implicações penais e a figura do garantidor, consultar: ESTELLITA, 2017

[764] MINISTÉRIO DA TRANSPARÊNCIA, FISCALIZAÇÃO E CONTROLADORIA-GERAL DA UNIÃO, 2015a, p. 2. No mesmo sentido é a orientação da divisão de drogas e crimes da ONU, ao prescrever que "a responsabilidade pelo controle do programa cabe ao Conselho da Administração ou ao órgão equivalente na empresa". UNITED NATIONS, 2013, p. 29

[765] No âmbito internacional, mesmo no caso das pequenas e médias empresas, a recomendação é de que, ainda que não haja condições de definir uma unidade ou um colaborador especificamente designado para tal função, deve haver pelo menos um responsável pelo acompanhamento do programa de *compliance*. Idem, p. 30

4.2.7.1 Como demonstrar a independência e autoridade da instância de *compliance*

O questionário de avaliação dos programas de integridade divulgado pela CGU[766] sugere questionamentos capazes de orientar a forma de estruturação das instâncias responsáveis pelo *compliance* dentro das organizações:

> 3.1. A PJ possui uma instância interna responsável pelo programa de integridade?
> 3.1.1. A instância interna, responsável pelo programa de integridade:
> a) Está formalmente constituída?
> b) Tem suas atribuições expressamente previstas em documento formal, aprovado pela alta direção da PJ?
> c) Constitui um departamento específico da PJ, com as atribuições relacionadas exclusivamente ao programa de integridade?
> d) Possui autonomia decisória, não estando subordinada a outros departamentos como o Jurídico, Recursos Humanos, Auditoria Interna ou Financeiro?
> 3.2. Existem empregados dedicados exclusivamente às atividades relacionadas ao programa de integridade?
> 3.3. O responsável pela instância interna possui como prerrogativa a possibilidade de se reportar diretamente ao nível hierárquico mais elevado da PJ?
> 3.3.1. Essa prerrogativa é de fato exercida, sendo possível constatar que nos últimos 12 (doze) meses, contados a partir da data de apresentação dos relatórios de perfil e conformidade no PAR, o representante da instância interna responsável pelo programa se reuniu com o nível hierárquico mais elevado da PJ mais de uma vez?
> 3.4. O responsável pela instância interna possui garantias expressas que possibilitam o exercício de suas atribuições com independência e autoridade, como proteção contra punições arbitrárias, mandato, autonomia para solicitar documentos e entrevistar empregados de qualquer departamento da PJ?

Embora não haja uma obrigação de que as organizações possuam colaboradores exclusivamente destinados ao gerenciamento dos programas de *compliance*, fica evidente a importância que a CGU atribui a essa configuração. Na mesma linha, o DOJ orienta que os promotores

---

[766] MINISTÉRIO DA TRANSPARÊNCIA, FISCALIZAÇÃO E CONTROLADORIA-GERAL DA UNIÃO, 2018, p. 75.

avaliem os "recursos que a empresa tem dedicado ao *compliance*, a qualidade e experiência do pessoal envolvido no *compliance*, de modo que eles possam entender e identificar as transações e atividades que representam um risco potencial".[767] A orientação é traduzida nas seguintes perguntas:

(i) Onde, dentro da empresa, a função de *compliance* está alocada (por exemplo, dentro do Departamento Jurídico, em uma área comercial ou em uma estrutura independente que se reporte ao CEO e/ou ao Conselho)? A quem a instância de *compliance* se reporta?

(ii) A função de *compliance* é executada por um Diretor (*Chief Compliance*) designado ou por outro executivo dentro da empresa? Essa pessoa desempenha outras funções dentro da organização?

(iii) A instância de *compliance* é dedicada a responsabilidades de *compliance* ou ela possuiu outras responsabilidades dentro da organização, não relacionadas ao *compliance*?

(iv) Como o responsável pelo *compliance* se compara com outras funções estratégicas dentro da organização em termos de hierarquia, remuneração, subordinação, recursos e acesso aos principais tomadores de decisão?

(v) Qual foi a taxa de rotatividade das pessoas responsáveis pelas funções de *compliance* e controle?

(vi) Qual papel o *compliance* desempenhou nas decisões estratégicas e operacionais? Como a empresa respondeu aos casos específicos em que o *compliance* apontou uma preocupação?

(vii) Houve negócios que foram interrompidos, modificados ou revisados após um apontamento da instância de *compliance*?

(viii) Os colaboradores responsáveis pelo *compliance* e pelos controles internos têm experiência e qualificação adequadas para desempenhar as suas funções? Como a empresa investe em mais treinamento e desenvolvimento desses colaboradores?

(ix) Há colaboradores suficientes para auditar, documentar, analisar e agir com eficácia sobre os resultados e esforços de *compliance*? A empresa aloca recursos suficientes para esse fim?

(x) Houve alguma situação em que as solicitações de recursos feitas pela instância de *compliance* foram negadas, se sim, por quê?

(xi) A instância de *compliance* tem acesso suficiente a fontes relevantes de dados que permitam o monitoramento e/ou teste das políticas, controles e transações de forma oportuna e eficaz?

(xii) Existem impedimentos que limitam o acesso a fontes relevantes de dados? Se sim, o que a empresa está fazendo para lidar com essas limitações?

---

[767] UNITED STATES, 2020, p. 11.

(xiii) A instância de *compliance* tem acesso direto a alguém do Conselho ou ao Comitê de Auditoria? Com que frequência o *compliance* se reúne com os Diretores?

(xiv) Como a empresa garante a independência da instância de *compliance*?

(xv) A empresa terceirizou, integralmente ou em parte, as funções de *compliance* para um escritório ou consultor externo? Se sim, por que e quem é responsável pela supervisão dos serviços prestados?

(xvi) Como a eficácia do processo terceirizado foi avaliada?

Os dois últimos questionamentos propostos pelo DOJ são emblemáticos e refletem uma das principais tentações das empresas que querem implementar programas de *compliance* sem investir os recursos necessários para tanto: a terceirização da atividade de *compliance*, normalmente, por meio da contratação de consultorias ou escritórios de advocacia.

De fato, não há vedação à contratação de profissionais externos para auxiliar as empresas na fase de implementação e no próprio gerenciamento do programa de *compliance* – o que se extrai das próprias perguntas sugeridas pelo DOJ aos promotores avaliadores. Mas, o fato é que uma gestão terceirizada pode comprometer o sucesso do programa. A ISO 37301 recomenda que eventuais terceirizações sejam parciais e que as organizações mantenham internamente a autoridade e a responsabilidade pela supervisão das funções de *compliance*.[768]

Em linhas gerais, pode-se dizer que uma terceirização *parcial* é possível e pode trazer benefícios, especialmente em relação às atividades de estruturação e revisão, mas não supre a necessidade de que haja um profissional ou uma equipe responsável pela condução do programa dentro da organização.

4.2.8 Canais de denúncia e comunicação (inciso X)

Um dos principais instrumentos utilizados para aumentar a chance de detectar potenciais violações é a manutenção de um canal de comunicação de denúncias ou suspeitas de irregularidades.[769] Pesquisas

---

[768] INTERNATIONAL ORGANIZATION FOR STANDARDIZATION, 2021, p. 40.

[769] O termo "denúncia" pode provocar rejeição e diminuir as chances de utilização do canal por receio de que os denunciantes sejam taxados de "dedo-duro". Além de conscientizar os colaboradores e terceiros sobre a importância de comunicação de eventuais irregularidades e sobre os mecanismos de garantia da confidencialidade, caso a empresa entenda pertinente, deve adotar uma terminologia mais neutra, que não remeta à ideia de delação ou traição.

recentes indicam que cerca de 50% dos casos de fraude e desvios são descobertos por denúncias internas, tidas como o mais eficiente dos instrumentos de detecção.[770] A auditoria interna, em segundo lugar, foi responsável pela detecção de 12% dos casos de fraude, e a auditoria externa, por apenas 4%. Quando efetivamente utilizado, o canal de denúncias é um meio muito mais eficaz e econômico para a identificação de desvios. Daí porque o inciso X do artigo 42 do Decreto nº 8.420/2015 exige que a empresa demonstre, para fins de avaliação do programa de *compliance*, a existência de "canais de denúncia de irregularidades, abertos e amplamente divulgados a funcionários e terceiros, e de mecanismos destinados à proteção de denunciantes de boa-fé".[771]

Também é importante que as empresas disponibilizem um meio para que os colaboradores e/ou terceiros possam fazer perguntas ou sugerir melhorias sobre o programa de *compliance*.[772] A ouvidoria ou o canal de dúvidas, como costuma ser referenciado, podem ser disponibilizados juntamente com o canal de denúncias ou por instrumento apartado. O empenho da empresa em auxiliar a interpretação prática das políticas e procedimentos internos facilita a comunicação e fomenta a confiança entre a instância de *compliance* e os colaboradores ou parceiros comerciais. Em acréscimo, ajuda a identificar situações de risco não contempladas pelo programa, que podem evidenciar a necessidade de treinamentos com determinado enfoque ou alterar as diretrizes e procedimentos internos.[773]

Ainda que grande parte das informações registradas nos canais de denúncia não tenha relação direta com questões de corrupção ou com as políticas de *compliance*,[774] a manutenção desse mecanismo permite que comunicações relevantes – mesmo que pontuais – sobre indícios

---

[770] ACFE. *Report to the Nations*, 2020. Disponível em: <https://acfepublic.s3-us-west-2.amazonaws.com/2020-Report-to-the-Nations.pdf>. Acesso em: 15 maio 2020. No mesmo sentido, PWC, *PwC's Global Economic Crime and Fraud Survey*, 2020. Disponível em: < https://www.pwc.com/gx/en/services/forensics/economic-crime-survey.html>. Acesso em 18 out. 2020.

[771] Os denunciantes são comumente chamados, por influência da doutrina internacional, de *whistleblowers*.

[772] A existência de um canal para o esclarecimento de dúvidas sobre o programa de *compliance* e questões éticas é considerada pelo Ministério da Transparência e Controladoria-Geral da União como um dos parâmetros para a aferição da efetividade do programa e concessão do selo "Pró-Ética". MINISTÉRIO DA TRANSPARÊNCIA, FISCALIZAÇÃO E CONTROLADORIA-GERAL DA UNIÃO, 2015a, p. 28.

[773] UNITED NATIONS, 2013, p. 80.

[774] Os canais de denúncia muitas vezes acabam sendo utilizados para o reporte de situações que não representam risco à empresa, mas que, na visão dos colaboradores e parceiros da empresa, traduzem alguma ilegalidade.

de ilicitude e violações éticas cheguem ao conhecimento da alta administração. Se o canal for capaz de identificar a suspeita ou ocorrência de uma única conduta corrupta, viabilizando a adoção de providências e a aplicação de medidas disciplinares, pode-se dizer que o instrumento cumpriu o seu papel.

As informações registradas em canais de denúncia são altamente valiosas em razão da alta complexidade com que os esquemas de corrupção se apresentam. As pesquisas evidenciam que os ajustes ilícitos dificilmente são detectados pelos mecanismos de controle interno da empresa ou por auditorias externas contratadas. Assim, mesmo que não se traduza em evidência de ilicitude, a informação pode revelar indícios de irregularidades e nortear o respectivo processo de apuração.

Para garantir que os canais de denúncia sejam utilizados, a empresa deve permitir o registro de informações de modo confidencial (anônimo), por colaboradores e terceiros.[775] Como destacado pela Controladoria-Geral da União, "a empresa deve avaliar a necessidade de adotar diferentes meios para que possa receber denúncias, como urnas, telefone ou internet".[776] Também é possível organizar atendimentos presenciais, o recebimento de e-mails e até mesmo cartas.[777] Embora as alternativas sugeridas possam ser úteis em situações específicas, é evidente que a disponibilização de um canal em meio eletrônico aumenta a acessibilidade – sobretudo a terceiros externos à empresa – e, consequentemente, as chances de utilização do mecanismo.

A preservação da identidade do autor da denúncia e a garantia de que não haverá qualquer forma de retaliação aos delatores de boa-fé são imprescindíveis ao funcionamento dos canais de denúncia. Segundo a divisão de drogas e crimes da Organização das Nações Unidas, o medo de retaliação – que pode traduzir-se na perda do emprego, no

---

[775] A partir da denúncia anônima a organização deve iniciar procedimentos apuratórios prévios para verificar se há justificativa razoável para o início das investigações, em homenagem à interpretação jurisprudencial e doutrinária que vem sendo dada à vedação ao anonimato (inciso IV do artigo 5º da Constituição Federal).
[776] MINISTÉRIO DA TRANSPARÊNCIA, FISCALIZAÇÃO E CONTROLADORIA-GERAL DA UNIÃO, 2015d, p. 21.
[777] No caso de denúncias por telefone e presenciais, o responsável pelo atendimento deve estar preparado para receber as informações e saber como proceder caso esteja diante de uma denúncia grave e potencialmente problemática. Além disso, como esclarece o Guia do CADE, "esse canal pode ser um sistema bastante complexo – certas entidades optam por aplicativos para smartphones – ou simplesmente um colaborador disponível para prestar os devidos esclarecimentos – ele pode tanto responder às dúvidas presencialmente quanto por telefone ou e-mail". CONSELHO ADMINISTRATIVO DE DEFESA ECONÔMICA, 2016, p. 25.

assédio por parte dos colegas ou restrições das condições e do acesso ao local de trabalho – é a principal razão pela qual potenciais informantes preferem permanecer em silêncio.[778] Ou seja, mais do que conhecer o canal de denúncias e acreditar que a empresa tomará as providências devidas, os colaboradores precisam sentir-se seguros para utilizar o instrumento. Por esse motivo, com o apoio da alta administração, a empresa deve enfatizar a proteção ao denunciante e proibir qualquer forma de retaliação. Além disso, o funcionamento do canal de denúncias deve ser objeto de treinamento específico, com orientações sobre como reportar suspeitas de irregularidade à empresa. De forma sintetizada, a empresa deve destacar, no próprio sítio eletrônico e no *link* de acesso ao canal de denúncia ou ao e-mail indicado: (i) a possibilidade de registro de dúvidas e/ou denúncias; (ii) o compromisso com a confidencialidade; e (iii) a existência de uma política firme de proteção aos denunciantes.

A exigência de que o canal de denúncia seja disponibilizado a terceiros segue literalmente o texto do inciso X. Diante disso, reforça-se a sugestão de que o canal possa ser acessado diretamente no sítio eletrônico da empresa ou, ao menos, que seja divulgado um e-mail através do qual possa haver reporte ou esclarecimento de dúvidas. Recomenda-se, inclusive, que a menção aos canais de comunicação – denúncia e esclarecimento – seja feita no próprio Código de Conduta da empresa.

É igualmente importante que os canais de comunicação sejam oferecidos na língua de cada país em que a empresa opera, sob pena de se tornarem inacessíveis a determinados colaboradores e ao público – clientes, vendedores e mesmo a concorrentes – de outras localidades. A manutenção de um canal de denúncia desconhecido, de difícil acesso ou não utilizado pelos colaboradores equivale, na prática, à sua inexistência.

A utilização dos canais de denúncia internos é de todo interessante para as empresas, pois permite que as irregularidades sejam investigadas e eventualmente remediadas internamente, antes de serem comunicadas aos órgãos de controle. A obtenção da informação em primeira mão possibilita o gerenciamento de eventual crise antes que a notícia se torne pública. É conveniente, portanto, que as empresas promovam incentivos para que os colaboradores – e, eventualmente, terceiros – optem por utilizar os canais de denúncia internos em vez

---

[778] UNITED NATIONS, 2013, p. 82.

de reportar às autoridades[779] ou, o que é ainda pior: à mídia. Daí a importância de fortalecer o programa de *compliance*, apresentar de forma didática os procedimentos de reporte, enfatizar a proteção ao anonimato dos denunciantes e conduzir com seriedade e transparência – quando for o caso[780] – as investigações internas.

A postura da empresa – e, especialmente, da alta administração – é importante para esclarecer que um canal de denúncia não dever ser encarado "como um instrumento para criar um clima de denuncismo e perseguições, mas sim voltado à defesa da integridade, das boas práticas e de proteção da reputação da organização e de seus funcionários".[781] Não basta que o canal de denúncia seja disponibilizado, é preciso enraizar no ambiente empresarial uma cultura de mútua fiscalização e reporte das irregularidades.[782]

Para facilitar o processamento da denúncia, é importante que seja criado um formulário estruturado – eletrônico ou não –, como forma de

---

[779] O artigo 4º da Lei nº 13.608/2018 estabelece que os entes federados, no âmbito de suas competências, podem "estabelecer formas de recompensa pelo oferecimento de informações que sejam úteis para a prevenção, a repressão ou a apuração de crimes ou ilícitos administrativos", inclusive com a possibilidade de pagamento de valores em espécie (parágrafo único). Nos Estados Unidos foi criado um incentivo legal para que os colaboradores da empresa denunciassem à SEC eventuais irregularidades presenciadas no âmbito interno. O Dodd-Frank Act, de 21 de julho de 2010, autoriza que os funcionários da empresa que denunciem a ocorrência de irregularidades (*internal whistleblowers*) recebam entre 10% e 30% das penalidades monetárias que vierem a ser impostas à empresa, desde que seu valor seja superior a U$ 1 milhão. Não podem valer-se do benefício os denunciantes que forem (i) executivos, diretores, conselheiros ou parceiros da companhia e que receberam a informação de outra pessoa ou o *compliance* da empresa; (ii) responsáveis pelo *compliance* ou auditoria interna da empresa; (iii) funcionários e outras pessoas associadas a empresas de contabilidade que obtiveram informações por serviços de auditoria prestados à empresa; e (iv) advogados que tenham obtido a informação na relação cliente-advogado. CONWAY-HATCHER, Amy; GRIGGS, Linda; KLEIN, Benjamin. How whistleblowing may pay under the U.S. Dodd-Frank Act: implications and best practices for multinational companies. In: DEL DEBBIO, Alessandra; MAEDA, Bruno Carneiro; AYRES, Carlos Henrique da Silva (Coord.) *Temas de anticorrupção e compliance*. Rio de Janeiro: Elsevier, 2013. A orientação para as empresas que pretendem obter o selo "Pró-Ética" é de que criem incentivos para a realização de denúncias de irregularidades por parte de "seus funcionários, intermediários, fornecedores, prestadores de serviço e público externo". MINISTÉRIO DA TRANSPARÊNCIA, FISCALIZAÇÃO E CONTROLADORIA-GERAL DA UNIÃO, 2015a, p. 28.

[780] A questão foi detalhada no item 4.2.10.

[781] COIMBRA; MANZI, 2010, p. 95.

[782] A empresa deve comunicar aos colaboradores a obrigação de reportar toda e qualquer notícia de irregularidade, inclusive com a inserção de cláusula específica no contrato de trabalho. Se omitir informação sobre a ocorrência de fraude ou desvio praticado por outro colaborador que tenha chegado ao seu conhecimento, o colaborador estará sujeito a processo disciplinar e, caso seja constatada a violação ao dever de reporte, à aplicação de penalidade.

induzir o denunciante a reportar o máximo de detalhes e informações sobre a pretensa irregularidade. Se a empresa oferece apenas um campo livre para a inserção do texto, "o denunciante fica à deriva para narrar o que quiser" e é "provável que dê mais ênfase em sua indignação com a fraude e corrupção do que traga elementos fáticos para uma avaliação".[783] Por outro lado, o registro de informações não pode ser excessivamente burocrático, sob pena de desestimular o denunciante. Assim, sugere-se que os colaboradores sejam orientados sobre como registrar a denúncia, indicando as informações mais relevantes, sem, no entanto, vincular o protocolo ao preenchimento de um formulário específico.

Além da utilização dos canais de denúncia, é possível que irregularidades sejam reportadas diretamente aos gerentes e diretores por seus subordinados. Tais profissionais devem ser instruídos sobre como responder ao denunciante e sobre a necessidade de reporte direto à instância de *compliance* para que sejam tomadas providências imediatas. Como não há registro documentado da denúncia – a exemplo do que ocorre nos relatos via canal – a diligência dos gerentes e diretores é fundamental para que a informação não se perca ou não seja tratada com a devida atenção.

Muitas empresas optam por terceirizar o gerenciamento do canal de denúncia a provedores ou servidores externos, o que é muito bem visto aos olhos das autoridades e dos departamentos de *compliance* de outras empresas parceiras. A estratégia pode aumentar a confiança no compromisso com o anonimato e com a proibição de retaliação aos denunciantes de boa-fé, aumentando a probabilidade de reporte interno.[784]

As diretrizes legais não exigem que a empresa preste contas ao denunciante nem informe quais foram as providências adotadas.[785] Mas, se o sujeito sente que o reporte não foi devidamente apurado pela empresa, pode ser desencorajado a repetir a atitude no futuro ou procurar

---

[783] TRIBUNAL DE CONTAS DA UNIÃO, 2016, p. 85.
[784] CONWAY-HATCHER; GRIGGSKLEIN, 2013, p. 266.
[785] A sugestão da CGU, no entanto, é de que "a empresa tenha meios para que o denunciante acompanhe o andamento da denúncia, pois a transparência do processo confere maior credibilidade aos procedimentos". MINISTÉRIO DA TRANSPARÊNCIA, FISCALIZAÇÃO E CONTROLADORIA-GERAL DA UNIÃO, 2015d, p. 21. A divisão de drogas e crime da ONU sugere, inclusive, que as informações relacionadas às investigações só sejam divulgadas quando estritamente necessário e apenas àqueles que precisem tomar conhecimento, sob pena de tumultuar as atividades da empresa sem necessidade. UNITED NATIONS, 2013, p. 81.

as autoridades para denunciar os mesmos fatos.[786] Por isso, pode ser recomendável que a empresa programe uma resposta automática a ser enviada ao denunciante logo após o registro da informação. Eventualmente, se entender pertinente, a empresa pode optar por comunicar o andamento ou resultado da investigação.

Independentemente da opção da empresa, o funcionamento dos canais de comunicação deve ser monitorado, assim como os demais elementos do programa de *compliance*. A empresa precisa avaliar, de forma autônoma ou por meio de uma auditoria externa, se o canal é conhecido e se está sendo utilizado. Um importante "termômetro" para medir a efetividade do canal de denúncias – e, consequentemente, do programa de *compliance* – é o próprio volume de registros, o que evidencia que o público, de forma geral, confia no compromisso da empresa com a intolerância à corrupção.[787] Além disso, a frequência com que os colaboradores utilizam o instrumento demonstra a segurança na confidencialidade e nos mecanismos de proteção ao denunciante.

O §3º do artigo 42 do Decreto nº 8.420/2015 dispensa a implantação de canais de denúncia nas microempresas e empresas de pequeno porte.[788] Não obstante, recomenda-se fortemente que, a despeito da isenção legal, todas as empresas concentrem esforços e destinem recursos para disponibilizar um canal de denúncias, sobretudo por seu interesse em tomar conhecimento da irregularidade antes do público e dos órgãos de controle. A orientação da divisão de drogas e crimes da Organização das Nações Unidas para as pequenas empresas é de que, na insuficiência de recursos, busquem terceirizar os canais de denúncia e dúvidas.[789]

4.2.8.1 Como demonstrar a existência de canais de comunicação e denúncia

As perguntas que balizam a avaliação dos programas de *compliance* pela CGU fornecem algumas diretrizes interessantes sobre

---

[786] Idem, p. 83

[787] Se o sujeito acredita que a empresa não adotará providências para apurar o ilícito, ou que é complacente com atos de corrupção, dificilmente utilizará o canal de denúncias.

[788] A CGU recomenda que as microempresas e empresas de pequeno porte implantem canais de denúncia, a despeito da inexistência de previsão legal. Em complemento, sugere que os canais de denúncia sejam "administrados por, pelo menos, dois colaboradores para que a informação seja transparente e tratada de forma imparcial". MINISTÉRIO DA TRANSPARÊNCIA, FISCALIZAÇÃO E CONTROLADORIA-GERAL DA UNIÃO, 2015b, p. 61.

[789] UNITED NATIONS, 2013, p. 83.

o que se considera, na atual realidade brasileira, uma boa estratégia de implementação do mecanismo:

> 13.1. A PJ disponibiliza, no idioma português, canais para a realização de denúncias:
> a) Para os seus empregados?
> b) Para o público externo em geral?
> 13.2. Os canais de denúncia existentes:
> a) Indicam expressamente que podem ser utilizados para realização de denúncias relacionadas à corrupção e demais irregularidades previstas na Lei n. 12.846/2013?
> b) Indicam expressamente as garantias de proteção oferecidas aos denunciantes?
> c) Possibilitam o acompanhamento da apuração da denúncia pelo denunciante?
> 13.3. Nos últimos 12 (doze) meses, contados a partir da data de apresentação dos relatórios de perfil e conformidade no PAR, a PJ realizou ações de divulgação dos canais de denúncia?
> 13.4. A PJ apresentou procedimentos formalizados que:
> a) Regulamentam a apuração da denúncia realizada?
> b) Estabelecem as sanções a serem aplicadas?
> 13.5. Foram apresentadas estatísticas sobre denúncias recebidas e apuradas e/ou outras informações que indicam que os canais de denúncia são monitorados?
> 13.5.1. A partir das estatísticas apresentadas é possível verificar uma proporcionalidade entre o número de denúncias recebidas e o número de denúncias apuradas?

O DOJ recomenda que os promotores avaliem se a empresa envidou esforços para criar um ambiente de trabalho sem medo de retaliação e se há pessoal capacitado para processar eventuais registros em tempo hábil. As perguntas que balizam a análise do órgão de controle norte-americano são as seguintes:

> (i) A organização possui um canal de denúncia anônimo e, se não, por que não?
> (ii) Como o canal de denúncia é divulgado para os colaboradores da organização e para os terceiros? O canal é, de fato, utilizado?
> (iii) A organização utiliza estratégias para testar se os seus funcionários conhecem a existência do canal e se sentem confortáveis para utilizá-lo? Como a organização avaliou a seriedade dos registros recebidos?

(iv) Como a organização determina quais reclamações ou *red flags* merecem uma investigação mais aprofundada?
(v) Como a organização garante que as investigações foram conduzidas de forma adequada?
(vi) Quais medidas a organização adota para garantir que as investigações sejam independentes, objetivas, conduzidas de forma apropriada e devidamente documentadas?
(vii) Como a organização determina *quem* deve conduzir uma investigação? Quem é o responsável por essa designação?
(viii) A organização utiliza métricas para garantir uma resposta em um tempo razoável? A organização possui um processo para monitorar os resultados das investigações e garantir a responsabilidade pelas respostas e por eventuais achados ou recomendações emitidas?
(ix) A organização testa, periodicamente, a eficácia do canal de denúncias, por exemplo rastreando um registro do início ao fim?
(x) Como a organização assegura que as investigações foram devidamente avaliadas e que são independentes, objetivas e que foram conduzidas de forma adequada, com a devida documentação?
(xi) As investigações da organização foram utilizadas para identificar a "causa raiz", as vulnerabilidades do sistema e lapsos de responsabilidade, inclusive entre gerentes supervidores e executivos sêniores?
(xii) Qual tem sido o processo adotado para lidar com os achados de investigação? Quão alto na organização as descobertas de investigação vão?

É fácil perceber que não basta a mera existência de um canal de denúncia e comunicação. Para que o instrumento seja útil, é preciso que os colaboradores *conheçam* e *confiem* nos canais disponibilizados pela empresa. Também é fundamental que haja equipe de colaboradores suficientemente apta – em termos de tempo e capacidade técnica – para processar os registros e dúvidas que forem veiculados. Vale lembrar que tempo é um fator fundamental para evitar a perda de credibilidade e a própria eficiência do canal de denúncias.

4.2.9 Medidas disciplinares em caso de violação do programa de *compliance* (inciso XI)

Para que o programa de *compliance* seja considerado efetivamente em funcionamento, é importante que os seus destinatários tenham conhecimento das medidas disciplinares aplicadas no caso de descumprimento das leis, diretrizes e padrões de conduta estabelecidos pela empresa, bem como das exatas circunstâncias que atraem a incidência das penalidades.[790] Os procedimentos de apuração dos indícios de irregularidade, as respectivas medidas disciplinares e a indicação da área ou do responsável pela sua aplicação devem ser amplamente divulgados, dentro e fora da empresa, inclusive no Código de Conduta.[791]

Volta-se a destacar a importância do nível de confiança institucional como forma de evitar as práticas de corrupção. Os colaboradores e terceiros sujeitos às diretrizes de *compliance* da empresa devem acreditar que as medidas disciplinares estabelecidas serão efetivamente aplicadas. E mais: devem confiar que a punição ocorrerá independentemente da posição e do grau hierárquico dos infratores, sob pena de promover uma "cultura de impunidade" e comprometer a credibilidade no programa de *compliance*.

Nesse sentido, é altamente recomendável que os contratos – com pessoas físicas ou jurídicas, colaboradores internos ou demais parceiros comerciais – prevejam a aplicação de medidas disciplinares ou a rescisão antecipada da avença, nos casos de representação, fornecimento, prestação de serviço ou similares, inclusive com a aplicação de penalidades pecuniárias e indenizações, além de eventual proibição de contratar com a empresa no futuro.

A aplicação da sanção, quando configurada a sua hipótese de incidência, é a melhor forma de "deixar claro, tanto para o funcionário [infrator] quanto para os demais colegas da empresa, parceiros e fornecedores que o programa de integridade é algo que deve ser respeitado e que violações a ele não serão toleradas".[792] Remonta-se, uma vez mais, à máxima de que a certeza da sanção é mais dissuasória do que a previsão

---

[790] MINISTÉRIO DA TRANSPARÊNCIA, FISCALIZAÇÃO E CONTROLADORIA-GERAL DA UNIÃO, 2015d, p. 22.
[791] O anexo à Portaria Conjunta nº 2.279/2015, da CGU e da Secretaria da Micro e Pequena Empresa sugere que as medidas e procedimentos disciplinares sejam inseridos no Código de Ética, que sejam ressaltadas nos treinamentos e nos alertas enviados aos funcionários, inclusive no momento da contratação e, ainda, que seja incluída "cláusula de ciência das condutas éticas da empresa nos contratos de trabalho dos funcionários". MINISTÉRIO DA TRANSPARÊNCIA, FISCALIZAÇÃO E CONTROLADORIA-GERAL DA UNIÃO, 2015c, p. 4. A orientação do CADE também é de que as penalidades estejam descritas no Código de Conduta. Segundo o Conselho, "dessa maneira, a empresa transmite a todos os colaboradores a mensagem de que eventual envolvimento em práticas que infrinjam a legislação concorrencial será também considerado uma violação ao Código, o que resultará na aplicação das penalidades disciplinares nele previstas". CONSELHO ADMINISTRATIVO DE DEFESA ECONÔMICA, 2016, p. 23.
[792] MINISTÉRIO DA TRANSPARÊNCIA, FISCALIZAÇÃO E CONTROLADORIA-GERAL DA UNIÃO, 2015b, p. 53.

expressa, meramente formal, de normas punitivas muito severas.[793] Justamente por isso, a análise da postura adotada pela organização em episódios passados, diante de constatações de violações às diretrizes internas, consiste em um dos principais parâmetros utilizados para avaliar a efetividade do programa de *compliance*.[794]

As penalidades "devem ser proporcionais ao tipo de violação e ao nível de responsabilidade dos envolvidos" e, ainda, podem contemplar "medidas cautelares, como o afastamento preventivo dos dirigentes e funcionários que possam atrapalhar ou influenciar o adequado transcurso da apuração da denúncia".[795] A divisão de drogas e crimes da Organização das Nações Unidas adverte que as medidas disciplinares devem ser consistentes com a legislação de regência de cada ordenamento e segmento de mercado.[796]

São exemplos de medidas disciplinares: (i) advertência; (ii) diminuição do grau de autonomia; (iii) cancelamento da remuneração variável; (iv) suspensão; (v) multa; e (vi) demissão por justa causa.[797] Além disso, a organização pode determinar que o funcionário que viole o programa de *compliance* deva submeter-se a um treinamento específico, como uma espécie de reabilitação.[798] As medidas disciplinares devem apresentar uma gradação progressiva, de acordo com a gravidade e as consequências do desvio perpetrado. Para tanto, as penalidades podem ser associadas a critérios objetivos, como forma de facilitar e conferir maior credibilidade ao processo de penalização.

---

[793] BECCARIA, 2007, p. 64; BECKER, 1968, p. 178.

[794] O DOJ e a SEC avaliam se e de que forma a empresa responsabilizou (por meio de mecanismos de *accountability*) os infratores; se dentre as pessoas penalizadas constavam gestores e supervisores; se a infração já havia sido praticada anteriormente; se a empresa já penalizou outro colaborador pelo mesmo desvio; se os supervisores foram responsabilizados pelas falhas de seus subordinados. UNITED STATES, 2017b. p. 6. As orientações emitidas para as empresas que pretendem obter o selo "Pró-Ética" são similares. MINISTÉRIO DA TRANSPARÊNCIA, FISCALIZAÇÃO E CONTROLADORIA-GERAL DA UNIÃO, 2015a, p. 30-31.

[795] MINISTÉRIO DA TRANSPARÊNCIA, FISCALIZAÇÃO E CONTROLADORIA-GERAL DA UNIÃO, 2015d, p. 22.

[796] UNITED NATIONS, 2013, p. 87.

[797] A empresa deve tomar as precauções necessárias para evitar violações à legislação trabalhista.

[798] O Guia de *Compliance* da Siemens sobre Anticorrupção prevê tal disposição e, em acréscimo, que as advertências formais resultarão na "exclusão da avaliação de performance do colaborador na etapa "Round Table", onde o mesmo ficará com o *status* de "No Further Potential" e, consequentemente, impossibilitado de receber aumento salarial. A melhoria da avaliação o do potencial e a possibilidade de receber aumento salarial nos anos subsequentes dependerão inteiramente da conclusão total do programa de treinamento de recuperação em *Compliance* e da demonstração de boa conduta a partir de então". SIEMENS, 2017.

Caso a empresa entenda que seja adequado, pode diferenciar as hipóteses de tentativa ou de consumação da ilegalidade. É igualmente possível que a aplicação da sanção leve em consideração o histórico disciplinar do infrator, incluindo contravenções pretéritas ou o desrespeito às políticas e procedimentos internos da empresa.[799] Há, ainda, a opção por adotar mecanismos de absolvição ou atenuação da penalidade aplicada pela empresa, caso o infrator ou um dos infratores colabore com as investigações internas (em uma figura que se assemelha à delação premiada).[800]

As penalidades não devem ser aplicadas apenas aos atos de corrupção, mas, igualmente, sempre de forma proporcional, às violações aos procedimentos internos voltados à prevenção de desvios, ainda que o resultado ilícito não venha a se concretizar.[801] Para reforçar a política de intolerância à corrupção, mesmo os "pequenos" deslizes devem ser prontamente censurados – ainda que a penalidade não seja tão gravosa. Se a empresa pretender, de fato, instituir uma cultura de integridade, precisa ter uma postura rígida – sem punitivismo – quanto à repressão das condutas proibidas.

4.2.9.1 Como demonstrar a existência das medidas disciplinares

Embora o questionário de avaliação dos programas de integridade da CGU não veicule nenhum questionamento específico sobre a existência de medidas disciplinares devidamente expressas dentro das organizações, as diretrizes fornecidas pelo DOJ destacam a importância do sistema de incentivos, inclusive sob a perspectiva comportamental. Segundo o órgão de controle norte-americano, uma marca da eficácia dos programas de *compliance* é justamente a existência de incentivos para a atuação em conformidade e desincentivos para o não-*compliance*.

Diferentemente do que recomenda a legislação brasileira, o guia disponibilizado pelo DOJ reconhece que a empresa pode *optar* por não enfatizar as medidas disciplinares punitivas, mas, ao contrário, destacar os incentivos positivos – promoções, bônus etc – para que os

---

[799] UNITED NATIONS, 2013, p. 87.
[800] *Idem*, p. 87.
[801] As empresas que pretendem obter o selo "Pró-Ética" devem indicar à CGU quais as medidas disciplinares previstas para as hipóteses de irregularidades relacionadas à ética e ao programa de integridade. MINISTÉRIO DA TRANSPARÊNCIA, FISCALIZAÇÃO E CONTROLADORIA-GERAL DA UNIÃO, 2015a, p. 30.

colaboradores obedeçam às normas da empresa. Qualquer que seja a estratégia, o importante é que os colaboradores tenham confiança suficiente de que o descumprimento das diretrizes internas acarretará consequências, independentemente do cargo desempenhado ou do nível hierárquico. Sob essa premissa, são propostas as seguintes perguntas:

(i) Quem participa da tomada de decisão disciplinar, incluindo as medidas aplicáveis ao desvio (má-conduta) detectado? O mesmo processo é seguido para todas as irregularidades e, se não, por quê?

(ii) A organização comunica aos colaboradores as razões reais pelas quais a penalidade está sendo aplicada? Se não, por quê? Existem justificativas legais ou relacionadas à investigação para restringir a informação?

(iii) As medidas disciplinares e os incentivos têm sido aplicados de forma justa e consistente em toda a organização?

(iv) A instância de *compliance* monitora as investigações e as medidas disciplinares aplicadas para garantir que haja consistência?

(v) Já houve irregularidades semelhantes que, uma vez identificadas, foram tratadas de forma diferente? Se sim, por quê?

(vi) Como a organização incentiva o comportamento ético e em conformidade?

(vii) Há exemplos específicos de ações realizadas (por exemplo, promoções ou premiações negadas), como resultado de apontamentos relacionados à ética e conformidade?

(viii) Quem determina a compensação, incluindo os bônus, bem como disciplina a promoção da instância de *compliance*?

4.2.10 Procedimentos que busquem assegurar a pronta interrupção da infração e a remediação dos danos gerados (inciso XII)

Uma vez recebida a denúncia, a instância de *compliance* – ou o departamento designado para conduzir as investigações – deve adotar as providências necessárias para apurar os fatos e, se for o caso, aplicar as medidas disciplinares respectivas. O resultado da investigação interna servirá de base para definir a postura da empresa diante do ocorrido. Por isso, antes de tomar qualquer atitude, a empresa deverá mapear as circunstâncias que serão investigadas, identificando o fato ilícito, os potenciais envolvidos e as práticas internas que possibilitaram a concretização do desvio. Esse levantamento inicial é importante para demarcar os primeiros passos da investigação, os recursos necessários e o nível de qualificação dos profissionais que deverão compor a equipe de investigação – tudo, é importante destacar, sem violar as normas que disciplinam a proteção de dados pessoais.

As investigações internas têm o intuito de diferenciar as situações em que a ilegalidade não era um resultado previsível ou esperado no ambiente da organização – fruto de uma cultura comercial excessivamente agressiva, de negligência ou da tolerância de posturas sabidamente proibidas – daquelas em que a empresa contribuiu, ainda que de forma omissiva, para que a conduta ilícita fosse perpetrada. A investigação não objetiva, contudo, apenas a penalização do infrator ou a demonstração da eficácia do programa de *compliance*. Diante da necessidade de contínuo monitoramento, qualquer intenção séria da empresa em evitar futuras infrações deve começar com o forte compromisso de apurar as circunstâncias que viabilizaram o desvio investigado.

Para a credibilidade do programa, a instância de *compliance* deve atuar com agilidade, de modo a assegurar "a imediata preservação de possíveis fontes de evidência e documentos, inclusive eletrônicos",[802] antes que o processamento da denúncia chegue ao conhecimento dos colaboradores ou se torne público. É importante que a empresa já tenha um roteiro prévio com os encaminhamentos que devem ser adotados após a comunicação das irregularidades.[803] Mesmo porque "tentar estruturar resposta em tempo de crise, com pressões políticas, da mídia e da sociedade, abre espaço para atropelos e futuras impugnações por erros cometidos".[804] Daí a importância de um roteiro preestabelecido.[805]

A predefinição de prazos e a identificação da instância ou da autoridade responsável pela condução das investigações e pela aplicação de eventuais penalidades são igualmente recomendáveis. Embora a

---

[802] MAEDA, 2013, p. 200. A maior parte dos documentos oficiais consultados nesta pesquisa sugere que o resultado das investigações seja comunicado ao denunciante/autor do registro.

[803] A padronização e a objetividade das investigações, facilitadas por meio de um procedimento previamente estabelecido, são fatores considerados pelo DOJ e pela SEC para atestar a eficiência dos programas de *compliance*. UNITED STATES, 2017b. p. 5. Os Relatórios de Avaliação do Pró-Ética apontam, de uma forma geral, como ponto negativo a inexistência de "formalização de norma interna prevendo o fluxo, áreas responsáveis e procedimentos para apuração das denúncias e aplicação das medidas cabíveis".

[804] TRIBUNAL DE CONTAS DA UNIÃO, 2016, p. 96.

[805] A sugestão do TCU para os órgãos e entidades da Administração Pública federal é de que sejam estabelecidos protocolos de (i) denúncia, com os procedimentos que devem ser adotados logo após o registro da ocorrência; (ii) instalação de equipe de resposta, com a definição de quem deve ser responsável pela investigação; (iii) resposta tempestiva; (iv) endereçamento de problemas imediatos, com as medidas necessárias à preservação dos documentos relacionados à infração (contratos, faturas, correspondências, relatórios, apresentações, e-mails, mensagens de telefone, ofícios, registros médicos, etc.); e (v) identificação de quem deve ser informado sobre os fatos relatados na denúncia. TRIBUNAL DE CONTAS DA UNIÃO, 2016, p. 96.

instância de *compliance* seja normalmente responsável pela condução das investigações, a aplicação das medidas disciplinares compete à alta administração da empresa ou a quem expressamente tenha sido delegada tal atribuição.

Além disso, pode ser que as circunstâncias do caso concreto exijam a designação de uma equipe específica – ainda que composta pelos membros da instância de *compliance* – ou com conhecimentos técnicos específicos. Como alternativa, pode ser conveniente a contratação de auditores externos, especialmente se algum membro da alta administração ou ocupante de cargo de direção tiver participado da infração.[806] O importante é que a responsabilidade pela apuração dos fatos seja bem definida. A designação da equipe responsável pela condução das investigações pode ser determinante na avaliação da efetividade do programa de *compliance*.[807]

Segundo a doutrina especializada, "o tom da investigação, e muito do seu sucesso, pode ser determinado nas primeiras 48 horas após o recebimento da denúncia".[808] Pode ser necessário, por exemplo, limitar ou supervisionar o acesso ao local de trabalho ou aos documentos – físicos e eletrônicos – que podem ter alguma relação com a infração perpetrada.[809] O essencial é garantir que nada seja removido ou destruído como forma de driblar a acusação. Além disso, pode ser interessante designar outros colaboradores ou auditores externos para revisar qualquer trabalho ou atividade em andamento que estivesse sendo conduzido pelos investigados.[810]

A equipe responsável deve avaliar se há necessidade de que a investigação seja conduzida de forma confidencial, definindo seus objetivos e escopo (quais atividades e departamentos devem ser

---

[806] Se algum diretor ou membro da alta administração estiver envolvido nas irregularidades, uma investigação independente poderá garantir maior credibilidade e imparcialidade das informações obtidas, reduzindo as chances de influências indevidas dos superiores hierárquicos.

[807] UNITED STATES, 2017b, p. 1.

[808] MCNULTY, Paul J.; DOYLE, Thomas A. Best practices for investigations in Brazil. In: DEL DEBBIO, Alessandra; MAEDA, Bruno Carneiro; AYRES, Carlos Henrique da Silva (Coord.) *Temas de anticorrupção e compliance*. Rio de Janeiro: Elsevier, 2013, p. 276, tradução livre.

[809] Se for necessária a suspensão de empregado, a doutrina especializada recomenda que seja estabelecida sob a figura da licença remunerada, em prazo "inferior a trinta dias, sob pena de entender-se que houve rescisão indireta do contrato de trabalho". LION, Maurício Pepe de. Condução de investigações internas sob o ponto de vista trabalhista. In: DEL DEBBIO, Alessandra; MAEDA, Bruno Carneiro; AYRES, Carlos Henrique da Silva (Coord.) *Temas de anticorrupção e compliance*. Rio de Janeiro: Elsevier, 2013, p. 310.

[810] MCNULTY; DOYLE, 2013, p. 276.

supervisionados, se há necessidade de que outras unidades da empresa sejam investigadas, se a irregularidade representa fato isolado ou prática recorrente e quais os níveis hierárquicos envolvidos), além de um cronograma para concluir as atividades.

A Lei Federal nº 13.846/2013 e o Decreto nº 8.420/2015 não fornecem parâmetros para a condução das investigações internas, deixando as empresas livres para estabelecer os procedimentos que entenderem mais apropriados. É imprescindível, entretanto, que sejam preservados os direitos fundamentais dos investigados e as garantias constitucionais ao contraditório e à ampla defesa. O ideal é que sejam observados, desde o início do processo de apuração interna, "o direito de ser acompanhado por defesa em todos os atos da investigação, a observância do direito de não produzir prova contra si mesmo (*nemo tenetur se detegere*) e, fundamentalmente, o exercício do direito ao silêncio".[811]

Os responsáveis pela investigação também devem atentar para as limitações impostas pela legislação trabalhista e a preservação de dados de propriedade dos investigados. A apreensão de computadores, celulares ou a verificação da caixa de e-mail corporativo são apenas alguns dos exemplos que podem suscitar controvérsias nesta seara.[812] Por esse motivo, devem ser tomadas as providências necessárias para evitar a exposição dos envolvidos – e, inclusive, a notícia da própria investigação –, como forma de reduzir os riscos de possível futura ação

---

[811] CAMARGO, Rodrigo de Oliveira de. *Compliance, investigação e direitos fundamentais*. 2014. Embora seja possível um esforço argumentativo no sentido de traçar um paralelo entre a investigação conduzida no âmbito empresarial e a fase processual de inquérito ou o procedimento de sindicância – que, em tese, dispensam o contraditório e a ampla defesa –, como o resultado poderá culminar na aplicação de uma penalidade administrativa, entende-se que as garantias constitucionais devem ser observadas. É essa a interpretação que se entende mais consentânea com a jurisprudência, pacificada no sentido de que a dispensa do contraditório e da ampla defesa fica restrita à fase investigativa, preparatória, e que todo procedimento destinado à aplicação de penalidade deve observar as garantias constitucionais. Nesse sentido, do Superior Tribunal de Justiça: "2. No que toca à sindicância, firmou-se nesta Corte Superior entendimento no sentido de que, diante de seu caráter meramente investigatório (inquisitorial) ou preparatório de um processo administrativo disciplinar (PAD), é dizer, aquela que visa a apurar a ocorrência de infrações administrativas sem estar dirigida, desde logo, à aplicação de sanção ao servidor público, é dispensável a observância das garantias do contraditório e da ampla defesa, sendo prescindível a presença obrigatória do investigado". BRASIL. Superior Tribunal de Justiça. Recurso Ordinário nos Embargos de Declaração no Mandado de Segurança 11.493. Relator: Ministro Nefi Cordeiro. Brasília, DF, 25 out. 2017. *Diário de Justiça eletrônico*: Brasília, 6 nov. 2017d.

[812] É importante que a empresa tenha consignado em normativo interno ou no contrato de trabalho que o uso das ferramentas de trabalho – no caso o computador ou celular utilizado pelo investigado – é restrito ao e-mail corporativo – para que o sujeito não possa alegar o registro de informações pessoais (bancárias, por exemplo) – e que todos eles podem ser fiscalizados a qualquer momento, à discricionariedade da empresa.

trabalhista ou pedido de indenização por danos morais, sob a alegação de que a empresa maculou a reputação do investigado. Pelas mesmas razões, eventuais entrevistas e depoimentos devem ser igualmente conduzidos dentro dos limites legais.[813]

Uma vez concluída a investigação e confirmada a ocorrência do ato ilícito envolvendo os colaboradores ou parceiros da empresa, o inciso XII prescreve que o programa de *compliance* deve prever procedimentos que assegurem a pronta interrupção da infração e a reparação dos danos causados.

Ao comentar o dispositivo, a Controladoria-Geral da União (CGU) sugere que a empresa (i) aprimore o programa, com o intuito de evitar a reincidência do problema; (ii) aplique sanções disciplinares aos envolvidos; (iii) considere utilizar os dados obtidos na investigação interna para subsidiar uma cooperação com as autoridades competentes, como forma de obter benefícios em eventual processo administrativo de responsabilização, nos termos do inciso VII do artigo 7º da Lei Federal nº 12.846/2013.[814] Nenhuma dessas medidas, entretanto, destina-se à pronta interrupção da infração.

Na cartilha destinada às microempresas e empresas de pequeno porte, a Controladoria-Geral da União (CGU) acertadamente reconhece que, "nesse ponto específico, o foco do programa de integridade é a irregularidade cometida, e não o que fazer com a pessoa que cometeu a irregularidade".[815] A prioridade não deve ser, ao menos não nesse momento, a penalização do infrator ou a revisão do programa de *compliance*, mas a adoção das medidas voltadas a impedir que a ilicitude se perpetue.

Assim, pode ser necessário (i) afastar os colaboradores envolvidos nas atividades irregulares, como forma de interrompê-las; (ii) desistir da celebração de um negócio ou da participação em um processo licitatório; (iii) interromper qualquer interação com terceirizados, fornecedores e demais parceiros comerciais, caso a violação tenha sido

---

[813] Para mais informações sobre a aplicação da legislação trabalhista às entrevistas realizadas com empregados, ver: LION, 2013, p. 308-310.

[814] Como esclarece a CGU, "De acordo com o art. 7º, inciso VII da Lei nº 12.846/2013, as empresas podem ter sanções diminuídas por cooperar com a apuração das infrações. No caso da assinatura de acordo de leniência, a cooperação efetiva é um requisito, que se traduz em identificar os envolvidos na infração e fornecer céleres informações e documentos que comprovem o ilícito sob apuração (art. 16, I e II)". MINISTÉRIO DA TRANSPARÊNCIA, FISCALIZAÇÃO E CONTROLADORIA-GERAL DA UNIÃO, 2015d, p. 23.

[815] MINISTÉRIO DA TRANSPARÊNCIA, FISCALIZAÇÃO E CONTROLADORIA-GERAL DA UNIÃO, 2015b, p. 56.

cometida por eles; e, ainda, (iv) o autorreporte às autoridades responsáveis pelo processamento da irregularidade,[816] se a empresa entender necessário para garantir a interrupção do desvio.

Também é recomendável que a constatação da violação seja comunicada internamente aos demais departamentos da empresa, garantindo que todos estejam conscientes do desvio e adotem precauções relacionadas ao incidente, mas limitadas à sua área de atuação.[817] Caso faça essa opção, a empresa deve ter ciência da alta probabilidade de que a infração, mesmo depois de remediada, venha a tornar-se pública.

A Lei Federal nº 12.846/2013 não exige que as empresas comuniquem às autoridades os resultados das investigações internas ou a eventual constatação da ocorrência de prática corrupta. O inciso VII do artigo 7º, em dimensão mais restrita, prescreve apenas que a cooperação da pessoa jurídica com a apuração da ilegalidade ou a comunicação espontânea anterior à instauração do processo administrativo de responsabilização pode atenuar a pena de multa que pode vir a ser aplicada (inciso IV do artigo 18 do Decreto nº 8.420/2015). O cálculo do custo-benefício do *voluntary self-disclosure*, por corolário, traduz-se em uma decisão estratégica interna da empresa.[818]

Embora o objeto deste trabalho não inclua a análise dos incentivos para que as empresas optem pelo autorreporte (se suficientes ou não), a empresa que denunciar a infração identificada às autoridades públicas, mesmo após a tomada de providências internas, reafirma a funcionalidade do programa de *compliance* e o compromisso com a integridade e intolerância à corrupção. Por outro lado, o fato de a alta administração optar por resolver a questão internamente não implica a conclusão de que a empresa é conivente com a corrupção ou que o programa de *compliance* é ineficaz.

Até se poderia questionar, em termos práticos, se a existência de um programa de *compliance* pressupõe o dever de denunciar as

---

[816] UNITED STATES, 2016g, p. 537.
[817] UNITED NATIONS, 2013, p. 89.
[818] O presente trabalho não abrange a discussão sobre a possibilidade de responsabilização penal dos dirigentes em razão da não comunicação de eventual crime. Evidentemente que os riscos nesse sentido devem ser considerados na estratégia adotada pela empresa. Todavia, no direito penal brasileiro, em tese, como não teria havido participação causal para a consumação do delito (artigo 30 do Código Penal) – supondo-se, como na hipótese, que a descoberta foi posterior à consumação e não contou com a participação da alta administração –, não haveria crime. A solução seria distinta se, na hipótese, os dirigentes da empresa optassem, deliberadamente, por não evitar o crime ou não adotar medidas para tanto, cenário em que se poderia cogitar responsabilidade por omissão. Mais informações sobre o tema em ESTELLITA, 2017.

irregularidades constatadas às autoridades competentes. Sob essa lógica, se a empresa, identificando o ilícito, não comunica ao Poder Público, a existência do programa de *compliance* não justificaria o abrandamento da multa administrativa, tampouco serviria como argumento dirigido ao rompimento do nexo de causalidade entre a conduta da empresa e o resultado danoso. De forma simplificada, o raciocínio ampara-se na premissa de que, se o *compliance* não possibilita a responsabilização da empresa por atos de corrupção, ele não tem utilidade prática.

Essa, no entanto, não parece ser a interpretação mais acertada, sobretudo diante das premissas que vêm sendo construídas no curso deste trabalho. Por exemplo: suponha-se que a instância de *compliance*, por meio de registro no canal de denúncia, identifique um ato de corrupção praticado pelo CEO da empresa em processo licitatório e comunica ao conselho de administração. Este, por sua vez, contrata uma auditoria externa para garantir imparcialidade à investigação. Após constatar que o ilícito foi perpetrado pelo CEO, o conselho resolve aplicar-lhe pena de demissão por justa causa e desistir do certame, para garantir que a empresa não tenha sido beneficiada ilicitamente. Em complemento, revisa os mecanismos de controle interno, de forma a evitar que aquela conduta volte a ocorrer, e intensifica os treinamentos e o discurso sobre a importância da integridade nos negócios. Ao final, no entanto, decide não comunicar às autoridades a ocorrência do desvio.

É evidente que esse programa de *compliance* "existe" e contribui para mitigar os riscos de corrupção, ainda que não tenha havido reporte direto às autoridades competentes. A funcionalidade do *compliance*, cumpre insistir, revela-se de modo mais sutil, na promoção de uma transformação cultural. Não se trata de discussão eminentemente jurídica, mas de como os mecanismos de controle e o fomento à integridade no âmbito interno das organizações podem contribuir para mitigar os riscos de corrupção.

Por consequência, se o programa de *compliance* funciona, ainda que não haja reporte às autoridades, ele deve ser levado em consideração em eventual processo de responsabilização da empresa. Ou seja, a empresa poderá ser responsabilizada pelo ato de corrupção praticado, mas as providências tomadas em relação ao caso – inseridas no programa de *compliance* – devem ser levadas em consideração no arbitramento da penalidade.[819]

---

[819] A lógica aproxima-se do instituto do *self-cleaning* previsto no direito comunitário europeu. Embora contem com a supervisão da Administração Pública, os mecanismos de *self-cleaning* permitem que "as empresas acusadas da prática de corrupção possam promover o

Quando se tratar de denúncia envolvendo intermediários, prestadores de serviço, fornecedores ou qualquer outro colaborador ou parceiro externo, as prerrogativas necessárias à condução da investigação podem restar comprometidas diante da ausência de poder diretivo sobre o investigado.[820] Nesse caso talvez não reste alternativa à empresa senão comunicar a ilicitude às autoridades competentes.

Uma vez adotadas as medidas necessárias à pronta cessação das irregularidades, a empresa deve concentrar seus esforços em remediar os prejuízos resultantes do ilícito. A remediação dos danos deve priorizar a revisão dos controles internos da empresa, com o desígnio de identificar as deficiências e vulnerabilidades que possibilitaram a perpetração do ilícito. Em complemento, deve incluir a restituição das receitas eventualmente provenientes da conduta irregular.

O resultado da investigação pode denunciar a necessidade de nova análise de riscos, pontual e dissociada da avaliação periódica, ou, ainda, a modificação das diretrizes e políticas anticorrupção, inclusive com a intensificação dos treinamentos e dos controles internos. Também pode ser o caso de rever as medidas disciplinares preestabelecidas e a confiança dos colaboradores na sua aplicação, caso constatado que as sanções podem não ser suficientemente persuasivas para desencorajar a adoção de uma postura vedada.[821]

---

seu 'autossaneamento'. Basicamente, elas podem demitir os envolvidos com os atos ilícitos e estabelecer mecanismos estruturais e de *compliance*, dentre outras medidas, que façam com que tais empresas passem a atuar de forma regular. Se isso acontecer e for devidamente reconhecido pela Administração, não haverá razão para afastá-la da possibilidade de participação de licitações". SCHWIND, Rafael Wallbach. O autossaneamento das empresas acusadas de corrupção – *self-cleaning* e as lições do direito comunitário europeu. In: CUNHA FILHO, Alexandre Jorge Carneiro da; ARAÚJO, Glaucio Roberto Brittes de; LIVIANU, Roberto; PASCOLATI JUNIOR, Ulisses Augusto (Coord.). *48 visões sobre corrupção*. São Paulo: Quartier Latin, 2016, p. 671. Segundo o autor, "partindo-se dessa conclusão inicial de que as medidas de *self-cleaning*, desde que efetivas e compatíveis com cada caso concreto, são suficientes para garantir que haja maior integridade nos procedimentos de contratações públicas, entende-se no direito comunitário europeu que as autoridades adjudicantes dos Estados-membros não podem excluir de seus procedimentos os agentes econômicos que tenham adotado medidas adequadas de autossaneamento. A exclusão desses interessados mesmo quando as medidas de *self-cleaning* tenham sido bem-sucedidas seria uma violação direta ao princípio da proporcionalidade". *Idem*, p. 682. Ressalva-se que, embora a lógica seja similar, as proposições não se confundem, na medida em que o *self-cleaning* pressupõe a ciência dos fatos pelas autoridades e afasta apenas a pena de proibição de contratação com a Administração Pública, o exemplo hipotético descreve uma situação em que a empresa tomou as providências necessárias ao autossaneamento e à reparação dos danos, mas não comunicou às autoridades.

[820] Na linha do que foi afirmado anteriormente, recomenda-se que a empresa defina os procedimentos e diretrizes para a hipótese de a denúncia versar sobre ilegalidade perpetrada por terceiro.

[821] UNITED NATIONS, 2013, p. 90.

É importante registrar todas as etapas e o resultado das investigações, a forma como se procedeu à interrupção da infração e como a empresa buscou remediar os danos causados.[822] Recomenda-se que o departamento responsável pelo recebimento e apuração das denúncias elabore relatórios com informações sobre a quantidade de denúncias recebidas, o percentual apurado e os principais temas denunciados.[823] O ideal é que o relatório seja encaminhado à alta administração – conselho de administração ou órgão equivalente – para a tomada de providências quanto à necessidade de aprimorar as políticas internas.

Os incidentes devem ser documentados não só para facilitar o monitoramento futuro, inclusive na hipótese de ser deflagrada uma investigação pública, mas como forma de contribuir com o aperfeiçoamento do programa de *compliance*. Além disso, os estudos de caso podem ser importante recurso didático nas comunicações e nos treinamentos futuros.

4.2.10.1 Como demonstrar a existência de procedimentos que busquem assegurar a pronta interrupção da infração e a remediação dos danos

A avaliação dos programas de *compliance* é pautada, em grande medida, pela postura adotada pela organização após a detecção do ilícito. Os órgãos de controle buscam entender por que razão a empresa não foi capaz de identificar o desvio e, sobretudo, quais as providências tomadas no momento em que a irregularidade chegou ao conhecimento da alta administração. As empresas podem adotar práticas de documentação das medidas implementadas orientadas pelos questionamentos que balizam a avaliação realizada pela Controladoria-Geral da União:

14.1. A PJ, por meio dos controles existentes, conseguiu evitar a consumação da infração?

14.2. A PJ comunicou o fato às autoridades competentes previamente à instauração do PAR?

14.3. A PJ reparou integralmente o dano causado?

14.4. Em relação aos envolvidos no ato lesivo:

a) A PJ afastou de seus quadros funcionais os envolvidos no ato lesivo?

---

[822] O DOJ e a SEC analisam especificamente se as medidas para a remediação abordaram a causa do problema e não apenas os seus efeitos. UNITED STATES, 2017b, p. 1.

[823] MINISTÉRIO DA TRANSPARÊNCIA, FISCALIZAÇÃO E CONTROLADORIA-GERAL DA UNIÃO, 2015a, p. 29.

b) Os envolvidos no ato lesivo, ainda que mantidos na PJ, foram afastados de cargos com poderes de administração, gestão e representação legal?
c) Os envolvidos no ato lesivo, ainda que mantidos na PJ, estão sendo monitorados?
14.5. A PJ implementou procedimentos específicos (ou aprimorou os já existentes) para evitar que atos semelhantes ao investigado no PAR ocorram novamente?
14.5.1. Os empregados responsáveis pela aplicação desses procedimentos receberam treinamentos específicos para implementá-los?
14.5.2. A PJ apresentou documentos que comprovam a aplicação desses procedimentos específicos em sua rotina?
14.6. A PJ realizou ou está realizando internamente investigação/auditoria para verificar se ocorreram atos semelhantes ao investigado no PAR? Ou contratou uma organização independente para realizar essa atividade?

O Guia de Avaliação dos programas de *compliance* disponibilizado pelo DOJ consigna expressamente que "a existência de um desvio, por si só, não significa que o programa de *compliance* não funcionou ou não era efetivo no momento da ofensa".[824] A advertência evidencia o grau de maturidade do órgão de controle, rompendo com o falso conectivo lógico de que *se* havia um programa de *compliance* em funcionamento, *então* a empresa não poderia ter sido envolvida em qualquer espécie de irregularidade. Após décadas de avaliação prática, o DOJ busca afastar a crença utópica e ingênua de que os programas de *compliance* seriam uma espécie de garantia contra ilicitudes.

Por outro lado, o documento orienta que os promotores busquem refletir sobre "a extensão e abrangência da conduta criminosa; o número e o nível de funcionários corporativos envolvidos; a seriedade, duração e frequência do desvio".[825] Para isso, o DOJ propõe os seguintes questionamentos:

(i) Qual é a análise da "causa raiz" feita pela organização para o desvio em questão? Foram identificados problemas sistêmicos? Quem na organização estava envolvido em realizar a análise?

(ii) Quais controles falharam? Se as políticas e procedimentos deveriam ter proibido o desvio, eles foram efetivamente implementados e os colaboradores que tinham a responsabilidade por essas políticas e procedimentos foram responsabilizados?

---

[824] UNITED NATIONS, 2020, p. 14.
[825] Idem, p. 17.

(iii) Como o desvio em questão foi financiado (ex. ordens de compra, reembolsos de funcionários, descontos, dinheiro para pequenas despesas)? Quais processos poderiam ter evitado ou detectado o acesso indevido a esses fundos? Esses processos foram melhorados?

(iv) Se os fornecedores estiveram envolvidos no desvio, qual era o processo para a seleção de fornecedores, e o fornecedor passou nesse processo?

(v) Houve oportunidade anterior para detectar o desvio, como relatórios de auditoria apontando falhas de controle ou denúncias, reclamaçãos e investigações relevantes? Qual é a percepção da organização sobre a razão pela qual tais oportunidades foram perdidas?

(vi) Quais mudanças específicas a organização fez para reduzir o risco de que problemas iguais ou similares voltem a ocorrer no futuro? Que remediação específica abordou os problemas identificados na causa raiz e na oportunidade de análise perdida?

(vii) Quais ações disciplinares a empresa adotou como resposta aos desvios e se tais ações foram adotadas no momento oportuno?

(viii) Os gerentes foram responsabilizados por desvios que ocorreram sob a sua supervisão? A organização considerou aplicar medidas disciplinares para falhas na supervisão?

(ix) A organização já demitiu ou aplicou penalidade a algum colaborador (reduziu ou suprimiu bônus, emitiu carta de advertência etc), quando constatado um desvio?

É fundamental que as respostas adotadas pelas organizações, incluindo medidas disciplinares ou de remediação, estejam devidamente documentadas, sob pena de inviabilizar a avaliação. Isso também exige treinamento e conscientização. A organização não deve esperar que, no momento da identificação do desvio, os colaboradores registrem espontaneamente as medidas adotadas. É fundamental que haja orientação e direcionamento nesse sentido, até porque a constatação de que houve uma fraude é uma situação sensível, que pode gerar dúvidas e inseguranças.

Sem orientação, o responsável pelo departamento de recursos humanos pode, por exemplo, afastar um funcionário que comprovadamente praticou uma irregularidade, mas não realizar qualquer registro sobre o desvio identificado, acreditando estar protegendo a reputação da organização. Nesse caso, ainda que a empresa tenha adotado uma postura correta, é pouco provável que ela consiga comprovar, aos órgãos de controle, que aplica medidas voltadas à pronta interrupção dos desvios e à remediação de eventuais prejuízos causados.

4.2.11 *Due diligence* ou avaliação de terceiros (incisos XIII e XIV)

O inciso XIII do artigo 42 do Decreto nº 8.420/2015 estabelece, como um dos parâmetros de avaliação da eficiência do programa de *compliance*, a adoção de "diligências apropriadas para contratação e, conforme o caso, supervisão, de terceiros, tais como, fornecedores, prestadores de serviço, agentes intermediários e associados". O inciso XIV, por sua vez, exige que haja "verificação, durante os processos de fusões, aquisições e reestruturações societárias, do cometimento de irregularidades ou ilícitos ou da existência de vulnerabilidades nas pessoas jurídicas envolvidas". Ambos os requisitos, embora com enfoques distintos, podem ser trabalhados em conjunto, sob a perspectiva da necessidade de realização de *due diligence* com ênfase nos indícios de envolvimento em casos de corrupção.

A Lei Federal nº 12.846/2013 elevou a relevância dos procedimentos de *due diligence* prévios a qualquer forma de relacionamento com pessoa, física ou jurídica, estranha à organização a outro patamar, a partir da possibilidade de responsabilização objetiva das empresas por atos de terceiro que tenham sido praticados em seu nome ou benefício.[826] Diante disso, merecem especial atenção as situações que envolverem terceiros que sejam, tenham sido ou mantenham contato direto com agentes públicos, nacionais ou estrangeiros.[827]

A Controladoria-Geral da União alerta: "ainda que a contratação de terceiros não tenha como objetivo imediato intermediar o relacionamento com a administração pública, tal fato pode ocorrer durante a execução do contrato".[828] É o caso, por exemplo, do transporte de mercadorias – nacional e internacional – que acaba exigindo o pagamento

---

[826] O artigo 2º da Lei nº 12.846 prescreve: "As pessoas jurídicas serão responsabilizadas objetivamente, nos âmbitos administrativo e civil, pelos atos lesivos previstos nesta Lei praticados em seu interesse ou benefício, exclusivo ou não". Alguns breves apontamentos sobre as implicações do dispositivo foram expostos, sem a pretensão de esgotar o assunto, no item 3.2.2.1. BRASIL, 2013b.

[827] Como esclarece Carlos Ayres, "Na maioria das vezes, ao pensar em interação com funcionários públicos, as pessoas logo imaginam terceiros que realizam vendas para órgãos públicos, entretanto, esquecem que, em muitas ocasiões, outras atividades corriqueiras (tais como obtenções de licenças ambientais e de funcionamento, atendimento à fiscalização, desembaraço aduaneiro, entre outras) também são realizadas por terceiros". Os controles internos especificamente voltados à tentativa de mitigar os riscos de envolvimento de terceiros que estejam atuando em nome da empresa foram trabalhados no item 4.2.6.1. AYRES, 2013, p. 205.

[828] MINISTÉRIO DA TRANSPARÊNCIA, FISCALIZAÇÃO E CONTROLADORIA-GERAL DA UNIÃO, 2015d, p. 18.

de tributos na fronteira, além de um grau de interação com agentes portuários, de trânsito e toda sorte de fiscalização. Nada impede que o prestador de serviços, no afã de apressar a entrega do produto, pague propina ou pratique algum outro ato ilícito que, em última instância, acabará por beneficiar a contratante, atraindo a incidência do artigo 2º da Lei Federal nº 12.846/2013.

Como forma de mitigar os riscos de envolvimento em casos de corrupção decorrentes da atuação de terceiros, o inciso XIII do artigo 42 do Decreto nº 8.420/2015 enfatiza a importância da adoção de precauções apropriadas à *contratação* e *supervisão* de fornecedores, prestadores de serviço, agentes intermediários e colaboradores de qualquer natureza. São dois momentos, portanto, que exigem atenção: a fase de seleção, anterior à escolha do terceiro, e a fase de monitoramento, no curso da prestação dos serviços ou execução do contrato. Na fase que antecede a contratação, a *due diligence* deve ser destinada a averiguar a situação atual e o histórico do terceiro, especialmente se há notícia de envolvimento em suspeitas de corrupção.[829] Para tanto, é comum que a empresa solicite o encaminhamento de documentos e informações. A qualificação da equipe responsável pela *due diligence* é fundamental para que o procedimento seja realizado de forma adequada e levado em consideração pelos órgãos de controle.[830] De uma forma geral, com o intuito de evitar conflitos de interesse, o ideal é que haja segregação de função entre os responsáveis pela diligência e os incumbidos da contratação em si.[831]

A *due diligence* não precisa ser um processo extremamente complexo ou elaborado.[832] A verificação (i) de quem indicou o terceiro

---

[829] Como esclarece Carlos Ayres, o ideal é que "até que a *due diligence* seja finalizada e o terceiro seja aprovado", não seja realizado qualquer tipo de atividade. O autor reconhece, no entanto, que nem sempre é possível esperar a conclusão das verificações. Tais situações, excepcionais, devem ser tratadas com cautela e, em todos os casos, "é fundamental que existam, no mínimo, sólidas respostas" sobre as principais características do terceiro, do objeto contratual e da forma de pagamento. AYRES, 2013, p. 214.

[830] Uma das perguntas feitas pelo DOJ e pela SEC é: quem foi o responsável pela avaliação de risco, tanto no processo de contratação quanto de aquisição/fusão de empresas? UNITED STATES, 2017b, p. 7.

[831] MINISTÉRIO DA TRANSPARÊNCIA, FISCALIZAÇÃO E CONTROLADORIA-GERAL DA UNIÃO. *Manual Prático de Avaliação do Programa de Integridade em PAR*. 2018. Disponível em: <http://www.cgu.gov.br/Publicacoes/etica-e-integridade/arquivos/manual-pratico-integridade-par.pdf>. Acesso em: 20 set. 2018.

[832] É bastante comum ouvir das empresas pouco familiarizadas com o tema, que não dispõem de estrutura ou recursos para realizar um processo de *due diligence*. Na maior parte das vezes, essas mesmas empresas adotam procedimentos de verificação prévia – mais ou menos completos –, sem dar-se conta que estão ao menos "ensaiando" a realização de *due diligence*.

– agente público ou pessoa com potencial conflito de interesse levantam maior preocupação; (ii) da composição do quadro societário, se empresa; (iii) de como a proposta foi enviada; (iv) da compatibilidade entre os valores ofertados e os praticados no mercado; (v) da definição do objeto e dos prazos contratuais; e (vi) da capacidade técnica e experiência para realizar a atividade; pode ser um bom ponto de partida para a avaliação dos terceiros.

Nem todas as contratações exigem o mesmo nível de avaliação prévia. Assim como todas as áreas do programa de *compliance*, a *due diligence* de terceiros deve ser orientada por uma avaliação de riscos – já que nem todas as relações entre clientes e fornecedores representam o mesmo grau de riscos de corrupção. Suponha-se a situação de uma empresa que vende sacos de lixo. Basta comparar a contratação de um representante comercial que passe a vender os produtos da empresa, eventualmente até em licitações públicas, com a figura de um cliente final, uma escola privada, um supermercado, que compra os sacos de lixo para utilizar no seu próprio negócio. Os riscos de corrupção são absolutamente distintos e, por consequência, a avaliação prévia desses terceiros também deve ser diferenciada.

Outros aspectos também são fundamentais para pautar a forma como a avaliação será conduzida: o país em que o cliente/fornecedor está localizado, qual a sua reputação perante o mercado, quais são os bens e/ou serviços comercializados, qual o tamanho do contrato e quão relevante esse contrato é para o terceiro, a atividade desempenhada pelo terceiro está sujeita à fiscalização ou exige alguma espécie de autorização estatal (alvará, licenciamento etc), quão importante é o fornecedor/cliente para o negócio, se existem outros fornecedores possíveis, entre inúmeros outros.

Como dito, a reputação do potencial contratado e as notícias sobre o eventual envolvimento em operações suspeitas devem ser levadas em consideração.[833] Além das informações fornecidas pelo terceiro, é recomendável que a organização realize uma investigação própria, em consulta a bancos de dados públicos/privados e a sítios eletrônicos.[834] Se

---

[833] A análise deve ser empreendida com seriedade, considerando a existência de informações distorcidas e infundadas, o apelo midiático e os eventuais efeitos do relacionamento à imagem da empresa.

[834] AYRES, 2013, p. 214. O autor afirma, ainda, que se o terceiro, pessoa jurídica, estiver inscrito no Cadastro Nacional de Empresas Inidôneas e Suspeitas (CEIS) da CGU e mesmo assim for contratado, dificilmente será possível convencer as autoridades públicas – em eventual investigação futura – de que a *due diligence* foi realizada de forma adequada.

o terceiro for uma empresa, é aconselhável verificar se possui programa de *compliance* ou, ao menos, políticas e mecanismos de controle interno compatíveis com os valores apregoados pela contratante. As informações devem ser analisadas de forma crítica e os aspectos que possam levantar suspeitas (*red flags*) devem ser examinados com maior rigor.[835]

A identificação de um ou mais sinais de alerta, por si só, não significa que a contratação deva ser descartada. O importante é que a organização conheça os terceiros com quem se relaciona e, notadamente, os riscos que podem advir da relação. Nessas hipóteses, é necessário que "uma vez identificada a *red flag*, antes de prosseguir com a contratação, se verifique e se tenha devidamente documentados os motivos pelos quais aquela *red flag* inicialmente identificada, de fato não representou riscos diante da situação concreta".[836]

Não existe uma fórmula única para realizar *due diligence*. Reitera-se que nem todos os terceiros parceiros demandam o mesmo nível de rigor ou as mesmas estratégias de verificação. As situações de maior risco – a exemplo das contratações que dependem de interação com agentes públicos – podem exigir a realização de determinadas diligências que, regra geral, poderiam ser dispensadas em outras situações – por exemplo para o fornecimento de alimentos, material de escritório ou para a prestação de serviços de limpeza.[837] Assim, em algumas situações pode ser suficiente que o contratado preencha um questionário de *due diligence*, enquanto em casos mais extremos é recomendável que a contratação seja submetida à prévia chancela do departamento jurídico ou da equipe de *compliance* da organização.

O mesmo raciocínio vale para o Cadastro Nacional de Empresas Punidas (CNEP) previsto na Lei nº 12.846/2013.

[835] Nesse caso, podem ser aplicados os mecanismos de controle descritos no item anterior, como a dupla conferência (pulverização de responsabilidade) ou a consulta a superior hierárquico. Também é interessante que sejam consultados especialistas em cada uma das áreas sensíveis (advogados, contadores, gerentes comerciais, auditores internos ou externos, pessoal dos recursos humanos e outros). A utilização de uma equipe multidisciplinar aumenta a eficiência do processo de *due diligence*. A CGU cita como exemplos de aspectos que demandam maior atenção: (i) solicitação de que o pagamento seja feito de maneira não usual (em espécie, moeda estrangeira, em diversas contas em países distintos); (ii) contratos com objeto pouco definido; (iii) utilização de cláusulas de sucesso, "que preveem que o contratado só será pago (ou receberá um montante extra) se tiver sucesso na realização do serviço contratado". MINISTÉRIO DA TRANSPARÊNCIA, FISCALIZAÇÃO E CONTROLADORIA-GERAL DA UNIÃO, 2015d, p. 18.

[836] AYRES, 2013, p. 213.

[837] No mesmo sentido, os terceiros que atuarem em países com alto risco de corrupção podem exigir uma *due diligence* mais completa antes da contratação. UNITED NATIONS, 2013, p. 58.

Feita essa investigação inicial, caso a empresa opte pela contratação e/ou estabelecimento de parceria com o terceiro, as precauções adotadas devem envolver o próprio instrumento contratual.[838]

Na linha do afirmado anteriormente, o contrato pode prever cláusulas que exijam o comprometimento com a legalidade e a ética – especialmente com as condutas vedadas pela Lei Federal nº 12.846/2013 –, bem como a submissão aos mecanismos de controle interno e ao programa de *compliance* da empresa (o que pode incluir o direito de o contratante realizar auditoria no terceiro e entrevistas com os funcionários, promover treinamentos ou outras medidas que entender cabíveis).[839] Como regra geral, os mecanismos de avaliação da efetividade dos programas de *compliance* exigem a existência de um Código de Conduta específico para os fornecedores e parceiros comerciais da empresa.

A inclusão do descumprimento dos padrões de conduta estabelecidos e do envolvimento em atos ilícitos entre as hipóteses de rescisão contratual é praticamente imperativa. Em adendo, pode haver previsão de pagamento de indenização, caso a empresa venha a ser responsabilizada por conduta do terceiro contratado. Além de resguardar a responsabilidade da empresa contratante, a cláusula contratual pode influenciar o cálculo de custos e benefícios do terceiro para aderir aos padrões anticorrupção que lhe forem impostos.[840]

Após a fase de verificação prévia, as atividades dos terceiros devem ser continuamente monitoradas. Ou seja, durante a execução do contrato, a empresa deve refazer a *due diligence* – ou pelo menos parte dela. Os sinais de alerta identificados no decorrer da prestação dos serviços devem ser devidamente apurados, inclusive com a realização de auditoria.[841] Assim, por exemplo, se o terceiro se envolve em

---

[838] A decisão final compete à alta administração da empresa e não aos responsáveis pela *due diligence*.

[839] Como esclarece Carlos Ayres, "uma cláusula bem redigida, incluindo de forma clara e precisa como o escopo da auditoria será definido e quem arcará com os seus custos, costuma ser mais bem recebida pelos terceiros". AYRES, 2013, p. 216.

[840] Como forma de incentivo, a divisão de crimes e drogas da ONU sugere que possam ser incluídas cláusulas que prevejam (i) o acesso a oportunidades de negócio – por exemplo, *status* de melhor fornecedor; (ii) atribuição de condições favoráveis – menor frequência de monitoramento; caso a empresa aceite submeter-se aos padrões de *compliance* exigidos pela empresa. UNITED NATIONS, 2013, p. 60.

[841] No Relatório de Avaliação Pró-Ética – Duratex "Recomenda-se a inclusão de cláusula padrão nos contratos que prevejam a possibilidade de auditoria na sua execução". No Relatório de Avaliação da Unimed BH, em disposição similar, recomenda-se o estabelecimento de "procedimento (ou inserir em procedimento operacional existente) com o detalhamento

um caso de corrupção no curso da execução do contrato, a empresa precisa tomar todas as precauções para garantir que a ilicitude não contamine os serviços que lhe forem prestados. Ainda nesse sentido, é importante atestar com exatidão, no momento do recebimento, os serviços que foram efetivamente executados, de modo a garantir que a empresa pague apenas pelo que recebeu.[842]

Dentro do contexto de monitoramento, é comum que empresas com programas de *compliance* bem estruturados promovam ações de cooperação com os integrantes da sua cadeia de suprimentos, com o objetivo de capacitar clientes e fornecedores. O ideal, de fato, é que os terceiros adotem seus próprios programas de *compliance* ou outros mecanismos voltados a prevenir a corrupção. Mas, caso não o façam, é recomendável que as organizações treinem seus fornecedores não só sobre temas anticorrupção, mas sobre a importância de respeitar os direitos trabalhistas e os direitos humanos. Repita-se que, além de contribuir para o desenvolvimento social, essa é uma medida de mitigação dos riscos reputacionais da própria organização. Não é preciso citar os inúmeros casos de grifes de roupa que suportaram prejuízos e desgastes após a acusação de que seus fornecedores utilizavam mão de obra escrava.

No curso da execução contratual, é recomendável que sejam monitorados alguns aspectos referentes ao pagamento de fornecedores e clientes. Assim, por exemplo, devem ser revisados os pagamentos realizados para contas bancárias no exterior, paraísos fiscais ou para países com ordenamentos jurídicos muito permissivos quanto ao sigilo bancário. Também devem ser investigadas variações expressivas no preço contratado, concentrações de pedidos para um mesmo fornecedor ou qualquer outra alteração contratual que possa denotar indício de desvio.

À semelhança do que ocorre com a figura dos terceiros, as operações de fusões, aquisições e reestruturações societárias podem culminar na responsabilização da empresa por ilícito praticado por outra empresa (sucedida ou adquirida), mesmo quando praticado anos antes da operação. Devido à especificidade do tema, o presente trabalho não abrange os pormenores jurídicos da responsabilização sucessória em transações societárias. O que importa, para o programa de *compliance*, é que as empresas, além das verificações "normalmente

---

operacional sobre a auditoria com o fim de certificar-se do cumprimento do Código de Conduta e Relacionamento, conforme previsto nas cláusulas anticorrupção dos contratos de fornecedores".

[842] UNITED STATES, 2015b, p. 60.

realizadas em tais operações – que, via de regra, incluem revisão de aspectos tributários, trabalhistas, ambientais, etc. – também devem realizar *due diligence* específica anticorrupção".[843] A partir da análise de "documentos, livros societários, demonstrações financeiras, validades de licenças e autorizações, processos e procedimentos documentados, pesquisas em bases de dados públicas e na internet",[844] a empresa pode reunir as informações necessárias para decidir se prossegue ou não com o processo de fusão ou aquisição. A decisão final – sobre a contratação de terceiro ou sobre a aprovação da fusão/aquisição – não compete à instância de *compliance* nem à equipe responsável pela *due diligence*. As informações colhidas devem ser encaminhadas à alta administração da empresa, que, ciente de todos os riscos, deve deliberar sobre a opção que julgar mais adequada.

Uma vez concluída a operação societária, o programa de *compliance* da empresa deve ser revisado e compatibilizado com a nova formatação, mediante as adaptações julgadas necessárias (a depender do segmento de mercado de atuação da empresa, das vulnerabilidades e da nova estrutura). É importante que os novos funcionários recebam treinamento sobre a importância dos mecanismos de controle e os riscos de envolvimento em atos de corrupção. O conteúdo do Código de Conduta deve ser integralmente disponibilizado aos colaboradores absorvidos pela empresa, que devem manifestar ciência sobre o seu conteúdo (assinatura de termo de responsabilidade ou similar). A adoção de todas essas providências evidencia o compromisso da empresa com a continuidade das políticas anticorrupção, independentemente do âmbito de atuação.[845]

Em todos os casos, é importante que o processo não seja extremamente complexo, sob pena de tornar-se inoperável. A obrigatoriedade de verificação prévia à contratação de terceiros e às operações societárias deve estar formalizada nos documentos internos da empresa – no Código de Conduta por exemplo. Além disso, todas as etapas da *due diligence* devem ser devidamente documentadas, com a catalogação

---

[843] AYRES, 2013, p. 218.
[844] MINISTÉRIO DA TRANSPARÊNCIA, FISCALIZAÇÃO E CONTROLADORIA-GERAL DA UNIÃO, 2015d, p. 19.
[845] O DOJ e a SEC noticiam que deixaram de processar uma empresa que, em processo de aquisição, por meio de *due diligence*, identificou indícios de corrupção na empresa adquirida, assegurou que os ilícitos foram comunicados ao governo, colaborou com as investigações e estendeu o programa de *compliance* e os mecanismos de controle interno à empresa adquirida. UNITED STATES, 2015b, p. 60.

das informações obtidas, das *red flags* eventualmente identificadas e das razões que justificaram o prosseguimento da relação.

O Decreto nº 8.420/2015 excepciona, novamente, a exigência de *due diligence* para a contratação de terceiros e processos de fusão/aquisição para as microempresas ou empresas de pequeno porte (§3º do artigo 42). Recomenda-se, no entanto, que mesmo as empresas menores cultivem um grau mínimo de diligência antes de iniciar qualquer envolvimento com terceiros.[846]

4.2.11.1 Como demonstrar a existência de procedimentos de avaliação e monitoramento de terceiros

A planilha de avaliação dos programas de *compliance* elaborada pela CGU contém diretrizes que podem auxiliar as organizações a estruturarem mecanismos de avaliação de terceiros que sejam devidamente considerados pelos órgãos de controle, balizados a partir dos seguintes questionamentos:

11.1. As diligências prévias realizadas pela PJ para contratação de terceiros incluem:

a) Verificação do envolvimento de terceiros em casos de corrupção e práticas de fraude contra a administração pública?

b) Verificação da existência de programas de integridade implementados nos terceiros avaliados, para mitigar os riscos de corrupção e fraude contra a administração pública?

c) Realização de diligências aprofundadas em relação aos terceiros para celebração de parcerias, como consórcios, associações, *join ventures* e sociedades de propósito específico?

11.2. As regras sobre a realização de diligências prévias à contratação de terceiros:

---

[846] A CGU sugere expressamente que tais empresas tomem as seguintes precauções: "(i) Peça referências e entre em contato com aqueles que já trabalharam com as pessoas que a sua empresa pretende contratar; (ii) faça pesquisas na internet; (iii) insira cláusula no contrato de prestação de serviço que expressamente proíba a prática de atos de corrupção e fraudes em licitação e que fomente a adoção de comportamento íntegro e ético pela pessoa e pela própria empresa em que trabalha; (iv) se já contratou, faça uma reunião, envie *e-mails*, cartas e mensagens anunciando a posição de sua empresa de defesa da ética e da integridade; (v) se tiver dúvida sobre a conduta do contratado e os gastos que estão sendo realizados, pergunte, investigue e deixe tudo registrado e documentado". MINISTÉRIO DA TRANSPARÊNCIA, FISCALIZAÇÃO E CONTROLADORIA-GERAL DA UNIÃO, 2015b, p. 62-63.

a) Favorecem a contratação de terceiros que apresentam baixo risco de integridade?

b) Estabelecem a necessidade de adoção de medidas para minimizar o risco da contratação de terceiro, caso o resultado das diligências realizadas indique alto risco de integridade na contratação?

c) Podem impossibilitar a contratação ou a formação da parceria, caso seja verificado alto risco de integridade do terceiro?

11.3. Há segregação de função entre aqueles que realizam as diligências e os responsáveis por solicitar e autorizar a contratação?

11.4. Há participação da área responsável pelo programa de integridade na realização das diligências?

11.5. Foram apresentados documentos demonstrando que as diligências de terceiros são aplicadas pela PJ, como formulários preenchidos por terceiros, e-mails solicitando informações a terceiros e avaliações do perfil de risco dos terceiros?

11.6. Nos contratos celebrados com terceiros:

a) Há cláusula estabelecendo a obrigatoriedade do cumprimento de normas éticas e a vedação de práticas de fraude e corrupção (cláusula anticorrupção)?

b) Há previsão de aplicação de penalidades e/ou de rescisão contratual em caso de descumprimento de normas éticas e prática de fraude e corrupção?

11.7. A PJ apresentou cópias de contratos celebrados comprovando a existência de cláusula anticorrupção e da previsão de aplicação de penalidade pelo seu descumprimento?

12.1. A PJ realiza diligências específicas para verificar se as pessoas jurídicas envolvidas nas operações de fusão e aquisição possuem histórico de prática de atos lesivos previstos na Lei n. 12.846/2013 (Lei Anticorrupção) e outros ilícitos relacionados a corrupção e fraude a licitações e contratos administrativos?

12.2. A PJ realiza diligências para verificar se os sócios das pessoas jurídicas envolvidas nas operações de fusão e aquisição possuem histórico de prática de ilícitos relacionados a corrupção e fraude a licitações e contratos administrativos?

12.3. Caso o resultado das diligências indique a presença de histórico de prática de atos relacionados à corrupção e fraude a licitações e contratos administrativos, os procedimentos a serem adotados pela PJ para realização da operação estão previamente definidos?

Em complemento, na linha dos comentários já expostos, o Guia de Avaliação disponibilizado pelo DOJ sugere que os promotores se debrucem sobre as medidas adotadas pela organização após a avaliação inicial, no curso da execução do contrato:

(i) Como a organização considerou e analisou a compensação e a estrutura de incentivos para os terceiros em relação aos riscos de *compliance*? Como a organização monitora os seus terceiros?

(ii) A organização possui direitos de auditoria – contratualmente estabelecidos – para analisar os registros e as contas dos terceiros? A organização exerceu esse direito no passado?

(iii) Como a organização incentiva a conformidade e o comportamento ético de terceiros?

(iv) A organização rastreia *red flags* que são identificadas a partir da *due diligence* de terceiros, e com esses alertas são tratados?

(v) A organização rastreia terceiros que não passam na *due diligence* ou que têm o seu contrato rescindido e toma medidas para garantir que estes terceiros não sejam recontratados posteriormente?

(vi) Se um terceiro esteve envolvido no desvio investigado, foi identificado algum sinal de alerta na *due diligence* ou após a contratação? Como esse sinal foi tratado?

(vii) Algum terceiro semelhante foi suspenso, teve seu contrato encerrado ou foi auditado como resultado dos achados de *compliance*?

(viii) Como a função de *compliance* foi integrada nos processos de fusão, aquisição e intgração?

4.2.12 Transparência quanto às doações para candidatos e partidos políticos (inciso XVI)

Como último requisito, o Decreto nº 8.420/2015 elenca como parâmetro de avaliação do programa de *compliance* a transparência das pessoas jurídicas quanto a doações para candidatos e partidos políticos. Embora não haja disposição legal expressa, é recomendável que toda e qualquer forma de doação, inclusive a entes públicos, instituições religiosas, de caridade e organizações não governamentais, sejam disciplinadas pelo programa de *compliance*. Não é incomum que patrocínios e doações – inclusive a instituições de pesquisa, caridade, e sem fins lucrativos em geral – sejam utilizados com o intuito de camuflar o pagamento de vantagens indevidas a agentes públicos.[847] Por isso, as empresas devem estar atentas "para o histórico daqueles que receberão seus financiamentos, patrocínios ou doações, para evitar possíveis associações de sua imagem com fraudes ou corrupção".[848]

---

[847] Tais pagamentos podem ser utilizados para camuflar ilícitos de qualquer natureza. No entanto, como a ênfase do presente trabalho recai sobre os atos de corrupção, o requisito será analisado sob essa perspectiva.
[848] MINISTÉRIO DA TRANSPARÊNCIA, FISCALIZAÇÃO E CONTROLADORIA-GERAL DA UNIÃO, 2015d, p. 19.

É recomendável que a empresa realize *due diligence* dos eventuais beneficiários de doações, de modo a afastar situações de risco ou potenciais conflitos de interesse. A previsão de critérios de seleção – como a existência de um programa de *compliance* no âmbito interno do beneficiário – pode trazer maior segurança jurídica à transação. Além disso, o procedimento interno deve prever: (i) o valor máximo da doação; (ii) o responsável por aprovar o patrocínio;[849] e (iii) em quais os momentos em que a transferência pode ocorrer.[850]

Como dito, as doações de caridade e incentivo à pesquisa, bem como o patrocínio de eventos, também podem levantar suspeitas. Por isso, caso a empresa autorize esse tipo de ação, deve estabelecer "políticas específicas que estabeleçam regras e critérios, tanto para seleção dos destinatários quanto para acompanhamento dos projetos aprovados".[851] Não é demais advertir que as "doações" e "patrocínios" não ocorrem apenas por meio da transferência de recursos financeiros (dinheiro), mas, inclusive, pela prestação de serviços sem a contrapartida devida, fornecimento de matéria-prima, cessão de espaço para a realização de evento, etc.[852]

Além da exigência de fixar um valor máximo e identificar o responsável pela aprovação, a empresa deve estabelecer um procedimento interno que verifique se há relação entre a instituição beneficiada e o agente político e se há suspeita de conflito de interesses.[853] Também é importante verificar se há histórico de fraude ou corrupção relacionado à instituição, respectivos sócios e membros.[854] Em caso de dúvida sobre a legitimidade da ação, a empresa deve suspender qualquer forma de patrocínio ou incentivo. A doação deve ser depositada sempre na conta da instituição, nunca de um particular.

---

[849] A recomendação do IBGC é de que todos os desembolsos relacionados às atividades políticas sejam aprovados pelo conselho de administração. INSTITUTO BRASILEIRO DE GOVERNANÇA CORPORATIVA, 2014, p. 101.

[850] É recomendável, por exemplo, a proibição de qualquer forma de doação durante a negociação de contrato, licenças, permissões ou mesmo no curso de um processo político de tomada de decisão que possa influenciar a empresa (alterações legislativas, benefícios fiscais, etc.). UNITED NATIONS, 2013, p. 44.

[851] MINISTÉRIO DA TRANSPARÊNCIA, FISCALIZAÇÃO E CONTROLADORIA-GERAL DA UNIÃO, 2015d, p. 19.

[852] Em alguns casos, as taxas de adesão às organizações sociais e de caridade podem ser consideradas como doações. UNITED NATIONS, 2013, p. 45.

[853] A divisão de drogas e crimes da ONU sugere que, assim como a política específica destinada a regular as interações com o Poder Público, o programa de *compliance* preveja uma política interna específica para as contribuições políticas e doações de caridade. UNITED NATIONS, 2013, p. 43.

[854] MINISTÉRIO DA TRANSPARÊNCIA, FISCALIZAÇÃO E CONTROLADORIA-GERAL DA UNIÃO, 2015a, p. 36.

Em complemento, o instrumento que regular a doação pode, por exemplo, conter cláusula contratual que destine a aplicação dos recursos a determinada finalidade, com previsão de sanção em caso de descumprimento.[855] Para garantir o cumprimento do contrato, a empresa deve realizar monitoramento ou solicitar prestação de contas por parte da instituição beneficiada ou patrocinada.

Em todos os casos, a transparência das doações, patrocínios e financiamentos deve ser garantida por meio da divulgação de informações, preferencialmente no sítio eletrônico ou nas redes sociais da empresa.[856] Sobretudo se a doação ou patrocínio puder resultar em benefício fiscal em favor da empresa, é importante que haja divulgação das informações.[857] Também é recomendável a criação de mecanismos e procedimentos para acompanhar a prestação de contas e a efetiva aplicação de doações e patrocínios. O ideal é que as funções de seleção dos beneficiários e fiscalização da aplicação dos recursos sejam segregadas.

Ao elevar as possibilidades de controle, a transparência e a pulverização do poder decisório aumentam os custos de eventual transação ilícita, além de fomentar uma cultura de prestação de contas à sociedade, o que pressupõe a demonstração de que a empresa atuou de forma ética e dentro dos limites legais.[858]

4.3 O *compliance* nas estatais (Lei Federal nº 13.303/2016)

A Lei Federal nº 13.303/2016 sistematizou as normas sobre o estatuto jurídico das empresas públicas,[859] sociedades de economia mista[860] e suas subsidiárias. O Decreto nº 8.945/2016, publicado no mesmo

---

[855] Idem, p. 37.
[856] O IBGC recomenda que essa divulgação seja feita anualmente. INSTITUTO BRASILEIRO DE GOVERNANÇA CORPORATIVA, 2014, p. 102.
[857] A recomendação é reiterada nos Relatórios de Avaliação Pró-Ética da Ernest Young, Enel Brasil S.A.
[858] Não faz sentido que a empresa queira prestar contas à coletividade ou divulgar informações que possam levantar algum tipo de suspeita. Se optar por divulgar informações internas, a empresa fará isso em benefício próprio, como forma de atrair credibilidade e fortalecer a sua reputação.
[859] Definidas, nos termos do artigo 3º, como "entidade dotada de personalidade jurídica de direito privado, com criação autorizada por lei e com patrimônio próprio, cujo capital social é integralmente detido pela União, pelos Estados, pelo Distrito Federal ou pelos Municípios".
[860] Definida, nos termos do artigo 4º, como "entidade dotada de personalidade jurídica de direito privado, com criação autorizada por lei, sob a forma de sociedade anônima, cujas ações com direito a voto pertençam em sua maioria à União, aos Estados, ao Distrito Federal, aos Municípios ou a entidade da administração indireta".

ano, regulamentou a norma no âmbito da União e detalhou algumas questões referentes aos elementos do programa de *compliance*. Muitos dos requisitos encontram correspondência nos mecanismos de controle interno descritos no item anterior. Outros se propõem a implantar as obrigações impostas às sociedades por ações, na medida em que, independentemente da forma societária adotada pela empresa estatal,[861] o Decreto nº 8.945/2016 impõe que a estrutura de governança adote o mesmo padrão de modelo típico daquelas sociedades.[862]

O artigo 8º prescreve os parâmetros mínimos de transparência que devem ser observados pelas empresas públicas e sociedades de economia mista, enfatizando a sua importância enquanto instrumento de controle. Dentre as informações que devem ser divulgadas no sítio eletrônico da empresa,[863] destacam-se os dados referentes: (i) à estrutura de controle, fatores de risco, indicadores econômico-financeiros, políticas e práticas de governança corporativa, além de descrever a composição e remuneração da administração (inciso III); (ii) à política de transações com partes relacionadas, que deve ser anualmente revista e aprovada pelo Conselho de Administração (inciso VII);[864] e (iii) aos Relatórios Anuais de Atividades de Auditoria Interna (RAINT), assegurada a proteção das informações sigilosas e pessoais (inciso X do artigo 13 do Decreto nº 8.945/2016). Ainda em prol da maior publicidade, o inciso I do artigo 19 do Decreto nº 8.945/2016 estabelece que a empresa estatal deverá divulgar toda e qualquer forma de remuneração dos Conselheiros Fiscais, detalhada e individualmente.

O artigo 7º e o §3º do artigo 8º da Lei Federal nº 13.303/2016 estabelecem que, além dos requisitos de transparência elencados na norma, as empresas estatais devem obedecer às disposições da Lei Federal nº 6.404/1976 e ao regime de divulgação de informações fixados pela CVM, inclusive quanto à obrigatoriedade de auditoria independente por auditor registrado perante a autarquia.[865] O parágrafo único do artigo 12 do

---

[861] O termo empresa estatal abrange as sociedades de economia mista e as empresas públicas, o que se extrai do inciso I do artigo 2º do Decreto nº 8.945/2016.

[862] VIANNA, Marcelo Pontes. O novo estatuto das empresas estatais: constituição e regime societário. *Compliance Review*, mar. 2017.

[863] O §4º do artigo 8º da Lei nº 13.303/2016 estabelece: "Os documentos resultantes do cumprimento dos requisitos de transparência constantes dos incisos I a IX do *caput* deverão ser publicamente divulgados na internet de forma permanente e cumulativa".

[864] Uma espécie de política de relacionamento com terceiros, nos termos do exposto no tópico 4.2.11.

[865] O artigo 7º da Lei nº 13.303/2016 prescreve: "aplicam-se a todas as empresas públicas às sociedades de economia mista de capital fechado e às suas subsidiárias as disposições da Lei no 6.404, de 15 de dezembro de 1976, e as normas da Comissão de Valores Mobiliários

Decreto nº 8.945/2016 prescreve que as demonstrações financeiras das empresas estatais devem ser elaboradas trimestralmente e divulgadas no sítio eletrônico da organização.

O artigo 9º, por sua vez, elenca os requisitos que devem ser implantados como parte das regras de estruturas e práticas de gestão de riscos e controle interno das estatais,[866] que exige, entre outros: (i) a discriminação de ação dos administradores e empregados, por meio da implantação cotidiana de práticas de controle interno (inciso I); (ii) a definição de área responsável pela verificação do cumprimento de obrigações e gestão de riscos (inciso II); (iii) a designação de auditoria interna e Comitê de Auditoria Estatutário (inciso III); e (iv) a elaboração de Código de Conduta e Integridade que disponha sobre alguns dos requisitos que compõem o programa de *compliance* (§1º), conforme detalhado no tópico anterior.[867]

O §2º estabelece que a área responsável pela fiscalização dos mecanismos de controle interno e pela gestão de riscos deverá "ser vinculada ao diretor-presidente e liderada por diretor estatutário, devendo o estatuto social prever as atribuições da área, estabelecendo mecanismos que assegurem atuação independente".

A auditoria interna pode ser vinculada diretamente ao Conselho de Administração, caso a organização não disponha de Comitê de Auditoria Estatutário. Entre as suas responsabilidades, o inciso II do §3º do artigo 9º da Lei Federal nº 13.303/2016 estabelece que deverá "aferir a adequação do controle interno, a efetividade do gerenciamento dos riscos e dos processos de governança e a confiabilidade do processo de coleta, mensuração, classificação, acumulação, registro e divulgação de eventos e transações", atribuições que, nos programas de *compliance* padrão descritos no tópico 4.2, acabam recaindo sobre a instância de *compliance*.

O artigo 24 da Lei Federal nº 13.303/2016 impõe às empresas estatais a obrigatoriedade de instituir um Comitê de Auditoria Estatutário, como órgão auxiliar do Conselho de Administração, ao qual

---

sobre escrituração e elaboração de demonstrações financeiras, inclusive a obrigatoriedade de auditoria independente por auditor registrado nesse órgão".

[866] Alguns requisitos são flexibilizados na estruturação das empresas estatais de "menor porte", assim consideradas aquelas com receita operacional bruta inferior a R$ 90 milhões (artigos 51 e seguintes do Decreto nº 8.945/2016).

[867] A principal particularidade é a exigência expressa de que o documento disponha sobre a prevenção de conflito de interesse e periodicidade mínima anual para realizar os treinamentos, que devem ser aplicados aos empregados e administradores (incisos I e VI do §1º do artigo 9º da Lei nº 13.303/2016).

deverá reportar-se diretamente.[868] A existência do mecanismo permite flexibilizar algumas exigências relativas à auditoria externa independente, nos termos das Instruções Normativas nº 308/1999 e nº 509/2011, ambas da CVM, autorizando a prorrogação do prazo de contratação de um mesmo auditor externo – desde que pessoa jurídica – pelo período de dez anos consecutivos.[869]

Além de supervisionar as atividades do auditor independente, compete ao Comitê de Auditoria Estatutário fiscalizar as atividades desenvolvidas pelas áreas de controle e auditoria interna, inclusive a qualidade dos mecanismos de integridade, das demonstrações financeiras e das informações e medições divulgadas pela empresa, além de avaliar e monitorar a exposição de risco da empresa e as transações com terceiros. O artigo 25 sistematiza as condições mínimas para integrar o Comitê de Auditoria Estatutário, que visam a garantir, além da experiência técnica, a independência e imparcialidade da função desempenhada, evitando situações que possam suscitar posições tendenciosas e conflitos de interesse.

O artigo 16 do Decreto nº 8.945/2016 prescreve que a instância ou diretoria de *compliance* – qualquer que seja a designação – deve ser liderada pelo Diretor Estatutário ou pelo Diretor-Presidente. Chama atenção a parte final do dispositivo, que não era prevista no §2º do artigo 9º da Lei Federal nº 13.303/2016 e acaba por esvaziar a determinação de que o estatuto social preveja a possibilidade de que a área de *compliance* reporte-se diretamente ao Conselho de Administração nas situações em que "se suspeite do envolvimento do diretor-presidente em irregularidade ou quando este se furtar à obrigação de adotar medidas necessárias em relação à situação a ele relatada" (§4º do artigo 9º da Lei Federal

---

[868] Embora a legislação brasileira não imponha a mesma obrigatoriedade às empresas privadas, como afirmado no item 3.1.1, a implantação do Comitê de Auditoria é obrigatória para as empresas abertas, inclusive estrangeiras, que tenham ações registradas na SEC, sujeitando-se, portanto, à Lei *Sarbanes-Oxley* (SOX), nos termos da Seção 301. UNITED STATES, 2002.

[869] Além disso, o CAE deve estar em funcionamento permanente e ter sido instalado no exercício social anterior à contratação do auditor independente. A opção pela contratação por prazo superior a cinco anos exige que o auditor independente – pessoa jurídica – proceda à "rotação do responsável técnico, diretor, gerente e de qualquer outro integrante da equipe de auditoria com função de gerência, em período não superior a 5 (cinco) anos consecutivos, com intervalo mínimo de 3 (três) anos para o seu retorno" (artigo 31-A). COMISSÃO DE VALORES MOBILIÁRIOS. Instrução CVM nº 308, de 14 de maio de 1999. Dispõe sobre o registro e o exercício da atividade de auditoria independente no âmbito do mercado de valores mobiliários, define os deveres e as responsabilidades dos administradores das entidades auditadas no relacionamento com os auditores independentes. *Diário Oficial da União*: Brasília, DF. 19 maio 1999.

nº 13.303/2016 e §2º do artigo 16 do Decreto nº 8.945/2016). Por fim, o §3º do artigo 16 estabelece que a área de integridade e gestão de riscos deverá enviar relatórios trimestrais de suas atividades ao Comitê de Auditoria Estatutário.

A instância de *compliance* não se confunde com o Comitê de Auditoria Estatutário nem com a auditoria, o que pode ser evidenciado no seguinte organograma exemplificativo, que reúne as relações descritas nos parágrafos anteriores:

FIGURA 1 – Organograma exemplificativo

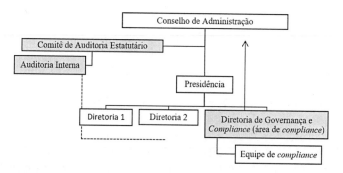

Fonte: Elaboração própria.

O inciso II do artigo 18 do Decreto nº 8.945/2016 dispõe que o Código de Conduta e Integridade deverá prever "instâncias internas responsáveis pela atualização e aplicação do Código de Conduta e Integridade", podendo levar à conclusão de que, além do Comitê de Auditoria Estatutário, da auditoria interna e do departamento de *compliance*, existe uma quarta instância responsável pelas funções concernentes ao programa de *compliance*.

A disposição evidencia uma sobreposição de funções e, em certa medida, imprecisão das responsabilidades internas, sobretudo em relação às três instâncias destacadas na Figura 1.[870] Por exemplo: a responsabilidade pela supervisão dos mecanismos de controle e pelo

---

[870] Segundo Rodrigo Pironti e Francine Gonçalves, a atividade de *compliance* prevista na lei das estatais é baseada no conceito de "três linhas de defesa", o que poderia justificar a menção normativa a três departamentos/setores distintos. CASTRO, Rodrigo Pironti Aguirre de; GONÇALVES, Francine Silva Pacheco. *Compliance e gestão de riscos nas empresas estatais*. Belo Horizonte: Fórum, 2018, p. 25-30. De toda sorte, ainda que se utilizem as três linhas de defesa, permanece a imprecisão quanto à correta delimitação de competências e responsabilidades, fundamentais ao sucesso do programa.

recebimento e processamento das denúncias. O §4º do artigo 9º da Lei Federal nº 13.303/2016 estabelece que a "área de *compliance*" – na literalidade do dispositivo – deve reportar-se diretamente ao Conselho de Administração caso suspeite de envolvimento da presidência, donde se extrai ao menos alguma parcela de competência fiscalizatória da referida instância. O §2º do artigo 24, por sua vez, atribui ao Comitê de Auditoria Estatutário a responsabilidade pela supervisão dos mecanismos de integridade e pelo recebimento de denúncias. O inciso II do artigo 17 do Decreto nº 8.945/2016, numa terceira perspectiva, afirma que a auditoria interna é responsável por aferir a "adequação do controle interno, a efetividade do gerenciamento dos riscos e dos processos de governança".

Há evidente dificuldade em delimitar as competências de cada uma das instâncias, sobretudo no que se refere à supervisão e gestão dos mecanismos de controle interno, atualização do Código de Conduta, recebimento de denúncias e condução das investigações que se mostrarem necessárias. Também não está definido o responsável pela aplicação de penalidades em caso de descumprimento do programa de *compliance*, donde se depreende que as funções inerentes ao programa, elencadas no tópico anterior, ficam distribuídas entre a auditoria interna, o Comitê de Auditoria Estatutário e a instância de *compliance*. O modelo das três linhas fornecido pelo Instituto dos Auditores Internos pode auxiliar na compreensão da lei, ainda que não haja qualquer vinculação nesse sentido. Diante disso, espera-se que o estatuto social das estatais ou outro documento relacionado ao programa de *compliance* esclareça a delimitação dessas competências, sob pena de comprometer o funcionamento do programa.

Convém, ainda, discorrer sobre a obrigatoriedade de estruturação de Conselho de Administração imposta pela Lei Federal nº 13.303/2016 e pelo Decreto nº 8.945/2016.[871] O artigo 17 da Lei Federal nº 13.303/2016 enumera uma série de requisitos para a indicação dos membros do Conselho de Administração e ocupantes de cargos de Diretor e Presidente, buscando "estabelecer critérios objetivos para a escolha dos integrantes dos membros de maior expressão dentro da estrutura organizacional".[872]

---

[871] Segundo o §1º do artigo 24 do Decreto nº 8.945/2016, "a constituição do Conselho de Administração é facultativa para as empresas subsidiárias de capital fechado".

[872] GRAMSTRUP, Erik Frederico; PEREZ FILHO, Augusto Martinez. O compliance nas empresas estatais: combate à corrupção e o papel do administrador à luz da Lei nº 13.303/2016. *Revista Brasileira de Estudos Constitucionais – RBEC*, Belo Horizonte, ano 10, n. 35, p. 12, maio/ago. 2016.

Além das exigências necessárias para assumir o cargo, o §2º do mesmo dispositivo prescreve normas proibitivas, que vedam a indicação, para o Conselho de Administração ou Diretoria, de pessoa: (i) representante do órgão regulador ao qual a empresa encontra-se submetida; (ii) Ministro de Estado; Secretário de Estado ou Municipal;[873] (iii) titular de cargo em comissão, sem vínculo permanente com o serviço público; (iv) dirigente estatutário de partido político e de titular de mandato no Poder Legislativo, independentemente do ente da federação; (v) parente, consanguíneo ou afim, até o terceiro grau, das pessoas indicadas nos itens anteriores; (vi) que tenha atuado, nos últimos 36 meses, como participante de estrutura decisória de partido político ou em trabalho vinculado a campanha eleitoral; (vii) que exerça cargo em organização sindical; (viii) que tenha firmado contrato ou parceria, como fornecedor ou comprador, com a estatal ou com o ente controlador em período inferior a três anos antes da data de nomeação; (ix) que tenha ou possa ter conflito de interesse com o ente controlador da estatal ou com a própria empresa.[874]

Na mesma linha, o artigo 25 elenca as exigências para compor o Comitê de Auditoria Estatutário, que deve ter, "no mínimo, 3 (três) e, no máximo, 5 (cinco) membros, em sua maioria independentes". Em função do dispositivo, os pretensos integrantes do Comitê não podem ser ou ter sido, nos últimos 12 (doze) meses anteriores à nomeação: (i) diretor, empregado ou membro do conselho fiscal da estatal ou de sua controladora, controlada, coligada ou sociedade em controle comum; (ii) responsável técnico, diretor, gerente supervisor ou qualquer outro integrante com função de gerência de equipe envolvida nos trabalhos de auditoria na estatal; e (iii) ocupante de cargo público efetivo, ainda que licenciado, ou de cargo em comissão no âmbito da pessoa jurídica de direito público que exerça o controle acionário da estatal. Em complemento, não podem (i) ser cônjuge ou parente, consanguíneo ou afim, até o segundo grau ou por adoção, das pessoas indicadas anteriormente; e (ii) receber qualquer outro tipo de remuneração da estatal além daquela relativa à função de integrante do Comitê de Auditoria Estatutário.

As vedações buscam diminuir a influência dos interesses particulares e eleitorais na atuação das empresas estatais, corroborando a lógica dos mecanismos de *compliance* enumerados no item anterior.

---

[873] Segundo o auditor da CGU Marcelo Vianna, em pesquisa realizada em 2014, "todos os presidentes dos CAs das maiores estatais brasileiras ocupavam cargo de Ministro de Estado ou de Secretário Executivo (vice-ministro)". VIANNA, 2017.

[874] As proibições são relativizadas nas empresas estatais de menor porte.

Justamente por isso, o Instituto Brasileiro de Governança Corporativa (IBGC) defende que as mesmas vedações devem valer para as indicações feitas ao Conselho Fiscal[875] – ainda que não haja norma expressa nesse sentido. Sem enfrentar o argumento da legalidade, não é demais rememorar que alguns dos maiores escândalos de corrupção vivenciados no país envolveram a alta direção de empresas estatais, incluindo cargos ocupados por pessoas fortemente ligadas ao cenário político. A presença de gestores com maior independência, mesmo que não haja obrigação legal expressa nesse sentido, traduz uma boa prática que visa possibilitar a atuação técnica e isenta de influências políticas do corpo diretivo das empresas estatais.

5 A função do *compliance* no combate à corrupção

Embora as políticas de integridade possam ser benéficas a todas as organizações, a implantação de um programa de *compliance* é especialmente relevante para aquelas empresas que participam de procedimentos de licitação e/ou mantêm contratos com a Administração Pública. É que a Lei Federal nº 12.846/2013, que considera o programa como uma espécie de atenuante, volta-se essencialmente a combater as ilegalidades perpetradas no âmbito das relações entre pessoas jurídicas e agentes públicos.

A afirmação justifica-se antes em razão da possibilidade de reduzir o risco de envolvimento em casos de corrupção do que de eventuais benefícios legais que possam advir da constatação da existência do programa. Significa, noutros termos, que o programa de *compliance* deve ter sido pensado com o intuito de modificar os padrões de conduta internos e consolidar uma política de intolerância à corrupção[876] e não apenas como forma de evitar a condenação da empresa em eventual processo de responsabilização. A ênfase deve ser na modificação do sistema de incentivos postos à disposição dos atores e, concomitantemente, na alteração da cultura da organização, tendo em vista que o cálculo racional é fortemente influenciado pelo ambiente.

---

[875] INSTITUTO BRASILEIRO DE GOVERNANÇA CORPORATIVA. *Aplicabilidade do artigo 17 da Lei das Estatais a membros do Conselho Fiscal*. Disponível em: <https://ibgc.org.br/blog/artigo-17-estatais>. Acesso em: 18 out. 2020.

[876] Embora, como já afirmado, não se pretenda que o programa de *compliance* seja capaz de erradicar a corrupção.

5.1 O *compliance* nas empresas que contratam com o poder público: os sistemas de incentivo e a importância de uma cultura de conformidade

Como visto no segundo capítulo, de acordo com a abordagem clássica da teoria da escolha racional, um agente pratica um ato ilícito quando, no cálculo dos custos e benefícios, as vantagens se sobrepõem ao risco. A lógica – simplificada – seria de que o sujeito, antes de optar pela conduta ilícita, considera as seguintes variáveis: (i) os ganhos que podem ser obtidos com o ato; (ii) as chances de a ilegalidade vir a ser detectada; (iii) a gravidade da sanção prevista para aquela conduta; e (iv) a probabilidade de efetiva penalização.

Dentro do risco de detecção estaria, ainda, o grau de autonomia do sujeito, enquanto a certeza da punição precisaria considerar os prejuízos à reputação e à imagem, tanto da pessoa física quanto da pessoa jurídica. Nesse ponto específico, pelos motivos já delineados, considera-se intrinsecamente incluída no cálculo racional a influência da cultura e dos valores apregoados no âmbito de determinada empresa ou comunidade.

Ao final, se o resultado da equação conduzir o potencial infrator a perceber que os benefícios do ato de corrupção "compensariam" os eventuais riscos, aumentam-se as chances de que o ilícito seja praticado. Assim, pode-se dizer que os elementos do programa de *compliance* descritos no capítulo anterior – se implantados e geridos em condições ideais – demonstram-se capazes de influenciar as variáveis que compõem o cálculo dos agentes racionais e, consequentemente, impactar de forma positiva a mitigação dos riscos de corrupção.[877] De forma direta, consta-se que o programa de *compliance* pode ser capaz de reduzir os riscos de corrupção dentro das organizações.[878]

---

[877] No cálculo dos agentes racionais, consideram-se incluídas as pressões e influências exercidas pelo *meio*, ou seja, os valores de determinada comunidade (ou empresa). Dentro do cálculo dos custos e benefícios, portanto, deve ser considerado se o agente se sente à vontade com determinada conduta antiética.

[878] Como atestado pela doutrina, não existem estudos empíricos fortes o suficiente para constatar que os programas de *compliance* diminuem de fato os níveis de corrupção e em que medida são eficazes. No entanto, segundo Maurice E. Stucke, a maior parte dos dados disponíveis sugere que o programa de ética (*compliance*) pode prevenir e até mesmo impedir a adoção de posturas corruptas. STUCKE, Maurice E. In search of effective ethics and compliance programs. *The journal of corporation law*, vol. 39:4, 2014, p. 770-832, p. 794. NIEMECZEK, Anja; BUSSMANN, Kai D. Compliance through company culture and values: and international study based on the example of corruption prevention. *Journal of Business Ethics*, p. 6, 2017. Além disso, é possível traçar um paralelo entre os comprovados ganhos obtidos com o fortalecimento dos mecanismos de governança corporativa e a melhoria na

Partindo dessa premissa, para influenciar o cálculo dos agentes, os programas de *compliance* devem priorizar estratégias capazes de: (i) aumentar os benefícios daqueles que observam os padrões de conduta; (ii) ampliar a probabilidade de detecção e de sanção, garantindo a eficiência dos mecanismos de fiscalização e punição; e (iii) assegurar que as penalidades impostas àqueles que forem apanhados sejam suficientes para coibir a adoção de posturas desonestas futuras.

As políticas e controles internos que compõem o programa de *compliance* podem ser implantados, visando influenciar o cálculo dos agentes racionais, sob dois enfoques: (i) voltados à majoração dos incentivos para adotar posturas de integridade, chamados *soft controls*; e (ii) destinados a aumentar os custos pelo descumprimento das normas de conduta, *hard controls*.[879] Os controles sutis podem ser traduzidos em medidas de fomento aos princípios e valores da empresa e à cultura de integridade que se pretende consolidar – incentivos. Os controles duros, por outro lado, são implantados por meio de instrumentos de controle bem definidos, como as exigências de dupla autorização, imposição de rodízio em determinadas funções ou a diluição de responsabilidades.

Ocorre que, devido à dificuldade de medir o resultado dos controles sutis, as auditorias internas acabam dando ênfase aos "controles duros, o que abre espaço para condutas antiéticas, ainda que em conformidade com os normativos".[880] É justamente nesse espectro de aparente conformidade que se inserem os programas de *compliance* "de aparência",[881] pretensamente estruturados no papel, mas com pouca aplicação prática.

Sob essa premissa, a divisão de drogas e crimes da ONU enfatiza a necessidade de que os programas anticorrupção privilegiem a confiança – ou seja, os mecanismos de *soft control* – ao controle excessivo, com o intuito de fomentar a cultura de integridade no âmbito da

---

qualidade dos relatórios financeiros e na menor incidência de fraude. Essa correlação, no âmbito da regulamentação financeira, é evidenciada em diversos artigos científicos trabalhados sobre bases empíricas. COHEN, Jeffrey; KRISHNAMOORTHY, Ganesh; WRIGHT, Arnie. Corporate governance in the Post-Sarbanes-Oxley Era: Auditor's Experiences. *Contemporary Accounting Research*, vol. 27, n. 3, p. 751-786, p. 752, Fall 2010.

[879] O raciocínio e os termos *soft controls* e *hard controls* foram emprestados do Referencial de Combate à Fraude e à Corrupção do TCU. TRIBUNAL DE CONTAS DA UNIÃO, 2016, p. 39. O papel dos incentivos e do aumento dos custos atrelados à realização de atos ilícitos foi detalhado no item 5.1.

[880] *Idem*, p. 39.

[881] Não por acaso, grande parte das empresas envolvidas em escândalos de corrupção mantinham programas de *compliance* estruturados, que foram incapazes de evitar a ocorrência de desvios.

organização.[882] As políticas de *compliance* exclusivamente dedicadas a implantar mecanismos punitivos – na linha da postura tradicionalmente adotada pelo Legislativo brasileiro[883] – demonstram uma abordagem excessivamente voltada ao sintoma do problema da corrupção e não às suas causas, o que pode comprometer os esforços para consolidar na empresa uma *cultura* de integridade e, consequentemente, os resultados do programa.

Além disso, o excesso de controle pode representar custos financeiros muito elevados. Toda e qualquer estratégia de *compliance* deve considerar que o programa e os respectivos controles internos constituem um *meio* para a elevação dos padrões de integridade, nunca um fim em si mesmo. Os custos financeiros precisam, de fato, resultar em benefícios em termos de elevação dos padrões de integridade e mitigação dos riscos de envolvimento em atos de corrupção, o que exige uma análise detida do tomador de decisão. Cientes disso, os dirigentes das empresas devem privilegiar estratégias anticorrupção que sejam capazes de promover o aumento de eficiência dentro das empresas, tendo em vista os custos inerentes à sua implementação.

5.1.1 O papel dos incentivos

De acordo com as premissas assentadas ao longo da pesquisa, os incentivos para adoção de posturas corruptas podem ser divididos em duas grandes categorias: pressões e tentações.[884] Ou seja, os agentes

---

[882] UNITED NATIONS, 2013, p. 26. No mesmo sentido, a doutrina adverte que "uma cultura baseada na intimidação não é um caminho particularmente bom para a honestidade ou responsabilidade". LANGEVOORT, Donald C. Cultures of compliance. *American Criminal Law Review*, vol. 54, p. 944, 2017.

[883] Como discorrido no item 3.2.3, essa tendência foi referenciada na exposição de motivos do Decreto nº 1.171, que instituiu o Código de Ética Profissional do Servidor Público Civil do Poder Executivo Federal e que consignou: "A resposta ao anseio por uma administração pública orientada por valores éticos não se esgota na aprovação de leis mais rigorosas" e o "aperfeiçoamento da conduta ética do servidor público não é uma questão a ser enfrentada mediante proposição de mais um texto legislativo, que crie novas hipóteses de delito administrativo. Ao contrário, esse aperfeiçoamento decorrerá da explicitação de regras claras de comportamento e do desenvolvimento de uma estratégia específica para sua implementação". BRASIL, 2000b.

[884] Como assentado no capítulo 4, a rigor, ninguém pratica ato de corrupção agindo de forma inocente ou por mero descuido. O ato de corrupção, sob a perspectiva semântica, exige a presença do elemento subjetivo doloso na conduta do agente. Entretanto, diante da responsabilização objetiva instituída pela Lei nº 12.846/2013, também os equívocos e descuidos dos agentes inábeis podem resultar em responsabilização da empresa, pelo que o programa de *compliance* deve preocupar-se com a capacitação de seus colaboradores – internos e externos – e dos terceiros que atuem em seu nome e benefício. Assim, como o

podem ser condicionados a atuar de forma desonesta porque não anteveem outra opção – pressão – ou porque acreditam que podem obter benefícios com a prática – tentação. Além disso, dentro dos incentivos incluem-se tanto aqueles que impulsionam o sujeito a agir dentro dos padrões de integridade apregoados pela empresa, quanto os que podem ser obtidos a partir do desvio. Os incentivos à prática do ilícito devem ser subtraídos dos incentivos para a conformidade. O ideal é que o resultado seja positivo, ou seja, que a motivação para atuar em conformidade com as diretrizes apregoadas pela empresa supere os estímulos de eventual infração.

A importância dos incentivos é apregoada com unanimidade pelos órgãos de controle. O *Guidelines Manual 2016*, disponibilizado pela *United States Sentencing Commission*, prescreve que os programas de *compliance* devem ser implantados e aplicados por meio de incentivos e medidas disciplinares destinadas às violações das diretrizes internas e às hipóteses de omissão quanto à prevenção e detecção de ilícitos.[885] Os guias publicados pelo Departamento de Justiça dos Estados Unidos (DOJ) e pela Organização das Nações Unidas, por sua vez, destinam uma seção inteira para tratar dos incentivos e das medidas disciplinares.[886] Os documentos orientativos emitidos pela Controladoria-Geral da União (CGU) também mencionam a importância dos incentivos para que os colaboradores apoiem o programa e, consequentemente, a política de integridade implantada pela empresa.[887]

Não obstante, parece haver certa resistência à implantação de incentivos diretos, sob o argumento de que as pessoas devem fazer o "certo pelo certo" e não porque ganhariam alguma vantagem em troca. Embora não se discutam as questões filosóficas que poderiam justificar a crítica, o que importa, para a presente análise, é que a consolidação

---

cálculo racional pressupõe a existência do elemento cognitivo, a abordagem do presente capítulo parte da premissa de que os agentes podem *optar conscientemente*, diante dos incentivos que lhe forem expostos (o que inclui a influência do meio social) por realizar condutas ilícitas.

[885] "The organization's compliance and ethics program shall be promoted and enforced consistently throughout the organization through (A) appropriate incentives to perform in accordance with the compliance and ethics program; and (B) appropriate disciplinary measures for engaging in criminal conduct and for failing to take reasonable steps to prevent or detect criminal conduct" (§8B2.1 (b)(6)). UNITED STATES, 2016g, p. 535.

[886] UNITED STATES, 2015b, p. 59; UNITED NATIONS, 2013, p. 74-79.

[887] MINISTÉRIO DA TRANSPARÊNCIA, FISCALIZAÇÃO E CONTROLADORIA-GERAL DA UNIÃO, 2015d, p. 21. A referência aos incentivos é relacionada à participação nos treinamentos. No documento destinado às micro e pequenas empresas há novas referências à importância dos incentivos. MINISTÉRIO DA TRANSPARÊNCIA, FISCALIZAÇÃO E CONTROLADORIA-GERAL DA UNIÃO, 2015b.

de uma cultura de integridade é um objetivo a ser alcançado no médio e longo prazo, pelo que a utilização de um sistema de incentivos, além de contribuir para a construção da consciência coletiva, torna mais palpáveis as soluções propostas. Assentadas essas premissas, passa-se a discorrer sobre a relevância dos incentivos diretos e indiretos.

Como já demonstrado, a antinomia entre o discurso de intolerância à corrupção (normas morais) e a verificação de que, na prática, os mesmos desvios são reiterados pelos atores sociais (práticas sociais) dificulta a prevenção aos atos de corrupção. Portanto, antes de mais nada, é preciso assumir que a corrupção permeia a conduta de todos e de cada um, o que implica tomá-la como um problema coletivo e, ao mesmo tempo, individual. Sob essa perspectiva, a efetividade dos mecanismos de combate à corrupção encontra-se diretamente ligada à pessoalização do seu tratamento.

Com efeito, a efetividade do programa de *compliance* depende diretamente da sua interação com os demais departamentos e colaboradores da empresa. Um programa restrito à instância de *compliance* dificilmente terá alguma utilidade prática. Sua eficácia, repita-se, depende muito mais dos colaboradores da empresa – de forma geral e especialmente daqueles ligados às áreas de risco – do que dos responsáveis pela área de *compliance*. Portanto, o programa deve preocupar-se em como influenciar diretamente a esfera de atuação individual de cada um de seus colaboradores – internos e externos. Os resultados das pesquisas empreendidas pelos teóricos da escolha racional e da economia comportamental fornecem parâmetros importantes para eleger as estratégias de alocação dos recursos destinados a influenciar a tomada de decisão.

Em primeiro lugar, os colaboradores devem ser continuamente *conscientizados* da importância de a imagem da empresa ser associada a valores éticos e ao compromisso com a legalidade. De forma didática e com o máximo de recursos possível, deve ser transmitida a mensagem de que os prejuízos à reputação da empresa perante o mercado se refletem diretamente na manutenção dos postos de trabalho e que, portanto, o fortalecimento do programa de *compliance* é obrigação de todos, e não apenas um capricho da empresa ou mais um mecanismo de controle imposto sobre os colaboradores.[888] Como constatado por Robert Klitgaard, "consegue-se apoio mostrando a outrem como ele

---

[888] A abordagem abarca tanto os incentivos do cálculo racional, na medida em que aumenta os riscos de uma conduta ilícita, quanto a modificação dos valores apregoados no âmbito da empresa.

está sendo ou será ajudado pelo que você faz".[889] A mensagem deve ser firme no sentido de que nenhum ganho é capaz de compensar os riscos de uma atuação à margem da legalidade.

Nesse ponto específico, a formação de uma *cultura* de conformidade, tendo em vista a influência que os valores de determinada comunidade exercem na decisão individual, é fundamental para aumentar os incentivos à adoção de posturas éticas e em consonância com os limites legais.[890] A trajetória e os costumes cultivados no âmbito institucional exercem papel determinante na tomada de decisão individual.[891] Assim, se a empresa tem um histórico de envolvimento em casos de corrupção, se não adotou nenhuma medida de remediação ou providência para evitar a ocorrência de novos ilícitos, os colaboradores podem ser mais propensos a assumir riscos para obter um ganho imediato.[892]

Do ponto de vista individual, a ilegalidade pode parecer indispensável à continuidade dos negócios, apesar do discurso anticorrupção.[893] Isso explicaria por que, em muitas empresas, os colaboradores optam por, conscientemente, infringir a legislação e as diretrizes internas, mesmo sem qualquer benefício aparente. O risco é que colaboradores e terceiros não estejam convencidos do compromisso da empresa com a integridade e, pelo contrário, acreditem que deles se espera que celebrem o negócio "a qualquer custo".[894]

---

[889] KLITGAARD, 1994, p. 204. O autor adverte, ainda, que o termo "ajudado" "significa pela visão dele [destinatário da mensagem] e não pela sua".

[890] Com esse intuito, devem ser priorizados (i) o apoio da alta administração (4.2.1); (ii) a participação dos colaboradores da empresa na elaboração das diretrizes internas e a ampla divulgação do Código de Conduta (4.2.2); (iii) os treinamentos periódicos (4.2.3); (iv) a conscientização sobre a importância da utilização dos canais de denúncia, comunicação e dos procedimentos de controle interno – desde o monitoramento dos riscos, até a exigência de registros contábeis detalhados, *due diligence*, transparência e aumento do rigor nos processos de interação com a Administração Pública.

[891] Como adverte Marco Aurélio Bordes de Paula, se a alta administração atua de forma antiética, "muitos agentes do nível mais baixo (*street-level bureaucrat*) racionalizarão a sua má conduta, através das mais variadas justificativas (por exemplo: 'se o meu chefe faz, eu também posso fazer'), de modo a praticá-la 'sem peso na consciência', isto é, sem prejuízo à sua autoimagem de honestidade, o que acaba gerando, muitas vezes, uma escalada de pequenos desvios". PAULA, 2018, p. 27.

[892] BIRD, Robert; PARK, Stephen Kim. Turning corporate compliance into competitive advantage. *University of Pennsylvania Journal of Business Law*, v. 19, n. 2, p. 309, 2017. Ainda nesse sentido, quanto mais dúvidas sobre a aplicabilidade das normas internas surgirem, quanto mais desconfiança por parte dos colaboradores e do público externo, menos expressiva é a força cogente do regulamento. LANGEVOORT, 2017, p. 959.

[893] KLINKHAMMER, Julian. On the dark side of the code: organizational challenges to an effective anti-corruption strategy. *Crime Law Soc Change*, 60: p. 191-208, p. 200, 2013.

[894] STUCKE, 2014, p. 810. Existem estudos que revelam maior probabilidade de práticas de corrupção em "nome de outros". ARIELY, 2012, p. 194. Ou seja, os indivíduos podem

É preciso ter em mente que as mensagens referentes à ética são, muitas vezes, "filtradas por olhos, ouvidos e cérebros, céticos, ressentidos ou simplesmente desinteressados"[895] pelo que precisam ser cuidadosamente elaboradas e corroboradas por atitudes. Renunciar à celebração de contratos que tenham sido obtidos por meios espúrios pode ser um meio eficaz de transmitir a mensagem, com suficiente credibilidade, aos colaboradores.[896] Uma política de transparência – sobretudo dos recursos e interações que envolvam o Poder Público – também pode contribuir para consolidar uma postura ética.

O grande empecilho nas organizações ou sociedades que tenham sofrido com a corrupção disseminada, sistêmica, é o cinismo. Isso porque as pessoas "já escutaram muita coisa sobre como é ruim a corrupção, sobre a necessidade de obedecer aos regulamentos e sobre as supostas consequências para quem os transgrida. Mas tem sido apenas isso – conversa".[897] A estratégia de combate à corrupção nesses ambientes deve, pois, dividir-se em duas etapas: (i) primeiro, é necessário abalar o clima de confiança necessário às transações corruptas – o que se faz pelo incremento dos mecanismos de controle e pela reiteração de uma política de vigilância; (ii) segundo, o cinismo precisa ser combatido, ou seja, "as palavras, que são demasiadamente fáceis, têm de ser secundadas pela ação".[898]

O papel da alta administração e a reiteração dos valores da empresa e da política de intolerância à corrupção são fundamentais para consolidar uma cultura empresarial de aversão ao risco – quando o risco envolver uma atuação desonesta – e para afastar suposições de que a

---

ser mais propensos a praticar ilícitos em benefício da empresa ou de seus pares do que de si próprios – ainda que o resultado de um (ganho da empresa) interfira diretamente no de outro (ganho individual). LANGEVOORT, Donald C. *Behavioral ethics, behavioral compliance*. Georgetown University Law Center, 2015. p. 3.

[895] LANGEVOORT, 2015, p. 14, tradução livre. Ainda segundo o autor, é preciso lembrar que a maior parte das pessoas se autoconsidera como ética, pelo que os comunicados e advertências anticorrupção tendem a ser recebidos com o "botão mental do *mute*" ligado, evidenciando a necessidade de que as comunicações sejam conjugadas com mecanismos de controle e monitoramento.

[896] Se a corrupção é contagiosa, como demonstram os estudos empíricos citados aqui – ou seja, se a repetição de padrões antiéticos pode incentivar o ato da infração –, a honestidade também deve ser reiterada, desde a mais simples atitude até os grandes exemplos, contaminando positivamente o ambiente organizacional. Repete-se, novamente, a premissa de que "a vergonha pode ser culturalmente condicionada". KLITGAARD, 1994, p. 27. Com afirma Romeu Felipe Bacellar Filho, "a razão não basta. É necessário o desejo, a educação, o hábito, a memória de exercitar uma virtude". BACELLAR FILHO, 2008, p. 352.

[897] KLITGAARD, 1994, p. 206.

[898] Idem.

corrupção seria tacitamente consentida quando necessária ao sucesso da organização.[899] Como constatado por estudos empíricos, "o que o CEO executa no dia a dia envia uma mensagem muito mais forte para todos na organização do que o que está escrito na política de ética"[900] ou em outro documento similar. Vale dizer: as diretrizes internas só serão obedecidas se e quando os colaboradores entenderem que os seus superiores – gerentes, supervisores e alta administração – seguem os mesmos padrões de conduta e que isso não lhes prejudica a carreira, pelo contrário.[901]

O raciocínio amolda-se às premissas assentadas no segundo capítulo, no sentido de que a cultura organizacional e, consequentemente, o julgamento do meio social sobre a aceitabilidade de determinado padrão de comportamento são determinantes na escolha racional dos agentes.[902] Como visto, o nível de aceitação e a repercussão de uma conduta corrupta ou desonesta dentro de determinada organização devem ser incluídos no cálculo de custos e benefícios. Se os colaboradores acreditarem que a empresa desaprova desvios éticos e legais, ainda que voltados ao benefício da pessoa jurídica, diminuem as probabilidades de ocorrência de ilícitos. Se, por outro lado, determinado ato, ainda que ilegal, for tolerado pela alta administração e, por pressuposto, aceito no âmbito organizacional, os custos da sua realização são minimizados, sobretudo porque não comprometem a imagem do indivíduo perante

---

[899] A clareza dos padrões éticos não depende apenas da linguagem utilizada nos códigos de conduta e documentos internos, mas da ausência de ruídos entre a mensagem passada pela alta administração e o comando percebido pelos colaboradores. Estudos empíricos confirmam que os comportamentos antiéticos são verificados com maior frequência quando não há clareza suficiente sobre as posturas esperadas dos colaboradores. KAPTEIN, Muel. *Understanding unethical behavior by unraveling ethical culture*. Human relations. – Thousand Oaks, Calif. [u.a.] Vol. 64. 2011, 6, p. 843-869, p. 848. No mesmo sentido, existem dados empíricos demonstrando que os padrões éticos são prejudicados quando gerentes e supervisores se comportam de forma diversa do exigido pelo Código de Conduta, emitindo sinais contraditórios aos colaboradores. Há evidências de que os colaboradores normalmente "copiam" o comportamento – ético ou não – de seus superiores. KAPTEIN, 2011, p. 848.

[900] COHEN, KRISHNAMOORTHY, WRIGHT, 2010, p. 759, tradução livre.

[901] A advertência é ainda mais importante quando o programa de *compliance* precisa ser enraizado em uma subsidiária ou em outro país. Nessas hipóteses, a despeito dos esforços e investimentos na formalização da política anticorrupção em nível internacional, o exemplo dos gestores locais é um dos fatores que determinarão o sucesso do programa.

[902] Como sugere Donald Langevoort, "existem instintos morais, incluindo o desejo, da maioria, de ser e ser visto como uma boa pessoa". LANGEVOORT, 2017, p. 950, tradução livre. Além disso, existem evidências empíricas de que os agentes estão dispostos a "trapacear" até o limite que lhes permite manter uma autoimagem "como a de indivíduos razoavelmente honestos". ARIELY, 2012, p. 20. A conclusão é de que o cálculo não é puramente racional, mas influenciado pelos valores cultivados no meio social.

seus pares. A inobservância do programa de *compliance* pela alta administração constitui um dos principais obstáculos à sua efetivação.[903]

Há, ainda, ampla recomendação de que a elaboração do Código de Conduta conte com a participação de representantes da maior variedade possível de colaboradores – ainda que a aprovação final do documento caiba ao conselho de administração ou à presidência da empresa.[904] É importante que os funcionários de diferentes departamentos sejam entrevistados, consultados e conscientizados da necessidade dos mecanismos de controle interno, não só para garantir a fidedignidade das informações colhidas na fase de avaliação de riscos, mas como forma de reduzir objeções ou resistência ao programa de *compliance*.[905] Como afirma Robert Klitgaard, "só mudando o sentimento de identificação dos empregados com a empresa se poderá controlar essa espécie de corrupção [...] a participação dos empregados nas decisões gerenciais levaram-os a *querer* ser honestos".[906]

Com o mesmo intuito, os treinamentos podem ser uma boa oportunidade para esclarecer os porquês da profissionalização dos procedimentos internos e o recrudescimento dos mecanismos de controle. A proximidade viabilizada pela interação pessoal permite que os colaboradores perguntem, exponham suas dúvidas e compreendam a importância do programa de *compliance*, o que contribui para a sua aceitação.[907]

---

[903] É comum que os colaboradores, após serem comunicados das diretrizes de integridade, duvidem que a empresa ou seus superiores estejam "falando sério". Uma das maneiras mais comuns de autojustificar a inobservância das diretrizes internas é o argumento de que "todo mundo faz" igual, sobretudo quando no todo está incluído algum membro da alta administração. A estratégia reflete a percepção de que o comportamento desvirtuado é uma estratégia competitiva, e, portanto, necessária à atividade empresarial, e um fato socialmente tolerável, independentemente do que as normas internas preceituem. LANGEVOORT, 2017, p. 961.

[904] É esse, aliás, um dos parâmetros utilizados pelo DOJ e pela SEC na avaliação dos programas de *compliance*. Os órgãos de controle norte-americanos sugerem que seja investigado *quem* esteve envolvido na designação das políticas e procedimentos da empresa e se as unidades e departamentos foram consultados antes de implantá-las. UNITED STATES, 2017b. p. 3.

[905] INSTITUTO BRASILEIRO DE GOVERNANÇA CORPORATIVA, 2014, p. 94. A ONU recomenda, inclusive, que sejam consultados sindicatos, auditores externos, investidores e parceiros de negócio, sob o fundamento de que as abordagens participativas – ainda que o documento final seja aprovado pelo conselho de administração ou pela presidência da empresa – estabelecem confiança e compreensão entre os sujeitos afetados pelo programa, o que minimiza os obstáculos à implantação do programa. UNITED NATIONS, 2013, p. 26.

[906] KLITGAARD, 1994, p. 106.

[907] Segundo estudos empíricos, um treinamento de qualidade: (i) facilita o conhecimento sobre as regras vigentes; (ii) encoraja uma postura de intolerância à corrupção; e (iii) contribui para a aceitação do programa de *compliance*. NIEMECZEK; BUSSMANN, 2017, p. 7.

Na esfera individual, a utilização de *lembretes morais* pode ser mais eficiente que o incremento dos mecanismos de controle.[908] No âmbito das contratações públicas, o colaborador designado para representar a empresa no processo licitatório ou, posteriormente, para assinar o instrumento ou aditivo contratual pode ser compelido a assinar um termo de responsabilidade, comprometendo-se a atuar de acordo com os padrões éticos exigidos pela empresa.[909] Uma vez que o sujeito se compromete com determinada conduta e manifesta esse compromisso diante do meio social, a possibilidade de responsabilização e os julgamentos morais esperados em razão de uma postura diversa podem desestimular a prática da infração.

Segundo Julian Klinkhammer, os funcionários condenados no caso de corrupção envolvendo a Siemens eram "excessivamente leais, mas não cegamente obedientes".[910] Ou seja, há sempre uma brecha para que os riscos pessoais ultrapassem a lealdade do potencial infrator para com a empresa. Tudo depende da abordagem. A advertência do autor é no sentido de que a maior parte das análises sobre a corrupção estrutural supõe que as ações corruptas decorrem do desconhecimento ou falha de percepção sobre o desvio. Todavia, o que se verifica na prática é que os infratores tinham plena consciência da ilegalidade dos seus atos, mas acreditavam que a empresa apoiava – ainda que tacitamente – a conduta ilícita, pelo que supunham, inclusive, que seriam de alguma forma protegidos pela empresa em caso de eventual responsabilização judicial.

A ênfase da mensagem transmitida pela empresa, portanto, deve ser antes na certeza da responsabilização – mesmo quando o resultado comercial do ilícito possa ser benéfico para a empresa – do que na ilegalidade em si.[911] Talvez seja essa a forma mais eficiente de tornar o programa de *compliance* efetivo, sob o ponto de vista do cálculo dos

---

[908] Existem dados empíricos evidenciando que mais do que o acirramento dos controles internos, os lembretes éticos e morais, ainda que sutis, logo antes das situações em que há possibilidade do cometimento do desvio, são capazes de dissuadir o infrator. ARIELY, 2012, p. 45. No mesmo sentido, um dos principais *insights* da ética comportamental é de que os lembretes éticos recebidos muito antes da acontecer a situação que poderia ensejar um ato de corrupção tiveram pouco impacto. LANGEVOORT, 2017, p. 966.
[909] A sugestão pode ser adaptada para cada uma das *red flags* que envolvem as licitações e contratos tratados no item 2.4.
[910] KLINKHAMMER, 2013, p. 204, tradução livre.
[911] Segundo Robert Klitgaard, a medida mais decisiva para superar o cinismo dos colaboradores consiste na responsabilização dos "peixes graúdos", pessoas alocadas no alto escalão da empresa, "com o anúncio simultâneo de mudanças de política". KLITGAARD, 1994, p. 207.

colaboradores.[912] Daí a importância de mecanismos que materializem, perante o colaborador, a certeza da responsabilização individual – no âmbito interno e externo, em eventual ação judicial – pela conduta praticada. O objetivo é que, sempre que uma conduta desperte dúvidas sobre a sua legitimidade, os colaboradores busquem orientação superior, conscientes de que responderão por cada decisão tomada. Com o diálogo constante evita-se, em acréscimo, que a alta administração ignore, deliberadamente, as práticas ilícitas de seus colaboradores.[913]

Os incentivos diretos, embora possam suscitar polêmica, devem ser fortemente considerados. A observância dos padrões de integridade e do programa de *compliance* pode, segundo os regramentos da empresa, proporcionar recompensas financeiras, aumento de salários, bônus, reconhecimento – por meio de prêmios ou divulgação em informativo interno –, patrocínio de cursos externos e promoções na carreira. O importante é que os incentivos e critérios de avaliação sejam objetivos, devidamente comunicados e estejam registrados de forma clara nos documentos internos.[914]

O colaborador que recuar diante da celebração de um negócio suspeito deve ser recompensado e reconhecido perante seus pares. Como advertido pela doutrina, "o objetivo do *compliance* é ensinar as pessoas a deixar o dinheiro na mesa quando a oportunidade é acompanhada de suficiente risco moral ou legal".[915] A desconfiança quanto à seriedade das diretrizes de integridade pode ser rompida a partir da postura da empresa diante de episódios reais. Assim, "caso um empregado reporte riscos concretos de violações em determinado negócio potencial [...], a sua exclusão das metas do empregado pode ser importante mecanismo para compensar as pressões comerciais e incentivar que condutas ilícitas sejam identificadas e abortadas".[916]

A recíproca também é verdadeira. Ou seja, a empresa deve evitar promover os colaboradores que tenham ultrapassado as metas

---

[912] Diz-se talvez porque, como já dito, o presente trabalho não utiliza dados empíricos capazes de comprovar a afirmação. A metodologia dedutiva empregada no estudo leva à conclusão, a partir das premissas estabelecidas no primeiro capítulo, de que a certeza da responsabilização é a estratégia mais eficiente para aumentar os riscos e, consequentemente, influenciar o cálculo racional e o comportamento dos atores.

[913] O que se convencionou chamar, pela doutrina, de "cegueira deliberada".

[914] Pode ser frustrante para os colaboradores e contraproducente a existência de parâmetros ambíguos ou pouco definidos, que possam resultar em interpretações dissonantes das expectativas da empresa.

[915] LANGEVOORT, 2017, p. 953, tradução livre.

[916] MAEDA, 2013, p. 186.

estabelecidas por meios ilegítimos.[917] Caso contrário, os demais colaboradores podem entender que a obtenção de resultados positivos traduz-se em uma "licença" para descumprir os padrões de conduta estabelecidos. Com efeito, as qualidades tradicionalmente valorizadas no âmbito empresarial – como liderança, criatividade e proatividade – devem ser enaltecidas desde que dentro dos limites do programa de *compliance*, o que pode ser um desafio à sua implantação.[918]

Tais incentivos devem estar integrados às políticas de avaliação de desempenho da empresa, que podem incluir o estabelecimento de metas, como, por exemplo, o número de treinamentos e eventos relacionados ao programa anticorrupção dos quais o colaborador participou. Pode ser igualmente levado em consideração o grau de participação do colaborador.[919] Ao final, se a empresa entender cabível, pode aplicar teste sobre o conteúdo do treinamento.[920] A divisão de drogas e crimes da Organização das Nações Unidas sugere, ainda, que os gerentes e coordenadores sejam avaliados pelos incentivos dispendidos para que seus subordinados participem dos eventos relacionados ao programa de *compliance*.[921]

Os colaboradores também devem ser incitados a contribuir com sugestões para aprimorar o programa de *compliance*. Pode haver um estímulo para que os colaboradores redijam artigo ou notícia relacionando as políticas de integridade à sua área de atuação, para ser veiculado no informativo da empresa. Os *feedbacks* e as avaliações periódicas sobre o conteúdo do Código de Conduta e dos procedimentos internos (na forma de testes ou exercícios interativos) são igualmente importantes. A ampla comunicação e a possibilidade de esclarecer dilemas éticos, segundo dados empíricos, é um dos fatores que mais favorecem a aderência dos colaboradores ao programa de *compliance*.[922]

---

[917] UNITED NATIONS, 2013, p. 74-75. O *Guidelines Manual 2016* recomenda que as empresas não promovam colaboradores que tenham adotado postura incompatível com o programa de *compliance* (§8B2.1 (b)(3)). UNITED STATES, 2016g, p. 534.

[918] LANGEVOORT, 2017, p. 961.

[919] É importante que os treinamentos não sejam encarados como mera obrigação formal. As empresas devem investir em estratégias para despertar o interesse dos colaboradores.

[920] A sugestão é fortemente recomendada pelos órgãos de controle, tal como exposto no item 4.2.3.

[921] UNITED NATIONS, 2013, p. 76. O critério evidencia o compromisso da empresa com o programa de *compliance* ao assumir que os colaboradores precisam de recursos – o que inclui tempo disponível – para aderir às políticas de integridade.

[922] KAPTEIN, 2011, p. 858. No mesmo sentido, alguns estudos apontam que uma cultura de integridade incentiva os colaboradores da empresa a se engajarem no controle social informal, seja debatendo com os colegas as situações de dúvida e possíveis inconsistências no programa de *compliance*, seja comunicando diretamente suas sugestões à alta administração. NIEMECZEK; BUSSMANN, 2017, p. 6, 10.

Também é importante que as empresas incentivem os colaboradores a reportarem os ilícitos identificados e a utilizarem os canais de denúncia. A garantia de que não haja qualquer espécie de retaliação é o primeiro passo para que o mecanismo seja, de fato, utilizado.[923] Entretanto, a empresa pode prever outros incentivos, como, por exemplo, a recompensa aos colaboradores que denunciem irregularidades que venham a ser efetivamente comprovadas. Nesse caso, a exemplo da previsão contida no parágrafo único do artigo 4º da Lei Federal nº 13.608/2018[924] e na legislação norte-americana, conhecida como *Dodd-Frank Act*,[925] tais colaboradores podem receber um benefício financeiro proporcional à infração denunciada ou, ainda, alguma forma de vantagem não pecuniária (promoção, reconhecimento, etc.). É importante, entretanto, que a empresa refute veementemente denúncias levianas ou de má-fé, evitando declarações falsas ou que o canal de denúncias seja utilizado como forma de perseguição interna.

A estratégia pode ser menos efetiva em relação aos terceiros contratados, diante da dificuldade de consolidar uma sensação de pertencimento à empresa. Nesses casos, as demais variáveis devem ser trabalhadas de forma a compensar eventual impotência dessa espécie de incentivo. A empresa pode, por exemplo, considerar divulgar uma lista com o nome dos parceiros comerciais que mais prezam pela ética e integridade nos negócios – o que acaba sendo um marketing positivo para o terceiro. Pode, ainda, estabelecer critérios de seleção que privilegiem aqueles com programas de *compliance* próprio ou que tenham manifestado um mínimo de aderência com as políticas internas da empresa.

Por fim, não se pode perder de vista que o pano de fundo por trás dos incentivos, como já se viu, deve ser a conscientização dos colaboradores sobre a importância de uma atuação honesta e da observância das políticas de *compliance*. Justamente por isso, os incentivos não podem gerar desequilíbrios, estabelecendo metas inatingíveis ou

---

[923] NIEMECZEK; BUSSMANN, 2017, p. 2. Ainda segundo os autores, enquanto o aumento do controle informal interno – a partir de uma cultura de vigilância entre os colaboradores – promove uma tendência de diminuição do envolvimento em atos de corrupção, uma cultura de utilização dos canais de denúncia e mecanismos de reporte interno conduz ao incremento do controle recíproco – entre os colaboradores. NIEMECZEK; BUSSMANN, 2017, p. 6.

[924] O artigo 4º da Lei nº 13.608/2018 estabelece que os entes federados, no âmbito de suas competências, podem "estabelecer formas de recompensa pelo oferecimento de informações que sejam úteis para a prevenção, a repressão ou a apuração de crimes ou ilícitos administrativos", inclusive com a possibilidade de pagamento de valores em espécie (parágrafo único).

[925] Mencionado em nota de rodapé no item 4.2.8.

que demandem dos colaboradores a inobservância dos procedimentos e precauções inerentes à atividade desempenhada.[926]

5.1.2 A importância dos controles preventivos e da certeza da sanção

Além da necessidade de criar uma *cultura* de integridade a partir da consolidação dos valores apregoados pela empresa e do investimento em *incentivos* para que os agentes se comprometam com o programa de *compliance,* a perspectiva clássica da teoria da escolha racional permite a construção de uma relação de causalidade entre a existência de controles internos e a incidência de episódios de fraude e corrupção. Parte-se da premissa de que os mecanismos de controle,[927] ao gerar uma expectativa de detecção nos potenciais infratores, podem dissuadi-los de cometer fraudes e atos de corrupção.

Os riscos de detecção referem-se aos mecanismos de fiscalização e às chances de identificação das condutas vedadas, abrangendo o nível de autonomia e independência do agente privado, que, em nome da empresa, pode vir a usar de subterfúgios para obter benefícios ilegais perante o Poder Público. Significa que o programa de *compliance* deve priorizar estratégias que fortaleçam os procedimentos voltados à prevenção da corrupção,[928] tendo em vista que o fenômeno "prospera na desorganização, na ausência de relacionamento estável entre os grupos e de padrões reconhecidos de autoridade".[929]

Antes de adentrar nas sugestões propriamente ditas, é importante enfatizar os potenciais efeitos perniciosos do excesso de controle, que, ao fundar-se na desconfiança, pode resultar em padrões éticos ainda

---

[926] Como adverte a divisão de drogas e crimes da ONU, "quanto maior o incentivo, maior deve ser o controle". UNITED NATIONS, 2013, p. 76, tradução livre.

[927] Preventivos – destinados a impedir a perfectibilização do ilícito – e detectivos – voltados para identificar os desvios praticados caso as medidas preventivas falhem.

[928] Tais procedimentos incluem os controles que: (i) exigem registro de todas as interações com a Administração Pública; (ii) determinam que os funcionários responsáveis pelo contato direto com os agentes públicos sejam sempre acompanhados por outro colaborador da empresa; (iii) estabelecem um rodízio nos cargos e funções de maior interação com o setor público; e (iv) determinam a dupla autorização para decisões mais sensíveis (o que implica a revisão das transações). Além disso, o programa anticorrupção deve investir nos mecanismos de detecção de desvios, o que inclui (i) a análise periódica dos riscos (4.2.4); (ii) a independência da instância de *compliance* (4.2.7); (iii) a eficiência dos canais de denúncia e comunicação (4.2.8); e (iv) o contínuo monitoramento e supervisão dos terceiros contratados (4.2.11).

[929] KLITGAARD, 1994, p. 93.

mais baixos, além de tornar os colaboradores menos empreendedores e produtivos.[930] Como adverte Robert Klitgaard, "o lado sombrio da luta contra a corrupção é a burocracia adicional que se pode gerar".[931] Nesse ponto vale o brocardo de que a diferença entre o veneno e o remédio é a dose, e a dose, repete-se uma vez mais, encontra-se diretamente condicionada às características de cada empresa e aos resultados obtidos na análise de riscos.

Além disso, não há uma necessária relação de causalidade entre o nível de controle e os riscos de envolvimento em atos de corrupção. O programa de *compliance* precisa buscar o equilíbrio entre os mecanismos de controle interno e o fomento de uma cultura ética e de confiança entre os colaboradores. Deve, portanto, haver um mínimo de confiança no âmbito interno da organização – ainda que eventuais abusos possam ocorrer – sob pena de inviabilizar a atividade empresarial. Do contrário, a ênfase exclusiva no primeiro aspecto provavelmente resultará no desenvolvimento de meios de burlar os controles internos.[932]

Se não for bem dosado, o excesso de controle pode repercutir em efeitos negativos à cultura da organização, além de prejuízos à eficiência dos procedimentos e, consequentemente, em maior vulnerabilidade à atividade empresarial.[933] Em situações mais extremadas, alguns colaboradores podem – buscando evitar a morosidade e a burocracia dos controles excessivos – ignorar os procedimentos internos com o intuito de acelerar a celebração de negócios.[934] Feita essa ressalva, destacam-se as principais sugestões da doutrina e dos órgãos de controle sobre os mecanismos preventivos e de detecção.

Em primeiro lugar, seguindo a premissa estabelecida no item anterior no sentido de que a certeza da responsabilização pode dissuadir o potencial infrator, é importante que as competências e autoridades de cada colaborador ou representante estejam bem definidas

---

[930] LANGEVOORT, 2015, p. 17.
[931] KLITGAARD, 1994, p. 214.
[932] Como esclarece David Hess, os atos de corrupção não decorrem necessariamente de um cálculo puramente racional, mas, ao contrário, podem ser resultado da cultura enraizada na organização. Portanto, a menos que a empresa empregue esforços para modificar esses valores, os colaboradores podem recomeçar a praticar condutas ilícitas imediatamente após a empresa ter sido responsabilizada. HESS, 2009, p. 783.
[933] UNITED NATIONS, 2013, p. 63.
[934] Segundo Robert Klitgaard, "as políticas para sustar a corrupção têm custos em termos de desempenho afetivo, pela organização, de sua missão primordial. O dirigente arguto levará em conta esses custos, assim como os benefícios de se reduzir a corrupção. O nível ideal dos esforços anticorrupção ficará aquém do máximo, o nível ótimo de corrupção não será, na prática, igual a zero". KLITGAARD, 1994, p. 214.

nos documentos internos da empresa (mecanismos de *accountability*). Isso porque "as atividades ilícitas são maiores quando os agentes têm poder monopolista sobre os clientes, desfrutam de poder discricionário e têm responsabilidade mal definida".[935]

A sugestão ampara-se na fórmula apresentada por Robert Klitgaard, para quem a corrupção seria = monopólio + discricionariedade − *accountability*.[936] Segundo o autor, quer se considere a atividade pública, privada ou sem fins lucrativos, tende a haver maior corrupção quando uma organização ou pessoa (i) detém poder exclusivo sobre um determinado bem ou serviço; (ii) atua de forma discricionária; e (iii) não está sujeita a nenhuma forma de *accountability*.[937] O raciocínio é corroborado pelos resultados da economia comportamental, no sentido de que, a certeza do potencial infrator acerca da ampla possiblidade de identificar a autoria do ato ilícito influencia no resultado do cálculo dos custos e benefícios e reflete na sua autoimagem, na medida em que o sujeito precisará encarar a sua parcela de responsabilidade pela consumação da infração.[938]

Além da clara definição das responsabilidades, a sugestão de segregação das funções com poder decisório é uma constante nos documentos que orientam a implantação dos programas de *compliance*. Como esclarece o TCU, a ideia é que nenhum profissional "possa estar numa posição capaz de executar todas as etapas necessárias para cometer a fraude e corrupção e ocultá-la".[939] Sob essa perspectiva, os sistemas de controle devem ser pensados como "mecanismos para circunscrever a discricionariedade" e evitar que um único agente "tenha oportunidade de tomar grandes decisões corruptas por conta própria".[940]

Reitera-se que os custos − financeiros e em termos de eficiência − inerentes às soluções propostas não devem ser desconsiderados na decisão por uma ou outra estratégia anticorrupção. O recrudescimento dos instrumentos de controle e os gastos subjacentes devem ser

---

[935] *Idem*, p. 88.
[936] Segundo o autor, "a corrupção pode ser representada a partir da seguinte fórmula: C = M + D − A. Corrupção é igual a monopólio mais discricionariedade menos *accountability*" KLITGAARD, Robert. International cooperation against corruption. *Finance & Development*, v. 35, n. 1, p. 3-6, 1998, p. 4, tradução livre.
[937] Idem.
[938] Como apontam os resultados dos estudos de Dan Ariely, as pessoas tendem a justificar as suas condutas, mesmo quando sabidamente erradas. Segundo o autor, a "obscuridade de nossas motivações reais não nos impede de criar razões que pareçam perfeitamente lógicas para as nossas ações, decisões e sentimentos". ARIELY, 2012, p. 144.
[939] TRIBUNAL DE CONTAS DA UNIÃO, 2016, p. 53.
[940] KLITGAARD, 1994, p. 101.

sopesados diante dos potenciais ganhos em termos de redução dos riscos de envolvimento em atos de corrupção. Ao fim, a empresa precisará decidir até que ponto está disposta a suportar os dispêndios inerentes ao aperfeiçoamento dos mecanismos de controle interno. A exemplo do discorrido no item 4.2.6, a doutrina e os órgãos de controle sugerem que as decisões mais sensíveis podem ficar sujeitas a uma revisão por parte do superior hierárquico ou da instância de *compliance*. O importante é que nenhum indivíduo controle isoladamente todas as fases de uma atividade ou transação, sobretudo quando envolver algum grau de interação com a Administração Pública. Quanto menos a instância de *compliance* – normalmente responsável pela conferência das atividades empresariais e verificação da aderência às políticas internas[941] – estiver envolvida em assuntos corporativos, mais eficientes serão os mecanismos de controle interno.[942]

No mesmo timbre, a exigência de que todos os contatos presenciais com agentes públicos sejam realizados por pelo menos dois representantes da empresa e de que determinadas decisões passem por duas instâncias de análise objetiva a descentralização do poder decisório e a diminuição da autonomia do potencial corruptor. Assim, para que se concretize eventual ajuste ilegítimo entre representante da empresa e agente público, seria necessário o conluio de todos os envolvidos, e não de apenas um único colaborador.

Com o mesmo intuito, os mecanismos de rodízio em determinados cargos e funções, considerados mais críticos, visam impedir a formação de "laços" com agentes públicos, tendo em vista que os "relacionamentos corruptos entre agentes e clientes geralmente levam tempo para se estabelecer".[943] Além disso, pode ser que o sujeito, diante da longa permanência na função e da familiaridade com os controles existentes, perceba a diminuição dos riscos de detecção e, por sentir-se mais "à vontade", arrisque-se na prática de algum desvio.[944]

---

[941] Não significa que tal atribuição não possa ser delegada a outro departamento ou funcionário. É bastante recomendado que os supervisores e gerentes recebam treinamento específico para auxiliarem na fiscalização de seus subordinados, o que não dispensa a atuação dos responsáveis pelo programa de *compliance*. O importante é que a instância revisora tenha o mínimo contato possível com a fase de execução, sob pena de comprometer a sua imparcialidade.

[942] O que não impede que a instância de *compliance* possa ser consultada caso surjam dúvidas ou inseguranças no processo de tomada de decisão.

[943] KLITGAARD, 1994, p. 102. Segundo o autor, "revezar os agentes, mudando tanto a localização quanto a função atribuída a cada um, inibe as ligações de camaradagem". *Idem*.

[944] Nesse sentido, pode-se exigir que os contratos sejam autorizados – com a aposição de assinatura – por pelo menos dois representantes da empresa, em um esquema de rodízio

A recomendação de que todas as tratativas – além das presenciais – com os agentes públicos sejam devidamente documentadas – em atas de reunião ou pela simples formalização por e-mail – com expressa identificação do colaborador que realizou o contato, data, hora e assuntos debatidos justifica-se pelos ganhos potencialmente obtidos em termos de integridade e legalidade com a ampliação da possibilidade de responsabilização dos envolvidos e com a transparência conferida aos diálogos público-privados.[945]

Segundo estudos empíricos, mais do que os resultados diretamente obtidos pelo incremento dos mecanismos de controle interno, o impacto na postura dos demais colaboradores ante a possibilidade de que seu trabalho possa vir a ser supervisionado é o que contribui para a eficiência do programa de *compliance*, pela influência que exerce no cálculo racional dos agentes.[946]

Por fim, a certeza da sanção diz respeito ao grau de efetividade do mecanismo punitivo, ou seja, se uma vez detectado o ilícito, a penalidade é de fato aplicada ou se limita ao plano da ameaça, permitindo a impunidade do agente corrupto.[947] Sob a perspectiva clássica da teoria da escolha racional, independentemente da gravidade da pena, a certeza da punição é mais dissuasória do que a simples existência de uma norma extremamente punitiva.[948] Os julgamentos sociais, por sua vez, exercem papel ainda mais forte do que a sanção formal, devido à sua permanência e abrangência.[949]

---

entre os colaboradores com poderes para tanto. O mesmo vale para a assinatura dos documentos que serão encaminhados para a habilitação em processo licitatório.

[945] Para mais informações sobre a necessidade de garantir transparência aos diálogos público-privados ver SCHIEFLER, 2016.

[946] KLITGAARD, 1994, p. 69.

[947] Nesse particular, assumem maior relevância: (i) a clareza das medidas disciplinares previstas nos procedimentos internos e códigos de conduta (4.2.9); (ii) os treinamentos periódicos, com estudo de casos relatando desvios que tenham sido efetivamente sancionados (4.2.3); e (iii) a aplicação das sanções qualquer que seja a função ou grau hierárquico do infrator (4.2.10).

[948] Reafirma-se, como no segundo capítulo, a influência da repetição dos padrões de conduta e do meio cultural na postura dos indivíduos. Assim, na medida em que os indivíduos ficam confortáveis com determinada conduta antiética, suas restrições morais afastam-se e a tendência é que voltem a praticar o ilícito. STUCKE, 2014. p. 814. Sob essa perspectiva, a certeza da sanção tem relação direta com o julgamento do meio social. Tal percepção depende diretamente: (i) da efetividade da sanção – para todos; e (ii) do julgamento feito pelos pares. Ou seja, uma conduta ilegal não punida diminui em muito as chances de conscientização dos colaboradores de que não podem adotar a mesma postura. No mesmo sentido, estudos empíricos demonstram que comportamentos antiéticos são comumente precedidos de condutas similares que foram toleradas ou até mesmo incentivadas. KAPTEIN, 2011, p. 851.

[949] NIEMECZEK; BUSSMANN, 2017, p. 2.

Há, portanto, ampla evidência de que a explicitação das medidas disciplinares impacta diretamente o cálculo racional dos agentes, aumentando os custos da adoção de uma postura corrupta. Sob a perspectiva sociológica da corrupção,[950] ainda que os indivíduos tenham acordado em submeter-se a determinados limites éticos, o risco de descumprimento é inerente à própria natureza humana, evidenciando a imprescindibilidade da previsão de sanção, ainda que a ênfase recaia sobre as medidas preventivas. A elucidação das penalidades serve, pois, para desencorajar potenciais infrações e impedir a recorrência de desvios anteriormente sancionados.[951]

5.2 Saindo do papel: mecanismos para evitar o *compliance* "de aparência"

Foi demonstrado que os elementos do programa de *compliance* detêm potencial para mitigar os riscos de corrupção por parte dos colaboradores e representantes das pessoas jurídicas. Não obstante, uma parte relevante das empresas que participaram dos escândalos recentes de corrupção já possuía um sistema de *compliance* implantado, o que não impediu o envolvimento, em muitos casos inclusive dos membros da alta administração, em esquemas de fraude e desvio de dinheiro.

Tal constatação não inviabiliza as premissas quanto ao *potencial* benefício do programa de *compliance*, até porque, como advertido inúmeras vezes, não se espera que a medida seja capaz de erradicar todo e qualquer risco de envolvimento em casos de corrupção. No entanto, por alguma razão, há empresas que optam por implantar programas de *compliance* meramente "de aparência", seguindo os requisitos mínimos elencados no capítulo anterior; mas, na prática, sem a intenção de efetivamente acionar os mecanismos de controle interno e fomentar uma cultura de integridade.[952]

Diante dessa constatação, propõem-se algumas estratégias para evitar que as empresas deliberadamente se utilizem de programas de *compliance* meramente formais – verdadeiros "pedaços de papel" –, sem

---

[950] A importância do incremento dos custos e a abordagem sociológica da corrupção foram detalhadas no item 2.1 deste trabalho.
[951] UNITED NATIONS, 2013, p. 86.
[952] Nem todas as empresas que se envolveram em escândalos de corrupção e possuíam programas de *compliance* enquadram-se nessa definição. Alguns programas, embora eficazes, simplesmente não foram capazes de evitar os atos de corrupção.

qualquer aplicação prática, apenas como argumento a ser utilizado em eventual processo de responsabilização.

De antemão é importante esclarecer que o *compliance* não deve ser reduzido a uma análise binária – traduzida em estar ou não estar em conformidade.[953] Algumas empresas podem, por exemplo, ter investido recursos na elaboração de documentos internos e no treinamento de seus funcionários, mas não ter sido capaz de monitorar os riscos e os resultados do programa de *compliance*. Isso não significa que o programa de *compliance* – ainda que falho – seja inexistente. As empresas podem apresentar graus de conformidade (*compliance*) e todo e qualquer esforço no combate à corrupção deve ser levado em consideração. Além disso, é importante ter em mente que o sucesso do programa de *compliance* encontra um óbice intransponível na liberalidade individual. Ou seja, ainda que a empresa empregue todos os esforços em políticas de integridade e mecanismos de controle interno, se um único indivíduo resolver adotar uma postura desonesta, o programa de *compliance* pode ser incapaz de evitar a corrupção.

Assentadas essas premissas, e sem a pretensão de esgotar o tema, apresentam-se algumas propostas destinadas a evitar que os programas de *compliance* fiquem, por voluntariedade da empresa, restritos à condição de documentos meramente formais.

5.2.1 Necessidade de avaliação do programa de *compliance* por auditoria externa

Quando se conjecturam mecanismos destinados a aferir a efetividade do programa de *compliance*, é comum despontar a sugestão de que um ente público ou uma organização privada sejam designados para verificar o preenchimento e funcionalidade dos requisitos mínimos exigidos para caracterizar o programa – uma espécie de auditoria externa. Assim, uma vez feita a avaliação, a efetividade do programa de *compliance* da empresa estaria "certificada" por um período de tempo preestabelecido, até que fosse realizada nova auditoria.

A lógica é similar ao procedimento para a concessão do selo "Pró-Ética", inciativa da Controladoria-Geral da União e do Instituto Ethos de Empresas e Responsabilidade Social destinada a avaliar os programas de integridade – equiparados aos programas de *compliance* estudados no curso do trabalho – das pessoas jurídicas de direito

---

[953] BIRD; PARK, 2017. p. 291.

privado, de acordo com os parâmetros estabelecidos pelo Decreto nº 8.420/2015.[954]

O procedimento para o enquadramento como "Empresa Pró-Ética" é anual e prevê o preenchimento de dois formulários com informações sobre a *existência* dos elementos que compõem o programa de *compliance*. As respostas, que devem ser acompanhadas de documentos capazes de comprovar as informações prestadas, são avaliadas por auditores federais de finanças e controles, passam por uma revisão interna feita por equipe multidisciplinar e são submetidas à aprovação final do Comitê Gestor do Pró-Ética.[955] Todavia, como esclarecido no sítio eletrônico da iniciativa, "não é feita uma avaliação em relação à efetividade dessas medidas",[956] o que permite – embora dificulte – que empresas com programas de *compliance* "de aparência" recebam o selo de "Empresa Pró-Ética". Além da publicidade positiva, a grande vantagem consiste na possibilidade de avaliação gratuita do programa de *compliance* por equipe especializada, sob uma perspectiva que se pressupõe consentânea com os parâmetros adotados pelos órgãos de controle.

Por outro lado, a aferição da efetividade do programa de *compliance* proposta neste trabalho demandaria a análise dos *resultados* do programa e não apenas da existência de um ou outro requisito. A lógica é similar à obrigação instituída pela Lei *Sarbanes-Oxley* (SOX) ao exigir que as empresas avaliem anualmente, por auditoria externa, a eficácia operacional dos seus controles internos (SEC. 404).[957] A submissão à auditoria externa, a exemplo do que ocorre com a figura do

---

[954] A propósito, é oportuno mencionar que os Relatórios de Avaliação Pró-Ética de 2017 ressaltaram como ponto positivo, de uma forma geral, a contratação de escritórios de advocacia ou auditorias externas para a avaliação dos programas de *compliance*. É o caso dos Relatórios da Elektro, da Fleury S.A., Siemens, Souza e Cruz Ltda. e da 3M do Brasil Ltda. Em sentido oposto, foi indicada como ponto de necessário aprimoramento a contratação de serviços similares nos Relatórios da Enel Brasil S.A., Granbio Investimentos S.A., CPFL Energia, Chiesi Farmacêutica Ltda., da Unimed BH, Neoenergia S.A. e da Câmara de Comercialização de Energia Elétrica (CCEE).

[955] Composto por "entidades dos setores público e privado, notadamente reconhecidas no meio empresarial. São elas: Confederação Nacional de Indústrias (CNI), Federação Brasileira de Bancos (Febraban), BM&FBovespa, Ministério de Desenvolvimento Indústria e Comércio (MDIC), Agência Brasileira de Promoção de Exportações e Investimentos (Apex), Instituto de Auditores Independentes do Brasil (Ibracon), Serviço Brasileiro de Apoio às Micro e Pequenas Empresas (Sebrae) e, recentemente, Instituto Brasileiro de Ética Concorrencial (ETCO)". MINISTÉRIO DA TRANSPARÊNCIA E CONTROLADORIA-GERAL DA UNIÃO, Pró-Ética, 2017.

[956] *Idem*.

[957] A avaliação é referente aos mecanismos de controle destinados a garantir a fidedignidade das informações financeiras e não dos instrumentos de prevenção à corrupção.

compliance monitor, aumentaria as chances de uma avaliação imparcial sobre o preenchimento dos requisitos mínimos para a efetividade do programa de *compliance*. O ideal é que o auditor pudesse participar da rotina da empresa,[958] entrevistar colaboradores e terceiros contratados, além de ter acesso aos documentos e registros internos. Ao final, a (in) efetividade seria registrada em um relatório oficial, elaborado com base nos dados colhidos na fase de auditoria.[959]

A solução não impede a formação de um conluio entre a empresa e os avaliadores – sejam públicos ou privados.[960] Há, no entanto, mecanismos que podem evitar a distorção dos resultados, similares às já mencionadas estratégias que compõem os controles internos do programa de *compliance*.

Cita-se, como exemplo, a obrigatoriedade instituída pela Lei *Sarbanes-Oxley* (SOX) de rotatividade do responsável pela auditoria externa independente (da pessoa física e não pessoa jurídica) após um período de cinco anos (SEC. 203). A exigência é equiparada – no ordenamento brasileiro – à já mencionada imposição feita pelo artigo 31 da Instrução Normativa nº 308/1999 da CVM, segundo a qual o auditor independente, pessoa física ou jurídica, "não pode prestar serviços para um mesmo cliente, por prazo superior a cinco anos consecutivos, [...] exigindo-se um intervalo mínimo de três anos para a sua recontratação".[961]

---

[958] Como recomenda o Código de Melhores Práticas do IBGC: "os auditores independentes devem estar presentes ao menos nas reuniões do conselho de administração e nas assembleias em que as demonstrações financeiras forem apreciadas". INSTITUTO BRASILEIRO DE GOVERNANÇA CORPORATIVA, 2014, p. 87.

[959] Posteriormente, o documento poderá acompanhar os relatórios de perfil e conformidade do programa prescritos na Portaria nº 909, de 07 de abril de 2015, para avaliar o programa de *compliance*. Embora não substitua os mecanismos de avaliação já prescritos, a preexistência de um relatório elaborado por auditoria externa independente, além de facilitar a análise dos órgãos de controle, corrobora o compromisso da empresa com a funcionalidade do programa.

[960] Assim como não há garantia de que o *compliance* monitor não será subornado pela empresa.

[961] COMISSÃO DE VALORES MOBILIÁRIOS, 1999. Com a edição da Instrução Normativa nº 509/2011, a CVM autoriza que as companhias que instalarem e mantiverem um Comitê de Auditoria Estatutário ("CAE") poderão contratar auditor independente para a prestação de serviços de auditoria por até 10 anos consecutivos, desde que o auditor seja pessoa jurídica, hipótese em que deverá "proceder à rotação do responsável técnico, diretor, gerente e de qualquer outro integrante da equipe de auditoria com função de gerência, em período não superior a 5 (cinco) anos consecutivos, com intervalo mínimo de 3 (três) anos para seu retorno" (§2º do artigo 31-A). COMISSÃO DE VALORES MOBILIÁRIOS, 2011. A doutrina aponta quatro principais motivações pelas quais os auditores externos acabam distorcendo os resultados encontrados: (i) falhas funcionais e erros de interpretação; (ii) por ter sido subornado pela empresa para tanto; (iii) por influência de interesse financeiro direto ou indireto na manutenção do contrato da auditoria – pode haver relutância em

Na mesma linha, a Lei Federal nº 13.303/2016 atribui ao Comitê de Auditoria Estatutário das empresas estatais[962] – que, por analogia, absorve algumas das atribuições da instância de *compliance* – e não à alta administração da empresa a competência para a escolha, contratação e supervisão das atividades dos auditores externos independentes (§1º do artigo 24 da Lei Federal nº 13.303/2016).[963] Em acréscimo, o artigo 23 da Instrução Normativa nº 308/1999 da CVM – assim como a Seção 201.a da SOX –, aplicável às estatais, proíbe que os auditores independentes e as pessoas físicas e jurídicas a eles ligadas (i) adquiram ou mantenham títulos ou valores mobiliários de emissão da entidade, suas controladas, controladores ou integrantes de um mesmo grupo econômico; e (ii) prestem serviços de consultoria que possam caracterizar a perda da sua objetividade e independência. O objetivo, novamente, é evitar a presença de conflito entre os interesses da empresa e a imparcialidade dos responsáveis pela auditora.

O Código de Melhores Práticas do IBGC, no mesmo timbre, recomenda que o auditor independente seja contratado pelo comitê de auditoria, quando existente.[964] Além disso, como regra geral, afirma que "o auditor não deve prestar outros serviços que não os de auditoria para a organização que audita".[965] O documento sugere, ainda, que o

---

sugerir muitas adequações por receio de perder o cliente; e (iv) em razão de alguma relação ou laço de maior proximidade com o cliente, o que não é incomum na prestação de serviços de auditoria. TACKETT, James; WOLF, Fran; CLAYPOOL, Gregory. Sarbanes-Oxley and audit failure: a critical examination. *Managerial Auditing Journal*, vol. 19, Issue: 3, p. 340-350, p. 341, 2004. A imposição do mecanismo de rodízio pode evitar, pelo menos, as três últimas causas, na medida em que (i) dificulta a aproximação entre o auditor externo e a empresa; e (ii) afasta o receio de rescisão contratual, uma vez que o auditor já sabe que "perderá" o cliente após a realização da auditoria.

[962] A Lei nº 13.303/2016 impõe uma série de requisitos destinados a garantir que os membros do Comitê de Auditoria Estatutário atuem da forma mais imparcial possível e não tenham qualquer conflito de interesse em relação aos serviços desempenhados para as estatais.

[963] A SOX contém previsão similar, atribuindo tal responsabilidade ao comitê de auditoria interna. A despeito da previsão legal, há evidência de que os CFOs exercem influência na escolha da auditoria externa. COHEN, KRISHNAMOORTHY, WRIGHT, 2010, p. 763; TACKETT; WOLF; CLAYPOOL, 2004, p. 347. Como alternativa, na linha do que foi sugerido no tópico seguinte, poderia ser garantida alguma forma de estabilidade funcional aos responsáveis pela instância de *compliance* – o que aumentaria as chances de confrontarem as ordens da alta administração, em caso de manifesta ilegalidade –, bem como a sua eventual responsabilização por descumprir a determinação de atuação imparcial, na linha do que a SOX prevê na seção 404 acerca da responsabilidade pessoal do CEO e do CFO pelas informações constantes nos relatórios emitidos.

[964] Quando não houver comitê de auditoria, a responsabilidade é atribuída ao conselho de administração ou aos sócios, o que pode pôr em xeque a imparcialidade da contratação. INSTITUTO BRASILEIRO DE GOVERNANÇA CORPORATIVA, 2014, p. 86.

[965] *Idem*, p. 87. O documento adverte, ainda, que a independência do auditor pode ser ameaçada quando: "audita seu próprio trabalho; promove ou defende os interesses da entidade

auditor independente seja contratado por um prazo pré-definido, que seja evitada a recontratação, ou, no mínimo, que após um período de tempo, dependa de autorização expressa da maioria dos sócios presentes em assembleia geral.[966]

Os serviços de auditoria independente referenciados na legislação referem-se à análise das demonstrações contábeis da empresa. A sugestão do presente trabalho é de que fosse estudada a possibilidade de exigência – legislativa ou regulamentar – de auditoria externa independente como forma de avaliar a efetividade dos programas de *compliance*. Destarte, poderia ser exigido que o auditor externo contratado para aferir a efetividade do programa – caso instituída tal obrigação – fosse (i) designado pela instância de *compliance*, de forma independente, sem a influência da alta administração da empresa; e (ii) substituído a cada nova avaliação.

A exigência de rotação dos responsáveis pela prestação de serviços de auditoria, embora incremente os custos – que poderiam ser reduzidos em razão da familiaridade com os procedimentos internos da empresa –, apresenta resultados empíricos positivos na mitigação da disposição dos auditores a elaborar relatórios tendenciosos em favor da empresa.[967] Em acréscimo, poderia haver exigência de que o relatório final da auditoria independente fosse subscrito por pelo menos dois responsáveis, também em esquema de rodízio. O importante, na linha das premissas já assentadas, é que a estratégia adotada evite a aproximação excessiva e duradoura entre os avaliadores e a empresa.

Ao final, os serviços de auditoria destinados a avaliar os programas de *compliance* poderiam ser regulados e supervisionados por um ente público, organização privada ou por esforço conjunto entre Poder Público, iniciativa privada e sociedade civil.[968] Tal função poderia,

---

auditada; desempenha funções gerenciais para a entidade auditada". Em acréscimo, estabelece que "anualmente ou a cada trimestre, para as companhias abertas, a proporcionalidade entre os honorários pagos por serviços de auditoria das demonstrações financeiras e aqueles pagos por outros serviços deve ser divulgada no relatório anual da organização". *Idem*, p. 89. A exigência pretende evitar esquemas de fraude em que os auditores são remunerados por outros serviços, em valores desproporcionais, muito superiores ao montante pago pelo serviço de auditoria (o que suscita dúvidas quanto a sua imparcialidade). TACKETT; WOLF; CLAYPOOL, 2004, p. 340.

[966] INSTITUTO BRASILEIRO DE GOVERNANÇA CORPORATIVA, 2014, p. 88.
[967] TACKETT; WOLF; CLAYPOOL, 2004, p. 348.
[968] Algo parecido com o *Public Company Accounting Oversight Board* (PCAOB), órgão regulador independente – que, nos termos da própria SOX (SEC. 101.b.), não é considerado uma agência ou entidade do governo norte-americano, mas uma entidade privada, sem fins lucrativos, sob fiscalização da SEC e responsável pela fiscalização das empresas de auditoria e auditores independentes, que ficam condicionados à sua aprovação para exercer

por exemplo, ser assumida pelos responsáveis pelo selo "Pró-Ética", empreendimento que já prevê essa conjugação de esforços. Uma outra possibilidade seria a criação de um órgão regulador independente – eventualmente supervisionado pela Controladoria-Geral da União –, uma estrutura similar à figura do *Public Company Accounting Oversight Board* (PCAOB) previsto pela Lei *Sarbanes-Oxley*.

Por fim, cabe a ressalva de que o objetivo da proposta não é identificar a ocorrência de ilícitos e comunicar imediatamente ao poder público.[969] A submissão à auditoria externa, nos termos propostos no presente trabalho, tem o desígnio de avaliar com imparcialidade a efetividade do programa de *compliance* e comunicar eventuais inconsistências apenas à alta direção da empresa ou, ainda, à instância de *compliance* interna,[970] possibilitando que o programa "saia do papel".[971]

Posteriormente, a avaliação positiva poderia ser utilizada para comprovar a efetividade do programa de *compliance* caso fosse exigido como pré-condição para participar em alguma iniciativa ou, ainda, como requisito de habilitação em processo licitatório. O raciocínio é no sentido de que, se a existência do programa de *compliance* pode representar alguma vantagem competitiva ou prerrogativa processual – no caso de eventual processo de responsabilização –, então a sua efetividade precisa ser atestada, sob pena de serem privilegiadas indevidamente empresas com programas meramente formais.

Embora não haja garantia absoluta da efetividade do programa de *compliance* – mesmo porque um desvio pode vir a ser cometido

---

suas atividades. Embora uma abordagem simplista possa refutar a participação da Administração Pública nos mecanismos de controle, já que o tamanho do Estado aumentaria as oportunidades de corrupção, não há, como consignado no primeiro capítulo, evidências de que a delegação de responsabilidade à iniciativa privada torne o controle incorruptível. Como esclarecido por Robert Klitgaard, "se permanecerem o poder monopolista e a discricionariedade na execução, os consumidores podem esperar continuar pagando um preço demasiadamente elevado". KLITGAARD, 1994, p. 82.

[969] Aqui cabe novamente a sugestão de que a auditoria seja conduzida por advogados, a fim de conferir proteção com base na prerrogativa funcional de comunicação entre cliente e advogado. Também se repete a advertência de que os contadores e empresas prestadoras de serviço contábil que identificam operações suspeitas de lavagem de dinheiro são obrigados, nos termos da Resolução COAF nº 1.445/2013, a denunciar os indícios de fraude ao COAF, sob pena de responsabilização com base nas sanções previstas no artigo 12 da Lei nº 9.613/1998. No mesmo sentido, a Instrução Normativa nº 509/2011 da CVM determina, no parágrafo único do artigo 25, que as irregularidades relevantes constatadas pela auditoria deverão ser comunicadas à CVM, pelo auditor independente, no prazo máximo de vinte dias contados da sua ocorrência.

[970] Em comparação com o mecanismo proposto na SOX – reporte ao comitê de auditoria, que funciona como instância de *compliance* – e na Instrução Normativa da CVM.

[971] O que, evidentemente, depende da disposição da alta administração da empresa.

no dia imediatamente posterior ao término da auditoria, ainda que a certificação seja válida por período superior –, a proposta apresentada contribui para reduzir as chances de que o programa de *compliance* seja um mero procedimento "de fachada". Destarte, pelo menos na data de realização da avaliação – considerando que seja conduzida de forma imparcial –, as políticas e mecanismos de integridade deveriam estar em pleno funcionamento.

5.2.2 Responsabilidade pessoal dos responsáveis pelo programa de *compliance*, mecanismos de rodízio e garantia de estabilidade

Uma segunda alternativa destinada a evitar a existência de programas "de aparência" seria, por um lado a imposição de responsabilidade pessoal expressa aos membros da instância de *compliance* pelas informações consignadas nos relatórios e pelo monitoramento do programa – o que já se poderia extrair da legislação vigente, ainda que de forma tácita[972] –, e, por outro, a rotatividade e garantia de alguma forma de estabilidade funcional, o que poderia aumentar as chances de que confrontassem as ordens da alta administração, em caso de manifesta ilegalidade.

A sugestão ampara-se em estudos empíricos segundo os quais a responsabilização pessoal imposta pela seção 404 da SOX teve um impacto positivo nos serviços desempenhados pelo comitê de auditoria,[973] o que se pressupõe poderia acontecer caso a mesma lógica fosse aplicada aos responsáveis pelo programa de *compliance*. Os resultados são corroborados pela conclusão assentada no tópico 5.1.1, no sentido de que a ênfase de qualquer estratégia voltada para influenciar o cálculo racional dos agentes deve recair sobre a certeza da responsabilização individual.

Assim, os documentos internos da empresa e as cláusulas eventualmente apostas no contrato de trabalho ou no estatuto social devem

---

[972] Nos termos do exposto no tópico 4.1.3.1.
[973] COHEN, KRISHNAMOORTHY, WRIGHT, 2010, p. 768. Segundo o relato dos entrevistados, após as mudanças introduzidas pela SOX, os membros do comitê de auditoria passaram a dispender cerca de 90% do seu tempo em atividades efetivamente relacionadas às atribuições previstas na Seção 404, ou seja, com a documentação dos processos de auditoria, controles e com a realização de testes sobre a efetividade dos mecanismos internos. *Idem*, p. 771. A SOX impõe a responsabilidade pessoal do CEO e do CFO da empresa pelas informações constantes nos relatórios emitidos e pelo funcionamento dos mecanismos de controle interno (SEC.302.a).

consignar expressamente a responsabilidade dos membros da instância de *compliance:* (i) pelas informações consignadas nos relatórios de conformidade; (ii) pela contratação e supervisão dos serviços prestados pela auditoria externa, caso seja adotada a sugestão do tópico anterior; e, de uma forma geral, (iii) por implantar e monitorar o programa. É importante, ainda, que o documento faça remissão aos dispositivos legais que aludem à responsabilidade – civil, administrativa e penal – pelo descumprimento dos deveres funcionais, como detalhado no tópico 4.1.3.1.

A sugestão é especialmente direcionada às empresas estatais, diante da imprecisão das responsabilidades consignadas na Lei Federal nº 13.303/2016 e no Decreto nº 8.945/2016, fragilidade delineada no tópico 4.3. O sucesso de qualquer programa de *compliance* depende da intensa e constante conscientização dos responsáveis pela sua implantação de que serão penalizados, administrativa e judicialmente, caso identifiquem indícios de atividades suspeitas e não comuniquem à alta administração da empresa ou não façam constar tais informações nos relatórios internos. No caso das estatais é importante, ainda, que a advertência recaia sobre a possibilidade de enquadramento na Lei Federal nº 8.429/1992, caso a irregularidade identificada não seja comunicada às autoridades públicas.

Não bastasse, é recomendado – de forma menos incisiva – que os colaboradores alocados na instância de *compliance* sejam submetidos a mecanismo de rodízio, o que evita que permaneçam por tempo demasiadamente longo na função. O §9º do artigo 39 do Decreto nº 8.945/2016, por exemplo, limita a permanência dos membros do Comitê de Auditoria Estatutário a um mandato de dois ou três anos, sendo permitida uma única reeleição.[974] O objetivo, como afirmado anteriormente, é impedir que a familiaridade com o cargo e com os mecanismos de controle leve o sujeito a se arriscar na prática de algum desvio.

Em acréscimo, como forma de reforçar a independência da instância de *compliance,* seria interessante cogitar de estratégia que conferisse aos responsáveis pelo programa alguma forma de estabilidade funcional. Isso porque, em razão da posição ocupada, normalmente tais colaboradores internos encontram-se bastante vulneráveis e sujeitos às vontades do empregador – supondo-se, evidentemente, tratar-se de

---

[974] Na mesma linha, a Lei nº 13.303/2016 prevê mecanismo de rodízio aos membros do Conselho Fiscal e do Conselho de Administração, que podem, nos termos do artigo 13, permanecer no cargo por 2 (dois) anos, sendo permitidas 2 (duas) e 3 (três) reconduções consecutivas, respectivamente.

relação de emprego[975] – ou da alta administração da empresa, diante da inquestionável subordinação hierárquica e temor reverencial, independentemente da natureza do vínculo contratual.

Sob essa perspectiva, é oportuna a sugestão apresentada por Bruno Dall'Orto Marques e Henrique Zumak Moreira: (i) o empregado que passa a compor a instância de *compliance*, quando já integrante do quadro de funcionários da empresa, deverá gozar de relativa estabilidade contratual,[976] com garantia de retorno e permanência na função antes desempenhada, ao final do prazo estipulado no aditivo que o designou para a instância de *compliance*, quando contará com estabilidade relativa de mais 01 (um) ano; e (ii) o empregado contratado para esse fim deverá gozar de relativa estabilidade pelo prazo constante do contrato.[977] Além disso, os autores sugerem que toda e qualquer demissão – o que, por equiparação, aplica-se à alteração do estatuto social caso a função seja ocupada por diretor estatutário – envolvendo o responsável pelo programa de *compliance* seja carregada de publicidade, com comunicação aos colaboradores, por meio de informativo interno, a todos os acionistas (*shareholders*), *stakeholders*[978] e aos órgãos de controle.[979]

A sugestão independe de alteração legislativa, porquanto a estabilidade sugerida pode estar disciplinada no contrato de emprego, no estatuto social (no caso de um diretor estatutário) ou em algum outro documento interno da empresa (regimento interno da instância de *compliance* ou no próprio Código de Conduta).

Para citar novamente o regulamento das estatais, o §10º do artigo 39 do Decreto nº 8.945/2016 prescreve que os membros do Comitê de Auditoria Estatutário só poderão ser destituídos "pelo voto justificado

---

[975] A afirmação é reforçada em razão da previsão contida no artigo 499 da Consolidação das Leis Trabalhistas, cujo teor prescreve: "não haverá estabilidade no exercício dos cargos de diretoria, gerência ou outros de confiança imediata do empregador, ressalvado o cômputo do tempo de serviço para todos os efeitos legais".
[976] Podendo ser dispensado por falta grave ou motivo de força maior, nos termos do artigo 492 da Consolidação das Leis Trabalhistas.
[977] MARQUES, Bruno Dall'Orto; MOREIRA, Henrique Zumak. *A Lei Anticorrupção e o Compliance Officer*: Mobilidade, Valorização e Segurança da Função. Necessidade de Adequação Legislativa. Empório do Direito. 2016.
[978] Categoria que, como elucidado no tópico 4.1.1, inclui clientes, funcionários, fornecedores, sociedade, agentes públicos.
[979] Segundo os autores, "evita-se que a demissão, ainda que devidamente indenizada do *Compliance Officer*, sirva-lhe como a compra do silêncio, como forma de frustrar a instauração ou continuação de investigações corporativas de apuração, numa tentativa de frustrar o dever de reporte às autoridades competentes". MARQUES, MOREIRA, 2016.

da maioria absoluta do Conselho de Administração", o que lhes garante maior estabilidade, sobretudo porque o Conselho é, necessariamente, composto de conselheiros independentes. Sob a mesma premissa, os membros da Comissão de Ética e da Comissão de Disciplina dos Correios não podem ser demitidos durante o mandato, o que lhes confere maior independência para o exercício das atribuições.[980]

Mais recente, o Manual Prático de Avaliação do Programa de Integridade publicado pela Controladoria-Geral da União, prevê, como parâmetro, que seja verificado se "o responsável pela instância interna possui garantias expressas que possibilitam o exercício das suas atribuições com independência e autoridade, como proteção contra punições arbitrárias e mandato".[981] Além disso, corroborando as conclusões do presente trabalhado, o Relatório de Avaliação Pró-Ética – Ernest & Young Auditores Independentes S/S indicou como ponto de aprimoramento, considerar conferir mandato e/ou outros mecanismos de proteção para o Diretor da equipe de Conformidade Ética, a fim de garantir maior independência em sua atuação, até para que possa exercer as suas atribuições, sobretudo a de "atuar como órgão interno independente, proporcionando a avaliação das questões de conformidade ética".

5.2.3 Inexistência de dever de reporte às autoridades públicas

Por fim, não parece interessante impor à instância de *compliance* o dever de reportar às autoridades públicas a existência de irregularidades internas. A exigência, ao que tudo indica inexequível, provavelmente implicaria maior óbice à implantação de programas efetivos – na medida em que a alta administração mal-intencionada poderia encontrar profissionais dispostos a assumir os riscos de eventual conchavo – do que em garantia de que o *compliance* saia efetivamente "do papel". Ressalta-se, uma vez mais, que a eficiência do programa não está condicionada ao não envolvimento da empresa em casos

---

[980] MINISTÉRIO DA TRANSPARÊNCIA, FISCALIZAÇÃO E CONTROLADORIA-GERAL DA UNIÃO, 2015f, p. 11.
[981] MINISTÉRIO DA TRANSPARÊNCIA, FISCALIZAÇÃO E CONTROLADORIA-GERAL DA UNIÃO. *Manual Prático de Avaliação do Programa de Integridade em PAR*. 2018. Disponível em: <http://www.cgu.gov.br/Publicacoes/etica-e-integridade/arquivos/manual-pratico-integridade-par.pdf>. Acesso em: 20 set. 2018.

de corrupção, mas à capacidade de evitar[982] esse envolvimento e de registrar internamente as suspeitas de desvio. De forma realista, se a alta administração da empresa quiser realizar alguma manobra ilícita, o programa de *compliance* não poderá fazer muito.

Qualquer proposição em sentido contrário seria contraproducente,[983] sob a premissa já assentada de que os mecanismos de controle, além de não ultrapassar o razoável, devem ser combinados com a valorização de uma cultura de confiança. Portanto, o escopo não deve ser o de ampliar as responsabilidades de forma desenfreada, mas de defini-las com precisão. Caso contrário, constrói-se um cenário em que todos são responsáveis por tudo e, consequentemente, ninguém é responsável por nada.

Assim, parece suficiente, para que o programa de *compliance* não seja considerado como "de aparência", que os membros da instância de *compliance* sejam pessoalmente responsabilizados pelo reporte interno, independentemente da postura ulteriormente adotada pela alta administração. Por corolário, caso fosse constatado o envolvimento da empresa em ato ilícito, como já defendido no curso deste trabalho, o programa de *compliance* poderia ser considerado para fins de redução da multa e de limitação da responsabilidade da empresa, enquanto os dirigentes responsáveis – mesmo que por omissão – pela concretização do ilícito poderiam ser ainda mais duramente penalizados, na medida em que teriam sido previamente alertados dos riscos e da eventual ilegalidade da conduta.

Uma vez impostos tais requisitos, seria importante que a sua regulação e cumprimento fossem fiscalizados por algum mecanismo de controle, a exemplo do que foi sugerido no 5.2.1, o que evidencia a complementariedade das sugestões propostas. A verificação da satisfação das exigências sugeridas, se implantadas, aumentaria as chances de que o programa de *compliance* saísse do papel e, na linha do raciocínio apresentado nos tópicos antecedentes, contribuísse para mitigar os riscos de envolvimento da empresa em atos de corrupção.

---

[982] Evitar significa diminuir as chances e não as eliminar.

[983] Contraproducente porque implicaria a responsabilização dos responsáveis pelo programa de *compliance* por uma conduta que não está totalmente sob a sua discricionariedade e que, portanto, pode ser impossível de ser realizada – basta pensar em um eventual desvio que, sem chegar ao conhecimento da instância de *compliance*, seja aprovado pela alta administração. Tal interpretação afastaria os profissionais mais competentes ou com perfil de rejeição ao risco, o que diminuiria a eficiência do programa de *compliance*.

5.3 O *compliance* como exigência nas licitações públicas

Uma vez constatada a possibilidade de que o programa de *compliance* venha a contribuir para reduzir os riscos de envolvimento da empresa em atos de corrupção, passa-se a analisar se, diante dos potenciais benefícios, seria possível e recomendável exigir o instrumento como condição para a participação em processo licitatório[984] ou como cláusula obrigatória nos contratos públicos. Entretanto, antes de adentrar especificamente sobre o tema, faz-se oportuna uma breve reflexão sobre algumas das estratégias de "combate à corrupção" que vêm sendo utilizadas no âmbito das contratações públicas.

5.3.1 Os excessos no combate à corrupção e a lista de empresas proibidas de contratar com a Petrobras

Respaldada pelo amplo apelo midiático e consequente pressão social, a campanha de combate à corrupção pode acabar adotando estratégias que desbordam dos limites legal e constitucionalmente impostos, o que pode comprometer o sucesso da própria empreitada.[985] É evidente que a corrupção deve ser fortemente combatida, mas o seu enfrentamento deve ocorrer dentro do regime de estrita legalidade e não por meio da invocação de um pretenso estado de exceção que justificaria a suspensão das garantias legais e procedimentos democráticos.[986]

---

[984] Tendo em vista que o programa de *compliance* refere-se à pessoa do licitante e não ao objeto da proposta, o requisito deveria, necessariamente, ser contemplado na fase de habilitação. Menciona-se, por oportuno, a existência de um Anteprojeto de Lei formulado no âmbito da Estratégia Nacional de Combate à Corrupção e à Lavagem de Dinheiro (ENCCLA) que propõe a exigência de plano de integridade, nos casos de obras e serviços de engenharia, como requisito de habilitação (§1º do artigo 33 do Projeto de Lei). ESTRATÉGIA NACIONAL DE COMBATE À CORRUPÇÃO E À LAVAGEM DE DINHEIRO (ENNCLA). *Ação 1: Propor normatização para melhoria dos processos de governança e gestão a serem adotados em todos os Poderes e esferas da Federação, com foco no combate à fraude e à corrupção*. 2017. Para mais informações sobre a ENCCLA ver: OLIVEIRA, Gustavo Henrique Justino de; BARROS FILHO, Wilson Accioli. A Estratégia Nacional de Combate à Corrupção e à Lavagem de Dinheiro (ENCCLA) como experiência cooperativa interinstitucional de governo aberto no Brasil. In: CUNHA FILHO, Alexandre Jorge Carneiro da; ARAÚJO, Glaucio Roberto Brittes de; LIVIANU, Roberto; PASCOLATI JUNIOR, Ulisses Augusto (Coord.). *48 visões sobre corrupção*. São Paulo: Quartier Latin, 2016, p. 305-335.

[985] Isso porque o ato administrativo praticado fora dos limites da legalidade é passível de controle judicial e consequente anulação. O controle da legalidade dos atos administrativos "advém da configuração do Estado de direito". OLIVEIRA, Gustavo Henrique Justino de. As audiências públicas e o processo administrativo brasileiro. *Revista de Informação Legislativa*, v. 34, n. 135, p. 271-281, 1997.

[986] Para mais informações sobre os riscos de a invocação da teoria do estado de exceção ser utilizada como manobra política, com o intuito de suspender a eficácia das garantias legais

A crítica pode ser sintetizada a partir do exemplo da lista de empresas proibidas de contratar instituída pela Petrobras.[987] Explica-se. Dentre as providências adotadas em função da Operação Lava Jato, a estatal instituiu um mecanismo de "bloqueio cautelar" das "empresas pertencentes aos grupos econômicos *citados* como participantes de cartel nos depoimentos do ex-diretor de Abastecimento Paulo Roberto Costa e do Sr. Alberto Youssef prestados, em 08 de outubro de 2014, em audiência na 13ª Vara Federal do Paraná".[988] Basicamente, a inclusão na referida lista significa que as empresas ficam cautelarmente impedidas de contratar e participar das licitações promovidas pela empresa.

Atualmente 11 empresas encontram-se sujeitas ao "bloqueio cautelar" da Petrobras – a despeito da inexistência de procedimento administrativo ou sanção prévios.[989] Outras 59 empresas encontram-se impedidas de licitar com a estatal em função da pena de suspensão prevista no item 4.7 do Decreto nº 2.745/1998, que aprova o "regulamento do procedimento licitatório simplificado" da Petrobras.[990]

---

e constitucionais diante de uma pretensa situação de anormalidade, ver: CADEMARTORI, Luiz Henrique Urquhart; SCHRAMM, Fernanda Santos. Constitucionalismo institucionalista como alternativa necessária ao constitucionalismo normativista. *Revista de Direito Administrativo e Infraestrutura*, v. 2, p. 57-81, 2017.

[987] A lista da Petrobras não é, evidentemente, o único exemplo de excesso perpetrado sob o discurso de combate à corrupção. A pretensão subjacente ao presente tópico não comporta o exaurimento do tema. Em dimensão mais restrita propõe apenas uma reflexão sobre a necessidade de observância dos limites constitucionais e o receio de adoção de uma ideologia em que "os fins justificam os meios".

[988] O grifo é destinado a enfatizar a temeridade da medida. A medida foi imposta em 29.12.2014 e permanece vigente até hoje em relação a algumas empresas. PETROBRAS. *Abertura de Comissões para Análise de Aplicação de Sanção Administrativa e Bloqueio Cautelar*. 2014. Até se poderia cogitar que o bloqueio cautelar poderia ser justificado com base no artigo 45 da Lei nº 9.784/1999, que prevê que "Em caso de risco iminente, a Administração Pública poderá motivadamente adotar providências acauteladoras sem a prévia manifestação do interessado". O argumento, entretanto, esbarra no critério de especialidade: a Lei nº 8.666/1993 – e o próprio Decreto nº 2.745/1998 – disciplinam as hipóteses em que as empresas podem ser proibidas de participar do processo licitatório, pelo que não haveria que se falar em aplicação subsidiária da legislação geral, no caso a Lei nº 9.784/1999. Além disso, as medidas acautelatórias são destinadas a preservar um direito sob risco de perecimento, o que não se configura na hipótese.

[989] PETROBRAS. Empresas impedidas de contratar. 2017a.

[990] A aplicação da Lei nº 8.666/1993 ao regime de contratação da estatal encontra-se submetida à apreciação do Supremo Tribunal Federal por meio do julgamento do Recurso Extraordinário (RE) 441280. SUPREMO TRIBUNAL FEDERAL. *Plenário avança no julgamento de aplicação da Lei de Licitações à Petrobras*. 2016. A discussão, e a própria validade do Decreto nº 2.745/1998, precisaria ser revista após a edição da Lei nº 13.303/2016, cujo inciso II do artigo 96 revoga expressamente o artigo 67 da Lei nº 9.478/1997 ("Os contratos celebrados pela PETROBRAS, para aquisição de bens e serviços, serão precedidos de procedimento licitatório simplificado, a ser definido em decreto do Presidente da República"), dispositivo que serve de fundamento ao Decreto nº 2.745/1998.

Em ambas as hipóteses – bloqueio cautelar e suspensão por prazo indeterminado – parece haver uma subversão do Estado de Direito. Na primeira situação, as empresas sofrem os efeitos práticos de uma penalidade que nunca foi aplicada, quanto menos precedida de processo administrativo que deveria pautar-se, no mínimo, pela observância do contraditório e ampla defesa, pelo simples fato de terem sido mencionadas nos depoimentos da Operação Lava Jato. O bloqueio cautelar instituído pela Petrobras, sem qualquer fundamento ou justificativa legal,[991] parece ignorar o fato de que os "pronunciamentos estatais que interfiram, sob qualquer forma, na esfera dos indivíduos e da coletividade em geral, não coadunar-se-ão com o Estado de direito democrático, caso emitidos na ausência de prévia realização de um processo".[992] Segundo Sérgio Ferraz e Adilson Abreu Dallari:

> Com desagradável e inquietante frequência as autoridades administrativas praticam atos restritivos de direito sem qualquer justificativa, sem qualquer procedimento preliminar, sem proporcionar qualquer oportunidade de defesa. [...] A oportunidade de defesa deve ser proporcionada antes da punição – esse é o sentido das garantias constitucionais dos incisos LIV e LV do art. 5º da Constituição Federal. Quem estiver sendo acusado de qualquer comportamento indevido, sempre deverá ter oportunidade de se defender.[993]

A retirada do nome da empresa da lista de fornecedores impedidos de contratar com a estatal está condicionada à verificação, por parte da Petrobras, da existência de medidas de *compliance* adotadas pela empresa, além da chancela de alguma autoridade pública.[994] A extinção

---

[991] Não há, no Manual da Petrobras para Contratação (MPC), no Decreto nº 2.745/1998 ou na Lei nº 8.666/1993, nada que autorize a medida.

[992] OLIVEIRA, 1997, p. 275. O próprio autor faz a ressalva de que a afirmação não é absoluta, na medida em que, "em razão da sua própria natureza, alguns atos administrativos prescindem de uma prévia elaboração processualizada".

[993] FERRAZ, Sérgio; DALLARI, Adilson Abreu. *Processo administrativo*. São Paulo: Malheiros, 2001, p, 114.

[994] Foram retiradas da lista: (i) as empresas do Grupo Setal, em razão de ofício encaminhado pelo Ministério Público Federal informando a celebração de acordo de leniência e solicitando a reavaliação da medida; (ii) a empresa TKK Engenharia Ltda., devido ao arquivamento do respectivo processo administrativo por parte da Controladoria-Geral da União; (iii) a empresa Andrade Gutierrez, em função da celebração de Termo de Compromisso com a Petrobras, prevendo um conjunto de obrigações de integridade, após a celebração, pela empreiteira, de acordo de leniência com o Ministério Público Federal; (iv) a empresa Carioca engenharia, também após a celebração de acordo de leniência com o Ministério Público Federal e mediante a celebração de Termo de Compromisso com a estatal. PETROBRAS. *Abertura de comissões para análise de aplicação de sanção administrativa e*

dos efeitos da penalidade não se produz de modo automático, portanto, pelo simples decurso do tempo. A Petrobras exige que a empresa adote mecanismos de integridade para voltar a figurar no registro cadastral de licitantes da estatal (o que tem sido prometido por meio da celebração de Termo de Compromisso entre a estatal e a empresa).

O entendimento vai de encontro à vedação insculpida no inciso XLVII do artigo 5º da Constituição Federal, que determina que "não haverá penas: [...] b) de caráter perpétuo". Até se poderia argumentar que as empresas que tivessem interesse em contratar com a Petrobras precisariam instituir programas de *compliance* – requisito cuja legalidade é discutida no tópico subsequente. A exigência, supondo que fosse legalmente válida, precisaria ser estendida a todas as licitantes e não apenas àquelas sujeitas ao bloqueio cautelar, sob pena de configurar-se violação à isonomia. O problema reside no caráter discriminatório da exigência de *compliance* apenas em relação às empresas submetidas ao bloqueio cautelar.

Da forma como vem sido feito, repita-se, o "bloqueio cautelar" imposto pela Petrobras configura subversão ao Estado de direito e violação aos princípios e garantias constitucionais mais basilares. É preciso insistir na máxima de que a única presunção constitucional é a da inocência, pelo que não se pode permitir que os efeitos de uma futura potencial penalidade sejam aplicados à revelia de todas as garantias subjacentes ao devido processo legal. Não é despiciendo reforçar que a tutela cautelar não se presta à antecipação de penalidade, mas a preservar um direito sob risco de perecimento, o que não se configura na hipótese.

Mesmo porque, "nenhum 'interesse público' autoriza ignorar ou violar direitos fundamentais garantidos constitucionalmente".[995] Essa antecipação de uma pretensa futura penalidade, com base em um juízo perfunctório de culpabilidade, parte da presunção de que a empresa, pura e simplesmente por ter sido citada nos depoimentos colhidos na Operação Lava Jato, representa risco à Administração Pública. Não há acautelamento de coisa alguma, mas, repita-se, nítida violação das garantias constitucionais do devido processo legal e presunção da

---

bloqueio cautelar. 2015a; PETROBRAS. Cancelamento de bloqueio cautelar de empresa em processo de contratação. 2015b; PETROBRAS. Petrobras aprova celebração de termo de compromisso com a empresa Andrade Gutierrez para retirada de bloqueio cautelar. 2017b; PETROBRAS. Petrobras aprova celebração de termo de compromisso com a empresa Carioca Engenharia para retirada de bloqueio cautelar. 2017c.

[995] JUSTEN FILHO, 2014, p. 71.

inocência que deveriam obstar a antecipação de qualquer forma de condenação.[996]

O "bloqueio cautelar" empreendido pela Petrobras talvez seja a medida mais explícita em termos de excessos licitatórios justificados sob o discurso de combate à corrupção. Todavia, outros mecanismos, mais "sutis", podem ser igualmente questionados sob a ótica da legalidade. É o caso, por exemplo, da previsão inserida no regulamento de licitações e contratos da Eletrobras que prevê, para as licitações de "grande vulto, de alta complexidade técnica ou de riscos elevados", que a homologação seja antecedida de uma análise de integridade promovida pela Diretoria de *Compliance* ou equivalente (item 5 do artigo 71), que pode culminar na recomendação de "desclassificação ou inabilitação da licitante" (alínea "d" do item 7 do artigo 71).[997]

Ao fim e ao cabo, portanto, ainda que a empresa tenha preenchido todos os requisitos de habilitação e sagrando-se vencedora da disputa, se a estatal antevir risco na contratação daquele licitante específico, pode vetar a celebração da avença. A inexistência de critérios objetivos e a ampla competência discricionária atribuída aos agentes públicos responsáveis por decidir pela desclassificação/inabilitação da licitante vencedora abre, inclusive, oportunidade para a prática de atos de corrupção.

Sem a pretensão de promover um exame exauriente sobre a validade dos mecanismos que vem sendo utilizados como forma de evitar contratações que pretensamente apresentariam maior risco de envolvimento em atos de corrupção, a reflexão proposta objetiva apenas advertir sobre a necessidade de que toda e qualquer empreitada de combate à corrupção deve ser conduzida dentro do regime de estrita legalidade e em observância aos direitos e garantias constitucionais que pautam o Direito Administrativo Sancionador.

5.3.2 A exigência do programa de *compliance* no processo de licitação

Como dito, a Lei nº 14.133/2021 determina que a implantação dos programas de *compliance* deve ser incluída como obrigação contratual

---

[996] Como adverte Benedito Cerezzo Pereira Filho "Não se combate criminalidade ou improbidade com sonegação de direitos, ainda que se alegue ser benéfico à sociedade. Importante à sociedade é a segurança num ordenamento jurídico que propicie limites ao Poder, seja em prol de um ou de todos". PEREIRA FILHO, Benedito Cerezzo. *Disponibilidade de bens*: não se combate improbidade com sonegação de direitos. 2012.

[997] ELETROBRAS. Regulamento de licitações e contratos. 2017, p. 70.

nos editais voltados à contratação de obras, serviços e fornecimentos de grande vulto – nos termos do §4º do artigo 25. A determinação já vem sendo prevista em diversas normas estaduais, conforme exposto no item 3.2.7.

A nova lei de licitações acerta em não exigir o programa de *compliance* como requisito de habilitação. É que as normas legais não podem prever exigências de qualificação técnica e econômica que não sejam indispensáveis à garantia do cumprimento das obrigações, em obediência ao mandamento insculpido no inciso XXI do artigo 37 da Constituição Federal.[998] Sob essa perspectiva, a inclusão do programa de *compliance* como requisito para a participação nas licitações públicas demandaria que o programa fosse legalmente exigido anteriormente, para o exercício da atividade empresarial, sob pena de ofensa à competitividade e isonomia.[999] É o caso do que ocorre na França, com a Lei Sapin II, que impõe a obrigatoriedade de implementação de programas de *compliance* para empresas que empreguem mais de 500 funcionários e cujo faturamento consolidado seja superior a 100 milhões de euros.[1000] Se houvesse previsão similar no ordenamento brasileiro, então a lei de licitações poderia exigir o programa de *compliance* como requisito de habilitação.

Demais disso, na linha do que vem sendo exposto, a exigência de um programa de *compliance* só faria sentido se a Administração Pública pudesse aferir a efetividade do mecanismo, sob pena de privilegiar indevidamente empresas que apenas simulam sua existência, o que não

---

[998] "Art. 37. A administração pública direta e indireta de qualquer dos Poderes da União, dos Estados, do Distrito Federal e dos Municípios obedecerá aos princípios de legalidade, impessoalidade, moralidade, publicidade e eficiência e, também, ao seguinte: [...] XXI - ressalvados os casos especificados na legislação, as obras, serviços, compras e alienações serão contratados mediante processo de licitação pública que assegure igualdade de condições a todos os concorrentes, com cláusulas que estabeleçam obrigações de pagamento, mantidas as condições efetivas da proposta, nos termos da lei, o qual somente permitirá as exigências de qualificação técnica e econômica indispensáveis à garantia do cumprimento das obrigações".

[999] Segundo Joel de Menezes Niebuhr, "o tratamento diferenciado àqueles que demonstrem as condições suficientes para contratarem com a Administração constitui ofensa ao preceito que reclama equidade". NIEBUHR, 2000, p. 97.

[1000] Article 17. I – Les présidents, les directeurs généraux et les gérants d'une société employant au moins cinq cents salariés, ou appartenant à un groupe de sociétés dont la société mère a son siège social en France et dont l'effectif comprend au moins cinq cents salariés, et dont le chiffre d'affaires ou le chiffre d'affaires consolidé est supérieur à 100 millions d'euros sont tenus de prendre les mesures destinées à prévenir et à détecter la commission, em France ou à l'étranger, de faits de corruption ou de trafic d'influence selon les modalités prévues au II.

traduziria qualquer benefício ao interesse público, não justificando a restrição à competitividade.[1001]

Embora fosse interessante atestar, com o máximo de detalhe, a funcionalidade do programa de *compliance* já na etapa competitiva, seria inviável que o órgão licitante procedesse a uma avaliação do programa de *compliance* de cada um dos proponentes. Assim, diante da inexistência de disposição legal tornando obrigatório o programa de *compliance* para o exercício da atividade empresarial, bem como de um órgão ou entidade públicos com competência para atestar o funcionamento dos programas de *compliance*,[1002] poder-se-ia cogitar de fornecimento da certificação por entidade privada.[1003]

A exigência de certificação privada, no entanto, esbarraria nas já conhecidas discussões sobre a impossibilidade de condicionar a habilitação à apresentação de declaração de terceiro. A crítica mais contundente é de que a ausência de certificação não significa a "inexistência de requisitos de habilitação. Uma empresa pode preencher todos os requisitos para obtenção da certificação, mas nunca ter tido interesse em formalizar esse resultado".[1004] O essencial, portanto, não seria a certificação em si, mas a presença dos requisitos necessários à satisfação do interesse público. Além disso, as licitantes, mesmo detentoras das condições necessárias à certificação, podem ter optado por não obtê-la, tendo em vista os altos custos e o longo período de tempo normalmente inerentes ao procedimento.[1005]

[1001] Na linha das premissas já assentadas no curso do trabalho, não faria sentido que a exigência pudesse ser satisfeita com uma mera declaração de existência do programa, como é o caso das atuais declarações firmadas pelo proponente, de que dispõe de estrutura para executar o futuro contrato, de que a proposta foi elaborada de forma independente, de que não emprega mão de obra infantil.

[1002] A aferição da existência do programa, em conformidade com as exigências de eventual órgão detentor de poder de polícia para tal fiscalização, poderia ser exigida como pressuposto para o exercício regular da atividade econômica, como, por exemplo, ocorre com os requisitos aferidos pelas agências reguladoras. O selo "Pró-Ética", na atual formatação, não serve para esse fim, na medida em que, como expressamente consignado no sítio eletrônico da CGU, não verifica a efetividade dos mecanismos, apenas sua (in)existência – independentemente da funcionalidade – dos elementos elencados no Decreto nº 8.420/2015.

[1003] Atualmente, a certificação de qualidade ISO 37001:2016 atesta a existência de sistemas de gestão antissuborno, enquanto a ISO 37301:2021 elenca os requisitos dos programas de *compliance* de forma geral.

[1004] JUSTEN FILHO, 2014. p. 624.

[1005] Nas palavras de Rafael Schwind, "as certificações de qualidade normalmente são obtidas mediante procedimentos razoavelmente longos, envolvendo diversas etapas e auditorias específicas com relação a cada uma delas". SCHWIND, Rafael Wallbach. As exigências de certificações de qualidade nas licitações públicas. *Informativo Justen, Pereira, Oliveira e Talamini*, Curitiba, n. 10, dez. 2017.

A conclusão, corroborada pela jurisprudência majoritária,[1006] é de que, se as certificações "são facultativas ou voluntárias, as empresas têm a opção de buscá-las ou não. Portanto, se o certificado não é obrigatório para o exercício da atividade, ninguém pode ser impedido de participar de licitação em virtude de não tê-lo".[1007]

Diante das dificuldades inerentes à exigência dos programas de *compliance* como obrigações contratuais, já expostas no tópico 3.2.7, é necessário buscar alternativas capazes de promover a integridade nas contratações públicas. As empresas estatais que já possuem regulamento de licitações e contratos posterior à vigência da Lei Federal nº 13.303/2016 – e que, portanto, já dispõem de programas de *compliance* – têm exigido que os contratados se comprometam, mediante previsão editalícia e aposição de cláusula no instrumento contratual, a observar o Código de Conduta e, eventualmente, as políticas de controle interno.

Os regulamentos de contratação do Banco do Brasil,[1008] da Caixa Econômica Federal,[1009] do Banco Nacional de Desenvolvimento (BNDES),[1010] todos editados sob a vigência da Lei Federal nº 13.303/2016, não exigem que os licitantes possuam programas de *compliance*, mas, apenas, que se comprometam a seguir as políticas internas de integridade das sociedades contratantes (todas disponibilizadas nos respectivos sítios eletrônicos). A Infraero, por sua vez, dispõe de uma Política de Transações com Partes Relacionadas que prevê a realização de avaliação independente destinada a atestar a compatibilidade do potencial parceiro com as disposições constantes no código de conduta e integridade

---

[1006] Embora existam decisões autorizando a inclusão da exigência, a jurisprudência dominante é de que não se deve admitir "que a certificação ISO e outras semelhantes sejam empregadas como exigência para habilitação ou como critério de desclassificação de propostas, podendo-se citar, além da Decisão 20/1998 – Plenário, outros precedentes como o Acórdão 584/2004 – Plenário. Todavia, é necessário que se diga que o TCU tem aceitado a utilização desse tipo de certificado não como exigência de habilitação, mas como critério de pontuação desde que vinculado tão somente à apresentação de certificado válido, com atribuição de pontos ao documento em si, de forma global pelos serviços de informática prestados, vedada a pontuação de atividades específicas". TCU. REPR 021.768/2014-5, Acórdão nº 539/2015, Relator: Ministro Augusto Sherman, Órgão Julgador: Plenário, Julgado em 18.03.2015.

[1007] NIEBUHR, Pedro de Menezes. Por que as licitações sustentáveis ainda não decolaram? *Interesse Público – IP*, Belo Horizonte, ano 19, n. 104, jul./ago. 2017.

[1008] BANCO DO BRASIL. Regulamento de licitações e contratos do Banco do Brasil S.A. 2017.

[1009] CAIXA ECONÔMICA FEDERAL. Regulamento de licitações e contratos da Caixa. 2017.

[1010] BANCO NACIONAL DE DESENVOLVIMENTO ECONÔMICO E SOCIAL (BNDES). Política de conduta e integridade no âmbito de licitações e contratos administrativos do Sistema BNDES. 2017.

da empresa.[1011] O regulamento de licitações e contratos da Eletrobras, na mesma linha e como já dito, exige que as contratações de grande vulto, alta complexidade técnica ou riscos elevados, sejam precedidas de análise de integridade pela Diretoria de *Compliance* ou equivalente.[1012]

Em síntese, diante das limitações legais e constitucionais existentes no ordenamento jurídico, a exigência de demonstração da existência do programa de *compliance* como requisito de habilitação não se entremostra como uma solução juridicamente viável.

Conclusão

As conclusões assentadas ao longo deste trabalho podem ser sintetizadas nos seguintes apontamentos:

1. De acordo com os pressupostos da economia clássica, os atores racionais buscam satisfazer suas ambições individuais e, portanto, agem de forma autointeressada, sob o efeito de incentivos distintos. Sob a perspectiva econômica, portanto, qualquer estratégia de *compliance* deve considerar que os indivíduos podem vir a alterar o seu comportamento de acordo com o resultado do cálculo dos custos e benefícios.

2. Os incentivos para a prática do ato de corrupção podem ser traduzidos (i) na *tentação* que circunda a obtenção da vantagem indevida; ou (ii) nas *pressões* para a realização da conduta ilícita. Portanto, os agentes podem atuar buscando benefícios – tentação – ou porque não anteveem outra opção – pressão. Os custos – ou riscos – da prática do ato ilícito, por sua vez, resumem-se (i) às chances de detecção da infração, diretamente ligadas aos mecanismos de fiscalização e à probabilidade de se identificar condutas vedadas; (ii) à gravidade da penalidade; e (iii) à certeza da sanção. A certeza da sanção entremostra-se mais efetiva que a sua gravidade.

3. A reação do mercado representa um prejuízo maior às empresas envolvidas em atos de corrupção do que as penalidades aplicadas pelos órgãos de controle. Diante disso, os potenciais prejuízos à imagem e reputação da empresa ou da pessoa física devem ser incluídos no conjunto dos custos e benefícios que compõem o cálculo racional.

[1011] INFRAERO. Política de Transações com Partes Relacionadas. 2016.
[1012] O resultado da análise pode culminar, inclusive, na "anulação parcial da licitação, desclassificação ou inabilitação de licitante e instauração de processos administrativos disciplinares". ELETROBRAS, 2017, p. 70.

4. Os riscos são aumentados em razão do nível de autonomia e independência do agente privado que, em nome da empresa, interage com o Poder Público. O controle sobre os funcionários responsáveis pelo contato direto com os agentes públicos deve, portanto, ser incluído dentre os procedimentos sensíveis a ser monitorado pela empresa.

5. Segundo os postulados da economia comportamental, o processo de tomada de decisão, pretensamente racional, é limitado por fatores que incluem os valores e costumes cultivados no âmbito de cada sociedade. Os indivíduos, além das variáveis puramente econômicas, adicionam ao processo de tomada de decisão experiências pretéritas e sentimentos como honestidade e honra (atalhos cognitivos), tentando identificar as situações em que é possível beneficiar-se com a desonestidade sem prejudicar a sua "autoimagem". Os custos e benefícios podem apresentar-se aos indivíduos de forma distorcida em razão dos desvios produzidos por atalhos cognitivos.

6. As estratégias anticorrupção devem considerar o impacto do meio social no comportamento individual e investir em mecanismos que influenciem e simplifiquem o processo de tomada de decisões, condicionando os atalhos cognitivos à mitigação do risco de envolvimento em condutas ilícitas. Deve-se consolidar um ambiente de alta reprovalidade às transações corruptas, de modo a pôr em risco a *reputação* do sujeito perante o grupo.

7. Independentemente da estratégia adotada, as políticas implantadas devem ter um mínimo de consonância com a cultura da empresa, sob pena de comprometer no nascedouro a sua eficácia. Assim, as medidas de combate à corrupção devem ser pensadas dentro da realidade nacional, sem subestimar a existência de tradições perniciosas, nem descurar do diagnóstico de corrupção sistêmica e do poder conferido aos agentes estatais em virtude do tamanho da máquina burocrática governamental.

8. Especificamente no que concerne ao combate à corrupção no âmbito das licitações e contratações públicas, o programa de *compliance* deve ser voltado à garantia de que: (i) não haja um ajuste prévio entre a empresa, seus representantes e colaboradores, e o ente licitante; (ii) as empresas não se envolvam em conluios nem participem de cartéis com outros licitantes; e (iii) a execução do contrato se desenvolva em consonância com os parâmetros elencados no edital e no instrumento convocatório, dentro dos limites legais e normativos. Deve ser enfatizada a necessidade de controle e acompanhamento sobre as interações referentes à fase de execução do contrato, tendo em vista a vulnerabilidade do particular e a alta incidência de corrupção nesta etapa. O ideal

é que as transações entre os representantes da empresa e os agentes públicos sejam registradas com o máximo de transparência possível.

9. As legislações anticorrupção analisadas – nacionais e internacionais – permitem que as empresas sejam responsabilizadas por atos de corrupção praticados por terceiro, em seu interesse, ainda que não tenham contribuído para a realização do ato. No ordenamento jurídico brasileiro, não é exigido sequer que os dirigentes da empresa tenham tido ciência do ato delituoso. Daí a importância dos programas de *compliance*, que, por serem destinados a aumentar os mecanismos de fiscalização e controle interno, alargam as chances de prevenção e detecção do ilícito pela própria empresa.

10. Embora o *Foreign Corrupt Practices Act* (FCPA) não mencione expressamente a figura do *compliance*, verificou-se uma série de declarações do Departamento de Justiça e pela Comissão de Valores Mobiliários norte-americanos (DOJ e SEC) enaltecendo a importância do programa, esclarecendo quais pontos são considerados fundamentais e chamando atenção para os benefícios que podem advir da sua implantação. Além disso, como a penalização com base na legislação estadunidense é subjetiva, a existência de um programa de *compliance* efetivo – ainda que falho – reduz consideravelmente as chances de condenação por negligência, imprudência ou imperícia. Tanto é verdade que os órgãos de controle norte-americanos já afastaram a aplicação das penalidades previstas no diploma em razão da existência de um programa de *compliance* consolidado.

11. A Lei *Sarbanes-Oxley* (SOX), por sua vez, passou a exigir que as empresas elaborassem um Código de Ética, amplamente divulgado e aplicado a todos os colaboradores, inclusive à alta administração. Em complemento, tornou obrigatória a criação de um comitê de auditoria e a submissão da empresa a auditoria independente, instituindo mecanismos voltados a evitar a criação de laços entre os auditores externos e a empresa. Assim, além de parâmetros mínimos de governança corporativa, a Lei *Sarbanes-Oxley* (SOX) passou a exigir das empresas a implantação de mecanismos que se confundem com os próprios elementos do programa de *compliance*.

12. O *UK Bribery Act* (UKBA) aceita, como argumento de defesa integral, a comprovação da existência de um programa efetivo e adequado de *compliance*, nos termos do artigo 7º (2). Além disso, o Ministério de Justiça britânico dispõe de um "Guia do *Bribery Act*", elencando os princípios que devem nortear as investigações, dentre os quais são citados – como abonadores – vários elementos essenciais de um

programa de *compliance*, donde se depreende a sua relevância. Assim, mais do que no *Foreign Corrupt Practices Act* (FCPA), se a empresa for capaz de demonstrar que, apesar da ocorrência do ato de corrupção, adotou todas as medidas consideradas razoáveis para prevenir o ilícito, a existência do programa de *compliance* pode servir como verdadeira excludente de culpabilidade.

13. O posicionamento da corrupção dentro do ordenamento brasileiro teve por objetivo delinear as principais condutas que se pretende evitar com a implantação do programa de *compliance*. Com esse propósito, foram analisadas as figuras penais que podem ser interpretadas como práticas de corrupção: os atos de improbidade administrativa, a prática do *lobby*, as situações de conflito de interesse dos servidores federais e as condutas expressamente vedadas pela Lei Federal nº 12.846/2013. A conclusão é de que todas essas práticas e situações podem, num exercício interpretativo, ser enquadradas no conceito jurídico de corrupção – essencialmente nas condutas descritas no Código Penal e no rol do artigo 5º da Lei Federal nº 12.846/2013 – e, portanto, resultar na responsabilização da empresa.

14. Em acréscimo, foram analisados os desdobramentos jurídicos da menção aos programas de *compliance* pelo inciso VIII do artigo 7º da Lei Federal nº 12.846/2013, concluindo-se que existem pelo menos três incentivos para a implantação de programas de *compliance* sob a sistemática da Lei Federal nº 12.846/2013: (i) a possibilidade de redução da multa civil eventualmente aplicada em processo administrativo de responsabilização; (ii) a mitigação dos riscos de responsabilização por ato de terceiro, especialmente diante do incremento dos mecanismos de controle; e, sobretudo, (iii) a perspectiva de "blindagem" da responsabilidade pessoal dos dirigentes das empresas. Além disso, constatou-se que a implantação de programas de *compliance* pode ser incluída como condição para a celebração do acordo de leniência (inciso IV do artigo 37 do Decreto nº 8.420/2015).

15. Conquanto pareça inusitado consignar a relevância jurídica de códigos de ética e conduta já instituídos para os servidores públicos, sobretudo para fins do objeto deste trabalho, o que se extrai de relevante é a intenção do legislador de fomentar uma cultura de valores e posturas éticas no âmbito interno dos órgãos públicos. Com a Lei Federal nº 12.846/2013 a motivação legal volta-se para as organizações privadas, incitando a implantação de uma cultura coorporativa contra a corrupção.

16. A referência à Lei Federal nº 13.303/2016 restringiu-se a pontuar a obrigatoriedade da exigência do programa de *compliance* no âmbito

das empresas estatais.[1013] Por fim, a menção ao Decreto nº 9.203/2017 e à Lei nº 7.753/2017 do estado do Rio de Janeiro, além de aprofundar as reflexões sobre os programas de *compliance*, prenuncia a discussão sobre a relevância do mecanismo e os benefícios de que venha a ser exigido como requisito para as interações com a Administração Pública.

17. Embora sejam comumente associados, os termos *compliance* e governança corporativa não se confundem. A ideia de governança corporativa remete, essencialmente, a questões societárias e empresariais. Em adendo, traduz um conjunto de medidas destinadas a garantir a equidade entre os interessados, a transparência das informações e a responsabilidade dos agentes (*accountability*). O fundamento da governança corporativa reside, em última medida, na conformidade com as leis e regulamentos vigentes, pelo que o programa de *compliance* pode ser considerado um dos seus pilares de sustentação.

18. O *compliance* também não se confunde com os serviços de auditoria interna, de caráter eminentemente repressivo destinado a verificar se as normas e procedimentos internos foram fielmente observados. O objetivo é detectar, de forma pontual, eventuais falhas que já tenham sido perpetradas. O *compliance*, por sua vez, traduz-se em um movimento continuado, que, além da fiscalização e da sanção, desempenha importante papel na prevenção de desvios, pelo que os conceitos não se confundem.

19. Do ponto de vista jurídico, o programa de *compliance* traduz a adoção de um conjunto de princípios e regras internas, com o objetivo precípuo de assegurar o cumprimento da legislação pelos colaboradores da empresa. Além da conformidade legal, o programa de *compliance* envolve estratégias que viabilizem uma alteração nos padrões culturais da empresa em relação à ética e às diretrizes que regulam a atividade desempenhada, evitando a prática de condutas proibidas e o consequente prejuízo à imagem da organização. O conceito pode ser aplicado a cada um dos microssistemas jurídicos, sobretudo àqueles com regulação específica (*tax compliance, criminal compliance, compliance* ambiental, etc.). A elaboração dos programas de *compliance* – qualquer que seja o enfoque dispendido – não segue um traço específico. A estruturação do programa depende das peculiaridades que envolvem a atividade empresarial, bem como as características e ambições da empresa.

20. Além dos benefícios internos e da possibilidade de redução da multa prevista na Lei Federal nº 12.846/2013, a existência de políticas

---

[1013] Os pormenores da Lei nº 13.303/2016 foram tratados com mais profundidade no item 4.3.

de *compliance* pode contribuir para evitar – sob a presunção de que seriam capazes de diminuir os atos de corrupção – os danos à reputação das empresas envolvidas em escândalos públicos. Não bastasse, a existência do programa de *compliance* pode resguardar – "blindar" – a responsabilidade pessoal dos dirigentes da empresa, na medida em que afasta a sua culpabilidade.

21. A figura do *compliance officer*, ou da instância de *compliance*, é o eixo ao redor do qual o programa se constrói. Embora não haja consenso sobre as suas atribuições, o mais usual é que a posição do *compliance officer* seja ocupada por um ou mais colaboradores internos da empresa, destituídos de poder disciplinar sobre os demais funcionários, cabendo-lhes a função de (i) implantar, monitorar e avaliar periodicamente o programa de *compliance*; (ii) investir esforços e recursos na construção de um ambiente ético e no incentivo à conformidade com a legislação vigente e os regulamentos internos; (iii) promover treinamentos periódicos; (iv) receber e processar as denúncias registradas nos canais de comunicação, reportando os resultados à alta administração da empresa. Em regra, o responsável pelo programa de *compliance* não detém poder para intervir diretamente na conduta dos colaboradores supervisionados, pelo que não pode ser penalmente responsabilizado caso o programa de *compliance* não seja capaz de impedir o envolvimento da empresa em alguma irregularidade. Também não há obrigação de reporte às autoridades públicas, caso seja verificado algum desvio interno. O compromisso do *compliance officer* é com a alta administração da empresa e não com os órgãos de controle.

22. O *compliance monitor* (monitor independente ou monitor externo), por sua vez, tem sido designado como o profissional contratado para supervisionar a observância dos termos dos acordos firmados entre as empresas e os órgãos de controle – no caso brasileiro, do acordo de leniência – e monitorar o programa de *compliance*. O *compliance monitor* é um terceiro externo e independente, remunerado pela empresa, que reporta aos órgãos de controle a realidade dos mecanismos de controle interno e, posteriormente, os esforços empregados no cumprimento das obrigações assumidas no acordo.

23. O arquétipo de programa de *compliance* capaz de satisfazer os requisitos elencados no artigo 42 do Decreto nº 8.420/2015 e atrair as prerrogativas legais em caso de eventual processo de responsabilização exige, em síntese:

    (i) O *comprometimento da alta administração*, demonstrado por meio da reiteração de discursos e de firme postura de intolerância à corrupção. O apoio pode ser demonstrado pela suficiência dos recursos destinados à estruturação do programa de *compliance* e pela alocação de profissionais qualificados e investidos de autoridade suficiente para desempenhar as funções inerentes ao cargo. Além do emprego de recursos, a participação dos gestores da empresa nos treinamentos de *compliance* e a abdicação de oportunidades de negócio que possam levantar suspeitas reforça o compromisso com a cultura de integridade.

(ii) A existência de *padrões de conduta e procedimentos de integridade* que devem refletir os valores da organização, a postura que se espera de seus colaboradores e os mecanismos de controle interno destinados a mitigar os riscos de envolvimento em atos de corrupção. Os documentos devem ser precedidos de um processo de análise de riscos, redigidos em linguagem clara, concisa e disponibilizado aos colaboradores e terceiros parceiros da empresa. É recomendado que os destinatários firmem termo de responsabilidade, dando ciência do conteúdo dos documentos e comprometendo-se a comportar-se de acordo com os padrões exigidos.

(iii) A realização de *treinamentos periódicos* sobre o programa de *compliance* e as diretrizes anticorrupção, que devem ser fornecidos a todos os colaboradores, sem distinção de nível hierárquico, e, eventualmente, aos terceiros parceiros da empresa.

(iv) A previsão de *análise periódica de riscos e monitoramento do programa de compliance,* de modo a garantir que as alterações externas – legislativas, regulatórias ou decorrentes do contexto socioeconômico – e internas – decorrentes de modificações estruturais ou estratégicas da empresa – sejam incorporadas oportunamente e evitem a obsolescência do programa. A avaliação periódica deve abranger os resultados do programa e propor medidas para aperfeiçoá-lo.

(v) A existência de *registros contábeis completos e controles internos que assegurem a confiabilidade das informações*, a partir de mecanismos que reflitam, em ordem cronológica e nos exatos termos dos documentos originais, as transações financeiras da empresa, de acordo com as diretrizes legais que lhe forem aplicáveis. A empresa pode, inclusive, optar pela contratação de auditoria externa para inspecionar os registros.

(vi) Estruturação de *procedimentos voltados à prevenção de fraudes e ilícitos nas interações com o Poder Público* que devem disciplinar os limites da interação dos colaboradores e terceiros com os agentes públicos. Os procedimentos podem estar incluídos no Código de Conduta ou em documento apartado. A ênfase deve recair sobre a postura esperada nos processos licitatórios, as condutas expressamente vedadas e as orientações para as atividades que envolvam o envio de brindes, presentes e o patrocínio de hospitalidades a representantes da Administração Pública.

(vii) A *independência, estrutura e autoridade da instância de compliance*, responsável, em regra, pela implantação e pelo monitoramento do programa, pela promoção dos treinamentos e veiculação de informações, pelo gerenciamento dos canais de denúncia, pelo processamento de eventuais notícias de irregularidade e pelo reporte direto à alta administração. É recomendável que a instância de *compliance* tenha amplo acesso aos documentos e registros internos, além de autoridade e recursos necessários para investigar suspeitas de desvios.

(viii) A existência de *canais de denúncia e comunicação*, que devem ser disponibilizados aos colaboradores da empresa e a terceiros, para que possam registrar denúncias de irregularidade e solicitar esclarecimentos sobre dúvidas quanto ao programa de *compliance* ou às diretrizes anticorrupção. O mecanismo deve permitir o registro de informações de modo confidencial (anônimo) e a empresa deve garantir que não haverá qualquer forma de retaliação aos denunciantes de boa-fé.

(ix) A previsão de *medidas disciplinares em casos de violação do programa de compliance*, amplamente divulgadas aos colaboradores e aos terceiros parceiros. É importante que as medidas sejam proporcionais à violação e à responsabilidade do infrator e que haja certeza da aplicação da penalidade.

(x) Previsão de *procedimentos que assegurem a pronta interrupção da infração e a remediação dos danos gerados*. O programa de *compliance* deve estabelecer, previamente, quais providências podem ser tomadas para evitar que a irregularidade, uma vez identificada, se perpetue. É indispensável que a empresa atue com agilidade, preservando os documentos e evidências da irregularidade antes que o processamento da denúncia se torne público. A condução das investigações deve observar os direitos fundamentais dos investigados e a garantia ao contraditório e à ampla defesa. Também devem constar nos procedimentos internos a previsão de medidas capazes de remediar os danos resultantes do ilícito, o que pode incluir a revisão do programa e a realização de nova análise de riscos.

(xi) Existência de *procedimentos de due diligence* para contratar e supervisionar terceiros, bem como para autorizar processos de fusão, aquisição e reestruturação societária. A exigência é de que o programa de *compliance* estabeleça medidas de verificação prévia à constituição de uma relação com terceiros e, posteriormente, que assegure que as políticas anticorrupção e os mecanismos de controle interno sejam estendidos aos novos parceiros ou aos novos arranjos societários da empresa, inclusive com a promoção de treinamentos específicos aos terceiros e aos colaboradores que tenham sido absorvidos.

(xii) A *transparência quanto às doações para candidatos e partidos políticos*, preferencialmente com registro do destinatário, o motivo, o valor e a data da transferência, evitando suspeitas de que sejam utilizados com o intuito de camuflar o pagamento de vantagens indevidas a agentes públicos.

24. A conclusão é de que muitos dos elementos do programa de *compliance* são projetados com o intuito de influenciar o cálculo racional dos agentes, a partir de uma alteração direta na relação entre custos e benefícios – aumento dos mecanismos de controle e dos incentivos à integridade – ou por meio do fomento de determinados valores e padrões de comportamento. Diante dos estudos empíricos desenvolvidos por outros autores, constatou-se que, caso os programas de *compliance* funcionem em condições ideais e sejam seguidos à risca pela alta administração e por todos os colaboradores da empresa – internos e externos –, há ampla possibilidade de que contribuam para mitigar os riscos de corrupção no âmbito das contratações públicas, o que confirma a hipótese principal do trabalho.

25. A formação de uma *cultura* de conformidade é fundamental para aumentar os incentivos à adoção de posturas éticas e em consonância com os limites legais. Do ponto de vista individual, a ilegalidade pode parecer indispensável à continuidade dos negócios, apesar do discurso anticorrupção. Há grandes chances de que os colaboradores não estejam convencidos do compromisso da empresa com

a integridade, acreditando que o objetivo deve ser celebrar o negócio "a qualquer custo". O papel da alta administração é fundamental para afastar suposições de que a corrupção seria tacitamente consentida quando necessária ao sucesso da organização. Os incentivos diretos também possuem papel fundamental no processo de tomada de decisão individual. Diante disso, defende-se que as empresas invistam na consolidação de uma *cultura* de intolerância à corrupção e estipulem recompensas – inclusive financeiras – aos colaboradores que cooperarem com o programa de *compliance* e que denunciarem, de boa-fé, a prática de atos ilícitos.

26. O incremento dos mecanismos de controle exerce influência determinante no processo de tomada de decisão. O aumento da expectativa de detecção representa uma majoração dos riscos de transações corruptas. Sob essa perspectiva, defende-se que os programas de *compliance* devem delimitar com precisão a responsabilidade de cada colaborador, de modo a viabilizar a sua efetiva responsabilização (*accountability*). Em complemento, e sem descurar dos custos envolvidos, entende-se que os programas de *compliance* devem exigir (i) que os contatos presenciais com os agentes públicos sejam realizados por pelo menos dois representantes da empresa; (ii) que as demais interações sejam devidamente registradas e supervisionadas; e (iii) que os procedimentos expostos a risco sejam fiscalizados por superiores hierárquicos, com a exigência de dupla autorização. A recomendação de rodízio dos profissionais alocados nas áreas de maior interação com agentes públicos, por outro lado, pode resultar em custos excessivos que talvez não compensem os benefícios respectivos. Mesmo diante dessa constatação, defende-se que a política seja pelo menos *considerada* pelo programa de *compliance*, ainda que de forma mais flexível.

27. A constatação de que muitas empresas envolvidas em recentes escândalos de corrupção possuíam programas de *compliance* em funcionamento não inviabiliza as premissas quanto ao *potencial* benefício do programa. Todavia, para evitar que as empresas deliberadamente se utilizem de sistemas meramente formais, defende-se a instituição da exigência de que o programa de *compliance* seja submetido à periódica avaliação por auditoria externa, contratada pela instância de *compliance* e submetida a sistema de rodízio, similar ao que o artigo 23 da Instrução Normativa nº 308/1999 da CVM impõe aos auditores independentes. Embora a exigência de rodízio dos colaboradores internos possa ser sopesada, a conclusão, pautada em resultados empíricos, é de que a prestação continuada dos serviços pelo mesmo auditor externo compromete a sua parcialidade.

28. Como sugestão alternativa, defende-se que os documentos internos da empresa e as cláusulas eventualmente apostas no contrato de trabalho ou no estatuto social consignem expressamente a responsabilidade dos membros da instância de *compliance:* (i) pelas informações registradas nos relatórios de conformidade; (ii) pela contratação e supervisão dos serviços prestados pela auditoria externa, caso seja adotada a sugestão do tópico anterior; e, de uma forma geral, (iii) por implantar e monitorar o programa. De forma menos incisiva, o presente trabalho aponta para os potenciais benefícios da imposição de um mecanismo de rodízio e da garantia de alguma espécie de estabilidade aos membros da instância de *compliance*. Por fim, defende-se que não deva ser imposto à instância de *compliance* o dever de reportar às autoridades públicas a existência de eventuais irregularidades internas.

29. A nova lei de licitações elenca um rol taxativo de requisitos para a fase de habilitação, pelo que a exigência de comprovação do programa de *compliance* demandaria alteração legislativa. Entretanto, a alteração legislativa não poderia incluir exigências de qualificação técnica e econômica que não fossem indispensáveis à garantia da execução do contrato, em face da limitação contida no inciso XXI do artigo 37 da Constituição Federal. Em síntese, diante das limitações legais e constitucionais existentes no ordenamento jurídico, a exigência de demonstração da existência do programa de *compliance* como requisito de habilitação não se entremostra como uma solução juridicamente viável.

REFERÊNCIAS

ABBI; FEBRABAN. *Função de compliance*. 2009. Disponível em: <http://www.abbi.com.br/download/funcaodecompliance_09.pdf>. Acesso em: 15 jun. 2017.

ACFE. *Report to the Nations*, 2020. Disponível em: <https://acfepublic.s3-us-west-2.amazonaws.com/2020-Report-to-the-Nations.pdf>. Acesso em: 15 maio 2020.

ALEXANDER, Cindy R; COHEN, Mark A. *Trends in the use of non-prosecution, deferred prosecution and plea agréments in the settlement of allefed corporate criminal wrongdoing*. Arlington: Law & Economics Center – George Mason University School of Law, 2015. Disponível em: <http://masonlec.org/site/rte_uploads/files/Full%20Report%20-%20SCJI%20NPA-DPA%2C%20April%202015%281%29.pdf>. Acesso em: 4 dez. 2017.

ARIELY, Dan. *A mais pura verdade sobre a desonestidade*. Rio de Janeiro: Elsevier, 2012.

ASSIS, Luiz Eduardo Altenburg de; SCHRAMM, Fernanda Santos. *A natureza jurídica das cláusulas anticorrupção nas contratações públicas*. Web Zênite ILC, set. 2018. Disponível em: <https://www.webzenite.com.br/documentoscliente/8e31a081-f6a4-4b1b-886f-4868aa23a9e2>. Acesso em: 02 out. 2018.

ASSOCIAÇÃO BRASILEIRA DE NORMAS TÉCNICAS. *NBR ISO 31010: Gestão de riscos – técnicas para o processo de avaliação de riscos*. Rio de Janeiro, 2012.

ASSOCIAÇÃO BRASILEIRA DE NORMAS TÉCNICAS. *NBR ISO 19600: Sistema de gestão de compliance*. Rio de Janeiro, 2014.

ASSOCIAÇÃO BRASILEIRA DE NORMAS TÉCNICAS. *NBR ISO 37001: Sistemas de gestão antissuborno – requisitos com orientações para uso*. Rio de Janeiro, 2017.

ASSOCIAÇÃO BRASILEIRA DE NORMAS TÉCNICAS. *NBR ISO 31000: Gestão de riscos – princípios e diretrizes*. Rio de Janeiro, 2018.

AYRES, Carlos Henrique da Silva. Utilização de terceiros e operações de fusões e aquisições no âmbito do Foreign Corrupt Practices Act: riscos e necessidade da *due diligence* anticorrupção. *In*: DEL DEBBIO, Alessandra; MAEDA, Bruno Carneiro; AYRES, Carlos Henrique da Silva (Coord.). *Temas de anticorrupção e compliance*. Rio de Janeiro: Elsevier, 2013.

AYRES, Carlos. *Análise prática de programas de compliance*. 2016. Disponível em: <https://jota.info/colunas/coluna-do-trench-rossi/coluna-do-trench-rossi-analise-pratica-de-programas-de-compliance-01022016>. Acesso em: 12 jun. 2017.

BACELLAR FILHO, Romeu Felipe. *Processo administrativo disciplinar*. São Paulo: Saraiva, 2012.

BACELLAR FILHO, Romeu Felipe. Ética Pública, o Estado Democrático de Direito e os princípios consectários. *In*: PIRES, Luis Manuel; ZOCKUN, Maurício; ADRI, Renata (Coord.). *Corrupção, ética e moralidade administrativa*. Belo Horizonte: Fórum, 2008.

BANCO CENTRAL DO BRASIL. *Resolução nº 2554*, de 24 de setembro de 1998. Dispõe sobre a implantação e implementação de sistema de controles internos. Brasília, DF. 24 set. 1998. Disponível em: <http://www.bcb.gov.br/pre/normativos/res/1998/pdf/res_2554_v2_P.pdf>. Aceso em: 10 jun. 2017.

BANCO CENTRAL DO BRASIL. *Resolução nº 4.567*, de 27 de abril de 2017. Dispõe sobre a remessa de informações relativas aos integrantes do grupo de controle e aos administradores das instituições financeiras e das demais instituições autorizadas a funcionar pelo Banco Central do Brasil e sobre a disponibilização de canal para comunicação de indícios de ilicitude relacionados às atividades da instituição. Brasília, DF. 27 abr. 2017. Disponível em: <http://www.bcb.gov.br/pre/normativos/busca/downloadNormativo.asp?arquivo=/Lists/Normativos/Attachments/50369/Res_4567_v1_O.pdf>. Acesso em: 19 jun. 2017.

BANCO NACIONAL DE DESENVOLVIMENTO ECONÔMICO E SOCIAL (BNDES). *Política de conduta e integridade no âmbito de licitações e contratos administrativos do Sistema BNDES*. 2017. Disponível em: <https://www.bndes.gov.br/wps/wcm/connect/site/abb3ec53-b285-4951-8773-57af2f20e2c7/Pol%C3%ADtica+de+Conduta+e+Integridade+em+Licita%C3%A7%C3%B5es+e+Contratos+do+BNDES.pdf?MOD=AJPERES&CVID=lx5y2jd&CVID=lx5y2jd&CVID=lx5y2jd&CVID=lx5y2jd&CVID=lx5y2jd&CVID=lx5y2jd&CVID=lx5y2jd&CVID=lx5y2jd&CVID=lx5y2jd&CVID=lx5y2jd&CVID=lx5y2jd&CVID=lx5y2jd&CVID=lx5y2jd&CVID=lx5y2jd>. Acesso em: 05 jan. 2018.

BANCO DO BRASIL. *Regulamento de licitações e contratos do Banco do Brasil S.A*. 2017. Disponível em: <http://www.bb.com.br/docs/pub/siteEsp/dilog/dwn/rlbb.pdf>. Acesso em: 5 jan. 2017.

BANDEIRA DE MELLO, Celso Antônio. *Curso de Direito Administrativo*. 31. ed. São Paulo: Malheiros, 2014.

BARROS, Sérgio Resende de. *Liberdade e Contrato*: a crise da licitação. Piracicaba: Editora UNIMEP, 1999.

BECKER, Gary S. Crime and punishment: an economic approach. *The Journal of Political Economy*, v. 76, n. 2, 1968.

BIEGELMAN, Martin; BIEGELMAN, Daniel. *Foreign Corrupt Practices Act*: Compliance Guidebook. New Jersey: John Wiley & Sons, Inc., 2010.

BIRD, Robert; PARK, Stephen Kim. Turning corporate compliance into competitive advantage. *University of Pennsylvania Journal of Business Law*, v. 19, n. 2, 2017.

BOBBIO, Norberto. *Teoria da Norma Jurídica*. Bauru: Edipro, 2001.

BOBBIO, Norberto; MATTEUCI, Nicola; PASQUINO, Gianfranco. *Dicionário de Política*. 5. ed. Brasília: Editora Universidade de Brasília; São Paulo: Imprensa Oficial do Estado, 2000.

BORGERTH, Vania Maria da Costa. *SOX*: entendendo a Lei Sarbanes-Oxley. São Paulo: Cengage Learning, 2008.

BOTTINI, Pierpaolo Cruz; TAMASAUSKAS, Igor. *A controversa responsabilidade objetiva na Lei Anticorrupção*. 2014. Disponível em: <http://www.conjur.com.br/2014-dez-09/direito-defesa-controversa-responsabilidade-objetiva-lei-anticorrupcao>. Acesso em: 14 maio 2017.

BM&FBOVESPA. *Diretrizes de governança corporativa*. 2017. Disponível em: <http://ri.bmfbovespa.com.br/fck_temp/26_2/Diretrizes_de_Governanca_Corporativa_da_BMFBOVESPA.pdf>. Acesso em: 18 jun. 2017.

BRADESCO. *Organograma funcional. 2017.* Disponível em: <https://www.bradescori.com.br/site/conteudo/interna/default3.aspx?secaoId=574>. Acesso em: 28 dez. 2017.

BRASIL. Câmara dos Deputados. Projeto de Lei nº 6.814, de 2017. Brasília, DF. 2017a. Disponível em: <http://www.camara.gov.br/proposicoesWeb/fichadetramitacao?idProposicao=2122766>. Acesso em: 25 jul. 2017.

BRASIL. Câmara dos Deputados. Projeto de Lei nº 6.826-A, de 2010. Brasília, DF. 2010. Disponível em: <http://www.camara.gov.br/sileg/integras/1084183.pdf>. Acesso em: 27 dez. 2017a.

BRASIL. Constituição (1988). *Constituição da República Federativa do Brasil.* Brasília, 5 de outubro de 1988.

BRASIL. Decreto-Lei nº 2.848, de 7 de dezembro de 1940. Código Penal. *Diário Oficial da União.* Poder Executivo: Rio de Janeiro. 31 jan. 1941. Disponível em: <http://www.planalto.gov.br/ccivil_03/decreto-lei/Del2848.htm>. Acesso em: 15 abr. 2017.

BRASIL. Decreto nº 1.094, de 23 mar. 1994. *Diário Oficial da União:* Poder Executivo, Brasília, DF. 24 mar. 1994a. Disponível em: <http://www.planalto.gov.br/ccivil_03/decreto/antigos/d1094.htm>. Acesso em: 27 dez. 2017.

BRASIL. Decreto nº 1.171, de 22 de junho de 1994. *Diário Oficial da União.* Poder Executivo: Brasília, DF. 23 jun. 1994b. Disponível em: <http://www.planalto.gov.br/ccivil_03/decreto/d1171.htm>. Acesso em: 31 maio 2017.

BRASIL. Decreto nº 3.678, de 30 de novembro de 2000. *Diário Oficial da União.* Poder Executivo: Brasília, DF. 1 dez. 2000a. Disponível em: <http://www.planalto.gov.br/ccivil_03/decreto/D3678.htm>. Acesso em: 15 abr. 2017.

BRASIL. Decreto nº 4.081, de 11 de janeiro de 2002a. *Diário Oficial da União.* Poder Executivo: Brasília, DF. 14 jan. 2002b. Disponível em: <http://www.planalto.gov.br/ccivil_03/decreto/2002/d4081.htm>. Acesso em: 5 jun. 2017.

BRASIL. Decreto nº 4.334, de 12 de agosto de 2002b. *Diário Oficial da União.* Poder Executivo: Brasília, DF. 13 ago. 2002c. Disponível em: <http://www.planalto.gov.br/ccivil_03/decreto/2002/d4334.htm>. Acesso em: 5 jun. 2017.

BRASIL. Decreto nº 4.410, de 7 de outubro de 2002c. *Diário Oficial da União.* Poder Executivo: Brasília, DF. 8 out. 2002d. Disponível em: <http://www.planalto.gov.br/ccivil_03/decreto/2002/D4410.htm>. Acesso em: 15 abr. 2017.

BRASIL. Decreto nº 5.687, de 31 de janeiro de 2006. *Diário Oficial da União.* Poder Executivo: Brasília, DF. 1 fev. 2006. Disponível em: <http://www.planalto.gov.br/ccivil_03/_ato2004-2006/2006/decreto/d5687.htm>. Acesso em: 20 mar. 2017.

BRASIL. Decreto nº 6.021, de 22 de janeiro de 2007. *Diário Oficial da União.* Poder Executivo: Brasília, DF. 22 jan. 2017. Disponível em: <http://www.planalto.gov.br/ccivil_03/_ato2007-2010/2007/decreto/d6021.htm>. Acesso em: 19 ago. 2017.

BRASIL. Lei nº 7.347, de 24 de julho de 1985. *Diário Oficial da União:* Poder Executivo, Brasília, DF. 25 jul. 1985.

BRASIL. Lei nº 7.492, de 16 de junho de 1986. *Diário Oficial da União:* Poder Executivo, Brasília, DF, 18 jun. 1986. Disponível em: <http://www.planalto.gov.br/ccivil_03/Leis/l7492.htm>. Acesso em: 28 dez. 2017.

BRASIL. Decreto nº 8.420, de 18 de março de 2015. *Diário Oficial da União:* Poder Executivo, Brasília, DF, 19 mar. 2015a.

BRASIL. Decreto nº 8.428, de 2 de abril de 2015. *Diário Oficial da União*. Poder Executivo: Brasília, DF. 6 abr. 2015b. Disponível em: <http://www.planalto.gov.br/ccivil_03/_ato2015-2018/2015/decreto/d8428.htm>. Acesso em: 27 dez. 2017.

BRASIL. Decreto nº 9.203, de 22 de novembro de 2017. *Diário Oficial da União*: Poder Executivo, Brasília, DF, 23 nov. 2017. Disponível em: <http://www.planalto.gov.br/ccivil_03/_ato2015-2018/2017/decreto/D9203.htm>. Acesso em: 22 dez. 2017b.

BRASIL. Exposição de motivos nº 37, de 18 de agosto de 2000. *Diário Oficial da União*. Poder Executivo: Brasília, DF. 21 ago. 2000e. Disponível em: <http://www.planalto.gov.br/ccivil_03/codigos/codi_conduta/cod_conduta.htm>. Acesso em: 29 maio 2017b.

BRASIL. Lei nº 8.666, de 21 de junho de 1993. *Diário Oficial da União:* Poder Executivo, Brasília, DF, 22 jun. 1993.

BRASIL. Lei nº 9.613, de 3 de março de 1998. *Diário Oficial da União*: Poder Executivo, Brasília, DF, 4 mar. 1998. Disponível em: <http://www.planalto.gov.br/ccivil_03/leis/L9613.htm>. Acesso em: 28 dez. 2017.

BRASIL. Lei nº 10.149, de 21 de dezembro de 2000. *Diário Oficial da União*: Poder Executivo, Brasília, DF, 22 dez. 2000c.

BRASIL. Lei nº 10.520, de 17 de julho de 2002. *Diário Oficial da União*: Poder Executivo, Brasília, DF, 18 jul. 2002d.

BRASIL. Lei nº 12.462, de 4 de agosto de 2011. *Diário Oficial da União:* Poder Executivo, Brasília, DF, 5 ago. 2011a.

BRASIL. Lei nº 12.529, de 30 de novembro de 2011. *Diário Oficial da União*: Poder Executivo, Brasília, DF, 1 nov. 2011b.

BRASIL. Lei nº 12.813, de 16 de maio de 2013. *Diário Oficial da União*: Poder Executivo, Brasília, DF, 17 maio 2013a.

BRASIL. Lei nº 12.846, de 1 de agosto de 2013. *Diário Oficial da União*: Poder Executivo, Brasília, DF, 2 ago. 2013b.

BRASIL. Lei nº 13.019, de 31 de julho de 2014. *Diário Oficial da União*: Poder Executivo, Brasília, DF, 1 ago. 2014. Disponível em: <http://www.planalto.gov.br/ccivil_03/_ato2011-2014/2014/lei/l13019.htm>. Acesso em: 27 dez. 2017.

BRASIL. Instrução Normativa nº 2, de 16 de setembro de 2009. *Diário Oficial da União*: Poder Executivo, Brasília, DF, 17 set. 2009. Disponível em: <http://www.comprasnet.gov.br/legislacao/legislacaoDetalhe.asp?ctdCod=265>. Acesso em: 27 dez. 2009.

BRASIL. Superior Tribunal de Justiça. Agravo Interno no Agravo em Recurso Especial nº 922.590. Relator: Ministro Herman Benjamin. Brasília, DF. 28 mar. 2017. *Diário de Justiça eletrônico*: Brasília, 18 abr. 2017c.

BRASIL. Superior Tribunal de Justiça. Agravo Regimental no Agravo em Recurso Especial nº 724.450. Relator: Ministro Humberto Martins. Brasília, DF. 15 set. 2015. *Diário de Justiça eletrônico*: Brasília, 23 set. 2015c.

BRASIL. Superior Tribunal de Justiça. Recurso Especial nº 1075882. Relator: Ministro Arnaldo Esteves Lima. Brasília, DF. 4 nov. 2010. *Diário de Justiça eletrônico*: Brasília, 12 nov. 2010b.

BRASIL. Superior Tribunal de Justiça. Recurso Especial nº 1186389. Relator: Ministro Herman Benjamin. Brasília, DF. 7 abr. 2015. *Diário de Justiça eletrônico*: Brasília, 7 nov. 2016a.

BRASIL. Superior Tribunal de Justiça. Recurso Especial nº 1251697, Relator: Ministro Mauro Campbell Marques. Brasília, DF. 12 abr. 2012. *Diário de Justiça eletrônico*: Brasília, 17 abr. 2012.

BRASIL. Superior Tribunal de Justiça. Recurso Especial nº 1401500. Relator: Ministro Herman Benjamin. Brasília, DF. 16 ago. 2016. *Diário de Justiça eletrônico*: Brasília, 13 set. 2016b.

BRASIL. Superior Tribunal de Justiça. Recurso Ordinário nos Embargos de Declaração no Mandado de Segurança 11.493. Relator: Ministro Nefi Cordeiro. Brasília, DF, 25 out. 2017. *Diário de Justiça eletrônico*: Brasília, 6 nov. 2017d.

BRASIL. Supremo Tribunal Federal. Inquérito nº 2.648. Relatora: Ministra Carmen Lúcia. Brasília, DF, 12 jun. 2008. *Diário de Justiça eletrônico*: Brasília, 22 ago. 2008.

BRASIL. Supremo Tribunal Federal. Ação Penal 470. Relator: Ministro Joaquim Barbosa. Brasília, DF, 17 dez. 2012. *Diário de Justiça eletrônico*. Brasília, 22 abr. 2013c.

BRASIL. Supremo Tribunal Federal. Recurso Extraordinário nº 902.261. Relator: Ministro Marco Aurélio. Brasília, DF, 22 set. 2020. *Diário de Justiça eletrônico*. Brasília, 09 out. 2020.

BRESSER-PEREIRA, Luiz Carlos. Propostas para aprofundar a Lei de Licitações. *Doutrina*, 734/32, out. 1996. Disponível em: <https://www.webzenite.com.br/documentoscliente/b440b365-674d-4b77-9afe-f0532dd5c46a?tt=licitacao&ex=%22%20conluio%22>. Acesso em: 10 jul. 2017.

CADEMARTORI, Luiz Henrique Urquhart; SCHRAMM, Fernanda Santos. Constitucionalismo institucionalista como alternativa necessária ao constitucionalismo normativista. *Revista de Direito Administrativo e Infraestrutura*, v. 2. p. 57-81, 2017.

CADEMARTORI, Luiz Henrique Urquhart; SIMÕES, Raísa Carvalho. A sobrevivência do modelo patrimonial na reforma administrativa gerencial do estado brasileiro. *Revista Panóptica*, v. 3, n. 18, p. 127-153, 2010. Disponível em: <http://www.panoptica.org/seer/index.php/op/article/view/Op_5.1_2010_127-153/287>. Acesso em: 30 abr. 2017.

CADEMARTORI, Luiz Henrique Urquhart. *Discricionariedade administrativa no Estado Constitucional de Direito*. 2. ed. Curitiba: Juruá, 2008.

CAIXA ECONÔMICA FEDERAL. *Regulamento de licitações e contratos da Caixa*. 2017. Disponível em: <http://www.caixa.gov.br/Downloads/caixa-documentacao-basica-21/Regulamento_CAIXA_Aprovado_31_03_2017.pdf>. Acesso em: 5 jan. 2018.

CÂMARA DOS DEPUTADOS. *Projeto de Lei nº 7.149/2017*. Disponível em: <http://www.camara.gov.br/proposicoesWeb/prop_mostrarintegra;jsessionid=426F9A90A2F2EDD-472D4B233CA720E00.proposicoesWebExterno1?codteor=1541289&filename=Avulso+--PL+7149/2017>. Acesso em: 08 jan. 2018.

CAMARGO, Rodrigo de Oliveira de. *Compliance, investigação e direitos fundamentais*. 2014. Disponível em: <http://www.lecnews.com/artigos/2014/11/17/compliance-investigacao-e-direitos-fundamentais/>. Acesso em: 20 dez. 2017.

CAMPBELL, Stuart Vincent. Perception is not Reality: The FCPA, Brazil, and the Mismeasurement of Corruption. *Minnesota Journal of International Law*, v. 22, n. 1, p. 247, 2013.

CANDELORO, Ana Paula P.; RIZZO, Maria Balbina Martins de; PINHO, Vinícius. *Compliance 360º*: riscos, estratégias, conflitos e vaidades no mundo corporativo. São Paulo: Trevisan Editora Universitária, 2012.

CARAZZAI, Emílio; CAMARGO, João Laudo de. Ética na governança corporativa. *In*: CUNHA FILHO, Alexandre Jorge Carneiro da; ARAÚJO, Glaucio Roberto Brittes de; LIVIANU, Roberto; PASCOLATI JUNIOR, Ulisses Augusto (Coord.). *48 visões sobre corrupção*. São Paulo: Quartier Latin, 2016.

CARDOSO, Débora Motta. *Criminal compliance na perspectiva da lavagem de dinheiro*. São Paulo: LiberArs, 2015.

CARVALHO, Cristiano. *Teoria da decisão tributária*. São Paulo: Saraiva, 2013.

CARVALHO, Paulo Roberto Galvão. Legislação anticorrupção no mundo: análise comparativa entre a Lei anticorrupção brasileira, o Foreign Corrupt Practices Act Norte Americano e o Bribery Act do Reino Unido. *In*: SOUZA, Jorge Munhos; QUEIROZ, Ronaldo Pinheiro de (Org.) *Lei Anticorrupção*. Salvador: Juspodivm, 2015.

CARVALHO FILHO, José dos Santos. *Manual de Direito Administrativo*. 22. ed. Rio de Janeiro: Lumen Juris, 2009.

CARVALHOSA, Modesto. A corrupção sistêmica gerada pelo capitalismo de laços – o instrumento do *performance bond*. *Revista dos Tribunais*, v. 967, p. 13-19, 2016.

CARVALHOSA, Modesto. *Considerações sobre a Lei Anticorrupção das Pessoas Jurídicas*. São Paulo: Revista dos Tribunais, 2015.

CASTELLANO, Ana Carolina Heringer; FORNARA, Matheus Tormen. *Startups, Cibersegurança e Proteção de dados*. 2017. Disponível em: <https://jota.info/colunas/agenda-da-privacidade-e-da-protecao-de-dados/startups-ciberseguranca-e-protecao-de-dados-25052017>. Acesso em: 15 jun. 2017.

CASTRO, Carlos Borges de. *Desvios na licitação*. São Paulo: Imprensa Oficial do Estado, 1994.

CASTRO, Rodrigo Pironti Aguirre de; GONÇALVES, Francine Silva Pacheco. *Compliance e gestão de riscos nas empresas estatais*. Belo Horizonte: Fórum, 2018.

CHEMIM, Rodrigo. *Mãos Limpas e Lava Jato*: a corrupção se olha no espelho. Porto Alegre: Citadel Grupo Editorial (CGE), 2017.

CLARK, Robert Charles. Corporate Governance Changes in the Wake of the Sarbanes-Oxley Act: A Morality Tale for Policymakers Too. *Georgia State University Law Review*, v. 22, n. 2, p. 251-312, 2005. Disponível em: <http://readingroom.law.gsu.edu/cgi/viewcontent.cgi?article=2110&context=gsulr>. Acesso em: 6 maio 2017.

CLEVELAND, Margot; FAVO, Christopher M.; FRECKA, Thomas J.; OWENS, Charles L. Trends in the international fight against bribery and corruption. *Journal of Business Ethics*, v. 90, p. 199-244, 2009.

COHEN, Jeffrey; KRISHNAMOORTHY, Ganesh; WRIGHT, Arnie. Corporate governance in the Post-Sarbanes-Oxley Era: Auditor's Experiences. *Contemporary Accounting Research*, vol. 27, n. 3, p. 751-786, Fall 2010.

COIMBRA, Marcelo de Aguiar; MANZI, Vanessa Alessi. *Manual de compliance*: preservando a boa governança e a integridade das organizações. São Paulo: Atlas, 2010.

COMISSÃO DE VALORES MOBILIÁRIOS. Instrução CVM nº 586, de 8 de junho de 2017. Altera e acrescenta dispositivos à Instrução CVM nº 480, de 7 de dezembro de 2009. *Diário Oficial da União*: Brasília, DF. 10 jul. 2017. Disponível em: <http://www.cvm.gov.br/legislacao/inst/inst586.html>. Acesso em: 19 jun. 2017.

COMISSÃO DE VALORES MOBILIÁRIOS. Instrução CVM nº 558, de 26 de março de 2015 com as alterações introduzidas pela Instrução CVM nº 593/17. Dispõe sobre o exercício profissional de administração de carteiras de valores mobiliários. *Diário Oficial da União*: Brasília, DF. 27 mar. 2015. Disponível em: <http://www.cvm.gov.br/legislacao/instrucoes/inst558.html>. Acesso em: 18 dez. 2017.

COMISSÃO DE VALORES MOBILIÁRIOS. *Recomendações da CVM sobre governança corporativa*. 2002. Disponível em: <http://www.cvm.gov.br/export/sites/cvm/decisoes/anexos/0001/3935.pdf>. Acesso em: 12 jun. 2017.

COMISSÃO DE VALORES MOBILIÁRIOS. *CVM edita norma que altera regra do rodízio de firmas de auditoria quando houver comitê de auditoria estatutário*. 2011. Disponível em: <http://www.cvm.gov.br/noticias/arquivos/2011/20111116-1.html>. Acesso em: 13 maio 2017.

CONSELHO ADMINISTRATIVO DE DEFESA ECONÔMICA. *Guia Programas de Compliance*: orientações sobre estruturação e benefícios da adoção dos programas de *compliance* concorrencial. 2016. Disponível em: <http://www.cade.gov.br/acesso-a-informacao/publicacoes-institucionais/guias_do_Cade/guia-compliance-versao-oficial.pdf>. Acesso em: 9 dez. 2017.

CONSELHO FEDERAL DE CONTABILIDADE. Dispõe sobre a Estrutura das Normas Brasileiras de Contabilidade e revoga a Resolução nº 1.295, de 17 de setembro de 2010, e a Resolução nº 1.328, de 18 de março de 2011. *Diário Oficial da União*: Brasília, DF. 22 nov. 2011. Disponível em: <http://www.normaslegais.com.br/legislacao/resolucaocfc1328.htm>. Acesso em: 28 dez. 2017.

CONSELHO FEDERAL DE CONTABILIDADE. Resolução nº 1.445, de 30 de julho de 2013. Dispõe sobre os procedimentos a serem observados pelos profissionais e Organizações Contábeis, quando no exercício de suas funções, para cumprimento das obrigações previstas na Lei nº 9.613/1998 e alterações posteriores. *Diário Oficial da União*: Brasília, DF. 30 jul. 2013. Disponível em: <http://portalcfc.org.br/wordpress/wp-content/uploads/2013/10/RES_1445.pdf>. Acesso em: 28 dez. 2017.

CONWAY-HATCHER, Amy; GRIGGS, Linda; KLEIN, Benjamin. How whistleblowing may pay under the U.S. Dodd-Frank Act: implications and best practices for multinational companies. *In*: DEL DEBBIO, Alessandra; MAEDA, Bruno Carneiro; AYRES, Carlos Henrique da Silva (Coord.). *Temas de anticorrupção e compliance*. Rio de Janeiro: Elsevier, 2013.

CONSULTOR JURÍDICO. *"Mãos limpas" foi um evento político*, diz historiador Giovanni Orsina. 2017a. Disponível em: <http://www.conjur.com.br/2017-ago-29/maos-limpas-foi-evento-politico-historiador-giovanni-orsina>. Acesso em: 3 set. 2017.

CONSULTOR JURÍDICO. *Processo irracional*: "Consequência da insegurança na leniência é a demolição do capitalismo brasileiro". Entrevista com Walfrido Warde, especialista em direito societário. 2017b. VASCONCELLOS, Marcos. Disponível em: <https://www.conjur.com.br/2017-out-22/entrevista-walfrido-warde-especialista-direito-societario>. Acesso em: 18 nov. 2017.

COOTER, Robert; ULEN, Thomas. *Law and economics*. 6. ed. Boston: Addison-Wesley, 2016. Disponível em: <https://scholarship.law.berkeley.edu/cgi/viewcontent.cgi?referer=https://www.google.com.br/&httpsredir=1&article=1001&context=books>. Acesso em: 10 nov. 2017.

COSTA, Helena Regina Lobo da; ARAÚJO, Marina Pinhão Coelho. Compliance e julgamento da APn 470. *Revista Brasileira de Ciências Criminais*, São Paulo, v. 22, n. 106, jan./fev. 2014.

COSTA, Natalia Lacerda Macedo. "Nudge" como abordagem regulatória de prevenção à corrupção pública no Brasil. *Revista de Informação Legislativa*: RIL, v. 54, n. 214, p. 91-111, abr./jun. 2017. Disponível em: <https://www12.senado.leg.br/ril/edicoes/54/214/ril_v54_n214_p91.pdf>. Acesso em: 10 dez. 2017.

COUTINHO, Jacinto Nelson de Miranda. *MPF: As 10 medidas contra a corrupção são só ousadas?* Boletim IBCCRIM, São Paulo, n. 277, dez. 2015. Disponível em: <http://www.ibccrim.org.br/boletim_artigo/5668-MPF-As-10-medidas-contra-a-corrupcao-sao-so-ousadas>. Acesso em: 5 dez. 2017.

DAMANIA, Richard; FREDRIKSSON, Per G.; MANI, Muthukumara.The persistence of corruption and regulatory compliance failures: theory and evidence. *Public choice*, v. 121, p. 363-390, 2004.

DALLARI, Adilson Abreu. *Aspectos Jurídicos da Licitação*. 6. ed. São Paulo: Saraiva, 2003.

DALLARI, Adilson Abreu; FERRAZ, Sérgio. *Processo Administrativo*. 3. ed. São Paulo: Malheiros, 2007.

DALLARI, Adilson Abreu. *Licitação não é instrumento de combate à corrupção*. 2017. Disponível em: <https://www.conjur.com.br/2017-out-19/interesse-publico-licitacao-nao-instrumento-combate-corrupcao>. Acesso em: 21 out. 2017.

DALLARI, Adilson Abreu. Parecer – 108/24/FEV/1996. Disponível em: <https://www.zenite.com.br/>. Acesso em: 26 nov. 2017.

DALMARCO, Arthur Rodrigues. *Regulação energética*: sustentabilidade e inovação nos ambientes regulatórios brasileiro e estadunidense. 2017, 244 f. Dissertação (Mestrado) – Programa de Pós-Graduação em Direito, Universidade Federal de Santa Catarina, Santa Catarina, 2017. Disponível em: <https://repositorio.ufsc.br/xmlui/bitstream/handle/123456789/176809/345996.pdf?sequence=1&isAllowed=y>. Acesso em: 10 dez. 2017.

DEMATTÉ, Flávio Rezende. *Responsabilização de pessoas jurídicas por corrupção*: a Lei nº 12.846/2013, segundo o direito de intervenção. Belo Horizonte: Fórum, 2015.

DELLOITE. *The Chief Compliance Officer*: The fourth ingredient in aworld-class ethics and compliance program. 2015. Disponível em: <https://www2.deloitte.com/us/en/pages/risk/articles/the-chief-compliance-officer-cco-the-fourth-ingredient-in-a-world-class-ethics-and-compliance-program.html>. Acesso em: 4 set. 2017.

DELOITTE. *Integridade corporativa no Brasil*. 2018. Disponível em: < https://www.google.com/search?q=DELOITTE%2C+Integridade+Corporativa+no+Brasil%2C+2018&rlz=1C5CHFA_enBR913BR913&oq=DELOITTE%2C+Integridade+Corporativa+no+Brasil%2C+2018&aqs=chrome..69i57.435j0j7&sourceid=chrome&ie=UTF-8>. Acesso em: 06 set. 2020.

DOMINGUES, José Maurício. Patrimonialismo e neopatrimonialismo. *In*: AVRITZER, Leonardo; BIGNOTTO, Newton; GUIMARÃES, Juarez; STARLING, Heloisa Maria Murgel. *Corrupção*: ensaios e críticas. Belo Horizonte: Editora UFMG, 2008.

EBC AGÊNCIA BRASIL. *Custo adicional por fraude em licitações pode chegar a 50%, diz OCDE*. 2015. Disponível em: <http://agenciabrasil.ebc.com.br/economia/noticia/2015-11/custo-adicional-por-fraude-em-licitacoes-pode-chegar-50-diz-ocde>. Acesso em: 24 jul. 2017.

ELETROBRAS. *Regulamento de licitações e contratos*. 2017. Disponível em: <http://eletrobras.com/pt/GestaoeGorvernancaCorporativa/Estatutos_politicas_manuais/Regulamento_de_Licitacoes_e_Contratos.pdf>. Acesso em: 5 jan. 2018.

ESTELLITA, Heloisa. *Responsabilidade penal dos dirigentes das empresas por omissão*. São Paulo: Marcial Pons, 2017.

ESTRATÉGIA NACIONAL DE COMBATE À CORRUPÇÃO E À LAVAGEM DE DINHEIRO (ENNCLA). *Ação 1: Propor normatização para melhoria dos processos de governança e gestão a serem adotados em todos os Poderes e esferas da Federação, com foco no combate à fraude e à corrupção*. 2017. Disponível em: <http://enccla.camara.leg.br/acoes/acoes-de-2017>. Acesso em: 8 jan. 2018.

FAORO, Raymundo. *Os donos do poder*. Rio de Janeiro: Editora Globo, 2001.

FAZZIO JUNIOR, Waldo. *Corrupção e improbidade*. 2012. Disponível em: <http://fazziojuridico.com.br/corrupcao-e-improbidade/>. Acesso em: 7 maio 2017.

FAZZIO JUNIOR, Waldo. *Improbidade Administrativa*. São Paulo: Atlas, 2016.

FAZZIO JUNIOR, Waldo. *Atos de improbidade administrativa*: doutrina, legislação e jurisprudência. 2. ed. São Paulo: Atlas, 2008.

FEREJOHN, John; PASQUINO, Pasquale. A teoria da escolha racional na ciência política: conceitos de racionalidade em teoria política. *Revista brasileira de Ciências Sociais*, São Paulo, v. 16, n. 45, p. 5-24, fev. 2001. Disponível em: <http://www.scielo.br/scielo.php?script=sci_arttext&pid=S0102-69092001000100001&lng=en&nrm=iso>. Acesso em: 21 mar. 2017.

FÉRES, Marcelo Andrade; LIMA, Henrique Cunha Souza. Compliance Anticorrupção: formas e funções na legislação internacional, na estrangeira e na Lei nº 12.846/2013. *In*: FORTINI, Cristiana. *Corrupção e seus múltiplos enfoques jurídicos*. Belo Horizonte: Fórum, 2018.

FERRAZ, Sérgio; DALLARI, Adilson Abreu. *Processo administrativo*. São Paulo: Malheiros, 2001.

FERREIRA JUNIOR, Nivaldo Adão; NOGUEIRA, Patrícia Maria. Lobby e regulamentação: a busca da transparência nas relações governamentais. *In*: CUNHA FILHO, Alexandre Jorge Carneiro da; ARAÚJO, Glaucio Roberto Brittes de; LIVIANU, Roberto; PASCOLATI JUNIOR, Ulisses Augusto (Coord.). *48 visões sobre corrupção*. São Paulo: Quartier Latin, 2016.

FIGUEIREDO, Rudá Santos. *Direito de Intervenção e Lei 12.846/2013*: a adoção do compliance como excludente de responsabilidade. 2015. 229 f. Dissertação (Mestrado) – Programa de Pós-Graduação em Direito, Universidade Federal da Bahia, Salvador, 2015.

FILGUEIRAS, Fernando. Marcos teóricos da corrupção. *In*: AVRITZER, Leonardo; BIGNOTTO, Newton; GUIMARÃES, Juarez; STARLING, Heloisa Maria Murgel. *Corrupção*: ensaios e críticas. Belo Horizonte: Editora UFMG, 2008.

FILGUEIRAS, Fernando. Notas críticas sobre o conceito de corrupção: um debate com juristas, sociólogos e economistas. *Revista de Informação Legislativa*, v. 164, out./dez. 2004.

FILGUEIRAS, Fernando. A tolerância à corrupção no Brasil: uma antinomia entre normas morais e prática social. *Opinião Pública*, v. 15, n. 2, 2009. Disponível em: <http://www.scielo.br/scielo.php?script=sci_arttext&pid=S0104-62762009000200005>. Acesso em: 30 abr. 2017.

FOLHA. *Manifestações não foram pelos 20 centavos*. 2013. Disponível em: <http://www1.folha.uol.com.br/poder/2013/12/1390207-manifestacoes-nao-foram-pelos-20-centavos.shtml>. Acesso em: 14 maio 2017.

FORTINI, Cristiana. Programas de Integridade e Lei Anticorrupção. *In*: FORTINI, Cristiana. *Corrupção e seus múltiplos enfoques jurídicos*. Belo Horizonte: Fórum, 2018.

FORTINI, Cristiana; MOTTA, Fabrício. Corrupção nas licitações e contratações públicas: sinais de alerta segundo a Transparência Internacional. *Revista de Direito Administrativo e Constitucional*, Belo Horizonte, v. 16, n. 64, p. 93-113, abr./jun. 2016.

FRANCÉS-GÓMEZ, Pedro; DEL RIO, Ariel. Stakeholder's Preference and Rational Compliance: A Comment on Sacconi's "CSR as a Model for Extended Corporate Governance II: Compliance, Reputation and Reciprocity". *Journal of Business Ethics*, v. 82, p. 59-76, set. 2008.

FRANK, Jonny J. SEC-Imposed Monitors. *In*: STUART, David. *SEC Compliance and Enforcement Answer Book*. Practising Law Institute: 2017.

FRAZÃO, Ana. *Precisamos falar sobre lobby*: o controle do lobby como forma de administrar a tensão entre democracia e mercado. 2017. Disponível em: <https://jota.info/colunas/as-claras/precisamos-falar-sobre-lobby-26072017>. Acesso em: 6 ago. 2017.

FRAZÃO, Ana. Responsabilidade de pessoas jurídicas por atos de corrupção: reflexões sobre os critérios de imputação. *In*: FORTINI, Cristiana. *Corrupção e seus múltiplos enfoques jurídicos*. Belo Horizonte: Fórum, 2018, p. 47.

FREITAS, Juarez. Reflexões sobre moralidade e direito administrativo. *Revista do Direito*, v. 29. Santa Cruz do Sul: Edunisc, 2008.

FREITAS, Rebeca dos Santos. A reforma política e a regulamentação do lobby no Brasil. *In*: BUSTAMANTE, Thomas; SAMPAIO, José Adércio Leite; MARTINS, João Victor Nascimento (Org.). *Anais do II Congresso Internacional de Direito Constitucional e Filosofia Política*: Reforma Política e Novas Perspectivas de Democracia Constitucional. v. 2. Belo Horizonte: Initia Via, 2016. Disponível em: <https://static1.squarespace.com/static/5595888ae4b0f75fd292e2d6/t/584e28fa6a4963e616c65741/1481517328127/_DCFP2015_V02.pdf#page=59>. Acesso em: 13 maio 2017.

FURTADO, Lucas Rocha. *As raízes da corrupção no Brasil*: estudo de casos e lições para o futuro. Belo Horizonte: Fórum, 2015.

GABARDO, Emerson. *Interesse público e subsidiariedade*: o Estado e a sociedade civil para além do bem e do mal. Belo Horizonte: Fórum, 2009.

GABARDO, Emerson; CASTELLA, Gabriel Morettini. A nova lei anticorrupção e a importância do *compliance* para as empresas que se relacionam com a Administração Pública. *Revista de Direito Administrativo e Constitucional I*, Belo Horizonte, v. 15, n. 60, p. 129-147, abr./jun. 2015. Disponível em: <http://www.editoraforum.com.br/ef/wp-content/uploads/2015/08/lei-anticorrupcao-compliance.pdf>. Acesso em: 14 maio 2017. p. 142.

GARCIA, Emerson. A corrupção: uma visão jurídico-sociológica. *Revista da EMERJ*, Rio de Janeiro, v. 7, n. 26, p. 203-245, 2004.

GASPARINI, Diogenes. *Crimes nas licitações*. São Paulo: Editora NDJ, 2004.

GHIZZO NETO, Affonso. O combate à corrupção e a educação como instrumento de ação coletiva. *In*: CUNHA FILHO, Alexandre Jorge Carneiro da; ARAÚJO, Glaucio Roberto Brittes de; LIVIANU, Roberto; PASCOLATI JUNIOR, Ulisses Augusto (Coord.). *48 visões sobre corrupção*. São Paulo: Quartier Latin, 2016.

GHIZZO NETO, Affonso. *Corrupção, Estado Democrático de Direito e Educação*. 2008. 290 f. Dissertação (Mestrado) – Programa de Pós-Graduação em Direito, Universidade Federal de Santa Catarina, Santa Catarina, 2008.

GOMES, José Vitor Lemes. A corrupção em perspectivas teóricas. *Revista Teoria e Cultura*, Juiz de Fora, v. 5, n. 1-2, jan./dez. 2010.

GRAMSTRUP, Erik Frederico; PEREZ FILHO, Augusto Martinez. O *compliance* nas empresas estatais: combate à corrupção e o papel do administrador à luz da Lei nº 13.303/2016. *Revista Brasileira de Estudos Constitucionais – RBEC*, Belo Horizonte, ano 10, n. 35, maio/ago. 2016. Disponível em: <http://www.bidforum.com.br/PDI0006.aspx?pdiCntd=248393>. Acesso em: 3 jan. 2018.

G1 – GLOBO. *Corrupção é principal preocupação para 62% dos brasileiros, mas denúncias podem ser coadjuvantes*. 2017a. Disponível em: <https://oglobo.globo.com/brasil/corrupcao-principal-preocupacao-para-62-dos-brasileiros-mas-denuncias-podem-ser-coadjuvantes-22241432>. Acesso em: 5 jan. 2017.

G1 – GLOBO. *Em conversa com Saud, Joesley garante que eles não seriam presos*. 2017b. Disponível em: <http://g1.globo.com/politica/operacao-lava-jato/noticia/em-conversa-com-saud-joesley-garante-que-eles-nao-seriam-presos-ouca.ghtml>. Acesso em: 12 set. 2017.

G1 – GLOBO. *Justiça Federal homologa acordo de leniência da Braskem com MPF*: Decisão é a etapa que faltava para a homologação definitiva do acordo global firmado pela empresa com autoridades dos EUA, Suíça e Brasil. 2017c. Disponível em: <https://g1.globo.com/economia/negocios/noticia/justica-federal-homologa-acordo-de-leniencia-da-braskem-com-mpf.ghtml>. Acesso em: 7 dez. 2017.

HESS, David. Catalyzing corporate commitment to combating corruption. *Journal of business ethics*, v. 88, p. 781-790, out. 2009.

HOBBES, Thomas. *Do Cidadão*. 2. ed. São Paulo: Martins Fontes, 1998.

HOLANDA, Sérgio Buarque de. *Raízes do Brasil*. São Paulo: Companhia das Letras, 2016.

HOUAISS, Antônio; VILLAR, Mauro de Salles. *Dicionário Houaiss da língua portuguesa*. Rio de Janeiro: Objetiva, 2001.

IBDEE. *Código de Compliance Corporativo*: Guia de melhores práticas de *compliance* no âmbito empresarial. 2017. Disponível em: <http://ibdee.org.br/wp-content/uploads/2017/05/IBDEE-2017-Guia-Compliance-digital.pdf>. Acesso em: 3 set. 2017.

IBOPE. *Corrupção Leopoldina política*: eleitor vítima ou cúmplice? 2006. Disponível em: <http://www4.ibope.com.br/congressoabep/publicacao2008/8_Corrupcao_na_Politica_Eleitor_Vitima_ou_Cumplice.pdf>. Acesso em: 20 mar. 2017.

INFRAERO. *Política de Transações com Partes Relacionadas*. 2016. Disponível em: <http://www4.infraero.gov.br/media/642453/procedimento-normativo-politica-de-transacoes-com-partes-relacionadas_publ-29-09-2016.pdf>. Acesso em: 13 jan. 2018.

INFRAERO, *Regulamento interno de licitações e contratos da Empresa Brasileira de Infraestrutura Aeroportuária (INFRAERO)*. 2017. Disponível em: <http://licitacao.infraero.gov.br/normas_licitacao/ARQ_REGULAMENTO_LICITACOES_CONTRATOS.PDF>. Acesso em: 13 jan. 2018.

INSTITUTO BRASILEIRO DE GOVERNANÇA CORPORATIVA. *Código das Melhores Práticas da Governança Corporativa*. 2014. Disponível em: <http://www.ibgc.org.br/userfiles/files/2014/files/CMPGPT.pdf>. Acesso em: 10 dez. 2017.

INSTITUTO BRASILEIRO DE GOVERNANÇA CORPORATIVA. *Governança corporativa*. 2017. Disponível em: <http://www.ibgc.org.br/index.php/governanca/governanca-corporativa>. Acesso em: 12 jun. 2017.

INSTITUTO BRASILEIRO DE GOVERNANÇA CORPORATIVA. *Guia de orientação para gerenciamento de riscos corporativos*. 2007. Disponível em: <https://conhecimento.ibgc.org.br/Lists/Publicacoes/Attachments/22121/Orienta%c3%a7%c3%b5es%20sobre%20Risco%20cad3.pdf>. Acesso em: 12 set. 2020.

INTERNATIONAL ORGANIZATION FOR STANDARDIZATION. ISO 37301: *Compliance management systems* — requirements with guidance for use. 2021.

JENSEN, Michael. Value Maximization, Stakeholder Theory and the Corporate Objective-Function. *Journal of Applied Corporate Finance*, v. 14, n. 3, p. 8-21, 2001.

JENSEN, Michael; MECKLING, W. H. Agency costs and the theory of the firm. *Journal of Financial Economics 3*, p. 305-360,1976.

JUSTEN FILHO, Marçal. Corrupção e contratação administrativa: a necessidade de reformulação do modelo jurídico brasileiro. *Revista Zênite – Informativo de Licitações e Contratos (ILC)*, Curitiba, n. 258, ago. 2015.

JUSTEN FILHO, Marçal. *Comentários à lei de licitações e contratos administrativos*. 16. ed. São Paulo: Revista dos Tribunais, 2014.

JUSTEN FILHO, Marçal. A "Nova" Lei Anticorrupção Brasileira (Lei Federal 12.846). *Informativo Justen, Pereira, Oliveira e Talamini*, Curitiba, n. 82, dez. 2013. Disponível em: <http://www.justen.com.br//informativo.php?&informativo=82&artigo=1110&l=pt>. Acesso em: 14 maio 2017.

KAHNEMAN, Daniel; TVERSKY, Amos. Prospect theory: An analysis of decision under risk. *Econometrica*, 47 (2), p. 263-291, 1979. Disponível em: <https://www.princeton.edu/~kahneman/docs/Publications/prospect_theory.pdf>. Acesso em: 10 dez. 2017.

KAFKA, Franz. *O processo*. Rio de Janeiro: Nova Fronteira, 2011.

KAPTEIN, Muel. Understanding unethical behavior by unraveling ethical culture. *Human relations*. Thousand Oaks, Calif. [u.a.], vol. 64, 6, p. 843-869, 2011.

KIERNAN, Paul. Petrobras Corruption Scandal Draws Attention of U.S. Investigators. *The Wall Street Journal*, New York, 12 nov. 2014. Disponível em: <http://www.wsj.com/articles/petrobras-corruption-scandal-draws-attention-of-u-s-investigators-1415834871>. Acesso em: 2 abr. 2017.

KIM, Shin Jae et al. Compliance em empresas estatais. Padrões internacionais e legislação brasileira. *In*: PAULA, Marco Aurélio Borges de; CASTRO, Rodrigo Pironti Aguirre de. *Compliance, gestão de riscos e combate à corrupção*: integridade para o desenvolvimento. Belo Horizonte: Fórum, 2018.

KLINKHAMMER, Julian. On the dar side of the code: organizational challenges to an effective anti-corruption strategy. *Crime Law Soc Change*, 60: 191-208, 2013.

KLITGAARD, Robert. International cooperation against corruption. *Finance & Development*, v. 35, n. 1, p. 3-6, 1998. Disponível em: <https://pdfs.semanticscholar.org/b6cf/ccb56a32cf9124be07c07b3494b79e841f58.pdf>. Acesso em: 10 dez. 2017.

KLITGAARD, Robert. *A corrupção sob controle*. Rio de Janeiro: Jorge Zahar Ed., 1994.

LANGEVOORT, Donald C. Behavioral ethics, behavioral compliance. *Georgetown University Law Center*, 2015. Disponível em: <http://scholarship.law.georgetown.edu/facpub/1507>. Acesso em: 27 dez. 2017.

LANGEVOORT, Donald C. Cultures of compliance. *American Criminal Law Review*, vol. 54, 2017. Disponível em: <http://scholarship.law.georgetown.edu/facpub/1799>. Acesso em: 30 dez. 2017.

LEFF, N. H. Economic policy-making and development in Brazil, 1968 apud REIS, Cláudio Araújo; ABREU, Luiz Eduardo. Administrando conflitos de interesse: esforços recentes no Brasil. *Revista de Informação Legislativa*, v. 45, n. 180, p. 161-173, out./dez. 2008.

LEGAL INFORMATION INSTITUTE. *Federal Sentencing Guidelines*. 2017. Disponível em: <https://www.law.cornell.edu/wex/federal_sentencing_guidelines>. Acesso em: 5 dez. 2017.

LION, Maurício Pepe de. Condução de investigações internas sob o ponto de vista trabalhista. *In*: DEL DEBBIO, Alessandra; MAEDA, Bruno Carneiro; AYRES, Carlos Henrique da Silva (Coord.). *Temas de anticorrupção e compliance*. Rio de Janeiro: Elsevier, 2013.

LIPPITT, Ane H. An empirical analysis of the foreign corrupt practices act. *Virginia Law Review*, v. 99, p. 1893-1930, 2013. Disponível em: <http://www.virginialawreview.org/sites/virginialawreview.org/files/Lippitt_Book_0.pdf>. Acesso em: 3 abr. 2017.

LOW, Lucinda A.; BONHEIMER, Owen.The U.S. Foreign Corrupt Practices Act: past, presente, and future. *In*: DEL DEBBIO, Alessandra; MAEDA, Bruno Carneiro; AYRES, Carlos Henrique da Silva (Coord.). *Temas de anticorrupção e compliance*. Rio de Janeiro: Elsevier, 2013.

LYONS, Len; MARINO, Audra. *Deferred Prosecution Agreements, Non-Prosecution Agreements and Monitoring Services*. 2012. Disponível em: <http://www.marcumllp.com/insights-news/deferred-prosecution-agreements-non-prosecution-agreements-and-monitoring-services>. Acesso em: 4 dez. 2017.

MACKAAY, Ejan; ROUSSEAU, Stéphane. *Análise econômica do Direito*. 2. ed. São Paulo: Atlas, 2015.

MAEDA, Bruno Carneiro. Programas de *Compliance* Anticorrupção: importância e elementos essenciais. *In*: DEL DEBBIO, Alessandra; MAEDA, Bruno Carneiro; AYRES, Carlos Henrique da Silva (Coord.). *Temas de anticorrupção e compliance*. Rio de Janeiro: Elsevier, 2013.

MARQUES, Bruno Dall'Orto; MOREIRA, Henrique Zumak. A Lei Anticorrupção e o Compliance Officer – Mobilidade, Valorização e Segurança da Função. Necessidade de Adequação Legislativa. Empório do Direito. 2016. Disponível em: <http://emporiododireito.com.br/backup/a-lei-anticorrupcao-e-o-compliance-officer/#_ftn1>. Acesso em: 2 jan. 2018.

MARRARA, Thiago. Acordos de leniência no processo administrativo brasileiro: modalidades, regime jurídico e problemas emergentes. *Revista Digital de Direito Administrativo (RDDA)*, São Paulo, v. 2, n. 2, p. 509-527, jun. 2015.

MARTIN, Susan Lorde. Compliance Officers: more jobs, more responsability, more liability. *Notre Dame Journal of Law Ethics & Public Policy*, v. 29, n. 1, p. 169-198, 2015.

MARTINEZ, Ana Paula. *Repressão a cartéis*: interface entre direito administrativo e direito penal. São Paulo: Editora Singular, 2013.

MCNULTY, Paul J.; DOYLE, Thomas A. Best practices for investigations in Brazil. *In*: DEL DEBBIO, Alessandra; MAEDA, Bruno Carneiro; AYRES, Carlos Henrique da Silva (Coord.). *Temas de anticorrupção e compliance*. Rio de Janeiro: Elsevier, 2013.

MEDAUAR, Odete. *Direito administrativo moderno*. 3. ed. São Paulo: Revista dos Tribunais, 1999.

MEIRELLES, Hely Lopes. *Mandado de segurança, ação popular, ação civil pública, mandado de injunção, "habeas data"*. São Paulo: Malheiros, 2006.

MELO, Luísa. *Trabalho é evitar que compliance fique 'só no papel', diz monitor da Odebrecht:* Para Otavio Yazbek, fiscal da empreiteira no acordo dentro da operação Lava Jato, onda de combate à corrupção nas empresas precisa ir além de manuais anticorrupção. 2017. Disponível em: <https://g1.globo.com/economia/negocios/noticia/trabalho-e-evitar-que-compliance-fique-so-no-papel-diz-monitor-da-odebrecht.ghtml>. Acesso em: 7 dez. 2017.

MENDES, Renato Geraldo. Microempresas e empresas de pequeno porte estão obrigadas a apresentar balanço patrimonial e demonstrações financeiras para participar de licitação? Se afirmativo, em quais casos? *Revista Zênite – Informativo de Licitações e Contratos (ILC)*, Curitiba, n. 268, p. 566-574, jun. 2016.

MINISTÉRIO DA FAZENDA. Conselho de Controle de Atividades Financeiras. *Estatísticas Inteligência*. 2017. Disponível em: <https://coaf.fazenda.gov.br/menu/estatisticas/comunicacoes-recebidas-por-segmento>. Acesso em: 5 maio 2017.

MINISTÉRIO DA TRANSPARÊNCIA, FISCALIZAÇÃO E CONTROLADORIA-GERAL DA UNIÃO. *Manual Prático de Avaliação do Programa de Integridade em PAR*. 2018. Disponível em: <http://www.cgu.gov.br/Publicacoes/etica-e-integridade/arquivos/manual-pratico-integridade-par.pdf>. Acesso em: 20 set. 2018.

MINISTÉRIO DA TRANSPARÊNCIA, FISCALIZAÇÃO E CONTROLADORIA-GERAL DA UNIÃO. *Conflito de interesses*: situações. 2017a. Disponível em: <http://www.cgu.gov.br/assuntos/etica-e-integridade/conflito-de-interesses/situacoes>. Acesso em: 20 maio 2017.

MINISTÉRIO DA TRANSPARÊNCIA, FISCALIZAÇÃO E CONTROLADORIA-GERAL DA UNIÃO. *Documento orientativo para o preenchimento do questionário*– Empresa Pró-Ética. 2015a. Disponível em: <http://www.cgu.gov.br/assuntos/etica-e-integridade/empresa-pro-etica/arquivos/documentos-e-manuais/documento-orientado-para-preenchimento-do-questionario-empresa-pro-etica/view>. Acesso em: 25 nov. 2017.

MINISTÉRIO DA TRANSPARÊNCIA, FISCALIZAÇÃO E CONTROLADORIA-GERAL DA UNIÃO. *Documento orientativo para o preenchimento do questionário de avaliação*. 2017b. Disponível em: <http://www.cgu.gov.br/assuntos/etica-e-integridade/empresa-pro-etica/arquivos/documentos-e-manuais/orientacao-preenchimento-formulario-2016.pdf>. Acesso em: 06 dez. 2017.

MINISTÉRIO DA TRANSPARÊNCIA, FISCALIZAÇÃO E CONTROLADORIA-GERAL DA UNIÃO. *Integridade para pequenos negócios*: construa o país que desejamos a partir da sua empresa. 2015b. Disponível em: <http://www.cgu.gov.br/Publicacoes/etica-e-integridade/arquivos/integridade-para-pequenos-negocios.pdf>. Acesso em: 09 dez. 2017.

MINISTÉRIO DA TRANSPARÊNCIA, FISCALIZAÇÃO E CONTROLADORIA-GERAL DA UNIÃO. Portaria Conjunta 2.279, de 9 de setembro de 2015. *Diário Oficial da União*: Poder Executivo. Brasília, DF. 10. set. 2015c.

MINISTÉRIO DA TRANSPARÊNCIA, FISCALIZAÇÃO E CONTROLADORIA-GERAL DA UNIÃO. *Programa de Integridade*: diretrizes para empresas privadas. 2015d. Disponível em: <http://www.cgu.gov.br/Publicacoes/etica-e-integridade/arquivos/programa-de-integridade-diretrizes-para-empresas-privadas.pdf>. Acesso em: 20 ago. 2017.

MINISTÉRIO DA TRANSPARÊNCIA, FISCALIZAÇÃO E CONTROLADORIA-GERAL DA UNIÃO. *Relatório de avaliação da integridade das empresas estatais nº 201503925*. Empresa: Centrais Elétricas do Norte do Brasil S.A. – Eletronorte. 2015e.

MINISTÉRIO DA TRANSPARÊNCIA, FISCALIZAÇÃO E CONTROLADORIA-GERAL DA UNIÃO. *Relatório de avaliação da integridade em empresas estatais nº 201503942*. Empresa: Empresa Brasileira de Correios e Telégrafos (ECT). 2015f.

MINISTÉRIO DA JUSTIÇA. *Cartilha*: "Combate a cartéis em licitações". Brasília: Ministério da Justiça, 2008.

MINISTÉRIO PÚBLICO FEDERAL. *As 10 medidas contra a corrupção*: propostas do Ministério Público Federal para o combate à corrupção e à impunidade. Disponível em: <http://www.dezmedidas.mpf.mp.br/campanha/documentos/resumo-medidas.pdf>. Acesso em: 15 dez. 2017.

MINISTÉRIO PÚBLICO FEDERAL. *Despacho Complementar*. Referências: IC nº 1.16.000.000393/2016-10 e PA de acompanhamento nº 1.16.000.001755/2017-62. Brasília, DF, 2 ago. 2017a. Disponível em: <http://www.mpf.mp.br/df/sala-de-imprensa/docs/leniencia-despacho-complementar>. Acesso em: 15 nov. 2017.

MINISTÉRIO PÚBLICO FEDERAL. Força-Tarefa das Operações Greenfield, Sépsis e Cui Bono. Operação Carne Fraca. *Acordo de Leniência*. Brasília, DF. 5 jun. 2017b. Disponível em: <http://www.mpf.mp.br/df/sala-de-imprensa/docs/acordo-leniencia>. Acesso em: 15 nov. 2017.

MOREIRA, Egon Bockmann. O princípio da moralidade e seu controle objetivo. *In*: PIRES, Luis Manuel; ZOCKUN, Maurício; ADRI, Renata Porto (Coord.). *Corrupção, ética e moralidade administrativa*. Belo Horizonte: Fórum, 2008.

MOREIRA NETO, Diogo de Figueiredo; FREITAS, Rafael Véras. *A juridicidade da Lei Anticorrupção*: Reflexões e interpretações prospectivas. 2014. Disponível em: <http://www.migalhas.com.br/arquivos/2014/2/art20140211-10.pdf>. Acesso em: 14 maio 2017.

MORO, Sérgio Fernando. Considerações sobre a operação *mani pulite*. *Revista Jurídica do Centro de Estudos Judiciários*, Brasília, n. 26, p. 56-62, jul./set. 2004. Disponível em: <https://www.conjur.com.br/dl/artigo-moro-mani-pulite.pdf>. Acesso em: 5 jan. 2018.

MUKAI, Toshio. *Licitações*: as prerrogativas da administração e os direitos das empresas concorrentes. 2. ed. Rio de Janeiro: Forense Universitária, 1995.

NASSIF, Elaina; SOUZA, Crisomar Lobo de. Conflitos de agência e governança corporativa. *Caderno de Administração*: Revista do Departamento de Administração da FEA – Pontifícia Universidade Católica de São Paulo, v. 7, n. 1, jan./dez. 2013.

NIEBUHR, Joel de Menezes. *Dispensa e inexigibilidade de licitação*. Belo Horizonte: Fórum, 2015.

NIEBUHR, Joel de Menezes. *Licitação Pública e Contrato Administrativo*. 4. ed. Belo Horizonte: Fórum, 2015.

NIEBUHR, Joel de Menezes. *Princípio da isonomia na licitação pública*. Florianópolis: Editora Obra Jurídica, 2000.

NIEBUHR, Joel de Menezes. 10 medidas de combate à insegurança jurídica e ao inadimplemento da Administração Pública em contratos administrativos. *Revista Eletrônica de Direito do Estado*, n. 270, 2016a. Disponível em: <http://www.direitodoestado.com.br/colunistas/joel-de-menezes-niebuhr/10-medidas-de-combate-a-inseguranca-juridica-e-ao-inadimplemento-da-administracao-publica-em-contratos-administrativos>. Acesso em: 20 ago. 2017.

NIEBUHR, Joel de Menezes. Regulamento de Licitações e Contratos nas Estatais. *Revista Eletrônica de Direito do Estado*, n. 307, 2016b. Disponível em: <http://www.direitodoestado.com.br/colunistas/joel-de-menezes-niebuhr/regulamento-de-licitacoes-e-contratos-das-estatais>. Acesso em: 20 ago. 2017.

NIEBUHR, Pedro de Menezes. Por que as licitações sustentáveis ainda não decolaram? *Interesse Público – IP*, Belo Horizonte, ano 19, n. 104, jul./ago. 2017. Disponível em: <http://www.bidforum.com.br/PDI0006.aspx?pdiCntd=248240>. Acesso em: 03 jan. 2018.

NIEMECZEK, Anja; BUSSMANN, Kai D. Compliance through company culture and values: and international study based on the example of corruption prevention. *Journal of Business Ethics*, 2017.

NORTH, Douglass C. *Institutions, Institutional Change and Economic Performance*. New York: Cambrigde University Press, 1990.

NUCCI, Guilherme de Souza. *Corrupção e Anticorrupção*. Rio de Janeiro: Forense, 2015.

NYE, Joseph. Corruption and Political Development: A Cost-Benefit Analysis. *The American Political Science Review*, v. 61, n. 2, p. 417-427, jun. 1967.

O ESTADÃO. "Quem acabou com a operação mãos limpas foi o cidadão comum". 2016. Disponível em: <http://politica.estadao.com.br/noticias/geral,quem-acabou-com-a-operacao-maos-limpas-foi-o-cidadao-comum,10000023323>. Acesso em: 16 out. 2017.

OLIVEIRA, Christiaan Allessandro Lopes de. Compras públicas no âmbito federal nos Estados Unidos da América. Análise sucinta acerca das principais modalidades de compras de bens e serviços, bem como dos principais instrumentos contratuais decorrentes ou antecedentes. *Revista de Doutrina da 4ª Região*, Porto Alegre, n. 67, ago. 2015. Disponível em: <http://www.revistadoutrina.trf4.jus.br/artigos/edicao067/Christiaan_deOliveira.html> Acesso em: 25 jul. 2017.

OLIVEIRA, Gustavo Henrique Justino de. As audiências públicas e o processo administrativo brasileiro. *Revista de Informação Legislativa*, v. 34, n. 135, p. 271-281, 1997.

OLIVEIRA, Gustavo Henrique Justino de; BARROS FILHO, Wilson Accioli. A Estratégia Nacional de Combate à Corrupção e à Lavagem de Dinheiro (ENCCLA) como experiência cooperativa interinstitucional de governo aberto no Brasil. In: CUNHA FILHO, Alexandre Jorge Carneiro da; ARAÚJO, Glaucio Roberto Brittes de; LIVIANU, Roberto; PASCOLATI JUNIOR, Ulisses Augusto (Coord.). *48 visões sobre corrupção*. São Paulo: Quartier Latin, 2016.

OLIVEIRA, Gustavo Justino de. *A insegurança jurídica das empresas e os acordos de leniência na legislação anticorrupção brasileira*. 2017. Disponível em: <http://www.migalhas.com.br/dePeso/16,MI259553,21048-A+inseguranca+juridica+das+empresas+e+os+acordos+de+l eniencia+na >. Acesso em: 18 nov. 2017.

ORGANIZAÇÃO PARA COOPERAÇÃO E DESENVOLVIMENTO ECONÔMICO. *Diretrizes para combater o conluio entre concorrentes em contratações públicas*. 2009. Disponível em: <http://www.comprasnet.gov.br/banner/seguro/diretrizes-ocde.pdf>. Acesso em: 5 ago. 2017.

ORGANIZAÇÃO PARA A COOPERAÇÃO E O DESENVOLVIMENTO ECONÔMICO. *Diretrizes da OCDE sobre Governança Corporativa para empresas de controle Estatal*. 2015. Disponível em: <https://www.oecd.org/daf/ca/corporategovernanceofstate-ownedenterprises/42524177.pdf>. Acesso em: 15 jun. 2017.

ORGANIZAÇÃO PARA A COOPERAÇÃO E O DESENVOLVIMENTO ECONÔMICO. *Os princípios da OCDE sobre o governo das sociedades.* 2004. Disponível em: <https://www.oecd.org/daf/ca/corporategovernanceprinciples/33931148.pdf>. Acesso em: 15 jun. 2017.

ORGANIZATION FOR ECONOMIC COOPERATION AND DEVELOPMENT. *Good practice guidance on internal controls, ethics, and compliance.* 2010. Disponível em: <https://www.oecd.org/daf/anti-bribery/44884389.pdf>. Acesso em: 10 out. 2017.

OSÓRIO, Fábio Medina. *Direito Administrativo Sancionador.* 4. ed. São Paulo: Revista dos Tribunais, 2011.

PACTO GLOBAL DA ONU. *Guia de avaliação de riscos de corrupção.* 2017.

PAGOTTO, Leopoldo Ubiratan Carreiro. Esforços globais anticorrupção e seus reflexos no Brasil. *In*: DEL DEBBIO, Alessandra; MAEDA, Bruno Carneiro; AYRES, Carlos Henrique da Silva (Coord.). *Temas de anticorrupção e compliance.* Rio de Janeiro: Elsevier, 2013.

PAGOTTO, Leopoldo Ubiratan Carreiro. *O combate à corrupção*: a contribuição do direito econômico. 2010. 413f. Tese (Doutorado) – Programa de Pós-Graduação em Direito, Universidade de São Paulo, São Paulo, 2010.

PAULA, Marco Aurélio Borges de; CASTRO, Rodrigo Pironti Aguirre de. *Compliance, gestão de riscos e combate à corrupção*: integridade para o desenvolvimento. Belo Horizonte: Fórum, 2018.

PAZZAGLINI FILHO, M.; ELIAS ROSA, M. F.; FAZZIO JUNIOR, W. *Improbidade Administrativa.* São Paulo: Atlas, 1996.

PEREIRA, Cesar A. Guimarães; SCHWIND, Rafael Wallbach. Autossaneamento (*self-cleaning*) e reabilitação de empresas no direito brasileiro anticorrupção. *Informativo Justen, Pereira, Oliveira e Talamini.* Curitiba, nº 102, agosto de 2015.

PEREIRA JUNIOR, Jessé Torres; MARÇAL, Thaís. *Compliance*: análise jurídica da economia. 2017. Disponível em: <http://m.migalhas.com.br/depeso/254239/compliance-analise-juridica-da-economia>. Acesso em: 21 jun. 2017.

PETROBRAS. *Abertura de Comissões para Análise de Aplicação de Sanção Administrativa e Bloqueio Cautelar.* 2014. Disponível em: <http://www.investidorpetrobras.com.br/pt/comunicados-e-fatos-relevantes/abertura-de-comissoes-para-analise-de-aplicacao-de-sancao-administrativa-e-bloqueio-cautelar>. Acesso em: 10 jan. 2018.

PETROBRAS. *Abertura de comissões para análise de aplicação de sanção administrativa e bloqueio cautelar.* 2015a. Disponível em: <http://www.investidorpetrobras.com.br/pt/comunicados-e-fatos-relevantes/abertura-de-comissoes-para-analise-de-aplicacao-de-sancao-administrativa-e-bloqueio-cautelar-0>. Acesso em: 10 jan. 2018.

PETROBRAS. *Cancelamento de bloqueio cautelar de empresa em processo de contratação.* 2015b. Disponível em: <http://www.investidorpetrobras.com.br/pt/comunicados-e-fatos-relevantes/cancelamento-de-bloqueio-cautelar-de-empresa-em-processos-de-contratacao>. Acesso em: 10 jan. 2018.

PETROBRAS. *Aprovamos nova estrutura e modelo de governança.* 2016. Disponível: <http://www.petrobras.com.br/fatos-e-dados/aprovamos-nossa-nova-estrutura-e-modelo-de-governanca.htm>. Acesso em: 28 dez. 2017.

PETROBRAS. *Empresas impedidas de contratar.* 2017a. Disponível em: <http://transparencia.petrobras.com.br/sites/default/files/Empresas-Impedidas-de-Licitar-e-Contratar.pdf>. Acesso em: 11 jan. 2018.

PETROBRAS. *Petrobras aprova celebração de termo de compromisso com a empresa Andrade Gutierrez para retirada de bloqueio cautelar*. 2017b. Disponível em: <http://www.investidorpetrobras.com.br/pt/comunicados-e-fatos-relevantes/petrobras-aprova-celebracao-de-termo-de-compromisso-com-empresa-andrade-gutierrez-para-retirada-de>. Acesso em: 10 jan. 2018.

PETROBRAS. *Petrobras aprova celebração de termo de compromisso com a empresa Carioca Engenharia para retirada de bloqueio cautelar*. 2017c. Disponível em: <http://www.investidorpetrobras.com.br/pt/comunicados-e-fatos-relevantes/petrobras-aprova-celebracao-de-termo-de-compromissos-com-empresa-carioca-engenharia-para-retirada-de>. Acesso em: 12 jan. 2018.

PINHO, José Antonio Gomes de; SACRAMENTO, Ana Rita Silva. *Accountability*: já podemos traduzi-la para o português? *Revista de Administração Pública*, Rio de Janeiro, nov./dez. 2009.

PINTO, Felipe Martins; BRENER, Paula Rocha. Responsabilidade corporativa e *compliance*: novas estratégias de prevenção à criminalidade econômica. *In*: FORTINI, Cristiana. *Corrupção e seus múltiplos enfoques jurídicos*. Belo Horizonte: Fórum, 2018.

PINTO, Nathália Regina. *A importância dos marcos regulatórios na prevenção à criminalidade econômica*. 2016. Dissertação (Mestrado) – Programa de Pós-Graduação em Direito, Universidade de São Paulo, São Paulo, 2016.

PIRES, Luis Manuel Fonseca. O fenômeno da corrupção na história do Brasil. *In*: CUNHA FILHO, Alexandre Jorge Carneiro da; ARAÚJO, Glaucio Roberto Brittes de; LIVIANU, Roberto; PASCOLATI JUNIOR, Ulisses Augusto (Coord.). *48 visões sobre corrupção*. São Paulo: Quartier Latin, 2016.

PIRONTI, Rodrigo; GONÇALVES, Francine. *Compliance e gestão de riscos nas empresas estatais*. 2. ed. Belo Horizonte: Fórum, 2019.

PORTELA, Felipe Mêmolo. O processo administrativo de responsabilização e sua adequação aos princípios do direito administrativo sancionador. *In*: CUNHA FILHO, Alexandre Jorge Carneiro da; ARAÚJO, Glaucio Roberto Brittes de; LIVIANU, Roberto; PASCOLATI JUNIOR, Ulisses Augusto (Coord.). *48 visões sobre corrupção*. São Paulo: Quartier Latin, 2016.

POWER, Timothy; GONZÁLEZ, Júlio. Cultura política, capital social e percepções sobre corrupção: uma investigação quantitativa em nível mundial. *Revista de Sociologia Política*, Curitiba, n. 21, p. 51-69, nov. 2003. Disponível em: <http://www.scielo.br/scielo.php?script=sci_arttext&pid=S0104-44782003000200005&lng=en&nrm=iso>. Acesso em: 21 mar. 2017.

PWC. *What it means to be a "chief" compliance officer*: today's challenges, tomorrow's opportunities. 2014. Disponível em: <https://www.pwc.com/mx/es/riesgos/archivo/2015-03-challenges.pdf>. Acesso em: 3 set. 2017.

QC, Jonathan Fisher. Overview of The UK Bribery Act. *In*: DEL DEBBIO, Alessandra; MAEDA, Bruno Carneiro; AYRES, Carlos Henrique da Silva (Coord.). *Temas de anticorrupção e compliance*. Rio de Janeiro: Elsevier, 2013.

RADIX, *Contratos com o poder público*. Disponível em: <http://www.radixeng.com.br/system/compliance_files/files/000/000/001/original/Compliance_-_Contratos_P%C3%BAblicos_Dezembro_2017.pdf?1512993768>. Acesso em: 30 dez. 2017.

REIS, Cláudio Araújo; ABREU, Luiz Eduardo. Administrando conflitos de interesse: esforços recentes no Brasil. *Revista de informação legislativa*, v. 45, n. 180, p. 161-173, out./dez. 2008.

RESENDE, André Lara. Corrupção e capital cívico. *Valor econômico*, São Paulo, 31 jul. 2015. Disponível em: <http://www.valor.com.br/cultura/4156904/corrupcao-e-capital-civico>. Acesso em: 15 mar. 2017.

RIBAS JUNIOR, Salomão. *Corrupção pública e privada* – quatro aspectos: ética no serviço público, contratos, financiamento eleitoral e controle. Belo Horizonte: Fórum, 2014.

RIBAS JUNIOR, Salomão. *Corrupção endêmica*. Florianópolis: Tribunal de Contas do Estado de Santa Catarina, 2000.

RIBEIRO, M. Nassau. *Aspectos jurídicos da governança corporativa*. São Paulo: Quartier Latin, 2007.

RIBEIRO, Renato Janine. Hobbes. *In*: AVRITZER, Leonardo; BIGNOTTO, Newton; GUIMARÃES, Juarez; STARLING, Heloisa Maria Murgel. *Corrupção*: ensaios e críticas. Belo Horizonte: Editora UFMG, 2008.

ROSA, Márcio Fernando Elias; MARTINS JUNIOR, Wallace Paiva. A teoria da cegueira deliberada e a aplicação aos atos de improbidade administrativa. *In*: MARQUES, Mauro Campbell. *Improbidade Administrativa*: temas atuais e controvertidos. Rio de Janeiro: Forense, 2017.

ROSE-ACKERMAN, Susan; PALIFKA, Bonnie J. *Corruption and government*: causes, consequences, and reform. Cambridge, UK: Cambridge University Press, 2016.

ROSE-ACKERMAN, Susan. A economia política da corrupção. *In*: ELLIOT, Kimberly Ann (Org.). *A corrupção e a economia global*. Brasília: UnB, 2002.

SAMPATH, Vijay S.; GARDBERG, Naomi A.; RAHMAN, Noushi. Corporate Reputation's Invisible Hand: Bribery, Rational Choice and Market Penalties. *Journal of Business Ethics*, jul. 2016.

SAMSON, Alain. Introdução à economia comportamental e experimental. *In*: ÁVILA, Flávia; BIANCHI, Ana Maria (Org.). *Guia de economia comportamental e experimental*. São Paulo: Economiacomportamental.org, 2015. Disponível em: <http://www.economiacomportamental.org/guia-economia-comportamental.pdf>. Acesso em: 10 dez. 2017.

SANTA CATARINA. Tribunal de Justiça. Apelação Cível nº 0001042-29.2007.8.24.0056. Relator: Desembargador Francisco Oliveira Neto. Florianópolis: 4 jul. 2017.

SANTOS, Renato Almeida dos et al. Compliance e liderança: a suscetibilidade dos líderes ao risco de corrupção nas organizações. *Einstein*, São Paulo, v. 10, n. 1, p. 1-10, mar. 2012. Disponível em: <http://www.scielo.br/pdf/eins/v10n1/pt_v10n1a03.pdf>. Acesso em: 10 jun. 2017.

SCANNELL, Kara; LEAHY, Joe. US turns up heat with criminal investigation into Petrobras. *Financial Times*, New York, 9 nov. 2014. Disponível em: <http://www.ft.com/cms/s/0/82b0d258-6803-11e4-bcd5-00144feabdc0.html>. Acesso em: 2 abr. 2017.

SCHEDLER, Andreas. Conceptualizing Accountability. *In*: DIAMOND, Larry; PLATTNER, Marc. F.; SCHEDLER, Andreas. *The Self Restraining State*: power and Accountability in new democracies. Colorado: Lynne Rienner Publishers, 1999.

SCHIEFLER, Gustavo Henrique Carvalho. *Diálogos público-privados*: da opacidade à visibilidade na administração pública. 2016. 377 f. Tese (Doutorado) – Programa de Pós-Graduação em Direito, Universidade de São Paulo, São Paulo, 2016.

SCHIEFLER, Gustavo Henrique Carvalho. *Procedimento de Manifestação de Interesse (PMI)*. Rio de Janeiro: Lumen Juris, 2014.

SCHWIND, Rafael Wallbach. As exigências de certificações de qualidade nas licitações públicas. *Informativo Justen, Pereira, Oliveira e Talamini*, Curitiba, n. 10, dez. 2017. Disponível em: <http://www.justen.com.br//informativo.php?&informativo=10&artigo=773&l=pt>. Acesso em: 02 jan. 2018.

SEARLE, John R. *Rationality in action*. Cambridge: The Mit Press, 2011. Disponível em: <https://academiaanalitica.files.wordpress.com/2016/10/john-r-searle-rationality-in-action.pdf>. Acesso em: 10 dez. 2017.

SECURITIES AND EXCHANGE COMMISSION. *Enforcement Manual*. 2017. Disponível em: <https://www.sec.gov/divisions/enforce/enforcementmanual.pdf>. Acesso em: 4 dez. 2017.

SEN, Armatya K. Rational fools: a critique of the behavioral foundations of economic theory. *Philosophy & Public Affairs*, v. 6, n. 4, p. 317-344, 1977. Disponível em: <https://cdn.uclouvain.be/public/Exports%20reddot/cr-cridis/documents/sen_on_TCR_rational_fools.pdf>. Acesso em: 10 dez. 2017.

SERPA, Alexandre da Cunha. *Compliance descomplicado*. [S.l.: s.n.], 2016.

SHLEIFER, Andrei; VISHNY, Robert W. A Survey of corporate governance. *The journal of finance*, v. LII, n. 2, p. 737-783, 1997.

SIEMENS. *Guia de Compliance da Siemens sobre Anticorrupção*. 2017. Disponível em: <http://w3.siemens.com.br/home/br/pt/cc/Compliance/Documents/GuiaAnticorrupcaoComplianceSiemens.pdf>. Acesso em: 13 dez. 2017.

SILVEIRA, Daniel Barile da; SILVA, Tiago Nunes da. Algumas reflexões sobre aplicabilidade da Lei nº 12.846/2013 (Lei Anticorrupção) em relação às empresas estatais. *Interesse Público – IP*, Belo Horizonte, ano 19, n. 103, maio/jun. 2017. Disponível em: <http://www.bidforum.com.br/PDI0006.aspx?pdiCntd=247795>. Acesso em: 3 jan. 2018.

SILVEIRA, Renato de Mello Jorge; SAAD-DINIZ, Eduardo. *Compliance, direito penal e lei anticorrupção*. São Paulo: Saraiva, 2015

SMANIO, Gianpaolo Poggio. O sistema normativo brasileiro anticorrupção. *In*: CUNHA FILHO, Alexandre Jorge Carneiro da; ARAÚJO, Glaucio Roberto Brittes de; LIVIANU, Roberto; PASCOLATI JUNIOR, Ulisses Augusto (Coord.). *48 visões sobre corrupção*. São Paulo: Quartier Latin, 2016.

SOUZA, Jessé. *A elite do atraso*: da escravidão à Lava Jato. Rio de Janeiro: Leya, 2017.

SOUZA, Teresa Cristina. Recuperação de valores devidos ao erário no direito norte-americano: *qui tam action* e *false claims act*. *Publicações da Escola da AGU*: 2º Curso de Introdução ao Direito Americano – Fundamental of US Law Course – Escola da Advocacia-Geral da União Ministro Victor Nunes Leal, ano IV, v. 1, n. 16, p. 295-312, mar. 2012.

STEWART, Jenny. Rational choice theory, public policy and the liberal state. *Policy Sciences*, v. 26, n. 4, p. 317-330, nov. 1993.

STRECK, Lenio. *Verdade e consenso*: Constituição, hermenêutica e teorias discursivas da possibilidade à necessidade de respostas corretas em direito. 3. ed. Rio de Janeiro: Lumen Juris, 2009.

STUCKE, Maurice E. In search of effective ethics and compliance programs. *The journal of corporation law*, vol. 39:4, p. 770-832, 2014.

SUNDFELD, Carlos Ari. *Licitação e contrato administrativo*. São Paulo: Malheiros, 1994.

SUPREMO TRIBUNAL FEDERAL. *Plenário avança no julgamento de aplicação da Lei de Licitações à Petrobras.* 2016. Disponível em: <http://www.stf.jus.br/portal/cms/verNoticiaDetalhe.asp?idConteudo=325898>. Acesso em: 12 jan. 2018.

TACKETT, James; WOLF, Fran; CLAYPOOL, Gregory. Sarbanes-Oxley and audit failure: a critical examination. *Managerial Auditing Journal*, vol. 19, Issue: 3, p. 340-350, 2004.

THE INSTITUTE OF INTERNAL AUDITORS (IAA). *Declaração de posicionamento do IIA*: As três linhas de defesa no gerenciamento eficaz de riscos e controles. Janeiro de 2013. Disponível em: <https://global.theiia.org/translations/PublicDocuments/PP%20The%20Three%20Lines%20of%20Defense%20in%20Effective%20Risk%20Management%20and%20Control%20Portuguese.pdf>. Acesso em: 06 set. 2020.

THE INSTITUTE OF INTERNAL AUDITORS (IAA). *Modelo das três linhas do IAA 2020*: Uma atualização das três linhas de defesa. Julho de 2020. Disponível em: <https://na.theiia.org/translations/PublicDocuments/Three-Lines-Model-Updated-Portuguese.pdf>. Acesso em: 06 set. 2020.

THE COMMITTEE OF SPONSORING ORGANIZATIONS OF THE TREADWAY COMMISSION - COSO. *Enterprise Risk Management* – Integrating with Strategy and Performance. COSO 2017. Disponível em: <https:// www.coso.org/Documents/2017-COSO-ERM-Integrating-with-Strategy-and-Performance-Executive-Summary.pdf>. Acesso em: 06 set. 2020.

THE WORLD BANK. *Sanctions & Compliance*. 2017. Disponível em: <http://www.worldbank.org/en/about/unit/integrity-vice-presidency/sanctions-compliance>. Acesso em: 15 abr. 2017.

THIRY-CHERQUES, Hermano Roberto. Ética para executivos. Rio de Janeiro: Editora FGV, 2008.

TRANSPARENCY INTERNATIONAL. *Anti-corruption glossary*. 2017a. Disponível em: <https://www.transparency.org/glossary/term/compliance>. Acesso em: 18 jun. 2017.

TRANSPARENCY INTERNATIONAL. *Business principles for countering bribery*: a multi-stakeholder initiative led by Transparency International. 2013. Disponível em: <https://www.transparency.org/whatwedo/publication/business_principles_for_countering_bribery>. Acesso em: 9 dez. 2017.

TRANSPARENCY INTERNATIONAL. *Corruption Perceptions Index 2016*. 2016. Disponível em: <https://www.transparency.org/news/feature/corruption_perceptions_index_2016>. Acesso em: 15 mar. 2017.

TRANSPARENCY INTERNATIONAL. *Curbing corruption in public procurement*: a practical guide. 2014. Disponível em: <https://www.transparency.org/whatwedo/publication/curbing_corruption_in_public_procurement_a_practical_guide>. Acesso em: 25 jul. 2017.

TRANSPARENCY INTERNATIONAL. United Kingdom.*The Bribery Act*. 2017b. Disponível em: <http://www.transparency.org.uk/our-work/business-integrity/bribery-act>. Acesso em: 15 abr. 2017.

TRIBUNAL DE CONTAS DA UNIÃO. Acórdão nº 2.296. Relator: Ministro Benjamin Zymler. Brasília, DF. 3 set. 2014. *Diário de Justiça Eletrônico*: Brasília, 2014.

TRIBUNAL DE CONTAS DA UNIÃO. Manual de gestão de riscos. 2018.

TRIBUNAL DE CONTAS DA UNIÃO. *Referencial de Combate à Fraude e à Corrupção*. 2016. Disponível em: <http://portal.tcu.gov.br/lumis/portal/file/fileDownload.jsp?fileId=8A8182A258B033650158BAEFF3C3736C&inline=1>. Acesso em: 20 ago. 2017.

TRIBUNAL DE CONTAS DA UNIÃO. *Roteiro de avaliação de maturidade da gestão de riscos*. 2018. Disponível em: <https://portal.tcu.gov.br/biblioteca-digital/gestao-de-riscos-avaliacao-da-maturidade.htm>. Acesso em: 06 ago. 2020.

TRIBUNAL DE CONTAS DA UNIÃO. Súmula nº 259, de 28 abr. 2010. *Diário de Justiça eletrônico*: Brasília, DF. 2010.

UNITED KINGDOM. *Bribery Act 2010*. London: Stationery Office Limited, 2010. Disponível em: <http://www.legislation.gov.uk/ukpga/2010/23/pdfs/ukpga_20100023_en.pdf>. Acesso em: 15 abr. 2017.

UNITED KINGDOM. *The Bribery Act 2010*: Guidance about procedures which relevant commercial organisations can put into place to prevent persons associated with them from bribing. London: Ministry of Justice, 2011. Disponível em: <https://www.justice.gov.uk/downloads/legislation/bribery-act-2010-guidance.pdf>. Acesso em: 9 dez. 2017.

UNITED NATIONS. General Assembly. *Resolution nº 3.514*. Measures against corrupt practices of transnational and other corporations, their intermediaries and others involved. 15 dez. 1975. Disponível em: <http://www.un.org/en/ga/search/view_doc.asp?symbol=A/RES/3514(XXX)>. Acesso em: 25 abr. 2017.

UNITED NATIONS. Office on Drugs and Crime (UNODC). *An Anti-Corruption Ethics and Compliance Programme for Business*: a Practical Guide. 2013. Disponível em: <https://www.unodc.org/documents/corruption/Publications/2013/13-84498_Ebook.pdf>. Acesso em: 8 dez. 2017.

UNITED STATES. Department of Justice. *Acting Manhattan U.S. Attorney Announces Settlement of Bank Secrecy Act Suit Against Former Chief Compliance Officer at Moneygram for Failure to Implement and Maintain an Effective Anti-Money Laundering Program and File Timely SARS*. 2017a. Disponível em: <https://www.justice.gov/usao-sdny/pr/acting-manhattan-us-attorney-announces-settlement-bank-secrecy-act-suit-against-former>. Acesso em: 3 dez. 2017.

UNITED STATES. Department of Justice. *Additional Guidance on the Use of Monitors in Deferred Prosecution Agreements and Non-Prosecution Agreements with Corporations*. 2010. Disponível em: <https://www.justice.gov/sites/default/files/dag/legacy/2010/06/01/dag-memo-guidance-monitors.pdf>. Acesso em: 5 dez. 2017.

UNITED STATES. Department of Justice. *Attorney Manual*: Chapter 9-28.300. 2015a. Disponível em: <https://www.justice.gov/usam/usam-9-28000-principles-federal-prosecution-business-organizations#9-28.010>. Acesso em: 2 abr. 2017.

UNITED STATES. Department of Justice. *Case nº 16-60294-CR-COHN*. 2016a. Disponível em: <https://www.justice.gov/criminal-fraud/file/904636/download>. Acesso em: 5 dez. 2017.

UNITED STATES. Department of Justice. *Cláusulas Antissuborno e sobre Livros e Registros Contábeis da Lei Americana Anticorrupção no Exterior*. 2004. Disponível em: <https://www.justice.gov/sites/default/files/criminal-fraud/legacy/2012/11/14/fcpa-portuguese.pdf>. Acesso em: 15 abr. 2017.

UNITED STATES. Department of Justice. *Evaluation of corporate compliance programs*. 2017b. Disponível em: <https://www.justice.gov/criminal-fraud/page/file/937501/download>. Acesso em: 21 jun. 2017.

UNITED STATES. Department of Justice. *Evaluation of corporate compliance programs*. 2020. Disponível em: <https://www.justice.gov/criminal-fraud/page/file/937501/download>. Acesso em: 06 ago. 2020.

UNITED STATES. Department of Justice. *Foreign Corrupt Practices Act*: An overview. 2017c. Disponível em: <http://www.justice.gov/criminal/fraud/fcpa/>. Acesso em: 2 abr. 2017.

UNITED STATES. Department of Justice. *Former Morgan Stanley Managing Director Pleads Guilty for Role in Evading Internal Controls Required by FCPA*. 2012. Disponível em: <https://www.justice.gov/opa/pr/former-morgan-stanley-managing-director-pleads-guilty-role-evading-internal-controls-required>. Acesso em: 27 dez. 2017.

UNITED States. Department of Justice. *Individual Accountability for Corporate Wrongdoing*. 2015. Disponível em: <https://www.justice.gov/archives/dag/file/769036/download>. Acesso em: 3 dez. 2017.

UNITED STATES. Department of Justice. *Justice Department Recovers Over $4.7 Billion From False Claims Act Cases in Fiscal Year 2016*. 2016b. Disponível em: <https://www.justice.gov/opa/pr/justice-department-recovers-over-47-billion-false-claims-act-cases-fiscal-year-2016>. Acesso em: 2 abr. 2017.

UNITED STATES. Department of Justice. *Selection and Use of Monitors in Deferred Prosecution Agreements and Non-Prosecution Agreements with Corporations*. 2008. Disponível em: <https://www.justice.gov/sites/default/files/dag/legacy/2008/03/20/morford-useofmonitorsmemo-03072008.pdf>. Acesso em: 5 dez. 2017.

UNITED STATES. Department of Justice. *Plea Agreement nº 16-644 (RJD)*. 2016c. Disponível em: <https://www.justice.gov/opa/press-release/file/919906/download>. Acesso em: 5 dez. 2017.

UNITED STATES. Department of Justice. *Statement of Principles for Selection of Corporate Monitors in Civil Settlements and Resolutions*. 2016d. Disponível em: <https://www.justice.gov/oip/foia-library/asg_memo_statement_of_principles_corporate_monitors_civil_settlements/download>. Acesso em: 6 dez. 2017.

UNITED STATES. Department of Justice. *Statement of Principles for Selection of Monitors in Criminal Division Maters*. 2016e. Disponível em: <https://www.justice.gov/oip/foia-library/asg_memo_statement_of_principles_corporate_monitors_civil_settlements/download>. Acesso em: 6 dez. 2017.

UNITED STATES. Department of Justice. *The False Claims Act*: A Primer. 2011. Disponível em: <http://www.justice.gov/sites/default/files/civil/legacy/2011/04/22/C-FRAUDS_FCA_Primer.pdf.>. Acesso em: 2 abr. 2017.

UNITED STATES. Department of Justice. *The FCPA guide*. 2015b. Disponível em: <https://www.justice.gov/criminal-fraud/fcpa-guidance>. Acesso em: 19 ago. 2017.

UNITED STATES. Department of Justice. *The Fraud Section's Foreign Corrupt Practices Act Enforcement Plan and Guidance*. 2016f. Disponível em: <https://www.justice.gov/archives/opa/blog/criminal-division-launches-new-fcpa-pilot-program>. Acesso em: 19 ago. 2017

UNITED STATES. Department of the Treasury. Financial Crimes Enforcement Network. *FinCEN and Manhattan U.S. Attorney Announce Settlement with Former MoneyGram Executive Thomas E. Haider*.2017d. Disponível em: <https://www.fincen.gov/news/news-releases/fincen-and-manhattan-us-attorney-announce-settlement-former-moneygram-executive>. Acesso em: 3 dez. 2017.

UNITED STATES. Department of the Treasury. Financial Crimes Enforcement Network. *Mission*. 2017e. Disponível em: <https://www.fincen.gov/about/mission>. Acesso em: 3 set. 2017.

UNITED STATES. *Public Law 107-204*. An act to protect investors by improving the accuracy and reliability of corporate disclosures made pursuant to the securities laws, and for other purposes. Sarbanes-Oxley Act of 2002. Washington, DC. 30 jul. 2002. Disponível em: <https://www.gpo.gov/fdsys/pkg/PLAW-107publ204/pdf/PLAW-107publ204.pdf>. Acesso em: 27 dez. 2017.

UNITED STATES. Securities and exchange commission. *SEC Announces Non-Prosecution Agreement with Ralph Lauren Corporation Involving FCPA Misconduct*. 2013. Disponível em: <https://www.sec.gov/news/press-release/2013-2013-65htm>. Acesso em: 4 set. 2017.

UNITED STATES. Securities and Exchange commision. *SEC Enforcement Actions*: FCPA cases. 2017f. Disponível em: <https://www.sec.gov/spotlight/fcpa/fcpa-cases.shtml>. Acesso em: 27 dez. 2017.

UNITED STATES. Security and Exchange Commission. *Security and Exchange Act of 1934*: Release n. 78989. 2016. Disponível em: <https://www.sec.gov/litigation/admin/2016/34-78989.pdf>. Acesso em: 5 dez. 2017.

UNITED STATES. *Security Exchange act of 1934*. Washington, DC, 10 ago. 2012. Disponível em: <https://www.sec.gov/about/laws/sea34.pdf>. Acesso em: 4 set. 2017.

UNITED STATES. Sentencing commission. *Guidelines Manual*. 2016g. Disponível em: <https://www.ussc.gov/sites/default/files/pdf/guidelines-manual/2016/GLMFull.pdf>. Acesso em: 9 dez. 2017.

VAZ, Sérgio. *Nova Lei das Licitações, princípios, fraudes e corrupção na administração*. Presidente Prudente: Datajuris, 1993.

VERÍSSIMO, Carla. *Compliance*: incentivo à adoção de medidas anticorrupção. São Paulo: Saraiva, 2017.

VIANNA, Marcelo Pontes. O novo estatuto das empresas estatais: constituição e regime societário. *Compliance Review*. 2017. Disponível em: <http://compliancereview.com.br/estatuto-estatais-regime-societario/>. Acesso em: 5 jan. 2018.

VIEIRA, André Guilherme. Keppel devolverá R$ 692,4 mi por corrupção ligada à Petrobras. *Valor econômico*, São Paulo, 22 dez. 2017. Disponível em: <http://www.valor.com.br/politica/5236573/keppel-fels-devolvera-r-6924-mi-por-corrupcao-ligada-petrobras>. Acesso em: 7 jan. 2018.

WEISMANN, Miriam F. The foreign corrupt practices act: the failure of the self-regulatory model of corporate governance in the global business enviroment. *Journal of Business Ethics*, v. 88, n. 4, p. 615-661, 2009.

ZANCHIM, Kleber Luiz; BERTOCCELLI, Rodrigo de Pinho. Empresas, direito, ética e compliance: existe relação? *In*: CUNHA FILHO, Alexandre Jorge Carneiro da; ARAÚJO, Glaucio Roberto Brittes de; LIVIANU, Roberto; PASCOLATI JUNIOR, Ulisses Augusto (Coord.). *48 visões sobre corrupção*. São Paulo: Quartier Latin, 2016.

ZYMLER, Benjamin; DIOS, Laureano Canabarro. *Lei Anticorrupção* – Lei nº 12.846/2013: uma visão do controle externo. Belo Horizonte: Fórum, 2016.

ZURBRIGGEN, Cristina. Empresários e redes rentistas. *In*: AVRITZER, Leonardo; BIGNOTTO, Newton; GUIMARÃES, Juarez; STARLING, Heloisa Maria Murgel. *Corrupção*: ensaios e críticas. Belo Horizonte: Editora UFMG, 2008.

Esta obra foi composta em fonte Palatino Linotype, corpo 10
e impressa em papel Offset 75g (miolo) e Supremo 250g (capa)
pela Paulinelli Serviços Gráficos, em Belo Horizonte/MG.